Auténtico

2

Pearson

Boston, Massachusetts   Chandler, Arizona
Glenview, Illinois   New York, New York

Front cover: Plaza de España, Sevilla, Spain

Pearson, 330 Hudson Street, New York, NY 10013.

ISBN-13: 978-0-328-93438-6
ISBN-10:   0-328-93438-0

2

Auténtico

Go **Online** to practice

PEARSON realize™

PearsonSchool.com/Autentico

AUDIO | VIDEO | WRITING | SPEAK/RECORD | MAPA GLOBAL | AUTÉNTICO | FLASCHARDS | ETEXT 2.O | GAMES

Peggy Palo Boyles
OKLAHOMA CITY, OK

Myriam Met
EDGEWATER, MD

Richard S. Sayers
LONGMONT, CO

Auténtico Authors

Peggy Palo Boyles

During her foreign language career of over forty years, Peggy Palo Boyles has taught elementary, secondary, and university students in both private and public schools. She is currently an independent consultant who provides assistance to schools, districts, universities, state departments of education, and other organizations of foreign language education in the areas of curriculum, assessment, cultural instruction, professional development, and program evaluation. She was a member of the ACTFL Performance Guidelines for the K–12 Learners task force and served as a Senior Editor for the project. She served on the Advisory Committee for the ACTFL Assessment for Performance and Proficiency of Languages (AAPPL). Peggy is a Past-President of the National Association of District Supervisors of Foreign Language (NADSFL) and was a recipient of ACTFL's K–12 Steiner Award for Leadership in K–12 Foreign Language Education.

Myriam Met

For most of her professional life, Myriam (Mimi) Met has worked in the public schools, first as a high school teacher in New York, then as K–12 supervisor of language programs in the Cincinnati Public Schools, and finally as a Coordinator of Foreign Language in Montgomery County (MD) Public Schools. After a long career in the public schools, she joined the National Foreign Language Center, University of Maryland, where she worked on K–12 language policy and infrastructure development. She currently works with schools and school districts as an independent consultant.

Richard S. Sayers

Rich Sayers has been involved in world languages education since 1978. He taught Spanish at Niwot High School in Longmont, CO for 18 years, where he taught levels 1 through AP Spanish. While at Niwot High School, Rich served as department chair, district foreign language coordinator, and board member of the Colorado Congress of Foreign Language Teachers and the Southwest Conference on Language Teaching. In 1991, Rich was selected as one of the Disney Company's Foreign Language Teacher Honorees for the American Teacher Awards. Rich has served as a world languages consultant for Pearson since 1996. He is currently the Vice President of Humanities in Pearson's Sales division.

Carol Eubanks Wargin taught Spanish for 20 years. She also shared her knowledge and experiences with other Spanish teachers through publications and award-winning presentations. The *Auténtico* author team is grateful for Carol's contribution to the instructional foundation on which this program was built.

Contributing Writers

Eduardo Aparicio
Chicago, IL

Daniel J. Bender
New Trier High School, Winnetka, IL

Marie Deer
Bloomington, IN

Leslie M. Grahn
Howard County Public Schools, Ellicott City, MD

Thomasina Hannum
Albuquerque, NM

Nancy S. Hernández
World Languages Supervisor, Simsbury (CT) Public Schools

Patricia J. Kule
Fountain Valley School of Colorado, Colorado Springs, CO

Jacqueline Hall Minet
Upper Montclair, NJ

Alex Paredes
Simi Valley, CA

Martha Singer Semmer
Breckenridge, CO

Dee Dee Drisdale Stafford
Putnam City Schools, Oklahoma City, OK

Christine S. Wells
Cheyenne Mountain Junior High School, Colorado Springs, CO

Michael Werner
University of Chicago, Chicago, IL

Digital Course Realize

AUTÉNTICO includes lots of online resources to help you learn Spanish! You'll find these resources highlighted with technology icons on the pages of your print or online Student Edition.

PEARSON realize™

The digital course on Realize!

The program's digital course on Realize puts the Student Edition, workbooks, video, audio, flashcards, games, and more at your fingertips.

Look for these icons in your *Auténtico* textbook or digital course.

◀)) AUDIO
Audio to learn and practice vocabulary and pronunciation, and increase your listening skills

▶ VIDEO
Videocultura Cultural overviews of each theme

Videohistoria Vocabulary videos with an entertaining storyline to practice listening to new words in an authentic context

GramActiva Grammar explanations that present new concepts with humorous examples

Grammar Tutorials Clear explanations of grammar with comparisons to English

Animated Verbs Animations that highlight verb conjugations

✎ WRITING
Practice activities with writing

🎤 SPEAK/RECORD
Speak-and-record tool for speaking activities, you can save your recording

🌐 MAPA GLOBAL INTERACTIVO
Links to interactive maps for virtual exploration of the Spanish-speaking world. You can download .kmz files from PearsonSchool.com/Autentico and link to sites using Google Earth™ or other geographic information systems.

📁 AUTÉNTICO
Collection of authentic video, audio, and text resources organized by theme

🗂 FLASHCARDS
Practice for the new vocabulary

📖 ETEXT 2.0
Complete textbook online

🎮 GAMES
Interactive, fun practice and review games such as concentration, crosswords, word search and more

📄 PDF
Video scripts, readings

📓 WORKBOOK
Core and Guided practice activities

Learn Spanish Using Authentic Resources

To become proficient in Spanish, you need to learn to understand and speak it in real-world situations. In *Auténtico*, you will learn about the language and cultures of Spanish-speaking countries as you watch, read, and listen to material created for Spanish speakers.

The ***Auténtico*** pages in your textbook feature strategies that will help you build your language skills and increase your confidence as you watch videos, listen to audio, and read authentic articles and blogs. ▼

▲ In the the digital course on Realize, you'll find a collection of authentic resources that you can use to improve your understanding of Spanish.

The ***Authentic Resources Workbook*** will prepare and guide you as you watch, listen to, or read the materials. Activities will help you focus your attention on key elements of the video, audio, or text. Post-viewing, post-listening, and post-reading activities check your comprehension. ▶

Capítulo 4B   Nombre   Fecha

Reportaje informativo de la **Agencia EFE** ▶

Un mercado para ayudar a los Reyes Magos

Learn about the **Vía blanca**, a street market in Montevideo, Uruguay, which offers different types of items and last-minute gifts for the **Reyes Magos** (Three Wise Men) celebration.

To view the video, go to:
> *Auténtico* digital course
> Authentic Resources folder
> Capítulo 4B

THEME   *Celebraciones familiares y días festivos*
AP THEME   *Las identidades personales y públicas: La identidad nacional y la identidad étnica*
¿Cómo influyen la lengua y la cultura en la identidad de una persona?

▶ Antes de ver el video

Activate Background Knowledge ¿Qué días especiales se celebran en tu casa? ¿Cómo los celebran? Haz una lista de las actividades que hacen durante la celebración. ¿A veces tienes que comprar regalos? ¿Estuviste alguna vez en un mercado al aire libre *(street market)*? ¿Qué tipo de cosas vendían en el mercado?

En mi casa celebramos...

_____

_____

Vocabulario clave

ultiman	to finalize	hacer su agosto	to line one's nest
las majestades	majesties	el mercadillo	street market
recorrido	route	mascota	pet

Viewing Strategy: Use Visual Clues Even though you might not understand every word that is being said in the video, you can get a gist of the unknown words or phrases by paying attention to the images and thinking of what you already know about cultural celebrations and street markets.

◀ Compradores buscan el regalo perfecto en la Vía Blanca de Montevideo, Uruguay.

Tabla de materias

TEMA 2 • Un evento especial

TEMA 4 • **Recuerdos del pasado**

TEMA 6 • La televisión y el cine

TEMA 7 • Buen provecho

TEMA 8 • Cómo ser un buen turista

TEMA 9 • ¿Cómo será el futuro?

México

ESTADOS UNIDOS

Tijuana

Ciudad
Juárez

30° N

*Río Bravo
del Norte*

Chihuahua

Baja California

*Golfo de California
(Mar de Cortés)*

SIERRA MADRE OCCIDENTAL

Nuevo
Laredo

Río Grande

SIERRA MADRE ORIENTAL

Monterrey

Golfo de México

Trópico de Cáncer

LEYENDA
Elevación

Metros	Pies
3,000	9,840
2,000	6,560
1,000	3,280
500	1,640
200	656

— Frontera nacional
✪ Capital
● Ciudad
▲ Volcán o montaña

0   200 Millas
0   200 Kilómetros

Proyección cónica conforme de Lambert

Guadalajara

Querétaro

20° N

Paracutín ▲

Ciudad de
México ✪

Iztaccíhuatl
▲ Puebla
Popocatépetl

Veracruz

Mérida

*Península de
Yucatán*

BELICE

N
O · E
S

SIERRA MADRE DEL SUR

Oaxaca

ISTMO DE
TEHUANTEPEC

GUATEMALA

Acapulco

OCÉANO PACÍFICO

EL SALVADOR

Paseo de la Reforma,
Ciudad de México, México

México

Capital México, D.F.

Población 121.7 millones

Área 758,449 mi cuadradas / 1,964,375 km cuadrados

Idiomas español (idioma oficial), náhuatl, varios idiomas mayas y de otros grupos indígenas

Gobierno república federal

Moneda peso mexicano

Exportaciones productos manufacturados, petróleo y sus derivados, plata, café, algodón, frutas, verduras

América Central

MÉXICO

BELICE

Parque Nacional Tikal

Lago Petén Itzá

Lago de Izabal

Golfo de Honduras

Quetzaltenango

GUATEMALA

Ciudad de Guatemala

Copán

Antigua

Santa Rosa de Copán

San Pedro Sula

HONDURAS

▲ *Cerro El Pital*

Volcán de Santa Ana ▲ Santa Ana

San Salvador

Tegucigalpa

La Libertad

Santa Rosa de Lima

EL SALVADOR

CORDILLERA ISABELIA

Golfo de Fonseca

Lago de Managua

NICARAGUA

CORDILLERA CHONTALEÑA

Managua ☆ ● Masaya

● Granada

Lago de Nicaragua

Los Chiles

COSTA RICA

Puerto Limón

☆ San José

Golfo de Nicoya

OCÉANO PACÍFICO

Golfo Dulce

Mar Caribe

JAMAICA

Canal de Panamá

Colón ●

● Ciudad de Panamá ☆

PANAMÁ

Golfo de Panamá

Parque Nacional Darién

COLOMBIA

16° N

12° N

92° O   88° O   84° O   80° O

LEYENDA
Elevación

Metros	Pies
3,000	9,840
2,000	6,560
1,000	3,280
500	1,640
200	656

— Frontera nacional
☆ Capital
● Ciudad
▲ Volcán o montaña
■ Zona arqueológica

0   100 Millas
0   100 Kilómetros

Proyección azimutal equivalente de Lambert

Guatemala

Capital Ciudad de Guatemala

Población 14.9 millones

Área 42,042 mi cuadradas / 108,889 km cuadrados

Idiomas español (idioma oficial), quiché y otros idiomas indígenas

Gobierno república democrática constitucional

Moneda quetzal, dólar

Exportaciones café, azúcar, petróleo, ropa, textiles, plátano

El Salvador

Capital San Salvador

Población 6.1 millones

Área 8,124 mi cuadradas / 21,041 km cuadrados

Idiomas español (idioma oficial), nahua

Gobierno república

Moneda dólar

Exportaciones elaboración de productos con materiales fabricados en el extranjero, café, azúcar, textiles, productos químicos

Honduras

Capital Tegucigalpa

Población 8.7 millones

Área 43,278 mi cuadradas / 112,090 km cuadrados

Idiomas español (idioma oficial), idiomas indígenas

Gobierno república democrática constitucional

Moneda lempira

Exportaciones café, plátano, camarón, langosta, ropa, oro, madera

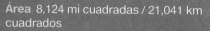

Una mujer con sus molas, Panamá

Nicaragua

Capital Managua

Población 5.9 millones

Área 50,336 mi cuadradas / 130,370 km cuadrados

Idiomas español (idioma oficial), inglés, miskito y otros idiomas indígenas

Gobierno república

Moneda córdoba

Exportaciones café, camarón, langosta,algodón, tabaco, carne, azúcar, oro

Costa Rica

Capital San José

Población 4.8 millones

Área 19,730 mi cuadradas / 51,100 km cuadrados

Idiomas español (idioma oficial) e inglés

Gobierno república democrática

Moneda colón

Exportaciones café, plátano, azúcar, piña, componentes electrónicos

Panamá

Capital Ciudad de Panamá

Población 3.7 millones

Área 29,120 mi cuadradas / 75,420 km cuadrados

Idiomas español (idioma oficial), idiomas indígenas

Gobierno democracia constitucional

Moneda balboa, dólar

Exportaciones fruta, fruto seco, pescado, sobrante de hierro y acero, madera

El Caribe

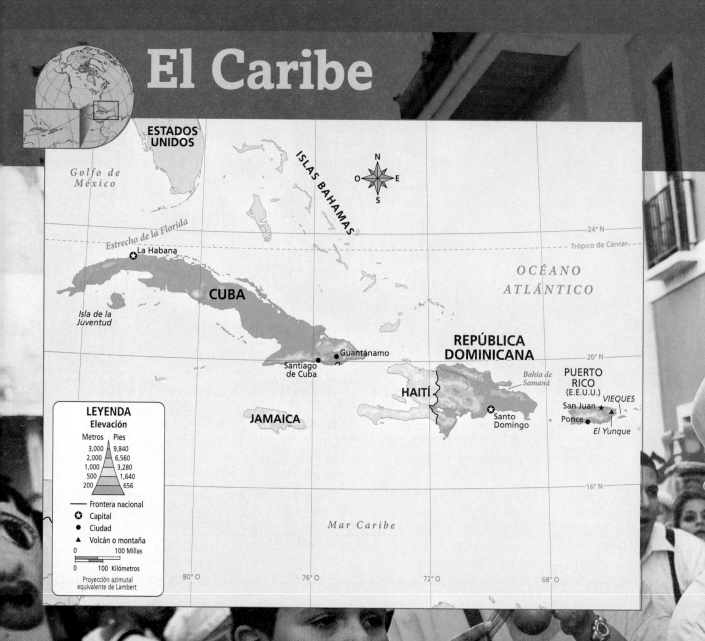

ESTADOS UNIDOS

Golfo de México

ISLAS BAHAMAS

Estrecho de la Florida

La Habana

CUBA

Isla de la Juventud

Guantánamo

Santiago de Cuba

JAMAICA

HAITÍ

REPÚBLICA DOMINICANA

Bahía de Samaná

Santo Domingo

OCÉANO ATLÁNTICO

24° N

Trópico de Cáncer

20° N

16° N

PUERTO RICO (E.E.U.U.)

San Juan

Ponce

VIEQUES

El Yunque

Mar Caribe

80° O 76° O 72° O 68° O

LEYENDA
Elevación

Metros	Pies
3,000	9,840
2,000	6,560
1,000	3,280
500	1,640
200	656

— Frontera nacional
✪ Capital
● Ciudad
▲ Volcán o montaña

0 ___ 100 Millas
0 ___ 100 Kilómetros

Proyección azimutal equivalente de Lambert

Cuba

Capital La Habana

Población 11 millones

Área 42,803 mi cuadradas / 110,860 km cuadrados

Idiomas español (idioma oficial)

Gobierno estado comunista

Moneda peso cubano

Exportaciones azúcar, níquel, tabaco, mariscos, productos médicos, cítricos, café

República Dominicana

Capital Santo Domingo

Población 10.5 millones

Área 18,792 mi cuadradas / 48,670 km cuadrados

Idiomas español (idioma oficial)

Gobierno república democrática

Moneda peso dominicano

Exportaciones azúcar, oro, plata, cacao, tabaco, carne

Puerto Rico

Capital San Juan

Población 3.6 millones

Área 5,325 mi cuadradas / 13,791 km cuadrados

Idiomas español e inglés (idiomas oficiales)

Gobierno estado libre asociado de Estados Unidos

Moneda dólar estadounidense

Exportaciones productos químicos, productos electrónicos, ropa, atún enlatado, concentrados de bebidas

Músicos de plena,
Puerto Rico

América del Sur (PARTE NORTE)

Mar Caribe

Cartagena • Maracaibo •
☆ Caracas
Río Orinoco

Medellín • **VENEZUELA**
Río Magdalena
Cali • ☆ Bogotá
COLOMBIA

ECUADOR
☆ Quito
Ecuador — — — — — — — — — — — — — — Ecuador 0°
Chimborazo▲
Guayaquil •

ISLAS GALÁPAGOS *(Ecuador)*

Golfo de Guayaquil

PERÚ

BRASIL

Huascarán▲
Callao • ■ *Machu Picchu*
Lima • ■ Cuzco

OCÉANO PACÍFICO

BOLIVIA
☆ La Paz • Cochabamba
Lago Titicaca
ALTIPLANO
Nevado Sajama▲ ☆ Sucre
• Potosí

PARAGUAY — — — — — — — 20°S

CHILE *Trópico de Capricornio* — — —

ARGENTINA
URUGUAY

OCÉANO ATLÁNTICO

N O E S

— — — — — — — — — 40°S

LEYENDA
Elevación

Metros	Pies
3,000	9,840
2,000	6,560
1,000	3,280
500	1,640
200	656

— Frontera nacional
☆ Capital
• Ciudad
▲ Volcán o montaña
■ Zona arqueológica

0   400 Millas
0   400 Kilómetros

Proyección azimutal
equivalente de Lambert

Colombia

Capital Bogotá
Población 46.7 millones
Área 439,736 mi cuadradas / 1,138,910 km cuadrados
Idiomas español (idioma oficial)
Gobierno república
Moneda peso colombiano
Exportaciones petróleo, carbón, café, esmeraldas, plátano, flores, níquel

Ecuador

Capital Quito
Población 15.9 millones
Área 109,483 mi cuadradas / 283,561 km cuadrados
Idiomas español (idioma oficial), quechua y otros idiomas indígenas
Gobierno república
Moneda dólar
Exportaciones petróleo, plátano, flores, camarón, cacao, café, madera

Machu Picchu, Perú

Perú

Capital Lima

Población 30.4 millones

Área 496,225 mi cuadradas / 1,285,216 km cuadrados

Idiomas español, quechua, aymara (idiomas oficiales) y otros idiomas indígenas

Gobierno república constitucional

Moneda nuevo sol

Exportaciones oro, cinc, cobre, pescado y productos de pescado

Venezuela

Capital Caracas

Población 29.3 millones

Área 352,144 mi cuadradas / 912,050 km cuadrados

Idiomas español (idioma oficial), idiomas indígenas

Gobierno república federal

Moneda bolívar fuerte

Exportaciones petróleo y productos de petróleo, aluminio, mineral, productos químicos

Bolivia

Capitales La Paz, Sucre

Población 10.8 millones

Área 424,164 mi cuadradas / 1,098,581 km cuadrados

Idiomas español, quechua, aymara, guaraní (idiomas oficiales) y otros idiomas

Gobierno república (estado unitario social)

Moneda boliviano

Exportaciones soja y productos de soja, gas natural, estaño, oro

América del Sur (PARTE SUR)

Mar Caribe

VENEZUELA

COLOMBIA

Ecuador

ECUADOR

0°

PERÚ

BRASIL

OCÉANO
PACÍFICO

BOLIVIA

Río Paraguay

GRAN CHACO

PARAGUAY

Asunción

20° S

Cataratas
del Iguazú

Trópico de Capricornio

LEYENDA
Elevación

Metros	Pies
3,000	9,840
2,000	6,560
1,000	3,280
500	1,640
200	656

— Frontera nacional
✪ Capital
● Ciudad
▲ Volcán o montaña

0   400 Millas
0   400 Kilómetros

Proyección azimutal
equivalente de Lambert

CHILE

Río Paraná

ARGENTINA

Viña del Mar
Valparaíso
Santiago
Cerro
Aconcagua

Rosario

URUGUAY
Montevideo
Punta del
Este

Buenos Aires

PAMPAS

Río de la Plata

Mar del Plata

OCÉANO
ATLÁNTICO

40° S

Cerro de
San Valentín ▲

PATAGONIA

Torres del
Paine ▲

TIERRA DEL
FUEGO

Estrecho de
Magallanes

Cabo de Hornos

Chile

Capital Santiago

Población 17.5 millones

Área 291,933 mi cuadradas /
756,102 km cuadrados

Idiomas español (idioma oficial),
inglés e idiomas indígenas

Gobierno república

Moneda peso chileno

Exportaciones cobre, pescado,
fruta, papel y pulpa, productos
químicos, vino

Aficionados del fútbol,
Argentina

Paraguay

Capital Asunción

Población 6.8 millones

Área 157,048 mi cuadradas /
406,752 km cuadrados

Idiomas español y guaraní (idiomas
oficiales)

Gobierno república constitucional

Moneda guaraní

Exportaciones soja, algodón, carne,
aceite comestible, madera, cuero

Argentina

Capital Buenos Aires

Población 43.4 millones

Área 1,073,518 mi cuadradas /
2,780,400 km cuadrados

Idiomas español (idioma oficial),
inglés, francés, italiano, alemán e
idiomas indígenas

Gobierno república

Moneda peso argentino

Exportaciones soja y productos de
soja, petróleo, gas, vehículos

Uruguay

Capital Montevideo

Población 3.3 millones

Área 68,037 mi cuadradas / 176,215
km cuadrados

Idiomas español (idioma oficial),
portuñol/brasilero

Gobierno república constitucional

Moneda peso uruguayo

Exportaciones carne, celulosa,
soja, arroz, trigo, madera, productos
lácteos, lana

España
Guinea Ecuatorial

8° O   6° O   4° O   *Golfo de* 2° O   **FRANCIA**
Vizcaya

Asturias   Cantabria   Bilbao
País
Vasco   P I R I N E O S

Santiago de
Compostela   Pamplona   0°
Galicia   Navarra   2° E   4° E

La Rioja   *Río Ebro*   42° N

Castilla y León   Zaragoza   Cataluña
Valladolid   Aragón
Río Duero   Barcelona

**OCÉANO
ATLÁNTICO**   **ESPAÑA**   N

Mar Mediterráneo

PORTUGAL   ✪ Madrid   Menorca   40° N

Río Tajo   Mallorca

Extremadura   Castilla-La Mancha   Valencia   Baleares
Río Guadiana   Valencia   Ibiza   **ISLAS BALEARES**
Mérida

S I E R R A   M O R E N A   Alicante   38° N

Río Guadalquivir   Córdoba   Murcia
Andalucía
Sevilla   Granada

ISLAS CANARIAS
La
Palma   Lanzarote
Tenerife   Fuerteventura   Málaga   0   100 Millas
Gomera   Gran
Canaria   0   100 Kilómetros
Hierro   28° N   *Estrecho de Gibraltar*   Proyección azimutal equivalente de Lambert
OCÉANO ATLÁNTICO   50 mi   **Ceuta**
18° O   16° O   0   50 km

Melilla

Malabo
*Isla
Bioko*

**GUINEA
ECUATORIAL**   0   50 Millas
0   50 Kilómetros
Proyección azimutal equivalente de Lambert

*Golfo de
Guinea*   **CAMERÚN**

CAMERÚN
*Isla
Bioko*   Ebebiyin

**GUINEA
ECUATORIAL**   Bata   **Río
Muni**
Mbini

*Isla
Annobón*   **GABÓN**

*PARQUE
NACIONAL
MONTE ALEN*

**OCÉANO
ATLÁNTICO**   8° E   10° E   **GABÓN**

Bioko, Guinea Ecuatorial

Parque del Retiro, Madrid, España

España

Capital Madrid

Población 48.1 millones

Área 195,124 mi cuadradas / 505,370 km cuadrados

Idiomas castellano (oficial); catalán, gallego, vasco (oficiales regionalmente) y otros idiomas regionales

Gobierno monarquía parlamentaria

Moneda euro

Exportaciones alimentos, maquinaria, vehículos, medicina

Guinea Ecuatorial

Capital Malabo

Población 740,743

Área 10,831 mi cuadradas / 28,051 km cuadrados

Idiomas español y francés (idiomas oficiales), fang, bubi

Gobierno república

Moneda franco CFA

Exportaciones petróleo, maderas

Estados Unidos

El Álamo, Texas

Estados Unidos

Capital Washington, D.C.

Población 321.4 millones

Área 3,796,742 mi cuadradas / 9,833,517 km cuadrados

Idiomas inglés, español, idiomas indígenas, idiomas asiáticos y del Pacífico Sur, otros idiomas

Gobierno república federal

Moneda dólar estadounidense

Exportaciones vehículos automotores, medicinas, equipos de telecomunicaciones, equipos electrónicos, productos químicos, soja, fruta, maíz

Para empezar

Communication

By the end of *Para empezar* you will be able to:
- Talk and write about yourself and your friends
- Listen and read about what people are like and the things they do

You will demonstrate what you know and can do:
- Presentación escrita, p. 13

You will also learn to:

1 ¿Cómo eres tú?
- Talk about what you and other people are like
- Tell where you and other people are from

2 ¿Qué haces?
- Talk about things you and other people do
- Talk about how often you do certain things

ARTE y CULTURA ◖ El mundo hispano

El primer día de clases En los países hispanohablantes, los estudiantes regresan a las clases en diferentes meses. Por ejemplo, en Uruguay y Chile los estudiantes regresan en marzo porque las vacaciones de verano son de noviembre a febrero. En Colombia, hay tres calendarios para las escuelas. Unas escuelas van de enero a noviembre, el horario tradicional, y otras van de agosto a junio. El tercer calendario va de septiembre a junio, que es igual a los calendarios de los Estados Unidos y de México.

▶ ¿En qué mes regresas a la escuela después de las vacaciones de verano?

Mapa global interactivo Explora los hemisferios Norte y Sur e investiga por qué los horarios de escuela son diferentes entre ellos.

El primer día de clases en el Perú ▶

Go **Online** to practice

PEARSON
realize™

PearsonSchool.com/Autentico

AUDIO

VIDEO

WRITING

SPEAK / RECORD

MAPA GLOBAL

AUTÉNTICO

FLASCHARDS

ETEXT 2.O

GAMES

Estudiantes de una escuela
secundaria en Texas

1 ¿Cómo eres tú?

OBJECTIVES
▶ Talk about what you and other people are like
▶ Tell where you and other people are from

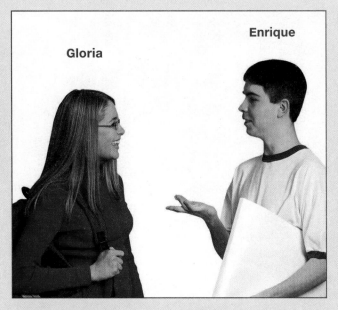

Gloria

Enrique

Sonia

Alicia

Felipe

—Oye, Enrique, ¿eres artístico?

—Sí, según mis amigos soy muy artístico y estudioso. También dicen que soy reservado. Y Gloria, ¿cómo eres tú?

—Bueno . . . mis amigos dicen que soy paciente y trabajadora. Pero según mi hermanito, ¡soy impaciente y perezosa!

—¡Hola, Sonia y Alicia! ¡Uy! ¡Qué deportistas son Uds.!

—Sí, somos muy deportistas y también muy talentosas. ¿Te gusta practicar deportes, Felipe?

—Pues, no. No soy nada deportista, pero me gusta pasar tiempo con mis amigos. Soy sociable y muy simpático.

1

Los chicos

LEER, ESCRIBIR, HABLAR Los chicos de las fotos de arriba hablan de cómo son. Usa las fotos y las conversaciones para contestar las preguntas.

1. ¿Cómo es Enrique?

2. Según sus amigos, ¿cómo es Gloria? ¿Y según su hermanito?

3. ¿Cómo son Sonia y Alicia?

4. ¿Quién es sociable?

¿Recuerdas?
Here are some question words that are often used with *ser*:

¿Quién(es)?
¿Cómo?
¿De dónde?

Gramática
Repaso

Go **Online** to practice

PEARSON
realize™

PearsonSchool.com/Autentico

 AUDIO

 WRITING

Adjectives

Remember that adjectives describe people, places, and things. In Spanish, adjectives have the same number and gender as the nouns they describe and they usually come after the noun.

Masculine		Feminine	
Singular	**Plural**	**Singular**	**Plural**
ser**io**	ser**ios**	ser**ia**	ser**ias**
deport**ista**	deport**istas**	deport**ista**	deport**istas**
trabaja**dor**	trabaja**dores**	trabaja**dora**	trabaja**doras**
pacient**e**	pacient**es**	pacient**e**	pacient**es**
jov**en**	jóven**es***	jov**en**	jóven**es**

*Note that *jóvenes* needs an accent mark in the plural form.

2

Y tú, ¿cómo eres?

ESCRIBIR, HABLAR

1. Según tus amigos, ¿cómo eres tú? ¿Artístico(a)? ¿Talentoso(a)? ¿Simpático(a)?

2. ¿Eres paciente o impaciente? ¿Eres trabajador(a) o perezoso(a)?

3. ¿Cómo es tu mejor amigo(a)?

¿Recuerdas?

You already know these words to describe what you and your friends are like:

alto, -a	impaciente
atrevido, -a	inteligente
bajo, -a	ordenado, -a
desordenado, -a	reservado, -a
estudioso, -a	sociable
gracioso, -a	viejo, -a
guapo, -a	

3

¿Cómo son?

ESCRIBIR, HABLAR EN GRUPO   Trabajen en grupos para hacer una lista de ocho personas famosas. Luego usen los adjetivos de la *Gramática* y de *¿Recuerdas?* y escriban una frase para describir a estas personas.

Modelo
Marc Anthony
Marc Anthony es talentoso y muy guapo.

El cantante Marc Anthony en concierto

Dos jóvenes

LEER, ESCUCHAR Lee esta descripción de dos chicas latinoamericanas. Luego escribe los números del 1 al 6 en una hoja de papel. Escucha las frases y escribe *C* si la información es cierta y *F* si es falsa.

Nombres Alicia Menéndez García y Carmen Díaz Ortiz

Edades Tienen 18 años.

Residencia Viven en Santiago de los Caballeros, República Dominicana, con sus familias.

Cómo son: Alicia es una poeta joven. Lee sus poemas en público. Ella es muy inteligente y artística. Carmen no es artística pero le gusta escuchar los poemas de Alicia. Carmen es muy sociable y deportista. Las dos jóvenes son amigas inseparables.

Amigos: "Nuestros amigos son graciosos y simpáticos", dicen Alicia y Carmen. "No tenemos tiempo para las personas negativas".

5

¿Y cómo son tú y tus amigos?

ESCRIBIR Ahora escribe una descripción de tu mejor amigo(a) y de ti. Usa la información de la descripción en la Actividad 4: nombres, edades, residencia y cómo son.

6

Amigos y primos

LEER, ESCRIBIR, HABLAR Lee la conversación entre los dos chicos. Ignacio es un estudiante nuevo en la escuela y Carlos es uno de sus primeros amigos. Imagina lo que dicen las chicas sobre los chicos. Escribe la conversación de las chicas usando la conversación de los chicos como modelo. Presenta la conversación a la clase.

mensajes 08:07 AM

Ignacio Las chicas que se sientan en la primera fila son muy bonitas. ¿Sabes cómo se llaman, Carlos?

Carlos Sí, hombre. Se llaman Dolores y Marisa. Son de Buenos Aires.

Ignacio ¿Cómo son?

Carlos Las dos son simpáticas. Dolores es seria y reservada. Le gusta leer. Marisa es graciosa y muy sociable. Le gusta pasar tiempo con sus amigos.

Ignacio ¿Uds. son muy buenos amigos?

Carlos Pues, sí, pero también somos primos.

Gramática
Repaso

Go **Online** to practice

PEARSON
realize.™

PearsonSchool.com/Autentico

AUDIO

WRITING

The verb *ser*

You have learned to use the verb *ser* with adjectives to tell what someone is like.

   Esas chicas **son bonitas**.

You have also learned to use *ser* with *de* to tell where someone is from.

   Son de Buenos Aires.

Remember that *ser* is irregular. Here are its present-tense forms:

(yo)	**soy**	(nosotros) (nosotras)	**somos**
(tú)	**eres**	(vosotros) (vosotras)	**sois**
Ud. (él) (ella)	**es**	Uds. (ellos) (ellas)	**son**

7

Así son los compañeros de Alejandro

LEER, ESCRIBIR Completa con la forma correcta del verbo *ser* el mensaje de correo electrónico de Alejandro a su nuevo amigo Javier.

> Hola, Javier,
>
> Así son los estudiantes en mi clase de español. Ana María __1.__ estudiosa y le gusta mucho leer. Manuel y Marianela juegan fútbol y __2.__ deportistas. A José Luis le gusta nadar en la piscina grande en el gimnasio; él __3.__ atrevido. A Juanito y a mí nos gusta ir a la escuela porque nosotros __4.__ trabajadores. A Mercedes y a Eduardo no les gusta ir a la escuela porque __5.__ perezosos. Carolina dibuja bien y __6.__ muy artística. Manolito y Victoria tocan la guitarra y __7.__ muy talentosos. A Ignacio y a mí nos gusta mucho hablar por teléfono y pasar tiempo con amigos porque __8.__ sociables. Pero a mí no me gusta ir al gimnasio porque no __9.__ deportista. Y tú, ¿cómo __10.__?
>
> ✉ ·   ✎ ▾ B *I* TI ☰ ☰ ☰ ☰ ↱ ↰ ☺

8

¿Y cómo son tus compañeros?

ESCRIBIR ¿Cómo son los estudiantes en tu clase de español? Usa la descripción de Alejandro como modelo y escribe cinco o seis frases para describir a tus compañeros.

9

Juego

ESCRIBIR, HABLAR EN GRUPO Tu profesor(a) te va a dar una tarjeta con el nombre de otro(a) estudiante de la clase. Escribe una descripción de esta persona en la tarjeta. Luego vas a leer la descripción y tus compañeros tienen que adivinar (*guess*) quién es.

Modelo

Es seria y trabajadora, pero muy simpática. Le gusta la música. Ella e Isabel son buenas amigas. ¿Quién es?

Exploración del lenguaje Nationalities

You have already learned many adjectives of nationality. The Spanish words for these nationalities are based on the country name. Review the chart to see how each nationality relates to the country of origin. Remember that since the nationalities are adjectives, they agree in gender and number with the nouns they describe. They are usually used with the verb *ser*.

País	Nacionalidad
Argentina	argentino, -a
Bolivia	boliviano, -a
Chile	chileno, -a
Colombia	colombiano, -a
Costa Rica	costarricense
Cuba	cubano, -a
Ecuador	ecuatoriano, -a

País	Nacionalidad
El Salvador	salvadoreño, -a
España	español, española
Guatemala	guatemalteco, -a
Honduras	hondureño, -a
México	mexicano, -a
Nicaragua	nicaragüense
Panamá	panameño, -a

País	Nacionalidad
Paraguay	paraguayo, -a
Perú	peruano, -a
Puerto Rico	puertorriqueño, -a
República Dominicana	dominicano, -a
Uruguay	uruguayo, -a
Venezuela	venezolano, -a

10

Una población diversa

LEER, ESCRIBIR Los Estados Unidos es un país de inmigrantes, donde hay gente de todas partes del mundo. Un grupo importante de los inmigrantes está formado por hispanohablantes. La población hispana representa más de 50 millones de personas, o el 16 por ciento *(percent)* de la población total. Es muy diversa porque hay hispanohablantes de muchos países hispanos. Lee la gráfica sobre esta población y escribe un resumen.

Modelo
El grupo más grande de hispanohablantes en los Estados Unidos es el grupo de México. Los mexicanos son el 63 por ciento . . .

Conexiones Las ciencias sociales

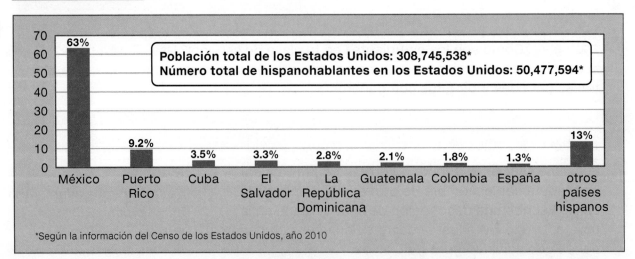

Población total de los Estados Unidos: 308,745,538*
Número total de hispanohablantes en los Estados Unidos: 50,477,594*

México 63% | Puerto Rico 9.2% | Cuba 3.5% | El Salvador 3.3% | La República Dominicana 2.8% | Guatemala 2.1% | Colombia 1.8% | España 1.3% | otros países hispanos 13%

*Según la información del Censo de los Estados Unidos, año 2010

¿De dónde son?

HABLAR EN PAREJA Estos estudiantes le escriben a tu clase por correo electrónico. Trabaja con otro(a) estudiante y pregúntale de dónde es cada estudiante y de qué nacionalidad. Después de hablar de estos chicos, pregunta a tu compañero(a) de dónde es.

> **Para decir más . . .**
> **estadounidense** = U.S. citizen
> **norteamericano, -a** = North American (including Canada, Mexico, and the United States)
> **canadiense** = Canadian

Videomodelo
A —¿De dónde es **Teresa**?
B —Es de **Asunción**. Es **paraguaya**.

Estados Unidos

México

Cuba

Puerto Rico

Juanita,
La Habana

María José,
Madrid

España

República
Guatemala Honduras Dominicana
El Salvador Nicaragua

José,
Tegucigalpa

Costa Rica

Panamá

Venezuela

Ricardo,
Santo Domingo

Colombia

Ecuador

Mercedes,
La Ciudad de Panamá

Perú

Linda,
Caracas

Sergio,
Madrid

Bolivia

Chile   Paraguay

Esteban,
Lima

Uruguay

Argentina

Teresa,
Asunción

Benjamín,
Montevideo

¿Y de dónde eres tú?

HABLAR EN PAREJA Imagina que eres de uno de los países hispanohablantes que está en el mapa de la Actividad 11. Con otro(a) estudiante, pregunta y contesta según el modelo.

Videomodelo
A —¿De dónde eres tú?
B —Soy de San Juan.
A —Ah, eres puertorriqueño(a).

2 ¿Qué haces?

OBJECTIVES
▶ Talk about things you and other people do
▶ Talk about how often you do certain things

Pepe

Paula

Pepe: ¡Uy! No me gusta nada el invierno. Paula, ¿qué te gusta hacer en el invierno?

Paula: Pues, paso tiempo con mis amigos: escuchamos música, tocamos la guitarra y por la noche bailamos. Lo que más me gusta hacer es practicar deportes.

Pepe: ¿Qué deportes practicas?

Paula: Monto en bicicleta o corro todos los días para hacer ejercicio. Practico deportes todo el año. ¿Y tú, Pepe?

Pepe: No soy muy deportista. A veces nado, por eso me encanta el verano. Generalmente tomo el sol y leo. También escribo canciones. ¿Qué haces en tus vacaciones de verano?

Paula: En el verano a veces patino y también monto en monopatín con mis amigos.

13

Paula y Pepe

ESCUCHAR Divide una hoja de papel en dos columnas. En la primera columna escribe *Paula*, y en la segunda escribe *Pepe*. Escucha una lista de actividades. Si Paula hace la actividad, escribe el número de la actividad debajo de *Paula*. Si Pepe la hace, escribe el número debajo de *Pepe*. Usa los dibujos para ayudarte.

Paula	*Pepe*

Gramática
Repaso

Go **Online** to practice

PEARSON
realize.™

PearsonSchool.com/Autentico

AUDIO   WRITING

Present tense of regular verbs

Remember that in Spanish there are three groups of regular verbs. Their infinitives end in *-ar, -er*, or *-ir*. To form the present tense of a regular verb, you drop the *-ar, -er,* or *-ir* ending from the infinitive and add the appropriate present-tense ending. Use the present tense to talk about what someone is doing or what someone does.

comer

(yo)	com**o**	(nosotros) (nosotras)	com**emos**
(tú)	com**es**	(vosotros) (vosotras)	com**éis**
Ud. (él) (ella)	com**e**	Uds. (ellos) (ellas)	com**en**

hablar

(yo)	habl**o**	(nosotros) (nosotras)	habl**amos**
(tú)	habl**as**	(vosotros) (vosotras)	habl**áis**
Ud. (él) (ella)	habl**a**	Uds. (ellos) (ellas)	habl**an**

vivir

(yo)	viv**o**	(nosotros) (nosotras)	viv**imos**
(tú)	viv**es**	(vosotros) (vosotras)	viv**ís**
Ud. (él) (ella)	viv**e**	Uds. (ellos) (ellas)	viv**en**

14

¿Qué hace Claudia los fines de semana?

 LEER, ESCRIBIR A Claudia le gusta pasar tiempo con sus amigos. Lee la descripción y completa su historia con la forma apropiada de cada verbo.

Me gusta pasar tiempo con mis amigos los fines de semana. Los viernes generalmente vamos al cine. (Nosotros) __1.__ *(vivir)* cerca de un cine donde dan muchas películas. Por lo general, los sábados por la mañana, *(yo)* __2.__ (correr) por una hora y luego __3.__ *(montar)* en bicicleta. Mis amigos, Carlos y Mario, generalmente __4.__ *(montar)* en monopatín y en el invierno __5.__ *(esquiar)*. Los domingos generalmente (yo) __6.__ *(leer)* un libro y hago la tarea para el lunes.

¿Recuerdas?

You can talk about leisure activities using these regular verbs and expressions:

bailar	**montar en bicicleta**
caminar	**montar en monopatín**
cantar	**nadar**
comer	**pasar tiempo**
correr	**patinar**
dibujar	**practicar deportes**
escribir cuentos	**tocar la guitarra**
escuchar música	**tomar el sol**
esquiar*	**usar la computadora**
leer revistas	

*In the present tense, *esquiar* has an accent on the *i* in all forms except *nosotros* and *vosotros: esquío, esquías, esquía, esquiamos, esquiáis, esquían.*

Unas preguntas

ESCRIBIR, HABLAR EN PAREJA Escribe estas preguntas en una hoja de papel. Escribe la palabra que completa las preguntas y contéstalas. Luego, trabaja con un(a) compañero(a) y túrnense para preguntar y responder a las preguntas. Usen expresiones apropiadas en sus respuestas.

1. ¿Con ___ pasas tiempo los fines de semana?

2. ¿ ___ vas al cine? ¿Los viernes, los sábados o los domingos?

3. ¿ ___ vives? ¿Está cerca de la escuela?

4. ¿ ___ deportes practicas?

5. ¿ ___ es tu restaurante favorito?

6. ¿ ___ usas la computadora, después de las clases o por la noche?

7. ¿ ___ veces vas a la biblioteca durante la semana?

> **¿Recuerdas?**
> Here are the question words you already know:
>
> | | |
> |---|---|
> | ¿Adónde? | ¿De dónde? |
> | ¿Cómo? | ¿Dónde? |
> | ¿Cuál(es)? | ¿Por qué? |
> | ¿Cuándo? | ¿Qué? |
> | ¿Cuánto, -a? | ¿Quién(es)? |
> | ¿Cuántos, -as? | |
>
> And here are words you can use to talk about how often you do an activity:
>
> | | |
> |---|---|
> | a menudo | nunca |
> | a veces | siempre |
> | después de | todos los días |
> | el (los) fin(es) de semana | |

¿A menudo o nunca?

ESCRIBIR, HABLAR EN PAREJA Usa las preguntas de la Actividad 15 para hacer una conversación con otro(a) estudiante. Pregúntale con qué frecuencia hace estas actividades. Escribe las respuestas de tu compañero(a) y úsalas para escribir un párrafo.

Modelo
A veces paso los fines de semana con mis amigos. Siempre vamos al cine los sábados . . .

Dos preguntas, por favor

ESCRIBIR, HABLAR EN GRUPO

1 Van a trabajar en grupos de tres. Cada estudiante debe escribir en una hoja de papel una actividad.

Modelo
Monto en bicicleta.

2 Pasen la hoja de papel al estudiante de la izquierda. Este estudiante debe escribir una pregunta usando la información de la primera frase y una palabra interrogativa.

Modelo
¿Cuándo montas en bicicleta?

3 Pasen la hoja de papel al estudiante de la izquierda que va a escribir otra pregunta usando la información de la primera frase y otra palabra interrogativa.

Modelo
¿Dónde montas en bicicleta?

4 Al final, la hoja vuelve al estudiante que escribió la primera frase. Este estudiante tiene que leer las preguntas, escribir sus respuestas y luego leerlas.

Modelo
Monto en bicicleta a menudo. Monto en bicicleta en el parque.

Tu tiempo libre

ESCRIBIR, HABLAR EN PAREJA ¿Adónde van tú y tus amigos todos los días? Trabaja con otro(a) estudiante y pregúntale adónde va en su tiempo libre. Tu compañero(a) te va a contestar y va a decir con qué frecuencia va. Luego, tu compañero(a) te hace preguntas por escrito y tú le contestas.

Videomodelo

A —¿Adónde vas en el verano?
B —En el verano voy a la piscina todos los días.

Estudiante B

¿Dónde?	¿Cuándo?
la piscina	todos los días
el centro comercial	siempre
la playa	a veces
el parque	nunca
el gimnasio	a menudo
¡Respuesta personal!	**¡Respuesta personal!**

Estudiante A

1. en el invierno
2. los fines de semana
3. después de las clases
4. en la primavera
5. en el otoño
6. de vacaciones

¡Enrique!

LEER, ESCRIBIR Lee este artículo sobre el cantante Enrique Iglesias. Luego contesta las preguntas.

☰ Enrique Iglesias 🔍

El cantante Enrique Iglesias es de España pero ahora vive en Miami. Su padre es el famosísimo cantante Julio Iglesias, pero los jóvenes de todo el mundo conocen a Enrique por sus canciones populares como "Cuando me enamoro", "I Like It" y "Do You Know?". Por primera vez en la historia de la música latina, recibió el premio Grammy como Mejor Artista Latino con su primer disco; y en 2011 recibió el premio al Álbum del año en los premios Billboard de la Música Latina, entre muchos más. Enrique dice que la inspiración de su música viene de la música rock norteamericana y de las influencias latinas, caribeñas y europeas. Dice que "Soy y voy

a ser siempre latino, pero mi música no lo es". Cuando no está escribiendo música o cantando en conciertos, le gusta practicar deportes acuáticos, pasar tiempo con sus perros, y ver la tele, especialmente los programas musicales. Sus amigos dicen que es gracioso, independiente, romántico y optimista.

1. ¿Cómo se llama el padre de Enrique?
2. ¿De dónde es Enrique?
3. ¿Dónde vive ahora?
4. ¿Cuándo recibió el premio Billboard?
5. ¿Qué tipo de música le inspira a Enrique?
6. ¿Cómo es Enrique, según sus amigos?
7. ¿Quién es tu cantante favorito(a)? ¿Por qué te gusta?

Juego

ESCRIBIR, HABLAR EN GRUPO

1 Escribe palabras que puedes usar para hablar de las tres fotos. No tienes que escribir frases completas. Piensa en estas preguntas:

> ¿Qué hacen los jóvenes?
>
> ¿Dónde están?
>
> ¿Cuándo es?
>
> ¿Cómo se llaman ellos?
>
> ¿Cómo son ellos?

2 Formen grupos de tres. Decidan quién va a empezar *(start)*. La primera persona habla de la primera foto por 20 segundos. Su profesor(a) va a decirles cuándo se termina el tiempo. La segunda persona habla de la misma foto por 15 segundos sin repetir nada. Su profesor(a) va a decirles cuándo se termina el tiempo. Luego la tercera persona habla de la misma foto por diez segundos.

3 Ahora repitan el Paso 2, pero describan la segunda foto. Luego repitan lo mismo, pero con la tercera foto.

Y tú, ¿qué dices?

ESCRIBIR, HABLAR EN PAREJA Trabaja con otro(a) estudiante. Túrnense para hacer y contestar estas preguntas. Usen expresiones apropiadas. Luego, hagan y contesten tres preguntas más en mensajes de texto.

1. ¿Qué haces los fines de semana?

2. ¿Cuándo vas al gimnasio? ¿Nunca, a veces o todos los días? ¿Por qué?

3. ¿Qué hace tu familia en el verano?`

Presentación escrita

Go **Online** to practice

 PEARSON **realize**™

PearsonSchool.com/Autentico

 WRITING   SPEAK/RECORD

Poemas en diamante

TASK Write a diamond-shaped poem that describes you.

1 **Prewrite** Use these steps to write your poem:

1. Escribe tu nombre.

2. Escribe dos adjetivos que no te describen.

3. Escribe tres adjetivos que te describen.

4. Escribe cuatro actividades que haces todos los días.

5. Escribe tres actividades que tus amigos y tú hacen en el verano.

6. Escribe dos actividades que nunca haces.

7. Escribe "¡Así soy yo!"

2 **Draft** Write your poem in the shape of a diamond.

3 **Revise** Show your poem to a partner, who will check:

- Did you include all the information from Step 1?
- Are the adjectives and verb forms correct?
- Is there anything you should add or change?

Rewrite your draft, making any necessary changes.

4 **Publish** Put your poem on a sheet of paper or poster board. Decorate it with images that are representative of you.

5 **Evaluation** The following rubric will be used to grade your presentation.

Estrategia

Organizing your thoughts Follow the guidelines of a graphic organizer in a diamond shape as you write your poem. This will help you organize your ideas and improve your writing.

> *Me llamo Linda.*
>
> *No soy ni seria ni vieja*
>
> *Soy alta, sociable, estudiosa.*
>
> *Todos los días yo escucho música, leo, corro, uso la computadora.*
>
> *En el verano mis amigos y yo nadamos, cantamos, bailamos.*
>
> *Nunca patino ni monto en bicicleta.*
>
> *¡Así soy yo!*

Rubric	Score 1	Score 3	Score 5
Completeness of your task	You provide some of the information required.	You provide most of the information required.	You provide all of the information required.
Your use of adjectives and verbs	You use adjectives and verbs with many grammatical errors.	You use adjectives and verbs with occasional grammatical errors.	You use adjectives and verbs with very few grammatical errors.
Neatness and attractiveness of your presentation	You provide no visuals and your poster contains visible error corrections and smudges.	You provide few visuals and your poster contains visible error corrections and smudges.	You provide several visuals, have no error corrections and smudges, and your poster is attractive.

OBJECTIVES
▶ Talk and write about classes and classroom objects
▶ Write about what students have to do in their classes

Vocabulario

las clases
el arte
las ciencias
  naturales
las ciencias sociales
la educación física
el español
el inglés
las matemáticas
la tecnología

**descripciones
de las clases**
aburrido, -a
difícil
divertido, -a
fácil
interesante
práctico, -a

mi horario
primera hora
segunda hora
tercera hora
cuarta hora
quinta hora
sexta hora
séptima hora
octava hora
novena hora
décima hora

**en la sala de
clases**
una bandera
un cartel
un escritorio
una mesa
la papelera
la puerta
un pupitre
un reloj
un sacapuntas
una silla
la ventana

en mi mochila
un bolígrafo
una calculadora
una carpeta
una carpeta de
  argollas
un cuaderno
un diccionario
una hoja de papel
un lápiz
un libro
la tarea

1

Tu escuela

HABLAR, ESCRIBIR Un estudiante de América Central estudia en tu escuela
este año. Usa la información de las listas y dile *(tell him)*:

- una clase que tienes   *Tengo . . .*

- el nombre del profesor / de la profesora   *El (La) profesor(a) se llama . . .*

- cómo es la clase   *La clase es . . .*

- las cosas que traes a la clase todos los días   *Todos los días traigo . . .*

- a qué hora tienes la clase   *Tengo la clase a las . . .*

- si te gusta o no te gusta la clase y por qué
  Me gusta/No me gusta la clase porque . . .

Gramática Repaso

The verb *tener*

Use the verb *tener* to show relationship, possession, or age, or in other expressions such as *tener hambre/sueño/sed.*

(yo)	**tengo**	(nosotros) (nosotras)	**tenemos**
(tú)	**tienes**	(vosotros) (vosotras)	**tenéis**
Ud. (él) (ella)	**tiene**	Uds. (ellos) (ellas)	**tienen**

Use *tener que* + infinitive to say that something has to be done.

Tenemos que escribir mucho en la clase de inglés.

Verbs with irregular *yo* forms

Some verbs are irregular in the *yo* form only.

hacer *(to do, to make)*	poner *(to put)*	traer *(to bring)*
hago	**pongo**	**traigo**

Hago la tarea de español todos los días.

Pongo los libros en el escritorio.

Traigo una carpeta a la clase.

2

¿Qué tienen que hacer?

ESCRIBIR, HABLAR EN PAREJA ¿Qué tienen que hacer estas personas en sus clases? Trabaja con un(a) compañero(a). Escribe frases con una actividad diferente para cada persona. Tu compañero(a) añade una razón.

Modelo
mi amiga (nombre)
Mi amiga Gloria tiene que usar la computadora hoy, porque mañana tiene que estudiar.

1. yo
2. mi amigo
   (nombre)
3. nosotros
4. mis amigos
5. la profesora
6. tú

3

¿Cómo son las clases?

LEER, ESCRIBIR Completa la siguiente conversación con la forma correcta del verbo apropiado. Luego escribe un correo electrónico a otro(a) estudiante diciéndole lo que tienes que hacer en una de tus clases. Usa expresiones culturalmente apropiadas.

A —¿Qué __1.__ *(traer/hacer)* Uds. en la clase de ciencias?

B —Nosotros __2.__ *(tener/hacer)* muchas cosas diferentes. Estudiamos plantas y animales. A veces el profesor __3.__ *(poner/hacer)* un experimento y nosotros __4.__ *(tener/traer)* que escribir nuestras observaciones.

A —¿El profesor __5.__ *(traer/hacer)* animales o insectos a la clase para estudiar?

B —Sí, él __6.__ *(poner/hacer)* un animal sobre la mesa y nosotros lo describimos. A veces los estudiantes __7.__ *(poner/traer)* una planta o una piedra interesante a la clase también.

A —¿ __8.__ *(Traer/Tener)* Uds. mucha tarea en la clase?

B —Sí. Leemos mucho y __9.__ *(traer/hacer)* una prueba cada semana. Yo siempre __10.__ *(poner/hacer)* mi libro de ciencias en mi mochila porque hay tarea todos los días.

¿Qué haces en la escuela?

Country Connections Explorar el mundo hispano

Illinois
Texas
España
Cuba
México
Colombia

CHAPTER OBJECTIVES

Communication

By the end of this chapter you will be able to:

- Listen and read about classes and classroom rules.
- Talk and write about classroom activities and schoolwork.
- Exchange information about what you do in class.

Culture

You will also be able to:

- **Auténtico:** Identify key details in an authentic video about going back to school.
- Understand the meaning and role of coats of arms in the Spanish-speaking world.
- Compare school rules and customs in the Spanish-speaking world and the U.S.

You will demonstrate what you know and can do:

- Presentación oral: Director(a) por un día
- Preparación para el examen

You will use:

Vocabulary
- School activities and rules
- Items you need for class

Grammar
- Stem-changing verbs
- Affirmative and negative words

ARTE y CULTURA ‹ México

Diego Rivera El artista mexicano Diego Rivera (1886–1957) pintó cuadros y también murales en edificios importantes de México y de los Estados Unidos. Durante cuatro años, Rivera pintó murales por todo el interior del edificio de la Secretaría de Educación Pública en la Ciudad de México. *Alfabetización* muestra la importancia de la educación pública gratis[1] en México.

▶ En tu opinión, ¿es necesaria la educación pública gratis? ¿Por qué?

[1]free

"Alfabetización. Aprendiendo a leer." (1923–1928),
Diego Rivera ▶

Estudiantes en
Cartagena, Colombia

▶ Videocultura **Vida escolar**

Vocabulario en contexto

OBJECTIVES

Read, listen to, and understand information about
▸ school activities and rules
▸ items you need for class

❝Para **sacar una buena nota**, esto es **lo que** hago: escucho al profesor cuando **explica** la lección, y **pido ayuda** cuando no **entiendo** algo. **Aprendo de memoria** las palabras. Luego, **discuto** la lección con mis amigos.❞

Más vocabulario

alguien = someone, anyone
almorzar = to have lunch
el carnet de identidad = ID card
ningún, ninguno, -a = no, none
sobre = about

el laboratorio

el proyecto (de arte)

los materiales

la grapadora

la cinta adhesiva

las tijeras

sacar una buena nota

el informe

sobre...sobre...sobre...

repetir

las palabras

66 En la pared, hay un cartel con **las reglas** de la clase. 99

Sí

- Hay que **entregar** la tarea **a tiempo**.
- Hay que estar en **el asiento** y **prestar atención** cuando la clase **empieza**.
- Hay que **respetar** a todas las personas de la clase.

contestar

hacer una pregunta

el asiento

¡No!

- **Se prohíbe** ir al **armario** durante las clases.
- Se prohíbe **almorzar** en la sala de clases.

el armario

1

¿Cómo estudia Esteban?

🔊 ESCUCHAR Escucha a Esteban hablar sobre cómo estudia. Toca la foto que corresponde.

2

¿Qué reglas tienes?

🔊 ESCUCHAR Escucha estas reglas. Si tienes la misma regla en tu escuela, levanta una mano. Si no tienes esta regla, levanta dos manos.

Julia y Anita se envían mensajes antes de la clase de español.

Julia / Anita

Julia: ¿Dónde estás? ¿No quieres almorzar conmigo hoy?

Anita: Tengo que dar un discurso en la clase de español. Tengo miedo. 😐

Julia: Tienes que comer algo.

Anita: Está bien. Entonces voy a comer plátano con yogur.

Julia: Oye, ¿vas de vacaciones este año?

Anita: Pues, sí. Voy a Puerto Rico. **Conozco** a una chica allí.

Julia: ¡Genial! **Algún** día yo también quiero visitar Puerto Rico.

Anita: Bueno, tengo que irme. No quiero llegar tarde. ¡Ay! No me gusta dar discursos. 🙁

Julia: ¡Uf! A **nadie** le gusta dar discursos.

dar un discurso

llegar tarde

3

¿Cierto o falso?

ESCRIBIR Lee cada frase y escribe cierto o falso. Si la frase es falsa, escribe la información correcta.

1. Julia quiere almorzar con Anita.

2. Anita va a comer una hamburguesa.

3. Anita tiene miedo porque va a dar un discurso.

4. Julia no quiere visitar Puerto Rico.

5. A Anita no le gusta dar discursos.

Videohistoria

Go **Online** to practice

PEARSON
realize.™

PearsonSchool.com/Autentico

AUDIO   VIDEO   WRITING   SCRIPT

El informe de Seba

Antes de ver

Use prior knowledge to identify cultural practices How different do you think schools in other places are? Watch the video and identify cultural practices that are the same or different.

Completa la actividad

Dar informes Haz una lista de tres temas sobre los que te gustaría escribir para un informe.

▶ Ve el video

¿Por qué pide Seba la ayuda de Valentina?

Ve a **PearsonSchool.com/Autentico** para ver el video *El informe de Seba*. También puedes leer el guión[1].

Seba

Valentina

Después de ver

 ESCRIBIR Lee las preguntas. Escribe las respuestas según el video.

1. ¿Dónde están Seba y Valentina? ¿En sus casas o en la escuela?

2. ¿De qué se trata el informe de Seba?

3. En el video, ¿cómo va Seba a la escuela en Costa Rica?

4. Según el video, ¿cómo ayudan Seba y los voluntariados en la escuela?

5. ¿Qué dice Valentina que debe hacer Seba al final de su informe?

Comparación cultural Compara las reglas de la clase del video con las reglas de tu clase. Identifica las reglas que son similares.

[1]script

Vocabulario en uso

OBJECTIVES
▶ Talk about what you and others do at school
▶ Discuss classroom activities and rules
▶ Write about your classes

4

¿Qué tienen que hacer?

ESCRIBIR, HABLAR EN PAREJA

1 Estudia los dibujos y escribe frases para describir las actividades que estos estudiantes tienen que hacer en cada clase.

Modelo
José
José tiene que dar un discurso en la clase de historia.

> **Para decir más . . .**
> **el álgebra** *(f.)* = algebra
> **la biología** = biology
> **la física** = physics
> **la geografía** = geography
> **la geometría** = geometry
> **la historia** = history
> **la literatura** = literature
> **la química** = chemistry
> *Para más clases, mira la página 14.*

1. Isabel

4. Javier y Eva

2. Luisa

5. David y Clara

3. Victoria

6. Mercedes y Pablo

2 Habla con otro(a) estudiante sobre lo que ustedes tienen que hacer en sus clases.

Videomodelo

A —*¿En qué clase tienes que dar un discurso?*
B —*Tengo que dar un discurso en la clase de literatura.*

¡Tantas actividades!

 HABLAR EN PAREJA   Con otro(a) estudiante, habla de lo que hacen estos estudiantes en su escuela.

Videomodelo
A —*¿Qué hace Lisa en la clase de español?*
B —*Repite las palabras para aprender de memoria el vocabulario.*

Lisa

Miguel

Pilar / Juan / Pepe

Isabel

Lupe

Santiago / Ricardo

6

Tus clases

 ESCRIBIR, HABLAR EN PAREJA

1 Haz una lista de cinco clases que tienes. Escribe una frase para describir lo que pasa en cada clase. Usa las expresiones del recuadro.

Modelo
En la clase de inglés, la profesora da muchos discursos.

hacer proyectos	dar discursos
hacer preguntas	escribir informes
aprender de memoria	trabajar en el laboratorio

2 Trabaja con otro(a) estudiante y comparen lo que hacen en diferentes clases.

Videomodelo
A —*En la clase de inglés, la profesora da muchos discursos.*
B —*En la clase de inglés, la profesora nunca da discursos.*
O:—*No tengo una clase de inglés.*

Para ser un(a) buen(a) estudiante

ESCRIBIR, HABLAR EN PAREJA

1 Completa las frases. Después compara tus opiniones con las de otro(a) estudiante.

Modelo
Para sacar una buena nota, . . .
Para sacar una buena nota, hay que estudiar mucho.

1. Para aprender de memoria el vocabulario, . . .

2. Para entender mejor la tarea, . . .

3. Para leer mejor en español, . . .

4. Para hacer un proyecto de arte, . . .

5. Para ir a la universidad, . . .

6. Para un examen, . . .

> **¿Recuerdas?**
> *Para* has a number of different meanings. Here are some you've seen:
> *in order to* Estudio **para** sacar buenas notas.
> *intended for* Estos materiales son **para** el proyecto.
> *in (my) opinion* **Para** mí, las reglas son muy buenas.

2 Trabaja con otro(a) estudiante para hablar de las clases que tienen todos los días. Túrnense (*take turns*) para preguntar y contestar. Usa la forma apropiada de *tú*.

Modelo
Estudiante A. ¿Qué debes hacer para sacar una buena nota en la clase de literatura?
Estudiante B: Debo estudiar más porque la clase de literatura es difícil.

¿Qué hago?

HABLAR EN PAREJA Habla de los problemas que tienes en la escuela. Tu compañero(a) va a decirte lo que debes hacer.

Videomodelo
sacar malas notas
A —*Saco malas notas en la clase de inglés.*
B —*Tienes que pedir ayuda.*
o: —*Hay que pedirle ayuda a la profesora.*

Estudiante A

1. tener hambre
2. no traer ni tijeras, ni grapadora ni cinta adhesiva
3. no tener la tarea de . . .
4. no entender la tarea
5. no saber las reglas
6. muchas veces llegar tarde
7. hablar mal de los profesores

Estudiante B

saber las reglas
almorzar
entregar la tarea a tiempo
llegar a tiempo
pedir ayuda
traer los materiales a clase
respetar a los demás
prestar atención

¿Qué aprendes de memoria?

Conexiones ⟨ **La literatura**

LEER, ESCRIBIR, HABLAR En la escuela debes aprender muchas palabras y fechas de memoria. En casa, aprendes números de teléfono y fechas de cumpleaños. Si te gusta la música, también aprendes canciones de memoria. Aquí hay parte de un poema muy famoso, *Versos sencillos*. Lee el poema y busca los cognados para ayudarte a entenderlo mejor. Luego contesta las preguntas.

1. ¿Qué cognados te ayudan a entender el poema?

2. ¿Qué le da el poeta a un buen amigo? ¿Y al cruel?

3. ¿Qué palabras riman *(rhyme)* en el poema?

4. ¿Te gusta el poema? ¿Por qué?

> ### *Versos sencillos*[1]
> José Martí
>
> Cultivo una rosa blanca,
> en julio como en enero,
> para el amigo sincero
> que me da su mano franca.
>
> Y para el cruel que me arranca[2]
> el corazón[3] con que vivo,
> cardo[4] ni ortiga[5] cultivo:
> cultivo una rosa blanca.
>
> [1]simple [2]pulls out [3]heart [4]thistle
> [5]nettle *(a thorny plant)*

10

¡Aprende el poema!

LEER, HABLAR EN PAREJA Lee el poema *Versos sencillos* varias veces. Luego practica con otro(a) estudiante sin mirar las palabras. Tu compañero(a) te puede ayudar. Recita el poema en grupos pequeños o para la clase. Hay que:

• hablar claramente   • expresar emoción
• comunicar los sentimientos del poeta

> **Estrategia**
> **Memorizing** Repeating out loud is a good strategy for memorizing any text, such as this poem. It will also help you to remember new vocabulary and verbs.

CULTURA ⟨ **Cuba**

José Martí (1853–1895) fue un poeta y patriota cubano muy famoso. Él es un símbolo de la independencia de Cuba de los españoles. Los versos que acabas de leer son sólo una pequeña parte del poema *Versos sencillos*, en el que el poeta describe su poesía y la vida[1] con palabras sencillas y sinceras. Muchas personas creen que este poema es lo mejor de su trabajo literario. Las palabras de la canción "Guantanamera" son de estos versos.

Pre-AP® Integration: Los héroes y los personajes históricos: ¿Qué poema o canción da honor a un héroe de los Estados Unidos?

Mapa global interactivo Visita Cuba, el país donde nació José Martí y los lugares en Cuba que dan honor a su vida. ¿Cómo dan las comunidades honor a sus líderes y figuras históricos?

[1]life

Una estatua de José Martí ▶
en la ciudad de Nueva York

Las reglas de mis clases

 ESCRIBIR, HABLAR EN PAREJA   Copia esta tabla. En la tabla, escribe todas tus clases, las horas y las reglas. Luego escribe una descripción.

Después, trabaja con otro(a) estudiante y habla de las reglas en las clases. ¿Tienen las mismas reglas en las mismas clases? ¿Qué piensa tu compañero(a) de estas reglas?

▶ **Videomodelo**

A —*En la clase de educación física, hay que llevar uniformes. Se prohíbe tomar refrescos. ¿Qué piensas?*

B —*En mi clase también hay que llevar uniformes y no debes tomar refrescos. ¡Estoy de acuerdo! Son buenas reglas porque . . .*

o: —*¡No estoy de acuerdo! No debemos llevar uniformes y me gustaría tomar refrescos.*

Clase / Hora	Hay que . . .	Se prohíbe . . .
matemáticas / segunda	usar una calculadora	hablar con los amigos

12

Y tú, ¿qué dices?

 ESCRIBIR, HABLAR EN PAREJA   Trabaja con un(a) compañero(a) para hacer y contestar estas preguntas.

1. ¿Qué actividades te gusta hacer en tus clases? ¿Cuáles no te gusta hacer?

2. ¿Qué proyectos haces en tus clases?

3. Piensa en las reglas de tus clases. ¿Qué regla(s) no te gusta(n)? ¿Qué debes hacer si no estás de acuerdo con una regla? Explica.

4. ¿Cuál es tu clase favorita este año? ¿Qué tienes que hacer en esa clase?

5. ¿Siempre entiendes todo en tus clases? ¿Qué necesitas hacer si no entiendes algo? Explica por qué eso te puede ayudar.

Citas sobre la educación

 LEER, ESCRIBIR   Lee las citas *(quotes)* sobre la educación. ¿Qué quiere decir cada persona? ¿Piensan que la educación es importante? Escoge dos citas y escribe un párrafo para compararlas. Explica lo que las citas quieren decir y da tu opinión.

Modelo

Las palabras de Gabriela Mistral quieren decir que hay una conexión importante entre la educación y el país. Yo estoy de acuerdo porque . . .

"*El fundamento verdadero de la felicidad: la educación*".
Simón Bolívar (1783–1830), militar y político venezolano

"*Según como sea¹ la escuela, así será² la nación entera*".
Gabriela Mistral (1889–1957), poeta y educadora chilena

"*Todos los problemas son problemas de educación*".
Domingo Faustino Sarmiento (1811–1888), escritor, educador y político argentino

¹is ²shall be

Gramática
Repaso

OBJECTIVES
▸ Talk and write about classroom activities
▸ Exchange information about a typical school day

Go **Online** to practice
PEARSON realize™
PearsonSchool.com/Autentico

VIDEO   WRITING   SPEAK/RECORD

Stem-changing verbs

The stem of a verb is the part of the infinitive that is left after you drop the endings -*ar*, -*er*, or -*ir*. For example, the stem of *empezar* is *empez-*. Stem-changing verbs have a spelling change in their stem in all forms of the present tense except the *nosotros(as)* and *vosotros(as)* forms.

There are three kinds of stem-changing verbs that you have learned. To review them, here are the present-tense forms of *poder (o → ue)*, *empezar (e → ie)*, and *pedir (e → i)*.

— Si no **puedes** contestar una pregunta, ¿qué haces?

— Generalmente le **pido** ayuda a otro estudiante o al profesor.

poder (o → ue)

(yo)	**puedo**	(nosotros) (nosotras)	**podemos**
(tú)	**puedes**	(vosotros) (vosotras)	**podéis**
Ud. (él) (ella)	**puede**	Uds. (ellos) (ellas)	**pueden**

empezar (e → ie)

(yo)	**empiezo**	(nosotros) (nosotras)	**empezamos**
(tú)	**empiezas**	(vosotros) (vosotras)	**empezáis**
Ud. (él) (ella)	**empieza**	Uds. (ellos) (ellas)	**empiezan**

pedir (e → i)

(yo)	**pido**	(nosotros) (nosotras)	**pedimos**
(tú)	**pides**	(vosotros) (vosotras)	**pedís**
Ud. (él) (ella)	**pide**	Uds. (ellos) (ellas)	**piden**

¿Recuerdas?

Here are more stem-changing verbs that follow the patterns above.

o → ue	u → ue	e → ie	e → i
almorzar	jugar	entender	servir
costar		pensar	repetir
dormir		preferir	
		querer	

14

Mi clase favorita

 LEER, ESCRIBIR Completa las frases con la forma correcta del verbo apropiado.

Es increíble pero mi clase favorita __1.__ (*empezar/entender*) a las siete y media de la mañana. El profesor, el Sr. Díaz, es muy simpático y él __2.__ (*pedir/entender*) que todos tenemos mucho sueño en la mañana. Ningún estudiante __3.__ (*dormir/querer*) en esta clase porque siempre estamos muy activos. Yo creo que los estudiantes __4.__ (*preferir/poder*) las clases que tienen más actividades. Generalmente el Sr. Díaz __5.__ (*repetir/querer*) las instrucciones para las actividades dos o tres veces. A veces nosotros no __6.__ (*entender/servir*) los ejercicios en el libro y __7.__ (*pensar/pedir*) ayuda. El Sr. Díaz siempre __8.__ (*jugar/poder*) ayudarnos.

Juego

HABLAR EN GRUPO, GRAMACTIVA Con otros(as) tres estudiantes, van a hacer dos cubos para su grupo con el modelo que les da su profesor(a).

Escriban un pronombre *(yo, tú, él, ella, nosotros, nosotras, Uds., ellos, ellas)* diferente en cada cara *(side)* del cubo 1. Escriban también un número diferente del 1 al 6 en cada cara.

Escriban un infinitivo diferente en cada cara del cubo 2. Escojan entre los verbos que ves aquí. Escriban también un número diferente del 1 al 6 en cada cara.

almorzar	entender	pensar	querer
dormir	jugar	poder	repetir
empezar	pedir	preferir	servir

Tiren *(Roll)* los dos cubos y, según el resultado, formen una frase. Si la frase es lógica y correcta, reciben los puntos que indican los números en los cubos, pero si la frase no es ni lógica ni correcta, no reciben nada. El grupo con más puntos gana *(wins)*.

Modelo
yo (= 6 puntos)
preferir (= 2 puntos)
Yo prefiero estudiar español y ciencias sociales. (= 8 puntos)

Más recursos ONLINE

- ▶ *GramActiva* Video
- ▶ **Tutorial:** Conjugation of stem-changing verbs
- ▶ **Animated Verbs**
- ◀)) *Canción de hip hop: ¿Cómo aprendes tú?*
- ✎ *GramActiva* Activity

Un día típico

ESCRIBIR, HABLAR EN PAREJA ¿Puedes describir tu día típico en la escuela? Usa las palabras y expresiones en el recuadro y escribe un párrafo sobre tus clases, tus compañeros, los profesores y lo que haces durante el día.

yo	mis amigos	(no) entender	en la cafetería
mi amigo(a)	almorzar	preferir	en la clase de . . .
el (la) profesor(a)	empezar	querer	muy temprano
nosotros	(no) dormir	durante la clase de . . .	sacar buenas / malas notas
las clases			

Ahora compara tus descripciones con las de otro(a) estudiante. Hablen de las diferencias y las semejanzas *(similarities)* en el día de cada uno de ustedes.

Go **Online** to practice

PEARSON
realize™
PearsonSchool.com/Autentico
🔊 ✏️ 🎤
AUDIO   WRITING   SPEAK/RECORD

Tu proyecto favorito . . .

 ESCRIBIR, HABLAR   Contesta las siguientes preguntas. Compara tus respuestas con las de otro(a) estudiante. Luego túrnate con tu compañero(a) para hacer y responder preguntas similares.

1. ¿En qué clases haces muchos proyectos?

2. ¿Prefieres hacer proyectos o tomar exámenes? ¿Por qué?

3. ¿Quieres hacer un proyecto en tu clase de español? ¿Qué tipo de proyecto?

4. ¿Pides ayuda cuando tienes que hacer un proyecto? ¿A quién?

5. Cuando haces un proyecto, ¿qué materiales usas?

Pronunciación ‹ The letters *b*, *v*, and *d*

🔊 The letters *b* and *v* are both pronounced the same. When the *b* or *v* is the first letter of a word or follows an *m* or *n,* it is pronounced like the English letter *b.* Listen to and say these words:

bien   **v**ecinos   tam**b**ién   in**v**ierno

In all other positions, the letters *b* and *v* have a softer "b" sound. To produce it, put your lips close together (but not touching) and push the air through them. Listen to and say these words and sentences:

gusta**b**a   jó**v**enes   ár**b**ol   de**v**olver

Benito **V**ásquez era un hom**b**re que **v**iaja**b**a en **B**rasil.

Mi no**v**io **v**i**v**ía en el Cari**b**e pero ahora **v**i**v**e en **B**uenos Aires.

Like the *b* and *v,* the Spanish *d* can have a hard or a soft sound. The *d* is hard at the beginning of a word or after *n* or *l,* like the *d* in the English word *dough.* Listen to and say these words:

don**d**e   **d**esfile   fal**d**a   cuan**d**o   apren**d**er

Otherwise the *d* is soft like the English *th* in the English word *though*. Listen to the soft *d* in these words and repeat them:

ciu**d**ad   mo**d**erno   cuña**d**o   bo**d**a   ayu**d**ar

Repeat the following *refranes*. What do you think they mean?

Un hombre que sabe dos lenguas vale por dos.

Quien mucho vive, mucho ve.

¿Sacas buenas notas?

LEER, ESCRIBIR, HABLAR Mira las notas de Nora, una estudiante de Zacatecas, México. Observa cómo son las notas en la escuela de Nora. Observa también el número de asignaturas *(subjects)* que ella estudia.

1. ¿Cuál es la nota más alta de Nora? ¿Y la más baja?

2. ¿Cuántas asignaturas estudia Nora?

3. ¿Qué asignatura(s) estudia Nora que tú no estudias?

4. ¿Para qué semestre son las calificaciones?

www... 🔍 ★

Escuela José Rodríguez Elías

2016-17

Nora Ramírez Valenzuela

SEMESTRE DE PRIMAVERA

Asignaturas	Classes por semana	Calificación final	
		CIFRA	LETRA
Matemáticas	4	8	OCHO
Física I	4	9	NUEVE
Inglés I	3	10	DIEZ
Biología I	4	9	NUEVE
Química I	4	10	DIEZ
Etimologías latinas	3	8	OCHO
Metodología de la ciencia I	4	7	SIETE
Introducción a las ciencias sociales I	4	9	NUEVE
Informática I	2	8	OCHO
Orientación vocacional I	1	ACREDITADA	
Educación física I	1	ACREDITADA	

Gobierno del Estado de Zacatecas
Secretaría de Educación y Cultura   Dirección de Educación Media Superior y Superior

---

CULTURA ⟨ **México**

Las notas El sistema de notas, o calificaciones, en México va del 1 (que es la nota más baja) al 10 (que, lógicamente, es la nota más alta). ¡Pero no todas estas notas son buenas! Para aprobar *(pass)* una asignatura necesitas una nota mínima de 6. Notas de 6 y 7 son equivalentes a una nota de "C" en los Estados Unidos. Notas de 8 son equivalentes a una "B" y las de 9 y 10 son como una "A".

• ¿Cómo son tus notas según el sistema de México? ¿Qué sistema prefieres? ¿Por qué?

Pre-AP Integration: Las comunidades educativas: Los profesores y estudiantes participan en forma directa en una comunidad educativa, pero también hay personas que participan indirectamente. ¿Qué otras personas son importantes para tu formación educativa?

Gramática

▶ Talk and write about who and what you know at school
▶ Express affirmative and negative ideas

Go **Online** to practice

PEARSON realize.

PearsonSchool.com/Autentico

WRITING

Affirmative and negative words

By now you know many affirmative and negative words.

Affirmative		Negative	
alguien	*someone, anyone*	**nadie**	*no one, nobody*
algo	*something*	**nada**	*nothing*
algún, alguno(s), alguna(s)	*some, any*	**ningún, ninguno, ninguna**	*no, none, not any*
siempre	*always*	**nunca**	*never*
también	*also, too*	**tampoco**	*neither, either*

¿Recuerdas?

To make a sentence negative, you usually put *no* in front of the verb.

• **No** sacamos buenas notas en la clase de álgebra.

Sometimes you can also use a negative word after the verb.

• **No** estudiamos **nunca** el sábado por la noche.

Alguno, alguna, algunos, algunas, and ninguno, ninguna match the number (singular or plural) and gender (masculine or feminine) of the noun to which they refer.

—¿Uds. van al laboratorio de computadoras en **algunas** clases?

—No, no vamos al laboratorio en **ninguna** clase.

When *alguno* and *ninguno* come before a masculine singular noun, they change to *algún* and *ningún*.

—¿Vas a dar **algún** discurso en la clase de inglés?

—No, no voy a dar **ningún** discurso.

Más recursos ONLINE

▶ *GramActiva* Video

▶ **Tutorial:** Indefinite and negative expressions

✎ *GramActiva* Activity

19

Los profesores muy estrictos

LEER, ESCRIBIR Los profesores de la escuela de Hugo son muy estrictos. Completa las descripciones con la palabra apropiada.

¡La profesora de álgebra es la más estricta de la escuela! __1.__ *(Ninguno/Ningún)* estudiante quiere estudiar con ella. Hay muchas reglas en la clase __2.__ *(también/tampoco)*. En la clase de historia, tenemos __3.__ *(ninguna/algunas)* reglas, y son muy estrictas. En nuestra escuela __4.__ *(nunca/siempre)* podemos comer __5.__ *(nada/algo)* en clase. __6.__ *(También/Tampoco)* podemos beber. En la clase de ciencias puedo trabajar con __7.__ *(nadie/alguien)* para hacer la tarea. Pero, para la clase de inglés, no podemos trabajar con __8.__ *(nadie/alguien)*. En la clase de español __9.__ *(siempre/nunca)* trabajamos en parejas o en grupos para hacer proyectos. No conozco __10.__ *(ninguna/ alguna)* escuela con tantas reglas. ¡Esta escuela tiene __11.__ *(algunos/algunas)* de los profesores más estrictos!

Capítulo 1A • treinta y uno **31**

¿Qué conoces y a quién conoces?

 HABLAR EN PAREJA Trabaja con otro(a) estudiante y habla de algunas personas y cosas que ves en tu escuela todos los días.

 Videomodelo
estudiantes trabajadores

A —¿Conoces a **algunos estudiantes trabajadores?**
B — No, no conozco a **ningún estudiante trabajador.**
o: Sí, conozco a **algunos.** Enrique y Sara son muy **trabajadores.**

1. profesores graciosos
2. estudiantes reservados
3. persona interesante
4. chica estudiosa
5. cafetería con comida buena
6. buenos lugares para estudiar
7. secretarias de la escuela

¿Recuerdas?

Conocer means "to know" or "to be familiar with" a person, place, or thing. It is a regular *-er* verb except in the *yo* form: *conozco.* When you say that you know a person, use *a* after the verb.

- **Conozco a** Estela, la amiga de Juan.
- **¿Conoces** la escuela Benito Juárez?

When using *conocer* with *alguien* or *nadie*, use *a* after the verb, since both words refer to a person.

- **¿Conoces a** alguien en esta escuela?
- No, no **conozco a** nadie.

¿Y en tu escuela?

 HABLAR EN GRUPO ¿Cómo son las clases que tienes todos los días?
Trabaja con otros(as) dos estudiantes y hablen sobre sus experiencias.

1. ¿En qué clases puedes comer? ¿En cuáles puedes beber?
2. ¿Cuándo vienes a clases los fines de semana?
3. ¿Cuándo llegas temprano a la escuela? ¿Cuándo llegas tarde a casa?
4. ¿A veces puedes trabajar con alguien en algún proyecto o alguna tarea? ¿En cuál(es)?
5. ¿Cuáles son algunas de las reglas de tu clase de español? ¿Cuáles son algunas de las reglas de tus otras clases?

CULTURA El mundo hispano

¿Más estrictos? En muchos países hispanohablantes[1], las relaciones entre[2] los profesores y los estudiantes son más formales que en los Estados Unidos. En muchas escuelas, los estudiantes se levantan[3] cuando los profesores llegan a la sala de clases. Los estudiantes usan "usted" cuando hablan con un(a) profesor(a), y muchas veces los llaman "profesor" o "profesora" sin decir el apellido[4].

- Piensa en cómo te comunicas con tus profesores. ¿En qué sentido[5] es similar o diferente a cómo se comunican en los países hispanohablantes?

[1]Spanish-speaking [2]between [3]stand up [4]last name [5]way

En la sala de clases

 ESCRIBIR, HABLAR EN GRUPO   Imagina que tu clase está en un país hispanohablante. Las relaciones entre los estudiantes y los profesores son más formales. En grupos de cuatro, escriban un guión *(script)* sobre diferentes situaciones en la clase usando expresiones culturales apropiadas. Luego actúen su drama para la clase. Una persona es profesor(a) y los otros son estudiantes.

Modelo
La profesora entra en la sala de clases. Los estudiantes están de pie.
Clase: *Buenos días, profesora.*
La profesora: *Buenos días.*

23

Y tú, ¿qué dices?

 LEER, ESCRIBIR

1 Lee lo que Joaquín te escribe por correo electrónico desde México. Luego escribe varios mensajes de texto a Joaquín para contestar sus preguntas. No olvides dar tu opinión sobre las clases.

2 Escribe un correo electrónico como el de Joaquín a un(a) compañero(a) con preguntas sobre cómo es la vida en su pueblo o ciudad. Usa expresiones culturalmente apropiadas en tu correo electrónico.

| Para | sara123@email.com | ✕ |
| Asunto | ¡Saludos desde México! | |

¡Hola, amigo!

¡Saludos desde México! ¿Cómo estás? Yo estoy bien, pero tengo muchísima tarea. Tengo que escribir un informe para la clase de inglés. Quiero comparar las clases aquí en México con las clases de los Estados Unidos. ¿Me puedes ayudar? ¿Cuáles son las reglas de tus clases? ¿Qué cosas debes hacer? ¿Qué se prohíbe? ¿Puedes llegar tarde a las clases? ¿Qué es lo que hay que hacer para sacar buenas notas en tus clases? ¿Cuál es tu clase preferida? ¿Por qué? Por favor, contesta mis preguntas. ¡Gracias!

Un saludote, Joaquín

A̲A ≣ ≡ ≣ ≣   ➤

El español en el mundo del trabajo

El profesor de español, Craig Reubelt, enseña en la *Laboratory Schools* de la Universidad de Chicago. Empezó a estudiar español a los 13 años y vivió en México por dos años. Tiene una maestría *(master's degree)* en Literatura de la Universidad de Chicago. En los veranos, el profesor Reubelt siempre viaja a un país hispanohablante.

• ¿Qué es lo que hay que hacer para ser un(a) buen(a) profesor(a)? ¿Quieres ser profesor(a) de español?

• En parejas representen a un profesor y un(a) estudiante. El/La estudiante le hace preguntas al profesor sobre su trabajo y el profesor responde. Usen la forma apropiada de *Ud.* Inviertan los papeles.

"Me encanta enseñar español y explicar cosas sobre las culturas hispanas".

Lectura

OBJECTIVES

▶ Read about good study habits
▶ Use heads and subheads to predict reading content
▶ Compare and contrast teen magazines

Estrategia
Using heads and subheads
Reading the heads and subheads in an article will often help you anticipate the material being presented. Before you read the magazine article below, try reading the head and subheads. What kinds of advice do you think will be in the article?

Para estudiar mejor . . .

Para comprender bien tus clases y sacar buenas notas, es importante estudiar bien. Pero hay muchos estudiantes que no saben estudiar. Lee estos consejos *(advice)* para estudiar mejor.

☰ *¡Entre nosotros!* ★

¿Cómo aprendiste a montar en bici? Probablemente alguien te dio algunos consejos y luego tú practicaste mucho. Puedes aprender a estudiar de una forma muy parecida. Nadie nace[1] sabiendo estudiar. Necesitas aprender unas pocas técnicas de estudio y luego ponerlas en práctica para desarrollar[2] buenos hábitos de estudio.

Seis pasos[3] *para estudiar mejor*

1 Presta atención: los buenos hábitos de estudio empiezan en la clase

¿Te cuesta prestar atención en clase? ¿Te sientas cerca de una persona que habla mucho o es muy ruidosa? ¿No ves bien la pizarra[4]? Asegúrate de sentarte[5] en un buen sitio para poder prestar atención. Si hay algo que te impide prestar atención o tomar buenos apuntes[6] en clase, coméntaselo al profesor o a tus padres.

2 Los buenos apuntes facilitan el estudio

Empieza anotando la información que explique o escriba en la pizarra tu profesor durante la clase. Intenta[7] hacer buena letra para que después entiendas tus apuntes.

3 Si planificas el estudio con antelación[8], luego te alegrarás de haberlo hecho

Pide un calendario (uno que te guste y que puedas tener cerca de tu escritorio o lugar de estudio) y anota las fechas de entrega de los trabajos escolares y de los exámenes[9]. Luego planifica cuánto tiempo dedicarás cada día a estudiar y cuánto tiempo dedicarás a cada asignatura[10].

---

[1]is born [2]develop [3]steps [4]board [5]to sit down [6]notes [7]try [8]in advance [9]exams, tests [10]school subjects

4 ¡Divídelo en cachitos[11]!

Cuando tengas que estudiar mucho material, te ayudará dividirlo en cachitos. Supongamos que tienes una prueba de ortografía[12] sobre 20 palabras. En vez de[13] pensar en todas las palabras a la vez[14], intenta dividir el trabajo en bloques de cinco palabras y estúdiate uno o dos bloques cada día.

5 Si estás estancado[15], pide ayuda

No se puede estudiar bien cuando uno no entiende la materia. Asegúrate de pedir ayuda a tu profesor si hay algo que no acabas de entender[16]. Si te estancas mientras estudias en casa, tal vez tu madre o tu padre puedan echarte una mano[17].

6 ¡Duerme a pierna suelta[18]!

El examen es mañana. ¡No te dejes dominar por los nervios! Tu cerebro[19] necesita tiempo para asimilar toda la información que ha incorporado. Intenta dormir bien por la noche y mañana te sorprenderá lo bien que te sabes la materia.

---

[11]small chunks [12]spelling test [13]instead of [14]at once [15]stuck [16]don't quite understand [17]give you a hand [18]soundly [19]brain

¿Comprendiste?

1. ¿Cierto o falso? No es necesario prestar atención en clase.

2. Según el artículo, ¿es importante tomar apuntes con buena letra?

3. ¿Qué consejos del artículo ya (already) practicas?

4. ¿Qué piensas de estos consejos? ¿Son fáciles de seguir (to follow) en tu casa?

5. ¿Qué otros consejos para estudiar mejor les puedes dar a tus compañeros?

CULTURA ▶ El mundo hispano

Revistas para jóvenes Hay muchas revistas para jóvenes en español. Por ejemplo, la revista española Okapi tiene artículos sobre temas como los estudios, la vida social, la música y la escuela. Hay secciones dedicadas a las ciencias, los deportes, la historia, la tecnología, los libros y mucho más.

• ¿Lees una revista similar a Okapi? ¿Qué tipo de artículos te gusta leer?

Pre-AP Integration: Los intereses personales: Mira la foto de las diferentes revistas. Identifica los temas de interés de las revistas. ¿Tienes amigos o familiares con esos intereses personales? ¿Cómo son esas personas?

La cultura en vivo

Un nuevo escudo de armas

Los escudos de armas[1] son una manera antigua de identificar a las familias importantes o a los reyes[2]. Los escudos tienen símbolos, animales y colores que representan a la familia. Hoy, muchas familias continúan usando los escudos de armas. Muchas compañías, universidades y escuelas también usan escudos de armas que son una versión moderna de esta manera de identificación.

Comparación cultural ¿Tiene tu escuela un escudo de armas? Investiga si tu escuela tiene uno y cuál es su significado. Comenta tus resultados con un(a) compañero(a). Usa lenguage apropiado en tu conversación

Éste es el escudo del Reino de España. En la parte de arriba está la corona *(crown)* de los reyes.

Online Cultural Reading

Go to Auténtico ONLINE to explore the website of a school in Madrid.

Escudo de Armas

Objetivo
Haz un escudo de armas para tu escuela.
Si tu escuela tiene uno, haz otro nuevo.

Materiales
• hojas grandes de papel
• lápices de colores

Instrucciones
Trabaja con un grupo de tres o cuatro estudiantes.

1. Piensen en los símbolos de su escuela. ¿Cómo pueden usar estos símbolos en su nuevo escudo?
2. Dibujen la forma de un escudo o hagan una copia del escudo del Reino de España.
3. Escojan tres o más símbolos.
4. Escojan tres o más colores.
5. Escojan un lema[3] en español para la escuela, por ejemplo, *Siempre listos* o *Salud, trabajo y bienestar.*
6. Dibujen el escudo y preséntenlo a la clase.

---

[1]coats of arms [2]kings [3]slogan

Presentación oral

OBJECTIVES
▶ Demonstrate new rules for your school
▶ Use brainstorming to find the best ideas for your poster

Go **Online** to practice
PEARSON
realize™

PearsonSchool.com/Autentico

SPEAK/RECORD

Director(a) por un día

TASK As principal for a day, your first task is to create new school rules and display them on a poster. You will present your poster to the class. During your presentation, tell your classmates about your new rules and why they are important.

1 Prepare List six new school rules to create a supportive environment where people will learn better. Include three things students must do and three that are not allowed. Illustrate your rules with a poster.

2 Practice Using your poster, go through your presentation several times. You can use your notes when you practice, but not when you present. Be sure to:

- include three things that students must do and three that are not allowed
- use complete sentences
- speak clearly
- support your ideas in your presentation

Modelo

Éstas son mis reglas nuevas: Todos los estudiantes deben hacer preguntas si no entienden algo. Hacer preguntas nos ayuda a entender mejor. Y hay que . . . ¡Se prohíbe hablar inglés en la clase de español! Y tampoco deben . . .

3 Present Explain your new school rules, using your poster.

4 Evaluation The following rubric will be used to grade your presentation.

Estrategia

Brainstorming Before you prepare a presentation, think of all the possible ideas for your project. List *all* your ideas, without judging whether they are good or bad. Then go back and review your list. Pick the best ones for your presentation.

Rubric	Score 1	Score 3	Score 5
Completion of task	You provide some of the information required.	You provide most of the information required.	You provide all of the information required.
How easily you are understood	You are difficult to understand and have many grammatical errors.	You are fairly easy to understand and have occasional grammatical errors.	You are easy to understand and have very few grammatical errors.
How clearly your visuals match your rules	You provide four visuals that clearly match your rules.	You provide five visuals that clearly match your rules.	You provide six visuals that clearly match your rules.

Auténtico

Nervios de regreso a escuela

Antes de ver

Use the Strategy: Listen for Global Meaning

Listen for the words that you recognize and know to help you infer the meaning of other words. Read this key vocabulary to understand the main idea.

Read this key vocabulary

la clave = the key

prevenir los nervios = avoid getting nervous

para que se acostumbre = to get used to

el hecho de saber = just knowing

dónde están ubicadas sus aulas = where their classrooms are located

Ve el video

This video offers tips for parents to help them when their children are returning to school. Imagine that you are starting at a new school and you don't know anything about it. Watch the video to know how to avoid getting nervous.

Go to PearsonSchool.com/Autentico and watch the video *Nervios de regreso a escuela* to learn what you can do to prepare for your return to school.

Completa las actividades

Mientras ves Escucha para identificar la idea general. ¿Cuál de estas ideas NO menciona el video?

Visitar la escuela.
Conocer a la maestra.
Aprender las reglas de la escuela.
Saber dónde está el baño.

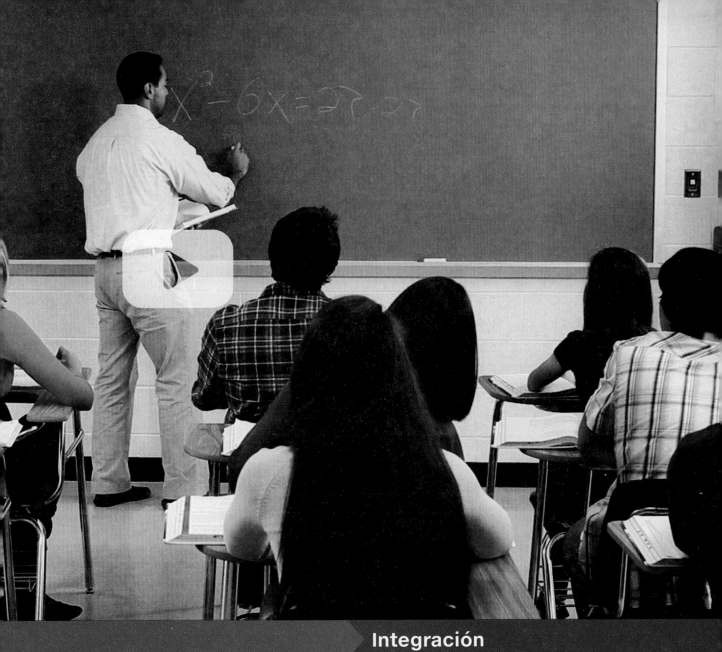

$x^2 - 6x = 27$

Integración

Después de ver Mira el video otra vez para contestar estas preguntas.

1. En el video, hay dos ideas principales para los estudiantes. ¿Cuáles son y qué palabras te ayudan a inferirlas?

2. El video menciona ideas para niños menores y mayores. Nombra una idea para cada uno.

3. El video menciona una idea especialmente para los padres. ¿Cuál es?

 For more activities, go to the *Authentic Resources Workbook.*

El día escolar

Expansión Busca otros recursos en *Auténtico* en línea. Después, contesta las preguntas.

 1A Auténtico

Integración de ideas Los recursos mencionan aspectos del día escolar. Escribe un párrafo sobre un aspecto que te parece interesante. Incluye detalles.

Comparación cultural Compara el día escolar en uno de los países hispanos con tu día típico.

Repaso del capítulo

OBJECTIVES
▶ Review the vocabulary and grammar
▶ Demonstrate you can perform the tasks on p. 41

🔊 Vocabulario

to talk about what you do in class

aprender de memoria	to memorize
contestar	to answer
dar un discurso	to give a speech
discutir	to discuss
explicar	to explain
hacer una pregunta	to ask a question
el informe	report
el laboratorio	laboratory
la palabra	word
pedir (e → i) ayuda	to ask for help
el proyecto	project
sacar una buena nota	to get a good grade

to talk about classroom rules

a tiempo	on time
entregar	to turn in
llegar tarde	to arrive late
prestar atención	to pay attention
la regla	rule
respetar	to respect
se prohíbe . . .	it's forbidden . . .

to name school objects

el armario	locker
el asiento	seat
el carnet de identidad	I.D. card
la cinta adhesiva	transparent tape
la grapadora	stapler
los materiales	supplies, materials
las tijeras	scissors

For *Vocabulario adicional,* see pp. 498–499.

negative and affirmative words

alguien	someone, anyone
algún, alguna, algunos, -as	some, any
nadie	no one, nobody
ningún, ninguno, -a	no, none, not any

(See p. 31 for a complete chart.)

other useful words

conocer (c → zc)	to know
lo que	what
sobre	on, about

Gramática

almorzar (o → ue) *to have lunch*

almuerzo	almorzamos
almuerzas	almorzáis
almuerza	almuerzan

empezar (e → ie) *to start, to begin*

empiezo	empezamos
empiezas	empezáis
empieza	empiezan

entender (e → ie) *to understand*

entiendo	entendemos
entiendes	entendéis
entiende	entienden

repetir (e → i) *to repeat*

repito	repetimos
repites	repetís
repite	repiten

Preparación para el examen

Más recursos   PearsonSchool.com/Autentico

🔲 Games   📁 Flashcards   ✏️ Instant check

▶ Tutorials   ▶ *Gram*Activa videos   ▶ Animated verbs

What you need to be able to do for the exam...	Here are practice tasks similar to those you will find on the exam...	For review go to your print or digital textbook...

Interpretive

① ESCUCHAR I can listen to and understand how students describe what they must do and what they cannot do in class.

Listen as two students compare their Spanish classes. (a) What are two things that students do in both classes? (b) What are two things that are different? (c) Which class would you prefer? Why?

pp. 18–21 *Vocabulario en contexto*

Interpersonal

② HABLAR I can ask and respond to statements made about classroom activities.

Your teacher has asked you and a partner to see which classroom activities are the most common. Each of you will make a chart with a list of your classes across the top. Then think of five or six classroom activities and write them down the side of your chart. Write an *X* next to the activities that you do in each class. Then describe how often you do these activities.

Doy discursos en las clases de historia, español e inglés. Hablo sólo español en la clase de español todos los días.

p. 22 Actividad 4
p. 23 Actividades 5–6
p. 24 Actividad 7
p. 28 Actividades 15–16
p. 29 Actividad 17
p. 32 Actividad 21

Interpretive

③ LEER I can read and understand a list of typical classroom rules.

Read the rules below. Write the numbers 1–5 and then write a *P* for those statements that you think were the idea of *un(a) profesor(a)* or an *E* for those you think were written by *un(a) estudiante*.

1. **Se prohíbe hacer la tarea a tiempo.**
2. **Hay que pedir ayuda si no entiendes.**
3. **Hay que prestar atención.**
4. **Se prohíbe traer libros a la clase de literatura.**
5. **Hay que dormir en las clases.**

p. 31 Actividad 19
p. 33 Actividad 23
p. 37 *Presentación oral*

Presentational

④ ESCRIBIR I can write a paragraph about my favorite class.

In a short paragraph, describe your favorite class. Include: (a) what you do in the class; (b) the kind of homework you have.

p. 26 Actividad 12
p. 27 Actividad 14
p. 29 Actividad 17

Cultures

⑤ ANALIZAR I can understand coats of arms.

You are researching *los escudos* before creating one for an assignment. A list of Web sites gives historical examples from Spanish-speaking countries. Based on what you have learned, what types of decoration would you expect to find on them? Where would they be displayed?

p. 36 *La cultura en vivo*

A ver si recuerdas

OBJECTIVES

▸ Talk and write about places and leisure activities
▸ Express where you and others go and what you do there

Vocabulario

las actividades
caminar
dormir
escuchar música
hablar por teléfono
ir a la lección de
  (piano)
ir de compras
jugar videojuegos
leer
pasar tiempo con
  amigos
tocar (la guitarra)
trabajar
hacer trabajo
  voluntario
usar la computadora

los lugares
el café
el centro comercial
el cine
el gimnasio
el parque
el restaurante
el trabajo
la biblioteca
la casa
la iglesia,
  la mezquita,
  el templo,
  la sinagoga
la piscina

los deportes
correr
hacer ejercicio
ir al partido
jugar al (básquetbol,
  béisbol, fútbol, golf,
  tenis, vóleibol)
levantar pesas

1

¿Qué haces?

 ESCRIBIR, HABLAR EN PAREJA

 En una hoja de papel, dibuja una tabla como la que está aquí. Escoge cinco lugares de la lista de vocabulario y escríbelos en la primera columna de la tabla. Entrevista a dos compañeros(as) de clase. Pregúntales si van a los lugares de la tabla. Ellos deben contestar según el modelo, usando *todos los días, a veces o nunca*. Después pregúntales qué hacen en los lugares.

 Videomodelo

A —¿Vas al gimnasio después de las clases?   **A** —¿Qué haces allí?
B —Sí, a veces voy al gimnasio.   **B** —Levanto pesas y juego al básquetbol.

2 Ahora completa la tabla con información personal. Después de hacerlo, compara tu tabla con las de tus compañeros. Guarda *(Keep)* tu tabla para la Actividad 2.

nombre:			
lugares	todos los días	a veces	nunca
el gimnasio			

Gramática Repaso

The verb *ir*

Use *ir* to say where someone is going.

(yo)	**voy**	(nosotros) (nosotras)	**vamos**
(tú)	**vas**	(vosotros) (vosotras)	**vais**
Ud. (él) (ella)	**va**	Uds. (ellos) (ellas)	**van**

ir + *a* + **infinitive**

Use *ir* + *a* + infinitive to tell what someone is going to do.

Vamos a hablar por teléfono después de las clases.

> **¿Recuerdas?**
> Spanish has two contractions:
> $a + el = al$
> $de + el = del$
>
> • Mis amigos y yo vamos al café después de las clases.
> • El nombre del café es Café Sol.

2

¿Adónde vamos?

 ESCRIBIR   Usa la información de la Actividad 1 para escribir frases que dicen adónde van tus compañeros y tú y qué hacen allí.

Modelo
otro(a) estudiante y tú
Después de las clases Lisa y yo vamos a casa.
Usamos la computadora todos los días.

1. otros dos estudiantes
2. un(a) estudiante y tú
3. un(a) estudiante
4. otros dos estudiantes y tú
5. tú

3

¿Qué vas a hacer?

 ESCRIBIR   Di qué va a hacer cada una de estas personas. Usa los verbos del recuadro para contestar las preguntas.

Modelo
¿Qué va a hacer Jorge en el gimnasio?
Él va a jugar al vóleibol.

beber	estudiar	leer
comprar	jugar	nadar

1. ¿Qué van a hacer Uds. en el centro comercial?
2. ¿Qué van a hacer tus hermanos en la piscina?
3. ¿Qué va a hacer Mario en el parque?
4. ¿Qué va a hacer Verónica en la biblioteca?
5. ¿Qué voy a hacer en casa?

¿Qué haces después de las clases?

Country Connections Explorar el mundo hispano

Texas
España
México
Colombia
Argentina

CHAPTER OBJECTIVES

Communication

By the end of this chapter you will be able to:

- Listen and read about students' after-school activities.
- Talk and write about your extracurricular activities.
- Exchange information about what you do after school.

Culture

You will also be able to:

- **Auténtico:** Identify key details in an authentic video about students at home.
- Understand the differences between schools in the United States and Spain.
- Compare extracurricular activities, sports, and dance in the United States and Latin America.

You will demonstrate what you know and can do:

- Presentación escrita: Mis actividades extracurriculares
- Preparación para el examen

You will use:

Vocabulary

- Extracurricular activities
- Sports
- Music and drama

Grammar

- Making comparisons
- The verbs *saber* and *conocer*
- *Hace* + time expressions

ARTE y CULTURA ‹ Argentina

Antonio Berni (1905–1981) nació en Rosario, Argentina, y fue uno de los artistas más importantes de Argentina y de América Latina. A veces Berni pintó[1] cuadros con temas populares como éste que muestra *(shows)* el equipo de fútbol del barrio. Este cuadro es un buen ejemplo del estilo realista de Berni y vemos cómo pintó a cada uno de los jugadores como individuo.

▶ ¿Qué importancia tiene el fútbol en la cultura latinoamericana? ¿Qué actividades extracurriculares tienen importancia en tu comunidad? ¿Por qué?

[1]painted

"Club Atlético Nueva Chicago" (1937), Antonio Berni ▲

Oil on canvas, 6'¾ x 9' 10¼". Inter-American fund (645.1942).
The Museum of Modern Art/Licensed by Scala-Art Resource, NY. Digital Image © 2004 Museum of Modern Art, New York.

Go **Online** to practice

PEARSON realize™

PearsonSchool.com/Autentico

 AUDIO
 VIDEO
 WRITING
 SPEAK/RECORD
 MAPA GLOBAL
 AUTÉNTICO
 FLASCHARDS
 ETEXT 2.O
 GAMES

Jugadores de fútbol mexicanos

Videocultura **Vida escolar**

Vocabulario en contexto

Aarón: Ceci, ¿participas tú en **actividades extracurriculares**?

Ceci: Hay muchas **oportunidades** en mi escuela, y **soy miembro** de dos **clubes**. ¿Tiene tu escuela **tantas** actividades **como** mi escuela?

Aarón: Sí, el club de **fotografía** es popular **entre los jóvenes**.

Ceci: Tengo amigos súper ocupados. Tienen que ir a **los ensayos** con la orquesta o a **las prácticas** con su equipo.

Aarón: La orquesta de tu escuela es buena. **Grabaron una canción** el año pasado, ¿no?

Aarón / Ceci

la orquesta

jugar a los bolos

el cantante
la cantante
el coro

la bailarina
el bailarín

el equipo
la animadora

el ajedrez

el hockey

la fotógrafa

el músico
la banda

Ceci: ¿**Cuánto tiempo hace que** practicas la natación?

Aarón: **Hace** dos años **que** participo en natación.

Ceci: ¿Ah sí? **Conozco** a todos **los miembros** del equipo. Pero para mí, los deportes no son **tan** interesantes **como** otros **pasatiempos**. Yo prefiero las computadoras y **estar en línea**.

Aarón: Oye, ¿**sabes** cómo **crear una página Web**?

Ceci: No, pero puedo **navegar en la Red** y hacer una búsqueda.

Aarón: ¡Fantástico! Hay dos nuevos clubes atléticos en la ciudad que quiero visitar. ¿Me ayudas a buscar información sobre ellos?

Más vocabulario
ganar = to win, to earn
visitar salones de chat = to visit chat rooms

hacer una búsqueda

el club atlético

la natación

hacer gimnasia

las artes marciales

1

¡Qué cansada estoy!

🔊 ESCUCHAR Escucha a Ceci hablar sobre sus actividades extracurriculares. Toca la foto que corresponde.

2

Hay un club para ti

🔊 ESCUCHAR Escucha a dos estudiantes hablar sobre lo que les gusta hacer y lo que quieren aprender. Toca la foto que corresponde.

Selena ayuda a Diego, un estudiante nuevo.

Diego: Quiero participar en alguna actividad extracurricular, pero no sé cuál.

Selena: Tú tienes una **voz** muy bonita.

Diego: ¿De veras?

Selena: ¡Sí! ¿Tienes **interés** en el coro?

Diego: **Tomo lecciones** de voz ahora. Pero no sé...

Selena: Mira. ¿Por qué no **asistes** a una **reunión** este jueves? Es a las 3:30.

Diego: Está bien. Muchas gracias.

Selena: ¡Qué bueno! Es divertido ensayar con este grupo. Todos somos amigos.

Diego / Selena

Más vocabulario
volver (o → ue) = to return

ensayar

tomar lecciones

3

¿Cierto o falso?

 ESCRIBIR Lee cada frase y escribe cierto o falso. Si la frase es falsa, escribe la información correcta.

1. Diego tiene una voz muy bonita.

2. A Diego no le interesa el coro.

3. Diego conoce a muchos estudiantes.

4. Diego es reservado.

5. Diego quiere asistir a la reunión con Selena.

Videohistoria

Go **Online** to practice **PearsonSchool.com/Autentico**

PEARSON realize™

AUDIO   VIDEO   WRITING   SCRIPT

Las actividades extracurriculares

Antes de ver

Make predictions to identify the theme Look at the photos. What do you think the video will be about? Can you identify the theme?

Completa la actividad

Las actividades ¿Qué actividades te gustan? ¿Eres miembro de algún club? ¿Crees que los pasatiempos de cada persona te dicen cómo es la persona?

▶ **Ve el video**

Mientras ves el video, escucha lo que dice cada persona. ¿Quién tiene más actividades?

Ve a **PearsonSchool.com/Autentico** para ver el video *Las actividades extracurriculares.* También puedes leer el guión.

Camila

Teo

Seba

Valentina

Ximena

Después de ver

¿COMPRENDISTE? Lee las preguntas de abajo. Luego, ve el video otra vez y contesta las preguntas.

1. Escucha lo que dicen los estudiantes en la primera parte del video. ¿Qué frases usan para indicar tiempo?

2. ¿Qué necesita saber Valentina para poner en su informe? ¿Qué dice ella que te ayuda a identificar el tema?

3. ¿Qué deportes practican Camila y Mateo?

4. ¿En qué club participa Ximena?

5. ¿Quién es el más artístico del grupo? ¿Y quién es el músico?

Identificar De todas las actividades que se mencionan en el video, ¿cuál(es) haces o practicas?

OBJECTIVES
▶ Talk about your leisure-time activities
▶ Discuss the after-school activities of your classmates
▶ Listen to a Nicaraguan student's extracurricular activities
▶ Write about what you and others do after class

4

Las actividades de mis amigos

 LEER, ESCRIBIR Completa las frases con la palabra apropiada.

Mis amigos y yo __1.__ (participamos / volvemos) en muchas actividades extracurriculares. Mi amiga Raquel tiene una buena __2.__ (voz/reunión). Por eso, canta en __3.__ (el coro / el ensayo). A mi amiga Gloria le encanta el español. Ella es __4.__ (miembro / reunión) del club de español. Raquel y Gloria también tocan un instrumento en la orquesta. Tienen __5.__ (un ensayo / el interés) todas las tardes. María es muy deportista. __6.__ (Hace gimnasia / Estudia) en el gimnasio y también es __7.__ (animadora / bailarina) para el equipo de fútbol de la escuela. A mí me gustan los deportes. Por la tarde __8.__ (practico / asisto) las artes marciales. Tengo el cinturón amarillo. También me gustan las computadoras. Con mi amigo Pedro, visitamos __9.__ (salones de chat / la práctica). Somos __10.__ (miembros / jóvenes) del club de computadoras. Cuando no estamos ocupados con nuestras actividades, nos gusta ir al cine o tomar un refresco en un café.

> **También se dice...**
> **el animador, la animadora =**
>   el/la porrista (México, Colombia)
> **jugar a los bolos =** jugar al boliche
>   (Costa Rica, México)

5

¿Quién es?

 LEER, ESCRIBIR Lee estas descripciones. Para cada una, escribe la palabra o frase que corresponde a la descripción. Después escribe dos o tres frases sobre alguien que tú conoces usando la palabra.

Modelo
Enseña a los estudiantes a crear páginas Web y a hacer búsquedas en la Red. *Profesor(a) de la clase de tecnología. La Sra. Ramos es una profesora de tecnología fantástica. Es joven, y tiene el pelo castaño y los ojos marrones.*

1. Saca fotos como pasatiempo o para su trabajo.

2. Toca un instrumento en la orquesta o en la banda.

3. Canta en un coro o en otro grupo musical. A veces graba canciones también.

4. Baila en programas de la escuela o de la comunidad.

5. Apoya *(He/She supports)* a los equipos deportivos. A veces baila y hace gimnasia también.

6

En tu escuela

HABLAR EN PAREJA ¿A quién conoces en tu escuela que participa en actividades extracurriculares? Habla con otro(a) estudiante de estas personas.

Estudiante A

Videomodelo

A —¿Conoces a un miembro de **la banda**?

B —Sí, conozco a Ryan Johnston. Es un miembro de la banda. Asiste a **los ensayos todos los días**.

o: —No, no conozco a ningún miembro de la banda.

o: —No tenemos banda.

Estudiante B

las reuniones	todos los días
las prácticas	a menudo
los ensayos	a veces

¡Respuesta personal!

7

Escucha y escribe

 ESCUCHAR, ESCRIBIR Escucha lo que dice una estudiante de Managua, Nicaragua, sobre las actividades extracurriculares allí. Escribe los números del 1 al 5 en una hoja de papel y escribe lo que escuchas. Después indica si estas actividades son populares entre los jóvenes de tu comunidad también.

CULTURA ‹ El mundo hispano

Las actividades extracurriculares En América Latina, generalmente no hay oportunidades en las escuelas para participar en un coro, equipo deportivo, lecciones de artes marciales u otras actividades después de las clases. Los estudiantes que tienen interés en aprender algún pasatiempo, como la fotografía, la música o el baile, van a centros culturales o talleres[1] en su comunidad.

• ¿Hay centros culturales en tu comunidad? ¿Qué actividades hay allí?

[1]workshops

Las actividades populares

ESCRIBIR, HABLAR EN GRUPO

1 Escribe tres frases para describir qué actividades haces después de las clases. Usa las actividades del recuadro.

las artes marciales	la fotografía	la orquesta	los juegos
el hockey	la banda	el béisbol	el ajedrez
la natación	el coro	la música	

Modelo
Después de las clases yo voy a casa y navego en la Red. También tomo lecciones de piano. A veces voy a un club atlético.

2 Habla con tres estudiantes para saber qué hacen después de las clases. Escribe las preguntas que vas a hacer. Luego, escribe los nombres de los estudiantes y las actividades que hacen ellos todos los días.

Videomodelo
A —*¿En qué actividades extracurriculares participas después de las clases?*

B —*Ensayo con la orquesta y después voy al club atlético. También tomo clases de artes marciales.*

3 Escribe cinco frases sobre las actividades que hacen tus compañeros y tú. Incluye detalles.

Modelo
Pablo ensaya con la orquesta antes de la escuela. Marisa va a casa y navega en la Red antes de empezar su tarea.

Y tú, ¿qué dices?

ESCRIBIR, HABLAR

1. Qué te gusta más, ¿ser miembro de un club o participar en un deporte? ¿Por qué?

2. ¿Usas la computadora mucho o poco en tu tiempo libre? ¿Para qué usas más la computadora? ¿Cuánto tiempo pasas en línea cada día?

3. ¿Cuáles son las actividades más populares en tu escuela? Describe por qué son populares.

4. ¿Hay suficientes actividades para jóvenes en tu comunidad? ¿Qué otras actividades debe ofrecer *(offer)*?

Gramática

OBJECTIVES
▶ Make comparisons about leisuretime activities, sports, and people
▶ Compare two famous paintings

Go **Online** to practice
PEARSON
realize™
PearsonSchool.com/Autentico
 VIDEO   WRITING SPEAK/RECORD

Making comparisons

To compare people or things that are equal to one another, you use:

tan + *adjective* + como	as + *adjective* + as

En mi club, levantar pesas es **tan** popular **como** correr.

To say that things are *not* equal, you can use the negative.

En el club atlético, levantar pesas **no** es **tan** popular **como** correr.

To say "as much as" or "as many as," you use:

tanto, -a + *noun* + como	as much + *noun* + as
tantos, -as + *noun* + como	as many + *noun* + as

Note that *tanto* agrees in gender and number with what is being compared.

Hay **tantas** actrices en el ensayo **como** actores.

¿Recuerdas?

You already know several ways to compare things and people.

más + *adjective* **+ que**
menos + *adjective* **+ que**
mayor que / menor que
mejor que / peor que

You also know how to say that someone or something is "the most" or "the least":

el / la / los / las + *noun* **+ más / menos +** *adjective* **+ de**
el / la / los / las + mejor(es) / peor(es) + *noun* **+ de**

• Cecilia cree que hacer gimnasia es **la actividad más divertida de** la escuela.

Más recursos ONLINE

 GramActiva Video
 GramActiva Activity

10

Comparaciones

LEER, ESCRIBIR Estás hablando de personas de tu escuela. Completa las siguientes frases con la palabra apropiada.

1. La canción de Mercedes es ___ (tan / tanta) buena como la de Enrique.

2. Elena no es ___ (tanta / tan) deportista como Angélica.

3. La voz de Catalina es ___ (tan / tanto) bonita como la voz de Victoria.

4. En la banda no hay ___ (tantos / tan) músicos como en la orquesta.

11

En la escuela

LEER, ESCRIBIR Todos hacemos comparaciones. Ahora es tu turno. Completa las siguientes frases y usa la forma apropiada de *tanto*.

1. yo / (no) tener / amigos(as) / como Luz

2. este año nosotros / (no) tener / profesores interesantes / como el año pasado

3. el equipo de fútbol americano / (no) tener / partidos / como el equipo de básquetbol

4. los chicos / (no) tener / oportunidades para hacer gimnasia / como las chicas

5. (no) hay / interés en el club de ajedrez / como en el club de ciencias

12

¿Qué piensas de . . . ?

HABLAR EN PAREJA Habla con otro(a) estudiante sobre lo que Uds. piensan de los siguientes temas. Usen la expresión *tan . . . como* y un adjetivo apropiado. Si prefieren, pueden usar también expresiones como *más . . . que* y *menos . . . que* para expresar sus opiniones personales en la conversación.

Modelo

A —¿Qué piensas de *la clase de matemáticas* y *la clase de ciencias*?

B —Pienso que *la clase de matemáticas* es tan **difícil** como *la clase de ciencias*. ¿Y tú?

A —Pienso que *la clase de matemáticas* es más **interesante** que *la clase de ciencias*.

Estudiante A

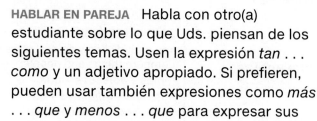

1. la música clásica / la música rock
2. el fútbol americano / el fútbol
3. jugar a los bolos / jugar al ajedrez
4. los deportes de verano / los deportes de invierno
5. hacer gimnasia / practicar las artes marciales
6. practicar la fotografía / crear una página Web

Estudiante B

bonito, -a   fácil
emocionante   interesante
difícil   aburrido, -a

¡Respuesta personal!

13

Las actividades más populares

ESCRIBIR, HABLAR EN GRUPO

1 Trabaja con otro(a) estudiante. Escriban tres preguntas que pueden hacerles a los otros estudiantes de la clase sobre diferentes categorías de todos los días como actividades, pasatiempos, deportes y personas.

Modelo

Para ti, ¿cuál es la actividad extracurricular más importante? En tu opinión, ¿quién es el (la) cantante más talentoso(a) de la escuela?

2 Cada estudiante debe hablar con otros(as) dos compañeros(as) y hacerles las preguntas. Escribe sus respuestas. Con tu compañero(a), comparen las respuestas a sus preguntas.

3 Hagan una presentación sobre las opiniones de sus compañeros de clase, o intercambien las notas que han escrito.

Modelo

Muchos estudiantes piensan que la actividad extracurricular más importante es el deporte en equipos. Otros estudiantes dicen que el coro y la banda son tan importantes como los deportes.

CULTURA > **El mundo hispano**

Los deportes más populares El fútbol es el deporte preferido entre muchos jóvenes hispanohablantes. En la República Dominicana, Puerto Rico, Cuba, Venezuela y otros países, el béisbol es tan popular como el fútbol y muchas veces es el deporte más popular.

Pre-AP Integration: La ciudadanía global: ¿Cómo es posible participar no solo en un espacio físico, sino en un espacio digital?

 Mapa global interactivo Explora la popularidad del béisbol en el Caribe. Investiga cómo influyen la geografía y la comunicación digital en los deportes del mundo.

Realismo fantástico

✏ **ESCRIBIR, HABLAR EN GRUPO** Mira estos dos cuadros del artista español Alberto Pancorbo. ¿En qué sentido *(way)* son similares? ¿En qué sentido son diferentes?

"El sueño de las mariposas azules"
(*"Dream of blue butterflies"*), Alberto Pancorbo
Oleo, 24" x 20."

"Mujer" ("Woman"),
Alberto Pancorbo
Oil on canvas, 28" x 25."

1 Copia el diagrama de Venn y escribe Cuadro 1 y Cuadro 2 encima de los círculos según el modelo. Escribe las características diferentes de cada cuadro en el círculo apropiado y las características similares en la intersección de los círculos. Luego escribe tres frases comparando los cuadros.

Modelo

Cuadro 1	Los dos	Cuadro 2
mujer con pelo canoso (blanco)	mujer con pelo largo	mujer con pelo castaño

El pelo de la mujer en el primer cuadro es tan largo como el pelo de la mujer en el segundo cuadro.

2 Trabaja con un grupo de tres. Lee una de tus frases. En grupo, escriban una comparación de los dos cuadros. Usen las ideas de todos los miembros del grupo. Presenten su comparación a la clase.

Modelo
En el primer cuadro hay más colores del mar que en el segundo cuadro.

CULTURA **España**

Alberto Pancorbo es conocido por su estilo de arte único *(unique)*. Aunque es español, tiene influencias colombianas. Pinta cuadros de realismo fantástico y de naturaleza muerta.Esta pintura es un bodegón[1], también llamada naturaleza muerta porque incluye objetos inanimados[2]. Es una representación de objetos y frutas.

• Compara este cuadro con los otros dos cuadros de Pancorbo. ¿Qué tienen en común? También compara este cuadro con otros cuadros de bodegón que hayas visto en museos en tu comunidad o en libros. ¿En qué se parecen y en qué son diferentes?

[1]still life [2]inanimate

Bodegón, Alberto Pancorbo. Oil on canvas, 48" x 36." ▲

Gramática
Repaso

OBJECTIVES
▶ Listen and respond to questions about who and what you know
▶ Talk and write about who and what people know

The verbs *saber* and *conocer*

You already know the present-tense forms of *saber* and *conocer*. *Saber* and *conocer* both follow the pattern of regular -*er* verbs in the present tense, but each has an irregular *yo* form.

¿Recuerdas?

Use the *a personal* when you use *conocer* to say you know a person.

• Guillermo **conoce a** mi primo Tomás.

(yo)	**sé**	(nosotros) (nosotras)	sab**emos**
(tú)	sab**es**	(vosotros) (vosotras)	sab**éis**
Ud. (él) (ella)	sab**e**	Uds. (ellos) (ellas)	sab**en**

(yo)	cono**zco**	(nosotros) (nosotras)	conoc**emos**
(tú)	conoc**es**	(vosotros) (vosotras)	conoc**éis**
Ud. (él) (ella)	conoc**e**	Uds. (ellos) (ellas)	conoc**en**

• *Saber means to know facts and information. You can also use saber with the infinitive of another verb to say that you know how to do something.*

    ¿Sabes si tenemos tarea para mañana?

    ¿Sabes quién es el director de la banda?

    Sé jugar al ajedrez.

Más recursos ONLINE

▶ *GramActiva* Video
▶ **Tutorials:** *Saber* and *conocer*
▶ **Animated verbs**
✎ *GramActiva* Activity

• *Conocer means to know a person or to be familiar with a place or thing.*

    ¿Conoces al profesor de esta clase?
    No, no lo **conozco**.

    ¿Conoces el club atlético de la calle Ocho?

15

Tu profesor(a) quiere saber

ESCUCHAR, GRAMACTIVA   En una hoja de papel, escribe *No lo conozco* por un lado y *No lo sé* por el otro. Tu profesor(a) quiere saber lo que sabes y lo que conoces. Escucha sus frases y contesta cada una en el negativo. Muestra el lado apropiado del papel según lo que dice.

No lo sé.	*No lo conozco.*

¡Qué emocionante!

LEER, ESCRIBIR

1 Imagina que un estudiante de intercambio *(exchange student)* viene a tu escuela. Completa las frases de su correo electrónico con las formas apropiadas de los verbos *saber* y *conocer*.

2 Escríbele una carta por correo electrónico a este estudiante y contesta sus preguntas con detalles.

3 Escribe otro mensaje electrónico con planes y cosas divertidas que tú y el nuevo estudiante pueden hacer. Incluye un saludo y una despedida.

Para	JoseloP@gmail.com
Asunto	Información sobre la escuela

¡Hola!

¿Cómo estás? Soy Rogelio, un estudiante nuevo en tu escuela y tengo muchas preguntas. ¿Puedes ayudarme? Yo no __1.__ nada de tu escuela. ¿Es grande? ¿ __2.__ tú cuántos estudiantes hay? ¿ __3.__ tú a muchos estudiantes? ¿Cómo son? ¿ __4.__ al director de la escuela? ¿Es muy estricto? ¿ __5.__ si tiene muchas reglas? ¿ __6.__ qué tipo de actividades extracurriculares hay en la escuela o comunidad? Soy miembro de una banda en mi comunidad. Toco la trompeta. ¿ __7.__ tocar algún instrumento musical? Me gusta salir con mis amigos después de las clases. ¿ __8.__ muchos lugares bonitos adonde ir? Quiero __9.__ toda la ciudad donde vives.

Agradezco tu ayuda.
Por favor, escríbeme pronto.

Rogelio

En Malinalco, México

¿Conoces a tu compañero(a)?

HABLAR EN PAREJA, ESCRIBIR

1 Habla con otro(a) estudiante para conocerlo(la) mejor. Usa el verbo *saber o conocer* y hazle preguntas. Escribe sus respuestas.

Videomodelo
A —¿Conoces *la música de Rubén Blades?*
B —*Sí, la conozco.*
A —¿Sabes *jugar al vóleibol?*
B —*No, no sé jugar al vóleibol, pero sé jugar al fútbol.*

Estudiante A

muchos estudiantes de esta escuela
un buen club atlético
un buen salón de chat para visitar

navegar en la Red
otras ciudades
crear una página Web

¡Respuesta personal!

Estudiante B

¡Respuesta personal!

2 Usa las respuestas de tu compañero(a) y escribe un párrafo sobre él (ella).

Modelo
Mario es un chico muy talentoso. Sabe jugar al fútbol y al béisbol y sabe usar la computadora. Sabe crear páginas Web y conoce muchos salones de chat . . .

Gramática

OBJECTIVES
▶ Talk and write about how long people have been doing things
▶ Exchange information about how long you have done certain activities

Hace + time expressions

To ask how long something has been going on, use:

¿Cuánto tiempo + **hace que** + present-tense verb?

¿Cuánto tiempo hace que eres miembro del club atlético?

How long have you been a member of the athletic club?

¿Cuánto tiempo hace que Uds. practican con el equipo de básquetbol?

How long have you been practicing with the basketball team?

To tell how long something has been going on, use:

Hace + period of time + **que** + present-tense verb

Hace más de dos años **que soy** miembro del club atlético.

I've been a member of the athletic club for more than two years.

Hace tres semanas **que practicamos** con el equipo de básquetbol.

We've been practicing with the basketball team for three weeks.

Más recursos ONLINE

🔊 *Canción de hip hop:* ¿Qué haces después de las clases?

18

Hace mucho tiempo que . . .

ESCRIBIR, HABLAR EN PAREJA

1 Escribe seis frases para decir cuánto tiempo hace que estos estudiantes hacen diferentes actividades.

Modelo
dos años / Esteban / ser miembro del club
Hace dos años que Esteban es miembro del club de computadoras.

1. diez meses / Pedro / tomar lecciones

2. muchos años / Lisa / hacer

3. un año y medio / Juan y Alberto / participar

4. dos años / yo / ser miembro del club

5. un año / Marta / ser

6. seis años / tú y yo / jugar

2 Trabaja con otro(a) estudiante. Pregunta y contesta sobre las actividades de los estudiantes.

Videomodelo
A —¿Cuánto tiempo hace que Esteban es miembro del club de computadoras?
B —Hace dos años que es miembro del club.

19

Una entrevista

ESCRIBIR, HABLAR EN PAREJA

1 Escribe cinco frases sobre tus actividades favoritas y tus pasatiempos.

2 Entrevista a otro(a) estudiante para saber en qué actividades participa y cuándo empezó a practicarlas. Escribe las respuestas de tu compañero(a).

Videomodelo

A —*¿En qué actividades participas?*
B —*Me encanta esquiar en el invierno.*
A —*¿Cuánto tiempo hace que esquías?*
B —*Hace diez años que esquío*

20

Juego

ESCRIBIR, LEER, ESCUCHAR   Usa la información de la Actividad 19 y escribe una descripción de tu compañero(a). No debes incluir el nombre de tu compañero(a) en la descripción. Pon la descripción en una bolsa. Otro(a) estudiante toma una descripción y la lee delante de la clase. La clase tiene que identificar a quién describe.

Modelo

A esta persona le gusta practicar deportes. Hace diez años que . . .

21

Una cantante famosa

LEER, HABLAR EN PAREJA   Lee esta descripción de una cantante famosa. Después trabaja con otro(a) estudiante para contestar las preguntas.

1. ¿Por qué conoce el mundo a Celia Cruz?
2. ¿Cuánto tiempo hace que el mundo conoce a Celia Cruz?
3. ¿Dónde nació Celia? ¿Cuánto tiempo hace que ella recibió su primer Grammy?
4. ¿Cómo sabemos que Celia es muy famosa?

≡   Music   Dance   Celia Cruz   Artist Profile   Artist Page   Followers

Celia Cruz *Reina¹ de la salsa*

Hace más de 50 años que el mundo² conoce y admira a Celia Cruz. Esta cantante y actriz cubana vivió en los Estados Unidos desde³ los años 60 hasta⁴ su muerte, en 2003. Todos la conocen por su música de "salsa". Celia grabó⁵ más de 70 discos y recibió 18 nominaciones al Grammy. Recibió su primer Grammy en el año 1989. También conocemos a Celia por sus películas, como *The Mambo Kings,* una película con Antonio Banderas y Armand Assante. Ella es tan famosa que hay una estrella⁶ en el Boulevard de Hollywood con su nombre. Otra cantante famosa, Gloria Estefan, dice que "Celia ejemplifica la energía y el espíritu de la música cubana y latina".

¹Queen   ²world   ³since   ⁴until   ⁵recorded   ⁶star

Dibuja una página Web

LEER, HABLAR, ESCRIBIR, DIBUJAR Trabaja con otro(a) estudiante y dibujen una página Web sobre una actividad extracurricular favorita.

Conexiones ◀ La computación

Para crear una página Web, pueden empezar a trabajar sin usar una computadora. Dibujen un tablero¹ para la página principal. Decidan cómo van a ilustrar la página y qué enlaces² van a tener. Preparen una presentación de su página Web. Usen la página Web del Club de fotografía de la Escuela Secundaria Vallejo como modelo.

¹storyboard ²links ³Equipment

Club de fotografía
Escuela Secundaria Vallejo

Horario de reuniones
Lugar
Exposición de trabajos
Equipo³ necesario

Trabaja con tu compañero(a) y comparen la página Web que Uds. dibujaron con una verdadera página Web de deportes. Luego usen expresiones culturalmente apropiadas para contestar las siguientes preguntas.

1. ¿Qué información tienen las dos páginas? ¿Qué otra información tiene la verdadera página Web?

2. ¿Qué información no tiene tu página Web?

3. ¿Qué puedes cambiar para dibujar una página Web mejor?

Exploración del lenguaje ◀ Nouns and verbs

In Spanish, you can turn some verbs into nouns by dropping the final *r* of the infinitive and adding *-ción*. The *-ción* ending is equivalent to the *-tion* ending in English. The nouns formed in this way are feminine:

decorar → la decoración   preparar → la preparación

¡Compruébalo! What are the corresponding nouns for each of the following verbs?

celebrar   explicar   observar   participar

And what are the corresponding verbs for these nouns?

comunicación   presentación   graduación   repetición

Refrán

Primero la obligación y entonces la celebración.

Un anuncio

LEER, ESCRIBIR, HABLAR EN PAREJA   Lee el folleto *(brochure)* del Club Deportivo Acuasol. Luego contesta las preguntas con otro(a) estudiante.

Bienvenidos   **¡Club Deportivo Acuasol!**   *Deportes Cultura Recreación*

Un estilo de vida

En el Club Deportivo Acuasol, tenemos una misión: dar a nuestra comunidad un lugar agradable para el ejercicio personal y la integración de la familia, a través del* deporte, la recreación y la cultura, con el fin de ofrecer bienestar y calidad de vida. En el Club Deportivo Acuasol hay una variedad de cursos tanto culturales como deportivos, en diferentes horarios y días de la semana.

La mayor parte de nuestras actividades se ofrece sin costo adicional.

También tenemos *parqueadero, cafetería y servicio médico*. Por eso, empieza desde hoy a cuidar tu salud y a ampliar tus horizontes culturales y sociales.

Ofrecemos

Aeróbicos	Jazz	Tae Kwon Do	Taller de teatro
Ballet	Gimnasia	Tai Chi Chuan	Squash
Básquetbol	reductiva	Tenis	Coro
Danza regional	Natación	Yoga	

*through

1. ¿Para qué es este folleto?

2. ¿Qué servicios hay en el Club Deportivo Acuasol?

3. ¿Te gustaría ser miembro de este club? ¿Por qué?

4. ¿Conoces un club atlético en tu comunidad? ¿Tiene ese club tantos servicios diferentes como el Club Deportivo Acuasol? Compara los dos clubes.

5. ¿Eres miembro de algún club? ¿Cómo se llama? ¿Cuánto tiempo hace que eres miembro del club?

El español en la comunidad

La salsa es uno de los bailes más populares entre los hispanohablantes. Hoy en día, muchas veces uno puede encontrar[1] clases que enseñan este baile en varios lugares dentro de la comunidad. Busca en el periódico o en tu comunidad o en una comunidad cercana lugares que ofrecen clases de salsa.

• ¿Te gustaría aprender a bailar salsa como actividad extracurricular? ¿Por qué?

[1] find

Lectura

OBJECTIVES

▶ Read about a dance school
▶ Make predictions about reading content
▶ Compare and contrast dance in the Spanish-speaking world with that in your community

Estrategia

Predicting You are going to read a page from the Web site of a dance school. What kind of information do you expect to see on the page?

¡A bailar!

¿Te gusta bailar pero eres un poco tímido? ¿Piensas que bailas muy mal? ¿Necesitas aprender a bailar en seguida? ¡Haz tus sueños realidad hoy mismo! Lee la página Web de la Escuela Internacional de Baile.

La Escuela Internacional de Baile

TANGO ❧ MERENGUE ❧ FLAMENCO ❧ SWING

La Escuela Internacional de Baile ofrece una gran variedad de clases de bailes tradicionales y contemporáneos.

Razones para hacerse[1] miembro hoy mismo:

• Puedes participar en una actividad sana y deportiva que te ayuda a entender las ricas tradiciones y costumbres de varios países hispanohablantes.

• Si no tienes pareja para bailar, ¡no te preocupes! Puedes conocer a otros jóvenes simpáticos de varias escuelas que vienen a aprender estos bailes.

• Puedes ir a competiciones internacionales en Francia, los Estados Unidos y el Japón, y hasta ganar muchos premios.

[1]Reasons to become

La Escuela Internacional de Baile - horario de clases

Cursos	Día y hora	Inicio
Tango Ven a aprender este baile romántico de Argentina que se hizo famoso por las composiciones musicales de Gardel y de Piazzola.²	lunes 17.30 a 18.30h	30/09
Merengue Impresiona a tus amigos moviendo las caderas³ al ritmo del merengue, baile tradicional del Caribe.	martes 17.00 a 18.00h	01/10
Flamenco Aprende los pasos importantes de este misterioso baile de Andalucía.	miércoles 16.00 a 17.00h	09/10
Swing Baila toda la noche con tu pareja este baile muy popular de los Estados Unidos.	jueves 17.00 a 18.00h	10/10

²Gardel y Piazzola son músicos muy famosos en Argentina, conocidos por sus tangos.   ³moving your hips

 ¿Comprendiste?

1. ¿Qué clases puedes tomar en la Escuela Internacional de Baile?

2. ¿Qué razones da la página Web para ser miembro de la escuela?

3. ¿Cuál de los bailes te interesa más? ¿Por qué?

4. ¿Te gustaría tomar una clase en esta escuela? ¿Por qué?

CULTURA ‹ México

El ballet El ballet clásico y el ballet folklórico tienen una larga historia en varios países hispanohablantes. Muchos países tienen un ballet nacional, como el Ballet Nacional de España o el Ballet Folklórico de México. El ballet folklórico se inspira en el folklore, la danza popular y los bailes tradicionales de un país, e interpreta estas tradiciones con técnicas de la danza clásica y moderna. Muchas compañías de ballet también tienen escuelas de baile.

• ¿El ballet es popular donde vives? ¿Hay algún baile folklórico en tu región? ¿Hay una compañía de ballet en tu ciudad?

Pre-AP Integration: Las artes visuales y escénicas: ¿Cómo refleja el baile las perspectivas culturales de una región?

El Ballet Folklórico de México

Perspectivas del mundo hispano

¡Cuántos libros y cuadernos!

"*Vivo con mi familia en Estados Unidos y veo que en las escuelas estadounidenses hay menos materias que en las escuelas de mi país. Aquí tenemos menos clases, pero hay más actividades extracurriculares. No usamos tantos libros y cuadernos, pero necesitamos muchas cosas para los deportes, las clases de música y las visitas a lugares interesantes. Siempre les pregunto a mis amigos: "¿Quién me ayuda con todas estas cosas?"*.

-Marcos, un estudiante mexicano, está en una escuela estadounidense.

"*Aquí en España todos los estudiantes tienen muchas clases, 11 ó 12 cada curso. Todos los días hay que llevar a la escuela muchos libros y muchos cuadernos, y también el almuerzo. A veces, ¡no puedo poner todos los libros en la mochila!*".

-Latifa, una estudiante norteamericana, está en una escuela española.

En los países hispanohablantes, los planes de estudio de la educación secundaria y el bachillerato tienen muchas asignaturas[1]. Cada plan de estudio tiene de 10 a 12 asignaturas. En los primeros años, las asignaturas son obligatorias. En los últimos años, puedes escoger[2] algunas de las asignaturas.

Online Cultural Reading

Go to Auténtico ONLINE to explore the website of La Salle, a private school in Santander, Spain.

Comparación cultural Compara tus asignaturas con la lista de asignaturas de la escuela secundaria de España. ¿Qué clases tienes en común con las de este país? ¿Hay clases en España que no tiene tu escuela?

Analizar ¿Qué prefieres: tener más asignaturas y menos actividades extracurriculares o menos asignaturas y más actividades?

---

[1]courses [2]choose

Asignaturas de la escuela secundaria
España

- Lengua y literatura castellana
- Lengua y literatura de las comunidades autónomas
- Lengua extranjera
- Matemáticas
- Ciencias sociales, Geografía e Historia
- Educación física
- Ciencias de la naturaleza
- Educación plástica y visual
- Tecnología
- Música

Presentación escrita

OBJECTIVES

▶ Write about your extracurricular activities

▶ Think about why you enjoy certain activities so that you can personalize your writing

Mis actividades extracurriculares

TASK Your teacher wants to learn more about you and has asked you to write about your extracurricular activities and tell why you chose them.

1 Prewrite List your activities and tell why you find them interesting or challenging. Also note why you prefer these activities, and how long you have participated in them.

2 Draft Use your list and notes to write a first draft of your paragraph. Try to support your preferences to personalize it as much as possible.

3 Revise Read through your paragraph and check:

- spelling
- verb forms
- use of *hace* + time expressions

Share your paragraph with a partner, who will check:

- Is your paragraph easy to understand?
- Does it give information about you and your activities?
- Is there anything you should add or change?
- Are there any errors?

Rewrite your paragraph, making any necessary changes. You may want to add a personal photo or drawings of the activities.

4 Publish Make a final copy of your paragraph to give to your teacher or to add to your portfolio.

5 Evaluation The following rubric will be used to grade your presentation.

Estrategia

Personalizing To personalize your writing, think about why you enjoy certain activities and what attracts you to them.

Rubric	Score 1	Score 3	Score 5
How much information you communicate	You provide one activity with explanation.	You provide two activities with explanations.	You provide three or more activities with explanations.
Your use of vocabulary and grammar	You use very little variation of vocabulary and have frequent usage errors.	You use limited vocabulary and have some usage errors.	You use an extended variety of vocabulary and have very few usage errors.
Your use of the writing process	You turn in only the prewrite notes.	You turn in prewrite notes and a rough draft.	You turn in prewrite notes, a rough draft, and a final product.

Auténtico

Partnered with **NBC LEARN**

Escuela secundaria

Antes de ver

Use the Strategy: Identify Key Words and supporting details

Focus on words that are repeated or details that seem important to the message of the video, and use these to identify the main idea of the video.

Read this key vocabulary

parecer = seem	**mente** = mind
desarrollo = development	**debatir** = to debate
adulto exitoso = successful adult	**los eventos mundiales** = world events
dar una vuelta a la manzana = take a walk around the block	**yendo bien** = going well
cuerpo = body	**los puntos fuertes** = strengths

 **Ve el video**

What role should parents have in the lives of their teenage children? How can a parent support their teen in high school? As you watch the video, listen for words and details that are repeated or stressed to help you recognize the recommendations for parents.

Go to **PearsonSchool.com/Autentico** and watch the video *Escuela secundaria* to see how parents can help their children through high school.

Completa las actividades

Mientras ves Usa las palabras clave y otros detalles para identificar los consejos *(advice)* a los padres. Ordena los consejos según cuando aparecen en el video.

Identificar los puntos fuertes de su hijo

Hablar de las noticias y los eventos mundiales con su hijo

Dar una vuelta a la manzana con su hijo

Preguntar a su hijo sobre las clases y los libros

Integración

Después de ver Mira el video otra vez para contestar estas preguntas.

1. Según el video, ¿por qué es importante la influencia de los padres?

2. Nombra tres de los consejos o detalles que te ayudan a entender la idea principal.

3. ¿Cómo pueden los padres ayudar a sus hijos a prepararse para la vida después de la secundaria? ¿Qué opinas del consejo?

 For more activities, go to the *Authentic Resources Workbook*.

Los pasatiempos

Expansión Busca otros recursos en *Auténtico* en línea. Después, contesta las preguntas.

 1B Auténtico

Integración de ideas Los recursos auténticos dan consejos sobre cómo tener éxito en la escuela. Usando estas recomendaciones, escribe un plan para mejorar tu vida *(life)* escolar. ¿Cómo crees que te pueden ayudar las actividades extracurriculares?

Comparación cultural ¿Cómo puedes usar lo que aprendiste de los recursos en tu vida diaria en la escuela?

OBJECTIVES
▶ Review the vocabulary and grammar
▶ Demonstrate you can perform the tasks on p. 69

🔊 Vocabulario

to talk about extracurricular activities

las actividades extracurriculares	extracurricular activities
el ajedrez	chess
el club, pl. los clubes	club
el club atlético	athletic club
el equipo	team
la fotografía	photography
el fotógrafo, la fotógrafa	photographer
los jóvenes	young people
el miembro ser miembro	member to be a member
el pasatiempo	pastime
la práctica	practice
la reunión, pl. las reuniones	meeting

to talk about athletic activities

el animador, la animadora	cheerleader
las artes marciales	martial arts
hacer gimnasia	to do gymnastics
el hockey	hockey
jugar a los bolos	to bowl
la natación	swimming

to talk about music and drama

la banda	band
el bailarín, la bailarina	dancer
la canción, pl. las canciones	song
el (la) cantante	singer
el coro	chorus, choir
ensayar	to rehearse
el ensayo	rehearsal
el músico, la música	musician
la orquesta	orchestra
la voz, pl. las voces	voice

For *Vocabulario adicional,* see pp. 498–499.

to talk about actions with activities

asistir a	to attend
ganar	to win, to earn
grabar	to record
participar (en)	to participate (in)
tomar lecciones	to take lessons
volver (o → ue)	to return

to talk about and describe Internet activities

crear una página Web	to create a Web page
estar en línea	to be online
hacer una búsqueda	to do a search
navegar en la Red	to surf the Web
visitar salones de chat	to visit chat rooms

other useful words

entre	among, between
el interés	interest
la oportunidad, pl. las oportunidades	opportunity

to tell how long something has been going on

¿Cuánto tiempo hace que . . . ?	How long . . . ?
Hace + *time* + que . . .	It has been . . .

to make comparisons

tan + *adj.* + como	as + *adj.* + as
tantos(as) + *noun* + como	as much / many + *noun* + as

Gramática

saber *to know (how)*

sé	sabemos
sabes	sabéis
sabe	saben

conocer *to know, to be acquainted with*

conozco	conocemos
conoces	conocéis
conoce	conocen

Preparación para el examen

What you need to be able to do for the exam...	Here are practice tasks similar to those you will find on the exam...	For review go to your print or digital textbook...

Interpretive

1 ESCUCHAR I can listen and understand as teenagers talk about what they do after school.

Listen as two teenagers describe what they do after school. See if you can understand: (a) what they like to do; (b) why they like to do it; (c) how long they have been participating in that particular activity.

pp. 46–49 *Vocabulario en contexto*
p. 51 Actividad 7
p. 57 Actividad 17
p. 59 Actividad 20

Interpersonal

2 HABLAR I can talk about the extracurricular activities that I am interested in doing after school and how long I have been doing these activities.

Imagine that you meet a new classmate from Venezuela who is going to your school. Since you both seem to like the same types of things: (a) tell him about some of the things you do after school that you think would interest him; (b) ask him to go with you to one of your activities.

p. 51 Actividad 6
p. 52 Actividad 8
p. 54 Actividad 13
p. 58 Actividad 18
pp. 59 Actividades 19–20

Interpretive

3 LEER I can read and understand a letter making comparisons.

Read the following letter to an advice columnist. What problem is the writer describing? How does he compare himself to his brother?

Mi hermano mayor es muy estudioso y deportista. Pero yo . . . ¡no! A mí me interesa visitar a mis amigos en los salones de chat en la Red. Según mis amigos, soy increíble con mi computadora. ¡El problema es que todos mis profesores piensan que soy tan estudioso y deportista como mi hermano! Mis padres dicen que debo ser como mi hermano. No me gusta.
—Frustrado

p. 53 Actividad 11
p. 57 Actividad 16
pp. 62–63 *Lectura*

Presentational

4 ESCRIBIR I can write briefly about my extracurricular activities.

You're trying to get an after-school job. Most of the applications you have picked up ask the same questions: *¿En qué actividades extracurriculares participas? ¿Cómo te van a ayudar estas actividades en este trabajo?* Write a brief paragraph describing your extracurricular activities and mention why you like these activities.

p. 50 Actividad 4
p. 52 Actividades 8–9
p. 57 Actividad 16
p. 59 Actividad 19
p. 65 *Presentación escrita*

Cultures

5 Explicar I can understand the differences between schools in the United States and Spain.

Your friend's father is being transferred to Spain for one year, so your friend will be attending school in Madrid. Based on this chapter, what could you tell him about the differences that he will probably find in his new school there?

p. 64 *Perspectivas del mundo hispano*

OBJECTIVES
▸ Listen to, write about, and discuss clothing and parts of the body
▸ Read, write, and talk about actions

Vocabulario

Parte superior del cuerpo
el abrigo
los anteojos de sol
la blusa
la camisa
la camiseta
la chaqueta
la corbata
la gorra
los guantes
la sudadera
el suéter
el traje
el traje de baño
el vestido

Parte inferior del cuerpo
las botas
los calcetines
la falda
los jeans
los pantalones
los pantalones
  cortos
los zapatos

1

¿Qué llevas?

ESCRIBIR, HABLAR EN PAREJA   Completa las frases con la ropa que llevas en las siguientes ocasiones. Después compara tus respuestas con las de otro(a) estudiante. Habla de la ropa que los dos usan.

Modelo
Cuando hace frío, *llevo un suéter y guantes.*

1. Cuando voy a la piscina, . . .
2. Cuando voy a un partido de fútbol, . . .
3. Cuando estoy en casa, . . .
4. Cuando voy al cine, . . .
5. Cuando voy a un baile elegante, . . .
6. Cuando llueve, . . .

2

Juego

ESCUCHAR   Tu profesor(a) va a ser Simón y te va a decir que toques *(touch)* una parte de tu cuerpo. Por ejemplo, si escuchas, "Simón dice . . . 'tócate la cabeza'", tienes que tocarte la cabeza. Si no escuchas "Simón dice . . ." y te tocas esa parte del cuerpo, ¡pierdes *(you lose)*!

Gramática Repaso

Verbs and expressions that use the infinitive

When you use two verbs together in Spanish, the second one is usually the infinitive.

Óscar **prefiere llevar** jeans los fines de semana. ¿**Vas a llevar** un suéter esta noche?

Here are some verbs and expressions that you have used that are often followed by an infinitive:

me gusta / gustaría	I like / would like	querer (e → ie)	to want
me encanta	I love	pensar (e → ie)	to plan
poder (o → ue)	to be able	necesitar	to need
deber	ought to, should	tener que	to have to
preferir (e → ie)	to prefer	ir a	to be going to

You can use the present tense of the verb *acabar* followed by *de* + the infinitive to indicate that something has just happened:

Nosotros **acabamos de escuchar** esa canción. We **just listened to** that song.

3

Un mensaje electrónico

 LEER, ESCRIBIR Recibes este mensaje por correo electrónico. Lee las actividades que recomienda Carlos y contéstale. Usa una combinación de dos verbos para decirle lo que te interesa hacer y lo que no te interesa hacer.

Para Juan@gmail.com X

¡Hola!

¿Qué quieres hacer este fin de semana? ¿Comer en un restaurante? Todos dicen que el restaurante Las Pampas tiene comida argentina fabulosa. ¿Prefieres ir a un concierto? Hay una banda que toca música de los Andes en la plaza. ¿Jugar al tenis? Dicen que va a hacer buen tiempo todo el fin de semana. Escríbeme.

Carlos

✉ ✎ ▾ B I T! ≣ ≣ ≣ ≣ ↱ ↰ ☺

4

¿Qué quieres hacer?

 HABLAR EN PAREJA Pregúntale a otro(a) estudiante si quiere hacer algo este fin de semana.

 Videomodelo

A —¿Quieres *ir al parque conmigo*?

B —Sí, me gustaría *ir al parque* pero *acabo de caminar con mi amiga.*

o: —No, gracias. No puedo ir porque *mi primo acaba de llegar.*

1. ir al cine

2. estudiar español

3. tomar un refresco

4. jugar al béisbol

5. venir a mi casa

6. escuchar música

7. **¡Respuesta personal!**

CAPÍTULO 2A
¿Cómo te preparas?

Nueva York
Florida
México
Costa Rica
Perú
Bolivia
Argentina

CHAPTER OBJECTIVES

Communication
By the end of this chapter you will be able to:
- Listen and read about daily routines.
- Talk and write about your daily routine and getting ready for a special event.
- Exchange information about your typical morning routine.

Culture
You will also be able to:
- **Auténtico:** Identify cultural practices in an authentic video about a special Panamanian celebration.
- Understand why *ponchos* are worn in the Andes.
- Compare parties and special events in the Spanish-speaking world with those in the U.S.

You will demonstrate what you know and can do:
- Presentación oral: Un evento especial
- Preparación para el examen

You will use:

Vocabulary
- Getting ready for an event
- Daily routines

Grammar
- Reflexive verbs
- *Ser* and *estar*
- Possessive adjectives

ARTE y CULTURA ‹ México

Bailes tradicionales En "Baile en Tehuantepec" vemos la ropa típica de los bailes de esta región de México. Las mujeres se visten con blusas y faldas tradicionales. El uso del sombrero es tradicional para los hombres del campo, no sólo en México, sino en otros países hispanohablantes como el Perú y el Ecuador.

▶ Compara a las personas de este cuadro con las jóvenes de la foto. ¿Qué ropa llevas cuando vas a un baile especial?

"Baile en Tehuantepec" (1935), Diego Rivera ▶

Charcoal and watercolor, 18 15/16 x 23 7/8 inches. Los Angeles County Museum of Art, gift of Mr. and Mrs. Milton W. Lipper, from the Milton W. Lipper Estate. © 2009 Banco de México Diego Rivera & Frida Kahlo Museums Trust, México, D.F./Artists Rights Society (ARS), New York. Photo: © Museum Associates/LACMA.

Participantes en una
celebración de quinceañera,
Ciudad Juárez, México

OBJECTIVES

Read, listen to, and understand information about
▶ getting ready for an event
▶ daily routines

Lili: Mañana es **la boda** de mi tía Chayo. Estoy **entusiasmada**. Voy a **acostarme** temprano y mañana voy a **levantarme** temprano y **ducharme lentamente. Luego** quiero ir al **salón de belleza**. Quiero **arreglarme el pelo** y pintarme **las uñas**.

Beto / Lili

despertarse

la ducha

ducharse

cepillarse los dientes

afeitarse

bañarse

secarse

el secador

arreglarse (el pelo)

cortarse el pelo

pintarse las uñas

el agua de colonia

el desodorante

la toalla

el peine

el cepillo

Beto: Ay, Lili. Siempre estoy nervioso **antes de** ir a **un evento especial**. ¿Me ayudas a **prepararme**?

Lili: Bueno. Tu ropa debe ser **elegante**. **Por ejemplo**, tienes que **ponerte** un **cinturón**. Sabes que Papá tiene muchas corbatas, ¿no? Hay que **pedirle prestada** una corbata bonita. También puedes pedirle un poco de **agua de colonia**. Esa botella es **suya**.

Beto: ¡Uf! ¿Puedo ponerme mi camisa gris?

Lili: **Depende**. ¿Está limpia?

Beto: Creo que no.

Lili: Tienes que ponerte una camisa limpia, Beto. ¡Y tienes que cepillarte los dientes también!

las joyas de oro

las joyas de plata

el cinturón

Más vocabulario

la audición = audition
una cita = date
el concurso = contest
el salón de belleza = beauty salon

ponerse

vestirse

lavarse la cara

1

Así me preparo

🔊 **ESCUCHAR** Escucha a un joven describir cómo se prepara para ir a un evento especial. Sin usar palabras, representa *(act out)* cada acción.

2

Cosas necesarias

🔊 **ESCUCHAR** Escucha a una joven nombrar las cosas que necesita para una boda. Toca la foto correspondiente.

Lili y Beto envían mensajes antes de la boda.

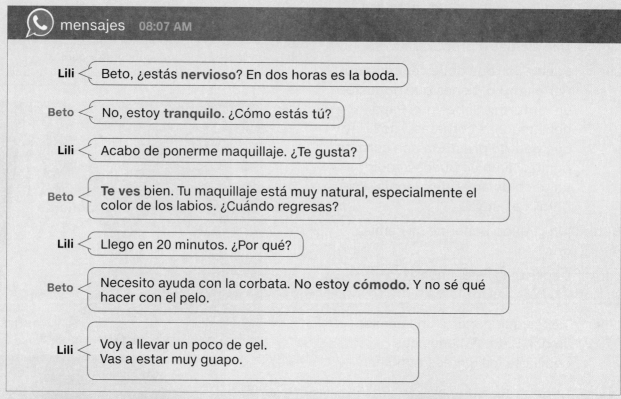

mensajes 08:07 AM

Lili — Beto, ¿estás **nervioso**? En dos horas es la boda.

Beto — No, estoy **tranquilo**. ¿Cómo estás tú?

Lili — Acabo de ponerme maquillaje. ¿Te gusta?

Beto — **Te ves** bien. Tu maquillaje está muy natural, especialmente el color de los labios. ¿Cuándo regresas?

Lili — Llego en 20 minutos. ¿Por qué?

Beto — Necesito ayuda con la corbata. No estoy **cómodo.** Y no sé qué hacer con el pelo.

Lili — Voy a llevar un poco de gel.
Vas a estar muy guapo.

los labios

el maquillaje

el gel

3

¿Sí o no?

ESCRIBIR Lee cada frase y escribe sí o no.

1. ¿Está Beto tranquilo antes de la boda?
2. ¿A Beto le gusta el maquillaje de Lili?
3. ¿Llega Lili en una hora?
4. ¿Está Beto cómodo con su corbata?
5. ¿Va Beto a ponerse gel?

Videohistoria

Go **Online** to practice
PearsonSchool.com/Autentico

PEARSON
realize™

AUDIO   VIDEO   WRITING   SCRIPT

En el salón de belleza

Antes de ver

Identify key words to infer meaning As you watch the video, listen for key words to find out why Ximena is visiting a beauty salon.

Completa la actividad

Prepararse para un evento ¿Vas a los salones de belleza para prepararte para eventos especiales, o conoces a alguien que los visita? ¿Qué clases de eventos son?

▶ Ve el video

Cuando Ximena entra en el salón de belleza y ve a Carmen, ¿de qué hablan primero?

Ve a **PearsonSchool.com/Autentico** para ver el video *En el salón de belleza*. También puedes leer el guión.

Ximena

Después de ver

 ¿COMPRENDISTE? Lee las preguntas. Luego, ve el video otra vez e identifica las palabras clave *(key words)* para contestar las preguntas.

1. ¿Quién es Luisito?
2. ¿Para qué evento especial está preparándose Ximena?
3. ¿Qué dice Carmen que debe hacer Ximena antes de usar el secador?
4. ¿De quién es el vestido que va a usar Ximena?
5. Según lo que dice Carmen, ¿crees que ella prefiere llevar pantalones o un vestido elegante? ¿Por qué piensas eso?

Comparación cultural Ximena y Carmen se saludan *(greet)* de una manera muy típica. ¿Cómo saludas tú a las personas que conoces en tu comunidad?

OBJECTIVES
▶ Discuss how much time you need to get ready for school
▶ Write about getting ready for an event and daily routines
▶ Talk about what you wear to special events

4

¿Cómo se prepara Margarita?

 ESCRIBIR Hoy Margarita va a la boda de su prima. Mira las fotos y escribe una lista de las cosas que necesita para prepararse. Si puedes, también escribe para qué se usa cada cosa.

Modelo
un peine
*Margarita necesita **un peine para arreglarse el pelo.***

5

¿Ropa elegante o ropa cómoda?

ESCRIBIR, HABLAR EN PAREJA

1 ¿Qué clase de ropa llevas en estas ocasiones? Haz una tabla como la que ves aquí. Escribe los eventos de la lista en la primera columna. Decide si llevas ropa elegante o ropa cómoda en esta ocasión y escribe qué llevas en la columna apropiada.

Ocasión	Ropa elegante	Ropa cómoda
la escuela		unos jeans y una camiseta
el cumpleaños de mi abuela	un traje o un vestido elegante	

1. una boda
2. un baile elegante
3. un concurso
4. una cita para ir al cine
5. un partido de hockey
6. una fiesta en la casa de un(a) amigo(a)
7. una audición
8. **¡Respuesta personal!**

2 Con otro(a) estudiante, habla de la ropa que Uds. llevan en las ocasiones del Paso 1. Después, intercambien (exchange) 3 preguntas por escrito y escriban las respuestas.

▶ **Videomodelo**

A —¿Qué llevas para el cumpleaños de tu abuela?
B —*Para el cumpleaños de mi abuela llevo ropa elegante. Llevo una falda elegante y una blusa blanca.*

6

¿Por la mañana o por la noche?

ESCRIBIR Copia el diagrama de Venn. Luego mira los dibujos y decide si haces la actividad por la mañana o por la noche. Escribe la acción en el círculo apropiado del diagrama. Si haces la actividad por la mañana y por la noche, escribe tu respuesta en la intersección de los círculos.

Modelo

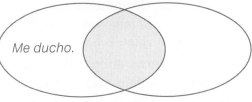

Me ducho.

por la mañana   por la mañana   por la noche
                 y por la noche

7

¿Rápidamente o lentamente?

HABLAR EN PAREJA ¿Te preparas rápidamente para ir a la escuela? Habla con otro(a) estudiante sobre cuánto tiempo crees que es necesario para hacer las cosas de la Actividad 6. Usa gestos apropiados para ilustrar las actividades.

Videomodelo

A —*¿Cuánto tiempo necesitas para ducharte?*
B —*Me ducho rápidamente. Necesito sólo dos minutos.*
o:—*Me ducho lentamente. Necesito 20 minutos.*

¿Recuerdas?

You use adverbs to tell how you do an action. In English they often end in *-ly*. To form adverbs in Spanish, you can often add *-mente* to the feminine form of the adjective.

general ➜ generalmente
rápida ➜ rápidamente

CULTURA ❭ **El mundo hispano**

La ropa de fiesta En muchos países hispanohablantes, los jóvenes llevan ropa cómoda pero elegante a las fiestas. Los jeans son muy populares, pero llevan jeans con camisas o blusas buenas, nunca con camisetas viejas o rotas[1]. Muchos jóvenes prefieren llevar pantalones o vestidos de moda en vez de[2] jeans.

• ¿Qué llevas cuando asistes a una fiesta entre amigos?

[1]torn [2]instead of

Gramática

OBJECTIVES
▶ Talk and write about daily routines and getting ready for special events
▶ Exchange information about what you do on an ideal day

Reflexive verbs

To say that people do something to or for themselves, you use reflexive verbs. For example, washing one's hands and brushing one's hair are reflexive actions because the person doing the action also receives the action.

> Antes de una cita, (yo) **me ducho** y **me arreglo** el pelo.

You know that a verb is reflexive if its infinitive form ends with the letters *se*.

> **ducharse**

The reflexive pronouns in Spanish are *me, te, se, nos,* and *os.* Each pronoun corresponds to a different subject. Here are the present-tense forms of the reflexive verb *secarse:*

(yo)	**me seco**	(nosotros) (nosotras)	**nos secamos**
(tú)	**te secas**	(vosotros) (vosotras)	**os secáis**
Ud. (él) (ella)	**se seca**	Uds. (ellos) (ellas)	**se secan**

Some verbs have both reflexive and non-reflexive forms and usages. A verb is used in its non-reflexive form if the action is being done to someone or something else.

Lavo el coche a menudo.   *I wash the car often.*

Me lavo el pelo todos los días.   *I wash my hair every day.*

When you use a reflexive verb with parts of the body or clothing, use the definite article.

¿Siempre te pintas **las** uñas?   *Do you always polish your nails?*

Felipe se pone **los** zapatos.   *Felipe puts on his shoes.*

You can put reflexive pronouns before the conjugated verb or you can attach them to the infinitive.

Me voy a duchar.

Voy a duchar**me**.

Te tienes que vestir para la fiesta.

Tienes que vestir**te** para la fiesta.

Más recursos ONLINE

▶ *GramActiva* Video
▶ **Tutorials:** Reflexive pronouns, Reflexive/non-reflexive actions
▶ **Animated Verbs**
◀)) *Canción de hip hop:* ¿A qué hora te despiertas?
🖊 *GramActiva* Activity

8

Nos preparamos para la fiesta

 LEER, ESCRIBIR Isabel y Elena se preparan para ir a una fiesta de quinceañera. En una hoja de papel, escribe el pronombre reflexivo correcto para cada número para completar la historia.

Isabel y Elena son dos hermanas que __1.__ preparan para una fiesta de quinceañera. "Debemos acostar __2.__ temprano esta noche", dice Isabel. "Sí, y mañana yo __3.__ baño primero. Después __4.__ maquillo y __5.__ pinto las uñas. Me gusta preparar __6.__ lentamente", dice Elena. "Es verdad", dice Isabel. "Siempre __7.__ preparas más lentamente que yo". La noche de la fiesta Elena __8.__ arregla el pelo primero y luego ayuda a Isabel. Las dos __9.__ visten y salen para la fiesta a las seis y media.

Una rutina lógica

ESCRIBIR Trabaja con otro(a) estudiante. Escribe una pregunta sobre cuándo hay que hacer las cosas. Tu compañero(a) tiene que contestar. Usa antes de o después de.

1. lavarse las manos / comer
2. despertarse / levantarse
3. vestirse / ponerse desodorante
4. acostarse / bañarse
5. ducharse / vestirse
6. cepillarse los dientes / comer

Modelo

lavarse la cara / acostarse

Estudiante A: ¿*Debes lavarte la cara antes o después de acostarte?*
Estudiante B: *Debo lavarme la cara antes de acostarme.*

Nota

Note that in Spanish you use the infinitive after a preposition even if an infinitive is not used in English.

• Generalmente me pongo loción en la cara **después de afeitarme.** *I usually put lotion on my face* ***after shaving.***

Preparaciones

ESCRIBIR Imagina que tú y tu hermanito están preparándose para un evento especial y tienes que ayudarlo. Usa las imágenes como guía para describir tu día. Usa la forma reflexiva del verbo en tu descripción si es necesario.

Modelo
Me despierto a las siete de la mañana.

Modelo
Despierto a mi hermanito a las siete y cinco.

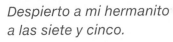

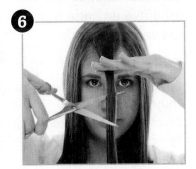

11

Tu horario

 ESCRIBIR ¿Cómo es tu horario típico? Piensa en tu horario para un día de escuela. En general, ¿a qué hora haces las siguientes acciones? Usa una tabla para organizar tus respuestas. Luego, con un(a) compañero(a), adivinen *(guess)* y escriban la rutina diaria de la otra persona. Intercambien *(exchange)* sus rutinas y respondan por escrito si están de acuerdo o no. Corrijan errores y escriban qué es cierto y qué deben cambiar.

1. levantarse
2. bañarse o ducharse
3. cepillarse los dientes
4. arreglarse el pelo
5. vestirse
6. acostarse temprano / tarde

Mi rutina	La hora
me despierto	*a las 6:30*

12

Compara horarios

 HABLAR EN PAREJA Ahora compara tu horario de la Actividad 11 con el de otro(a) estudiante. Hablen de las diferencias en sus rutinas y háganse preguntas sobre sus actividades diarias. Usen gestos apropiados al hablar de sus rutinas.

> . . . a la(s) (siete) . . . . . . después de . . .
> Primero . . . . . . antes de . . .
> Luego . . .

Videomodelo

A —*¿A qué hora te despiertas por la mañana?*
B —*Me despierto a las seis y media. ¿Y tú?*
A —*Yo me despierto a las siete. ¿Qué haces después de levantarte?*
B —*Siempre me ducho primero y me lavo el pelo. Y tú, ¿qué haces luego?*

13

Mi día ideal

 ESCRIBIR, HABLAR

1 Describe tu día ideal en cinco frases. Usa expresiones que necesitan un infinitivo en cada frase. También usa los verbos reflexivos.

Modelo
En mi día ideal puedo levantarme muy tarde.
En mi día ideal no tengo que ir a la escuela.

2 Ahora compara tu día ideal con el de tres estudiantes. De todas las frases que tienen, escojan *(choose)* cinco frases que describen el día ideal para todo el grupo.

3 Cada grupo debe compartir con la clase su descripción del día ideal. La clase debe votar por la mejor descripción del día ideal.

¡Quiero dormir más!

LEER, ESCRIBIR, HABLAR   ¿Es difícil despertarte temprano todas las mañanas? ¿Te gustaría dormir más? Lee el siguiente informe sobre la cantidad *(amount)* de sueño que necesita cada joven. Luego contesta las preguntas.

Conexiones   **La salud**

¿Necesitas dormir más?

Muchos jóvenes no pueden levantarse temprano a la hora de ir a la escuela y el 20 por ciento de ellos se duermen[1] en las clases. Nuevos estudios revelan que los jóvenes de 13 a 18 años de edad necesitan dormir 9.25 horas cada noche. Esto es 1.25 horas más que un adulto. La realidad es que muchos jóvenes duermen sólo seis o siete horas cada noche. Si un joven no duerme lo suficiente, puede tener problemas de concentración y de control de sus emociones.

¿Cuál es la respuesta a este problema? Pues, acuéstate temprano y sigue una rutina cada noche. Otros consejos para dormir mejor son:

❦ Toma sólo bebidas sin cafeína después de las cinco de la tarde.
❦ Evita[2] programas de televisión o películas violentas antes de acostarte. También evita usar la computadora o jugar videojuegos antes de dormir.
❦ Un baño o una ducha antes de acostarte puede ayudarte a dormir.
❦ Haz ejercicio todos los días pero no antes de acostarte.
❦ Debes acostarte y levantarte cada día a la misma hora. Si quieres acostarte tarde durante el fin de semana, es mejor no hacerlo dos noches seguidas.

[1]fall asleep [2]Avoid

1. ¿Cuántas horas duermes cada noche?
2. ¿Cuántas horas crees que debes dormir cada noche?
3. ¿Crees que estos consejos son buenos? ¿Por qué?

¡Un día loco!

ESCRIBIR, HABLAR EN PAREJA   Con otro(a) estudiante, van a crear una rutina loca. Usen las ideas de abajo o piensen en otras. Luego lean su rutina a la clase. ¡La pareja con la rutina más loca gana!

Videomodelo

A —*Primero nos levantamos a las tres de la mañana.*
B —*Después nos ponemos una camisa elegante y unos pantalones cortos.*

Estudiante B

Estudiante A

acostarse	afeitarse
cepillarse los dientes	vestirse
peinarse	despertarse
arreglarse el pelo	lavarse

¡Respuesta personal!

¡Respuesta personal!

16

Juego

ESCRIBIR, HABLAR EN GRUPO ¿Cómo te preparas para la escuela o para una fiesta? Vas a presentar tu rutina sin hablar.

1 Primero cada estudiante va a escribir una lista corta de lo que hace alguien cuando se prepara para salir.

2 En grupos o equipos, cada persona tiene que representar sus acciones sin hablar. Cuando "el actor" está actuando, cada miembro del grupo debe adivinar cuáles son las actividades y debe escribirlas en una hoja de papel. Después cada estudiante lee su lista. El actor o la actriz decide si la lista tiene las acciones correctas y si están en orden.

Modelo
Primero, Marta se levanta.
Luego, ella . . .
Después . . .

Los resultados:	
3 puntos	en orden con todos los verbos correctos
2 puntos	en orden con la mitad *(half)* de los verbos correctos
0 puntos	ni en orden ni con todos los verbos correctos

17

Y tú, ¿qué dices?

ESCRIBIR, HABLAR

1. ¿Te gusta levantarte temprano o tarde? ¿A qué hora te acuestas generalmente? ¿A qué hora te levantas? ¿Siempre te cepillas los dientes después de comer o sólo antes de acostarte?

2. ¿Cómo te preparas para un evento especial? ¿Qué haces primero? ¿Vas al salón de belleza o te arreglas el pelo? ¿Cuánto tiempo necesitas para prepararte?

3. ¿Qué ropa u otros accesorios te pones para ir a una fiesta o un baile?

CULTURA ⟩ El mundo hispano

La familia y los eventos especiales En los países hispanohablantes, los primeros invitados a un evento especial generalmente son los miembros de la familia. Los cumpleaños, el día del santo y otros días especiales se celebran con la familia y los amigos.

• ¿Invitas a tíos y a primos a todos tus cumpleaños? ¿A quiénes invitas a tus fiestas? ¿Por qué? Describe cómo son tus fiestas a un compañero.

Pre-AP Integration: La estructura de la familia: Compara el papel[1] de la familia en diferentes sociedades.

Una familia de San Miguel de Allende, México, celebra un cumpleaños.

[1]role

18

¿Corte de pelo con estilo

LEER, ESCRIBIR, HABLAR   Lee el anuncio sobre la máquina para cortar el pelo "Cortapelo" que tú puedes usar en casa. Luego contesta las preguntas.

1. ¿Por qué da un buen corte el "Cortapelo"?
2. ¿Por qué puedes crear estilos diferentes?
3. ¿Crees que es bueno pagar dinero por un corte de pelo?
4. ¿Vas a un salón de belleza o te cortas el pelo en casa? ¿Por qué?

> **También se dice...**
> **el salón de belleza** = la peluquería
> *(muchos países)*
> **el pelo** = el cabello *(muchos países)*

CORTAPELO

Con el revolucionario CORTAPELO puedes cortarte el pelo sin salir de casa

La profesionalidad de un buen corte de pelo
Con su exclusivo sistema puedes cortarte el pelo sin errores ya que[1] su peine pivotante se adapta perfectamente a la forma de tu cabeza. Su sistema de dos peines corta con precisión el corte que deseas.

Quedas siempre perfecto y con un corte de pelo verdaderamente profesional.

[1] since

¡Es muy fácil y muy cómodo!

El español en la comunidad

En muchas regiones de los Estados Unidos donde hay una concentración de personas hispanohablantes, hay eventos especiales para la comunidad hispana. Estas comunidades se preparan durante meses para las celebraciones. Preparan comida típica, música, bailes y desfiles. La celebración puede ser internacional o de un solo país, como el festival puertorriqueño en Nueva York. Lo que estos eventos tienen en común es que siempre participan personas de todos los grupos hispanos.

• Busca un calendario de los eventos especiales de tu comunidad para saber si hay un evento hispano o internacional. Estos eventos se celebran generalmente en el verano, cuando es posible organizarlos en parques.

Festival de Old Pecan Street en Austin, Texas

Gramática
Repaso

OBJECTIVES
▶ Exchange information about where things are
▶ Write about how other people feel in certain situations

The verbs *ser* and *estar*

You know that both *ser* and *estar* mean "to be." You have seen that their uses, however, are different.

(yo)	**soy**	(nosotros) (nosotras)	**somos**
(tú)	**eres**	(vosotros) (vosotras)	**sois**
Ud. (él) (ella)	**es**	Uds. (ellos) (ellas)	**son**

(yo)	**estoy**	(nosotros) (nosotras)	**estamos**
(tú)	**estás**	(vosotros) (vosotras)	**estáis**
Ud. (él) (ella)	**está**	Uds. (ellos) (ellas)	**están**

Use *ser* to talk about:

- what a person or thing is
  Ricardo y Lola **son** actores.
- what a person or thing is like
  Son muy simpáticos.
- where a person or thing is from
  Son de Nicaragua.
- what a thing is made of
  Este anillo **es** de plata.
- to whom something belongs
  Es el anillo de Juana.

Use *estar* to talk about:

- how a person or thing is at the moment
  Mi hermana **está** muy cansada.
- how someone feels
  Alicia y Carlos **están** entusiasmados.
- where a person or thing is located
  Alonso **está** en el baño.

Más recursos ONLINE

▶ *GramActiva* Video
✎ *GramActiva* Activity

19

Ellos quieren ser músicos

LEER, ESCRIBIR Alfredo y Juan tocan en la banda y van a entrar en un concurso. Escoge el verbo correcto para completar su conversación.

Alfredo y Juan __1.__ *(son/están)* chicos talentosos. __2.__ *(Son/Están)* miembros de la banda de su escuela. Ahora los chicos __3.__ *(son/están)* en casa de Juan y se preparan para ir a un concurso de la banda.

—¿__4.__ *(Eres/Estás)* nervioso, Juan?

—Sí, un poco. Toda mi familia va a __5.__ *(ser/estar)* allí. Mis padres, mis abuelos . . .

—¿Tu novia?

—No, hombre. Ella __6.__ *(es/está)* enferma y no puede ir. ¿Y tú, Alfredo?

—Nervioso no. Yo __7.__ *(soy/estoy)* entusiasmado. Yo sé que __8.__ *(somos / estamos)* los mejores.

¿Cómo estás?

LEER, ESCRIBIR ¿Cómo están tú y las otras personas en estas situaciones? Usa adjetivos de la lista para formar frases.

aburrido, -a	nervioso, -a
cansado, -a	ocupado, -a
contento, -a	tranquilo, -a
entusiasmado, -a	

Modelo
Carlos toma el sol en la playa.
Carlos está muy contento.

1. Elena y María van a participar en un concurso.

2. Vas a un baile con el (la) chico(a) más popular de la escuela.

3. Tienes mucha tarea y también tienes que lavar el coche, cortar el césped y limpiar tu dormitorio.

4. Tu hermano va a un concierto para escuchar una banda nueva.

5. Uds. están en una clase que no les interesa y la profesora habla lentamente.

6. Tu mejor amigo(a) tiene que dar un discurso para los padres de los estudiantes de tu escuela.

21

El dormitorio de Ramona

HABLAR EN PAREJA, ESCRIBIR

1 Ramona tiene muchas cosas en su dormitorio. ¿Es el dormitorio típico de una chica de 16 años? Mira el dibujo y habla de Ramona y su dormitorio con otro(a) estudiante.

Videomodelo
A —¿Dónde están las joyas de Ramona?
B —Están encima del escritorio.
A —¿De qué son las joyas?
B —Son de oro.

2 Ahora piensa en tu dormitorio. ¿Es como el dormitorio de Ramona? Describe dónde están y cómo son las cosas en tu dormitorio.

Gramática

OBJECTIVES
▶ Listen to and write about personal belongings
▶ Indicate whether something belongs to you

Possessive adjectives

Spanish possessive adjectives have a long form that comes after the noun. These forms are often used for emphasis.

mío / mía míos / mías	nuestro / nuestra nuestros / nuestras
tuyo / tuya tuyos / tuyas	vuestro / vuestra vuestros / vuestras
suyo / suya suyos / suyas	suyo / suya suyos / suyas

Voy al partido con un amigo **mío**.
*I'm going to the game with a friend **of mine**.*

¿Vas al baile con unas amigas **tuyas**?
*Are you going to the dance with some friends **of yours**?*

These possessive adjectives may be used without the noun.

¿Estas chaquetas son **suyas**?
*Are these jackets **yours**?*

Sí, son **nuestras**.
*Yes, they are **ours**.*

To clarify or emphasize possession, you can use *de* + a noun or pronoun instead of a form of *suyo*.

Aquí está un collar **suyo**.
= un collar **de Ud. / él / ella / Uds. / ellos / ellas**.
*Here is a necklace of **yours / his / hers / theirs**.*

22

¿Son suyos?

LEER, ESCRIBIR ¿De quiénes son estas cosas? Escoge la mejor respuesta.

1. ¿De quién son esos zapatos elegantes? ¿De Ud.?
   a. Sí, son míos. **b.** Sí, son mías.

2. ¿De quiénes son esos globos? ¿De los niños?
   a. Sí, son suyas. **b.** Sí, son suyos.

3. ¿De quién es esa toalla? ¿De Uds.?
   a. Sí, es nuestra. **b.** Sí, es mía.

4. ¿De quién son estas joyas? ¿De tu prima?
   a. Sí, son suyas. **b.** Sí, son tuyas.

5. ¿De quién es este secador? ¿De Laura?
   a. Sí, es tuyo. **b.** Sí, es suyo.

6. ¿De quién es esta corbata? ¿De tu hermano?
   a. Sí, es suya. **b.** Sí, es mía.

23

Escucha y escribe

ESCUCHAR, ESCRIBIR Hoy muchos clientes están en el salón de belleza. Escucha y escribe lo que dice Felipe mientras organiza el salón.

24

¿De quién es?

 LEER, HABLAR EN PAREJA Tu hermana está arreglando su cuarto y preguntando de quién son las cosas que ella encuentra *(finds)*. Contesta sus preguntas, diciendo de quién es cada cosa.

1. ¿Son sus toallas? (de ellos)
2. ¿Es mi peine?
3. ¿Es su gel? (de ella)
4. ¿Son nuestras joyas?
5. ¿Es tu maquillaje?
6. ¿Es su desodorante? (de él)

 Videomodelo

A —¿Es tu agua de colonia?
B —Sí, el agua de colonia es mía.
o: —No, el agua de colonia no es mía.

25

¿Es tuyo?

 HABLAR EN PAREJA ¿A quién le gusta pedir prestada la ropa? Pregúntale a otro(a) estudiante sobre la ropa y los accesorios que lleva. ¿Todo es de él / ella?

Videomodelo

A —Me gustan las joyas que llevas. ¿Son tuyas?
B —Sí, son mías.
o: —No, son de mi hermana, pero me gustan mucho.

Pronunciación ◁ Consonants that change their sounds

 In Spanish, when the letter *c* combines with *a, o,* or *u* ("strong" vowels) it makes the sound of the letter *k*. Listen to and say these words:

expli**ca**   bus**co**   **cu**chillo

¿**Có**mo?   ¿**Cu**ándo?

When *c* combines with *e* or *i* ("weak" vowels) it makes the sound of the letter *s*. Listen to and say these words:*

cepillo   **ci**en**ci**as   cono**ce**s

centro de re**ci**claje

Practice saying these sentences:

Para mi cita con Carmen, voy a ponerme una corbata y un cinturón.

A Celia le gusta comer cacahuates cuando va al cine.

In Spanish, the letter *g* combined with *a, o,* or *u* ("strong" vowels) makes a hard *g* sound. Listen to and say these words:

ganga   lue**go**   al**gú**n

al**go**dón   yo**gur**

In words with the letters *e* or *i* ("weak" vowels), you need to add a *u* after the *g* to keep the hard *g* sound.

Listen to and say these words:

espa**gue**tis   pa**gué**

guisante   hambur**gue**sa

Practice saying these sentences:

Gasté mucho dinero en las gangas y pagué con cheque.

Compré un regalo para Guillermo: unos guantes de algodón.

Can you figure out the meaning of the following *refranes?*

Lo barato es caro cuando no es necesario.

Peseta guardada, dos veces ganada.

*In some parts of Spain, *c* before *e* and *i* is pronounced like the *th* in *think*. This is discussed further in *Tema 6, Capítulo 6A, Pronunciación*.

Lectura

OBJECTIVES

▶ Read about the *Teatro Colón* and its programs

▶ Identify the writer's attitude to better understand what you read

▶ Compare cultural programs at famous theaters in the Spanish-speaking world with those in your community

Estrategia

Identifying the writer's attitude As you read the *Lectura*, look for phrases that help you understand how the writer feels about the event.

Asistir al teatro siempre es un evento especial. Y estar en una producción puede ser aun más especial. Vamos a ver lo que dice un joven cantante.

¡Todos pueden participar en el teatro!

- Actores
- Sonido
- Músicos
- Maquillaje
- Decorado
- Efectos especiales

El Teatro Colón: Entre bambalinas[1]

Audiciones

Instituto Superior de Arte: Orquesta Académica

(jóvenes de 15 a 25 años de edad)

Si quieres ser músico, cantante o bailarín, tienes talento, eres joven y vives en Buenos Aires, tienes la oportunidad de hacer tus sueños realidad. Preséntate en el Teatro Colón para la siguiente audición. Los interesados pueden presentarse el jueves, 22 de agosto a las 10:00 de la mañana.

Bajo el auspicio del Gobierno de la Ciudad de Buenos Aires

¿Te gustaría saber cómo ser miembro de los grupos que se presentan aquí? La mejor manera es presentarte a una audición para la escuela del teatro. Se llama el Instituto Superior de Arte y funciona dentro del teatro. En el Instituto puedes estudiar canto, danza, dirección de orquesta y otras especialidades para la ópera. Si estudias en el Instituto, puedes llegar a ser miembro del coro o del cuerpo de baile. Para músicos con talento también está la Orquesta Académica del Teatro Colón. Esta orquesta está formada por jóvenes entre 15 y 25 años de edad. La orquesta hace sus presentaciones en el teatro o en las principales ciudades del país. Aquí en el teatro siempre buscan jóvenes con talento.

Si no te gusta actuar ni cantar, pero te encanta el teatro, puedes estudiar otra especialidad. Por ejemplo, si te gusta el arte, puedes aprender a hacer los escenarios. O si te interesa la tecnología, puedes estudiar la grabación o el video. En el teatro hay talleres[2] para todos los elementos de una presentación. Hay talleres para los decorados,[3] la ropa, los efectos especiales electromecánicos, la grabación y el video. Bueno, tengo que irme. ¡Ahora mismo empieza el "show" y tengo que ponerme el maquillaje! ¡Nos vemos!

[1]Behind the scenes [2]workshops [3]scenery

auspicio del Gobierno
iudad de Buenos Aires

Pasar una noche en el Teatro Colón de Buenos Aires siempre es un evento especial y hoy es muy especial para mí. Vamos a presentar la ópera "La Traviata" y voy a cantar en el coro por primera vez. ¡Estoy muy nervioso! Pero, ¿qué me dices? ¿No conoces el Teatro Colón? Pues, es el teatro más importante de toda Argentina, quizás de toda América del Sur. Lleva más de 150 años ofreciendo espectáculos de ópera al público argentino y "La Traviata" fue la ópera que se presentó en la inauguración del teatro el 27 de abril de 1857. Por eso estamos todos muy entusiasmados.

¿Comprendiste?

1. Según la información, ¿qué talento debes tener para participar en las audiciones? ¿Cuántos años debes tener?

2. ¿Por qué es importante el Teatro Colón?

3. Si tocas la trompeta, ¿en qué puedes participar en el Instituto?

4. Si no te gusta ni bailar ni cantar, ¿qué otras actividades puedes hacer en el teatro?

5. ¿Te gustaría ver una ópera? ¿Por qué?

6. ¿Hay presentaciones de teatro o de orquesta en tu escuela? ¿Participas en las presentaciones o te gusta verlas? ¿Por qué?

CULTURA ❭ El mundo hispano

Los grandes teatros son parte de la cultura de muchas ciudades hispanohablantes: el Teatro Real de Madrid (1850), el Palacio de Bellas Artes de México, D.F. (1934), el Teatro Municipal de Santiago, Chile (1857), el Teatro Nacional de San José, Costa Rica (1897). Como el Teatro Colón de Buenos Aires, ofrecen al público conciertos, óperas, ballet y otros programas culturales.

• ¿Hay un teatro o institución en tu comunidad que da programas culturales? ¿Qué tipo de programas dan?

Pre-AP Integration: Las tradiciones y los valores sociales: ¿Por qué son importantes los teatros para expresar las tradiciones y valores culturales de una comunidad?

 Mapa global interactivo Explora dos teatros famosos en la Ciudad de México y en Madrid. Compara esos teatros con teatros en tu comunidad.

La cultura en vivo

Cómo hacer un poncho

El poncho es ropa típica del altiplano, una zona elevada y fría, situada entre Bolivia y el Perú. El poncho también se usa en la Argentina, Chile, Colombia, el Ecuador, Guatemala y México. Estos países tienen regiones montañosas y frías. El poncho protege[1] contra el frío y está hecho de materiales como lana de llama o de oveja, que son animales de estos países.

En general hay dos clases de ponchos: los ponchos de trabajo que se llevan todos los días, y los ponchos de fiesta, que se llevan en las celebraciones y los eventos especiales. Los ponchos de fiesta tienen diseños[2] más complejos y, a veces, son de colores.

Investigar ¿Puedes pensar en alguna prenda de ropa típica de tu país? ¿En qué ocasiones se usa?

Dos indígenas peruanos del Cuzco con ponchos

Online Cultural Reading

Go to Auténtico ONLINE to read a story about a parade and all the entertainment it offered.

Cómo hacer un poncho

Objetivo
Hacer un poncho

Materiales
- una tela[3] como cobija[4] de aproximadamente 90 cm* por 120 cm
- tijeras
- hilo[5] y aguja de coser[6]
- pintura[7] para tela
- un pincel[8]

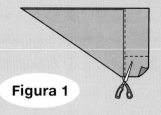
Figura 1

Instrucciones

1. Para hacer la parte principal del poncho, dobla la tela en diagonal como en el dibujo para hacer un cuadrado. Corta la tela que no necesitas y guárdala. (*Figura 1*)

2. Haz un corte de unos 30 cm de largo para la cabeza. (*Figura 2*)

3. Corta un pedazo de la tela que no usaste, y cósela al poncho para hacer un bolsillo.[9] (*Figura 3*)

4. Decora el poncho con los colores, la mascota o el escudo de tu escuela. Si necesitas ideas, busca ejemplos de ponchos que usan los habitantes de los Andes.

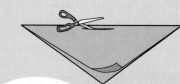
Figura 2

Figura 3

Presentación oral

OBJECTIVES
▶ Demonstrate what you wear, how you get ready, and how you feel before a special event
▶ Use notes to help you organize your presentation

Un evento especial

TASK You are an exchange student in Mexico. Your host family wants to know about special events in which you participate in your community. Show them photos of a typical special event you or your friends might attend.

1 **Prepare** Bring a personal photo or magazine picture of a special event that teens might attend. Think about a sequence of actions that occur when getting ready for this event. Answer these questions for yourself or for others:

• ¿Qué tipo de evento es? ¿Qué ropa llevas?

• ¿Qué haces primero para prepararte?

• ¿Qué sucede cuando llegas?

• ¿Cómo estás? ¿Entusiasmado(a)? ¿Nervioso(a)? ¿Contento(a)?

You can use notes to help you remember what you want to say.

2 **Practice** Go through your presentation several times. Try to:

• provide as much information as you can

• use complete sentences

• speak clearly

3 **Present** Show your photo and give the information about the event.

4 **Evaluation** The following rubric will be used to grade your presentation.

Estrategia

Taking notes When preparing for a presentation, it is often helpful to take notes. These notes can help you organize your thoughts. Using index cards with your notes can help keep you on track while giving your presentation.

Modelo

Cuando voy a un concierto, llevo ropa nueva . . . Para prepararme, me ducho, me peino . . . Mis amigos y yo siempre estamos entusiasmados porque . . .

Rubric	Score 1	Score 3	Score 5
Completeness of your preparation	You provide one of the following: photos, answers to questions, index cards.	You provide two of the following: photos, answers to questions, index cards.	You provide three of the following: photos, answers to questions, index cards.
How much information you communicate	You respond to only one of the questions.	You respond to two of the questions.	You respond to all the questions.
How easily you are understood	You are difficult to understand and have many grammatical errors.	You are fairly easy to understand and have occasional grammatical errors.	You are easy to understand and have very few grammatical errors.

Auténtico

Partnered with E FE:

15000 polleras presumen coquetas las tradiciones panameñas

Antes de ver

Usa la estrategia: Use Visual Cues

The video shows a traditional Panamanian celebration. Use visual cues to understand the main idea and identify the cultural practices. How do the participants look? Nervous? Excited? How can you tell? What else do you notice about them?

Read the key vocabulary

el desfile = parade
la indumentaria = costume
las peinetas = combs
el faldón de encajes = large skirt with ruffles or lace

el atuendo = outfit
la mosqueta = traditional Panamanian jewelry with pearls and gold

▶ Ve el video

Throughout South America, the *pollera* is known as a long, full traditional skirt worn by women in folkloric shows and traditional festivities. In Panama, each year in February there is a parade, the Desfile de las Mil Polleras, where these traditional outfits in all their colors and styles are put on display.

Go to **PearsonSchool.com/Autentico** and watch the video *Quince mil polleras presumen coquetas las tradiciones panameñas* to see a parade of these traditional dresses.

Completa las actividades

Mientras ves Mira las imágenes para identificar los detalles clave del video que apoyan la idea principal y las prácticas culturales. Indica cuáles de las situaciones, objetos o personas de abajo aparecen en el video, y elimina los que no deben estar en la lista.

joyas de oro	**regalos**
audición	**baile**
folclórico	**policía**
vestidos elegantes	**celebración**
familias	**amigos**

Integración

Después de ver Mira el video otra vez para contestar estas preguntas.

1. ¿Qué son los "tembleques" y dónde los llevan las mujeres?

2. Identifica la idea principal del video. ¿Por qué es importante el desfile?

3. ¿Cómo es el desfile una expresión cultural de Panamá? ¿Qué opinas tú de esta práctica cultural?

 For more activities, go to the *Authentic Resources Workbook.*

Eventos especiales en Latinoamérica

Expansión Busca otros recursos en Auténtico en línea. Después, contesta las preguntas.

 2A Auténtico

Integración de ideas Los recursos hablan de eventos especiales en los países hispanos. Usa la información para crear una guía *(guide)* de lo que las personas deben hacer antes de ir a estos eventos.

Comparación cultural ¿En qué son similares o diferentes las preparaciones que viste a lo que hacen tú y tu familia cuando hay un evento especial?

Repaso del capítulo

OBJECTIVES
▶ Review the vocabulary and grammar
▶ Demonstrate you can perform the tasks on p. 97

🔊 Vocabulario

to talk about getting ready

acostarse (o → ue)	to go to bed
afeitarse	to shave
arreglarse (el pelo)	to fix (one's hair)
bañarse	to take a bath
cepillarse (los dientes)	to brush (one's teeth)
cortarse el pelo	to cut one's hair
despertarse (e → ie)	to wake up
ducharse	to take a shower
levantarse	to get up
lavarse (la cara)	to wash (one's face)
pedir prestado, -a (a)	to borrow (from)
pintarse (las uñas)	to paint, to polish (one's nails)
ponerse	to put on
prepararse	to get ready
secarse	to dry
vestirse (e → i)	to get dressed

to talk about things you need to get ready

el agua de colonia	cologne
el cepillo	brush
el cinturón, pl. los cinturones	belt
el desodorante	deodorant
la ducha	shower
el gel	gel
las joyas (de oro, de plata)	(gold, silver) jewelry
los labios	lips
el maquillaje	make-up
el peine	comb
el pelo	hair
el salón de belleza, pl. los salones de belleza	beauty salon
el secador	blow dryer
la toalla	towel
las uñas	nails

For *Vocabulario adicional,* see pp. 498–499.

to talk about a special event

la audición, pl. las audiciones	audition
la boda	wedding
la cita	date
el concurso	contest
un evento especial	special event

to talk about how you feel

entusiasmado, -a	excited
nervioso, -a	nervous
tranquilo, -a	calm

other useful words and expressions

antes de	before
cómodo, -a	comfortable
depende	it depends
elegante	elegant
lentamente	slowly
luego	then
por ejemplo	for example
rápidamente	quickly
te ves (bien)	you look (good)

Gramática

reflexive verbs

me acuesto	nos acostamos
te acuestas	os acostáis
se acuesta	se acuestan

ser *to be*

soy	somos
eres	sois
es	son

estar *to be*

estoy	estamos
estás	estáis
está	están

possessive adjectives

mío, -a, -os, -as	nuestro, -a, -os, -as
tuyo, -a, -os, -as	vuestro, -a, -os, -as
suyo, -a, -os, -as	suyo, -a, -os, -as

Preparación para el examen

What you need to be able to do for the exam . . .	Here are practice tasks similar to those you will find on the exam . . .	For review go to your print or digital textbook . . .
Interpretive		
1 ESCUCHAR I can listen and understand as teenagers talk about what they do on the weekend versus during the school week.	Everyone does things a little differently on the weekend. Most people sleep later, dress more casually, and do things they don't have time to do during the week. As you listen to each person, decide whether you think they are talking about the weekend or a weekday. Be prepared to explain why you made your choice.	**pp. 74–77** *Vocabulario en contexto* **p. 78 Actividad 5** **p. 82 Actividad 12**
Interpersonal		
2 HABLAR I can talk about my daily routine.	Your parents have given you permission to go on the Spanish Club trip to Mexico this summer in which the boys share rooms and the girls share rooms. You want to share a room with a friend who wants to know if you have the same morning routine. Describe your typical routine to your friend.	**p. 78 Actividad 5** **p. 79 Actividad 7** **p. 82 Actividades 12–13** **p. 83 Actividad 15** **p. 84 Actividades 16–17**
Interpretive		
3 LEER I can read and understand statements people make about typical and "not-so-typical" daily routines.	Read the following statements from an online survey about people's morning routines. In your opinion, which ones would describe a typical daily routine? Which ones would be very unusual? **(a) Antes de bañarme, me pongo el maquillaje.** **(b) Después de ponerme el desodorante, me ducho.** **(c) Antes de lavarme el pelo, me seco con una toalla.** **(d) Antes de arreglarme el pelo, me ducho.**	**pp. 74–77** *Vocabulario en contexto* **p. 80 Actividad 8** **p. 83 Actividad 14** **p. 85 Actividad 18** **pp. 90–91** *Lectura*
Presentational		
4 ESCRIBIR I can write briefly about a special event that I look forward to each year.	Everyone looks forward to special events during the year. Your teacher asks you to write about one of them. After writing a brief description, exchange your paragraph with a partner to see if he or she can guess what type of event it is. You might include: (a) the time of year that the event occurs; (b) how you usually feel the days before the event; (c) how you usually dress for the event. Give as many clues as you can.	**p. 78 Actividades 4–5** **p. 84 Actividad 17** **p. 86 Actividad 19**
Cultures		
5 EXPLICAR I can understand the living conditions of the indigenous people of the *altiplano* in the Andes.	You may have worn a *poncho* during a rainy football game or while camping. Explain where *ponchos* originated, how they are made, and why they are necessary for the people of that region.	**p. 92** *La cultura en vivo*

A ver si recuerdas

OBJECTIVES
▸ Talk and write about shopping
▸ Express how much items cost and important dates in history

Vocabulario

¿Qué vas a hacer?
buscar
comprar
ir de compras
pagar
vender

¿Adónde vas?
el almacén,
  pl. los almacenes
el centro comercial
la joyería
la librería
la tienda de
  descuentos
la tienda de
  electrodomésticos
la tienda de ropa
la zapatería

¿De qué color es?
amarillo, -a
anaranjado, -a
azul
blanco, -a
gris
marrón, pl. marrones
morado, -a
negro, -a
rojo, -a
rosado, -a
verde

¿Cómo es?
barato, -a
bonito, -a
caro, -a
feo, -a
grande
nuevo, -a
pequeño, -a
viejo, -a

¿Qué vas a comprar?
unos anteojos de sol
un bolso
una cartera
un disco compacto
un llavero
un regalo
el software
un videojuego

1

¿Qué compras?

ESCRIBIR, HABLAR EN PAREJA

1 Escribe tres frases para decir a qué tienda vas y qué compras. Incluye dos adjetivos para describir las cosas que compras.

Modelo
Voy a la joyería para comprar unos aretes rojos muy elegantes.

2 Usa las frases del Paso 1. Habla con otro(a) estudiante y trata de adivinar *(try to guess)* qué va a comprar.

Videomodelo
A —¿*Adónde vas de compras?*
B —*Voy a la joyería.*
A —¿*Qué vas a comprar?*
B —*Algo rojo y elegante.*
A —¿*Compras un collar?*
B —*No, compro unos aretes.*

Gramática Repaso

Cardinal numbers

10	diez	70	setenta	400	cuatrocientos, -as	1,000	mil
20	veinte	80	ochenta	500	quinientos, -as	2,000	dos mil
30	treinta	90	noventa	600	seiscientos, -as	100,000	cien mil
40	cuarenta	100	ciento (cien)	700	setecientos, -as	200,000	doscientos, -as mil
50	cincuenta	200	doscientos, -as	800	ochocientos, -as		
60	sesenta	300	trescientos, -as	900	novecientos, -as		

Un is not used before *cien, ciento,* and *mil.*

cien personas a **hundred** people

mil pesos **one thousand** pesos

Un / una and numbers ending in *-cientos /-cientas* agree in gender with the nouns that follow them.

Hay **treinta y un** videojuegos en la mesa.

Esta librería tiene más de **quinientas** revistas.

- To give the date in Spanish, use:

  el + *cardinal number* + **de** + *month*

  el veinte **de** enero

- The year is always given using complete numbers:

  mil novecientos ochenta y cuatro

2

¿Cuánto cuestan?

HABLAR EN PAREJA Tienes que hacer un proyecto para tu clase de economía. Con otro(a) estudiante, habla de cuántos pesos cuesta cada producto en un centro comercial en la Ciudad de México.

1. un bolso de cuero (515)
2. una cartera (325)
3. unos pantalones (250)
4. un disco compacto (179)
5. una camisa de seda (399)
6. un collar de oro (1,200)
7. una revista (35)

3

¿Cuándo fue?

HABLAR EN PAREJA Pregunta a otro(a) estudiante cuándo ocurrieron los siguientes eventos importantes.

Videomodelo

el Día de la Independencia en los Estados Unidos

A —¿Cuándo fue **el Día de la Independencia en los Estados Unidos**?

B —*Fue el cuatro de julio de mil setecientos setenta y seis.*

1. el primer día de clases este año
2. el año del primer viaje de Cristóbal Colón
3. el año del viaje de los peregrinos (Pilgrims)
4. el año del primer viaje a la Luna
5. el fin de la Segunda Guerra Mundial

Country Connections   Explorar el mundo hispano

España
Nueva York
Nueva Jersey
California
México
Costa Rica
Perú

CHAPTER OBJECTIVES

Communication

By the end of this chapter you will be able to:

- Listen and read about clothing people bought.
- Talk and write about shopping trips.
- Exchange information about when and where you bought what you are wearing.

Culture

You will also be able to:

- **Autentico:** Identify key details in a culturally authentic video about taking care of clothes.
- Understand *la parranda* in Spanish-speaking countries.
- Compare shopping in Spain and the United States.

You will demonstrate what you know and can do:

- Presentación escrita: Encontré unas gangas
- Preparación para el examen

You will use:

Vocabulary	**Grammar**
• Shopping	• Preterite of regular verbs
• Clothing	• Demonstrative adjectives
	• Using adjectives as nouns

ARTE y CULTURA   España

La Infanta Margarita de Austria Los reyes de España prometieron en matrimonio[1] a su hija, Margarita, a su primo Leopoldo, quien luego fue emperador de Austria. Como[2] Margarita y su primo no vivían[3] en la misma ciudad, los reyes mandaron muchos cuadros de ella a la corte de Viena para que la familia real pudiera verla[4]. En este cuadro, Margarita tiene aproximadamente nueve años.

▶ ¿Qué tipo de ropa llevas tú para fotos importantes? ¿Y a quién envías estas fotos?

---

[1]promised in marriage [2]since [3]lived [4]could see her

"La Infanta Margarita Teresa" (1659), Diego Velázquez ▶

Oil on canvas, 120.5 x 94.5. Kunsthistorisches Museum, Vienna, Austria. Courtesy The Bridgeman Art Library International Ltd.

De compras en Barcelona, España

OFERTA
ANTES 29,90 €
AHORA 24,90 €

Vocabulario en contexto

Hoy es viernes negro. Son las seis de la mañana. Es un poco **exagerado** estar aquí a esta hora, ¿verdad? **En realidad**, mi hermana y yo no necesitamos nada. Pero el viernes negro es divertido y queremos ver **los precios** de una tienda en particular. Es una tienda de buena **marca**, y nos encanta su **estilo**. Normalmente, los precios son **tan altos** que es imposible comprar allí.

Andrea / Lupita

los colores vivos

los colores pastel

azul oscuro

azul claro

el número

M

mediano

la cajera

la caja

Andrea: Mira, Lupita. **¡Una liquidación! El letrero anuncia** un descuento del 60 por ciento. ¡Es **una ganga**! ¡Vamos!

Lupita: Vamos entonces.

Andrea: Qué bonitas blusas.

Lupita: Sí, pero mira los precios. No puedo **gastar** $50 en una blusa.

Andrea: Pero es de **seda**, y **está de moda**. Puedes pagar con tu **tarjeta de crédito**.

Lupita: No, es demasiado cara. Quiero pagar **en efectivo**, y solo tengo $35.

Andrea: ¿Y **aquella** blusa? Es de **algodón** y solo cuesta $15. **¿Qué te parece?**

Lupita: **Me parece** buen precio, y me gusta el color. Pero no **encuentro** mi **talla**.

Andrea: ¿Mediana? Aquí hay una mediana.

Lupita: Gracias. Voy a **probarme** esta blusa. Esta sí la puedo comprar.

> **Más vocabulario**
> **bajo, -a** = low
> **el cheque personal** = personal check
> **el cheque de viajero** = traveler's check
> **el cupón de regalo** = gift certificate
> **lana** = wool
> **seda** = silk

la entrada

la salida

en efectivo

1

Viernes negro

ESCUCHAR Escucha a un joven hablar sobre su experiencia de viernes negro. Mira las fotos y señala la foto que corresponde a lo que escuchas.

2

¿Cierto o falso?

ESCUCHAR Escucha las frases que describen a Lupita y a Andrea. Si la frase es cierta, señala con el pulgar hacia arriba. Si la frase es falsa, señala con el pulgar hacia abajo.

¿Qué compraste en viernes negro?

Lupita y su mamá se envían mensajes.

Más vocabulario

inmediatamente = immediately
aquel, aquella = that one over there

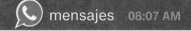
mensajes 08:07 AM

Lupita — ¡Mira, mamá! **Compré** una blusa y unos zapatos.

Mamá — Ah, ¿sí? **¿De qué está hecha** la blusa?

Lupita — **Está hecha de** algodón. Andrea la **escogió**. Es mediana, pero me queda un poco **floja**. **No me importa**. Está muy bonita. Y mira mis zapatos de **cuero**.

Mamá — Me gustan esos zapatos. Pero son del número 7. ¡Qué lastima! A mí me quedan **apretados**.

Lupita — Lo siento, mamá.

Mamá — Está bien, hija. Yo también compré unos zapatos **recientemente**. También compré una blusa pero es de **tela sintética**, fácil de lavar.

de sólo un color

el mercado

3

¿Cierto o falso?

ESCRIBIR Lee cada frase y escribe cierto o falso. Si la frase es falsa, escribe la información correcta.

1. La blusa de Lupita está hecha de algodón.

2. A Lupita no le gusta su blusa porque le queda floja.

3. Los zapatos de Lupita están hechos de cuero.

4. Los zapatos de Lupita le quedan apretados a su mamá.

5. La tela sintética es difícil de lavar.

Videohistoria

Go **Online** to practice

PEARSON
realize™

AUDIO   VIDEO   WRITING   SCRIPT

PearsonSchool.com/Autentico

De compras

Antes de ver

Using visuals As you watch the video, identify as many items, materials, and colors as you can. Using visuals can help you to identify the supporting details of the main ideas in a video.

Completa la actividad

De compras en otras ciudades Cuando vas de vacaciones o visitas otro lugar, ¿compras ropa u otras cosas allí? ¿Son similares o diferentes de las cosas que generalmente compras?

▶ Ve el video

¿Qué clases de lugares hay en el video de Ximena?

Ve a **PearsonSchool.com/Autentico** para ver el video *De compras*. También puedes leer el guión.

Teo   Ximena

Después de ver

¿COMPRENDISTE? Lee las preguntas. Luego, ve el video otra vez y usa las imágenes para identificar los detalles y contestar las preguntas.

1. ¿Qué hace Teo con los manteles *(tablecloths)* en el restaurante?

2. ¿Qué compraron Ximena y Seba en el mercado?

3. Nombra tres cosas que puedes encontrar en el Mercado de Artesanías.

4. ¿Quién es Amanda?

5. Al final del video, ¿qué hace Teo con el mantel de seda?

Comparación cultural En los mercados de muchos países, las personas regatean *(bargain)* para obtener un precio más bajo. ¿Puedes regatear en tu comunidad? ¿Dónde puedes regatear?

Vocabulario en uso

OBJECTIVES
▸ Talk about clothing preferences
▸ Listen to and write about comments on clothes and fashion
▸ Write about clothes shopping
▸ Discuss how people pay for their purchases

4

¿Quién es?

ESCUCHAR, ESCRIBIR, HABLAR EN PAREJA

1 En una hoja de papel, escribe los números del 1 al 5. Después escucha los comentarios sobre la ropa y la moda. Escribe las frases que oyes.

2 Ahora lee los comentarios que escribiste y, según el dibujo, decide si habla Santiago o Timoteo. Escribe *Santiago* o *Timoteo* en tu papel.

3 Lee otra vez las frases sobre Timoteo y Santiago. Escoge tres y da tus opiniones. Explica por qué estás de acuerdo o no. Lee tus frases a otro(a) estudiante.

Modelo
No me importan los precios altos si la ropa está de moda.
Estoy de acuerdo. Para mí, la marca de la ropa es más importante que el precio.

5

¿Cierta o falsa?

ESCRIBIR, HABLAR EN PAREJA   Escribe seis frases para describir lo que hacen Santiago y Timoteo. Algunas frases deben ser ciertas y otras, falsas. Lee tus frases a otro(a) estudiante. Tu compañero(a) va a decir si la frase es cierta o falsa y cambiarla si es falsa para dar la información correcta.

▶ **Videomodelo**
A —*Timoteo lleva ropa a la caja.*
B —*Falso. Santiago lleva ropa a la caja.*

6

Muchos descuentos

LEER, ESCRIBIR   Lee el mensaje electrónico que Dolores le escribe a su amiga Marta sobre una oportunidad fantástica. Escribe la palabra apropiada para completar cada frase.

🏠 ✉   ↩ ★ ⤴

Hola Marta:

¿Qué tal te va? Acabo de ver un letrero en la __1.__ *(marca / entrada)* del almacén Gutiérrez que __2.__ *(anuncia / se prueba)* una __3.__ *(salida / liquidación)* de toda su ropa de verano. ¿Quieres ir conmigo mañana? Vamos a __4.__ *(encontrar / gastar)* muchas gangas porque todo está __5.__ *(en liquidación / de moda)*: los pantalones cortos, las camisetas, los trajes de baño, ¡todo! Y, con precios tan __6.__ *(altos / bajos)*, podemos comprar muchas cosas sin __7.__ *(escoger / gastar)* mucho dinero. Escríbeme __8.__ *(inmediatamente / recientemente)* si puedes ir conmigo.

Un fuerte abrazo, Dolores

7

¿Qué compran y cómo pagan?

ESCRIBIR, HABLAR EN PAREJA

1 Copia y completa la tabla para indicar qué compran las diferentes personas que conoces y cómo pagan.

¿Quién?	¿Qué?	¿Cómo?
mis hermanos	discos compactos	tarjeta de crédito
mi mamá (o papá)		
yo		
mis amigos		
(nombre) y yo		
mi mejor amigo(a)		

2 Trabaja con otro(a) estudiante y describe lo que compra alguien de tu tabla. Tu compañero(a) debe tratar de adivinar *(try to guess)* cómo paga la persona haciendo preguntas.

> tarjeta de crédito
> en efectivo
> cheque personal
> cupón de regalo

Videomodelo

A —*Mis hermanos compran discos compactos.*
B —*¿Pagan ellos en efectivo?*
A —*No, pagan con una tarjeta de crédito.*

Muchos detalles

DIBUJAR, ESCRIBIR, HABLAR EN GRUPO

1 Dibuja una persona completa con diferentes prendas *(articles)* de ropa. Usa diferentes colores en tu dibujo. En una hoja de papel, escribe una descripción de la ropa de la persona. Puedes incluir información sobre:

- los colores
- el estilo
- la talla y el número
- de qué está hecha la ropa
- dónde la compró

Tu descripción debe tener un mínimo de cuatro frases.

Modelo

Esta persona usa ropa bastante exagerada. Sus pantalones son flojos y su camiseta de seda es de un color verde vivo. Su gorra roja está hecha de lana. Lleva zapatos rojos del número 11

2 Trabaja con un grupo de tres estudiantes. Lee tu descripción dos veces en voz alta *(aloud)*. Tus compañeros tienen que dibujar una persona según tu descripción. Deben recordar los detalles *(remember the details)* de tu descripción sin escribir lo que dices. Después van a repetir la descripción completa.

La moda

HABLAR EN PAREJA Con otro(a) estudiante, habla de las chaquetas de la foto.

1. ¿Cómo es el estilo de estas chaquetas? ¿De qué color son las chaquetas? ¿Son de color oscuro, claro o vivo?

2. ¿De qué están hechas las chaquetas? ¿Cuánto cuestan? ¿Es un buen precio?

3. ¿Crees que las chaquetas son para llevar a eventos especiales o para todos los días? Imagina que compraste una de estas chaquetas. ¿Adónde y cuándo vas a llevarla?

☰ Moda > Chaquetas   Q

Última Moda

▶ Chaquetas para mujer
$199

▶ Chaquetas para hombre
$199

Visítenos
de lunes a viernes, 9 A.M. – 6 P.M.
Rt. 28 (al lado del Videocentro) Lawrence, MA

CULTURA **El mundo hispano**

¡No sé qué talla uso! Si algún día vas de compras en un país hispanohablante, debes saber que tanto la ropa como los zapatos tienen diferentes tallas y números. Un vestido de la talla 12, por ejemplo, puede ser 46 en España. Además, entre países, a veces los números son diferentes. Por ejemplo, un zapato de hombres de $9\frac{1}{2}$ es aproximadamente el 43 en España y el 27 en México. Hay sitios Web que dan las conversiones y algunas tiendas también ofrecen tablas de conversión. En España, para calcular el número de zapatos de mujer, generalmente añades[1] 30, y para los de hombres añades 33.5.

- ¿Aproximadamente, qué número de zapato calzas[2] en España? ¿Qué sistema prefieres, el de España o el de Estados Unidos? ¿Por qué?

Pre-AP Integration: La moda y el diseño: ¿Cómo expresan diferentes culturas sus ideales acerca de la belleza y el cuerpo humano?

[1] you add, [2] do you wear

10

¿En qué puedo servirle?

HABLAR EN PAREJA, ESCRIBIR Trabaja con otro(a) estudiante.

1 Estás en España. Necesitas comprar un par de zapatos para un evento especial y otro para usar todos los días. Pide al(a la) dependiente(a) lo que prefieres, indicando tu número y el color de los zapatos.

2 Representen esta situación en un diálogo. Un estudiante va a ser dependiente(a) y el otro, cliente(a).

Videomodelo
A —*¿En qué puedo servirle?*
B —*Necesito comprar un par de zapatos para una fiesta.*
A —*¿De qué número y color?*
B —*Soy del número . . . y prefiero zapatos de color . . .*

11

Juego

HABLAR EN PAREJA Describe a otro(a) estudiante la ropa de cinco estudiantes sin decir los nombres. Menciona el color, el estilo y de qué material está hecha la ropa que llevan puesta. Tu compañero(a) tiene que adivinar *(guess)* a quién describes. Por cada respuesta correcta, tú recibes un punto.

Modelo
Lleva una camisa azul de tela sintética y unos pantalones cortos blancos de algodón. ¿Quién es?

12

Y tú, ¿qué dices?

ESCRIBIR, HABLAR EN PAREJA Lee las siguientes preguntas y responde por escrito. Luego, haz esas preguntas a otro(a) estudiante y compartan sus opiniones.

1. ¿Qué colores de ropa te gusta usar? ¿Prefieres los colores oscuros o claros? ¿Usas más ropa de colores pastel o colores vivos?

2. ¿Qué ropa está de moda? ¿Los estilos de moda te parecen exagerados o sencillos? ¿Qué marcas son más populares?

3. ¿En qué almacén o tienda puedes encontrar gangas? ¿Son los precios siempre bajos o sólo cuando hay liquidación?

4. ¿Vas mucho de compras? ¿Qué compras? ¿Cómo pagas generalmente?

5. Compartan sus opiniones y preferencias sobre la moda después de contestar estas preguntas.

Gramática
Repaso

OBJECTIVES

▶ Talk and write about what you and others did recently
▶ Exchange information about what you wore and bought

Preterite of regular verbs

To talk about actions that were completed in the past, use the preterite tense. To form the preterite tense of a regular verb, add the preterite endings to the stem of the verb.

(yo)	miré aprendí escribí	(nosotros) (nosotras)	miramos aprendimos escribimos
(tú)	miraste aprendiste escribiste	(vosotros) (vosotras)	mirasteis aprendisteis escribisteis
Ud. (él) (ella)	miró aprendió escribió	Uds. (ellos) (ellas)	miraron aprendieron escribieron

Note that -ar and -er verbs that have a stem change in the present tense do not have a stem change in the preterite.

> Generalmente **me pruebo** la ropa antes de comprarla, pero ayer no **me probé** los pantalones que compré.

Ver has regular preterite endings, but unlike those of other verbs, they have no written accent marks.

> Anoche, David **vio** una camisa que le gustó mucho.

• Verbs that end in -car, -gar, and -zar have a spelling change in the yo form of the preterite.

buscar	c ➔ qu	yo busqué
pagar	g ➔ gu	yo pagué
almorzar	z ➔ c	yo almorcé

> **¿Pagaste** mucho por tu suéter nuevo?

> No, no **pagué** mucho. Lo encontré en una liquidación.

Más recursos ONLINE

▶ *GramActiva* Video

▶ **Tutorials:** Preterite, Regular verbs in the preterite

🔊 *Canción de hip hop:* ¿Qué compraste?

✎ *GramActiva* Activity

13

¡Gracias por el regalo!

LEER, ESCRIBIR Elena está escribiendo una carta a su abuela. Escribe la forma apropiada del pretérito del verbo entre paréntesis para cada frase.

Para	lucita_ortiz@gmail.com	✕
Asunto	Gracias por el regalo	

Querida abuelita:
Hace tres días, yo __1.__ (recibir) el cupón de regalo que tú me __2.__ (enviar). ¡Muchas gracias! Yo __3.__ (decidir) comprarme ropa nueva. Fui de compras con mis amigas al centro comercial, pero nosotras no __4.__ (encontrar) buenas gangas. Por eso, __5.__ (tomar) el autobús al mercado. Allí, yo __6.__ (escoger) unos pantalones de cuero. ¡Están muy de moda! Mi amiga Sonia __7.__ (comprar) unos aretes que __8.__ (ver) porque le __9.__ (gustar) mucho. Cuando yo __10.__ (llegar) a casa, me __11.__ (probar) los pantalones. Son perfectos. ¡Muchísimas gracias, abuelita!
Besitos,
Elena

14

¿Qué compraron?

HABLAR EN PAREJA   Habla con otro(a) estudiante de lo que hicieron estas personas en el almacén.

Videomodelo
tú / encontrar
A —¿Qué encontraste en el almacén?
B —Encontré un suéter de color oscuro.

Estudiante A

1. las chicas / probarse
2. tú / comprar
3. Uds. / ver
4. Felipe / buscar
5. la madre de la novia / mirar
6. Pedro y Félix / escoger

Estudiante B

15

La última vez

ESCRIBIR, HABLAR EN PAREJA

1 ¿Cuándo fue la última vez *(last time)* que alguien que tú conoces hizo estas actividades? Puede ser tú, alguien de tu familia, un(a) amigo(a) o tú y tus amigos. Usa las expresiones del recuadro para contestar. Escribe tus respuestas.

Modelo
comer en un restaurante
Anoche mis amigos y yo comimos en un restaurante.

esta mañana	la semana pasada	el año pasado
anoche	el mes pasado	hace + dos semanas, un mes . . .
ayer		

1. comprar un regalo
2. preparar la comida
3. ver una película
4. escribir una carta por correo electrónico

5. decorar para una fiesta
6. beber un refresco
7. salir para una fiesta
8. despertarse a las diez de la mañana

2 Ahora habla con otro(a) estudiante para comparar tu lista con su lista.

3 Escribe cuatro frases para comparar lo que dijeron *(said)* los (las) dos.

Modelo
Anoche comí en un restaurante, pero Jorge comió en casa.

16

Muchas actividades

ESCRIBIR, HABLAR EN PAREJA Escribe una frase para indicar si hiciste o no cada una de las actividades de la lista. Después habla con otro(a) estudiante para saber si hizo estas actividades recientemente.

Modelo
practicar deportes
A —¿Practicaste deportes hoy?
B —Sí, practiqué deportes hoy.
o: —No, no practiqué deportes hoy.

1. llegar temprano a la escuela
2. tocar un instrumento musical
3. empezar a leer una novela
4. almorzar con tu mejor amigo(a)
5. jugar al ajedrez o practicar un deporte
6. navegar en la Red
7. buscar un regalo para alguien

17

¿Qué llevaste?

HABLAR EN PAREJA Trae una foto en que estás vestido(a) para un evento especial, o una foto de un(a) modelo de una revista. Con otro(a) estudiante, describe la ropa de la foto. Incluye el color, la tela y el estilo. Explica cuándo y dónde compraste la ropa, cómo pagaste y adónde fuiste vestido(a) así y por qué. Si traes una foto de una revista, usa tu imaginación para contestar las preguntas.

Videomodelo
A —Estoy vestido(a) para una fiesta. Llevo una camisa amarilla y pantalones marrones. La camisa está hecha de algodón y los pantalones están hechos de lana.
B —¿Dónde compraste la ropa?
A —La compré en . . . y pagué con . . .

18

Los textiles y el cuero

LEER, ESCRIBIR, HABLAR La lana, el algodón y el cuero son productos que los indígenas de las Américas usaban *(used)* antes de la llegada de los españoles. Lee la línea cronológica *(timeline)* sobre estos productos y contesta las preguntas.

Conexiones La historia

1. ¿Qué cosa usaron los indígenas precolombinos para hacer sus telas? ¿De qué estaban *(were)* hechas?

2. ¿Cuándo empezaron a usar los indígenas la lana de oveja en sus telas tradicionales? ¿De dónde vino esta lana?

3. ¿Quién inventó la desmotadora de algodón? ¿Cómo cambió *(changed)* esta invención la industria del algodón?

1000
En las Américas, los indígenas precolombinos usan el telar[1]. Usan algodón y otras fibras para hacer sus telas y vestidos.

| 1000 | 1100 | 1200 | 1300 |

[1]loom

Exploración del lenguaje ▷ Origins of words from Arabic

In Spanish, words that came from Arabic often begin with the letters *al*. In Arabic, *al* means "the." Translate the following sentences, noting the words in bold borrowed from Arabic.

1. Cuando voy al **almacén** voy a comprar una **alfombra** de **algodón**.

2. También voy a comprar **azúcar**, **naranjas** y **aceitunas**.

🌐 **Mapa global interactivo** Explora la majestuosa Alhambra en Granada, España y examina las conexiones entre la historia de la región y su arquitectura.

El Patio de los Leones de La Alhambra, en Granada, España

1793

Eli Whitney inventa la desmotadora de algodón[6] y revoluciona la industria del algodón en los Estados Unidos.

Siglo XX

Los métodos científicos, la electrónica y las computadoras permiten el desarrollo[8] de las telas sintéticas.

1638

Se establece la primera fábrica[4] de tela en Lowell, Massachusetts.

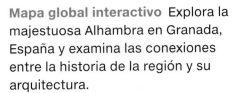

| 1400 | 1500 | 1600 | 1700 | 1800 | 1900 | 2000 |

1500

Los españoles traen caballos a las Américas. Luego traen ovejas[2] y vacas[3]. Los indígenas incorporan la lana de oveja en sus telas tradicionales.

1760–1815

Los avances mecánicos e inventos de la Revolución Industrial aumentan[5] la producción y bajan los precios.

1900

Argentina y Brasil son grandes productores mundiales[7] de textiles y cuero.

[1]loom [2]sheep [3]cows [4]factory [5]increase [6]cotton gin [7]worldwide [8]development

Gramática

OBJECTIVES
▶ Point out items of clothing and other objects
▶ Listen to and write about the relative location of objects

Demonstrative adjectives

To point out something or someone that is far from both you and the person you are speaking to, you use a form of *aquel*, which means "that one over there."

Here's a chart that compares the three demonstrative adjectives and their meanings.

Singular		Plural	
este, esta	*this*	**estos, estas**	*these*
ese, esa	*that*	**esos, esas**	*those*
aquel, aquella	*that one over there*	**aquellos, aquellas**	*those over there*

All demonstrative adjectives come before the noun and agree with the noun in gender (masculine or feminine) and number (singular or plural).

¿Recuerdas?
Do you remember this rhyme about the two demonstrative adjectives *este* and *ese*?
This and *these* both have *t's*.
That and *those* don't.

Más recursos ONLINE

▶ *GramActiva* Video
▶ **Tutorial:** Demonstrative adjectives
🖊 *GramActiva* Activity

19

¿Esta corbata o aquella corbata?

LEER, ESCRIBIR Marta y su hermano, Asís, necesitan comprar un regalo para su padre, pero nunca están de acuerdo. Completa su conversación con la forma apropiada de *aquel*. Luego escribe un mensaje a Marta y Asís, con una alternativa de regalo y por qué crees que sería perfecta para su papá.

Marta: A mí me gusta __1.__ gorra roja.

Asís: A mí no. Prefiero comprarle __2.__ disco compacto de Shakira.

Marta: ¡Asís! ¡El regalo es para papá! ¿Qué te parece __3.__ camisa azul?

Asís: Quizás, pero me gusta más __4.__ camisa roja.

Marta: ¿Qué piensas de __5.__ pantalones amarillos?

Asís: ¿Estás loca? Nuestro padre no juega al golf.

Marta: Bueno, ¿y __6.__ corbatas? Veo dos que combinan con la camisa roja.

Asís: ¡Perfecto! Las compramos.

20

Escucha y escribe

ESCUCHAR, ESCRIBIR En una hoja de papel, escribe los números del 1 al 8. Escucha y escribe las frases. Luego indica si el objeto de la frase está al lado de, cerca de o lejos de la persona que habla.

Go **Online** to practice

PEARSON
realize.™

PearsonSchool.com/Autentico

AUDIO   VIDEO   WRITING   SPEAK/RECORD   MAPA GLOBAL

¿Qué te parece?

HABLAR EN PAREJA   Imagina que estás en el mercado de Pisac, en Perú. Habla con otro(a) estudiante de las cosas que venden. ¿Qué te gustaría comprar?

Videomodelo

A —*¿Qué te parece esta cartera de colores vivos?*
B —*Esa cartera es bonita. Me gusta.*
o:
A —*¿Te gustan estos bolsos de colores vivos?*
B —*No, prefiero aquellos bolsos de sólo un color.*

Mapa global interactivo Explora Pisac, Perú, en los Andes.

Juego

HABLAR EN GRUPO

1 Busca cinco objetos en la sala de clases. Unos deben estar cerca de ti, otros deben estar más lejos. Piensa en cómo puedes describirlos sin mencionar su nombre.

2 Ahora, con un grupo de tres o cuatro, describe tus objetos. Las otras personas del grupo tienen que adivinar el objeto que estás describiendo. La primera persona que identifica correctamente el objeto, y que usa el adjetivo demostrativo apropiado, recibe un punto.

Videomodelo

A —*Es azul y negro. Es muy importante llevarlo a la clase. Lo usas para escribir.*
B —*Este bolígrafo.*
A —*No. Casi. Está lejos de mí.*
B —*Es aquel bolígrafo de Laura.*
A —*Sí. Recibes un punto.*

El español en el mundo del trabajo

Hoy en día, los negocios[1] quieren atraer[2] a más clientes hispanohablantes, porque es el sector más creciente[3] de la población. Para los hispanohablantes es importante poder comunicarse en español cuando hacen compras o abren cuentas en un banco. Por eso, las tiendas, los bancos y otros negocios emplean a personas bilingües que hablan español e inglés.

- ¿Cuáles son las tiendas o negocios en tu comunidad con empleados bilingües? ¿Por qué es importante tener empleados bilingües?

[1]businesses [2]attract [3]growing

Gramática

Using adjectives as nouns

When you are comparing two similar things, you can avoid repetition by dropping the noun and using an article with an adjective:

¿Cuál prefieres, la sudadera apretada o **la floja?**
Which do you prefer, the tight sweatshirt or **the loose one?**

Prefiero **la floja.**
*I prefer **the loose one.***

You can also do this with expressions that use *de:*

¿Compraste una chaqueta de lana o **una de cuero?**
Did you buy a wool jacket or **a leather one?**

¿Prefieres el abrigo de Paco o **el de Juan?**
Do you prefer Paco's coat or **Juan's?**

23

¿Qué te parece?

HABLAR EN PAREJA Vas de compras con tu mejor amigo(a) que siempre tiene una opinión. Él / Ella te dice qué prefiere y por qué.

 Videomodelo

A —*¿Prefieres el vestido rojo o el azul?*
B —*El rojo me parece feo. Prefiero el azul.*

> **Nota**
> *Me parece(n)* functions like *me gusta(n)* with singular and plural objects.
> • **El** roj**o** me parec**e** bonit**o.**
> • **Los** azul**es** me parec**en** fe**os.**

Estudiante A

Estudiante B

> Me parece(n) . . .
>
> Prefiero . . .
>
> **¡Respuesta personal!**

Un desfile de modas

HABLAR EN GRUPO, ESCRIBIR

1 Vas a participar en un desfile de moda *(fashion show)* en tu clase. Con un grupo, tienen que decidir qué ropa va a llevar cada persona. Escriban una lista de posibilidades. Usen una tabla como ésta para organizar sus ideas:

Para un evento especial	Para todos los días
un vestido o traje elegante, color blanco	*unos jeans con una sudadera roja*

2 Usen la tabla y escriban una descripción de la ropa que va a presentar cada "modelo" en su grupo. Pueden incluir el lugar donde venden la ropa y los precios. Mientras los modelos desfilan *(model)* la ropa, un miembro del grupo va a describirla a la clase.

Modelo

Hoy Elena lleva una camisa elegante y una falda de cuero. Esta ropa es perfecta para un evento muy especial. Los colores negro y blanco siempre están de moda. Ustedes pueden comprar esta camisa por sólo 75 dólares.

3 Después del desfile de moda, vas a tener la oportunidad de "comprar" uno de los conjuntos *(outfits)* que viste. Describe el conjunto a la clase y di cómo vas a pagar.

Modelo

Yo quiero comprar la ropa de Enrique. Me gustó mucho porque es perfecta para llevar a un partido de fútbol. Él llevó unos jeans con una camiseta azul y una sudadera roja. Puedo pagar en efectivo porque no cuesta mucho: sólo 60 dólares.

CULTURA ◀ **Estados Unidos**

Narciso Rodríguez nació en Nueva Jersey, de padres cubanos y abuelos españoles. Estudió en la Parsons School of Design en Nueva York, y ha trabajado[1] para los diseñadores Anne Klein, Donna Karan y Calvin Klein. Presentó su primera colección independiente en 1997. Ganó el premio[2] del *Council of Fashion Designers of America* al mejor diseñador de ropa femenina en 2002 y 2003. Diseñó el vestido de Michelle Obama para la elección presidencial en 2008.

• Mira la foto del conjunto que diseñó Narciso Rodríguez. ¿Qué palabras puedes usar para describir el estilo de este diseñador?

Pre-AP Integration: La educación y las carreras profesionales: ¿Qué crees que una persona debe hacer o estudiar para ser diseñador(a) de ropa? ¿Qué talento debe tener?

[1]has worked [2]award

Un conjunto del diseñador Narciso Rodríguez ▶

Estrategia
Tolerating ambiguity

Often when you read, you will find unfamiliar words. Don't stop, but keep on reading, since the meaning may become clear in context, or you may decide the words might not be necessary to understand the reading.

Los jeans: los pantalones más populares del mundo

Probablemente tienes jeans en tu armario. Muchas personas, desde la Argentina hasta el Canadá y desde el Japón hasta España, llevan estos cómodos y prácticos pantalones. Se llevan en el trabajo, en la escuela y para salir de noche. Dicen que los jeans son ropa democrática porque los lleva gente de todas las clases sociales.

Un poco de historia

Levi Strauss, un joven alemán, llegó a los Estados Unidos con su familia en 1847 a la edad de 18 años. Después de trabajar algunos años con su familia, Strauss viajó a California para abrir una tienda de ropa y accesorios. Esta tienda se convirtió en un negocio[1] próspero durante los siguientes 20 años, y Strauss se hizo rico.

En el año 1872, recibió una carta de Jacob Davis, un sastre[2] de Reno, Nevada, en la que le explicó el proceso que él inventó para poner remaches en las esquinas de los bolsillos de los pantalones de hombres. El uso de los remaches resultó en unos pantalones bastante fuertes para aguantar[3] los rigores de un trabajo difícil y en unos bolsillos más resistentes al peso[4] del oro.

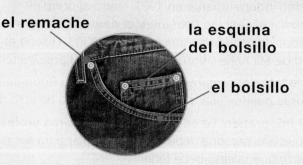

el remache

la esquina del bolsillo

el bolsillo

[1]business [2]tailor [3]stand up to [4]weight

Con el dinero de Strauss y la invención de Davis, los dos decidieron pedir la patente para el proceso. En 1873 recibieron la patente para poner los remaches en los pantalones y empezaron a fabricar *"overalls* a la cintura" o *waist overalls* (el antiguo nombre en inglés de los jeans) en San Francisco. Como dicen, "el resto es historia".

Yo digo "mahones" y tú, ¿qué dices?

Si tienes amigos que hablan español debes saber que hay varias palabras que se usan para decir "jeans". Por ejemplo, se les llaman "vaqueros"[5] porque los vaqueros del oeste de los Estados Unidos usan este tipo de pantalón. En Cuba les dicen "pitusa" mientras en México les llaman "pantalones de mezclilla". Algunas personas usan las palabras "tejanos" y "mecánicos", pero la palabra más común sigue siendo simplemente "jeans".

[5] cowboys

¿Comprendiste?

1. Haz una línea cronológica *(timeline)* con las fechas mencionadas en esta lectura. Incluye las tres fechas y describe lo que pasó en cada una.

2. ¿Por qué escribió Jacob Davis una carta a Levi Strauss en 1872? ¿Qué dijo Davis en la carta?

3. Jacob Davis y Levi Strauss empezaron un nuevo negocio. ¿Qué contribuyó Davis? ¿Y Strauss?

Y tú, ¿qué dices?

1. ¿Estás de acuerdo con la expresión "los jeans son ropa democrática"? ¿Por qué?

2. ¿Llevas jeans? ¿Por qué?

3. Entre tus amigos, ¿qué ropa y colores están de moda hoy en día?

Perspectivas del mundo hispano

La parranda

Un amigo te invita a su casa. Cuando llegas, encuentras a gente de todas las edades, niños y adultos. Se oye música. Alguien te saluda. Otra persona empieza a hablar contigo. Hay varias personas bailando en pareja[1]. No ves a tu amigo. Luego alguien te invita a bailar. ¿Qué está ocurriendo aquí?

Es una parranda. Una *parranda* es una fiesta con comida, refrescos, música y baile. En las casas hispanas se celebran parrandas cuando hay algún evento especial, como una boda o alguna fiesta nacional. En estas fiestas participan los miembros de la familia y los amigos. Todos comen, bailan y se divierten. A veces, hay parranda todo el día.

En general, las casas hispanas tienen un patio y una sala grande. La sala es el cuarto que usa la familia para las grandes ocasiones. Durante las fiestas normalmente hay espacio para bailar. Frecuentemente en vez de[2] discos compactos, hay una orquesta. Muchas veces los miembros de la familia o los amigos componen[3] la orquesta y tocan música para bailar.

Online Cultural Reading

Go to Auténtico **ONLINE** to learn about the lifestyle and clothing of the Kuna women of the San Blas Islands.

Comparación cultural ¿Cómo son las fiestas entre tú y tus amigos? ¿Son como las parrandas o son muy diferentes a las parrandas? Pregúntales a tus compañeros de clase si les gusta hacer fiestas con su familia. Pregúntales si bailan en pareja Pregúntales cómo debe ser una buena fiesta. Según los resultados, completa las siguientes oraciones.

Modelo

Mis compañeros de clase creen que hacer una fiesta con su familia es buena idea.

1. Mis compañeros de clase creen que hacer una fiesta con su familia es . . .

2. Mis compañeros de clase bailan en pareja . . .

3. Mis compañeros de clase creen que una buena fiesta debe ser . . .

Analizar ¿Qué indican las respuestas de tus compañeros sobre las fiestas familiares? En tu opinión, ¿qué debe ocurrir en una buena fiesta? Considera los diferentes tipos de fiestas. ¿Qué hay de bueno en cada una?

[1]in pairs [2]instead of [3]make up

Presentación escrita

OBJECTIVES
▶ Write about a recent shopping trip
▶ Use a chart to organize your ideas

Go **Online** to practice

PEARSON realize™

PearsonSchool.com/Autentico

WRITING

Encontré unas gangas

TASK You received $200 for your birthday and bought some clothing. Write an e-mail to a friend describing your shopping trip. Use a series of sequenced sentences in your description.

1 Prewrite Think about your trip. Copy and fill in this chart.

¿Qué compraste?	¿Dónde . . . ?	¿Cuánto pagaste?	¿Por qué te gusta(n)?

Estrategia

Using a chart When writing, it is helpful to have a way to organize your thoughts. A chart or a graphic organizer is a good way to do this.

2 Draft Use the chart to write a first draft. You may begin with:

¡Hola! Para mi cumpleaños recibí . . . Decidí ir al centro comercial porque . . . Encontré . . . Compré . . .

3 Revise Check your e-mail for spelling, accents, forms of the preterite, and agreement. Share it with a partner, who will check:

• Is the e-mail easy to understand?

• Does it include all the information from your chart?

• Is there anything you should add or change?

• Are there any errors?

4 Publish Rewrite the e-mail, making any necessary changes or corrections. Send it to your teacher or your friend, or print it out and add it to your portfolio.

5 Evaluation The following rubric will be used to grade your presentation.

Rubric	Score 1	Score 3	Score 5
How easily your message is understood	You are difficult to understand and have many grammatical errors.	You are fairly easy to understand and have occasional grammatical errors.	You are easy to understand and have very few grammatical errors.
Completeness of your information	You provide some of the information required.	You provide most of the information required.	You provide all of the information required.
Your use of accurate spelling and grammar	You have many misspellings and grammatical errors.	You have several misspellings and grammatical errors.	You have very few misspellings and grammatical errors.

Auténtico

Tips para conservar tu ropa

Antes de ver

Usa la estrategia: Use Background Knowledge

What do you know about storing your clothes or how to keep them fresh and new? Use your own experience to demonstrate understanding and identify the main ideas of this video.

Read the key vocabulary

colgar = to hang	**al revés** = inside out
la lavandería = dry cleaner	**el tinte** = dye
doblar a la mitad = fold in half	**manchar** = to stain
las mangas = sleeves	
equivocados = mistaken	

Ve el video

Julia Alzate is an expert on clothing and style. In this video, she gives tips on how to properly care for your clothing.

Go to **PearsonSchool.com/Autentico** and watch the video *Escucha estos tips para conservar tu ropa* to learn how to keep your clothes looking new longer.

Completa las actividades

Mientras ves Utiliza tus conocimientos sobre la ropa para demostrar tu comprensión del video. Marca las categorías mencionadas.

colgar los suéteres
secar los trajes de baño
lavar los jeans
doblar los pantalones

Integración

Después de ver Mira el video otra vez para contestar estas preguntas.

1. En el video se mencionan varios errores que arruinan la ropa. ¿Cuál es el primer error?

2. Julia habla de unos pantalones que se llaman mahones o mezclillas. ¿Qué otro nombre tienen?

3. ¿Qué recomendación es la más útil (useful) para ti? ¿Por qué?

 For more activities, go to the Authentic Resources Workbook.

Más ropa

Expansión Busca otros recursos en *Auténtico* en línea. Después, contesta las preguntas.

 2B Auténtico

Integración de ideas Los recursos mencionan otros aspectos de la ropa en los países hispanos. Escribe un párrafo sobre los aspectos que tienen en común.

Comparación cultural Compara la ropa que viste en los recursos con la ropa que usan tú y las personas que conoces. ¿Qué diferencias hay?

Repaso del capítulo

OBJECTIVES
▶ Review the vocabulary and grammar
▶ Demonstrate you can perform the tasks on p. 125

🔊 Vocabulario

to talk about shopping

la entrada	entrance
la ganga	bargain
el letrero	sign
la liquidación, pl. las liquidaciones	sale
el mercado	market
la salida	exit

to talk about colors

claro, -a	light
de sólo un color	solid-colored
oscuro, -a	dark
pastel	pastel
vivo, -a	bright

to describe what clothing is made of

¿De qué está hecho, -a?	What is it made of?
Está hecho, -a de . . .	It is made of . . .
algodón	cotton
cuero	leather
lana	wool
seda	silk
tela sintética	synthetic fabric

to discuss paying for purchases

alto, -a	high
bajo, -a	low
la caja	cash register
el cajero, la cajera	cashier
el cheque (personal)	(personal) check
el cheque de viajero	traveler's check
el cupón de regalo, pl. los cupones de regalo	gift certificate
en efectivo	cash
gastar	to spend
el precio	price
tan + adjective	so
la tarjeta de crédito	credit card

For *Vocabulario adicional,* see pp. 498–499.

to discuss clothing purchases

apretado, -a	tight
escoger (g → j)	to choose
estar de moda	to be in fashion
el estilo	style
exagerado, -a	outrageous
flojo, -a	loose
la marca	brand
mediano, -a	medium
el número	shoe size
probarse (o → ue)	to try on
la talla	size

other useful words and expressions

anunciar	to announce
encontrar (o → ue)	to find
en realidad	really
me / te importa(n)	it matters (it's important)/ they matter to me / to you
inmediatamente	immediately
me parece	it seems to me
¿Qué te parece?	What do you think? /How does it seem to you?
recientemente	recently

Gramática

preterite of regular verbs

miré / aprendí / escribí	miramos / aprendimos / escribimos
miraste / aprendiste / escribiste	mirasteis / aprendisteis / escribisteis
miró / aprendió / escribió	miraron / aprendieron / escribieron

demonstrative adjectives

Singular		Plural	
este, esta	this	estos, estas	these
ese, esa	that	esos, esas	those
aquel, aquella that one over there		aquellos, aquellas those over there	

Preparación para el examen

Más recursos PearsonSchool.com/Autentico

Games Flashcards Instant check
Tutorials *Gram*Activa videos Animated verbs

What you need to be able to do for the exam...	Here are practice tasks similar to those you will find on the exam...	For review go to your print or digital textbook...
Interpretive		
1 ESCUCHAR I can listen and understand as people talk about why they purchased a clothing item.	Listen as María explains why she bought her outfit. Was it because: (a) it was a bargain; (b) it was a good brand name; (c) it fit well; or (d) it was very "in style."	**pp. 102–105** *Vocabulario en contexto* **p. 103** Actividad 2 **p. 106** Actividad 4
Interpersonal		
2 HABLAR I can talk about when and where I bought the clothing I'm wearing today.	Your partner really likes your outfit. Tell him or her: (a) where you bought it; (b) how long ago you bought it; (c) if it was very expensive or a bargain; (d) the brand, if you know it. Then reverse roles.	**p. 107** Actividad 7 **p. 108** Actividades 8–9 **p. 109** Actividades 10–11 **p. 111** Actividad 14 **p. 112** Actividad 17 **p. 115** Actividad 21 **p. 116** Actividad 23 **p. 117** Actividad 24
Interpretive		
3 LEER I can read and understand a thank-you note for a recently received gift certificate.	Your Spanish class recently sent last year's exchange student from Argentina a gift certificate for her birthday. Read her note about what she bought and what she thought about her purchases. **¡Hola! Muchas gracias por el cupón de regalo para el Almacén Palete. Compré una blusa de colores pastel que me gusta mucho y está muy de moda. También encontré un cinturón de cuero muy bonito para llevar con mis pantalones favoritos. Aquí tienen mi foto. ¿Qué les parece mi nuevo estilo? Besos, Susi**	**p. 107** Actividad 6 **p. 110** Actividad 13 **p. 114** Actividad 19 **pp. 118–119** *Lectura*
Presentational		
4 ESCRIBIR I can write a short description of my most recent shopping trip for clothes, including what I bought, the brand, and how I paid for the items.	Your grandmother sent you a check for your birthday and wants to know what you bought. Describe the vacation clothes that you bought and where you bought them. Include as many details as possible. You might begin by writing: **Querida abuelita:** **Muchas gracias por el cheque que me enviaste para mi cumpleaños. Decidí comprarme ropa para las vacaciones . . .**	**p. 107** Actividades 6–7 **p. 109** Actividades 10–11 **p. 110** Actividad 13 **p. 112** Actividad 16 **p. 121** *Presentación escrita*
Cultures		
5 EXPLICAR I can understand *la parranda* in Spanish-speaking countries.	When you ask your parents if you can go to a *parranda* at the home of a Spanish-speaking friend, they have no idea what you are talking about. Explain it to them. What would you compare it to?	**p. 120** *Perspectivas del mundo hispano*

A ver si recuerdas

OBJECTIVES
▶ Talk and write about chores and places around town
▶ Express at what time you do certain activities

Vocabulario

en el dormitorio
arreglar el cuarto
hacer la cama

en la cocina
cocinar
dar de comer al
   perro/gato
lavar los platos
poner la mesa
separar (botellas,
   latas, vidrio,
   periódicos, cartón)

los lugares
el barrio
la calle
el cine
la comunidad
el estadio
el hospital
el monumento
el museo
el teatro

en otros cuartos
ayudar
lavar la ropa
limpiar el baño
pasar la aspiradora
quitar el polvo

fuera de la casa
cortar el césped
lavar el coche
sacar la basura
trabajar en el jardín

For additional vocabulary for the city, see *A ver si recuerdas* 1B, p. 42.

1

Los quehaceres

 ESCRIBIR, HABLAR   ¿Quién en tu familia hizo estos quehaceres?
¿Cuándo los hizo?

Modelo
cortar el césped
El verano pasado mi hermano y yo
cortamos el césped cada semana.

1. lavar los platos
2. arreglar el cuarto
3. cocinar pollo
4. limpiar el baño
5. sacar la basura
6. pasar la
   aspiradora
7. lavar la ropa

2

¿Qué hay en tu comunidad?

 ESCRIBIR   Imagina que alguien visita tu comunidad por primera vez.
Escríbele una breve descripción. Incluye los lugares de interés y cómo son.

Modelo
Si visitas mi comunidad, vas a ver muchas casas con jardines y césped. En el
centro hay tiendas y restaurantes, pero no hay un cine . . .

Gramática Repaso

Telling time

To ask about and tell the time of day, you usually say:

¿Qué hora es?   **Es** la una.
Son las cinco.

When you tell at what time something happens, you use *a*.

¿A qué hora es el concierto? **A** las ocho.

When talking about time after the hour, use *y* to express the time.

1:10 Es la una **y** diez.
3:15 Son las tres **y** cuarto. o: Son las tres **y** quince.
6:25 La clase empieza a las seis **y** veinticinco.
10:30 Generalmente me acuesto a las diez **y** media.

When talking about time before the hour, there are several expressions commonly used.

Son las diez **menos** veinte.
Son las nueve **y** cuarenta. ⎤— *It's 9:40*
Faltan veinte **para** las diez. ⎦

You know several words and expressions for talking about the time of day.

de la mañana	*in the morning,* A.M.
de la tarde	*in the afternoon,* P.M.
de la noche	*in the evening,* P.M.
temprano	*early*
tarde	*late*
a tiempo	*on time*

3

¿A qué hora?

 ESCRIBIR Escribe frases para decir a qué hora . . .

Modelo
... te levantas durante la semana.
Me levanto a las seis.

1. ... te acuestas los fines de semana.
2. ... te despiertas los fines de semana.
3. ... almuerzas durante la semana.
4. ... regresas a casa después de las clases.
5. ... empieza tu clase favorita.
6. ... empieza tu programa de televisión favorito.

4

¿Quién lo hace?

 HABLAR EN GRUPO Trabajen en grupos de cuatro y hagan preguntas a sus compañeros para saber quiénes del grupo hacen las siguientes actividades.

Videomodelo
. . . se levanta temprano todos los días
A —*Ariana, ¿te levantas temprano todos los días?*
B —*Sí, me levanto muy temprano. Me levanto a las seis de la mañana.*

¿Quién en el grupo...

... se levanta temprano los fines de semana?
... se levanta tarde los fines de semana?
... siempre llega a tiempo a la escuela?
... siempre llega temprano para ver a sus amigos?
... hace la cama antes de ir a la escuela?
... se acuesta antes de las diez de la noche?
... almuerza después de las dos de la tarde?

CAPÍTULO 3A
¿Qué hiciste ayer?

Country Connections Explorar el mundo hispano

Texas
España
México
Ecuador
Chile
Uruguay
Argentina

CHAPTER OBJECTIVES

Communication

By the end of this chapter you will be able to:

- Listen and read about where people went, what they did, and what they received as gifts.
- Talk and write about whether you fulfilled certain obligations and what you bought in the past.
- Exchange information about whether you did certain things you had to do.

Culture

You will also be able to:

- **Auténtico:** Identify cultural perspectives in an authentic video about a supermarket.
- Understand the popularity of open-air markets in the Spanish-speaking world.
- Compare famous buildings and neighborhoods in Spanish-speaking countries with those in the U.S.

You will demonstrate what you know and can do:

- Presentación oral: Preparándose para un viaje
- Preparación para el examen

You will use:

Vocabulary
- Running errands around town
- Where people go and what they buy

Grammar
- Direct object pronouns
- Irregular preterite verbs: *ir, ser*
- Irregular preterite verbs: *hacer, tener, estar, poder*

ARTE y CULTURA ⟩ Argentina, Uruguay

Buenos Aires Esta imagen moderna de Buenos Aires es del pintor uruguayo Julio Alpuy. Nació en 1919 y su pintura y escultura son del estilo constructivo, un estilo que se basa en las formas geométricas y el espacio. Buenos Aires es una ciudad muy "internacional". Entre los años 1850 y 1945 muchos inmigrantes de Europa (Italia, Alemania, España, Francia y otros países) llegaron a vivir en Buenos Aires.

▶ En el cuadro, ¿cómo es Buenos Aires? Compara este cuadro con la foto de Barcelona. ¿En qué sentido[1] son similares? ¿En qué sentido son diferentes?

 Mapa global interactivo Explora la geografía de Argentina e investiga la capital, Buenos Aires. Haz conexiones entre la geografía, el transporte y el desarrollo de esta área metropolitana.

[1]way

"Buenos Aires" (1957), Julio Alpuy
Courtesy of Cecilia de Torres, Ltd.

Avenida Portal de l'Angel
Barcelona, España

▶ **Videocultura Comunidades latinas**

Vocabulario en contexto

OBJECTIVES

Read, listen to, and understand information about
▶ running errands around town
▶ where people go and what they buy

«Voy a pie a la tienda de equipo deportivo en **el centro** para comprar una raqueta de tenis. La tienda **se abre** a las diez de la mañana y **se cierra** a las seis de la tarde. ¡Tengo que caminar rápido porque **casi** son las seis! Luego voy al correo para **enviar*** una tarjeta. **»**

*Enviar has an accent mark on the i in all present-tense forms except nosotros and vosotros.

Más vocabulario

cobrar un cheque = to cash a check
echar una carta = to mail a letter
devolver (un libro) = to return (a book)
sacar (un libro) = to take out, to check out (a book)

la farmacia

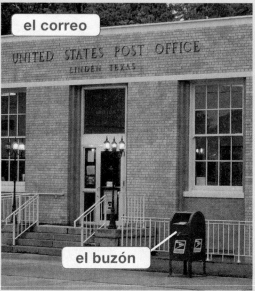

el correo

el buzón

el supermercado

la tienda de equipo deportivo

el sello

la carta

BANCO DE ESPAÑA

el banco

el equipo deportivo

los patines

la pelota

el palo de golf

la raqueta de tenis

"Cuando mi madre está enferma, yo **cuido a** mi hermana menor. Por ejemplo, ayer **tuve** que jugar con ella **por** dos horas. **Nos quedamos** en casa **hasta** que mi mamá regresó del **consultorio**. Luego **fui** a la farmacia con mi mamá."

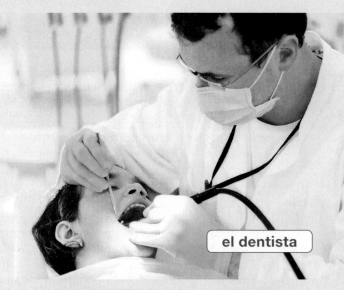
el dentista

la pasta dental

el cepillo de dientes

el jabón

el champú

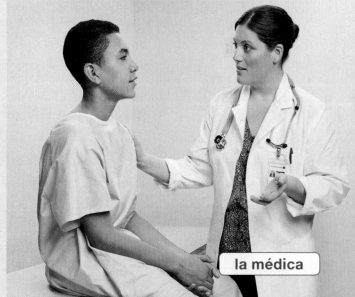
la médica

1

¿Lógico?

ESCUCHAR   Escucha las frases y señala con el pulgar hacia arriba si la frase es lógica y con el pulgar hacia abajo si no es lógica.

2

¿Dónde se encuentra?

ESCUCHAR   Escucha la lista de objetos y señala con el dedo la foto del lugar donde se encuentra.

¿Qué hiciste esta mañana?

Una esposa y un esposo se envían mensajes.

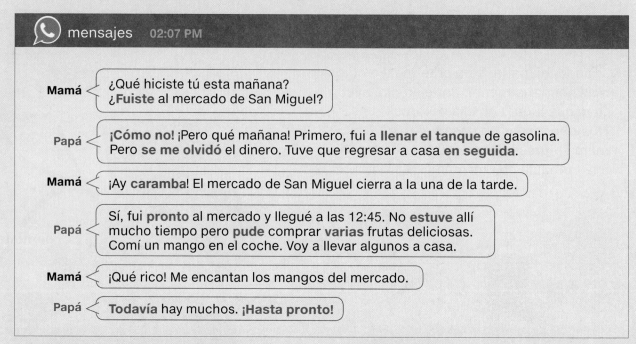

mensajes 02:07 PM

Mamá ¿Qué hiciste tú esta mañana?
¿**Fuiste** al mercado de San Miguel?

Papá ¡**Cómo no!** ¡Pero qué mañana! Primero, fui a **llenar el tanque** de gasolina.
Pero **se me olvidó** el dinero. Tuve que regresar a casa **en seguida**.

Mamá ¡Ay **caramba**! El mercado de San Miguel cierra a la una de la tarde.

Papá Sí, fui **pronto** al mercado y llegué a las 12:45. No **estuve** allí
mucho tiempo pero **pude** comprar **varias** frutas deliciosas.
Comí un mango en el coche. Voy a llevar algunos a casa.

Mamá ¡Qué rico! Me encantan los mangos del mercado.

Papá **Todavía** hay muchos. ¡**Hasta pronto!**

la estación de servicio

la gasolina

3

¿Esto o esto?

ESCRIBIR Lee cada frase y escoge entre las dos opciones. Contesta con
una frase completa.

1. ¿Primero llenó Papá el tanque o fue al mercado?

2. ¿Regresó Papá en seguida a casa o a la estación de servicio?

3. ¿En el carro comió Papá un mango o una manzana?

4. ¿Compró Papá frutas o ensalada?

5. ¿Quién comió en el coche?

Videohistoria

Go **Online** to practice

PEARSON
realize™

PearsonSchool.com/Autentico

AUDIO   VIDEO   WRITING   SCRIPT

En la ciudad

Antes de ver

Using guiding questions Read the ¿Comprendiste? questions before watching the video. Knowing what the questions are can help you look for key information and identify the main idea of the video.

Completa la actividad

Cosas que hacer ¿A veces tienes muchas cosas que hacer en diferentes lugares? ¿A qué lugar vas más a menudo?

▶ Ve el video

Seba no puede encontrar su carnet de identidad. ¿Quién lo tiene?

Ve a **PearsonSchool.com/Autentico** para ver el video *En la ciudad*. También puedes leer el guión.

Seba

Después de ver

 ¿COMPRENDISTE? Lee las preguntas. Luego, ve el video otra vez y contesta las preguntas.

1. ¿Cuál es la idea principal del video? ¿Qué detalles te ayudan a identificarla?

2. ¿A cuántos lugares fue Seba antes de volver a casa?

3. ¿Qué hizo Seba en el correo?

4. ¿En qué lugar enseñó *(showed)* Seba su carnet de identidad? ¿A quién lo enseñó?

5. Al final, ¿en cuál de los lugares que visitó Seba estaba el carnet?

OBJECTIVES
▶ Talk about places in your community
▶ Discuss what you had to do and what you couldn't do last weekend
▶ Listen to a list of errands and chores
▶ Write about places and the errands you do there

4

Muchas cosas que hacer

 ESCRIBIR En una hoja de papel, escribe los lugares que ves en las fotos de abajo. Escribe una cosa que tienes que hacer en cada lugar. Vas a usar la información para la Actividad 5.

Lugares	Tengo que . . .
el supermercado	comprar leche

5

¿A qué hora se abre?

 HABLAR EN PAREJA Trabaja con otro(a) estudiante. Explícale lo que tienes que hacer y hablen de los horarios de cada lugar. Usen la información de la tabla de la Actividad 4.

▶ **Videomodelo**

A —Tengo que **comprar cereal**. ¿A qué hora se abre el **supermercado**?
B —Se abre **a las ocho de la mañana**.
A —¿Y a qué hora se cierra?
B —Creo que se cierra **a las once de la noche**.

9:00 a 5:00

6:00 a 10:00

8:30 a 5:30

8:00 a 7:00

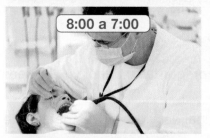
8:00 a 7:00

8:00 a 11:00

8:30 a 8:30

9:00 a 5:00

5:00 a 10:00

Escucha y escribe

ESCUCHAR, ESCRIBIR, HABLAR EN PAREJA

1 Tu mamá necesita tu ayuda para hacer todos los quehaceres. Escucha lo que ella dice y escribe las seis frases.

2 Escoge una expresión del recuadro y escribe respuestas a las preguntas de tu mamá. Después trabaja con otro(a) estudiante y lee las conversaciones entre ustedes.

¡Caramba!	lo siento
casi	no puedo
¡Cómo no!	pronto
en seguida	se me olvidó
ir a pie	todavía

¿Adónde fuiste?

HABLAR EN PAREJA El fin de semana pasado tus padres te dieron varios mandados *(errands)* que hacer. Ahora quieren saber si los hiciste. Diles adónde fuiste y cuándo hiciste todo.

Videomodelo

A —*¿Compraste los sellos?*
B —*Sí, fui al correo esta mañana.*

Estudiante A

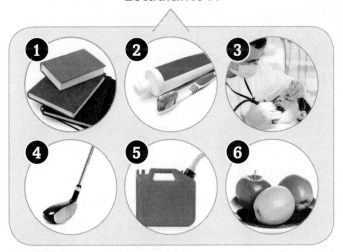

Estudiante B

esta mañana
ayer
anoche
hace . . . días
¡Respuesta personal!

CULTURA México

El Palacio de Correos de la Ciudad de México, fue construido entre 1902 y 1907. Diseñado por el arquitecto italiano Adamo Boari, el Palacio de Correos es uno de los edificios más famosos de la ciudad.

▸ El Palacio de Correos es un edificio muy conocido en México. ¿Cuáles son algunos edificios famosos de los Estados Unidos? ¿Por qué son famosos?

 Mapa global interactivo Explora la geografía de México e investiga el área de Cabo San Lucas en Baja California. Explora el histórico *Palacio de Correos* y sus alrededores. Observa su arquitectura y compárala con edificios y espacios públicos en tu propia comunidad.

Interior del Palacio de Correos, Ciudad de México

Un fin de semana muy aburrido

 HABLAR EN PAREJA No pudiste hacer muchas cosas divertidas el fin de semana pasado. Trabaja con otro(a) estudiante y habla de las cosas que tuviste que hacer.

Videomodelo

A —¿Fuiste al centro el fin de semana pasado?

B —No, no pude. Tuve que cuidar a mis hermanitos.

También se dice...

la pasta dental = la pasta dentífrica, la pasta de dientes *(España)*

el sello = la estampilla, el timbre *(muchos países)*

la farmacia = la botica, la droguería

la estación de servicio = la bomba de gasolina, la gasolinera *(muchos países)*

Estudiante A

Estudiante B

No, no pude.

Tuve que . . .

Estuve en . . . por . . . horas.

Estuve en . . . hasta las . . .

Tuve que esperar . . .

Me quedé en . . .

¡Respuesta personal!

Para unos dientes más blancos . . .

 LEER, ESCRIBIR Lee el anuncio del periódico y contesta las preguntas.

1. ¿Cómo se llama el producto del anuncio? ¿Para qué puedes usarlo?

2. ¿Con qué frecuencia debes usar el producto, todos los días o una vez a la semana?

3. ¿Qué garantiza el producto? ¿Por qué?

4. ¿Dónde puedes comprar el producto?

¡Sonríe!

Dentabrit

PARA TENER LOS DIENTES MÁS BLANCOS ☺

Dentabrit pasta dental de uso diario[1] devuelve la blancura a los dientes.

La nueva fórmula de **Dentabrit** blanqueador garantiza los dientes más blancos, más limpios y protegidos[2].

Dentabrit blanqueador aporta[3] el máximo nivel[4] de limpieza y eficacia blanqueadora.

¡Dentabrit blanqueador! Lo mejor en higiene, salud y belleza para los dientes.

 DE VENTA EN FARMACIAS Producto de Lab. Suárez, Avda. de Loja 42 Ibarra,

[1]daily [2]protected [3]adds [4]level

10

Juego

ESCRIBIR, HABLAR EN GRUPO

1 Vas a jugar con otro(a) estudiante. Tu profesor(a) va a decirles a todos un lugar en la ciudad. Escriban las personas, acciones u otras cosas que se asocian con este lugar. Tu profesor(a) va a indicar cuándo termina el tiempo.

Modelo
restaurante
camarero, mesa, comida, comer, servir, decoraciones, tenedor, cuchillo, . . .

2 Trabajen con otras tres parejas. Lean la lista de palabras para un lugar. Si las otras parejas tienen una de las palabras, ninguna pareja recibe puntos por ella. Pero si hay palabras que las otras parejas no tienen, Uds. reciben un punto por cada una.

CULTURA **El mundo hispano**

Las farmacias en algunos países hispanohablantes venden antibióticos y otras medicinas sin necesidad de receta[1] y es común consultar a un farmacéutico, y no al médico. Los horarios de servicio varían. En España, hay *Farmacias de guardia* que están abiertas las 24 horas. En otros países, se pueden encontrar *Farmacias de turno* que también dan servicio las 24 horas al día.

• ¿Hay farmacias abiertas las 24 horas al día en tu comunidad? ¿Cómo son y qué productos venden?

Pre-AP Integration: El cuidado de la salud y la medicina Habla sobre las diferencias en el cuidado de la salud en países hispanohablantes y en tu comunidad.

Una farmacia en Barcelona, España

[1]prescription

11

Y tú, ¿qué dices?

ESCRIBIR, HABLAR

1. ¿Qué tipo de tiendas y servicios hay en el centro de tu comunidad? ¿A qué hora se abren? ¿A qué hora se cierran?

2. Cuando tu familia compra equipo deportivo, ¿dónde lo compra? ¿Y dónde compra cosas como jabón o pasta dental?

3. ¿Te gusta caminar? ¿A qué lugares puedes ir a pie en tu comunidad?

4. ¿Qué haces para ganar dinero? ¿Te gusta cuidar a los niños? ¿Por qué?

El español en la comunidad

Hoy en día, en los Estados Unidos, muchas etiquetas[1] de medicinas e instrucciones para otros productos están escritas[2] en inglés y en español.

• Busca en tu casa etiquetas con instrucciones en español. ¿Qué parte de las instrucciones entiendes?

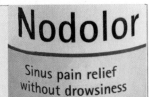

Nodolor

Sinus pain relief without drowsiness

Calma el dolor de la sinusitis sin dar sueño

[1]labels [2]written

Gramática
Repaso

OBJECTIVES
▸ Talk and write about things that you and others have or use
▸ Exchange information about what you bought

Direct object pronouns

A direct object tells who or what receives the action of the verb.

Devolví **el libro.**   *I returned the **book.*** (*book* is the direct object)

To avoid repeating a direct object noun, you can replace it with a direct object pronoun. In English, *him, her,* and *it* are examples of direct object pronouns. You have already used the following direct object pronouns in Spanish:

Singular	Plural
lo *it, him, you* (*masc. formal*)	**los** *them, you* (*masc.*)
la *it, her, you* (*fem. formal*)	**las** *them, you* (*fem.*)

Direct object pronouns have the same gender (masculine or feminine) and number (singular or plural) as the nouns they replace. They come right before the conjugated verb.

¿Devolviste **los libros** a la biblioteca? No, no **los** devolví.

¿Ayudaste a **tu mamá** en casa? Sí, **la** ayudé.

When an infinitive follows a verb, the direct object pronoun can be placed before the conjugated verb or attached to the infinitive.

¿Sacaste **el libro** sobre Simón Bolívar? No, no **lo** pude sacar. o: No, no pude sacar**lo.**

Más recursos ONLINE

▶ *GramActiva* Video

▶ **Tutorial:** Direct object pronouns

✎ *GramActiva* Activity

12

¡A lavar!

LEER, ESCRIBIR   Cuando Teresa regresa a casa por la tarde, tiene esta conversación con su madre. Léela, y escribe el pronombre apropiado: *lo, la, los* o *las.*

Mamá: ¿Qué tal la película, Teresa?

Teresa: Bien, mamá. Me gustó mucho. Tú __1.__ viste anoche, ¿no?

Mamá: Sí, pero no me gustó. Oye, ¿dónde están las cosas que compraste en la farmacia? No __2.__ veo.

Teresa: El champú está sobre la mesa. ¿No __3.__ ves?

Mamá: Ah, sí, aquí está. ¿Y la pasta dental?

Teresa: Creo que __4.__ dejé (*I left*) en el baño.

Mamá: Muy bien. ¿Y enviaste las cartas?

Teresa: Sí, mamá, __5.__ envié después de ir a la farmacia.

Mamá: Gracias, hija. Ah, ¿compraste un regalo para tu abuela?

Teresa: ¡Sí, mamá! Le compré un collar muy bonito. ¿__6.__ quieres ver?

Mamá: Sí, pero más tarde. Ahora tenemos que limpiar la cocina. Tú puedes lavar los platos.

Teresa: ¡Ay! No puedo lavar __7.__, mamá . . . ¡Se me olvidó comprar el detergente!

Mamá: No importa, Teresa. ¡Yo __8.__ compré ayer! Y ahora, ¡a lavar!

De compras

HABLAR EN PAREJA Tu compañero(a) quiere saber por qué tienes varias cosas contigo. Explícale por qué las tienes.

Videomodelo

A —*¿Por qué tienes los palos de golf?*
B —*Los tengo porque quiero jugar al golf esta tarde.*

Estudiante A

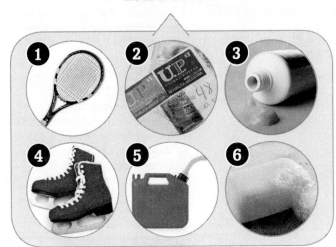

Estudiante B

quiero . . .
necesito . . .
voy a . . .
tengo que . . .
¡Respuesta personal!

¿Todavía lo usas?

ESCRIBIR, HABLAR A veces compramos o recibimos algo y después no lo usamos mucho.

1 Escribe cinco frases para decir qué cosas compraste tú o qué cosas te compraron otras personas.

2 Lee tus frases a tu compañero(a). Tu compañero(a) te va a preguntar si todavía tienes, usas o llevas esa cosa.

Videomodelo

A —*Hace dos años mis padres me compraron unos palos de golf.*
B —*¿Todavía los usas?*
A —*Sí, los uso porque juego al golf mucho.*
o: —*No, no los uso porque no tengo tiempo para jugar al golf.*

Estudiante A

Hace...me compraron...
Hace...compré
Un día compré . . .
¡Respuesta personal!

Estudiante B

¿...llevas?
¿...tienes?
¿...usas?
¡Respuesta personal!

Gramática

OBJECTIVES
▸ Talk and write about memorable moments in your life
▸ Exchange information about famous people in the past

Irregular preterite verbs: *ir, ser*

In the preterite, the forms of *ser* are the same as the forms of *ir*. The context makes the meaning clear.

El cantante Jon Secada **fue** a vivir a Miami, Florida, en 1970.
*The singer Jon Secada **went** to live in Miami, Florida, in 1970.*

Después **fue** estudiante en la Universidad de Miami.
*Later he **was** a student at the University of Miami.*

(yo) **fui**	(nosotros) (nosotras)	**fuimos**
(tú) **fuiste**	(vosotros) (vosotras)	**fuisteis**
Ud. (él) **fue** (ella)	Uds. (ellos) (ellas)	**fueron**

• Notice that these irregular preterite forms do not have any accents.

¿Recuerdas?

You already know the verb *ir* in the preterite.

• ¿Adónde **fueron** Uds. el verano pasado? **Fuimos** a Puerto Rico.

Estrategia

Using memory clues To remember the subjects of *fui* and *fue*, remember that *fui*, the *yo* form, ends in *i*, while *fue*, the *él / ella* form, ends in *e*.

Más recursos ONLINE

▶ **Tutorial:** Preterite forms *ser* and *ir*

15

El día de Simón y sus amigos

LEER, ESCRIBIR Lee la descripción que escribió Simón en en su blog acerca de lo que hizo ayer con sus amigos. Escribe la forma correcta del verbo *ir* o *ser*. Luego contesta la pregunta sobre el día que ellos pasaron.

Ayer __1.__ un día bastante bueno para nosotros.

Primero yo __2.__ a la estación de servicio para llenar el tanque con gasolina. Luego Fernando y yo __3.__ a la tienda de equipo deportivo para mirar patines. Nuestras amigas Teresa y Patricia __4.__ al almacén. Después Teresa __5.__ al correo y Patricia __6.__ al banco. En la noche todos nosotros __7.__ al cine. La película __8.__ muy cómica pero no sé quiénes __9.__ los actores principales.

En tu opinión, ¿el día de Simón y sus amigos __10.__ divertido? ¿Por qué?

Un día divertido entre amigos

16

Un poema de amor

 ESCRIBIR   Pablo Neruda (1904–1973) fue poeta chileno y ganador del Premio Nobel de Literatura en 1971. En muchos de sus poemas, Neruda escribió sobre el amor[1]. Estos versos son de su primer libro de poemas *Crepusculario,* que él publicó a los 19 años de edad. Lee los versos.

Conexiones ⟨ **La literatura**

1. ¿Está el poeta todavía con "su amor"? ¿Cómo lo sabes?

2. En tu opinión, ¿qué quiere decir el poeta en estos versos?

[1]love   [2]together   [3]turn

Fuiste tuyo, fuiste mía.
¿Qué más?
Juntos[2] hicimos un recodo[3]
En la ruta donde el amor
*   pasó.*

17

Juego

 ESCRIBIR, HABLAR EN GRUPO, GRAMACTIVA

1 Trabaja con un grupo de tres para escribir preguntas sobre personas famosas del pasado. Pueden usar las ideas del recuadro o sus propias ideas. También tienen que escribir las respuestas a sus preguntas.

2 Su profesor(a) va a formar dos grupos grandes en la clase. Un grupo lee una pregunta. Si el otro grupo contesta correctamente, recibe un punto. El grupo con más puntos al final gana.

el presidente en el año . . .

los cantantes de la canción . . .

los actores en la película . . .

la persona que escribió el poema / libro . . .

los campeones (*champions*) . . .

¡Respuesta personal!

Videomodelo
A —*¿Quién fue el poeta que escribió* Crepusculario?
B —*El poeta fue Pablo Neruda.*

18

Y tú, ¿qué dices?

ESCRIBIR, HABLAR

1. ¿Cuál fue tu día más divertido del mes pasado? ¿Por qué? ¿Adónde fuiste? ¿Con quiénes?

2. ¿Cuál fue tu viaje más interesante? ¿Adónde y con quiénes fuiste? ¿Cuáles fueron algunos de los lugares que visitaron o las actividades que hicieron?

3. ¿Cuál fue tu mejor o peor cumpleaños? ¿Por qué fue tan bueno o malo?

Gramática

OBJECTIVES
▶ Talk and write about why people were unable to do certain things
▶ Listen to and write about shopping trips

Irregular preterite verbs:
hacer, tener, estar, poder

The preterite forms of *tener*, *estar*, and *poder* follow a pattern similar to that of the verb *hacer*. Like *hacer*, these verbs do not have any accent marks in the preterite.

¿Recuerdas?
Dar is also irregular in the preterite tense: *di, diste, dio, dimos, disteis, dieron.*

(yo)	hice	(nosotros)	hicimos
	tuve	(nosotras)	tuvimos
	estuve		estuvimos
	pude		pudimos
(tú)	hiciste	(vosotros)	hicisteis
	tuviste	(vosotras)	tuvisteis
	estuviste		estuvisteis
	pudiste		pudisteis
Ud. (él) (ella)	hizo	Uds. (ellos) (ellas)	hicieron
	tuvo		tuvieron
	estuvo		estuvieron
	pudo		pudieron

Más recursos ONLINE

▶ *GramActiva* Video

▶ **Tutorial:** Preterite forms of *estar* and *tener*

▶ **Animated Verbs**

◀)) *Canción de hip hop:* ¿Qué hiciste ayer?

✎ *GramActiva* Activity

19

¡Nadie pudo venir!

 LEER, ESCRIBIR Rosalinda invitó a varios amigos a ver una película en su casa a las cinco, pero nadie llegó. Completa cada frase con la forma apropiada del verbo *estar, tener* o *poder* para explicar por qué no llegaron.

> 🏠 ✉   ↰ ★ ⊰
>
> Fernando __1.__ en la biblioteca por tres horas. __2.__ que escribir un informe muy largo. Jorge y Pati no __3.__ venir porque __4.__ en el banco donde trabajan hasta las ocho. Yo no __5.__ ir a su casa tampoco porque __6.__ que cuidar a mi hermanito. ¡Pobre Rosalinda! Todos nosotros __7.__ que hacer otras cosas y no __8.__ ir a su casa y ella __9.__ allí sola toda la tarde.
>
> ✎ ▾ B I T! ≡ ≡ ≡ ≡ ↱ ↰ ☺

20

¿Por qué no hicieron sus quehaceres?

HABLAR EN PAREJA Cuando tus padres vuelven a casa por la noche, no entienden por qué tus hermanos y tú no hicieron los quehaceres. Trabaja con otro(ta) estudiante para preguntar y contestar.

Videomodelo

no comprar pan

A —¿Por qué no compraron pan?
B —Porque no pudimos ir al supermercado.

Estudiante A

1. no dar de comer al perro
2. no hacer las camas
3. no ir a la farmacia para comprar champú y jabón
4. no devolver los libros a la biblioteca
5. no enviar las cartas
6. no ir al dentista

Estudiante B

tener que quedarnos en casa con el perro
no poder ir al supermercado
no tener tiempo por la mañana
no poder encontrar su comida
tener que leerlos otra vez
tener que hacer tantos quehaceres
no poder encontrar el buzón

21

Una raqueta de tenis nueva

LEER, ESCUCHAR, ESCRIBIR Santiago acaba de comprar una raqueta de tenis. Primero lee las preguntas. Después escucha la descripción dos veces y escribe respuestas a las preguntas.

1. ¿Cómo pudo tener Santiago suficiente dinero para comprar una raqueta de tenis?

2. ¿Cuándo fueron a la tienda de equipo deportivo Santiago y Héctor?

3. Para Santiago, ¿cómo fue la experiencia de buscar una raqueta nueva?

4. ¿Miraron sólo una raqueta o varias?

5. ¿Estuvieron en la tienda por mucho o por poco tiempo?

6. ¿Cuándo escogió Santiago su raqueta nueva?

22

Y tú, ¿qué dices?

ESCRIBIR Escribe un párrafo en que describes cuando tú fuiste de compras. Usa las ideas de la experiencia de Santiago en la Actividad 21 como modelo. Puedes incluir:

- cómo conseguiste *(you obtained)* dinero para comprar algo
- si fuiste solo(a) o con otra persona
- adónde fuiste
- si tuviste que ir a varias tiendas
- si pudiste decidir inmediatamente
- cuánto tiempo estuviste en la tienda
- si te gusta lo que compraste

You already know the standard rules for stress and accent in Spanish.

- When words end in a vowel, *n,* or *s,* the stress is on the next-to-last syllable.

- When words end in a consonant (except *n* or *s),* the stress is on the last syllable.

- Words that do not follow these patterns must have a written accent (called *acento ortográfico* or *tilde*). The accent indicates that you should place the stress on this syllable as you pronounce the word.

Listen to and say these examples:

champú	olvidó	cómodo	médico
película	patín	jabón	adiós
demás	césped	fútbol	lápiz

¡Compruébalo!
Here are some new words that all require accent marks. Copy the words and, as you hear them pronounced, write the accent mark over the correct vowel.

antropologo	lucho	cajon
nilon	carcel	util
ejercito	tipico	fosforo
lider		

Listen to and say the following *refrán:*

Del árbol caído, todos hacen leña.

CULTURA ⟩ España

Los barrios Hay barrios[1] famosos en las ciudades grandes de España y América Latina que tienen su propia identidad. Por ejemplo, el Barrio de Santa Cruz, en Sevilla, España, es el más antiguo de la ciudad y originalmente fue un barrio judío[2]. En este barrio, las calles son muy estrechas[3] y hay monumentos históricos, como la Catedral. Las personas que viven allí se sienten muy orgullosas[4] de las tradiciones, la arquitectura y la historia que existen en su barrio.

- ¿Cuáles son las características de los barrios en general? ¿Hay algún barrio famoso en tu ciudad? ¿Cómo es?

Pre-AP Integration: Los estilos de vida
¿Crees que la organización de un barrio afecta a las personas que viven en él?

Mapa global interactivo Explora el histórico *Barrio de Santa Cruz* en Sevilla, España y observa la organización de este barrio antiguo. Compáralo con las partes más modernas de la ciudad.

El Barrio de Santa Cruz, en Sevilla, España

---

[1]neighborhoods [2]Jewish [3]narrow [4]proud

23

¿Por cuánto tiempo?

 HABLAR EN PAREJA, ESCRIBIR Es difícil encontrar el tiempo suficiente para hacer todos los quehaceres necesarios. A veces es necesario estar muy consciente del tiempo que requiere cada actividad que vas a hacer. Con otro(a) estudiante, lee y resuelve *(solve)* este problema matemático.

LEER

Conexiones **Las matemáticas**

1. Ayer Ángela salió de la escuela y fue a la farmacia para comprar champú y jabón. Estuvo allí por **13 minutos.**

2. Después caminó al correo en **diez minutos.** Se quedó allí por **45 minutos** mirando y comprando unos sellos bonitos e interesantes.

3. Caminó del correo a su casa en **15 minutos.** Llegó a su casa a las **4:40** de la tarde.

4. Si la farmacia está a **dos minutos** de la escuela, ¿a qué hora salió Ángela de la escuela?

5. Escribe una frase para indicar a qué hora llegó y salió Ángela de cada lugar.

24

Te toca a ti

 HABLAR EN PAREJA, ESCRIBIR Con otro(a) estudiante, escriban un problema original similar al problema matemático de la Actividad 23. Pueden incluir una ilustración. Después cambien *(exchange)* su problema con otro grupo e intenten *(try)* resolverlo.

CULTURA **España**

Los sellos, la tradición y la comunidad El tema de esta antigua serie de sellos de España son los trajes tradicionales de las comunidades españolas. Durante los festivales anuales de un pueblo o ciudad, los bailadores llevan trajes tradicionales. Los bailes, o danzas, y los trajes de cada comunidad son diferentes.

• ¿Conoces alguna serie de sellos que recuerda tradiciones regionales en los Estados Unidos? ¿Qué otros tipos de series de sellos tenemos en los Estados Unidos?

Trajes tradicionales de las regiones de España: Coruña, Córdoba, Granada, Huelva y Sevilla

Lectura

OBJECTIVES

▶ Read about the Sister Cities International program
▶ Use a text's structure to understand the main idea

Estrategia

Using the structure of a text Sometimes the way the text is structured will help you understand the main idea. Look at this brochure and read only the headings. What do you think it is about?

La unidad en la comunidad internacional

www...

El programa de "Ciudades Hermanas Internacional" fue creado por el presidente de los Estados Unidos, Dwight D. Eisenhower, en el año 1956. La misión de este programa es promover[1] el intercambio y la cooperación entre los habitantes de ciudades en diferentes países. Hoy en día, más de 1,200 ciudades en los Estados Unidos tienen una ciudad hermana en casi 137 países. A través de[2] la cooperación económica, cultural y educativa, el programa de Ciudades Hermanas construye puentes[3] entre las personas y ayuda a la comprensión entre diferentes culturas.

¡Quiero tener una ciudad hermana!

Cualquier[4] ciudad de los Estados Unidos puede tener una ciudad hermana. Primero es necesario encontrar otra ciudad extranjera.[5] Esta ciudad puede tener alguna relación con la ciudad original. Por ejemplo, ciudades que tienen el mismo nombre, como Toledo, Ohio, y Toledo, España, pueden asociarse. También las ciudades que celebran el mismo festival pueden formar relaciones de hermandad. Para tener una relación oficial, hay que llenar un formulario en la comisión del programa para las Ciudades Hermanas. La organización tiene que aprobar[6] la petición.

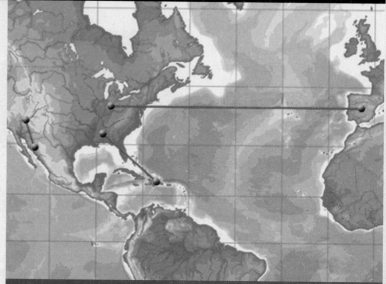

Ciudades Hermanas
Internacional

Intercambio económico

El programa de Ciudades Hermanas ayuda a establecer una cooperación económica entre los países. Por ejemplo, varios productos de Toledo, España, se venden en algunas tiendas en Toledo, Ohio. Las ciudades de Atlanta, Georgia, y de Salcedo, República Dominicana, también exploran varias posibilidades para intercambiar productos. El intercambio profesional y técnico es importante, como aprendieron los bomberos[7] y policías de la ciudad de Phoenix, Arizona, cuando tomaron clases de español en Sonora, México.

[1]to promote [2]Through [3]bridges [4]Any [5]foreign [6]approve [7]firefighters

Intercambio cultural

Hay diferentes posibilidades para un intercambio cultural. Los proyectos posibles incluyen:

• un festival con bailes y comida en honor a su ciudad hermana.
• una exposición de arte. Por ejemplo, la ciudad de Phoenix, Arizona, dio una exposición de arte en Sonora, México.
• el intercambio de música, grabaciones o dramas.

Intercambio educativo

En programas de intercambio educativo, los jóvenes son embajadores[8] en ciudades hermanas. Representan a los Estados Unidos en su viaje a otra ciudad. Se quedan con familias y así aprenden mucho sobre la cultura de ese país. Luego un embajador del país extranjero viene a los Estados Unidos y se queda con la familia del estudiante estadounidense.

★ REGLAS ★
para los jóvenes embajadores

Los jóvenes embajadores tienen que:
• obedecer las leyes[9] del país de la ciudad hermana
• respetar las costumbres del país
• ayudar a la familia con las tareas domésticas
• participar en muchas actividades para aprender sobre la cultura del país
• tratar de[10] hablar un poco en el idioma[11] del país

A primera vista, las ciudades hermanas de Toledo, España y Toledo, Ohio no tienen mucho en común. En una ciudad se habla español, en la otra inglés; un lugar es antiguo y el otro, moderno. Pero en verdad lo que une a las dos Toledos es el gran intercambio artístico, cultural y económico.

Toledo, España

Toledo, Ohio

[8]ambassadors [9]laws [10]try to [11]language

¿Comprendiste?

1. ¿Por qué es importante el programa de las Ciudades Hermanas Internacional?

2. ¿Qué es necesario para tener una ciudad hermana?

3. ¿Por qué es importante el intercambio económico? ¿El intercambio cultural?

4. Si tu ciudad tiene una ciudad hermana, ¿qué puedes hacer como joven embajador?

5. ¿Cuál es la ciudad hermana de Phoenix, Arizona? ¿De Atlanta, Georgia? ¿De Toledo, Ohio?

6. En tu opinión, ¿cuál es la regla más importante para los jóvenes embajadores?`

Y tú, ¿qué dices?

Imagina que los estudiantes de una clase de tu ciudad hermana vienen a tu escuela. Prepara un horario de lo que pueden hacer y ver en tu escuela y en tu comunidad.

La cultura en vivo

Los mercados al aire libre

En los países hispanohablantes, los mercados al aire libre son muy populares. Son lugares para comprar y vender toda clase de cosas, como comida, productos del campo, artesanías y ropa. Los vendedores ponen sus tiendas en la calle y la gente mira los productos. Estos mercados son buenos lugares para ver a los amigos, comer algo o pasear.

En México, estos mercados se llaman *tianguis*, una palabra que en náhuatl significa "el lugar del mercado". El *tianguis*, o mercado al aire libre, es una tradición antigua que viene de los aztecas.

Pero no hay mercados sólo en México. En Ecuador, el mercado de Otavalo es muy conocido por sus artesanías. En La Paz, Bolivia, un mercado popular es el mercado de las Brujas. En Madrid, España, los domingos se abre el mercado de El Rastro. Cuando los compradores pasan por las calles, los vendedores los invitan a comprar y les preguntan, *¿Qué va a llevar?*

Comparación cultural ¿Hay algún mercado cerca de donde tú vives? ¿Está abierto todos los días de la semana, o tiene un horario especial?

Mercado en Otavalo, Ecuador

Online Cultural Reading

Go to **Auténtico ONLINE** to explore and understand a shopping site that offers soccer-related items from a Spanish-speaking country.

Objetivo
Preparar un día de mercado en tu clase

Procedimiento
Los estudiantes deben formar dos grupos.
Los estudiantes en Grupo 1 (los vendedores) deben traer algo a la clase para vender y decidir el precio del objeto o producto. Los estudiantes en Grupo 2 (los compradores) deben visitar a los vendedores y, si quieren, comprar su mercancía. Pueden regatear *(bargain)* para bajar el precio. ¡Buena suerte!

Expresiones y frases útiles

Comprador
¿Cuánto cuesta(n) . . . ?
¿Cuál es el precio de . . . ?
¡Uf! Es mucho . . .
¿No me lo puede dar por . . . ?
¿Me vende esto por . . . ?
Es un buen precio. Muy bien.

Vendedor
¿Qué va a llevar?
¿Qué desea Ud.?
¡Cómprame algo!
Cuesta . . . / El precio es . . .
¡Lo siento!

Presentación oral

OBJECTIVES
▶ Demonstrate your preparations for a trip
▶ Use a chart to organize your ideas

Go **Online** to practice

PearsonSchool.com/Autentico

SPEAK/RECORD

Preparándose para un viaje

TASK You are going to visit a friend in Mérida, Mexico, where summers are hot and humid. Your friend has made plans to visit Mayan ruins, spend time with friends, and go to the beach in Cancún. Describe a sequence of what you did to prepare for the trip.

1 Prepare Copy this chart and list ten items you need to bring. Include details explaining whether you already have them, or do you need to buy them? If so, where?

Cosas que necesito	¿Ya lo / la compré?	¿Dónde?
sombrero para el sol	sí, lo compré	el almacén

Estrategia

Using charts Create a chart to help you think through the key information you will want to talk about. This will help you speak more effectively.

2 Practice Go through your presentation several times. You can use your notes in practice, but not when you present. Try to:
- mention essential details about all your preparations for the trip
- use complete sentences
- speak clearly

Modelo

Para visitar a mi amigo en Mérida, necesito . . . No tuve que comprar . . . Pero tuve que comprar . . . También tuve que ir al banco para . . .

3 Present Talk about your preparation for the trip. You might want to bring in props to show some of your preparations.

4 Evaluation The following rubric will be used to grade your presentation.

Rubric	Score 1	Score 3	Score 5
Completeness of your task	You provide some of the information required.	You provide most of the information required.	You provide all of the information required.
Talking about things you need for the trip	You include up to five items.	You include up to eight items.	You include ten or more items.
How easily you are understood	You are difficult to understand and have many grammatical errors.	You are fairly easy to understand and have occasional grammatical errors.	You are easy to understand and have very few grammatical errors.

Auténtico

Partnered with **E FE:**

Supermercado gestionado por discapacitados

Antes de ver

Usa la estrategia: Listen for Key Details

Listen for key details by paying attention to emphasis and repeated words. Use these to identify the theme.

Read the key vocabulary

gestionado = managed

discapacitados = people with disabilities

puestos de trabajo = jobs

capacidades = skills

tomar conciencia = become aware

negocios = business

nos copiarán = they will copy us

franquiciados = franchises

dudas = doubts

limpieza = cleaning

buena onda = good vibes

▶ Ve el video

This video describes a new supermarket in San Sebastián, Spain, that employs people with disabilities. This business hopes to be a model for others in the community. Where do you go in your community? Who works in the shops around your town?

Go to **PearsonSchool.com/Auténtico** and watch the video *Abre en San Sebastián el primer supermercado gestionado por discapacitados* to learn about a local supermarket with a different business model.

Completa las actividades

Mientras ves Identifica cuáles son los detalles clave que te ayudan a identificar el tema. Corrige los errores.

El supermercado abrió tras dos años de preparativos.

Es gestionado por personas con una discapacidad física o intelectual.

El nuevo supermercado va a tener buena onda.

Busca que la sociedad tome consciencia de las personas con discapacidades en su comunidad.

La gente está segura que va a salir bien.

Integración

Después de ver Mira el video otra vez para contestar estas preguntas.

1. La mujer dice que el supermercado es provisional, o sea, un experimento. ¿Por qué piensa esto?

2. En 1:06, la mujer dice "Tenemos muchos ojos encima." ¿Qué quiere decir con esto?

3. En el video, dice que el proyecto busca "la visibilización en la sociedad de la diversidad de sus capacidades y aptitudes." ¿Por qué es importante esta visibilización? ¿Cómo se relaciona esto con el tema?

 For more activities, go to the *Authentic Resources Workbook.*

La comunidad

Expansión Busca otros recursos en *Auténtico* en línea. Después, contesta las preguntas.

 3A Auténtico

Integración de ideas Los recursos auténticos informan sobre otros aspectos de la comunidad. Describe cómo contribuyen a su comunidad los grupos y las instituciones en los recursos.

Comparación cultural Compara los recursos sociales de las comunidades hispanas con los de tu comunidad.

Repaso del capítulo

OBJECTIVES
▶ Review the vocabulary and grammar
▶ Demonstrate you can perform the tasks on p. 153

🔊 Vocabulario

to talk about places in a community

el banco	bank
el centro	downtown
el consultorio	doctor's / dentist's office
la estación de servicio, *pl.* las estaciones de servicio	service station
la farmacia	pharmacy
el supermercado	supermarket

to talk about mail

el buzón, *pl.* los buzones	mailbox
la carta	letter
echar una carta	to mail a letter
el correo	post office
enviar *(i → i)*	to send
el sello	stamp
la tarjeta	card

to talk about items in a sporting-goods store

el equipo deportivo	sports equipment
el palo de golf	golf club
los patines	skates
la pelota	ball
la raqueta de tenis	tennis racket

to talk about pharmacy products

el cepillo de dientes	toothbrush
el champú	shampoo
el jabón	soap
la pasta dental	toothpaste

to make excuses

se me olvidó	I forgot

to talk about errands

cerrar *(e → ie)*	to close
cobrar un cheque	to cash a check
cuidar a	to take care of

For *Vocabulario adicional,* see pp. 498–499.

el dentista, la dentista	dentist
devolver *(o → ue)* (un libro)	to return (a book)
la gasolina	gasoline
ir a pie	to go on foot
llenar (el tanque)	to fill (the tank)
el médico, la médica	doctor
sacar (un libro)	to take out, to check out (a book)
se abre	opens
se cierra	closes

other useful words and expressions

caramba	good gracious
casi	almost
¡Cómo no!	Of course!
en seguida	right away
hasta	until
por	for (how long)

pronto
  Hasta pronto.
	soon
	  See you soon.

quedarse	to stay
todavía	still
varios, -as	various, several

Gramática

preterite of *ir* (to go) and *ser* (to be)

fui	fuimos
fuiste	fuisteis
fue	fueron

preterite of *tener, estar,* and *poder*

tuve	tuvimos
estuve	estuvimos
pude	pudimos
tuviste	tuvisteis
estuviste	estuvisteis
pudiste	pudisteis
tuvo	tuvieron
estuvo	estuvieron
pudo	pudieron

direct object pronouns: *lo, la, los, las*

Preparación para el examen

Más recursos PearsonSchool.com/Autentico

Games · Flashcards · Instant check
Tutorials · *GramActiva* videos · Animated verbs

What you need to be able to do for the exam...	Here are practice tasks similar to those you will find on the exam...	For review go to your print or digital textbook...
Interpretive		
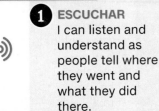 **1 ESCUCHAR** I can listen and understand as people tell where they went and what they did there.	As sponsor for the school's summer trip to Mexico, the Spanish teacher has heard many excuses about why students don't return to the bus in time to depart for the next stop. Listen to the excuses to determine where the students went and why they were late.	**pp. 130–133** *Vocabulario en contexto* **p. 135 Actividad 6** **p. 136 Actividad 8** **p. 143 Actividad 21**
Interpersonal		
2 HABLAR I can ask and respond to questions about whether I did certain things that I had to do.	To avoid any delays for the next day's tour, the sponsor for the Mexico City summer trip asked each student if he or she prepared the night before. She wants you to help her next time. How would you ask someone if he or she did the following: (a) cashed a check; (b) bought stamps; (c) sent postcards to friends; (d) went to the pharmacy to buy soap and toothpaste? With a partner, practice asking and answering these questions.	**p. 134 Actividad 5** **p. 135 Actividad 7** **p. 136 Actividad 8** **p. 143 Actividad 20** **p. 149** *Presentación oral*
Interpretive		
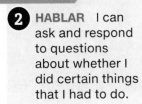 **3 LEER** I can read and understand what people say they received as gifts in the past.	You're helping your classmate read the answers to a survey he is conducting for his Spanish project. The survey question was: *¿Cuál es el regalo más loco que recibiste este año?* Look at the first response. Can you identify what the gift was and why the person thought it was silly? **Recibí un cupón *(coupon)* para llenar el tanque de mi coche, pero no tengo coche. Tuve que venderlo el mes pasado.**	**pp. 132–133** *Videohistoria* **pp. 146–147** *Lectura*
Presentational		
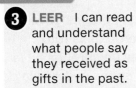 **4 ESCRIBIR** I can write responses to questions about things I have bought in the past.	You decided to answer some of the other questions on your friend's survey. What would you write for the following question: *¿Qué hiciste para ganar dinero el verano pasado y qué compraste con el dinero?*	**p. 137 Actividad 11** **p. 139 Actividad 14** **p. 143 Actividad 22**
Cultures		
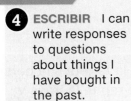 **5 Explicar** I can understand the popularity of outdoor markets in Spanish-speaking countries.	Vendors and buyers enjoy the open-air markets so popular in Spanish-speaking countries. How would both of them spend their day at the market? What might they sell and buy?	**p. 148** *La cultura en vivo*

A ver si recuerdas

▶ Talk and write about where things are located and how people get to certain places
▶ Express what you and others do and how often

Vocabulario

las preposiciones
a la derecha de
a la izquierda de
al lado de
cerca de
debajo de
delante de
detrás de
encima de
entre
lejos de

los medios de transporte
el autobús,
 pl. los autobuses
el avión,
 pl. los aviones
el barco
la bicicleta
el coche
el taxi
el tren

1

¿Dónde está?

ESCRIBIR, HABLAR EN PAREJA Escribe cinco frases para describir la ciudad de la foto. Incluye preposiciones o medios de transporte si puedes.

Escribe tres frases ciertas y dos falsas. Luego lee tus frases a otro(a) estudiante que va a repetir las frases ciertas y cambiar las frases falsas.

Modelo
A —*Hay un autobús en la calle a la izquierda de la foto.*
B —*Sí, hay un autobús en la calle, pero está a la derecha de la foto.*

2

Completa la frase

DIBUJAR, HABLAR EN GRUPO

1 Trabaja con un grupo de tres o cuatro estudiantes. Cada grupo necesita siete tarjetas. En cada tarjeta dibujen uno de los medios de transporte de la lista. Un(a) estudiante escoge una tarjeta y empieza a decir una frase.

Modelo
Muchas personas van en autobús...

2 El estudiante le da la tarjeta a la persona a su izquierda, que repite la frase y la completa. Si el grupo cree que la frase es correcta, el (la) estudiante que la completó escoge otra tarjeta para empezar una frase nueva.

Modelo
Muchas personas van en autobús al partido.

154 ciento cincuenta y cuatro • Tema 3 • Tú y tu comunidad

Gramática Repaso

The verbs *salir, decir,* and *venir*

Salir "to leave, to go out," *decir* "to say, to tell,"
and *venir* "to come" are irregular *-ir* verbs.
They also have a *yo* form that ends in *-go*.

(yo)	**salgo** **digo** **vengo**	(nosotros) (nosotras)	**salimos** **decimos** **venimos**
(tú)	**sales** **dices** **vienes**	(vosotros) (vosotras)	**salís** **decís** **venís**
Ud. (él) (ella)	**sale** **dice** **viene**	Uds. (ellos) (ellas)	**salen** **dicen** **vienen**

Note that *salir* is irregular only in the *yo*
form; *decir* follows a pattern similar to that
of *e → i* stem-changing verbs; and *venir*
follows a pattern similar to that of *e → ie*
stem-changing verbs.

 3

En la ciudad

 LEER, ESCRIBIR Enrique describe lo que pasa en la ciudad. Escribe la
forma apropiada del verbo correcto para completar las frases.

Muchas personas __1.__ *(poner / venir)* a la ciudad en autobús o en tren. Ellos __2.__
(decir / salir) que es mejor que ir en coche. Mi primo es muy deportista. Él
siempre __3.__ *(decir / venir)* a la ciudad en bicicleta y __4.__ *(traer / salir)* todas sus
cosas en una mochila. __5.__ *(Salir / Hacer)* de casa muy temprano porque vive
bastante lejos de la ciudad. Él __6.__ *(decir / traer)* que es mejor montar en bicicleta
porque __7.__ *(salir / hacer)* ejercicio al mismo tiempo. Mis hermanos y yo __8.__ *(hacer
/ venir)* en autobús o a veces en el coche de papá. __9.__ *(Poner / Traer)* el almuerzo
porque no regresamos a casa para almorzar.

 4

¿Con qué frecuencia?

 ESCRIBIR, HABLAR Escribe seis frases para decir con qué
frecuencia haces las actividades del recuadro. Luego lee
tus frases a otro(a) estudiante para ver si hace las mismas
cosas que tú.

 Videomodelo
salir con los amigos
A —*Siempre salgo con mis amigos los fines de semana. ¿Y tú?*
B —*Pues, salgo con ellos a veces.*

venir a la escuela en autobús

decir la verdad

traer un cuaderno a clase

salir de casa antes de las
  siete de la mañana

poner los libros en una
  mochila

hacer la tarea en casa

CAPÍTULO 3B
¿Cómo se va . . . ?

España
Nueva York
Puerto Rico
México
Argentina

CHAPTER OBJECTIVES

Communication

By the end of this chapter you will be able to:

- Listen and read about driving advice.
- Talk and write about giving directions and driving.
- Exchange information about how to get to places near your school.

Culture

You will also be able to:

- **Auténtico:** Identify cultural perspectives in an authentic audio about using bicycles as a means of transportation.
- Understand the importance of one's neighborhood in Spanish-speaking communities.

- Compare driving requirements in the Spanish-speaking world and the U.S.

You will demonstrate what you know and can do:

- Presentación escrita: Maneja con cuidado
- Preparación para el examen

You will use:

Vocabulary
- Driving
- Giving and receiving driving advice
- Asking for and giving directions

Grammar
- Direct object pronouns: *me, te, nos*
- Irregular affirmative *tú* commands
- Present progressive: irregular forms

ARTE y CULTURA Estados Unidos / México

Diego Rivera (1886–1957) pintó este mural en el Instituto de Arte de San Francisco en sólo cinco semanas. El artista está sentado en el centro, con sus asistentes alrededor. El mural representa la construcción de una moderna ciudad industrial e indica el entusiasmo de Rivera por el desarrollo[1] industrial de la década de 1930.

▶ Compara el entusiasmo de Rivera por el desarrollo industrial con el interés que tiene la gente hoy en día en la tecnología.

[1]development

"La elaboración de un fresco" (1931), Diego Rivera ▶

271 x 357 inches, The San Francisco Art Institute, California. © 2009 Banco de México Diego Rivera & Frida Kahlo Museums Trust, México, D.F./Artists Rights Society (ARS), New York. Photo: Museum Associates/LACMA.

Go **Online** to practice

PEARSON
realize™

PearsonSchool.com/Autentico

 AUDIO
 VIDEO
 WRITING
 SPEAK/RECORD
 MAPA GLOBAL
 AUTÉNTICO
 FLASCHARDS
 ETEXT 2.0
GAMES

Cerca de la Plaza de Mayo
en Buenos Aires, Argentina

▶ Videocultura **Comunidades latinas**

Vocabulario en contexto

OBJECTIVES
Read, listen to, and understand information about
▶ places in a city or town
▶ driving for transportation

"Es difícil **manejar** el coche por el centro. Siempre hay **tráfico** y si manejas sin **tener cuidado,** un policía te pone una multa. Pero me encanta mirar la plaza y los peatones caminando por las avenidas."

la plaza

la avenida

el peatón

la fuente

el puente

la estatua

el tráfico

la carretera

la señal de parada

el cruce de calles

el policía

poner una multa

el semáforo

el camión

el permiso de manejar

Más vocabulario

ancho, -a = wide
¿Cómo se va...? = How do you go....?
hasta = as far as, up to
quitar = to take away, to remove
parar = to stop
el conductor, -ora = driver

Julio: Paco, **ten cuidado**. Es un poco **peligroso por** aquí. La calle es **estrecha**.

Paco: ¡**Basta**! **Ya sé** manejar.

Julio: ¡Hombre! ¡Estás **en medio de** la carretera! Ve más **despacio**.

Paco: Me estás poniendo nervioso. **Déjame en paz** por un momento.

↑ **Pasa** delante del hospital.

↑ **Cruza** la Calle del Cañaveral. (140 m)

↩ En **la esquina, dobla** a la izquierda.

↑ **Sigue derecho** dos **cuadras.** (120 m)

La destinación **queda** a mano derecha.

1

¿Qué describe?

🔊 ESCUCHAR   Escucha las descripciones y señala la palabra de vocabulario en tu libro.

2

¿Lógico o no?

🔊 ESCUCHAR   Escucha las siguientes frases. Si la frase es lógica, señala con el pulgar hacia arriba, y si la frase es ilógica, señala con el pulgar hacia abajo.

Toño y Miranda hacen planes para ir al concierto.

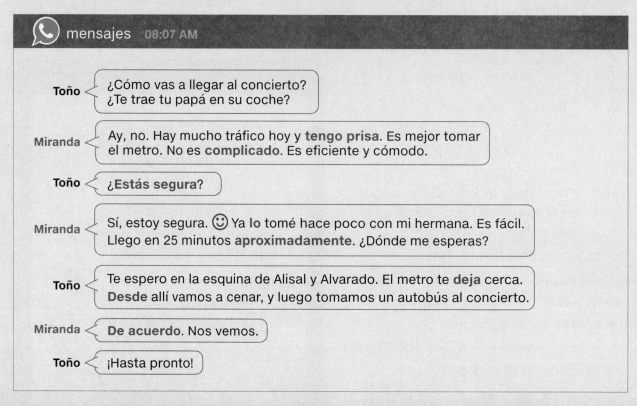

mensajes 08:07 AM

Toño ¿Cómo vas a llegar al concierto? ¿Te trae tu papá en su coche?

Miranda Ay, no. Hay mucho tráfico hoy y **tengo prisa**. Es mejor tomar el metro. No es **complicado**. Es eficiente y cómodo.

Toño ¿**Estás segura**?

Miranda Sí, estoy segura. ☺ Ya **lo** tomé hace poco con mi hermana. Es fácil. Llego en 25 minutos **aproximadamente**. ¿Dónde me esperas?

Toño Te espero en la esquina de Alisal y Alvarado. El metro te **deja** cerca. **Desde** allí vamos a cenar, y luego tomamos un autobús al concierto.

Miranda **De acuerdo**. Nos vemos.

Toño ¡Hasta pronto!

esperar

el metro

3

¿Sí o no?

ESCRIBIR Lee cada frase y escribe sí o no.

1. ¿Toma Miranda el metro para llegar al concierto?

2. ¿Hay mucho tráfico hoy?

3. ¿Es complicado tomar el metro?

4. ¿Llega Miranda en aproximadamente una hora?

5. ¿Caminan Toño y Miranda al concierto?

Videohistoria

Go **Online** to practice
 **PEARSON
realize**™

PearsonSchool.com/Autentico

AUDIO   VIDEO   WRITING   SCRIPT

Una visita virtual

Antes de ver

Infer meaning with supporting details To understand a story, use the context and the visuals, and listen for details supporting the main ideas.

Completa la actividad

Visitas virtuales ¿A veces tomas una gira *(tour)* virtual de una ciudad por un sitio Web? ¿Qué lugares visitas?

▶ Ve el video

Camila y Tomás no están de acuerdo sobre algo. ¿Qué es?

Ve a **PearsonSchool.com/Autentico** para ver el video *Una visita virtual*. También puedes leer el guión.

Camila

Después de ver

 ¿COMPRENDISTE? Lee las preguntas. Luego, ve el video otra vez y contesta las preguntas.

1. ¿Cómo muestra *(show)* Tomás su ciudad a Camila?
2. Completa esta frase: Algunas calles tienen los nombres de _____.
3. ¿Por qué maneja Tomás por las avenidas?
4. Hay una escultura *(sculpture)* de una flor. ¿Qué dice Tomás que te hace pensar que es similar a una flor verdadera?
5. ¿Por qué estadio pasa Tomás? ¿Es algo que Camila quiere ver?

Comparación cultural ¿Qué cosas en la ciudad de Buenos Aires son similares a tu ciudad? ¿Qué cosas son diferentes?

Vocabulario en uso

OBJECTIVES
▶ Talk about driving
▶ Discuss how to get around Old San Juan
▶ Listen to driving advice and directions
▶ Write about driving habits

4

Las glorietas

LEER, ESCRIBIR Lee este párrafo sobre las glorietas *(traffic circles)* y escribe las palabras correctas para completarlo.

Hace muchos años, en Europa y en América Latina, encontraron una solución al problema de accidentes en los __1.__ *(cruces de calles / peatones):* la glorieta. Las glorietas reducen el número de accidentes porque los conductores no pueden __2.__ *(tener prisa / doblar)* a la izquierda. En muchos casos, los cruces de calles con glorietas son menos __3.__ *(anchos / peligrosos)* que los que tienen semáforos. En muchas ciudades, las glorietas también son lugares de mucho interés turístico, porque hay grandes __4.__ *(fuentes / esquinas),* monumentos o __5.__ *(carreteras / estatuas)* en el centro. Frecuentemente hay muchos coches, taxis, __6.__ *(camiones / avenidas)* y autobuses que pasan por estas glorietas y es necesario tener un __7.__ *(puente / policía)* allí para ayudar a controlar el __8.__ *(tráfico / metro).* En algunas partes de los Estados Unidos, como en Nueva Jersey, también es común ver glorietas en las calles.

Glorieta de la Plaza de Cánovas del Castillo, Madrid

5

Y tú, ¿qué dices?

ESCRIBIR, HABLAR

1. ¿Hay una glorieta en una comunidad que tú conoces? ¿Cómo es? ¿Hay una fuente, estatua o monumento allí?

2. Para algunos conductores las glorietas parecen complicadas. ¿Qué piensas? ¿Las glorietas te parecen más o menos peligrosas que los cruces de calles con semáforos o señales de parada? ¿Por qué?

3. ¿Cómo manejan los conductores en las glorietas, despacio o con mucha prisa?

4. En tu comunidad, ¿hay mucho tráfico en los cruces de calles? ¿Los policías ayudan a controlar el tráfico? ¿Qué hacen los policías si alguien no respeta las reglas de tráfico?

También se dice...

el cruce de calles = la intersección *(Colombia, Ecuador)*

manejar = conducir *(España, Puerto Rico)*

doblar = dar la vuelta *(Colombia)*

la carretera = la autopista *(Colombia)*

la cuadra = la manzana *(España, Colombia)*

el permiso de manejar = la licencia de conducir *(México);* el carnet de conducir *(España)*

derecho = recto *(Ecuador, Guatemala)*

el tráfico = la circulación *(España, Uruguay, Venezuela, México);* el tránsito *(España)*

6

¿Qué hay en las fotos?

ESCRIBIR, HABLAR EN PAREJA Haz una lista de ocho cosas que puedes ver en el centro de una ciudad. Trabaja con otro(a) estudiante y pregúntale si ve estas cosas en las fotos de la página 158. Si necesitas ayuda con las preposiciones ve *A ver si recuerdas* en la página 154.

Videomodelo
A —¿Hay una fuente?
B —Sí. Está en medio de la plaza.

7

Escucha y escribe

ESCUCHAR, ESCRIBIR Tus parientes *(relatives)* saben que estás aprendiendo a manejar y todos tienen consejos *(advice)*. Pero algunas de sus ideas no son muy lógicas. Escucha lo que dicen y escribe las frases. Después escribe *L* si es una idea lógica o *I* si es una idea ilógica.

8

¡Me estás poniendo nervioso!

LEER, HABLAR EN PAREJA Tu compañero(a) y tú están en el coche. Tú estás manejando, pero tu compañero(a) ve las señales de tráfico. Te está poniendo nervioso(a) con todo lo que te dice. Hagan una conversación lógica usando las señales y frases de abajo. Las señales indican el orden de las frases que debes usar en la conversación.

Videomodelo
A —*Ten cuidado. Hay una zona de construcción por aquí.*
B —*Por favor. ¡Ya sé manejar!*

1.    2.    3.    4.

5.    6.   7.   8.

Estudiante A

¡Espera! Se prohíbe entrar. No puedes seguir derecho.
Debes parar en la señal de parada.
Cuidado. Este cruce de trenes es bastante peligroso.
Si no respetas la velocidad máxima *(speed limit)*, el policía te pone una multa.
¿Estás seguro(a) que podemos cruzar este puente estrecho?
Ve más despacio. Hay muchos peatones en el cruce de calles.
En esta avenida no puedes doblar a la derecha.
Ve despacio en esta zona escolar.

Estudiante B

De acuerdo. Voy a...
Déjame en paz.
Ya sé manejar.
Me estás poniendo nervioso(a).
¡Basta!
Gracias, pero no necesito tu ayuda.

¿Cómo se va a . . . ?

ESCUCHAR Estás de vacaciones con tu familia en el Viejo San Juan, Puerto Rico. Empiezas tu excursión hoy en el Parque de las Palomas. (Mira ✪ en el mapa.) Escucha las direcciones que te dan tres personas y síguelas en el mapa. Escribe el nombre de cada lugar adonde llegas.

Mapa global interactivo Explora el lugar estratégico del castillo de El Morro, en San Juan, Puerto Rico y analiza las conexiones entre la geografía, la historia y el desarrollo de la ciudad.

¡Visita el Viejo San Juan!

Leyenda

1. La Fortaleza
2. el Museo de las Américas
3. el Castillo El Morro
4. la Plaza Quinto Centenario
5. la Casa Blanca
6. la Alcaldía
7. la Iglesia de Santa Ana
8. la Plaza de Armas
9. la Puerta de San Juan
10. la Capilla del Cristo

El Morro **3**

Calle Tanca
Calle San Sebastián
Calle del Cristo
Calle San José
Calle San Justo
Calle de la Cruz
2
4
5
Recinto oeste
Calle Sol
Calle Luna
Calle Monjas
La Catedral
6
9
Calle San Juan
1
Calle de San Francisco
8
7
Calle Tetuán
Calle Fortaleza
10
✪ Paseo de la Princesa
Calle Capilla
Recinto Sur
Paseo de la Covedonga
Calle Concepción de García

Empezaron a construir el sistema de defensas para la ciudad de San Juan en el siglo (*century*) XVI con murallas (*walls*) grandes como ésta y el famoso Castillo El Morro.

Go **Online** to practice

PEARSON
realize™

PearsonSchool.com/Autentico

AUDIO   VIDEO   WRITING   SPEAK/RECORD   MAPA GLOBAL

Puntos de interés

HABLAR EN PAREJA Hoy quieres visitar otros puntos de interés en el Viejo San Juan. Empiezas tu excursión otra vez en el Parque de las Palomas. Con otro(a) estudiante, habla de cómo se va a los lugares que ven en el mapa de la página 164.

Videomodelo

A —*Por favor, ayúdame. ¿Cómo se va del **Parque de las Palomas a la Catedral?***

B —*Camina dos cuadras por la Calle del Cristo. Queda a la derecha.*

Estudiante A

1. La Fortaleza
2. el Museo de las Américas
3. el Castillo El Morro
4. la Plaza Quinto Centenario
5. la Casa Blanca
6. la Alcaldía

Estudiante B

Camina (por) . . .   Cruza . . .
Toma . . .   Pasa (por) . . .
Ve . . .   Dobla . . .
Sigue (derecho) . . .   Para . . .

11

Y tú, ¿qué dices?

ESCRIBIR, HABLAR

1. En tu comunidad, ¿cómo son las calles? ¿Es fácil o es complicado ir de un lugar a otro?

2. ¿Ya tienes tu permiso de manejar? Si no, ¿cuándo lo vas a obtener? ¿Qué haces (hiciste) para aprender las reglas y señales de tráfico?

3. En una encuesta *(survey)*, les preguntaron a unos jóvenes españoles con qué frecuencia usan su coche para salir de la ciudad. Los jóvenes contestaron:

Casi todos los días	*48%*
Sólo el fin de semana	*7%*
Tres o cuatro veces a la semana	*5%*
Casi nunca	*11%*
No tengo coche	*29%*

¿Crees que contestarían *(would answer)* los jóvenes de tu comunidad estas preguntas de una forma similar? ¿Por qué?

CULTURA **El mundo hispano**

La Plaza Mayor En las antiguas ciudades de España y las ciudades coloniales de América Latina, la plaza era[1] el centro de la ciudad. Hoy las plazas son lugares populares para pasar tiempo con los amigos. La Plaza Mayor de Madrid es una de las más bonitas de España. El Zócalo, en la Ciudad de México, es una de las más grandes del mundo.

• ¿Hay algo similar a una plaza mayor en tu comunidad? ¿Qué es? ¿Adónde vas tú para pasar tiempo con amigos?

Mapa global interactivo Explora el Zócalo en la Ciudad de México y su importancia en las celebraciones culturales del país.

Plaza Mayor de Madrid, España

[1]was

Gramática Repaso

OBJECTIVES
▶ Talk and write about preparations for a party
▶ Exchange information about your relationships with friends and family

Direct object pronouns: *me, te, nos*

You know that direct object pronouns replace direct object nouns. The direct object pronouns *lo, la, los,* and *las* can refer to both objects and people. The pronouns *me, te, nos,* and *os* refer only to people. Here are all the direct object pronouns:

Singular		Plural	
me	me	**nos**	us
te	you *(familiar)*	**os**	you *(familiar)*
lo	him, it, you *(formal)*	**los**	them, you
la	her, it, you *(formal)*	**las**	

Remember that the subject and the verb ending tell who does the action and the direct object pronoun indicates who receives the action.

¿**Me** ayudas, por favor?

Direct object pronouns usually come right before the conjugated verb. When an infinitive follows a conjugated verb, the pronoun can be placed before the first verb or attached to the infinitive.

¡No **te** entiendo!
Quieren llevar**nos** al centro.

> **Más recursos** ONLINE
>
> ▶ **Tutorial:** Direct object pronouns

12

Tarde otra vez

LEER, ESCRIBIR Hoy Manolo llegó tarde a la escuela. Completa la conversación entre él y Ramón con *me, te* o *nos*.

Ramón: Oye, Manolo, ¿por qué no tomaste el autobús a la escuela esta mañana? __1.__ esperamos en la esquina de tu calle por diez minutos.

Manolo: Lo siento. Mi padre no __2.__ despertó a tiempo.

Ramón: ¿Y cómo llegaste a la escuela? ¿Tu hermana __3.__ llevó en su coche?

Manolo: Sí, ella __4.__ llevó a la escuela.

Ramón: ¿Ya sabes que repasamos en la primera hora para el examen de mañana?

Manolo: Sí, lo sé y no entiendo la materia. ¿__5.__ ayudas a estudiar esta noche?

Ramón: Lo siento, amigo, pero no __6.__ puedo ayudar. Mi familia y yo vamos a la casa de mis tíos. Ellos __7.__ invitaron a cenar esta noche.

Manolo: Pues, entonces __8.__ veo mañana. Tengo que hablar con Claudia y Teresa. Estoy seguro que ellas __9.__ pueden ayudar.

Go **Online** to practice   PearsonSchool.com/Autentico

WRITING   SPEAK/RECORD   VIDEO

Una foto y una voz

LEER, HABLAR EN PAREJA   Lee el anuncio a la derecha y, con otro(a) estudiante, contesta las preguntas.

1. ¿Cómo puede ayudarte este reloj cuando haces deporte?

2. Si tienes este nuevo reloj inteligente, ¿cómo te puedes comunicar con tus amigos?

3. ¿Te gustaría tener un reloj inteligente como éste? ¿Por qué?

TODO EN UNO

Con el nuevo reloj inteligente PO-45, puedes salir tranquilo de tu casa. Este reloj con GPS integrado, te deja acceder a Internet, realizar y recibir llamadas telefónicas, recibir y enviar emails, mensajes de texto, y poner tus fotos en los medios sociales. Si haces deporte, te dice los kilómetros recorridos y las calorías gastadas. Pesa poco y es pequeño.

¡TU RELOJ DEL FUTURO!

14

Una fiesta en el centro

ESCRIBIR   Hoy es la fiesta de cumpleaños de la abuela de Teresa. La familia decidió celebrar en un restaurante del centro. Escribe lo que hicieron Teresa, su familia y los invitados *(guests)*.

Modelo
Teresa / invitar a la fiesta de su abuela: a nosotros
Teresa nos invitó a la fiesta de su abuela.

1. Teresa / llamar anoche: a ti

2. mis padres / ayudar a comprar un regalo: a mí

3. mi padre / llevar en su coche a la fiesta: a mí

4. Teresa y su madre / ver: a nosotros

5. la abuela de Teresa / conocer: a ti

6. mis padres / llevar a casa a las diez: a nosotros

Tus relaciones con otras personas

HABLAR EN PAREJA   Habla con otro(a) estudiante sobre las relaciones que tienes con otras personas.

Videomodelo
llevar a la escuela por la mañana
A —*¿Quién te lleva a la escuela por la mañana?*
B —*Mis padres me llevan a la escuela.*
o: —*Nadie me lleva a la escuela. Voy a pie.*

Estudiante A

1. invitar a su casa a menudo
2. comprender casi siempre
3. ayudar con las tareas
4. recoger de la escuela por la tarde
5. esperar mucho
6. despertar por la mañana

Estudiante B

mi mamá (papá)   mi mejor amigo(a)
mis padres   mis amigos
mi hermano(a)   **¡Respuesta personal!**

Gramática

OBJECTIVES
▶ Tell someone else what to do
▶ Exchange information about getting around Mexico City by subway

Irregular affirmative *tú* commands

Some verbs have irregular affirmative *tú* commands. To form many of these commands, take the *yo* form of the present tense and drop the *-go:*

Infinitive	*yo* form	command
poner	pongo	pon
tener	tengo	ten
decir	digo	di
salir	salgo	sal
venir	vengo	ven

Hacer, ser, and *ir* have irregular *tú* command forms that must be memorized.

hacer	**haz**
ser	**sé**
ir	**ve**

—¿Cómo se va a la carretera?

—**Sal** de aquí y sigue derecho hasta el tercer semáforo.

> **¿Recuerdas?**
> To give someone an affirmative *tú* command, use the *Ud. / él / ella* form of the verb.
> • Elena, **¡maneja** con cuidado!

If you use a direct object pronoun with an affirmative command, attach the pronoun to the command. When a pronoun is added to a command of two or more syllables, a written accent mark is needed over the stressed vowel.

Josefina, **¡hazlo** ahora mismo!
Martín, **ayúdame.**

> **Más recursos** ONLINE
> ▶ *GramActiva* Video
> ▶ **Tutorial:** Formation of irregular *tú* commands
> ◀)) *Canción de hip hop:* ¿Cómo se va?
> ✎ *GramActiva* Activity

16

Los consejos de una amiga

LEER, ESCRIBIR Joaquín visita por primera vez Caracas, Venezuela, y quiere manejar al centro. Una amiga le da estos consejos. Empareja *(Match)* la información de las dos columnas y escribe los mandatos apropiados que ella le dice.

Modelo
(ir) al banco primero
Ve al banco primero si no tienes mucho dinero.

1. *(poner)* el permiso de manejar
2. *(salir)* temprano para no encontrar
3. *(ser)* un(a) buen(a) conductor(a) para
4. *(tener)* cuidado cuando pasas por
5. *(ir)* despacio por
6. *(hacer)* una pregunta
7. *(decir)* la verdad (¡que no sabes!)
8. *(venir)* directamente a casa

a. una zona de construcción
b. si no sabes dónde queda algo
c. en tu cartera antes de salir
d. a las cuatro de la tarde
e. no recibir multas de la policía
f. si alguien te pregunta cómo ir a algún lugar
g. las calles estrechas
h. mucho tráfico

Go **Online** to practice
PearsonSchool.com/Autentico

PEARSON
realize™

VIDEO   WRITING   SPEAK/RECORD

¡Toma el metro!

HABLAR EN PAREJA   Mira el mapa del metro de la Ciudad de México. Habla con otro(a) estudiante sobre la mejor forma de ir de un lugar a otro usando el metro.

Para decir más . . .
bajar = to get off
cambiar = to change
hacia = toward

Videomodelo

A —*¿Cómo se va en el metro del Hospital General al Zócalo?*

B —*Pues, desde el Hospital General toma la línea 3 y ve hacia Indios Verdes. Baja en Hidalgo y cambia a la línea 2. Ten cuidado. Ve hacia Villa de Cortés y baja en la estación Zócalo. Sal del metro y estás en el Zócalo.*

¿Cómo se va . . .

1. . . . del parque Chapultepec al Zócalo?

2. . . . de Santa Anita a Lázaro Cárdenas?

3. . . . del Palacio de Bellas Artes a la estación Autobuses del Norte?

4. . . . de Chabacano a San Juan de Letrán?

5. . . . de Tlatelolco a Garibaldi?

6. . . . del Colegio Militar a Insurgentes?

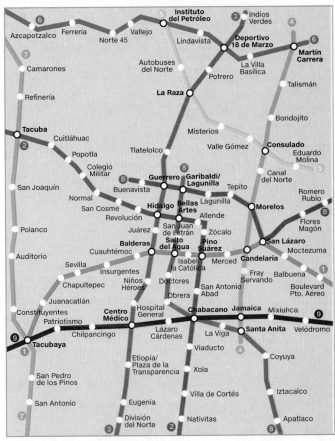

CULTURA   México

El Metro de la Ciudad de México   4.6 millones de personas usan diariamente las 12 líneas del metro en la Ciudad de México. Es económico viajar por metro. Un viaje cuesta cinco pesos. Si usas mucho el metro, puedes comprar boletos con descuento o tarjetas magnéticas. Durante las horas pico[1] hay tantas personas que hay unos vagones[2] sólo para hombres y otros vagones para mujeres y niños.

• ¿Por qué crees que el metro es un sistema de transporte tan popular en la ciudad?

Pre-AP Integration: Las innovaciones tecnológicas: ¿Qué efecto ha tenido la innovación tecnológica en el transporte público de México, D.F.?

¹rush hour ²subway cars

La estación de metro Chapultepec, Ciudad de México

Using gestures and body language is an important form of communication. Here are some gestures for expressions you know.

¡Se me olvidó! When you realize that you have forgotten something, open your mouth and slap your forehead or your open mouth with your palm.

¡Basta! If you have enough of something, cross your arms one over the other, in front of your body, with palms down.

¡Vete! If you want someone to go away, extend one arm toward the person with the palm of the open hand, as if to make a stop sign. Move the hand near and far, as if pushing something.

¡Ven aquí! If you want someone to come closer, turn the palm of your hand up and fold your fingers toward you, into your palm.

¡Sigue derecho! To help a person find the way, extend your arm ahead. Move your arm forward and back, indicating the way to go with your hand.

¡Compruébalo! Look at each drawing and write the appropriate expression for the gesture shown.

After identifying and writing out the gestures above, work with a partner and use each one of the gestures in a skit. Make sure you are acting out the gesture as you speak.

18

Ayúdame, por favor

 LEER, ESCRIBIR, HABLAR Anita está en casa con su hermano mayor y quiere ir al centro comercial. Primero escribe los mandatos que completan la conversación entre ellos. ¡Ojo! Si añades un pronombre a un verbo que tiene más de una sílaba, tienes que escribir un acento. Después lee la conversación con otro(a) estudiante.

ayudarme	llevarme
decirme	preguntarme
escucharme	ser
esperarme	venir

Anita: Roberto, quiero ir al centro comercial pero queda bastante lejos. __1.__ muy simpático y __2.__ en tu coche, por favor.

Roberto: No puedo. Tengo mucho que hacer. Pero __3.__ aquí un minuto. Tengo un mapa en mi coche. Estoy seguro que lo puedes encontrar. Si no entiendes algo, __4.__

Anita: Todavía parece complicado. __5.__ con el mapa, Roberto. O mejor, __6.__ conmigo.

Roberto: Yo sé que lo puedes hacer sola. __7.__ con atención y te explico las direcciones otra vez.

Anita: Pues, __8.__, ¿no hay una tienda cerca de nuestra casa? Prefiero quedarme por aquí.

Gramática

OBJECTIVES
▶ Exchange information about what is happening as you are driving
▶ Talk and write about what people are doing

Go **Online** to practice

PearsonSchool.com/Autentico

VIDEO   WRITING   SPEAK/RECORD

Present progressive: irregular forms

Some verbs have irregular present participle forms.

To form the present participle of *-ir* stem-changing verbs, the *e* in the infinitive form changes to *i,* and the *o* in the infinitive form changes to *u:*

decir:	**diciendo**	servir:	**sirviendo**
pedir:	**pidiendo**	vestir:	**vistiendo**
repetir:	**repitiendo**	dormir:	**durmiendo**
seguir:	**siguiendo**		

In the following *-er* verbs, the *i* of *-iendo* changes to *y.*

creer:	**creyendo**	traer:	**trayendo**
leer:	**leyendo**		

When you use object pronouns with the present progressive, you can put them before the conjugated form of *estar* or attach them to the present participle.

Notice that if a pronoun is attached to the present participle, an accent mark is needed. Write the accent mark over the vowel that is normally stressed in the present participle.

—¿Están Uds. esperando el autobús?

—Sí, **lo** estamos esperando.

o: Sí, estamos esperándo**lo**.

¿Recuerdas?

To say that an action is happening right now, use the present progressive. To form the present progressive, use the present tense of *estar* + the present participle (*-ando* or *-iendo*).

doblar ➔ doblando
• Ella **está doblando** a la izquierda.

aprender ➔ aprendiendo
• **Estamos aprendiendo** a manejar.

escribir ➔ escribiendo
• **Están escribiendo** una carta.

Más recursos   ONLINE

▶ *GramActiva* Video
▶ Animated Verbs
✎ *GramActiva* Activity

19

En la calle

 ESCRIBIR, HABLAR EN PAREJA Examina el cuadro del pintor español Juan Ferrer y Miró. Escribe cinco frases para decir lo que están haciendo las personas que ves. Después trabaja con otro(a) estudiante y pregúntale qué están haciendo las diferentes personas. Usen gestos culturalmente apropiados para ilustrar sus respuestas.

 Videomodelo

A —¿Qué está haciendo el perro?

B —El perro está esperando al niño.

"Exposición de pintura" (siglo XIX), Juan Ferrer y Miró
Photo courtesy of SuperStock. © 2004 Artists Rights Society, ARS, NY.

Un(a) instructor(a) nervioso(a)

HABLAR EN PAREJA Imagina que eres un(a) estudiante que aprende a manejar. Estás poniendo nervioso(a) a tu instructor(a) porque miras a la gente en vez de *(instead of)* mirar la calle. Con otro(a) estudiante como el (la) instructor(a), hagan una dramatización. Usen los gestos de la p. 170.

Videomodelo

esa señora / pedirle ayuda al policía / mirar / el semáforo / cambiar de verde a amarillo

A —*Esa señora está pidiéndole ayuda al policía.*
B —*Mira, Catalina. El semáforo está cambiando de verde a amarillo.*

Estudiante A

1. ese señor / leer un mapa de la ciudad
2. esos niños / decirle algo a su mamá
3. esos jóvenes / dormir debajo de un árbol
4. ese perro / seguir a los niños
5. esa camarera / servirles bebidas a los clientes
6. esa policía / ponerle una multa a ese conductor

Estudiante B

a. parar / esos peatones / cruzar la calle
b. mirar / ese camión / parar
c. ir más despacio / nosotros / entrar en la plaza
d. tener cuidado / los niños / correr hacia la calle
e. esperar / ese conductor / doblar a la izquierda
f. volver a la escuela / tú / ponerme muy nervioso(a)

CULTURA ▸ El mundo hispano

Permiso de manejar En los países hispanohablantes hay diferentes requisitos[1] para conseguir el permiso de manejar. En todos los países hay que presentar documentos de identidad y un certificado médico que declara que tienes buena salud física y mental. También hay que aprobar un examen. En muchos países los exámenes son de teoría (escrito) y de práctica (manejo). En Argentina puedes manejar un ciclomotor[2] a los 16 años y un coche a los 17. En España puedes manejar un ciclomotor sin llevar pasajeros a los 15 años, llevar pasajeros a los 18 y manejar un coche a los 18.

• ¿Cuáles son los requisitos en tu estado para conseguir el permiso de manejar? ¿Son más fáciles o más difíciles que en los países hispanohablantes?

Una escuela para aprender a manejar en Argentina

[1]requirements [2]moped

21

El camión

ESCRIBIR, HABLAR EN PAREJA   La artista mexicana Frida Kahlo pintó muchos autorretratos, pero también pintó imágenes que representan la cultura popular de su país. Pintó una colorida imagen de un autobús mexicano en *El camión* (1929), que es la palabra que se usa en México para decir *el autobús.* En los viejos tiempos, los autobuses en la Ciudad de México estaban hechos de caoba *(mahogany)* por adentro. Hoy en día este estilo ya no existe.

Conexiones   El arte

1. Con otro(a) estudiante, describe a las personas que viajan en el autobús del cuadro. ¿Qué tienen en común? ¿En qué sentido son diferentes? ¿Qué están haciendo?

2. ¿Las personas del cuadro parecen ser realistas? ¿Por qué?

3. Digan cinco mandatos que la madre puede decirle al niño o al bebé.

"El camión" (1929), Frida Kahlo.

22

En mi comunidad

DIBUJAR, ESCRIBIR, HABLAR EN PAREJA   Tienes un(a) amigo(a) que acaba de llegar a tu comunidad y quiere saber adónde ir para hacer sus quehaceres. Dibuja un mapa de tu comunidad con ocho lugares importantes. Marca dónde debe empezar con *Estás aquí.* Escribe tres series de instrucciones para ir de un lugar a otro. Muestra *(Show)* tu mapa a otro(a) estudiante y dile cómo se va a los diferentes lugares y por qué elegiste esa ruta *(way).* Luego mira el mapa de tu compañero(a) y sigue sus instrucciones para ir de un lugar a otro en su comunidad.

El español en el mundo del trabajo

Para atraer a los turistas hispanohablantes en los Estados Unidos, es importante tener empleados[1] hispanohablantes en los centros de información turística. Así pueden contestar preguntas o dar información o instrucciones a las personas hispanohablantes.

• ¿Vives en una comunidad donde llegan muchos turistas? ¿Cuáles son los lugares de interés turístico populares en tu comunidad?

[1]employees

Lectura

OBJECTIVES

▶ Read about safe driving practices
▶ Use context to help you understand unfamiliar words
▶ Understand the importance of the Pan-American Highway

Estrategia

Context clues In this reading you may come across words you don't know. Use the context in which they are found to help you guess their meanings.

Lee esta sección de una guía del conductor que explica reglas para manejar con precaución.

---

www...

Guía del buen conductor

Un buen conductor siempre debe estar alerta para evitar[1] accidentes. No es difícil; simplemente tienes que estar atento[2], respetar las señales y observar la forma de manejar de los demás.

Notas importantes:

- Ten cuidado con los conductores agresivos.
- Usa las luces de tu coche de manera apropiada.
- Cuando llueve o nieva, tienes que estar mucho más atento al tráfico.
- Maneja por calles y carreteras en buenas condiciones.
- Presta atención al 100%.

Conductores agresivos

Muchos conductores no respetan la velocidad máxima, no paran en la señal de parada o pasan muy cerca de tu coche. Tienes que actuar con tranquilidad, no discutir y mantenerte lejos de ese vehículo.

Si el conductor es muy agresivo, puedes reportarlo con la policía.

Luces y señales

Por la noche debes manejar con luces. Así puedes ver tu camino[3], y los otros conductores y peatones te pueden ver a ti.

¡Importante! Usa siempre la luz direccional[4] para doblar a la izquierda o la derecha.

Manejar con lluvia

Cuando llueve o nieva, siempre debes usar luces y manejar más despacio, aproximadamente un 50% menos que la velocidad usual.

¡Cuidado! Cuando llueve o nieva, el coche requiere más tiempo para parar.

Rutas

Debes evitar calles y carreteras en malas condiciones, en construcción o con muchos camiones. Es más probable tener un accidente en un camino con mucho tráfico.

Descansos

Es importante descansar. Si manejas en la ciudad, cada vez que paras en un semáforo en rojo, quita la vista del camino por unos segundos. Así puedes relajar los ojos.

Cuando haces viajes largos por la carretera, para cada 100 millas para tomar un refresco y mover las piernas.

CIRCULACION PROHIBIDA EN CASO DE LLUVIA

---

[1]avoid   [2]attentive   [3]way   [4]turn signal

Atención al 100%

Es fácil distraerse[5] al manejar; para evitarlo sigue estos consejos:

- no quitar los ojos del camino
- mantener la distancia con el vehículo de adelante
- observar los espejos continuamente
- no leer periódicos
- no escuchar la radio con el volumen alto
- no hablar por teléfono
- no enviar mensajes de texto

Puedes manejar con amigos y hablar con ellos tranquilamente, pero no los debes mirar. Un segundo sin mirar el camino puede causar un accidente serio.

Manejar muy cerca de otro coche es peligroso. Si el otro coche para de repente[6], tú no tienes suficiente tiempo para parar.

¡No mires hacia atrás[7]! Usa los espejos. Así puedes observar los vehículos de atrás y de adelante.

La música a un volumen alto no permite escuchar lo que ocurre en la calle: otro coche, un peatón, una ambulancia o un policía. Escucha música con volumen moderado.

¡ALERTA! El teléfono celular es muy popular pero también muy peligroso. Incluso si utilizas un sistema de manos libres, causa mucha distracción. Si tienes que usar el teléfono con urgencia, para el coche en un lugar tranquilo y habla o envía un mensaje de texto con tranquilidad.

Éstas fueron las reglas de oro para el buen conductor. Síguelas y disfruta[8] de tu viaje.

[5]to get distracted   [6]suddenly   [7]Don't look behind you!   [8]enjoy

 ## ¿Comprendiste?

1. ¿Cuáles son las tres reglas básicas para ser un buen conductor?

2. ¿Qué puedes hacer si ves a un conductor agresivo?

3. ¿En qué momento es muy importante usar las luces?

4. ¿Por qué es importante quitar la vista del camino cuando estamos parados en un semáforo?

5. ¿Qué dice esta guía sobre el teléfono celular?

 ## Y tú, ¿qué dices?

1. ¿Cuál es la velocidad máxima para manejar en la carretera de tu ciudad? ¿Te da miedo viajar en coche cuando llueve o nieva?

2. ¿Tus amigos y familiares hablan por teléfono celular cuando manejan? ¿Crees que es absolutamente necesario?

3. ¿Crees que es buena idea tomar un curso en una escuela de manejar? ¿Por qué?

CULTURA ‹ El mundo hispano

La Carretera Panamericana es una carretera que une[1] los países de América del Norte, América Central y América del Sur. La construcción de la carretera empezó en 1936, y hoy en día tiene más de 16,000 millas (25,750 km) de extensión.

- ¿Por dónde pasa la Carretera Panamericana en los Estados Unidos?

 Mapa global interactivo Sigue la ruta de la Carretera Panamericana. Luego explora la carretera y aprende sobre su historia.

Pre-AP Integration: Los temas económicos ¿Por qué es importante la Carretera Panamericana para la economía del hemisferio occidental?

[1]links

Perspectivas del mundo hispano

El barrio

Imagina que llegas a casa y no puedes abrir la puerta. No hay nadie en casa y no puedes entrar. Mañana tienes un examen y los libros están en la casa. No tienes dinero. No puedes llamar por teléfono. Tienes hambre y no puedes comprar comida. ¿Qué puedes hacer?

Esto no es un gran problema si vives en un barrio de un país hispanohablante. Aquí los vecinos[1] se conocen[2] bien. Son simpáticos y se ayudan. Cuando te olvidas las llaves puedes ir a casa de tus vecinos. Si pueden, ellos te ayudan a entrar en tu casa. Si tienes hambre, te dan algo de comer. Te dejan llamar por teléfono.

En los países hispanohablantes, el barrio es una institución. Las casas del barrio están cerca unas de otras y frecuentemente están cerca de una plaza. Normalmente en el barrio hay un mercado, un cine y pequeñas tiendas para comprar comida, ropa o materiales para la escuela. El barrio es como una extensión del hogar[3]—un buen lugar para la familia, donde los niños y los mayores pueden jugar y pasear.

Comparación cultural Compara las calles que hay cerca de tu casa con los barrios de los países hispanohablantes. ¿Conoces a los vecinos de tu comunidad? ¿Hay pequeñas tiendas familiares?[4] ¿Hay una plaza?

Analizar ¿Cuáles son los aspectos de la organización de un barrio que más te interesan? ¿Crees que el barrio es una buena manera de organizar una comunidad? ¿Por qué?

[1]neighbors [2]know one another [3]home [4]family-run

Online Cultural Reading

Go to Auténtico ONLINE to explore an interactive map of Mendoza, Argentina.

Presentación escrita

OBJECTIVES
▸ Create a poster about safe driving practices
▸ Use visual elements to emphasize key information

Go **Online** to practice

PearsonSchool.com/Autentico

WRITING

Maneja con cuidado

TASK Make a poster that can be displayed in the classroom that reminds everyone of safe driving practices and describes in simple sentences special traffic signs you need to recognize.

1 **Prewrite** Use these questions to help you organize your ideas and descriptions for your poster.

- ¿Qué señales son importantes y qué información dan?
- ¿Qué forma tienen? (cuadrados, rectángulos, triángulos, círculos, octágonos o diamantes)? ¿De qué color son? Dibújalas.
- ¿Cuáles son algunas de las zonas especiales en tu comunidad?
- ¿Cuál es la velocidad máxima en estas zonas?
- ¿Cómo maneja un(a) buen(a) conductor(a)? ¿Qué debes recordar *(remember)* cuando manejas un coche?

> ### Estrategia
> **Using illustrations** Photographs, designs, and colors help to draw the eye to important information.

2 **Draft** Reread your answers from Step 1 and decide what points you want to emphasize. Draw a first draft of your poster.

3 **Revise** Check your first draft for spelling, verb forms, and agreement. Is it arranged clearly and logically? Share the poster with a partner, who will check:

- Is the information important and accurate?
- Is the visual presentation clear and easy to understand?
- Is there anything you should add, change, or correct?

4 **Publish** Prepare a final copy of your poster. Make any necessary changes or additions. Add designs or illustrations to make the poster attractive. Display it in your classroom, the school library, or your portfolio.

5 **Evaluation** The following rubric will be used to grade your presentation.

Rubric	Score 1	Score 3	Score 5
Your completeness and accuracy of information	You provide some of the information required with many factual errors.	You provide most of the information required with some factual errors.	You provide all of the information required with very few factual errors.
Neatness and attractiveness of your presentation	You provide no visuals and your poster contains visible error corrections and smudges.	You provide a few visuals and your poster contains visible error corrections and smudges.	You provide several visuals, have no error corrections and smudges, and your poster is attractive.
How easily you are understood	You are difficult to understand and have many errors.	You are fairly easy to understand and have occasional errors.	You are easy to understand and have very few errors.

Auténtico

Partnered with IDB

Ciudades latinoamericanas y las bicicletas

Antes de escuchar

Usa la estrategia: Infer Meaning

You don't need to know all the words that you hear to understand the main idea. You can infer the meaning of unfamiliar words to understand a Spanish-language audio selection.

Read the key vocabulary

eligen la bici = choose the bike
medio de transporte = transportation method
ciclovías permanentes = permanent bike lanes
van creciendo = are growing
el estacionamiento = parking
el casco = helmet
andar en bici = ride a bike
campaña de sensibilización = awareness campaign

▶ Escucha el audio

An organization conducted a survey on social media to learn more about the use of bicycles and how they can be promoted in Latin America and the Caribbean. Listen to find out what they learned.

Go to **PearsonSchool.com/Autentico** and listen to the audio for *Seis características de 50 ciudades latinoamericanas que promueven el transporte en bicicleta* to learn about cycling in Latin America and the Caribbean.

Completa las actividades

Mientras escuchas Infiere el mensaje general y demuestra tu comprensión ordenando las ideas principales abajo en el orden en que aparecen.

Algunas ciudades requieren el uso del casco.
Cómo la gente usa la bici en su ciudad.
Existe estacionamiento para las bicicletas en unas ciudades.
Hay programas para educar a la gente sobre el ciclismo.
Muchas ciudades tienen ciclovías permanentes.

Integración

Después de escuchar Escucha el audio
otra vez para contestar estas preguntas.

1. El audio menciona el sistema de bicicleta
   público más grande, que se llama Eco Bici.
   ¿En qué ciudad está?

2. ¿Qué porcentaje (*percentage*) de las
   ciudades tiene legislación sobre el uso del
   casco (*helmet*)?

3. El audio menciona la palabra *biciudades,*
   que es una combinación de dos palabras.
   ¿Cuáles son esas dos palabras?

 **For more activities, go to the *Authentic
Resources Workbook.***

Transporte en Latinoamérica

Expansión Busca otros recursos auténticos
en *Auténtico* en línea. Después, contesta las
preguntas.

 3B Auténtico

Integración de ideas Los recursos auténticos
informan sobre el transporte en América
Latina. ¿Cuáles son algunos problemas del
transporte en el mundo hispanohablante?
¿Qué soluciones dan estos recursos?

Comparación cultural Escribe sobre las
diferencias que hay en el transporte de tu
región y en América Latina.

Repaso del capítulo

OBJECTIVES
▶ Review the vocabulary and grammar
▶ Demonstrate you can perform the tasks on p. 181

🔊 Vocabulario

to talk about driving

la avenida	avenue
el camión, *pl.* los camiones	truck
la carretera	highway
el conductor, la conductora	driver
el cruce de calles	intersection
la cuadra	block
la esquina	corner
la estatua	statue
la fuente	fountain
el peatón, *pl.* los peatones	pedestrian
el permiso de manejar	driver's license
la plaza	plaza
el policía, la policía	police officer
poner una multa	to give a ticket
el puente	bridge
el semáforo	stoplight
la señal de parada	stop sign
el tráfico	traffic

to give and receive driving advice

ancho, -a	wide
¡Basta!	Enough!
De acuerdo.	OK. Agreed.
dejar	to leave, to let
Déjame en paz.	Leave me alone.
despacio	slowly
esperar	to wait
estar seguro, -a	to be sure
estrecho, -a	narrow
Me estás poniendo nervioso, -a.	You are making me nervous.
peligroso, -a	dangerous
quitar	to take away, to remove
tener cuidado	to be careful
ya	already

to ask for and give directions

aproximadamente	approximately
¿Cómo se va . . . ?	How do you go . . . ?
complicado, -a	complicated
cruzar	to cross
derecho	straight
desde	from, since
doblar	to turn
en medio de	in the middle of
hasta	as far as, up to
manejar	to drive
el metro	subway
parar	to stop
pasar	to pass, to go
por	for, by, around, along, through
quedar	to be located
seguir *(e → i)*	to follow, to continue
tener prisa	to be in a hurry

Gramática

present progressive: irregular forms

decir:	diciendo	vestir:	vistiendo
pedir:	pidiendo	dormir:	durmiendo
repetir:	repitiendo	creer:	creyendo
seguir:	siguiendo	leer:	leyendo
servir:	sirviendo	traer:	trayendo

irregular affirmative *tú* commands

hacer:	haz
ir:	ve
ser:	sé

See p. 168 for a more complete chart.

direct object pronouns

Singular		Plural	
me	me	**nos**	us
te	you (fam.)	**os**	you (fam.)
lo, la	him, her, it, you	**los, las**	them, you

For *Vocabulario adicional,* see pp. 506–507.

Preparación para el examen

Más recursos PearsonSchool.com/Autentico

🔲 **Games** 📄 **Flashcards** ✏️ **Instant check**
▶️ **Tutorials** ▶️ **GramActiva videos** ▶️ **Animated verbs**

What you need to be able to do for the exam...	Here are practice tasks similar to those you will find on the exam...	For review go to your print or digital textbook...
Interpretive		
1 ESCUCHAR I can listen to and understand driving advice.	Gabriel's father is teaching him to drive. Listen as he cautions Gabriel about what to do. (a) Do you think they're driving on a highway or just around town? (b) Give at least two reasons why you think so.	**pp. 158–161** *Vocabulario en contexto* **p. 163 Actividades 7–8**
Interpersonal		
2 HABLAR I can tell someone how to get from my school to a particular location near my school.	You volunteered to host a student from Costa Rica who wants to see what's near your school. Can you explain to him how to get to several places? Practice by giving your partner the directions. You could begin by saying: *Sal de la escuela y toma la calle _____*.	**pp. 158–161** *Vocabulario en contexto* **p. 165 Actividad 10** **p. 169 Actividad 17** **p. 173 Actividad 22**
Interpretive		
3 LEER I can read and understand advice for establishing good driving habits.	Take a look at some driving rules on a Web site from Mexico: 1. Ve muy despacio en una zona escolar. 2. Sigue detrás de otro coche aproximadamente el largo *(length)* de dos coches. 3. Entra con precaución a un cruce de calles con un semáforo amarillo. Which of the following was NOT mentioned: (a) driving through a red light; (b) driving in a school zone; or (c) being cautious at a yellow light?	**pp. 158–161** *Vocabulario en contexto* **p. 168 Actividad 16** **pp. 174–175** *Lectura*
Presentational		
4 ESCRIBIR I can write about things that might happen as I drive that would make me nervous.	Everyone occasionally gets nervous about something. What's making you nervous today? Write down at least two things for your journal entry. You could start by writing: *_____ me está poniendo nervioso(a) porque siempre está _____...*	**p. 162 Actividad 5** **p. 163 Actividad 8** **pp. 174–175** *Lectura*
Cultures		
5 Comparar I can understand the importance of one's neighborhood in Spanish-speaking communities.	Your friend is going to Mexico City this summer to study Spanish and will be living with a Mexican family. What could you tell her about neighborhoods in Spanish-speaking countries? What might be different from the neighborhood she lives in now? What might be similar?	**p. 176** *Perspectivas del mundo hispano*

OBJECTIVES
▸ Talk and write about parties and celebrations
▸ Express degrees of size, intensity, or affection

Vocabulario

las personas
los abuelos
la familia
los hermanos
los padres
los primos
los tíos

la comida
las bebidas
la galleta
la hamburguesa
el helado
el jamón
la limonada
los pasteles
el perrito caliente
la pizza
el postre
el queso
el refresco
el sándwich

la mesa
el azúcar
la cuchara
el cuchillo
la pimienta
el plato
la sal
la servilleta
el tenedor
el vaso

las decoraciones
decorar
la flor, *pl.* las flores
el globo
la luz, *pl.* las luces
el papel picado

las actividades
abrir los regalos
la celebración, *pl.* las celebraciones
celebrar
compartir
el cumpleaños
la fiesta
hacer un video
preparar
la quinceañera
romper la piñata
sacar fotos

1

Voy a dar una fiesta

 HABLAR EN GRUPO , ESCRIBIR, LEER, ESCUCHAR

❶ Con otro(a) estudiante, hagan planes para dar una fiesta. Escriban una lista de:

1. las personas que van a invitar

2. la comida

3. lo que van a hacer

4. lo que van a poner en la mesa

5. las decoraciones que van a usar

❷ Usen la lista y escriban una descripción de cómo va a ser la fiesta.

❸ Lean sus descripciones a otros grupos. Deben decir por qué (o por qué no) les gustaría ir a las fiestas de los demás.

Modelo
Nos gustaría ir a su fiesta porque Uds. . . .

Gramática Repaso

-ito

Add the suffix *-ito* (*-a, -os, -as*) to the end of nouns to mean "small" or "little." It can also be used to show affection.

• Mis primos acaban de comprar un **perrito** nuevo.

-ísimo

Add the suffix *-ísimo* (*-a, -os, -as*) to the end of adjectives to say that someone or something is "very . . ." or "extremely . . .".

• Esta película es **interesantísima**.

Here are a few patterns you already know:

hermano ➜ hermanito   poco ➜ poquito   ricas ➜ riquísimas   popular ➜ popularísimo

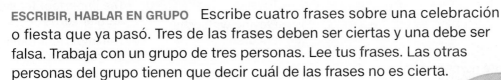

2

Me gustan las piñatas

ESCRIBIR, HABLAR EN GRUPO Escribe cuatro frases sobre una celebración o fiesta que ya pasó. Tres de las frases deben ser ciertas y una debe ser falsa. Trabaja con un grupo de tres personas. Lee tus frases. Las otras personas del grupo tienen que decir cuál de las frases no es cierta.

▶ **Videomodelo**

A —*Muchas personas fueron a la fiesta en el parque. Rompimos una piñata grande. Mis tíos hicieron un video de la fiesta. Comimos hamburguesas y perritos calientes.*
B —*¡No es cierto! Uds. no rompieron una piñata grande.*
A —*Correcto. No rompimos una piñata grande.*
o: —*Sí, es cierto. Rompimos una piñata grande.*

3

Nuevas frases

ESCRIBIR Escribe otra forma de las palabras en negrita *(boldface)* usando *-ito(a)* o *-ísimo(a)*. Después escribe una frase usando la nueva palabra.

Modelo

Mis tíos tienen una **casa pequeña** en las montañas.
casita   Me gusta mucho ir a su casita.

Mi mamá compró un vestido **muy elegante** ayer.
elegantísimo   Va a llevar su vestido elegantísimo a la fiesta.

1. El sábado es el cumpleaños de mi **abuela**.

2. Dame un **plato pequeño**, por favor.

3. Los pasteles de ese café son **muy ricos**.

4. Quiero comprar **un regalo pequeño** para mi amiga.

5. Las fotos de la fiesta son **muy graciosas**.

6. La piñata es **muy grande**.

7. Mi **hermano menor** y yo siempre compartimos la comida.

CAPÍTULO 4A
Cuando éramos niños

España
México
Ecuador
Argentina

CHAPTER OBJECTIVES

Communication

By the end of this chapter you will be able to:

- Listen and read about favorite childhood toys and elementary school experiences.
- Talk and write about what you were like as a child and your experiences in elementary school.
- Exchange information about what you were like as a child.

Culture

You will also be able to:

- Understand favorite nursery rhymes and songs from Spanish-speaking countries.
- Compare the role of pets in Spanish-speaking countries and the U.S.
- **Auténtico:** Identify key details in an authentic text about family activities.

You will demonstrate what you know and can do:

- Presentación oral: ¿Cómo eras de niño(a)?
- Preparación para el examen

You will use:

Vocabulary
- Toys
- Playing with other children

Grammar
- The imperfect tense: regular verbs
- The imperfect tense: irregular verbs
- Indirect object pronouns

ARTE y CULTURA ⟩ España

Pablo Picasso (1881–1973) era uno de los mejores artistas españoles del siglo XX. En este cuadro, como en muchas de sus obras, Picasso usó formas abstractas para ilustrar las dos figuras. Pintó la figura de la niña mucho más grande en proporción que la figura de la mujer y pintó las caras muy serias.

▶ ¿Por qué crees que pintó Picasso la figura de la niña tan grande? ¿Cómo captas tú los momentos más importantes de tu familia?

 Mapa global interactivo Explora Málaga, España, el lugar donde nació Pablo Picasso. Investiga cómo se relacionaba el artista con su medio ambiente.

"Primeros pasos" (1943), Pablo Picasso ▶

Oil on canvas 130.2 x 97.1 cm (51 1/4 x 38 1/4 in.) Yale University Art Gallery, gift of Stephen Carlton Clark, B.A. 1903 © 2009 Estate of Pablo Picasso/Artists Rights Society (ARS), New York.

Un grupo de niños en Xochimilco
en la Ciudad de México

▶ Videocultura **El Día de los Muertos**

Vocabulario en contexto

OBJECTIVES

Read, listen to, and understand information about
▶ toys
▶ playing with other children

Marta: ¡Ay, Jorge! Emilia es tan **traviesa**. ¡Mira cómo **le cortó** el pelo a la **muñeca** rubia! Esa niña **se porta mal**.

Jorge: **De niño**, yo también **era** travieso en la escuela. Pero en mi casa, era **obediente**. Yo **obedecía** a mi papá en todo. **Jugaba** con mis **bloques**; no quería **molestar** a nadie.

Marta / Jorge

el tren eléctrico

los peces

el pez

los bloques

la guardería infantil

la tortuga

el muñeco

el dinosaurio

Marta: ¿De veras? Mi situación era diferente. Yo era **desobediente**. También era **consentida**. Yo **tenía** muchos juguetes, pero me portaba mal. No me gustaba compartir.

Jorge: ¡No me digas! Ahora eres **generosa** con **todo el mundo**. Mañana llevas una caja con juguetes a la **guardería infantil**, ¿verdad?

Marta: En esa caja está la muñeca rubia. ¡Me gustaba mucho **de pequeña**!

Más vocabulario

la **colección** = collection
la **moneda** = coin
mentir (e → ie) = to lie
el **mundo** = the world
pelearse = to fight
la **verdad** = truth

el patio de recreo

saltar (a la cuerda)

la cuerda

el triciclo

1

Los juguetes de la guardería infantil

🔊 ESCUCHAR Escucha los nombres de los juguetes que trae Marta a la guardería infantil. Toca la foto que corresponde.

2

¿Emilia, Marta o Jorge?

🔊 ESCUCHAR Escucha las descripciones y escribe el nombre de la persona que corresponde a cada descripción.

Museo de muñecas

Jennifer: Oye, mi **vecina** Rocío **colecciona** muñecas. Su casa es como un museo de muñecas.

Ángela: Ya sé. **De vez en cuando** mi hermana Lili va a ver las muñecas de Rocío.

Jennifer: ¿Ah sí?

Ángela: Cuando era pequeña, yo también **iba** a la casa de Rocío. **Veía** sus muñecas muy a menudo.

Jennifer: ¿Cómo es su casa? Dime todo. ☺

Ángela: Bueno, Rocío tiene 50 o 60 muñecas. Cada una es diferente. Son todas bonitas.

Jennifer: ¡Genial! ¿Puedes jugar con ellas?

Ángela: **Por lo general,** Rocío no **permite** eso. Pero Rocío sabe que Lili es una niña **bien educada** que **se porta bien.** Un día ella **ofreció*** explicar todo sobre las muñecas. ¡A Lili le encantó!

Jennifer: ¿Y Lili no fue demasiado **tímida**?

Ángela: ¡No! Rocío y Lili jugaron por 20 minutos.

Jennifer / Ángela

*The verbs *ofrecer* and *obedecer* have an irregular *yo* form in the present tense: ofrezco, obedezco.

el oso de peluche

la muñeca

3

La buena vecina

ESCRIBIR Lee cada pregunta y escribe la respuesta.

1. ¿Cómo se llama la vecina?

2. ¿Qué colecciona ella?

3. ¿Puedes jugar con la colección?

4. ¿Cómo se porta Lili?

5. ¿Lili es tímida con la vecina?

6. ¿Por cuánto tiempo jugó Lili con la vecina?

Videohistoria

La niñez

Looking ahead It's often helpful to look ahead to the questions at the end of a selection. This helps you to focus on the key information you will need to understand the main ideas.

Cuando eras niño(a) ¿Qué juguetes tenías cuando eras niño(a)? ¿Todavía los tienes? ¿Cuál era tu favorito?

▶ Ve el video

¿Por qué se peleaban Sarah y su hermano Alfonso?

Ve a **PearsonSchool.com/Autentico** para ver el video *La niñez.* También puedes leer el guión.

Valentina

Después de ver

¿COMPRENDISTE? Lee las preguntas. Luego, ve el video otra vez y contesta las preguntas.

1. ¿Qué clase de colección tenía Alfonsito?
2. ¿Adónde iban el abuelo y su familia por las tardes cuando él era niño?
3. ¿Se portaba bien Sarah cuando era niña? ¿Cómo lo sabes?
4. Según el abuelo, ¿cuál es la playa más bonita del mundo? ¿Cómo se relaciona esto con la idea prinicipal?
5. ¿Por qué dice Valentina que Sarah y Alfonso eran "hermanos típicos"?

Analizar En muchas ciudades pequeñas, las personas se pasean (*take a walk*) por las plazas todos los días. ¿Por qué crees que hacen esto?

Vocabulario en uso

OBJECTIVES
▶ Talk about childhood pets and toys
▶ Listen to a description of a childhood pet
▶ Discuss past activities
▶ Write about what you were like as a child

4

¿Qué juguetes tenías?

ESCRIBIR Escribe frases para decir qué juguetes y animales tenías cuando eras niño(a).

También se dice . . .

los bloques = los cubos *(muchos países)*
consentido, -a = mimado, -a *(muchos países)*
montar en triciclo = andar en triciclo *(España)*
saltar = brincar *(muchos países)*

Modelo
Tenía un gato cuando era niño(a).
o: *Tenía muchos gatos cuando era niño(a).*
o: *No tenía un gato cuando era niño(a), pero sí tenía un perro.*

5

¿Tenías lo mismo?

HABLAR EN PAREJA Lee tus frases de la Actividad 4 a otro(a) estudiante para ver si Uds. tenían las mismas cosas cuando eran niños.

Videomodelo
A —*Yo tenía **un gato** cuando era niño(a). Y tú, ¿tenías **un gato**?*
B —*Sí, yo tenía **un gato** también.*
o: *No, yo no tenía **un gato**.*

6

Escucha y escribe

ESCUCHAR, ESCRIBIR Víctor describe un animal que tenía cuando era niño. Escucha las cinco frases y escríbelas en una hoja de papel.

CULTURA   **El mundo hispano**

Las mascotas Generalmente en los países hispanohablantes el papel[1] de las mascotas[2] es más que sólo ser "otro miembro de la familia". Por ejemplo, un perro protege[3] la casa en la ciudad o ayuda en el campo. Por lo general, los conejillos de Indias[4] o los ratoncitos no son mascotas comunes.

Argentino

El perro ayuda mucho a este gaucho argentino.

- Compara el papel de las mascotas en los Estados Unidos con su papel en los países hispanohablantes.

[1]role [2]pets [3]protects [4]Guinea pigs

7

🎤

▶️

¿Con qué jugabas de niño(a)?

HABLAR EN PAREJA   Pregunta a otro(a) estudiante con qué juguetes jugaba de niño(a).

Estudiante A

Videomodelo

A —¿Jugabas con **muñecas** de niño(a)?

B —Sí, **por lo general** jugaba con **muñecas** de niño(a).

o: —No, **nunca** jugaba con **muñecas** de niño(a).

Estudiante B

nunca	a menudo
a veces	por lo general
siempre	de vez en cuando

8

🎤

¿Qué te gustaba hacer de pequeño(a)?

ESCRIBIR, HABLAR EN PAREJA   Escribe una lista de seis actividades que son populares entre los niños. Después pregunta a otro(a) estudiante si le gustaba hacer estas actividades de pequeño(a).

▶️ **Videomodelo**

coleccionar tarjetas de *Star Wars*

A —*De pequeño(a), ¿te gustaba **coleccionar tarjetas de** Star Wars?*

B —*Sí, me gustaba **coleccionar tarjetas de** Star Wars.*

o: —*No, no me gustaba nada **coleccionar tarjetas de** Star Wars.*

Las analogías

LEER, ESCRIBIR Hay pruebas de vocabulario sobre las relaciones entre palabras, o "las analogías". Completa cada analogía según el modelo.

1. levantarse : acostarse :: decir la verdad : ____
2. montar : el triciclo :: saltar : ____
3. la piscina : nadar :: el patio de recreo : ____
4. generoso : ofrecer :: travieso : ____

Modelo
los jóvenes : la escuela :: los niños :
la guardería infantil
Se lee: "Los jóvenes son a la escuela como los niños son a la guardería infantil".

5. el pájaro : el árbol :: el pez : ____
6. obedecer : obediente :: pelearse : ____
7. no : sí :: prohibir : ____
8. la blusa : la ropa :: la moneda : ____

10

La guardería infantil

LEER, ESCRIBIR Lee las descripciones de los niños en la guardería infantil. Escoge un adjetivo del recuadro y escribe una descripción de cada uno.

1. Antonio tiene miedo de hablar con otras personas.
2. Julio se porta mal y molesta a todo el mundo.
3. Eugenia no miente porque sus padres dicen que es muy malo mentir.
4. Ricardo siempre dice "gracias" y "por favor" y no se pelea con nadie.
5. Ana comparte sus juguetes con los otros niños.

Modelo
Los padres de Carlota le compran cada juguete que pide. *Carlota es consentida.*

bien educado(a)	generoso(a)
desobediente	tímido(a)
obediente	travieso(a)

Y tú, ¿qué dices?

ESCRIBIR, HABLAR En un blog contesta estas preguntas. Un(a) compañero escribe un comentario sobre tus respuestas. Luego, hablen de lo que escribieron.

1. ¿Con qué juguetes te gustaba jugar de pequeño(a)?
2. De niño(a), ¿cómo eras? ¿Educado(a) o travieso(a)? ¿Sociable o tímido(a)?
3. De niño(a), ¿qué te gustaba coleccionar? ¿Todavía tienes tu colección?
4. De niño(a), ¿obedecías a tus padres siempre, a menudo o a veces? Y ahora, ¿los obedeces siempre? ¿Obedeces las reglas de tu escuela siempre?

CULTURA ◀ El mundo hispano

Las guarderías infantiles En los países hispanohablantes hay varias clases de guarderías. Algunas son del gobierno municipal[1] o provincial[2]. Algunas compañías ofrecen servicio de guardería infantil para sus empleados. También hay guarderías privadas.

- De niño(a), ¿ibas a una guardería infantil? ¿Cuál crees que es la mejor opción para cuidar a los niños? ¿Por qué?

Pre-AP Integration: Los temas económicos: ¿Qué importancia tienen las guarderías infantiles para el desarrollo[3] profesional de las mujeres?

[1]city government   [2]provincial   [3]development

¿Cómo cuidar al niño?

LEER, ESCRIBIR, HABLAR   Lee este anuncio de la guardería infantil Rincón del niño en Guadalajara, México, y contesta las preguntas.

> **Estrategia**
> **Using context** Use the context around words you don't know to guess their meaning in this reading.

1. Lee la lista de características que la guardería infantil quiere desarrollar en los niños. En tu opinión, ¿cuáles son las dos más importantes? ¿Por qué?

2. ¿Esta guardería infantil es similar a las guarderías infantiles donde tú vives? ¿En qué sentido *(way)* es similar? ¿En qué sentido es diferente?

3. ¿Te gustaría trabajar en una guardería como esta? ¿Por qué?

4. En tu opinión, ¿cómo debe ser una persona que trabaja en una guardería infantil?

☰ Maestros   🔍

Guardería infantil
RINCÓN DEL NIÑO
Favor de llamarnos
al 515-34-98
Avenida Guerrero, 48

Nuestros maestros tienen preparación profesional y comprenden las necesidades del niño según su edad. Ofrecemos instrucción bilingüe y varias actividades usando música y juegos. Recibimos niños desde los 13 meses hasta los cinco años de edad. Tenemos ya 25 años de experiencia.

Cuidar a sus niños es nuestra pasión. Trabajamos todos los días para desarrollar[1] en sus niños la capacidad de:

- trabajar en grupo
- mantener una actitud positiva
- tener éxito[2] en actividades académicas
- desarrollar hábitos higiénicos y cuidados personales

[1]develop [2]to be successful

Pronunciación   The sounds *r* and *rr*

Except at the beginning of a word or after *l* or *n*, the sound of the letter *r* is made as you raise the tip of your tongue and tap the roof of your mouth. The position of your tongue is similar to the position when you pronounce the *d* in the English *word Daddy.* The sound of the *rr* is made as you raise the tip of your tongue and tap the roof of your mouth several times very quickly. Listen to and say these pairs of words:

pero	ahora	moro	caro
perro	ahorra	morro	carro

When *r* is the first letter of a word or comes after *l* or *n*, it is pronounced like the *rr*.

¡Compruébalo! Listen to these two verses of a popular Spanish lullaby, then try to repeat them.

A la rorro[1] niño
a la rorro ya,
duérmete mi niño,
duérmete mi amor.

Señora Santa Ana,
Señor San Joaquín
Arrullen[2] al niño
que se va a dormir.

[1]sound to quiet a baby [2]whisper, lull

Gramática

OBJECTIVES
▶ Listen to and write about what children were like
▶ Exchange information about what you and your friends used to do as children

The imperfect tense: regular verbs

Another way to talk about the past is with the imperfect tense. Use the imperfect tense to talk about actions that happened repeatedly in the past.

> Rafael **patinaba** y Mónica **corría**.
>
> *Rafael **used to skate** and Monica **used to run.***

¿Recuerdas?
You have already learned to talk about completed actions in the past using the preterite tense.
• Ayer Rafael patinó y Mónica corrió en el parque.

Here are the regular forms of *-ar, -er,* and *-ir* verbs in the imperfect tense. Notice the accent mark on the nosotros form of *jugar:*

(yo)	jug**aba**	(nosotros) (nosotras)	jug**ábamos**
(tú)	jug**abas**	(vosotros) (vosotras)	jug**abais**
Ud. (él) (ella)	jug**aba**	Uds. (ellos) (ellas)	jug**aban**

(yo)	hac**ía** viv**ía**	(nosotros) (nosotras)	hac**íamos** viv**íamos**
(tú)	hac**ías** viv**ías**	(vosotros) (vosotras)	hac**íais** viv**íais**
Ud. (él) (ella)	hac**ía** viv**ía**	Uds. (ellos) (ellas)	hac**ían** viv**ían**

Note that *-er* and *-ir* verbs, such as *hacer* and *vivir,* have the same endings:
Notice the accent mark on each ending.

• As you know, in Spanish you can often omit the subject of a verb because the subject is made clear in the verb ending:

> **Vivo** en Chicago. (The subject, *yo,* is included in the verb ending.)

However, since the *yo* and *Ud./él/ella* forms are the same in the imperfect for *-ar, -er,* and *-ir* verbs, speakers often use the subject pronouns to avoid confusion.

> Patricia **tenía** un triciclo rojo pero **yo tenía** uno azul.

• Expressions such as *generalmente, por lo general, a menudo, muchas veces, de vez en cuando, todos los días,* and *nunca* can cue you to use the imperfect because they imply that something happened repeatedly in the past.

Más recursos ONLINE
▶ **Tutorial:** Imperfect of regular verbs
▶ **Animated Verbs**

13

Escucha y escribe

ESCUCHAR, ESCRIBIR Lola y Lulú eran vecinas y muy buenas amigas, pero eran muy diferentes. Lola era muy bien educada, pero Lulú era desobediente. Escucha las seis descripciones de las niñas y escribe las frases. Indica si la descripción es de Lola, de Lulú o de las dos.

14

En la casa de nuestros abuelos

 LEER, ESCRIBIR Margarita recuerda cómo, de niña, pasaba tiempo en la casa de sus abuelos. Escribe la forma apropiada del imperfecto de los verbos.

Cuando era niña mis hermanos y yo __1.__ *(pasar/pensar)* tiempo en la casa de nuestros abuelos de vez en cuando.

Mi abuela __2.__ *(preparar/participar)* galletas muy ricas y nosotros las __3.__ *(correr/comer)* en el patio. Ella siempre nos __4.__ *(ofrecer/obedecer)* más galletas. Mi abuelo nos __5.__ *(estudiar/leer)* cuentos y a veces él nos __6.__ *(hacer/escribir)* pequeños juguetes de madera *(wood)*. Mis abuelos no __7.__ *(trabajar/limpiar)* y __8.__ *(decir/tener)* mucho tiempo para pasar con nosotros. Mis hermanos y yo siempre __9.__ *(regresar/bailar)* a casa muy contentos después de estar con nuestros abuelos.

En la cocina con la abuela ▶

15

Tus amigos y tú

 HABLAR EN PAREJA Trabaja con otro(a) estudiante para hablar de lo que hacían tus amigos y tú cuando eran niños.

 Videomodelo
jugar con los vecinos
A —¿Jugaban Uds. con los vecinos?
B —No, nunca jugábamos con los vecinos.
o:—Sí, jugábamos con los vecinos de vez en cuando.

Estudiante A

1. montar en triciclo
2. saltar a la cuerda
3. correr en el parque
4. escuchar cuentos
5. coleccionar cosas
6. compartir los juguetes

Estudiante B

No, nunca . . .
Sí, siempre . . .
De vez en cuando . . .

Gramática

OBJECTIVES
▶ Talk and write about what you were like and what you used to do as a child
▶ Exchange information about what you were like and what you used to do in elementary school

The imperfect tense: irregular verbs

There are only three irregular verbs in the imperfect tense: *ir, ser,* and *ver.* Here are all the forms:

ir

(yo)	iba	(nosotros) (nosotras)	íbamos
(tú)	ibas	(vosotros) (vosotras)	ibais
Ud. (él) (ella)	iba	Uds. (ellos) (ellas)	iban

ser

(yo)	era	(nosotros) (nosotras)	éramos
(tú)	eras	(vosotros) (vosotras)	erais
Ud. (él) (ella)	era	Uds. (ellos) (ellas)	eran

• Notice the accent mark on the *nosotros* form for the verbs *ir* and *ser.*

ver

(yo)	veía	(nosotros) (nosotras)	veíamos
(tú)	veías	(vosotros) (vosotras)	veíais
Ud. (él) (ella)	veía	Uds. (ellos) (ellas)	veían

• Notice the accent mark on each form of *ver.*

Más recursos ONLINE

▶ *GramActiva* Video
▶ **Tutorial:** Imperfect of irregular verbs
🔊 *Canción de hip hop:* ¿Cómo eras de
✏ *GramActiva* Activity

16

Los veranos en Boston

LEER, ESCRIBIR El papá de Ana María habla de los veranos que pasaba en Boston con su papá. Completa su descripción con las formas apropiadas del imperfecto de los verbos *ir, ser* y *ver.*

Cuando __1.__ pequeño, me encantaban los veranos. Vivíamos en Boston donde mi papá y yo __2.__ al famoso estadio de béisbol de las Medias Rojas, Fenway Park. Cada verano nosotros __3.__ a nuestros jugadores favoritos, como Pedro Martínez. Mi papá __4.__ originalmente de la República Dominicana y por eso él __5.__ todos los partidos cuando Pedro jugaba allí. También yo siempre __6.__ a la playa con mi familia. ¿Qué más? También nosotros __7.__ al cine donde comíamos palomitas y __8.__ las películas más populares. Los veranos en Boston __9.__ fantásticos y los recuerdo muy bien.

Pedro Martínez, cuando jugaba para las Medias Rojas

Un niño inteligente

LEER, ESCRIBIR Completa esta descripción de Isaac Newton, un famoso científico inglés, con la forma correcta del imperfecto del verbo apropiado.

Conexiones ◀ Las ciencias

De niño

tener, ser, decir, ir

Isaac Newton nació en 1642. __1.__ un bebé tan pequeño y débil[1] que los médicos __2.__ que él no __3.__ a tener capacidad mental para hacer cosas importantes durante su vida.

En la escuela primaria

querer, ser, hacer, ver, creer

__4.__ un estudiante inteligente que nunca __5.__ sus tareas porque no le interesaba mucho lo que los profesores __6.__ enseñarle. Su madre tampoco __7.__ que era muy inteligente.

En la universidad

leer, ir, poder, trabajar

Como estudiante universitario, Newton siempre __8.__ y estaba muy metido[2] en sus experimentos físicos. No __9.__ a los restaurantes elegantes y tampoco salía con los amigos. __10.__ siempre en alguna investigación y por eso inventó el análisis matemático y descubrió que la luz blanca tiene colores.

Su fama

poder, consistir, estar, ver

Un día Newton __11.__ en casa de su madre pensando en cómo la Luna[3] __12.__ dar vueltas alrededor de[4] la Tierra,[5] cuando le cayó[6] una manzana en la cabeza. Newton empezó a pensar y recordó un juego de niños que __13.__ en llenar con agua una cubeta[7] y darle vueltas rápidamente por encima de la cabeza sin permitir caer el agua. Así se le ocurrió a Newton la idea de la gravedad y la velocidad.

[1]weak [2]involved [3]moon [4]spin around [5]Earth [6]fell [7]bucket

18

Y tú, ¿qué dices?

HABLAR, ESCRIBIR

1. En la escuela primaria, ¿cómo eras? ¿Qué clases te interesaban más? Y ahora, ¿qué clases te interesan?

2. De pequeño(a), ¿te gustaban las ciencias? ¿Qué experimentos hacían tus compañeros de clase y tú en la escuela? Y ahora, ¿qué experimentos hacen en sus clases de ciencias?

3. De niño(a), ¿en qué pensabas más: los estudios, los libros, los deportes o los juguetes? Y ahora, ¿en qué piensas más?

Cómo era de niño(a)

ESCRIBIR, HABLAR EN PAREJA Escribe frases para hablar de tu niñez *(childhood)* usando las formas apropiadas del imperfecto de los verbos. Usa tus propias ideas e incluye detalles para cada frase. Después trabaja con otro(a) estudiante y lean sus frases. ¿Eran similares o diferentes sus experiencias?

1. Cuando yo *(ser)* niño(a), *(ser)* muy . . .
2. Mis amigos *(ser)* . . .
3. De vez en cuando mi familia y yo *(ir)* . . .
4. A menudo yo *(ir)* a la casa de . . .
5. Mis hermanos (o amigos) y yo *(jugar)* . . .
6. Por lo general yo *(ver)* a mis primos . . .

20

El (La) estudiante modelo

ESCRIBIR, HABLAR EN GRUPO

1 En una hoja de papel, escribe cuatro descripciones de cómo eras y qué hacías en la escuela primaria.

2 Trabaja con un grupo de tres. Lean sus descripciones de cómo eran en la escuela primaria. Apunten en una hoja de papel cómo responden los tres. Después escriban un resumen *(summary)* de cómo eran.

Modelo
Era muy obediente. Siempre obedecía las reglas de la escuela.

Modelo
María y yo éramos muy buenos estudiantes y siempre escuchábamos a los profesores. Antonio era un poco desobediente y nunca escuchaba a los profesores.

21

Juego

ESCRIBIR, HABLAR EN GRUPO

1 Trabaja con otro(a) estudiante. Escriban una descripción del punto de vista de una persona del pasado que muchos estudiantes conocen. La descripción debe incluir detalles de cómo era, de dónde era, qué hacía para ser famoso(a), dónde vivía la persona y más.

Frida Kahlo

2 Lean su descripción a otras parejas de estudiantes. Si los otros estudiantes identifican a la persona, reciben cinco puntos. Si ellos no pueden identificar a la persona, Uds. reciben cinco puntos.

Videomodelo

A —*Era de México. De niña a menudo estaba enferma. Cuando era mayor, era artista y pintaba mucho. Diego Rivera era mi esposo. Yo no tenía una vida muy sencilla ni feliz. ¿Quién soy yo?*

B —*Tú eres Frida Kahlo. (Correcto. Cinco puntos para la pareja B)*

Gramática
Repaso

Go **Online** to practice
PEARSON
realize.
PearsonSchool.com/Autentico

VIDEO

WRITING

> OBJECTIVES
> ▶ Talk and write about what people used to do for others
> ▶ Exchange information about what you were allowed to do in elementary school

Indirect object pronouns

Remember that an indirect object tells to whom or for whom an action is performed. Indirect object pronouns are used to replace or accompany an indirect object noun.

Nuestros profesores no **nos** permitían beber refrescos en clase.

Sus abuelos siempre **les** daban regalos **a los niños.**

- Because *le* and *les* have more than one meaning, you can make the meaning clear by adding *a* + name, noun, or pronoun.

Lolita siempre **les** decía la verdad a **sus padres.**

Lolita siempre **les** decía la verdad **a ellos.**

- Like direct object pronouns and reflexive pronouns, indirect object pronouns are placed right before the verb or attached to the infinitive.

Siempre **le** quería comprar dulces a su hija.

Siempre quería comprar**le** dulces a su hija.

Singular	
me	(to / for) me
te	(to / for) you *(familiar)*
le	(to / for) him, her, you *(formal)*

Plural	
nos	(to / for) us
os	(to / for) you *(familiar)*
les	(to / for) them, you *(formal)*

Más recursos	ONLINE
▶ *GramActiva* Video	
▶ **Tutorial:** Indirect objects	
🖉 *GramActiva* Activity	

22

Una tía muy generosa

🖉 **ESCRIBIR** Mi tía era muy generosa, pero siempre nos compraba los mismos regalos. Escribe frases para decir lo que compraba ella.

Modelo
Por lo general ella le compraba una corbata a mi padre.

mi padre

 1. mi madre

 4. su esposo

 2. mis hermanitas

 5. mis primos

 3. yo

6. nosotros

¿Qué les permitían hacer?

HABLAR EN PAREJA Trabaja con otro(a) estudiante para hablar de lo que les permitían hacer en la escuela primaria.

1. comer y beber en la sala de clases
2. tener animales en la escuela
3. jugar en el patio de recreo
4. ver películas en clase

¡Respuesta personal!

Videomodelo

A —¿Les permitían llevar gorras en la escuela primaria?

B —No, no nos permitían llevar gorras.

o: —Sí, nos permitían llevar gorras, pero sólo en los días especiales.

CULTURA ❭ **El mundo hispano**

Juguetes mayas Los mayas no usaban la rueda[1] para el trabajo, pero crearon juguetes de niños en forma de animales (reales e inventados), con ruedas. Estos juguetes eran similares al *pull-toy* que se usa hoy.

- ¿Son similares los juguetes de los mayas a los juguetes con los que tú jugabas de niño(a), o son diferentes? Explica las diferencias.

Pre-AP Integration: Los temas económicos. Explica el impacto[2] de no tener ruedas en los mayas. ¿Cómo crees que viajaban o llevaban cosas en la vida diaria[3]?

[1]wheel [2]impact [3]everyday life

Jugando con los amigos

LEER, ESCRIBIR, HABLAR Estudia el cuadro, lee el párrafo y luego contesta las preguntas.

1. ¿Quiénes crees que son las personas mayores del cuadro?

2. Con otro(a) estudiante, imaginen que Uds. eran unos niños del cuadro y que ya son mayores. Hablen de los juguetes que tenían cuando eran niños(as).

3. Ahora imaginen que Uds. tienen sesenta años. Piensen en los juguetes que les gustaban de niños(as). Descríbanlos para las personas que no los conocen. ¿Estos juguetes son populares hoy?

▲ "Los niños del futuro" (1998)

© Lorenzo Armendariz/Latin Focus.com.

Alejandro Reyna, muralista mexicano. Este cuadro es parte de un mural del Hospital Infantil de México. En el cuadro ves los juguetes tradicionales de la región.

25

¿Quiénes te compraban regalos?

HABLAR EN PAREJA   Habla con otro(a) estudiante sobre quiénes hacían estas cosas para ti cuando eras niño(a).

Videomodelo

A —*¿Quiénes te compraban regalos?*
B —*Mis padres me compraban regalos de vez en cuando.*

1. leer cuentos
2. preparar galletas
3. enviar tarjetas de cumpleaños
4. dar dinero para comprar cosas
5. prestar *(lend)* juguetes
6. cantar canciones de cuna *(lullabies)*

26

Los retratos

LEER, ESCRIBIR, HABLAR   Mira el retrato *(portrait)* del niño y lee el párrafo debajo del retrato. Luego contesta las preguntas.

1. ¿Qué mascotas tenías cuando eras niño(a)? ¿Cómo se llamaban?

2. Cuando te sacan fotos, ¿qué ropa te gusta llevar?

3. Hace muchos años, los artistas pintaban retratos porque las personas no tenían cámaras para sacar fotos de su familia. Compara el retrato de este niño con una foto tuya cuando eras niño(a). ¿En qué sentido son similares? ¿En qué sentido son diferentes?

"Don Manuel Osorio Manrique de Zúñiga" (1788) ▶

Oil on canvas, 127 x 101. Metropolitan Museum of Art, New York, USA / Bridgeman Art Library

Francisco de Goya (1746–1828) era uno de los pintores más importantes de España. Por la ropa elegante que el niño lleva en este retrato, sabemos que es de una familia aristocrática. Goya pintó al niño con sus mascotas: gatos y unos pájaros.

El español en la comunidad

Es importante aprender otro idioma *(language)* a una edad muy joven. Muchas guarderías infantiles, escuelas preescolares y escuelas primarias dan clases en español o en francés. Busca en tu comunidad una guardería o escuela que enseña español. ¡Puedes visitarla para observar o para enseñarles a los niños un poco de español!

• ¿Crees que es fácil o difícil aprender otro idioma de pequeño(a)? ¿Por qué?

OBJECTIVES
▶ Read a fable from Mexico
▶ Identify main idea and supporting details from fiction texts

Estrategia
Identify main idea
What do you think might happen between a cricket and a jaguar? Read the questions at the end of the reading to help you focus on the main idea of this fiction text and identify the supporting details.

El grillo y el jaguar
Una fábula mexicana

Hace ya muchísimos años, sólo vivían por el mundo los animales. Y el rey de todos era el jaguar.

Un día el jaguar salió de su casa rugiendo[1] y empezó a correr al lago porque tenía sed. Como todos los animales le tenían miedo[2], se escondieron[3]. Todos menos el grillo, que no lo oyó[4] porque cantaba muy contento en su jardín.

El jaguar se sorprendió[5] cuando no vio a nadie, pero oyó la canción del grillo.

—¿Quién canta esa canción tan fea? —se preguntó el jaguar.

Cuando el jaguar vio al grillo, le rugió: —¡Qué mal educado eres, grillo! ¿Por qué no me saludas[6]?

—¡Ay, don Jaguar! Lo siento. ¿Me perdona?

—Sólo si eres obediente —le contestó el jaguar.

—¿Y qué tengo que hacer, don Jaguar?

—Vamos a hacer una carrera[7] hasta aquella roca enorme que está por donde empiezan las montañas. Si llegas primero, te perdono todo y puedes seguir cantando, pero si llego primero yo, te prohíbo cantar.

¹roaring ²were afraid ³they hid ⁴didn't hear him ⁵was surprised ⁶greet me ⁷race

El grillo no contestó inmediatamente, pero por fin dijo:
—Bien. ¿Cuándo corremos?

—¡Ahora mismo! —respondió el jaguar.

Al oír "ahora mismo" el grillo saltó a la cola[8] del jaguar y muy despacito iba saltando hasta llegar a su cabeza. Así llegaron los dos a la roca enorme. Pero en ese momento (y antes de que el jaguar lo viera[9]), el grillo saltó de la cabeza del jaguar a la roca y dijo: —¡Hola, don Jaguar! Estaba esperándolo.

El jaguar no sabía qué decir, pero perdonó al grillo, y el grillo empezó a cantar otra vez.

[8]tail [9]could see

¿Comprendiste?

1. ¿Cuál es la idea principal de esta leyenda? ¿Cuáles son algunos detalles de apoyo?
2. Según esta leyenda, ¿quiénes vivían por el mundo hace muchos años?
3. ¿Por qué se escondieron todos los animales?
4. ¿Por qué el grillo no oyó al jaguar?
5. Según el jaguar, ¿cómo era la canción del grillo?
6. ¿Qué hizo el grillo para llegar primero a la roca?
7. Al fin, ¿quién era más inteligente, el jaguar o el grillo?

Y tú, ¿qué dices?

Hace muchísimos años que las fábulas son importantes en muchas culturas para enseñarles a los niños y a los adultos lecciones sobre la vida. En muchas fábulas los personajes son animales. Trabaja con otro(a) estudiante. Piensen en una fábula. ¿Cuál es la idea principal? ¿Qué detalles son importantes? Describan a los animales en la fábula que eligieron.

Modelo
La tortuga caminaba muy lentamente y era muy trabajadora.

Para decir más . . .
el conejo = rabbit
la gallina, el gallo = hen, rooster
el león = lion
el zorro = fox

La cultura en vivo

 Canciones infantiles

Online Cultural Reading

Go to PearsonSchool.com/Autentico
ONLINE to explore other children's songs
from Spanish-speaking countries.
Strategy: Using context to get meaning.
Choose two songs from the site. Use what
you know to figure out the meaning.
Aplicación: Elige una canción que existe
también en inglés y compara las letras.
¿En qué son similares?

A todos los niños les encanta cantar. Aquí están dos
canciones populares que cantan los niños en algunos países
hispanohablantes mientras *(while)* juegan con sus amigos.

El columpio

Yo tengo un columpio[1]
de suave vaivén[2]
y en él muy contento
me vengo a mecer[3].

En la fuerte rama[4]
de un fuerte laurel[5],
mi buen papacito
lo vino a poner.

Qué suave columpio
qué rico vaivén
¿muchachos, no quieren
venirse a mecer?

[1]swing [2]swaying motion [3]to swing
[4]branch [5]laurel tree

Los elefantes

Un elefante se balanceaba
sobre la tela de una araña[6]
como veía que resistía
fue a buscar a otro elefante.

Dos elefantes se balanceaban
sobre la tela de una araña
como veían que resistía
fueron a buscar a otro elefante.

Tres elefantes se balanceaban . . .
Cuatro elefantes se balanceaban . . .
Cinco elefantes se balanceaban . . .
Seis elefantes se balanceaban . . .
Siete elefantes se balanceaban . . .
Ocho elefantes se balanceaban . . .
Nueve elefantes se balanceaban . . .

Diez elefantes se balanceaban
sobre la tela de una araña,
como veían que se rompía,
fueron a dejar a un elefante.

Nueve elefantes se balanceaban . . .

[6]spider web

Comparación cultural En grupos de cuatro,
practiquen en voz alta *(aloud)* una de las
canciones. Presten atención a la pronunciación
y al ritmo de los versos. Presenten su canción
a la clase. ¿Es similar a una canción que
aprendiste cuando eras pequeño?

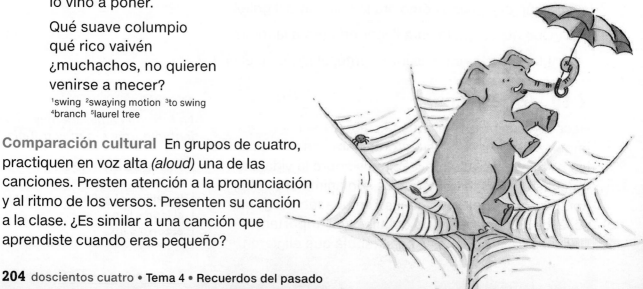

Presentación oral

Go Online to practice

PEARSON
realize™

PearsonSchool.com/Autentico

AUDIO

SPEAK/RECORD

OBJECTIVES
▶ Talk about what you were like and what you used to do as a child
▶ Use visuals to help you organize your thoughts

¿Cómo eras de niño(a)?

TASK You have a summer job at a *guardería infantil.* Create a series of pictures to show the children what you were like when you were young.

Estrategia
Using visuals Using visuals during an oral presentation helps organize your thinking.

1 **Prepare** Think about your childhood. Create a chart like this one and provide at least two pieces of information for each column.

¿Cómo era?	Jugaba con ...	Me gustaba más ...	Tenía que ...	No me permitían ...
tímido(a)	mi oso de peluche	jugar con mis amigos	hacer mi cama	pelearme con mis hermanos

Create a series of drawings or photos that illustrate all of the information on your chart. Be sure they are easy to understand and represent you when you were young. Add descriptions of yourself and of other people, and use sequenced sentences and details to describe events.

2 **Practice** Go through your presentation several times. You can use your chart to practice, but not when you present. Use your drawings and photos to help you recall what you want to say. Try to:

• provide as much information as possible

• use complete sentences

• present the events in a sequence

• speak clearly

3 **Present** Talk about what you were like as a child. Be sure to use your drawings during your presentation.

4 **Evaluation** The following rubric will be used to grade your presentation.

Rubric	Score 1	Score 3	Score 5
How much information you communicate	You provide only one piece of information in each category.	You provide two pieces of information in each category.	You provide three or more pieces of information in each category.
How easily you are understood	You are difficult to understand and have many grammatical errors.	You are fairly easy to understand and have occasional grammatical errors.	You are easy to understand and have very few grammatical errors.
Quality of your visuals	You provide only one visual and it contains visible error corrections and smudges.	You provide only two visuals and they contain visible error corrections and smudges.	You provide several visuals and they contain no visible error corrections and smudges.

Auténtico

Partnered with
UNIVISION®
COMMUNICATIONS INC.

Divertidas actividades para hacer en familia

Antes de leer

Usa la estrategia: Text Structure

Pay attention to the structure of a text. Each paragraph is organized around a main idea. This will help you to infer the meaning of unfamiliar words and understand the main ideas and the theme.

Lee el vocabulario clave

largos trayectos = long commutes
no los obligues = don't force them
muecas chistosas = funny faces
velada = slumber party
adivinanzas = riddles
impulsar = encourage
monten una tienda = pitch a tent

lucirá = will shine
plasmar = create
bromas = jokes
olvidarnos = forget
tela = cloth

📖 Lee el texto

This article offers ideas for fun activities to help bring the family together, while letting adults relax and forget their hectic lives. Does your family spend time together? What are your favorite family activities?

Go to **PearsonSchool.com/Autentico** and read the text **Divertidas actividades para hacer en familia** to see how to have family fun without using electronics.

Completa las actividades

Mientras lees Usa la estructura del texto para inferir el significado de las palabras e identificar el tema y las ideas principales. Ordena las actividades abajo según cuando aparecen en el texto.

Crear arte original
Cocinar juntos
Sacar 'selfies'
Adivinar la persona, el lugar, o la cosa
Montar una tienda en la sala

Integración

Después de leer Lee el texto otra vez para contestar estas preguntas.

1. ¿Qué crees que quiere decir "agendas apretadas"? Menciona algunas de las ideas principales que siguen.

2. ¿Qué necesitas para hacer un campamento dentro de la casa?

3. ¿Cuál crees que es el tema del texto? ¿Cuál de las sugerencias te interesa más?

 For more activities, go to the *Authentic Resources Workbook.*

Actividades para niños

Expansión Busca otros recursos en *Auténtico* en línea. Después, contesta las preguntas.

 4A Auténtico

Integración de ideas Los recursos auténticos hablan de las actividades para niños en América Latina. Usa los recursos para escribir un resumen de las actividades mencionadas en ellos.

Comparación cultural Compara las actividades para niños en la cultura hispanohablante con las que encuentras en tu cultura.

OBJECTIVES
▶ Review the vocabulary and grammar
▶ Demonstrate you can perform the tasks on p. 209

🔊 Vocabulario

to name toys

los bloques	blocks
la colección, *pl.* las colecciones	collection
la cuerda	rope
el dinosaurio	dinosaur
la muñeca	doll
el muñeco	action figure
el oso de peluche	teddy bear
el tren eléctrico	electric train
el triciclo	tricycle

to name animals

el pez, *pl.* los peces	fish
la tortuga	turtle

to discuss things you used to do

coleccionar	to collect
molestar	to bother
pelearse	to fight
saltar (a la cuerda)	to jump (rope)

to name places

la guardería infantil	daycare center
el patio de recreo	playground

to explain your actions

de niño, -a	as a child
de pequeño, -a	as a child
de vez en cuando	once in a while
mentir (e → ie)	to lie
obedecer (c → zc)	to obey
ofrecer (c → zc)	to offer
permitir	to permit, to allow
por lo general	in general
portarse bien / mal	to behave well / badly
todo el mundo	everyone
el vecino, la vecina	neighbor
la verdad	truth

For *Vocabulario adicional,* see pp. 506–507.

to describe what someone was like

bien educado, -a	well-behaved
consentido, -a	spoiled
desobediente	disobedient
generoso, -a	generous
obediente	obedient
tímido, -a	timid
travieso, -a	naughty, mischievous

other useful words

la moneda	coin
el mundo	world

Gramática

imperfect of *ir*

iba	íbamos
ibas	ibais
iba	iban

imperfect of *jugar*

jugaba	jugábamos
jugabas	jugabais
jugaba	jugaban

imperfect of *ser*

era	éramos
eras	erais
era	eran

imperfect of *ver*

veía	veíamos
veías	veíais
veía	veían

indirect object pronouns

me	(to / for) me	nos	(to / for) us
te	(to / for) you	os	(to / for) you
le	(to / for) him, her, you *(formal)*	les	(to / for) them, you *(formal)*

Preparación para el examen

Más recursos   PearsonSchool.com/Autentico

 Games   Flashcards   Instant check

Tutorials   *Gram*Activa videos   Animated verbs

What you need to be able to do for the exam . . .	Here are practice tasks similar to those you will find on the exam . . .	For review go to your print or digital textbook . . .
Interpretive		
1 ESCUCHAR I can listen to and understand as people describe their favorite childhood toy.	You volunteer after school at the Youth Center. To get to know your kids better, you ask them about their favorite toys when they were younger. See if you can understand: (a) what the toy was; (b) how old the child was when he or she used to play with it; (c) where he or she used to play with it.	pp. 186–189 *Vocabulario en contexto* p. 190 **Actividad 6**
Interpersonal		
2 HABLAR I can talk about what I was like as a child.	Now your group at the Youth Center wants to know what you were like as a child! What could you tell them? You could start by telling them: (a) what you liked to do; (b) what your favorite toy was; (c) how you used to behave.	pp. 188–189 *Videohistoria* p. 190 **Actividad 5** p. 191 **Actividades 7–8** p. 192 **Actividad 11** p. 195 **Actividad 15** p. 200 **Actividad 23** p. 205 *Presentación oral*
Interpretive		
3 LEER I can read someone's recollections about their elementary school experience.	Read an entry in Armando's journal about his elementary school years. As you read, see if you can (a) identify the main idea of the entry, and (b) determine why he liked or disliked elementary school. De vez en cuando yo pienso en mis amigos de la escuela primaria. ¡Ay! Jorge siempre se peleaba conmigo y Carlos me molestaba. Yo era muy tímido y no me levantaba a tiempo para la escuela porque no quería jugar con ellos.	p. 195 **Actividad 14** p. 196 **Actividad 16** p. 197 **Actividad 17**
Presentational		
4 ESCRIBIR I can write about some of my experiences in elementary school.	After reading Armando's recollection, you begin to think about your days in elementary school. What are some of the things you remember? Write a few sentences, describing what your best friend was like and what you used to do together at recess.	p. 190 **Actividad 4** p. 191 **Actividad 8** p. 197 **Actividad 18** p. 198 **Actividades 19–20**
Cultures		
5 COMPARAR I can understand favorite nursery rhymes and songs from Spanish-speaking countries.	Children around the world love songs that are easy to remember and fun to sing. Think about the songs on p. 204. Which song do you think a child would like best? Why? Does either of them remind you of songs you sang as a child? Which ones?	p. 193 *Pronunciación* p. 204 *Cultura*

Celebrando los días festivos

España
República Dominicana
México
Venezuela
Colombia
Ecuador
Perú
Bolivia
Paraguay

CHAPTER OBJECTIVES

Communication

By the end of this chapter you will be able to:

- Listen and read about family celebrations.
- Talk and write about how your family used to celebrate holidays and your best birthday.
- Exchange information about where, with whom, and how you used to celebrate holidays as a child.

Culture

You will also be able to:

- **Auténtico:** Identify cultural practices in an authentic video about *carnaval* celebrations.
- Understand how some Hispanic families celebrate special days and holidays.
- Compare holidays and celebrations in Mexico and the U.S.

You will demonstrate what you know and can do

- Presentación escrita: Mi celebración favorita
- Preparación para el examen

You will use:

Vocabulary

- Common etiquette
- Holiday celebrations

Grammar

- Preterite and imperfect: describing a situation
- Reciprocal actions

ARTE y CULTURA ❮ México

Antonio M. Ruiz (1897–1964) pintó en este cuadro la celebración del Día de la Independencia en un pueblo de México. Es el día festivo más importante del país y todo el mundo participa. Aquí ves un desfile de estudiantes. El desfile pasa por la plaza de un pueblo mexicano. Todos los niños llevan en la mano banderas de color verde, rojo y blanco, que son los colores de la bandera mexicana. Estos colores también se ven en el centro de la plaza. Los mayores escuchan a un hombre que les habla.

¿Qué piensas que está diciendo el señor del cuadro? Compara este desfile con las celebraciones del Día de la Independencia en tu comunidad.

"Desfile cívico escolar" (1936), Antonio M. Ruiz ▲

 Mapa global interactivo Explora Texcoco, México, el lugar donde nació Antonio M. Ruiz. Investiga la relación entre el artista y su ciudad.

Go **Online** to practice

PEARSON
realize.™

PearsonSchool.com/Autentico

 AUDIO

 VIDEO

 WRITING

 SPEAK/RECORD

 MAPA GLOBAL

 AUTÉNTICO

 FLASCHARDS

 ETEXT 2.0

GAMES

Feria de Abril en Sevilla, España

▶ **Videocultura** El Día de los Muertos

Vocabulario en contexto

Abuela: Qué bonita fiesta de **aniversario**. Me encantó ver a los parientes, especialmente a los primos. Pude **charlar** con casi todos.

Abuelo: Marcos, el pequeño, me **felicitó**. Me dijo, "**¡Felicidades**, abuelo!" y me abrazó. Luego me **regaló** un cuadro que dibujó.

Abuela: Qué bonita sorpresa. Ese niño **frecuentemente** se pelea con Felipe. Pero hoy **se llevó bien** con todo el mundo.

Abuelo: Sus papás le están enseñando **buenos modales**. Le dicen que es importante ser sociable, y saludar a otras personas.

Abuela / Abuelo

los parientes   los mayores

saludar(se)

dar(se) la mano

despedir(se)

regalar

sonreír

abrazar(se)

besar(se)

reírse (e --> í)

Abuelo: ¿**Recuerdas** la fiesta de cumpleaños de Marcos? Hicimos un picnic en el parque. Es bonito **reunirse** con todos.

Abuela: **Había** 50 personas, y tú hiciste un pastel **enorme**.

Abuelo: Y tu hermano Paco, como siempre, **contó chistes**. ¡Cómo **nos reímos**! Pero **mientras** los mayores escuchaban a Paco, los jóvenes escuchaban música.

Abuela: Es cierto. Los jóvenes no **se divierten** con los chistes de Paco.

Abuelo: Marcos **nació** en **un día festivo**. Esa noche de la fiesta, hubo fuegos artificiales. Eso sí les encantó a los jóvenes.

> **Más vocabulario**
> **la fiesta de sorpresa** = surprise party
> **la reunión** = gathering

cumplir años

hacer un picnic

el desfile

los fuegos artificiales

llorar

la bebé

1

En la fiesta

🔊 ESCUCHAR Trabaja con otro(a) estudiante. Escucha lo que hacen las personas en una fiesta. Tienen que representar *(act out)* cada acción.

2

¿Es la fiesta de Marcos?

🔊 ESCUCHAR Escucha a esta persona hablar sobre unas fiestas de cumpleaños. Escribe *sí* si está hablando del cumpleaños de Marcos y *no* si está hablando de otra fiesta.

Silvia y su abuela están mirando fotos. La abuela de Silvia le habla sobre el día de su boda.

Abuelita / Silvia

Abuelita: ¡Ah, yo recuerdo bien el día de mi boda!

Silvia: ¿Cuándo fue?

Abuelita: Fue hace 60 años. Tu abuelo y yo **nos casamos** en la **antigua** iglesia del pueblo.

Silvia: ¡Qué bonito era tu vestido!

Abuelita: Sí. Yo lo hice en casa con la ayuda de mi madre.

Silvia: Y luego, ¿qué pasó?

Abuelita: Caminamos despacio **alrededor de** la plaza. Las personas sonreían y me felicitaban. Pero el bebé de mi prima **lloró** durante toda la procesión. Entramos todos a la iglesia, donde estaba tu abuelo.

Silvia: Seguro que el abuelo estaba nervioso.

Abuela: Después, **nos reunimos*** en la casa para celebrar todos juntos.

Silvia: Fue un día muy especial.

Abuelita: ¡Claro! En ese tiempo, era **la costumbre** hacer todo esto cuando las personas se casaban.

*Reunirse has an accent on the *u* in all present-tense forms except *nosotros* and *vosotros*: reúno, reúnes, reúne, . . . reúnen.

3

Cuando se casaron los abuelos

ESCRIBIR Lee las siguientes oraciones y subraya *(underline)* las oraciones que son ciertas *(true)*.

1. Los abuelos se casaron hace 50 años.
2. La iglesia del pueblo no era antigua.
3. La abuela caminó con su familia alrededor de su casa.
4. La abuela estaba contenta y el abuelo estaba nervioso.
5. En ese tiempo, era la costumbre caminar en una procesión.
6. La abuela compró su vestido de boda.

Videohistoria

Go **Online** to practice
PearsonSchool.com/Autentico

PEARSON
realize™

AUDIO   VIDEO   WRITING   SCRIPT

Celebrar el Año Nuevo

Antes de ver

Completa la actividad

Identify cultural practices As you watch the video, see what you can infer about traditions from the images and the conversations you hear.

Las tradiciones Muchas familias tienen tradiciones o costumbres para atraer la buena suerte (*luck*). ¿Qué tradiciones hay en tu familia?

▶ **Ve el video**

¿Quién tiene parientes que vinieron para celebrar el Año Nuevo?

Ve a **PearsonSchool.com/Autentico** para ver el video *Celebrar el Año Nuevo*. También puedes leer el guión.

Ximena   **Teo**   **Valentina**

Después de ver

 ¿COMPRENDISTE? Lee las preguntas. Luego, ve el video otra vez y contesta las preguntas.

1. ¿Qué hace Teo en el restaurante?
2. ¿De qué se deshacen (*get rid of*) las personas en Nueva York?
3. ¿Cuál es la tradición que empezó en España?
4. Según Ximena, si una persona corre con una maleta (*suitcase*), ¿qué puede pasar?
5. ¿Qué tienen en común las tradiciones que viste en el video?

Comparación cultural Viste muchas tradiciones en el video. ¿Hay una tradición o costumbre similar en tu familia? ¿Cuál?

Vocabulario en uso

OBJECTIVES
▶ Talk about how you greet and say goodbye to people
▶ Discuss how you celebrated special occasions as a child
▶ Listen to descriptions of good and bad manners at a wedding
▶ Write about good manners, holidays, and family gatherings

4

El intruso

LEER, ESCRIBIR Identifica en cada grupo de palabras "el intruso", es decir, la palabra que no va con las otras tres. Luego escribe una frase completa con la forma apropiada del intruso.

Nota

In the present tense, these verbs have stem changes:

recordar, contar *(o → ue)*
divertirse *(e → ie)*
despedirse, reírse, sonreír *(e → i)*

In addition, *reírse* and *sonreír* have accent marks on the *i* in all present-tense forms.

Modelo
fiesta de sorpresa / regalo / cumplo años / me despido
Cuando me despido de mis padres, generalmente los abrazo.

1. saludo / recuerdo / le doy la mano / abrazo

2. contamos chistes / nos divertimos / hacemos un picnic / nos reímos

3. desfile / nací / día festivo / fuegos artificiales

4. los mayores / felicitan / se casan / ¡Felicidades!

5. se llevan mal / se pelean / lloran / sonríen

5

Escucha y escribe

ESCUCHAR, ESCRIBIR Escucha las descripciones de diferentes personas que están presentes en la boda. Escribe las frases. Después indica si las personas tienen buenos o malos modales. (*Nota:* A las personas que acaban de casarse también se les llama "los novios").

CULTURA ⟩ España

Euskadi Las diferentes regiones de España tienen su propia identidad, su comida, sus costumbres y a veces su idioma[1]. En el País Vasco, situado en el norte de España, se habla euskera (vasco, en español), un idioma que no tiene ninguna relación con el español. En euskera, el nombre de esta región es Euskadi. Una tradición de San Sebastián (o Donostia), una de las ciudades más grandes de Euskadi, es la Tamborrada, que se celebra el 20 de enero. Ese día, hombres tocan el tambor mientras caminan por las calles de la ciudad.

• ¿Qué diferencias de identidad hay entre las regiones de los Estados Unidos?

 Mapa global interactivo Explora San Sebastián en España. Allí se celebra la Tamborrada. Investiga la ciudad y compara sus espacios públicos[2] con los de otros países donde hablan español.

La Tamborrada de San Sebastián

[1]language [2]public spaces

6

Una costumbre de mi familia

 LEER, ESCRIBIR Lee la historia de lo que hacía la familia de Alejandra cuando ella era niña. Completa la historia con las palabras apropiadas.

| antigua   costumbre |
| enorme   reunirse |

alrededor de	había
contaban chistes	mientras
frecuentemente	nos divertíamos

Recuerdo muy bien los días festivos que celebrábamos cuando era niña. Era nuestra __1.__ ir a la casa de nuestros abuelos en el campo. Ellos no vivían en una casa moderna como las casas en la ciudad. Su casa era __2.__ pero también __3.__. ¡Todos mis parientes podían __4.__ allí al mismo tiempo! __5.__ que los adultos charlaban o __6.__, nosotros jugábamos en el jardín que estaba __7.__ la casa. __8.__ muchos árboles en el jardín y __9.__ hacíamos un picnic debajo de ellos. Siempre __10.__ mucho en los días festivos en la casa de nuestros abuelos.

7

Costumbres sociales

 HABLAR EN PAREJA, ESCRIBIR

1 ¿Cómo saludas y te despides de las personas? Habla con otro(a) estudiante y escriban sus respuestas.

Videomodelo
saludar a tus primos
A —*Generalmente, ¿cómo saludas a tus primos?*
B —*Por lo general los abrazo. ¿Y tú?*
A —*No tengo primos.*

2 Escribe cinco frases para decir si lo que Uds. hacen es similar o es diferente.

Modelo
Por lo general yo abrazo a mis primos cuando los saludo. Enrique no tiene primos, pero siempre abraza a sus abuelos cuando los saluda.

Estudiante A

1. saludar a tus profesores
2. despedirse de tus abuelos (o tíos)
3. despedirse de los padres de tus amigos
4. saludar a tu papá (o mamá)
5. despedirse de tu mejor amigo(a)
6. saludar a un(a) amigo(a) que no has visto *(haven't seen)* recientemente

Estudiante B

8

¿Qué hacían Uds.?

 HABLAR EN PAREJA Habla con otro(a) estudiante sobre cómo celebraban diferentes ocasiones sociales cuando eran pequeños(as). Digan dos costumbres que tenían Uds. en cada ocasión.

▶ **Videomodelo**

celebrar un aniversario

A —*¿Qué hacía tu familia cuando alguien celebraba un aniversario?*

B —*Hacíamos una fiesta y les regalábamos cosas muy bonitas.*

o: —*No recuerdo lo que hacíamos.*

Estudiante A

1. cumplir años
2. hacer un largo viaje
3. comprar un coche nuevo
4. celebrar un día festivo

Estudiante B

felicitar a . . .

reunirse en . . .

hacer una fiesta (de sorpresa)

hacer un picnic

comprar . . .

regalarle(s) . . .

invitar a . . .

no hacer nada

hacer una reunión de familia

despedirse

9

Y tú, ¿qué dices?

HABLAR, ESCRIBIR

1. Por lo general, ¿qué les dices a los padres de un bebé que nació recientemente? ¿Qué les regalas?

2. En tu comunidad, ¿en qué días festivos hay fuegos artificiales? ¿En qué días hay desfiles?

3. ¿Cuándo te reúnes con tus parientes? ¿Dónde se reúnen Uds. generalmente? ¿Con quién charlas? ¿Se llevan todos bien o a veces se llevan mal?

CULTURA ◀ El mundo hispano

El Día de la Raza Muchos jóvenes participan en los desfiles del Día de la Raza en el mundo hispano. Este día festivo conmemora la llegada de Cristóbal Colón a las Américas. En Costa Rica el nombre oficial es "el Día de las Culturas" para celebrar también las contribuciones culturales de los pueblos indígenas, asiáticos y africanos del país.

• ¿Cuál de estos dos nombres prefieres tú? ¿Por qué?

Pre-AP Integration: Los héroes y los personajes históricos: En algunas partes del mundo, Cristóbal Colón es un héroe, pero en muchos países de las Américas, no lo es. ¿Qué piensas tú?

Celebración del Día de la Raza en Puebla, México

Gramática

OBJECTIVES
▶ Talk and write about your childhood home and experiences
▶ Listen to and write about childhood memories
▶ Exchange information about first experiences and favorite relatives

Preterite and imperfect: describing a situation

In addition to saying what someone used to do, the imperfect tense is used:

- to describe people, places, and situations in the past
  La casa de mis abuelos **era** enorme. **Tenía** cinco dormitorios.

- to talk about a past action or situation when no beginning or end is specified

  Había mucha gente en la casa para el aniversario.

- to describe the situation or background information when something else happened or interrupted the ongoing action.

  Todos mis parientes **bailaban** cuando **llegamos.**
  *All my relatives **were dancing** when **we arrived.***

Note that the imperfect tense is used to tell what someone **was doing** when something **happened** (preterite).

¿Recuerdas?
Use the preterite tense to describe completed actions or events.
- Mis abuelos **se casaron** hace 50 años.
- **Celebramos** su aniversario el mes pasado.

Más recursos ONLINE
▶ *GramActiva* Video
▶ **Tutorials:** Summary of uses of preterite and imperfect, Use of the imperfect
✎ *GramActiva* Activity

10

La Semana Santa

LEER, ESCRIBIR

1. Patricia, una estudiante norteamericana que está pasando un año en España, les escribe a sus padres sobre una experiencia fantástica que tuvo. Completa su descripción con las formas apropiadas del pretérito o del imperfecto.

2. Escribe un mensaje de correo electrónico a un(a) compañero(a) describiendo una experiencia interesante. Pídele que te cuente una de sus experiencias. Usa expresiones culturales apropiadas en tu mensaje.

Para	Patricia123@gmail.com
Asunto	Saludos desde Sevilla

Queridos padres:

Acabo de pasar unos días increíbles. Mi familia española __1.__ (decidir) ir a Sevilla para celebrar la Semana Santa. Nosotros __2.__ (llegar) el martes por la noche y las calles ya __3.__ (estar) llenas de personas. Había un desfile que en la Semana Santa se llama procesión. En la procesión, __4.__ (ver) pasos¹ muy grandes con flores y estatuas enormes (que se llaman imágenes) de las iglesias. Las imágenes __5.__ (ser) antiguas y muy impresionantes. Había bandas y otras personas que tocaban música durante las procesiones. Y luego ocurrió algo fantástico. Una mujer __6.__ (salir) a un balcón y __7.__ (empezar) a cantar una saeta. Una saeta es una canción del estilo flamenco que cantan aquí en Sevilla. Todas las personas en la calle escucharon con atención mientras ella cantaba. Por fin,² el paso __8.__ (llegar) a la entrada de la catedral y entró, como es la costumbre durante la Semana Santa. ¡Qué experiencia maravillosa!

Besos y abrazos,
Patricia

¹floats (during Holy Week) ²At last

Un pariente favorito

HABLAR EN PAREJA Trabaja con otro(a) estudiante para hacer preguntas y describir a un pariente favorito que recuerdas de tu niñez. Usen el imperfecto en sus preguntas y respuestas.

▶ **Videomodelo**

¿Quién (ser) tu pariente favorito?
A —¿Quién era tu pariente favorito?
B —Mi pariente favorito era mi abuelo.

Estudiante A

1. ¿Quién (ser) tu pariente favorito?
2. ¿Cómo (llamarse)?
3. ¿Cómo (ser)?
4. ¿Dónde (vivir)?
5. ¿Qué le (gustar) hacer?
6. ¿Qué (hacer) tu pariente contigo?

Estudiante B

Mi pariente favorito era . . .
Se llamaba . . .
Era . . .
Vivía en . . .

CULTURA ◆ México

El Día de los Muertos En México y en otros países hispanohablantes celebran el Día de los Muertos[1] el 2 de noviembre. Preparan el "pan de muertos", un pan en forma de muñecos, y dulces en forma de esqueletos y calaveras[2]. La gente hace altares en sus casas en honor a los parientes muertos. Los altares tienen fotos de los parientes muertos, flores, frutas, pan y la comida favorita del muerto. Algunas familias hacen un picnic en el cementerio donde están sus parientes muertos. Estas costumbres les permiten a las familias recordar a los parientes que ya no viven.

• Compara lo que hacen en México para recordar a los muertos con lo que hace tu familia.

Mapa global interactivo Explora el Panteón Civil de Dolores en la Ciudad de México. Investiga el área y haz conexiones con las celebraciones del Día de los Muertos en otros lugares del país.

Pre-AP Integration: Las tradiciones y los valores (values) sociales: El Día de los Muertos es popular también en Estados Unidos. ¿Qué elementos de esta tradición puedes ver durante *Halloween*?

[1]Day of the Dead [2]skulls

Celebrando el Día de los Muertos

Go **Online** to practice

PEARSON
realize™

PearsonSchool.com/Autentico

VIDEO   SPEAK/RECORD   MAPA GLOBAL

¿Cuántos años tenías?

HABLAR EN PAREJA   Pregunta a otro(a) estudiante cuántos años tenía cuando hizo estas actividades por primera vez.

Videomodelo

recibir tu propia bicicleta

A —¿Cuántos años tenías cuando recibiste tu propia bicicleta?

B —Yo tenía seis años cuando recibí mi propia bicicleta.

Estudiante A

1. aprender a caminar
2. asistir a la escuela por primera vez
3. ir a tu primer baile
4. leer tu primer libro
5. ir al cine sin tus padres
6. ver un desfile por primera vez

Estudiante B

Yo tenía . . .

Exploración del lenguaje Prefixes

Mariana

Think about the meaning of the following Spanish words. What pattern do you notice?

obediente ➔ desobediente
posible ➔ imposible
formal ➔ informal
regular ➔ irregular

Like English, Spanish uses prefixes to extend and change the meanings of words—in this case to create a word with the opposite meaning.

¡Compruébalo! Copy the following words on a sheet of paper. Underline the prefix in each word. Then determine which word (with or without the prefix) is needed to complete the sentences about Mariana and Julieta.

desordenado   injusto   impaciente   irresponsable

1. A Mariana no le gusta esperar a los demás. Es muy ____.

2. A Julieta le gusta tener su cuarto limpio y ____.

3. Julieta cree que es importante conservar agua. Cree que es ____ no hacerlo.

4. Julieta y Mariana piensan que es ____ tener que dormirse temprano.

Julieta

Escucha y escribe

ESCUCHAR, ESCRIBIR En el cuadro "Tamalada", la niña que está en la puerta recuerda el día, hace muchos años, cuando entró en la cocina con su padre y vio esta escena. ¿Recuerda ella la escena correctamente? Escucha las seis descripciones y escríbelas. Después, si la información es falsa, escribe la información correcta.

▲ "Tamalada / Making tamales" (1988), Carmen Lomas Garza
Oil on linen mounted on wood, 24" x 32". © 1988 Carmen Lomas Garza. Photo credit: M. Lee Featherree. Collection of Paula Macie-Benecke and Norbert Benecke, Aptos, CA.

14

¿Qué había en la pared?

HABLAR EN PAREJA, ESCRIBIR Usa el imperfecto y escribe tres preguntas sobre la escena que recuerda la niña del cuadro "Tamalada". Después haz tus preguntas a otro(a) estudiante y contesta las preguntas de él (ella).

Videomodelo

A —¿Qué había en la pared?
B —Había un cuadro de una pareja bailando flamenco en la pared.

Para decir más...
la estufa = stove
el horno = oven
las ollas = pans
el suelo = floor

Nota
You know that hay means "there is, there are." In the imperfect tense, *había* means "there was, there were." *Hay* and *había* are forms of *haber*.

15

Y tú, ¿qué dices?

ESCRIBIR, HABLAR

1. ¿Siempre has vivido *(have you lived)* en la misma casa? Si no, ¿dónde vivías antes? ¿Era una casa antigua?

2. Cuando tú eras niño(a), ¿te divertías con tus amigos? ¿Charlaban? ¿Hacían picnics? ¿Contaban chistes?

3. ¿Cuántos años tenías cuando aprendiste a caminar?

4. ¿Qué te regalaban tus abuelos o tus tíos cuando eras niño(a)?

El Día de la Independencia

 LEER, ESCRIBIR En muchos países del mundo, la gente celebra un día para conmemorar la independencia de su país con desfiles, fuegos artificiales y bailes. Lee esta información sobre los días de la independencia en diferentes países. Luego haz una línea cronológica con las fechas de la independencia de los países mencionados abajo.

Conexiones La historia

Fechas importantes

Los Estados Unidos El 4 de julio es el Día de la Independencia en los Estados Unidos. Es el aniversario de la Declaración de la Independencia, que firmó[1] el Segundo Congreso Continental en 1776. Luego, los Estados Unidos obtuvieron[2] su independencia de Gran Bretaña.

Firmando la Declaración de la Independencia ▶

The Declaration of Independence, 4 July 1776,
John Trumbull (American, 1756–1843) 1786–1820. Oil on canvas, 53 x 78.7 cm (20-7/8 x 31 in).© Corbis Bettmann.

La Revolución Francesa Los franceses obtuvieron su independencia de la monarquía el 14 de julio de 1789. Pelearon bajo el lema[3] "Libertad, igualdad y fraternidad".

España Los franceses invadieron España en el año 1808 y los españoles pelearon contra ellos durante la Guerra[4] de la Independencia. En 1814, los españoles obtuvieron su independencia de los franceses.

México La independencia de los Estados Unidos y la de Francia fueron grandes ejemplos para los países de América Latina. Unos años después, el 16 de septiembre de 1810, Miguel Hidalgo comenzó la guerra de la independencia contra los españoles, que ocupaban México.

Colombia, Venezuela, Perú, Ecuador y Bolivia Simón Bolívar comenzó el movimiento de independencia de España en muchos países hispanoamericanos. Ayudó a establecer la independencia de cinco países: Colombia (el 20 de julio de 1810), Venezuela (el 5 de julio de 1811), Perú (el 28 de julio de 1821), Ecuador (el 10 de agosto de 1809 y el 13 de mayo de 1830) y Bolivia (el 6 de agosto de 1825).

Simón Bolívar, El Libertador ▶

José Gil de Castro. Courtesy of Corbis Bettmann.

1signed 2gained 3motto 4War

Gramática

OBJECTIVES
▶ Talk and write about how people behaved at celebrations
▶ Exchange information about how you and your friends interact

Reciprocal actions

Sometimes the reflexive pronouns *se* and *nos* are used to express the idea "(to) each other." These are called reciprocal actions.

> Los novios **se abrazaban** y **se besaban**.
> *The bride and groom **were hugging each other** and **kissing each other***.

> Por lo general **nos saludábamos** con un abrazo.
> También **nos dábamos la mano**.
> *We usually **greeted each other** with a hug.*
> *We also **would shake hands***.

¿Recuerdas?
You already know that *Nos vemos* means "We'll see each other later."

Más recursos ONLINE

- ▶ *GramActiva* Video
- ▶ **Tutorial:** Reciprocal actions
- ◀)) *Canción de hip hop:* ¿Cómo celebraban ustedes?
- 🖉 *GramActiva* Activity

17

Los buenos amigos

HABLAR EN PAREJA Habla con otro(a) estudiante sobre lo que hacen tus mejores amigos y tú.

▶ **Videomodelo**
verse frecuentemente
A —¿Uds. se ven frecuentemente?
B —Sí, nos vemos todos los días.
o: —No, no nos vemos frecuentemente.

Unos amigos en Loma Plata, Paraguay

Estudiante A

1. llevarse bien siempre
2. ayudarse con la tarea de vez en cuando
3. escribirse por correo electrónico a menudo
4. hablarse por teléfono todos los días
5. respetarse mucho
6. comprenderse generalmente

Estudiante B

Sí, nos . . .
No, no nos . . .

Durante la boda

HABLAR EN PAREJA Durante la boda de Carmen y Alfonso algunos de los invitados *(guests)* se portaban mal. Usa el imperfecto para describir lo que hacían todos mientras los novios se casaban.

Videomodelo
Pati y Juanito

A —*¿Qué hacían Pati y Juanito mientras Carmen y Alfonso se casaban?*

B —*Pati y Juanito se peleaban.*

el Sr. García y el Sr. Ramírez

el Sr. Vásquez

Roberto y Belita

Carmen y Alfonso

la Sra. Fernández y la Sra. Peña

Pati y Juanito

las tías

el Sr. Medina

los padres de Carmen

Estudiante A

1. las tías
2. el Sr. García y el Sr. Ramírez
3. la Sra. Fernández y la Sra. Peña
4. el Sr. Vásquez y el Sr. Medina
5. Roberto y Belita
6. los padres de Carmen

Estudiante B

besar(se)   llevarse mal
charlar   hablar por teléfono
contar(se) chistes prestar atención
pelear(se)

CULTURA ‹ México

La ceremonia del lazo En México, la ceremonia del lazo es parte de la boda y simboliza la unión entre los novios. Es cuando dicen sus promesas matrimoniales y luego el sacerdote[1] les pone en el cuello[2] una cuerda en forma de ocho. La expresión "atar el nudo"[3] viene de esta tradición mexicana.

• ¿Qué piensas que significa el acto de "atar el nudo" durante la ceremonia? ¿Hay tradiciones similares en los Estados Unidos? ¿Cuáles son?

[1]priest [2]neck [3]to tie the knot

El carnaval es una de las celebraciones más alegres[1] y animadas de América Latina. Por lo general se celebra durante tres días. Casi siempre hay desfiles de carrozas[2], grupos de personas con máscaras, bailarines y músicos. En los desfiles de la República Dominicana las personas se disfrazan[3] con máscaras que representan a diferentes personajes reales o imaginarios. En el Uruguay los desfiles son con música, sobre todo de tambores, llamada *candombe*. Las personas siguen a los músicos, todos bailan y algunos se disfrazan. En el Ecuador y en Venezuela no hay desfiles. La tradición es tirar[4] agua a los peatones que pasan por la calle, o entre los vecinos y miembros de la familia.

• En tu comunidad, ¿en qué festividades o celebraciones hay desfiles? ¿Participas en los desfiles? ¿Te gusta ver los desfiles?

[1]happy [2]floats [3]wear costumes [4]to throw

Una celebración en Venezuela

19

Una celebración

HABLAR EN PAREJA, ESCRIBIR Habla con otro(a) estudiante sobre cómo celebraba un día festivo cuando era niño(a).

1 Pregunta a tu compañero(a) qué día festivo le gustaba celebrar.

Videomodelo
A —*¿Qué día festivo era tu favorito cuando eras niño(a)?*
B —*Me encantaba Halloween.*

2 Escribe cinco preguntas que puedes hacerle a tu compañero(a) usando el imperfecto y expresiones culturalmente apropiadas. Hazle las preguntas y escribe sus respuestas.

3 Escribe un párrafo de por lo menos *(at least)* cinco frases sobre cómo tu compañero(a) celebraba el día festivo.

Modelo
A Carmen le encantaba Halloween cuando era niña. Siempre se vestía de princesa. Todos decían que ella era muy bonita. Iba a las casas de sus parientes y ellos le daban muchos dulces. Después se comía todos los dulces.

> **Para decir más . . .**
> **El Día de San Valentín =** Valentine's Day
> **El Día de San Patricio =** St. Patrick's Day
> **El Día de Acción de Gracias =** Thanksgiving Day

20

Go **Online** to practice

PEARSON
realize™

PearsonSchool.com/Autentico

VIDEO

WRITING

SPEAK/RECORD

MAPA GLOBAL

Las Fallas de Valencia

LEER, ESCRIBIR Lee el artículo sobre Las Fallas de Valencia, una de las fiestas más divertidas de España, y luego contesta las preguntas.

1. ¿Cuándo y por qué quemaban la madera en tiempos antiguos?

2. ¿Qué hacen con los ninots que construyen hoy en día?

3. ¿Cuál es la idea principal del artículo? Identifica dos detalles de apoyo.

Mapa global interactivo Explora Valencia, España, el lugar de las celebraciones anuales de las Fallas. Relaciona esta celebración cultural con otros aspectos de la vida de la comunidad.

Un ninot en Valencia

Las Fallas tienen origen en la celebración de San José, el santo de los carpinteros, y los valencianos conservan esta tradición tan interesante. En tiempos antiguos, los carpinteros celebraban el día de San José y la llegada de la primavera quemando[1] la madera[2] que ya no necesitaban. Hoy en día, durante unos seis meses, varias organizaciones en Valencia construyen unos 350 **ninots,** grandes estatuas de madera, *papier-mâché* y cartón. Estas estatuas representan los eventos del año o a personas famosas, generalmente de una forma muy cómica. Cada año escogen un ninot por voto popular y lo ponen en el Museo del Ninot. La *Cremá* (el 19 de marzo) es la última noche de la celebración, cuando ponen fuegos artificiales dentro de los otros ninots y a la medianoche los queman todos.

[1]burning   [2]wood

21

El mejor ninot

DIBUJAR, ESCRIBIR, HABLAR Con otro(a) estudiante, dibujen un ninot en color. Describan el ninot en tres o cuatro frases y expliquen por qué lo hicieron. Presenten los ninots a la clase y pongan los dibujos en la pared. Voten por el mejor ninot.

Modelo

Nuestro ninot es un jugador de básquetbol. Tiene las manos muy grandes y las piernas muy largas. Usamos los colores de la escuela en su uniforme. Hicimos este ninot porque nuestro equipo de básquetbol ganó todos los partidos el mes pasado.

El español en el mundo del trabajo

En el mercado de decoraciones y ornamentos de los Estados Unidos, los hispanohablantes ocupan un lugar importante. En el pasado se importaban de países hispanohablantes las decoraciones para días festivos pero luego se empezaron a hacer en los Estados Unidos. Por ejemplo, en Lynn, Massachusetts, se fabrican[1] ornamentos hechos de masa de pan[2] para la Navidad. En San Antonio, Texas, se hacen *cascarones,* que son las cáscaras de huevos rellenos de confeti[3]. En la "Fiesta" de abril, las personas rompen los cascarones en las cabezas de sus amigos.

• ¿Se usa en tu comunidad alguna decoración u ornamento en los días festivos? ¿Cómo es? ¿Dónde se fabrica? ¿Es un ornamento que se usa en otro país o región?

[1]make   [2]dough ornaments   [3]confetti-filled eggshells

Lectura

OBJECTIVES

▶ Read about *los Reyes Magos*
▶ Identify main idea and supporting details from nonfiction texts

Estrategia

Main idea and details Read the questions at the end of the text to help you focus on the main idea and supporting details of this nonfiction text.

El seis de enero

Uno de los días más anticipados y felices para los niños del mundo hispano es el seis de enero, el Día de los Reyes Magos. Según la tradición, los tres Reyes Magos: Melchor, Gaspar y Baltasar, vienen montados en sus camellos[1] durante la noche y les traen regalos a todos los niños. La noche del cinco, las familias van al centro de la ciudad para ver un desfile de carrozas[2] con luces y flores y, por supuesto, los Reyes Magos. Después, los niños reúnen hierba o paja[3] para los camellos y la ponen en una caja cerca de sus zapatos. La mañana del seis, los niños se despiertan para ver qué les regalaron los Reyes Magos.

[1]camels [2]carriages [3]grass or straw

Niños vestidos de Reyes Magos, en la República Dominicana

Queridos Reyes:

Este año van a venir, ¿no? Yo soy Carolina. Quiero decirles que me porto bien con mami, papi, la maestra, mis abuelos y mis abuelas. Les escribo para pedirles una bicicleta rosada. También me gustaría una muñeca con ropa muy bonita. Eso es todo. Muchas felicidades. Muchas gracias y muchos recuerdos a los camellos. Feliz año nuevo.

Los quiere,
Carolina
7 años

San Juan, Puerto Rico
4 de enero

Antes del seis de enero, los niños les escriben cartas a los Reyes Magos pidiendo sus regalos. A veces también visitan a los Reyes Magos en los almacenes de las ciudades grandes. Antes era costumbre poner las cartas al lado de los zapatos, pero luego comenzaron a enviarlas por correo postal y hoy en día las envían por correo electrónico.

Asunto Lista de regalos

Queridos Reyes Magos:

Me llamo José Alejandro y les escribo esta carta con mi mamá para decirles los regalos que quiero para mí y para mi hermanito, Jorge Andrés. Nos portamos bien. Yo saco muy buenas notas en la escuela y hago toda mi tarea. Yo quiero un carrito de control remoto y un videojuego de fútbol para mi computadora. Mi hermanito quiere un juguete o cualquier cosa que ustedes puedan. Gracias, y recuerden llevarles juguetes a los niños pobres y traernos paz y amor.

Los quieren,
José Alejandro y Jorge Andrés
7 y 2 años
Argentina

¿Comprendiste?

Contesta estas preguntas sobre las ideas principales y detalles de apoyo de este texto de no ficción.

1. ¿Cuál es la idea principal de esta lectura?

2. ¿Qué detalles apoyan (support) la idea principal?

3. ¿Qué hacen los niños antes del seis de enero?

4. ¿Qué hacen los niños el día seis?

5. En los Estados Unidos, muchos niños creen en Santa Claus. ¿En qué son similares las tradiciones de Santa Claus y de los Reyes Magos? ¿En qué son diferentes?

Y tú, ¿qué dices?

Escribe una carta a los Reyes Magos. Usa una de las cartas escritas por niños del mundo hispano como modelo.

Perspectivas del mundo hispano

El Roscón de Reyes

Es el Día de los Reyes Magos, el seis de enero, y mientras los niños juegan con sus regalos, los mayores preparan la merienda[1] de Reyes para sus amigos y familia. Esta merienda incluye un postre especial que se llama el roscón (o en México, la rosca) de Reyes. Cuando es la hora de comer el roscón, todo el mundo se acerca a la mesa y una persona empieza a cortarlo. Cada persona corta una rebanada[2] del roscón. Todos comen su porción cuando una persona grita, "¡Lo tengo!"

¿Qué es lo que tiene? Pues, dentro del roscón hay un muñequito de plástico. Según la tradición la persona que encuentra el muñequito debe pagar por la cena u otro roscón. Según otra tradición, la persona que encuentra el muñequito es el rey o la reina[3] de la fiesta.

El roscón es dulce, parecido a un pan dulce o a una torta, que se hace y se come sólo una vez al año. Está hecho con harina,[4] huevos, azúcar, mantequilla y frutas confitadas.[5] Como toda comida tradicional, la receta puede variar según la familia o la región. En ciertos países, el roscón se acompaña[6] con una taza de chocolate caliente.

Online Cultural Reading

Go to Auténtico ONLINE to access a website from the Dominican Republic and learn about different costumes worn to celebrate Carnaval.

Ingredientes > El Roscón de Reyes

harina
huevos
azúcar
mantequilla
frutas confitadas

Un roscón de Reyes

Comparación cultural ¿Hay una tradición o celebración de tu familia en la que comen algo especial? ¿Qué es? ¿Cómo se prepara? ¿Hay algo especial que hacen mientras la preparan?

Explicar ¿Crees que es importante mantener la tradición de preparar una comida especial? ¿Por qué?

[1]snack [2]slice [3]king or queen [4]flour [5]candied [6]is accompanied

Presentación escrita

OBJECTIVES
▶ Write about your favorite holiday or celebration as a child
▶ Use a chart to help you generate more ideas

Mi celebración favorita

TASK Write an e-mail to a friend describing a favorite holiday or celebration from your childhood.

1 Prewrite Think of an event you used to celebrate. Copy this chart and fill it in with words or expressions related to your topic.

¿Qué hacían?	¿Dónde se reunían?	¿Cómo era?	¿Quiénes estaban?	¿Por qué te gustaba?

2 Draft Use the ideas from the chart to write a first draft. Include simple sentences that show a sequence of events.

Modelo

Mi celebración favorita era el Día de la Madre. Celebrábamos este día con toda la familia y, claro, con mi mamá. Primero íbamos a . . . Siempre le regalábamos . . . Ella siempre lloraba porque . . .

3 Revise Check your e-mail for correct spelling and use of vocabulary and the imperfect tense. Share the e-mail with a partner, who should check:

• Is the e-mail easy to read and understand?

• Does it provide an interesting description of the event?

• Is there anything you should add?

• Are there any errors?

Estrategia
Using a chart Thinking through categories and writing down key words and expressions will give you more ideas for writing

4 Publish Rewrite the e-mail, making any necessary changes. Make a copy for your teacher or add it to your portfolio.

5 Evaluation The following rubric will be used to grade your presentation.

Rubric	Score 1	Score 3	Score 5
Amount of information you provide	You respond to only two questions.	You respond to only three questions.	You respond to all five questions.
Your accuracy in describing events in the past	You use three verbs in the past with grammatical errors.	You use four verbs in the past with some grammatical errors.	You use five or more verbs in the past with very few grammatical errors.
Your use of vocabulary and grammar	You use very little variation of vocabulary and have frequent usage errors.	You use limited vocabulary and have some usage errors.	You use an extended variety of vocabulary and have very few usage errors.

Auténtico

Partnered with E F E:

Los carnavales del interior de Uruguay

Antes de ver

Usa la estrategia: Using Visual Clues

Visual clues can help you understand a video and the cultural practices shown. What do you see? Where are they? Who is present?

Read this Key Vocabulary

plantean = offer
austral = relating to the Southern hemisphere
ambos = both
han presentado = have presented
comparsas = block of dancers and singers
 in a parade
disfraces = costumes
madrugada = dawn
apreciados = appreciated

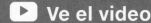 Ve el video

Two of the most important carnival celebrations in Uruguay take place in Artigas and Durazno. They are different from carnival in the capital, Montevideo. How do holiday celebrations differ regionally in your country?

Go to **PearsonSchool.com/Autentico** and watch the video *Música, baile y tradición en los carnavales del interior de Uruguay* to see how carnival is celebrated in Uruguay's interior.

Completa las actividades

Mientras ves Usa las pistas visuales para ayudarte a identificar las ideas principales y las prácticas culturales mientras ves el video. ¿Cuáles de los siguientes puedes ver en el video?

Un desfile
Los fuegos artificiales
Gente bailando
Disfraces elegantes

Integración

Después de ver Mira el video otra vez para contestar estas preguntas.

1. El narrador ofrece un sinónimo para la palabra *disfraz*. ¿Cuál es?

2. Usando las pistas visuales, define en español qué es una comparsa. ¿Has participado (*Have you participated*) alguna vez en una comparsa?

3. Explica a un compañero qué es el carnaval.

 For more activities, go to the *Authentic Resources Workbook*.

Celebrando los días festivos

Expansión Busca otros recursos en *Auténtico* en línea. Después, contesta las preguntas.

 4B Auténtico

Integración de ideas Los recursos auténticos hablan de días festivos en varios países. Usa los recursos para escribir una guía sobre los festivales en países hispanohablantes.

Comparación cultural Compara las celebraciones en la cultura hispanohablante con las que encuentras en tu cultura.

Repaso del capítulo

OBJECTIVES
▶ Review the vocabulary and grammar
▶ Demonstrate you can perform the tasks on p. 235

🔊 Vocabulario

to talk about manners and customs

abrazar(se)	to hug
besar(se)	to kiss
dar(se) la mano	to shake hands
despedirse (e → i)(de)	to say good-bye (to)
los modales	manners
saludar(se)	to greet
sonreír (e → i)	to smile

to talk about people

el bebé, la bebé	baby
contar (o → ue) (chistes)	to tell (jokes)
llevarse bien / mal	to get along well / badly
llorar	to cry
los mayores	grown-ups
los parientes	relatives
reírse (e → i)	to laugh
reunirse (u → ú)	to meet

to talk about special events

alrededor de	around
el aniversario	anniversary
casarse (con)	to get married (to)
charlar	to chat
la costumbre	custom
cumplir años	to have a birthday
el desfile	parade
el día festivo	holiday
divertirse (e → ie)	to have fun
enorme	enormous
¡Felicidades!	Congratulations!
felicitar	to congratulate
la fiesta de sorpresa	surprise party
los fuegos artificiales	fireworks
hacer un picnic	to have a picnic
nacer	to be born
regalar	to give (a gift)
la reunión, pl. las reuniones	gathering

to discuss the past

antiguo, -a	old, antique
frecuentemente	frequently
había	there was / there were
mientras (que)	while
recordar (o → ue)	to remember

Gramática

using the preterite and imperfect to describe a situation

Use the imperfect to describe people, places, and situations:

La casa donde **vivía estaba** al lado de un lago.

Use the imperfect to describe an action or situation with no specific beginning or end:

Había mucha gente en la fiesta de sorpresa.

The imperfect tense is used to tell what someone was doing when something happened:

Mis padres me **felicitaban** cuando llegó mi tía.

Mis tíos se **saludaban** cuando **empezaron** los fuegos artifciales.

Los amigos hablaban cuando Marta se cayó en la piscina.

reciprocal actions

Los estudiantes **se saludaban** todos los días.

Nos veíamos frecuentemente cuando éramos niños.

Se escribían por correo electrónico de vez en cuando.

For *Vocabulario adicional,* see pp. 506–507.

Preparación para el examen

What you need to be able to do for the exam . . .	Here are practice tasks similar to those you will find on the exam . . .	For review go to your print or digital textbook . . .
Interpretive		
1 ESCUCHAR I can listen and understand as people talk about their childhood memories of family celebrations.	To celebrate "Grandparents' Day," your teacher invited Spanish-speakers from the community to talk about their favorite childhood memories. Listen as one of them describes one of their favorite family celebrations. See if you understand: (a) the reason for the gathering; (b) who was there; (c) what people used to do at the celebration.	pp. 212–215 *Vocabulario en contexto* p. 218 **Actividad 8** p. 222 **Actividad 13**
Interpersonal		
2 HABLAR I can talk about how my family used to celebrate holidays when I was a child.	You have been invited to an elementary Spanish classroom to talk to the children about how you used to celebrate holidays when you were their age. What could you say? Try to include: (a) where you used to celebrate most holidays; (b) what you used to do; (c) who got together to celebrate with you.	p. 218 **Actividad 8** p. 222 **Actividad 14** p. 226 **Actividad 19**
Interpretive		
3 LEER I can read and understand a description of activities at a special event.	Read part of the notes that Miguel wrote for the wedding reception video he just finished filming for his friend, Mauricio, the groom, and the bride, Luisa. Can you determine who was having a good time and who was not without seeing the video? Cuando Mauricio besó a Luisa, la madre de Luisa lloraba y el padre de ella sonreía. Los sobrinos pequeños se reían y jugaban con sus juguetes.	p. 219 **Actividad 10** p. 227 **Actividad 20** pp. 228–229 *Lectura*
Presentational		
4 ESCRIBIR I can write about my best birthday.	A local Spanish-language radio station is asking people to send e-mails or faxes describing their best birthday. You might begin by writing: *Yo recuerdo bien mi cumpleaños de trece años . . .* Describe people who were there, where it was held, and what happened.	p. 226 **Actividad 19** p. 231 *Presentación escrita*
Cultures		
5 COMPARAR I can understand the different ways in which some Hispanic families celebrate special days and holidays.	Describe a holiday, such as *Las Fallas* or *Carnaval,* that is of special interest to you. How is this holiday similar to one that you celebrate in your community?	p. 210 *Arte y cultura* p. 215 *Videohistoria* p. 220 *Cultura* p. 226 *Cultura* p. 227 **Actividad 20** p. 230 *Perspectivas del mundo hispano*

OBJECTIVES
▶ Talk and write about homes and the weather
▶ Express how people feel and exclamations of emotion

Vocabulario

¿Qué tiempo hace?
Hace calor.
Hace frío.
Hace sol.
Hace viento.
Llueve. (llover)*
Nieva. (nevar)*

los cuartos de la casa
el baño
la cocina
el comedor
el dormitorio
el garaje
el jardín, *pl.*
  los jardines
la oficina
el patio
la planta baja
el primer piso
la sala
el segundo piso
el sótano

en los cuartos
la alfombra
la cama
la cómoda
las cortinas
el cuadro
el disco compacto
el equipo de sonido
el espejo
el estante
la lámpara
la mesita
la pared
el televisor
el video

*The verbs *llover* ("to rain") and *nevar* ("to snow") are stem-changing verbs in the present tense.
The third-person singular form is the only form used.

1

¿Cómo son las casas?

ESCRIBIR, HABLAR Un estudiante de intercambio va a vivir con tu familia. Te escribe por correo electrónico con algunas preguntas. Contesta las preguntas.

1. ¿Qué tiempo hace ahora allí?
2. En mi dormitorio hay muchos carteles, unos cuadros y fotos, y un espejo en las paredes. ¿Qué tienes tú?
3. Las casas en mi país generalmente son de un piso. ¿Y allí?
4. Tenemos una cocina bastante grande, pero comemos en el comedor. ¿Y Uds.?
5. Mi familia pasa mucho tiempo en la sala. ¿Dónde pasan tiempo Uds.?

2

En mi casa

DIBUJAR, ESCRIBIR, HABLAR EN PAREJA

1 Dibuja una casa. Incluye en la casa algunas de las cosas de la lista "en los cuartos". Escribe cinco frases que describen la casa. Algunas de las frases deben ser ciertas y otras deben ser falsas.

2 Muestra (*Show*) tu dibujo a otro(a) estudiante y lee tus frases. Tu compañero(a) tiene que decir si las frases son ciertas o falsas y escribir la información correcta para las frases falsas.

Gramática Repaso

~ressions using *tener*

expressions, *tener* is used to
the verb "to be." See how many
expressions you remember:

. . . años	miedo
calor	prisa
cuidado	razón
frío	sed
hambre	sueño

Tengo sed porque hace mucho calor.
Vamos rápido porque **tenemos prisa**.

The use of *¡Qué . . . !* in exclamations

Qué is used in exclamations of emotion or feeling.

Use *¡Qué . . . !* with adverbs and adjectives to mean
"How . . . !"

   ¡Qué rápido corren ellos!   **¡Qué triste!**

Use *¡Qué . . . !* with nouns to mean "What (a) . . . !"

   No puedo jugar porque me duele el estómago.
   ¡Qué pena!

   No comí ni el desayuno ni el almuerzo.
   ¡Qué hambre tengo!

3

¿Qué tiene?

 ESCRIBIR, HABLAR Completa estas frases con una expresión con *tener*.

1. Si acabo de correr y necesito agua, ___.

2. Si estás buscando tu suéter, ___.

3. Si vas a acostarte, ___.

4. Si no quieren llegar tarde a la escuela, ___.

5. Si comemos cinco tacos, ___.

6. Si hace muchísimo calor en la clase, ___.

7. Si decimos que Bolivia queda al norte de Argentina, ___.

8. Si tu hermanito dice que no le gustan nada las películas de horror, ___.

Modelo
Si dices que la capital de Nicaragua
es San José, *no tienes razón.*

4

¡Qué fiesta!

 ESCRIBIR, HABLAR Estás en una fiesta y
observas las siguientes cosas. Da una
exclamación para cada una, usando las
palabras entre paréntesis.

Modelo
A todos les encantan las decoraciones. (bonito)
¡Qué bonitas son las decoraciones!

1. Todos comen los sándwiches. (sabroso)

2. Ese chico tiene sólo nueve años, pero
ya sabe álgebra. (inteligente)

3. María Teresa baila muy bien. (bailarina)

4. ¿Quieres bailar? (buena idea)

5. El pastel es para 100 personas.
(grande)

CAPÍTULO 5A
Un acto heroico

España
México
Guatemala
Costa Rica
Puerto Rico
Colombia
Chile
Argentina

CHAPTER OBJECTIVES

Communication

By the end of this chapter you will be able to:

- Listen to and read about disasters and rescues.
- Talk and write about how things were during your day and about disaster movies.
- Exchange information about newsworthy events.

Culture

You will also be able to:

- **Auténtico:** Identify cultural perspectives in an authentic video about a dog's act of heroism.
- Understand volcano names and legends that are related to them.
- Compare natural disasters in the Spanish-speaking world with those in your community.

You will demonstrate what you know and can do:

- Presentación oral: Y ahora, un reportaje especial...
- Preparación para el examen

You will use:

Vocabulary

- Natural disasters, weather extremes, and fires
- The news and rescues

Grammar

- Preterite and imperfect: other uses
- The preterite of the verbs *oír, leer, creer,* and *destruir*

ARTE y CULTURA ❭ El mundo hispano

Zulia Gotay de Anderson nació en Ponce, Puerto Rico, y ahora vive en Port Aransas, Texas. Este cuadro ilustra un cuento de pescadores¹ volviendo a casa durante un huracán. Sus esposas tienen miedo porque piensan que los pescadores no van a poder regresar. En 1998, más de diez mil personas murieron² en el huracán Mitch. Para reducir los efectos devastadores de los huracanes en el futuro, varios grupos trabajan en Honduras y Guatemala para mejorar los métodos de informar a la gente cuando venga³ otro huracán.

▶ Cuando hay un desastre en tu comunidad, por ejemplo un incendio⁴ o una inundación⁵, ¿ayudan unas personas a otras? ¿Cómo se ayudan?

¹fishermen ²died ³comes ⁴fire ⁵flood

"The Storm / La tempestad" (2002), Zulia Gotay de Anderson
Oil on masonite, 24 x 30 in.

Rescate de los mineros de la mina San José, Atacama, Chile

Videocultura Informe: La contaminación

Vocabulario en contexto

OBJECTIVES

Read, listen to, and understand information about
▶ natural disasters and crisis situations
▶ emergencies, rescues, and heroic acts

Más vocabulario

la causa = the cause
dormido, -a = asleep
investigar = investigate
el paramédico, la paramédica = paramedic
el reportero, la reportera = reporter
la vida = life
vivo, -a = living, alive

¿**Oyeron Uds. el noticiero?** **Hubo** un terremoto en Santa Rita que **destruyó** varios edificios del centro. Y después del terremoto hubo una explosión. **La locutora** dijo que hay más de 130 **muertos** y más de mil **heridos**.

el edificio de apartamentos

el bombero

subir

la escalera

nevar

llover

la lluvia

la inundación

el huracán

la tormenta

el humo

el incendio

la explosión

destruir

el terremoto

¡Qué hacer para salvar tu vida! ★ 🜍

Los desastres pueden **ocurrir de repente**, en solo unos minutos.
¿Qué puedes hacer para **salvar** tu vida y **escaparte** vivo?

Incendio

Apaga el incendio si puedes. Pero ¡cuidado! Escápate **de prisa**.

quemar(se)

apagar

Terremoto

Si **comienza** un terremoto, escóndete debajo de una mesa. Cuando para el terremoto, **baja** del edificio donde estás.

los muebles

esconderse

1

Desastres naturales

 ESCUCHAR Escucha a un locutor hablar sobre desastres naturales alrededor del mundo. Mira las fotos y señala lo que escuchas.

2

¿Cierto o falso?

ESCUCHAR Escucha las frases sobre desastres naturales. Si la frase es cierta, señala con el pulgar hacia arriba (*thumbs up*). Si la frase es falsa, señala con el pulgar hacia abajo (*thumbs down*).

mensajes 08:17 PM

Lisa / Beti

Beti Leí un **artículo** en el periódico esta mañana. ¡Qué pena! ¿Está bien tu hermano Diego?

Lisa Lo **llamé por teléfono**. Está en el hospital, pero **afortunadamente**, está vivo. Mira la foto que me envió.

Beti ¿Qué pasó?

Lisa **A causa del** terremoto, hubo un incendio en un edificio de apartamentos. Diego estaba cerca del edificio y **oyó** a un señor **gritar** "¡Socorro!" El señor estaba muy **asustado** porque sus gatos estaban en el edificio. Diego llamó a los bomberos, y luego **trató de** apagar el incendio. Quería ser un **héroe**, y ahora está **herido**.

Beti **Sin duda**, Diego es muy **valiente**.

Lisa Eso no es todo. Una mujer entró al edificio para tratar de **rescatar** a los gatos del señor. Pudo salvar la vida de uno, pero los otros dos gatos **se murieron**. ☹

Beti Ella también es **una heroína**.

Lisa Tienes razón. Mi hermano y la mujer son héroes. ♥ ♥ ♥

3

Incendios

 ESCRIBIR Lee cada oración y escribe *Sí* si es correcta y *No* si es incorrecta.

1. Diego envió una foto a Lisa.
2. Un señor gritaba "¡Socorro!" porque sus gatos querían ser héroes.
3. Diego trató de apagar el incendio.
4. Dos gatos se murieron en el incendio.
5. Beti pudo salvar la vida de un gato.

Videohistoria

Los héroes

Antes de ver

Using prior experience to identify the main idea Have you seen a natural disaster or accident or seen people rescued? Listen to Seba's and Camila's stories in the video and identify the main idea.

Completa la actividad

Los rescates ¿Te gustaría ser paramédico(a) o bombero(a)? ¿O prefieres ser reportero(a) o locutor(a)? ¿Por qué?

▶ Ve el video

¿Qué rescató el policía en Ecuador?

Ve a **PearsonSchool.com/Autentico** para ver el video *Los héroes*. También puedes leer el guión.

Ximena   **Camila**   **Seba**

Después de ver

 ¿COMPRENDISTE? Lee las preguntas. Luego, ve el video otra vez y contesta las preguntas.

1. ¿Dónde estaba el oso perezoso cuando el policía lo rescató?
2. ¿Dónde vive Julieta, la hermana de Camila?
3. ¿Qué hizo Julieta cuando oyó pequeñas explosiones del volcán?
4. ¿Qué hizo el paramédico? ¿Fue peligroso el volcán? ¿Cómo lo sabes?
5. ¿Cuál es la idea principal de este video, según lo que escuchaste?

Analizar Hay personas que viven cerca de un volcán o en un lugar donde hay terremotos. ¿Por qué crees que viven allí?

Vocabulario en uso

OBJECTIVES
▶ Talk about natural disasters
▶ Discuss a fire and rescue
▶ Listen to a radio announcer's description of a fire
▶ Write about natural disasters, emergencies, rescues, and heroic acts

4

El incendio

 LEER, ESCRIBIR Escribe frases completas para explicar lo que ocurrió ayer en un barrio de la ciudad.

Modelo

 sacó fotos del

El fotógrafo sacó fotos del incendio.

Una señora vio ___1.___ y llamó por teléfono a ___2.___ . ___3.___

investigó la causa de ___4.___ en el apartamento. El incendio destruyó todos

___5.___  en el apartamento. ___6.___ llevó al señor que estaba ___7.___

a la ambulancia. ___8.___ rescató a una perra del ___9.___

___10.___ valiente subió ___11.___ y apagó ___12.___

5

Escucha y escribe

 ESCUCHAR, ESCRIBIR, HABLAR EN PAREJA Escucha las seis frases de un locutor que da las noticias del incendio que se describe en la Actividad 4. Escribe las frases. Después, con otro(a) estudiante, pongan en orden estas frases siguiendo el orden de la Actividad 4 para contar lo que ocurrió.

El artículo de la reportera

LEER, ESCRIBIR Una reportera, Alicia Fernández, habló con el Sr. Osorio. Lee otra vez la información del incendio en las Actividades 4 y 5. Escoge las palabras del recuadro y completa las notas de Alicia en preparación para escribir el artículo para el periódico.

El Sr. Osorio estaba __1.__ en su cama cuando, __2.__, su perra Blanca __3.__ a ladrar (bark). El señor salió de su cama muy __4.__ y llamó a los bomberos. __5.__ llegar a la puerta del apartamento.

Afortunadamente el señor y su perra __6.__ y están __7.__. Muchos dicen que Blanca es una verdadera __8.__. __9.__, Blanca ayudó a salvarle __10.__ al Sr. Osorio.

comenzó	se escaparon
de prisa	se escondió
de repente	sin duda
dormido	trató de
heroína	la vida
muertos	vivos

7

Profesiones para nuestros compañeros

ESCRIBIR, HABLAR EN PAREJA

1 Escribe verbos y adjetivos que asocias con estas personas.

1. bombero, -a   3. reportero, -a   5. policía

2. paramédico, -a   4. locutor, -a

Modelo
profesor, -a
*ayudar, enseñar, explicar,
inteligente, simpático*

2 Trabaja con otro(a) estudiante. Habla de las personas en tu escuela que deben tener estas profesiones.

Videomodelo

A —*¿Quién debe ser profesor(a)?*

B —*Martín Echevarría debe ser profesor de español. Es inteligente y muy simpático. Le gusta ayudar a otras personas. Explica muy bien los verbos y puede enseñar a la clase si es necesario*

CULTURA Chile

Los bomberos chilenos ¿Sabes que todos los bomberos en Chile son voluntarios? Para ser bombero, uno tiene que llenar una solicitud[1] en una estación de bomberos y aprobar[2] un examen físico y mental. Los bomberos no tienen horarios fijos[3]. Van a la estación cuando pueden y todos tienen radios para saber cuándo los necesitan. Sirven durante el día y también durante la "guardia nocturna". Para comprar el equipo necesario, los voluntarios tienen que pagar dinero todos los meses para servir a la comunidad.

- ¿Crees que los voluntarios deben pagar sus propios gastos[4]? ¿Por qué?

Pre-AP Integration: La educación y las carreras profesionales: ¿Crees que los bomberos chilenos tienen que estudiar para ser bomberos en sus comunidades? ¿Por qué sí o por qué no?

[1]application [2]pass [3]fixed [4]expenses

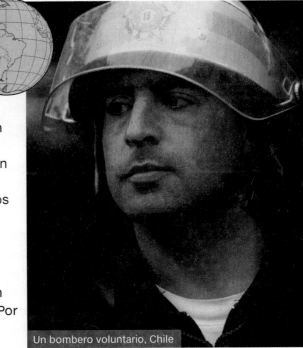

Un bombero voluntario, Chile

Antónimos

LEER, ESCRIBIR Lee las frases y complétalas con el antónimo de la palabra señalada. Escoge el antónimo del recuadro y escríbelo en la forma correcta según la frase.

comenzar	dormido	se murieron
de prisa	muerto	subir

1. Sus peces no están *vivos,* están ___.

2. ¿Qué vas a hacer, ___ o *bajar* la escalera?

3. No puede *terminar* el trabajo porque primero tiene que ___ el trabajo.

4. Los gatos no están *despiertos*. Están ___.

5. La señorita no está caminando *lentamente*. Está caminando ___.

6. En el artículo dice que tres personas *nacieron* y tres personas ___ en el hospital ayer.

9

Los desastres naturales

ESCRIBIR, HABLAR EN PAREJA

1 Mira las fotos de los desastres naturales. Copia la tabla, escribe el nombre de los desastres y completa la información en las otras columnas. Puedes buscar información en la Red o usar tu imaginación.

Desastre	Lugar	Destrucción	Cuándo ocurrió
los incendios forestales	Colorado	árboles, animales, casas	hace dos años

Un incendio en España

2 Usa la tabla para hablar con otro(a) estudiante sobre los desastres naturales.

Videomodelo

A —¿*Dónde ocurren frecuentemente los **incendios forestales**?

B —*Creo que ocurren en **Colorado**.*

A —*¿**Los incendios forestales** destruyen* mucho?*

B —*Sí, desafortunadamente destruyen **árboles, animales** y a veces **casas**. **Hace dos años** hubo **incendios forestales grandes** en **Colorado**.*

*In the present tense, *destruir* adds *y* to all forms except *nosotros* and *vosotros: destruyo, destruyes, destruye, destruimos, destruís, destruyen.*

Juego

ESCRIBIR, HABLAR, GRAMACTIVA

1 Escoge verbos del recuadro u otros verbos y escribe dos series de acciones en orden lógico, diciendo qué ocurrió primero y qué ocurrió después.

apagar	escaparse	ocurrir	salvar
bajar	gritar	quemarse	subir
comenzar (a)	investigar	rescatar	tratar de

2 Trabaja con tres estudiantes. Lee la primera frase de una de las series. Los estudiantes tienen que adivinar (guess) lo que pasó después. Si la primera persona adivina lo que pasó, gana cinco puntos. Si no puede, le toca el turno a la segunda persona. Si esta persona adivina correctamente, gana tres puntos. Si la tercera persona adivina correctamente, gana sólo un punto. Si nadie adivina correctamente, la persona que escribió la serie gana cinco puntos.

Estrategia

Sequencing of events Putting events in a sequence helps others to understand what happened. Common expressions used to order events are *primero, luego,* and *después*.

Modelo

Primero los bomberos subieron la escalera. Luego entraron por la ventana de la casa.

Videomodelo

A —*Primero los bomberos subieron la escalera. ¿Qué ocurrió luego?*

B —*¿Los bomberos apagaron el incendio?*

A —*No. Lo siento. María, ¿qué ocurrió luego?*

C —*¿Entraron por la ventana?*

A —*Sí. Muy bien. Tres puntos para ti.*

Y tú, ¿qué dices?

ESCRIBIR, HABLAR

1. Para ti, ¿quién es un héroe o una heroína? ¿Cómo es esta persona? ¿Qué hace o hizo?

2. Mira un periódico de tu comunidad. ¿Hay información sobre algún incendio o explosión? Descríbelo.

3. ¿Qué tipo de desastres naturales afecta tu comunidad o región? ¿Qué hacen Uds. para protegerse *(protect yourselves)*?

CULTURA ⟩ El mundo hispano

Limpiando la ciudad de Bariloche, Argentina, después de la erupción del volcán Puyehue, en Chile

Los volcanes representan una amenaza[1] para muchas comunidades de América Latina y el Caribe. En el siglo XX, de todas las personas que murieron a causa de erupciones volcánicas, el 76 por ciento murieron en esta región. En los Andes hay mucha actividad volcánica. El volcán Puyehue, en Chile, entró en erupción el 3 de junio de 2011. Las cenizas[2] llegaron hasta 39,000 pies de altura y afectaron a todo el hemisferio sur.

• ¿Hay volcanes activos o dormidos cerca de tu comunidad? Descríbelos.

Mapa global interactivo Explora dos volcanes en la región de los Andes.

Pre-AP Integration: Los temas del medio ambiente: ¿En las comunidades de los Andes, forman los volcanes parte de la identidad de la comunidad? Explica tu respuesta.

[1]threat [2]ashes

Gramática

OBJECTIVES
▶ Write about states of being, weather, and time in the past
▶ Exchange information about time and physical and mental states in the past

Preterite and imperfect: other uses

Había and *hubo* are forms of *haber* and both mean "there was, there were." *Había* is used to describe a situation that existed in the past, while *hubo* is used to say that an event took place.

> **Había** mucho humo en el apartamento.
>
> **Hubo** un terremoto ayer a las seis de la mañana.

The preterite and imperfect tenses may both be used in a single sentence.

Use the imperfect:
- to tell what day or time it was
  Eran las cinco de la mañana cuando. . . ⟷
- to tell what the weather was like
  Llovía mucho cuando. . . ⟷
- to describe the physical, mental, and emotional states of a person or thing
  Mucha gente **quería** ayudar cuando. . . ⟷

Use the preterite:
- when something happened
  . . .**empezó** a llover.
- for actions completed in the past
  . . .**salimos** de la fiesta.
- to talk about an event
  . . .el incendio **destruyó** la casa.

> **¿Recuerdas?**
> You already know how to use the imperfect tense together with the preterite to describe a situation that existed when something else happened.
> - Nadie **estaba** en la casa cuando los bomberos **entraron**.

These verbs are often used in the imperfect to describe states of being:

estar (triste, contento, cansado)	pensar
parecer (cansado, mal)	querer
sentirse (bien, enfermo)	saber
tener (calor, frío, hambre, sed, sueño)	

> **Más recursos** ONLINE
> ▶ *GramActiva* Video
> 🖉 *GramActiva* Activity

12

¿Qué hora era?

HABLAR EN PAREJA ¿Qué hora era cuando estas condiciones ocurrieron?

Videomodelo
4:00 P.M.
A —¿Qué hora era cuando comenzó la tormenta de nieve?
B —Eran las cuatro de la tarde cuando comenzó.

> **También se dice . . .**
> **el terremoto** = el sismo (muchos países)

1 6:00 P.M.

2 4:30 P.M.

3 2:15 P.M.

4 1:00 P.M.

5 7:45 P.M.

6 10:50 P.M.

Go **Online** to practice

PearsonSchool.com/Autentico

PEARSON
realize™

VIDEO

WRITING

SPEAK/RECORD

13

El cumpleaños desastroso

OBSERVAR, HABLAR EN PAREJA, ESCRIBIR Los padres de Isabel planearon una fiesta de sorpresa para su cumpleaños, pero ella llegó tarde. Con otro(a) estudiante, describan oralmente la situación usando el imperfecto de las expresiones del recuadro. Luego, trabajen juntos para escribir la descripción. Ordenen las frases e incluyan detalles.

estar dormido	pensar que
estar furioso	querer salir
haber	tener hambre
ir a	tener sed
llegar	tener sueño
llover	**¡Respuesta**
parecer cansado	**personal!**

Modelo

Era el cumpleaños de Isabel. Cuando ella llegó a casa, sus parientes ya estaban allí.

14

Y tú, ¿qué dices?

ESCRIBIR, HABLAR

1. ¿Qué hora era cuando te despertaste hoy? ¿Tenías mucho sueño cuando te levantaste?

2. ¿Qué tiempo hacía cuando saliste de casa? ¿Alguien estaba todavía en tu casa cuando saliste?

3. ¿Qué hora era cuando llegaste a la escuela? ¿Cómo estabas cuando comenzaste a estudiar o a trabajar en tu primera clase?

Gramática

OBJECTIVES
▶ Listen to and write about a recent disaster
▶ Talk and write about natural disasters and rescues in the past

The preterite of the verbs *oír, leer, creer,* and *destruir*

In the preterite forms of *oír,* the *i* changes to *y* in the *Ud./él/ella* and *Uds./ellos/ellas* forms. There is also an accent mark over the *i* in all other forms. Here are the present and preterite forms of *oír:*

Present tense		Preterite tense	
oigo	oímos	oí	oímos
oyes	oís	oíste	oísteis
oye	oyen	oyó	oyeron

Creer and *leer* follow the same pattern in the preterite.

creer		leer	
creí	creímos	leí	leímos
creíste	creísteis	leíste	leísteis
creyó	creyeron	leyó	leyeron

—¿**Leíste** el artículo sobre el incendio en el periódico?

—No, **oí** el noticiero en la televisión.

¿Recuerdas?
You know the expression *¡Oye!* ("Hey!"), which is used to get someone's attention. *Oye* is the affirmative *tú* command form of *oír.* It is formed from the present-tense *Ud. / él / ella* form of the verb.

• *Destruir* is conjugated like *oír, creer,* and *leer* in the preterite except that the *tú, nosotros,* and *vosotros* forms do not have accent marks.

¿**Destruiste** la carta que te mandó Raúl?

El incendio **destruyó** todos los muebles de la casa.

Más recursos ONLINE

▶ *Gram*Activa Video
▶ Animated Verbs
◀)) *Canción de hip hop: Un acto heroico*
✎ *Gram*Activa Activity

15

Escucha y escribe

 ESCUCHAR, ESCRIBIR

1 En una hoja de papel, escribe los números del 1 al 4. Vas a oír una conversación sobre un desastre. Mientras la escuchas, escribe las frases.

2 Usa la conversación que escribiste en el Paso 1 y contesta las siguientes preguntas con frases completas.

1. ¿Dónde ocurrió la explosión? ¿Qué destruyó?

2. ¿Quién oyó de la explosión en la radio?

3. ¿Pablo leyó sobre la explosión en la Red o en el periódico?

4. ¿Los dos jóvenes creyeron la noticia fácilmente?

¿Lo oíste?

 **LEER, ESCRIBIR,** La Reina Sofía de España visitó Guatemala después del huracán. Para saber lo que José y Marcos dicen sobre el evento, completa la conversación con la forma apropiada del verbo *oír*.

José — Hoy __1.__ a la locutora del canal 5 decir que la Reina Sofía era muy simpática cuando visitó.

Marcos — Julieta, Liliana y yo también __2.__ lo mismo.

José — Recuerdo la visita muy bien. Yo __3.__ a muchas personas gritar: "¡Bienvenida!" Mamá y papá estaban con mi tío Juan y __4.__ a la reina decir cosas simpáticas.

Marcos — Mi tía Rocío __5.__ al presidente cuando le dijo a la Reina que el pueblo guatemalteco la saludaba.

José — Pero, ¿ __6.__ tú lo que dijo mi hermanito?

Marcos — Sí, __7.__ a tu hermanito cuando dijo que quería mucho a la Reina Sofía. ¡Qué gracioso tu hermanito!

▲ La Reina Sofía de España en Guatemala después del huracán Stan. Es una de las muchas oportunidades que tiene España para mantener un fuerte lazo de unión con las Américas.

¿Qué leíste recientemente?

 ESCRIBIR, HABLAR EN GRUPO Habla con los estudiantes en tu clase sobre lo que leyeron recientemente.

 1 En una hoja de papel, copia la tabla. En la primera línea, escribe lo que leíste tú, cuándo y cómo era.

2 Trabaja con tres estudiantes. Pregúntale a un(a) estudiante sobre lo que leyó. Este(a) estudiante contesta y los otros también deben decir lo que leyeron. Deben escribir toda la información en la tabla.

3 Cada estudiante debe usar la información en la tabla para escribir cinco frases sobre lo que leyeron los miembros del grupo y cómo eran las cosas que leyeron.

Videomodelo

A —*Elena, ¿qué leíste tú?*
B —*Leí una revista sobre la moda la semana pasada. Era fantástica.*

Persona	Lo que leyó	Cuándo	Descripción
yo	una revista sobre la moda	la semana pasada	fantástica

El terremoto en Popayán

LEER, ESCRIBIR Completa la descripción de lo que ocurrió en 1983 en Popayán, Colombia, usando las formas apropiadas del pretérito o del imperfecto.

__1.__ *(Ser)* un día de primavera muy bonito en Popayán. __2.__ *(Haber)* muchísimas personas en la ciudad porque __3.__ *(ser)* Semana Santa.[1] Todos __4.__ *(estar)* muy alegres. De repente, __5.__ *(haber)* un terremoto de una magnitud de 5.5 en la Escala Richter que __6.__ *(sacudir)*[2] la ciudad entera.[3] El terremoto __7.__ *(destruir)* el centro histórico de Popayán, donde __8.__ *(haber)* muchos edificios, iglesias y casas de arquitectura colonial. Muchas personas __9.__ *(tratar de)* salir del centro pero no __10.__ *(escaparse)*. Después __11.__ *(haber)* tres incendios a causa del terremoto y una gran parte de la ciudad __12.__ *(quemarse)*. Finalmente, los oficiales de la ciudad __13.__ *(tener)* que ordenar la evacuación de muchas familias. Por lo menos 120 personas se murieron en el desastre y __14.__ *(haber)* más de 1,000 personas heridas.

Mapa global interactivo Explora Popayán, Colombia y el área cercana. Investiga acerca del (about) terremoto de 1983 y la actividad sísmica en la región.

---

[1]Holy Week, the week between Palm Sunday and Easter [2]to shake [3]whole

Una catedral destruida por el terremoto en Popayán, Colombia

Un desastre natural

HABLAR EN PAREJA Con otro(a) estudiante, mira la foto de la derecha del terremoto en la Ciudad de México en 1985 y la descripción del terremoto en Popayán en la Actividad 18. Hablen de lo que ocurrió en Popayán y en la Ciudad de México y cómo la descripción y las fotos enseñan la historia.

Modelo

En la descripción aprendemos que antes del terremoto había muchas personas en la ciudad . . . .
En la foto vemos que el terremoto destruyó . . . .
En la foto del terremoto en la Ciudad de México, vemos cómo los servicios de emergencia . . . .

Foto del terremoto en la Ciudad de México en 1985 ▶

En caso de un incendio . . .

LEER, HABLAR Un hotel de México da información a las personas que pasan tiempo con ellos sobre cómo sobrevivir *(survive)* un incendio que puede ocurrir en el hotel. Lee la información y contesta las preguntas con otro(a) estudiante.

> ### Estrategia
> **Anticipating text** Many times you can predict the kind of information you will find in a piece of text. What information would you expect to find in your hotel about how to survive a fire? Think about Spanish words that are likely to be used.

CÓMO SOBREVIVIR UN INCENDIO EN EL HOTEL

Cuando entre en el hotel, Ud. debe . . .

- **encontrar las salidas** del hotel.
- **buscar las salidas** y escaleras para incendios en el piso donde está su cuarto.
- **mirar las ventanas** de su cuarto. ¿Se abren? ¿Es posible escaparse por la ventana?

`SALIDA`

Si el incendio comienza en su cuarto, Ud. debe . . .

- **llamar** inmediatamente a la operadora de teléfono.

080

- **tratar de apagarlo.** Si no lo puede hacer, debe salir de su cuarto, cerrar la puerta y sonar[1] la alarma.

Si Ud. está en su cuarto y oye la alarma, debe . . .

- **tocar**[2] **la puerta** de su cuarto. Si no está caliente,[3] la puede abrir muy despacio, salir y cerrar la puerta. Si la puerta está caliente, no debe abrirla. Si es posible, debe salir por la ventana.

- **caminar a la salida** que está más cerca. Si hay mucho humo, debe gatear[4] por el corredor.[5] Si el humo está denso en los pisos de abajo, debe subir a un piso más alto o al techo.[6] Es importante recordar que NUNCA se debe usar el elevador cuando hay un incendio.

Ud. debe recordar que muy pocas personas se queman en los incendios. La mayoría[7] de los problemas ocurren a causa del humo y del pánico. El pánico es usualmente el resultado de no saber qué hacer.

[1]sound [2]touch [3]hot [4]crawl [5]hallway [6]roof [7]majority

1. ¿Qué debes hacer primero cuando entras en el hotel?

2. ¿Debes usar el elevador o las escaleras en caso de un incendio?

3. ¿Cuáles son las cosas más importantes que debes hacer si hay un incendio en tu cuarto?

4. ¿Qué debes hacer si estás en tu cuarto y oyes la alarma?

5. ¿Cuándo es importante gatear por el corredor o por el cuarto?

6. ¿Cuáles son las causas de la mayoría de las muertes en un incendio?

Y tú, ¿qué dices?

HABLAR, ESCRIBIR ¿Oíste o leíste algo recientemente sobre un incendio, una explosión o un desastre natural? Contesta estas preguntas para describirlo.

- ¿Cómo lo oíste o leíste?
- ¿Qué día / hora era cuando ocurrió / comenzó?
- ¿Dónde estabas tú cuando ocurrió?
- ¿Había personas allí cuando ocurrió?
- ¿Destruyó muchos edificios y otras cosas?
- ¿Alguien trató de ayudar en la situación?

Pronunciación ❮ Accent marks to separate diphthongs

Remember that a single syllable called a diphthong occurs when *i* or *u* appear together or in combination with *a, e,* or *o*. Listen to and say these words:

causa	val**ie**nte	**oi**go
destr**ui**r	m**ue**rto	hac**ia**

We use a written accent when the vowels that form what would otherwise be a diphthong need to be pronounced separately. Listen to and say these words:

o**í**	le**í**ste	cre**í**mos
sab**ía**	pa**ís**	env**ío**

Refrán Explica lo que quiere decir este refrán.

Consejo* no pedido, consejo mal oído.

*advice

22

Las tempestades

LEER, ESCRIBIR, HABLAR

Conexiones ❮ La geografía

Hay tempestades[1] violentas de lluvia y vientos fuertes en varias regiones del mundo. Estas tempestades salen de un sistema de baja presión que se encuentra encima de aguas tropicales donde hay una tempestad y vientos fuertes en forma de torbellino.[2] Las tempestades con vientos de más de 39 millas por hora se llaman tormentas tropicales. Cuando los vientos superan[3] 74 millas por hora, se llaman huracán, tifón o ciclón, según la región geográfica.

1 ¿En qué parte del mundo hay huracanes? ¿Dónde hay tifones y ciclones? ¿Qué tienen en común estas regiones?

2 ¿En qué región geográfica ocurren los huracanes en los Estados Unidos? ¿Qué estados son afectados? Compara su posición geográfica con la de las tempestades en el mapa.

---

[1]storms [2]whirlwind [3]exceed

23

Un bombero valiente

OBSERVAR, HABLAR, ESCRIBIR Mira las fotos. Trabaja con otro(a) estudiante para crear un cuento basado en las fotos.

1 Primero hagan una lista de todas las partes del cuento que van a escribir usando el imperfecto. Luego hagan una lista de las acciones que van a escribir usando el pretérito.

imperfecto	pretérito
el gatito estaba en el árbol	los bomberos llegaron en su camión

2 Escriban lo que ocurrió. Usen su imaginación e incluyan detalles adicionales para hacer su cuento más interesante.

El español en la comunidad

Hay muchas oportunidades para ayudar a los demás en tu comunidad o en otros países. Un año después del huracán Stan, muchas personas que habían perdido[1] sus casas y todas sus cosas seguían sin hogar[2]. MayaWorks, un grupo sin fines de lucro[3] en Chicago que ayuda a artesanos indígenas en Guatemala a vender sus productos en el mercado estadounidense, decidió ayudar. Les compró tierra[4] a diez familias indígenas y así éstas pudieron construir nuevas casas y continuar con sus artesanías.

• ¿Conoces a alguien que haya ayudado[5] en un esfuerzo humanitario? ¿Hay oportunidades en tu comunidad para ayudar a personas después de algún desastre?

[1]had lost [2]home [3]nonprofit [4]land [5]has helped

Lectura

OBJECTIVES

▶ Read about an earthquake in Chile
▶ Use prior knowledge to predict reading content
▶ Compare emergency planning in Chilean schools with that of your school

Estrategia

Using prior knowledge Think about articles you've read about earthquakes and natural disasters. Make a list of four pieces of information you might find. After you've read the article below, refer to your list to see if the information was there.

Desastre en Valdivia, Chile
Tres desastres: Dos terremotos y después un tsunami

Después del terremoto, Valdivia, Chile

A las seis y dos minutos de la mañana, el 21 de mayo de 1960, una gran parte del país sintió el primer terremoto. El próximo día, el 22 de mayo a las tres y diez de la tarde, otro terremoto más intenso, con epicentro cerca de la ciudad de Valdivia, ocurrió. El segundo y más famoso de los terremotos registró un récord de 9.5 en la Escala Richter. Simplemente fue el terremoto de más intensidad jamás[1] registrado.

● Aproximadamente 2,000 personas murieron (de 4,000 a 5,000 en toda la región); 3,000 resultaron heridas y 2,000,000 perdieron[2] sus hogares.[3]

● Los ríos cambiaron[4] su curso. Nuevos lagos nacieron. Las montañas se movieron. La geografía cambió visiblemente.

La Escala Richter

Representa la energía sísmica liberada en cada terremoto y se basa en el registro sismográfico.

Magnitud en la escala Richter	Efectos del terremoto
Menos de 3.5	Generalmente no se siente, pero es registrado
3.5–5.4	A menudo se siente, pero sólo causa daños[5] menores.
5.5–6.0	Ocasiona daños a edificios.
6.1–6.9	Puede ocasionar daños graves en áreas donde vive mucha gente.
7.0–7.9	Terremoto mayor. Causa graves daños.
8 o mayor	Gran terremoto. Destrucción total de comunidades cercanas.

[1]ever   [2]lost   [3]homes   [4]changed   [5]damages

Revisando los daños, Valdivia, Chile

Unos minutos después del desastroso terremoto, llegó un tsunami que destruyó lo poco que quedaba en la ciudad y en las pequeñas comunidades. La gran ola[6] de agua se levantó destruyendo a su paso casas, animales, puentes, botes y, por supuesto, muchas vidas humanas. Algunos barcos fueron a quedar a kilómetros del mar, río arriba. Como consecuencia del sismo, se originaron tsunamis que llegaron a las costas del Japón, Hawai, las Islas Filipinas y la costa oeste de los Estados Unidos.

El Tsunami

Un tsunami es una ola o serie de olas de agua producida después de ser empujada[7] violentamente. Los terremotos pueden causar tsunamis. Estos tsunamis ocurren de 10 a 20 minutos después del terremoto. El 26 de diciembre de 2004, un terremoto de magnitud 9.0, en Sumatra, causó un tsunami en Indonesia y Tailandia. La destrucción fue terrible. Hubo más de 250,000 víctimas.

[6]wave [7]pushed [8]fall [9]Protect yourself [10]collapse [11]landslides

¿Qué debes hacer durante un terremoto?

Dentro de un edificio

- Mantener la calma y calmar a los demás
- Mantenerse lejos de ventanas, cristales, cuadros, chimeneas y objetos que puedan caerse[8]
- Protegerse[9] debajo de algún mueble sólido, como mesas, escritorios o camas; cualquier protección es mejor que ninguna
- No utilizar los elevadores

Fuera de un edificio

- Mantenerse lejos de los edificios altos, postes de energía eléctrica y otros objetos que puedan derrumbarse[10]
- Ir a un lugar abierto

En un coche

- Parar el coche y quedarse dentro del vehículo, lejos de puentes, postes de energía eléctrica y edificios dañados o zonas de desprendimientos[11]

 Mapa global interactivo Explora Valdivia, Chile y sus alrededores. Investiga acerca del terremoto de 1960 y la actividad sísmica en la región.

 ¿Comprendiste?

1. Pon en orden de ocurrencia los tres desastres que sufrió Valdivia, Chile.

2. ¿Qué importancia tiene el segundo terremoto en los estudios sismográficos?

3. Si se registra un terremoto de 6.5 en la Escala Richter, ¿qué daños van a ocurrir?

4. ¿Cuál es una causa de los tsunamis?

5. ¿Qué debes hacer si ocurre un terremoto y estás en un coche?

CULTURA Chile

En caso de terremoto En Chile hay un Plan Integral de Seguridad Escolar para responder ante emergencias como terremotos, incendios, inundaciones o accidentes. Este plan nacional se aplica a todas las escuelas del país. Cada escuela tiene que crear un plan que incluye a los profesores, estudiantes y trabajadores del colegio. También debe incorporar a personal especializado en emergencias como los bomberos, la Guardia Civil y la Cruz Roja. Este plan se implementó durante el terremoto del 27 de febrero del 2010, que tuvo una magnitud de 8.8.

- Piensa en tu escuela. ¿Hay un plan para emergencias? ¿Qué hacen en caso de incendios, huracanes o tornados?

La cultura en vivo

Las leyendas

Las leyendas muchas veces personifican a los fenómenos naturales o tratan de resolver misterios de fenómenos naturales. De tal manera hay muchos volcanes en México, América Central y América del Sur que llevan nombres y características humanos. Los habitantes que vivían a su alrededor contaban leyendas para explicar el origen de estos volcanes y la relación que éstos tenían con el pueblo[1].

También hay leyendas universales que se cuentan en muchos lugares del mundo. Por ejemplo, en México hay una famosa leyenda sobre los volcanes Popocatépetl e Iztaccíhuatl que dice que eran dos enamorados, pero su amor fue prohibido. La misma leyenda también existe en Chile sobre los volcanes Parinacota y Pomerape. Según la leyenda había un príncipe y una princesa de diferentes tribus y se enamoraron. Pero su matrimonio fue prohibido y para evitar su unión, las dos tribus mataron a los novios. Esto entristeció[2] a la Naturaleza[3] que, como castigo[4], causó una inundación que destruyó a los dos pueblos. De la inundación se formaron dos lagos, el Chungará y el Cota-Cotani. Los dos novios fueron transformados en dos hermosos volcanes cercanos, Parinacota y Pomerape. Así, siempre están juntos.

Comparación cultural ¿Hay algún lugar cerca de tu comunidad como una montaña, un lago o una formación de rocas? Hay una leyenda acerca de ese lugar? Escribe la leyenda, o crea *(create)* un cuento que explica el origen de este lugar.

 Mapa global interactivo Explora los volcanes novios Parinacota y Pomerape. Investiga las conexiones entre la geografía y las leyendas culturales.

Online Cultural Reading

Go to Auténtico ONLINE to access a website with information about natural disasters and their impact.

[1]people, village [2]saddened [3]Nature [4]punishment

En Chile, el volcán Parinacota lanza humo cuando trata de comunicarse con Pomerape. Según la leyenda, los novios volcanes lloran y hablan con fuego y ceniza.

OBJECTIVES
▶ Give a news report about a fire
▶ Use notes to improve the accuracy of your report

Y ahora, un reportaje especial . . .

TASK You are the anchor for a local television station and your partner is a reporter at the scene of a fire. You will interview him or her about what happened.

① **Prepare** You will role-play this conversation with a partner. Be sure to prepare for both roles. Here's how to prepare:

Locutor(a): Make a list of questions to ask the reporter, such as "who," "what," "when," "where," and "why." You might ask how many people were injured or died. Organize your questions in a sequence.

Reportero(a): Be prepared to report on the fire. Think of the information you'll provide based on the anchor's questions. Add details to the information and remember to use a series of sequenced sentences.

② **Practice** Work in groups of four, with two reporters and two news anchors. Practice different questions and different responses. Here's how you might start the report:

Locutor(a): *Buenos días, Juan. ¿Qué pasó?*

Reportero(a): *Hubo un incendio en un edificio de apartamentos. Cinco personas se murieron y había . . .*

Continue the conversation using your notes. Be sure to speak clearly and make your interview sound natural.

③ **Present** You will be paired with another student, and your teacher will tell you which role to play. The news anchor begins the conversation. Listen to your partner's questions or responses and keep the report going.

④ **Evaluation** The following rubric will be used to grade your presentation.

Estrategia

Speaking from notes When doing an interview or reporting back as a news reporter, it is important to have thought through important questions or have notes to provide accurate answers.

Rubric	Score 1	Score 3	Score 5
Completeness of your task	You discuss up to two facts about the event.	You discuss up to four facts about the event.	You discuss six or more facts about the event.
How easily you are understood	You are difficult to understand and have many grammatical errors.	You are fairly easy to understand and have occasional grammatical errors.	You are easy to understand and have very few grammatical errors.
Ability to keep conversation going	You do not provide a conversational response or follow-up to what your partner says.	You provide frequent responses or follow-ups to what your partner says.	You always respond to your partner, listen and ask follow-up questions or volunteer additional information.

Auténtico

Partnered with UNIVISION® COMMUNICATIONS INC

Un perro súper héroe salvó la vida de su dueña

Antes de ver

Usa la estrategia: Use Visual Clues

As you watch the video, use the visual clues that are shown on-screen, such as lighting and editing effects, along with the voice inflection of the speakers to understand the video. What details can you identify in the video that support your understanding of the main idea?

Lee el vocabulario clave

las patas = paws
las dueñas = owners
duró = it lasted
la madrugada = early morning
los ladrones = thieves

arriesgó = he risked
ilesas = uninjured
adquirir = acquire
pastor belga = Belgian Shepherd

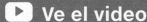 Ve el video

Heroes come in all shapes and sizes! Watch the video to learn about an unusual hero called El Licenciado, who saved the lives of his best friends, and gained a new friend in the process.

Go to **PearsonSchool.com/Autentico** and watch the video *Un perro súper héroe salvó la vida de su dueña* to learn about how a furry companion became a hero.

Completa las actividades

Mientras ves Indica las oraciones correctas y corrige los errores en las oraciones incorrectas para identificar detalles importantes que te ayudan a comprender el video y la idea principal.

El Licenciado es un perro labrador entrenado como perro guardián.
Las tres mujeres son hermanas.
Cuatro ladrones entraron en la casa.
Adquirieron una nueva amiga, La Secretaria.
La Secretaria es un pastor belga.

Integración

Después de ver Mira el video otra vez para contestar estas preguntas.

1. ¿Cuáles son los factores que contribuyeron a la acción heroica de El Licenciado?

2. ¿Por qué fue notable la reacción de El Licenciado? ¿Cuál es una explicación que da el entrenador?

3. ¿Crees que es útil tener perros en casa? ¿Por qué o por qué no? Menciona algunos ejemplos y detalles del video.

 For more activities, go to the *Authentic Resources Workbook.*

Las emergencias, los rescates y los héroes

Expansión Busca otros recursos en *Auténtico* en línea. Después, contesta las preguntas.

📁 **5A Auténtico**

Integración de ideas Los recursos auténticos hablan sobre eventos o situaciones notables en el mundo hispanohablante. Usa lo que aprendiste para crear un plan de acción en caso de emergencia.

Comparación cultural Compara las reacciones y preparaciones para las emergencias en los países hispanohablantes según estos recursos con lo que hacen en tu casa o comunidad.

Repaso del capítulo

OBJECTIVES
▶ Review the vocabulary and grammar
▶ Demonstrate you can perform the tasks on p. 263

🔊 Vocabulario

to talk about natural disasters and weather extremes

el huracán, *pl.* los huracanes	hurricane
la inundación, *pl.* las inundaciones	flood
llover *(o → ue)*	to rain
la lluvia	rain
nevar *(e → ie)*	to snow
el terremoto	earthquake
la tormenta	storm

to discuss the news

el artículo	article
investigar	to investigate
el locutor, la locutora	announcer
el noticiero	newscast
ocurrir	to occur
el reportero, la reportera	reporter
tratar de	to try to

to talk about fires

apagar	to put out (fire)
bajar	to go down
el bombero, la bombera	firefighter
comenzar *(e → ie)*	to start
destruir *(i → y)*	to destroy
dormido, -a	asleep
el edificio de apartamentos	apartment building
la escalera	ladder
escaparse	to escape
esconder(se)	to hide (oneself)
la explosión, *pl.* las explosiones	explosion
el humo	smoke
el incendio	fire
los muebles	furniture
muerto, -a	dead
el paramédico, la paramédica	paramedic
quemar(se)	to burn (oneself), to burn up
se murieron	they died
subir	to go up

to discuss rescues

herido, -a	injured
el herido, la herida	injured person
el héroe	hero
la heroína	heroine
rescatar	to rescue
salvar	to save
valiente	brave
la vida	life
vivo, -a	living, alive

to tell a story

a causa de	because of
afortunadamente	fortunately
asustado, -a	frightened
la causa	cause
de prisa	in a hurry
de repente	suddenly
gritar	to scream
hubo	there was
llamar (por teléfono)	to call (on the phone)
oír	to hear
sin duda	without a doubt
¡Socorro!	Help!

Gramática

present of *oír*

oigo	oímos
oyes	oís
oye	oyen

preterite of *oír*

oí	oímos
oíste	oísteis
oyó	oyeron

preterite of *creer*

creí	creímos
creíste	creísteis
creyó	creyeron

preterite of *leer*

leí	leímos
leíste	leísteis
leyó	leyeron

preterite of *destruir*

destruí	destruimos
destruiste	destruisteis
destruyó	destruyeron

For *Vocabulario adicional,* see pp. 506–507.

Preparación para el examen

Más recursos PearsonSchool.com/Autentico

⬚⬚ Games   🗂 Flashcards   ✎ Instant check

▶ Tutorials   ▶ *Gram*Activa videos   ▶ Animated verbs

What you need to be able to do for the exam . . .	Here are practice tasks similar to those you will find on the exam . . .	For review go to your print or digital textbook . . .
Interpretive		
① ESCUCHAR I can listen to and understand as someone talks about her experience during a tragic event.	Listen as a talk-show host interviews a young woman who recently escaped from a dangerous situation. See if you can understand: (a) what happened; (b) what time it was; (c) what she was doing at the time; and (d) who she considered to be the hero of the day.	**pp. 240–243** *Vocabulario en contexto* **p. 244 Actividad 5** **p. 250 Actividad 15**
Interpersonal		
② HABLAR I can talk about and describe how things were during certain times of the day.	As part of your school's community service project, you visit an elderly man in an assisted living center. He is from Mexico and speaks little English, but he enjoys hearing about your day. Tell him what the weather was like when you woke up, how you were feeling, and what time it was when you left for school.	**p. 248 Actividad 12** **p. 249 Actividades 13–14**
Interpretive		
③ LEER I can read and understand newspaper headlines.	Even though you may not be able to understand an entire newspaper article in Spanish, you can get the idea by reading headlines. Read the following headline and see if you can determine if it refers to: (a) a fire; (b) a flood; or (c) an explosion. Los bomberos salvaron a 200 personas anoche; más de 100 casas dañadas por el agua.	**p. 241** *Vocabulario en contexto* **p. 244 Actividad 4** **p. 245 Actividad 6** **p. 252 Actividad 18** **pp. 256–257** *Lectura*
Presentational		
④ ESCRIBIR I can write about a "disaster movie".	Write a few sentences about your favorite or least favorite "disaster movie." Use a series of sequenced sentences and be sure to mention what type of disaster it was, where it took place, what people were doing before the disaster struck, and any other details that would help your classmates guess which movie it was.	**p. 246 Actividad 9** **p. 247 Actividad 11** **p. 250 Actividad 15** **p. 253 Actividad 21**
Cultures		
⑤ EXPLICAR I can understand volcano names and legends that are related to them in different countries.	Your friend is going sight-seeing in Chile. While there, she is going to visit the Parinacota and Pomerape volcanoes. What can you tell her about the legend behind these volcanoes? Do you know any legends about places in your community?	**p. 258** *Cultura*

CAPÍTULO 5B
Un accidente

Texas
España
México
Nicaragua
Costa Rica
Ecuador
Colombia
Chile
Argentina

CHAPTER OBJECTIVES

Communication

By the end of this chapter you will be able to:

- Listen and read about accidents.
- Talk and write about injuries and medical treatments.
- Exchange information about how someone was injured.

Culture

You will also be able to:

- **Auténtico:** Identify key details in a culturally authentic video about donating blood.
- Understand emergency medical services in Spanish-speaking countries.
- Compare health services in Spain, Colombia, and your community.

You will demonstrate what you know and can do:

- Presentación escrita: Documentar el accidente
- Preparación para el examen

You will use:

Vocabulary

- Medical treatments
- Accidents
- Parts of the body

Grammar

- Irregular preterites: *venir, poner, decir,* and *traer*
- Imperfect progressive and preterite

ARTE y CULTURA México

Diego Rivera (1886–1957) fue uno de los mejores artistas del siglo XX. Nació en Guanajuato, México, y cuando era niño se mudó[1] con su familia a la Ciudad de México. Rivera pintó muchos murales de temas sociales. Este mural representa el estado de los servicios médicos de México en esa época. Nota las expresiones de las caras de las personas esperando al médico.

▶ ¿Qué piensas de las expresiones de las personas en este mural? ¿Por qué crees que tienen esas expresiones?

---
[1] he moved

"La medicina antigua y la moderna (1953)", Diego Rivera ▲

Fresco, approx. 7.4 x 10.8 m. Hospital de la Raza, Mexico City, D.F., Mexico.
Photo: Art Resource, NY. © 2009 Banco de México Diego Rivera & Frida Kahlo
Museums Trust, México, D.F./Artists Rights Society (ARS).

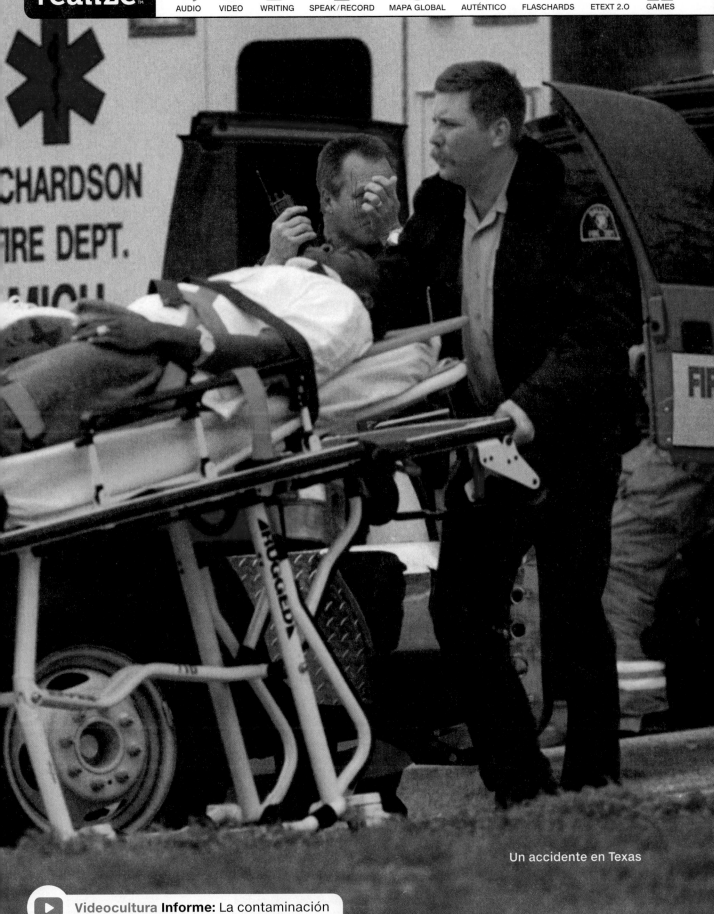

Un accidente en Texas

▶ **Videocultura Informe:** La contaminación

Vocabulario en contexto

OBJECTIVES
Read, listen to, and understand information about
▶ parts of the body
▶ accidents
▶ what happens in an emergency room

Enfermera: Hola, Mateo. **¿Qué te pasó?**

Mateo: Un **accidente**. Estaba jugando al fútbol, y de repente **choqué con** otro jugador. Creo que **me torcí** el **tobillo**. O quizás está **roto**. No sé.

Enfermera: Ah, **pobrecito**. ¿Cómo **te sientes**?

Mateo: Me **duele** mucho.

Enfermera: Bueno, creo que **vino** tu familia a verte.

Enfermera / Mateo

la enfermera

examinar

la receta

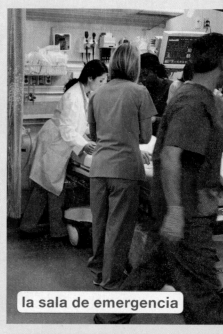

la sala de emergencia

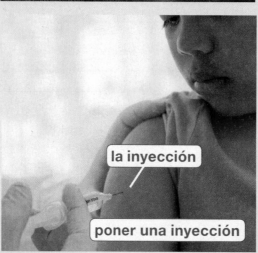

la inyección

poner una inyección

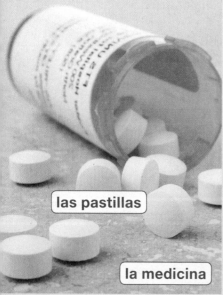

las pastillas

la medicina

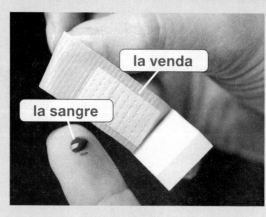

la venda

la sangre

la ambulancia

Doctor: Hola, Mateo. **Sacamos una radiografía** y vemos que tu tobillo está roto. Necesitas llevar yeso por seis semanas.

Mateo: ¡Ay, no! Creo que también **me lastimé** la rodilla cuando **me caí.**

Doctor: La rodilla está bien, pero **te receté** unas **pastillas** para el **dolor.** Tu mamá tiene **la receta.**

Mateo: Gracias, doctor. ¡**Qué lástima!** Tengo que caminar con **muletas,** y tengo un partido el sábado.

Doctor: Lo siento. Tienes que estar tranquilo en tu casa. Trata de no **moverte.**

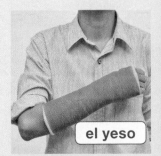

el yeso

las puntadas

Más vocabulario

cortarse = to cut oneself
la espalda = back
el hueso = bone
el músculo = muscle
romperse = to break, to tear
tropezar *(e → ie)* **(con)** = to trip (over)

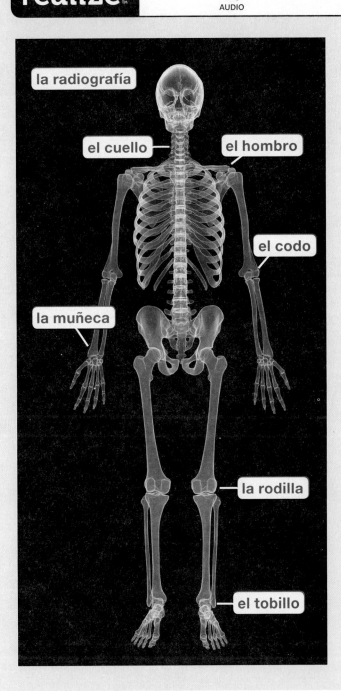

la radiografía

el cuello   el hombro

el codo

la muñeca

la rodilla

el tobillo

1

En la sala de emergencia

🔊 ESCUCHAR   Escucha frases que puedes escuchar en una sala de emergencia. Toca la foto que corresponde.

2

Jugando fútbol

🔊 ESCUCHAR   Escucha a una joven nombrar los accidentes que tuvo jugando al fútbol. Toca la parte de tu cuerpo que ella menciona.

Mateo chocó con Rigo en el partido de fútbol. Después de llegar a la casa, Mateo y Rigo se envían mensajes sobre el accidente.

 mensajes 04:21 PM

Mateo ¡Rigo! ¿Cómo estás? ¿Fuiste a la sala de emergencia también?

Rigo Sí. Tuve tanto dolor que lloré un poco. El doctor me **dio puntadas** y me **recetó** una medicina. A ti, ¿qué te pasó?

Mateo Yo me rompí el tobillo. Mira, me **pusieron** un yeso. ¿Te gusta mi silla de ruedas?

Rigo ☹

Mateo No podemos jugar el sábado. ¡Me **dijeron** que voy a tener el yeso por seis semanas!

Rigo ¡Qué lástina! Pero a ver… ¿Me dejas pintar sobre tu yeso?

Mateo Sí, este yeso necesita un poco de color.

la silla de ruedas

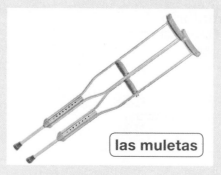
las muletas

3

Dos heridos

 ESCRIBIR Lee cada pregunta y escribe la respuesta.

1. ¿Con quién chocó Mateo? — *Mateo con Rigo*
2. ¿Qué hizo Rigo a causa del dolor? — *jugar al futbl*
3. ¿Qué deporte juegan los dos amigos? — *un futbol*
4. ¿Cuándo es el otro partido? — *Sábado*
5. ¿Qué quiere hacer Rigo con el yeso de Mateo? — *pintar*

En las fiestas de San Fermín

Antes de ver

Making inferences As you watch the video, use the context to infer the meaning of unfamiliar words and to guess why Armando would want to run with the bulls. Does he get to do it? Why or why not?

Completa la actividad

Experiencias inolvidables ¿Alguna vez te rompiste una pierna o un brazo? Describe lo que pasó.

▶ Ve el video

¿Cómo se lastimó la pierna Armando?

Ve a **PearsonSchool.com/Autentico** para ver el video *En las fiestas de San Fermín*. También puedes leer el guión.

Teo   Seba

Después de ver

¿COMPRENDISTE?   Lee las preguntas. Luego, ve el video otra vez y contesta las preguntas.

1. ¿Por qué estaban Teo y su familia en España?

2. ¿Qué es el encierro?

3. ¿Estaba Armando cerca del encierro?

4. ¿Cuál fue el resultado de la radiografía que le sacaron a Armando?

5. ¿Qué crees que quiere decir "ver los toros desde la barrera"?

Comparación cultural   ¿Conoces algo similar al encierro en este país? ¿Qué es?

Vocabulario en uso

OBJECTIVES
▶ Talk about accidents and medical care
▶ Discuss injuries
▶ Listen to descriptions of emergency room visits
▶ Write about injuries and medical treatments

4

En la sala de emergencia

LEER, ESCRIBIR Ana María quiere ser médica. Lee la descripción de su visita a la sala de emergencia. Escoge y escribe la palabra correcta para decir lo que pasó allí.

Ayer visité la sala de emergencia porque algún día quiero ser médica. Ayudé a una __1.__ (receta/enfermera) todo el día. Vi muchas cosas muy interesantes. Una chica __2.__ (se torció/tropezó) la rodilla esquiando, y por eso le trajeron unas __3.__ (muletas/puntadas). El médico la __4.__ (examinó/chocó) y le recetó __5.__ (pastillas/muletas) para el dolor. Otra persona __6.__ (chocó/se rompió) el tobillo y le sacaron unas __7.__ (radiografías/recetas) de los huesos. Después le pusieron un __8.__ (cuello/yeso) porque tenía el hueso __9.__ (roto/pobrecito). Unos paramédicos __10.__ (vinieron/dijeron) a la sala de emergencia en una __11.__ (ambulancia/silla de ruedas) con un señor que tuvo un accidente de coche. __12.__ (Trajeron/Dijeron) que tenían que hacerle una operación de emergencia porque estaba perdiendo (losing) mucha __13.__ (medicina/sangre). A veces, durante mi visita a la sala de emergencia, tenía miedo de todo lo que estaba pasando, pero todavía quiero ser médica para ayudar a la gente.

> **También se dice . . .**
> **la radiografía** = los rayos X (muchos países)
> **las puntadas** = los puntos (muchos países)
> **dar puntadas** = hacer puntadas, dar puntos (muchos países)
> **sala de emergencia** = sala de urgencias (muchos países)

5

Escucha y escribe

ESCUCHAR, ESCRIBIR Escucha lo que dicen unas personas que fueron a la sala de emergencia ayer. En una hoja de papel, escribe los números del 1 al 6. Escribe lo que escuchas. Vas a usar las frases para la Actividad 6.

6

Los accidentes

DIBUJAR, HABLAR EN GRUPO Dibuja una de las situaciones de las Actividades 4 ó 5. Muéstrales (Show) tu dibujo a otros(as) dos estudiantes. Traten de usar el máximo número de palabras nuevas para describir lo que les pasó a las personas que ven en los dibujos de sus compañeros(as).

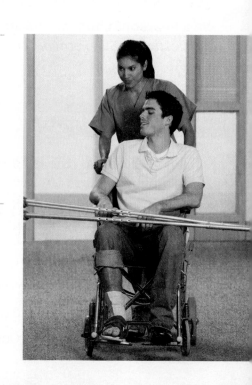

Juego

CANTAR, HABLAR EN GRUPO Tu profesor(a) va a enseñarles una canción infantil que se usa para practicar los nombres de las partes del cuerpo.

1 Todos van a levantarse y señalar las partes del cuerpo mientras cantan.

2 Pueden cantar la canción otra vez usando diferentes partes del cuerpo. Comiencen con *Espalda, cuello, tobillos, pies* y terminen con *Codos, muñecas, brazos, nariz.*

CABEZA, HOMBROS, RODILLAS, PIES

RODILLAS, PIES

RODILLAS, PIES

CABEZA, HOMBROS, RODILLAS, PIES

OJOS, OREJAS, BOCA, NARIZ

8

En el hospital

ESCRIBIR, HABLAR EN PAREJA Piensa en algunas personas que conoces que tuvieron que ir al hospital.

1 Escribe cuánto tiempo estuvieron en el hospital. Luego mira los dibujos y escribe una frase para cada uno para decir lo que le hicieron a cada persona.

Modelo
Mi hermano Rafael estuvo en el hospital por tres días. Le pusieron una inyección.

poner

1. dar

2. llevar

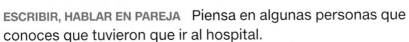

3. recetar

4. sacar

5. poner

2 Habla con otro(a) estudiante. Describan lo que les hicieron a las personas que Uds. conocen. Escriban cuatro frases y compárenlas.

Modelo
Mi hermano Rafael y el amigo de Carlota estuvieron en el hospital. No les pusieron sangre, pero sí les sacaron radiografías a los dos.

CULTURA España

La Ambulancia Azul es un servicio de ambulancias en España. Tiene tres niveles[1] de servicio: SVA (Soporte Vital Avanzado) para pacientes en condiciones urgentes; SVB (Soporte Vital Básico) para enfermos que necesitan transporte en ambulancia, pero que no necesitan atención médica urgente; y Colectivo, una ambulancia que comparten varios pacientes.

• ¿Por qué crees que la Ambulancia Azul ofrece tres niveles de servicio? Compara este sistema con el servicio en tu comunidad.

[1]levels

¿Por qué no corriste?

HABLAR EN PAREJA No hiciste varias actividades la semana pasada porque te dolían diferentes partes del cuerpo. Habla de tus dolores con otro(a) estudiante. Usa las formas apropiadas de *tú*.

¿Recuerdas?
The imperfect tense is used to describe feelings and ongoing conditions in the past. The preterite expresses the actions that did or did not happen.

Videomodelo

A —¿Por qué no **corriste ayer por la tarde?** ¿No te sentías bien?

B —No **corrí** porque me dolía **el tobillo.**

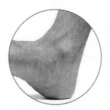

correr / ayer
por la tarde

Estudiante A

1. jugar al tenis / el fin de semana pasado
2. esquiar / el sábado pasado
3. hacer gimnasia / ayer
4. levantar pesas / esta mañana
5. patinar / anoche
6. moverse de la cama / el domingo pasado
7. jugar al béisbol / la semana pasada

Estudiante B

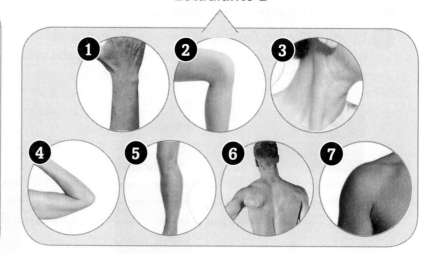

Exploración del lenguaje ⟨ False cognates

Cognates are words that look alike in both English and Spanish and have the same meaning:

bank → banco   **photo** → foto

But not all words that look alike in Spanish and English mean the same thing. Certain words are called **false cognates.** These are words that look alike but have different meanings. You have already learned some false cognates. You know that:

parientes means "relatives," not "parents"

recordar means "to remember," not "to record"

¡Compruébalo! Complete these sentences about other false cognates you already know:

1. **sopa** means ____, not ____
2. **collar** means ____, not ____
3. **librería** means ____, not ____
4. **carpeta** means ____, not ____
5. **vaso** means ____, not ____

¿Cuánto tiempo hace . . . ?

HABLAR EN PAREJA Hace mucho tiempo que no ves a un(a) amigo(a) y no sabías que tuvo un accidente. Habla con otro(a) estudiante de lo que le pasó.

Videomodelo

A —*Oye, ¿cuánto tiempo hace que **estás en el hospital**?*
B —*Hace **tres días**. **Me rompí la pierna**.*
A —*¡Pobrecita! ¿Qué te pasó?*
B —*Me caí cuando estaba **esquiando**.*
A —*¡Qué lástima!*

Estudiante A	**Estudiante B**

estar en   tener
usar   llevar

romperse   lastimarse   **¡Respuesta**
torcerse   cortarse   **personal!**

1. seis días   **2.** cuatro días   **3.** dos semanas   **4.** una semana

Y tú, ¿qué dices?

ESCRIBIR, HABLAR

1. ¿Te gustaría ser médico(a) o enfermero(a)? ¿Te pone nervioso(a) ver sangre o huesos rotos? ¿Cómo te sientes cuando un(a) enfermero(a) te pone una inyección?

2. Cuando tienes dolor de cabeza, de estómago o de otra parte del cuerpo, ¿qué haces para sentirte mejor?

3. ¿A veces te caes* cuando practicas un deporte u otra actividad? ¿Qué te pasa cuando te caes?

*In the present tense, *caerse* is conjugated like a regular *-er* verb, except in the *yo* form: *me caigo*.

Una médica con una paciente, en México

Gramática

> **OBJECTIVES**
> ▶ Talk about a party that took place at your home
> ▶ Listen to and write about an accident
> ▶ Exchange information about the service a patient received

Irregular preterites: *venir, poner, decir,* and *traer*

The verbs *venir, poner, decir,* and *traer* follow a pattern in the preterite that is similar to that of *estar, poder,* and *tener.* All these verbs have irregular stems and use the same unaccented endings.

Infinitive	Stem
decir	dij-
estar	estuv-
poder	pud-
poner	pus-
tener	tuv-
traer	traj-
venir	vin-

Irregular preterite endings	
-e	-imos
-iste	-isteis
-o	-ieron / -eron

puse	**pusimos**
pusiste	**pusisteis**
puso	**pusieron**

Note that verbs like *decir* and *traer,* whose irregular stems end in *j,* drop the *i* in the *Uds./ellos/ellas* form and add only *-eron.*

> Me **trajeron** una silla de ruedas y me **dijeron** que no debía tratar de caminar.

Más recursos ONLINE

▶ *GramActiva* video

▶ **Tutorials:** Irregular preterite forms

✏ *GramActiva* Activity

---

12 Escucha y escribe

ESCUCHAR, ESCRIBIR, HABLAR

1 Javier fue a esquiar en las montañas. El primer día tuvo un accidente. Escucha su descripción de lo que pasó y escribe las seis frases, pero ten cuidado. Javier no está contando en orden lo que pasó.

2 Trabaja con otro(a) estudiante para poner en orden lógico el cuento de Javier.

3 Cuenten otra vez lo que le pasó a Javier, pero imaginen que dos enfermeras y dos médicos lo atendieron. Cambien las formas de los verbos apropiados. Incluyan oraciones de apoyo.

Modelo
Dos enfermeras le trajeron a Javier una silla de ruedas.

Bariloche, Argentina, es un lugar turístico internacional. En el invierno se puede esquiar y en el verano se puede ir de pesca, montar a caballo o escalar las montañas *(go mountain climbing)*.

13

Mi programa favorito

 LEER, ESCRIBIR Anoche Adela vio sólo una parte de su programa de televisión favorito, *Emergencia.* Completa el correo electrónico que ella le escribe a su amiga con las formas apropiadas de los verbos.

---

*Asunto Mi programa favorito

Tere: ¿Viste *Emergencia* anoche? Yo lo vi por media hora pero no __1.__ *(poder / venir)* ver más porque __2.__ *(estar / tener)* que llevar a mi hermana a su práctica de gimnasia. Esto es lo que vi. Una señora __3.__ *(decir / venir)* al hospital con mucha sangre en la mano. Ella __4.__ *(decir / poner)* que se cortó la mano cuando estaba cocinando. Una médica le __5.__ *(poner / venir)* una inyección y después le __6.__ *(dar / poder)* ocho puntadas. Luego los paramédicos __7.__ *(decir / traer)* a un anciano al hospital en una ambulancia. Ellos __8.__ *(decir / venir)* que el anciano __9.__ *(poder / tener)* un accidente en su coche. Los médicos le hicieron una operación de emergencia para salvarle la vida. Pues, dime, Tere, ¿qué __10.__ *(poder / pasar)* al final del programa? ¡Escríbeme pronto y dime todo!
Adela

14

Si necesitas ayuda . . .

 LEER, ESCRIBIR Lee el siguiente anuncio sobre el servicio de ambulancias que existe para un hospital de Quito, Ecuador y contesta las preguntas.

1. ¿Por qué puedes tener confianza *(confidence)* en el servicio de estas ambulancias? Menciona tres razones *(reasons)*.

2. ¿A qué horas puede atenderte este servicio?

3. ¿Por qué dice el servicio que va a atender rápidamente a una llamada?

> ### Hospital de Clínicas Pichincha
>
> Ponemos a su disposición dos ambulancias, manejadas por profesionales preparados para el transporte rápido pero seguro.*
>
> **Ofrecemos:**
> - ambulancias equipadas para dar atención inmediata
> - paramédicos entrenados para atender al paciente críticamente enfermo o herido
> - equipo médico moderno
> - servicio permanente, sin interrupción (disponible los 365 días del año, las 24 horas del día)
> - comunicación directa con el Servicio de Emergencia
>
> El teléfono para acceder a nuestro servicio es el 505-505 (Quito). Vamos a atender a su llamada de inmediato pues, una emergencia no espera.   *safe

15

Necesitabas una ambulancia

 ESCRIBIR, HABLAR EN PAREJA Imagina que trabajas para el servicio de ambulancias de la Actividad 14 y quieres saber qué tipo de servicio recibieron los pacientes. Entrevista por correo electrónico a otro(a) estudiante, quien hace el papel del (de la) paciente. Usa estas preguntas y la forma apropiada de *Ud*. Luego, hablen de sus respuestas.

- ¿Qué le dijeron? ¿Qué preguntas le hicieron?
- ¿Cuántos paramédicos vinieron? ¿Vinieron inmediatamente?
- ¿Qué trajeron en la ambulancia?
- ¿Le pusieron una inyección cuando llegaron?

16

Una celebración muy especial

HABLAR EN PAREJA, ESCRIBIR

1 Piensa en una fiesta que muchas personas celebraron. Vas a trabajar con otro(a) estudiante para hablar de la fiesta.

2 Completa las preguntas con los verbos en el pretérito, y hazle estas preguntas a tu compañero(a). Escribe lo que dice.

1. ¿*(Ponerse)* tú ropa elegante o ropa de todos los días para esta fiesta? ¿Por qué?

2. ¿Quiénes *(venir)* a la fiesta?

3. ¿Por qué algunas personas *(traer)* regalos, comida u otras cosas?

4. ¿Qué *(hacer)* todos durante la fiesta?

5. ¿Por cuánto tiempo *(estar)* las personas allí?

6. ¿*(Poder)* tú hablar con todo el mundo?

3 Escribe un resumen de la fiesta que te describió tu compañero(a). Pon las frases en secuencia. Añade tantos detalles como puedas en la descripción.

17

Juego

ESCRIBIR, HABLAR EN GRUPO, GRAMACTIVA

1 Trabaja con tres estudiantes. En tarjetas o pequeñas hojas de papel, escriban las raíces *(stems)* de los verbos irregulares en el pretérito de la página 274 y pongan las tarjetas en un grupo boca abajo *(facedown)*.

Traj-   *Tuv-*

2 Jueguen en parejas *(pairs)*. La primera pareja escoge una tarjeta y crea una frase en 30 segundos sobre lo que pasó en el hospital o en un accidente. Después leen la frase. La otra pareja dice si la frase es correcta. La primera pareja recibe un punto por cada palabra correcta en su frase.

Modelo
Anoche hubo un incendio y trajeron a varias personas heridas al hospital en una ambulancia. (15 puntos)

El español en el mundo del trabajo

Los intérpretes y traductores[1] médicos son muy importantes en los hospitales de los Estados Unidos. A veces, cuando una persona que no habla inglés va al hospital, el médico y las enfermeras no pueden entender lo que dice y no pueden ayudarle. Las personas pueden morir si no reciben atención adecuada y a tiempo. Por eso los hospitales contratan a intérpretes y a traductores. Tener intérpretes en los hospitales es una necesidad y también una ley.

- ¿Crees que es importante tener intérpretes y traductores en los hospitales? ¿Hay intérpretes en el hospital de tu comunidad?

———
[1]translators

Gramática

OBJECTIVES
- Talk about what people were doing when an accident occurred
- Write about accidents and what people were doing in the emergency room

Go **Online** to practice   PearsonSchool.com/Autentico

 PEARSON **realize**™

 AUDIO   VIDEO   WRITING   SPEAK/RECORD

Imperfect progressive and preterite

To describe something that was taking place over a period of time in the past, use the imperfect progressive, which uses the imperfect tense of *estar* + the present participle.

Estaba esquiando cuando me caí y me torcí la rodilla.

I was skiing when I fell and sprained my knee.

The present and imperfect progressive tenses use the same present participles. Remember, to form the present participle of *-ir* stem-changing verbs, *e* changes to *i* and *o* changes to *u*:

e ➜ i		o ➜ u	i ➜ y for the following -er verbs, the i of -iendo changes to y:
decir: diciendo	seguir: siguiendo	dormir: durmiendo	creer: creyendo
pedir: pidiendo	servir: sirviendo		leer: leyendo
repetir: repitiendo	vestir: vistiendo		traer: trayendo

- When you use object pronouns with the imperfect progressive, you can put them before *estar* or attach them to the participle.

    —¿Qué estabas haciendo cuando te cortaste?

    —Estaba afeitándo**me**. **o: Me** estaba afeitando.

- Note that the imperfect progressive describes what was taking place while the preterite tells a specific occurrence in the past or interrupts the action.

    Ella estaba corriendo cuando **se lastimó** el tobillo.

¿Recuerdas?
When you say that an action is happening right now, you use the present progressive tense. The present progressive uses the present tense of *estar* + the present participle.
- No puedo ir al cine. **Estoy estudiando** para el examen.

Más recursos ONLINE

- *GramActiva video*
- *Canción de hip hop:* Un accidente
- *GramActiva Activity*

 18

Cuando llegó la ambulancia

ESCRIBIR Mira el dibujo y escribe frases para decir lo que estaban haciendo las personas en la sala de emergencia cuando llegó la ambulancia.

Modelo
el médico
El médico estaba hablando por teléfono.

1. la médica
2. el enfermero
3. la enfermera
4. los jóvenes
5. la niña
6. los ancianos

Tus pacientes

 ESCRIBIR Tú eres enfermero(a) en una sala de emergencia y describes cada caso al doctor en un mensaje de texto. El doctor te responde con lo que debes hacer. Describe qué estaban haciendo las personas y qué les pasó.

 1. Yolanda

 2. Héctor

 3. Rosa

 4. Antonio

 5. Juan y Anita

Modelo
*Tú: Laura estaba preparando la cena cuando se cortó el dedo.
Doctor: Ud. debe limpiar y dar unas puntadas en el corte.*

Laura

¿Quiénes se cayeron?

ESCRIBIR, HABLAR EN PAREJA Piensa en personas que tú conoces que se cayeron alguna vez. ¿Quiénes son y cuándo se cayeron? Describe los accidentes de tres personas y qué estaban haciendo cuando se cayeron. Luego habla con otro(a) estudiante y comparen sus respuestas.

Videomodelo
A —*Mi hermana se cayó el mes pasado.*
B —*¿Qué estaba haciendo tu hermana cuando se cayó?*
A —*Estaba poniendo carteles en la pared.*

Nota
In the preterite, *caerse* is like *leer*, with forms that change the *i* to *y* in the Ud./él/ella and Uds./ellos/ellas forms. There is also an accent mark over the *i* in all other forms.
- Cuando estaba bajando la escalera, Enrique **se cayó.**
- Cuando yo estaba subiendo la escalera, **me caí.**

CULTURA Colombia

La Patrulla Aérea Colombiana (PAC) es un equipo de pilotos y médicos que viaja en avión a pueblos remotos que no tienen ni médicos ni hospitales. La PAC enseña programas de prevención de salud a las comunidades y ofrece servicios médicos básicos y cirugía[1]. Muchos de los pueblos están en los Andes o en las regiones amazónicas y la Patrulla es el único servicio médico que llega a estas comunidades.

- ¿Conoces partes de los EE.UU. donde no hay ni médicos ni hospitales? ¿Cómo solucionan esta situación en los EE.UU. y en Colombia?

Pre-AP Integration: El cuidado de la salud y la medicina Compara el cuidado de la salud y los servicios médicos en los pueblos o comunidades lejanos con lo que ocurre en las ciudades.

 Mapa global interactivo Explora Antioquia, Colombia y relaciona la geografía del área con la necesidad de servicios aéreos de emergencia médica.

[1]surgery

Una médica de la Patrulla Aérea Colombiana

21

Las lesiones en los deportes

LEER, HABLAR EN PAREJA ¿Practicas un deporte o juegas en un equipo? Quizás patinas o montas en monopatín. ¿Sabes cuáles son las lesiones *(injuries)* que te pueden ocurrir cuando practicas deportes? Lee el artículo y luego contesta las preguntas.

Conexiones ❮ **La salud**

≡ Sección > Lesiones deportivas

Los dos tipos de lesiones deportivas

Las lesiones en los deportes son las que ocurren típicamente en los deportes organizados, los entrenamientos[1] o las actividades diarias de acondicionamiento.

Lesión traumática aguda[2] Causada por un golpe[3] intenso como un choque o una caída. Ejemplos son la fractura de un hueso, una torcedura (se estira[4] o se rompe un músculo o tendón) o una distensión (se estira o se rompe un ligamento). Estas lesiones afectan más las rodillas, los tobillos y las muñecas.

Lesión crónica Causada por el uso continuo o excesivo. Es el resultado del entrenamiento repetitivo tal como correr o lanzar[5] una pelota. Ejemplos son las fracturas de un hueso por estrés, la tendinitis (se rompen las fibras del tendón a causa de estiramientos excesivos) o la bursitis (inflamación de la bursa en el hombro, en el codo o en la rodilla).

[1]training sessions [2]acute traumatic injury [3]blow [4]pull [5]throw

¿Tienen los atletas de las descripciones una lesión traumática aguda o crónica? Habla con otro(a) estudiante. Usen la información del artículo y den razones para su diagnóstico. Planeen qué harían si fueran *(were)* médicos.

1. En un partido de básquetbol, Kevin chocó con otro jugador. Se torció el tobillo y se cayó.

2. Hugo levantaba pesas todas las tardes en el gimnasio. Quería levantar el máximo de peso. Un día trataba de levantar 300 libras *(pounds)* cuando tuvo un dolor agudo en el hombro y no pudo levantar la barra.

3. Sara jugaba al fútbol en el otoño y al básquetbol en el invierno. Sin descansar, empezó a entrenar para el fútbol en la primavera. Le dolía la rodilla después de cada práctica.

4. Lisa practicaba el golf todos los días. Siempre sentía dolor en el codo.

22

Familias de palabras

ESCRIBIR Si reconoces *(you recognize)* familias de palabras, entiendes mejor lo que lees. Mira las palabras de *Conexiones.* Escribe las palabras conocidas que te ayudan a entender estas palabras nuevas.

Modelo
el uso *usar*

1. una caída
2. una torcedura
3. repetitivo
4. un choque

Los días más difíciles

 LEER, ESCRIBIR, HABLAR Lee este artículo sobre un famoso futbolista y contesta las preguntas.

≡ Sección > **Fenómeno de perseverancia** 🔍

Lionel Andrés Messi es un jugador de fútbol argentino muy talentoso. A los once años, los médicos le diagnosticaron un problema de crecimiento[1] hormonal: era tan bajo que a esa edad[2] tenía la estatura de un niño de ocho años. Por eso, se fue a España con su familia para recibir un tratamiento médico.

"Durante tres años, tuve que ponerme inyecciones todos los días", dijo Lionel. Por esta enfermedad, Lionel aprendió a jugar al fútbol ágilmente y con gran rapidez. Pero su estilo de juego explosivo le produce lesiones en las piernas con frecuencia. Mientras estaba jugando un partido en un campeonato europeo, Lionel sufrió una lesión en la pierna derecha. Cinco días más tarde, estaba jugando cuando se cayó y sufrió otra lesión más grave en la misma pierna. Como resultado, no pudo jugar el partido final de ese campeonato. Lionel tuvo que operarse y caminar con muletas por tres meses, pero pudo recuperarse[3] completamente. Sin duda, Lionel es un verdadero fenómeno de perseverancia. [1]growth [2]age [3]recover

1. ¿Qué le pasó cuando tenía once años?

2. ¿Qué tuvo que hacer en el tratamiento médico?

3. ¿Cuándo se lastimó la pierna derecha?

4. ¿Qué tuvo que hacer para recuperarse?

CULTURA ⟨ **El mundo hispano**

El jai alai ¿Sabías que el jai alai es el deporte de pelota más rápido del mundo? En este juego, ¡la pelota llega a alcanzar velocidades de 150 millas por hora! El jai alai se originó en el País Vasco, en el norte de España. Se juega en una cancha[1] con tres paredes y los jugadores llevan casco[2] porque este deporte puede ser peligroso y causar lesiones. Se juega en muchos países y en los Estados Unidos es muy popular en Florida y Connecticut.

• ¿En qué sentido es diferente el jai alai de los juegos que practicas tú?

Pre-AP Integration: El entretenimiento y la diversión: Piensa en otros deportes que pueden ser peligrosos. ¿Qué medidas[3] hay en la sociedad para proteger a los jóvenes que juegan los deportes? [1]court [2]helmet [3]measures

Jugadores mexicanos de jai alai

24

Y tú, ¿qué dices?

ESCRIBIR, HABLAR

1. Recientemente cuando estabas practicando un deporte o haciendo otra actividad, ¿sentiste* un dolor en algún músculo o hueso? ¿Qué hiciste para el dolor?

2. ¿Te lastimaste alguna vez cuando estabas practicando un deporte? ¿Cómo te lastimaste? ¿Qué deporte estabas practicando?

3. Piensa en alguien que conoces que se rompió un hueso o se torció un tobillo o una rodilla. ¿Qué estaba haciendo cuando ocurrió el accidente? ¿Le sacaron radiografías? ¿Tuvo que llevar un yeso o usar muletas?

*When *sentir* is followed by a noun, the non-reflexive form of the verb is used.*

25

Juego

ESCRIBIR, HABLAR, GRAMACTIVA

1 Trabaja con otro(a) estudiante. En pequeñas hojas de papel, escriban dos frases que describen lo que estaban haciendo una o dos personas cuando algo ocurrió. Su profesor(a) divide a la clase en dos grupos. Los estudiantes en cada grupo ponen todas sus hojas de papel en una bolsa y le dan la bolsa al otro grupo.

2 Saca una hoja de papel de la bolsa y lee la frase. No puedes mostrar *(show)* la hoja a tu grupo ni decirles lo que dice. Tienes un minuto para representar la situación y tu grupo debe decir correctamente la frase. Si lo hacen en un minuto o menos, reciben un punto. Si no lo hacen en un minuto, no reciben puntos.

Estabas nadando cuando chocaste con la pared de la piscina.

26

Un accidente en la carretera

HABLAR EN GRUPO

1 Trabaja con dos estudiantes. Uno(a) de Uds. es reportero(a) y está investigando el choque de coches en el dibujo. El (La) reportero(a) debe usar lenguage formal *(Ud., Uds.)* al hablar con los dos testigos[1] que tienen diferentes versiones de lo que pasó. En su dramatización, pueden incluir:

- lo que estaban haciendo los testigos cuando ocurrió el accidente
- lo que estaban haciendo los coches y los conductores
- qué hora era cuando ocurrió y qué otras condiciones existían
- qué les pasó a las personas en el accidente y si hubo muchos heridos
- quiénes vinieron a ayudar y lo que hicieron
- lo que hicieron todos después del accidente

[1]witnesses

2 Preparen su dramatización y preséntenla a la clase entera o a otro grupo.

Lectura

OBJECTIVES

▶ Read about health campaigns
▶ Use cognates to predict reading content
▶ Compare and contrast health campaigns in Spanish-speaking countries and the U.S.

Estrategia

Using cognates When you encounter a word in Spanish you don't know, see if it resembles a word you know in English. Saying the word aloud can also be helpful. Scan this text for cognates before you read and make a list of the ones you find. Think about their meanings. Then try to link these words together to anticipate what you're about to read.

Mejorar la salud para todos

Lee sobre estas organizaciones que ayudan a mejorar la salud en los países hispanohablantes.

Organización Panamericana de la Salud

La Organización Panamericana de la Salud (OPS) es una organización internacional de salud pública con más de 100 años de experiencia. La sede[1] de la organización se encuentra en Washington, D.C., y la institución representa a 35 países. Los objetivos fundamentales de la OPS son la promoción entre los países de las Américas para:

• combatir las enfermedades
• prolongar la vida
• estimular el bienestar físico y mental de sus habitantes

Voces para la salud

Para promover[2] sus objetivos la OPS produjo[3] una serie de mensajes[4] de interés público sobre la salud, hechos por personalidades conocidas y admiradas del hemisferio. Estos artistas, atletas y actores vienen de diferentes países e informan a los pueblos de las Américas sobre importantes temas de salud.

Cuerpo de la Paz[5] y Medical Aid For Children of LatinAmerica (MACLA) ayudan a niños que requieren cirugía plástica[6]

MACLA es una organización estadounidense que ayuda a personas con deformidades físicas en la República Dominicana, Bolivia y otros países. El Dr. Thomas Geraghty, un médico de Kansas City, fundó **MACLA** en el año 1985 y hasta la fecha más de 210 médicos, anestesiólogos, enfermeros y enfermeras han donado[7] su tiempo para trabajar como voluntarios en esta institución, la cual ha realizado más de 6,000 cirugías reconstructivas en la República Dominicana.

Un voluntario del Cuerpo de la Paz que ayudó en este proyecto en la República Dominicana declaró: "Traducir[8] y servir como puente entre los pacientes y los profesionales médicos fue una experiencia que me dio mucha satisfacción. Ver la cirugía reconstructiva de los médicos de **MACLA** y los efectos que tiene en la vida de los pacientes me dio aun más satisfacción. Escuchar los testimonios de los pacientes es una verdadera inspiración".

---

[1]headquarters [2]promote [3]produced [4]messages [5]Peace Corps [6]plastic surgery [7]have donated [8]To translate

> 66 No podéis imaginar lo que significa para nosotros, los enfermos, disponer de un donante de sangre o de células madre. Es un acto de solidaridad y de altruismo, algo que seguro os hará sentir orgullosos de vosotros mismos. 99

José Luis Carreras habla sobre su experiencia con la leucemia y la donación de médula ósea.

Cantante de ópera español, nacido en Barcelona, es un tenor famoso, conocido a nivel mundial. En 2010 fue diagnosticado con leucemia. Gracias al tratamiento médico y el trasplante de médula ósea[9], su enfermedad está en remisión. Creó la Fundación Josep Carreras contra la leucemia, y hace un llamado a donar sangre y médula ósea.

Jennifer López reflexiona sobre la dificultad de muchas madres de pocos recursos para acceder a servicios médicos.

Cantante, actriz, diseñadora de modas, bailarina y productora de origen puertorriqueño nacida en el Bronx. Al encontrar un problema de salud en su hija Emme se dio cuenta del problema de la falta de servicios de salud y creó una fundación para ayudar a mujeres y niños pobres.

[9]bone marrow

> 66 Quiero ayudar a la gente. Es el mismo tipo de sueño que tenía con el baile, y que me está llevando a hacer algo bueno por el mundo. 99

¿Comprendiste?

1. Qué hizo la OPS para promover sus objetivos?
2. ¿Qué ayuda les da MACLA a los habitantes de la República Dominicana?
3. Según el voluntario del Cuerpo de la Paz, ¿qué le dio mucha satisfacción?
4. ¿Qué mensaje quiere promover José Carreras?
5. Según Jennifer Lopez, ¿por qué es importante ayudar a mujeres y niños pobres?

Y tú, ¿qué dices?

1. En tu opinión, ¿crees que los mensajes de interés público son efectivos en motivar al público? ¿Por qué?
2. Compara los mensajes de la OPS con los que ves en la televisión contra las drogas o contra los cigarrillos. ¿En qué sentido son diferentes o similares?

Perspectivas del mundo hispano

Seguridad Social y los servicios médicos

☰ Seguridad Social   🔍

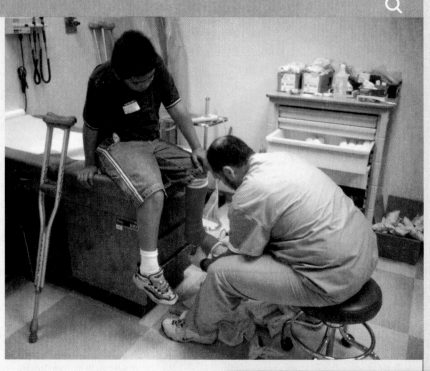

En el siglo XX, muchos países de América Latina decidieron crear la Seguridad Social y la medicina socializada para ofrecer servicios médicos a las personas que viven y trabajan en un país. Cuando un(a) trabajador(a) se enferma o tiene un accidente y no puede trabajar, la Seguridad Social le ayuda con los gastos[1] médicos y continúa pagándole parte de su salario[2]. Si la enfermedad es permanente, la Seguridad Social le paga al (a la) trabajador(a) una pensión y los servicios médicos básicos, y si el (la) trabajador(a) muere[3], la Seguridad Social ayuda a la familia. Los servicios de la Seguridad Social también incluyen los hospitales, las medicinas y la ayuda para los ancianos.

En Costa Rica, la Seguridad Social funciona desde hace más de 50 años y hoy ayuda al 98 por ciento de la población. Y en España, funciona desde hace casi 100 años y cubre[4] a toda la población, incluidos los inmigrantes. Las personas que viven en estos dos países tienen muy buenos servicios médicos, gracias a los servicios de la Seguridad Social.

A ti, ¿te gustaría que tú y tu familia tuvieran este tipo de cuidados médicos? Explica por qué.

Online Cultural Reading

Go to Auténtico ONLINE to explore and understand a website with information about a pharmacy and its services.
Strategy: Use prior knowledge to identify cultural differences. Compare the services provided in pharmacies in Latin America and Spain with those in the U.S.
Aplicación: Haz un diagrama de Venn para comparar los productos ofrecidos en las farmacias en Estados Unidos con los de los países de habla hispana.

Comparación cultural ¿Hay un programa de Seguridad Social en los Estados Unidos? ¿Qué beneficios ofrece?

Analizar ¿Te parece importante el sistema de Seguridad Social? ¿Por qué?

[1]expenses [2]salary [3]dies [4]covers

Países miembros de la Organización Iberoamericana de Seguridad Social (OISS)

Angola   Argentina   Bolivia   Brasil   Chile
Colombia   Costa Rica   Cuba   Ecuador
El Salvador   España   Guatemala
Guinea Ecuatorial   Honduras   México
Nicaragua   Panamá   Paraguay   Perú
Portugal   República Dominicana
Uruguay   Venezuela

Presentación escrita

OBJECTIVES
▶ Write about an accident you witnessed
▶ Use notes to help you build your narration of events

Documentar el accidente

TASK You go into the school office to report an accident you saw outside. The secretary asks you to write a summary as documentation for the school.

1 Prewrite Think about the important details of the accident. Jot down information about these items.

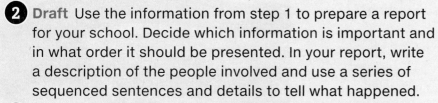

- Nombre(s)
- Descripción del accidente
- ¿Cuándo y dónde ocurrió?
- Descripción de los heridos
- Tipo de ayuda ofrecida
- Otra información

2 Draft Use the information from step 1 to prepare a report for your school. Decide which information is important and in what order it should be presented. In your report, write a description of the people involved and use a series of sequenced sentences and details to tell what happened.

Estrategia

Taking notes When you are retelling information for a report, it is helpful to jot down key details to include in the report. When you write the report, you build the narrative around retelling the facts.

3 Revise Check your report for spelling, verb usage, and vocabulary. Share your report with a partner, who will check

- Is the report easy to understand?
- Is the information retold in a clear, logical order?
- Is there anything that you could add to give more information or change to make it clearer?
- Are there any errors?

4 Publish Rewrite your report, making any necessary changes. Give a copy to your teacher or put one in your portfolio. Present your report to the class.

5 Evaluation The following rubric will be used to grade your presentation.

Rubric	Score 1	Score 3	Score 5
Amount of information you present	You present three facts about the accident.	You present four facts about the accident.	You present five or more facts about the accident.
Your effective retelling of information	Your facts are not told in a logical sequence, and it is difficult to follow your sequence.	Your facts are told in a somewhat logical sequence, but it is somewhat difficult to follow your sequence.	Your facts are retold in a logical sequence and you include connecting words like *first, second, then,* etc.
Your accuracy in retelling an event in the past	You use three verbs in the past with grammatical errors.	You use four verbs in the past with some grammatical errors.	You use five or more verbs in the past with very few grammatical errors.

Auténtico

Partnered with E FE:

12 razones para donar sangre

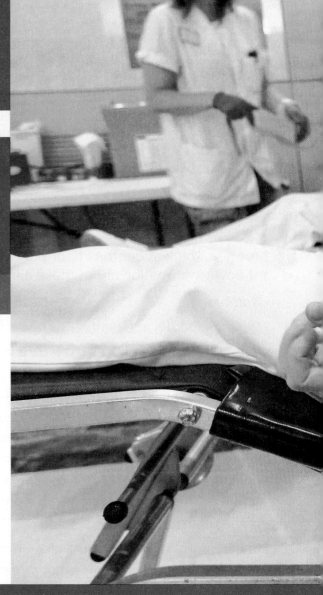

Antes de ver

Usa la estrategia: Listen for Cognates

As you watch the video, listen for cognates to help identify main ideas and supporting details from the video.

Read this Key Vocabulary

donar = donate

la necesidad = need

los glóbulos rojos = red blood cells

los recursos = resources

la esperanza = hope

la huella = mark, fingerprint

▶ Ve el video

Donating blood is a way of helping your community. The technology doesn't exist yet to fabricate blood, so it must be donated for those who need it. Do you know anyone who has benefited from donated blood?

Go to **PearsonSchool.com/Autentico** and watch the video *Doce razones para donar sangre y una sonrisa* to see why people choose to donate blood.

Completa las actividades

Mientras ves Escucha los cognados que ves abajo. Usa los cognados, junto con las imágenes, para identificar la idea principal del video.

acción
personas
solidaridad
satisfacción
permite
realmente
sándwiches
motorista

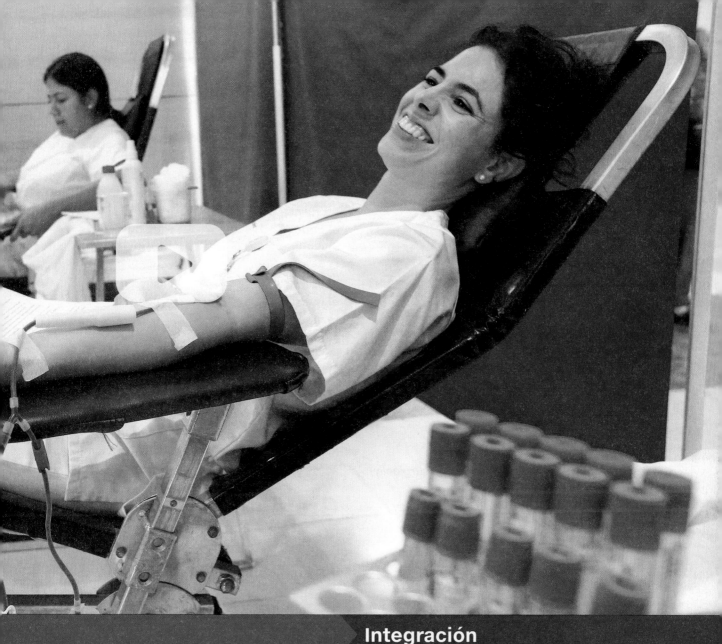

Integración

Después de ver Mira el video otra vez para contestar estas preguntas.

1. ¿Cuáles son las razones principales por las que las personas donan sangre?

2. El noveno hombre (1:23-1:55) hace una metáfora entre la sangre y la esperanza. ¿Qué metáfora es?

3. ¿Cuáles son las tres razones que da la última mujer para donar sangre? ¿Por qué crees que es importante?

4. ¿Cuál crees que es la idea principal del video? Menciona algunos detalles para apoyar tu respuesta.

 For more activities, go to the Authentic Resources Workbook.

Accidentes

Expansión Busca otros recursos en *Auténtico* en línea. Después, contesta las preguntas.

 5B Auténtico

Integración de ideas Los recursos auténticos hablan sobre varios aspectos del campo médico. Usa estos recursos para escribir un análisis sobre la medicina en el mundo hispanohablante. ¿Hay elementos comunes?

Comparación cultural Compara los hospitales y los servicios médicos de la cultura hispana según estos recursos con los de tu comunidad.

Repaso del capítulo

OBJECTIVES
▶ Review the vocabulary and grammar
▶ Demonstrate you can perform the tasks on p. 289

🔊 Vocabulario

to talk about treatments for medical conditions

doler (o ➜ ue)	to hurt
el dolor	pain
el enfermero, la enfermera	nurse
examinar	to examine, to check
la inyección, pl. las inyecciones	injection, shot
poner una inyección	to give an injection
la medicina	medicine
las muletas	crutches
las pastillas	pills
las puntadas	stitches
dar puntadas	to stitch (surgically)
la radiografía	X-ray
sacar una radiografía	to take an X-ray
la receta	prescription
recetar	to prescribe
roto, -a	broken
la sala de emergencia	emergency room
la sangre	blood
la silla de ruedas	wheelchair
la venda	bandage
el yeso	cast

to explain how an accident occurred

el accidente	accident
la ambulancia	ambulance
caerse	to fall
me caigo	I fall
te caes	you fall
se cayó	he / she fell
se cayeron	they / you fell
chocar con	to crash into, to collide with
cortarse	to cut oneself
lastimarse	to hurt oneself
¿Qué te pasó?	What happened to you?
romperse	to break, to tear
torcerse (o ➜ ue)	to twist, to sprain
tropezar (e ➜ ie) (con)	to trip (over)

to name parts of the body

el codo	elbow
el cuello	neck
la espalda	back
el hombro	shoulder
el hueso	bone
la muñeca	wrist
el músculo	muscle
la rodilla	knee
el tobillo	ankle

other useful words and expressions

moverse (o ➜ ue)	to move
pobrecito, -a	poor thing
¡Qué lástima!	What a shame!
sentirse (e ➜ ie)	to feel

Gramática

preterite of venir

vine	vinimos
viniste	vinisteis
vino	vinieron

preterite of decir and traer

dije	traje	dijimos	trajimos
dijiste	trajiste	dijisteis	trajisteis
dijo	trajo	dijeron	trajeron

preterite of poner

puse	pusimos
pusiste	pusisteis
puso	pusieron

imperfect progressive tense

Use the imperfect-tense forms of *estar* + the present participle to say that something was taking place over a period of time in the past.

present participles:

-ar	stem + -ando	➜ caminando
-er	stem + -iendo	➜ corriendo
-ir	stem + -iendo	➜ escribiendo

For *Vocabulario adicional,* see pp. 506–507.

Preparación para el examen

What you need to be able to do for the exam . . .	Here are practice tasks similar to those you will find on the exam . . .	For review go to your print or digital textbook . . .

Interpretive

1 ESCUCHAR I can listen and understand as someone talks about what has happened at an accident.

Listen as a 911 operator takes a call from someone who is at the scene of an accident. See if you can understand: (a) what the victim was doing before the accident occurred; (b) what caused the accident; and (c) what the injury appears to be.

pp. 266–269 *Vocabulario en contexto*

p. 270 Actividad 5

p. 274 Actividad 12

Interpersonal

2 HABLAR I can ask and answer questions about how someone was injured.

You would like to get some training in emergency room questioning techniques. With a partner, practice what you learned by role-playing a situation in which one person asks: (a) what time the patient came to the emergency room and how he / she got there; (b) what caused the injury; and (c) what the person was doing at the time of the injury. Then switch roles.

p. 270 Actividad 6

p. 271 Actividad 8

p. 272 Actividad 9

p. 273 Actividad 10

p. 275 Actividad 15

p. 278 Actividad 20

p. 281 Actividad 26

Interpretive

3 LEER I can read and understand an account of an accident.

In the newspaper, you see an account of an accident. See if you can understand what happened, as well as what medical treatment the victims received.

Ayer, dos niños se chocaron cuando estaban montando en bicicleta en la calle Suárez. La ambulancia llegó rápidamente para llevarlos a la sala de emergencia. Los paramédicos dijeron que uno de los niños tenía la muñeca rota y el otro necesitaba diez puntadas en la rodilla.

pp. 266–269 *Vocabulario en contexto*

p. 270 Actividad 4

p. 275 Actividad 13

p. 279 Actividad 21

p. 280 Actividad 23

pp. 282–283 *Lectura*

Presentational

4 ESCRIBIR I can write an account of what medical treatment was given to injured people.

Several children that you were supervising were injured on the playground and you took them to the emergency room. Write a summary, in Spanish, describing the medical treatment each child received.

p. 270 Actividad 4

p. 274 Actividad 12

p. 275 Actividades 13, 15

p. 285 *Presentación escrita*

Cultures

5 COMPARAR I can understand how emergency medical services operate in different countries.

Imagine that you've been injured. Where would you go? How would you get there? What type of emergency medical services are available in your community? How are they similar to or different from those in Spanish-speaking countries?

p. 271 *Cultura*

p. 278 *Cultura*

pp. 282–283 *Lectura*

p. 284 *Perspectivas del mundo hispano*

OBJECTIVES
▶ Talk and write about TV shows and movies
▶ Express what you think about TV and movie genres

Vocabulario

el cine
el actor
la actriz,
   pl. las actrices
dar
durar
la película de ciencia
   ficción
la película de horror
la película policíaca
la película romántica

la televisión
el canal
la comedia
el drama
el programa de
   concursos
el programa de
   dibujos animados
el programa
   deportivo
el programa
   educativo
el programa de
   entrevistas
el programa de la
   vida real
el programa de
   noticias
el programa musical
la telenovela
¿Qué clase de . . . ?

opiniones
cómico, -a
emocionante
fascinante
infantil
interesante
realista
tonto, -a
triste
violento, -a

1

Los programas que te gustan

 ESCRIBIR, HABLAR EN PAREJA

1 Piensa en cuatro programas de televisión o películas que te gustan.
Haz una copia de la tabla en una hoja de papel y úsala para describir
los programas.

programa / película	descripción	canal / cine	actor / actriz
Planeta de los animales	*un programa educativo fascinante*	*canal 14*	*Ramón Fernández*

2 Trabaja con otro(a) estudiante. Lee sólo la descripción de un
programa o película en tu tabla. Tu compañero(a) va a hacerte dos
preguntas para identificarlo.

 Videomodelo

A —*Es un programa educativo fascinante.*
B —*¿En qué canal / cine lo (la) dan?*
o: —*¿Quiénes son los actores principales?*

Gramática Repaso

Verbs like *gustar*

You already know several verbs that are always used with indirect objects:

encantar	*to love, to delight*
gustar	*to be pleasing*
importar	*to be important*
interesar	*to interest*

These verbs all use a similar construction:

indirect object pronoun + verb + subject.

Me gusta el béisbol.
Literally: *Baseball is **pleasing to me**.*

The two forms of these verbs that are most commonly used are the *Ud. / él / ella* and *Uds. / ellos / ellas* forms.

¿Te interesan los deportes?
Literally: *Are sports **interesting to you?***

Remember that, in the examples given, the subjects are *béisbol* and *deportes,* and *me* and *te* are indirect object pronouns.

2

Tu programa favorito

 HABLAR EN PAREJA   ¿Cuál es tu programa de televisión favorito? Pregúntale a otro(a) estudiante sus opiniones usando las palabras del recuadro.

 **Videomodelo**
gustar / las telenovelas
A —*¿Te gustan las telenovelas?*
B —*Sí, me encantan.*

encantar	los programas de dibujos
gustar	animados
interesar	los programas educativos
la comedia	los programas de la vida real
el drama	las telenovelas

3

Expresa tu opinión

 ESCRIBIR, HABLAR   ¿Qué piensas del cine? Usa la lista de actividades y el verbo *importar* o *interesar* para expresar tu opinión.

Modelo
las comedias
A mí me interesan las comedias.
o: *No me interesan las comedias; me aburren.*

1. las películas de ciencia ficción
2. las películas de horror
3. las películas policíacas
4. las películas románticas
5. el drama
6. las películas realistas

6A
¿Viste el partido en la televisión?

España
Cuba
República
Dominicana
México
Puerto
Rico
Panamá
Venezuela
Colombia
Ecuador
Bolivia
Argentina

CHAPTER OBJECTIVES

Communication

By the end of this chapter you will be able to:

- Listen to and read about TV shows and sporting events.
- Talk and write about a TV show and your emotions.
- Exchange information about your reaction to a TV program.

Culture

You will also be able to:

- Understand television programming on Spanish-language channels.
- Compare the popularity of game shows and reality shows in Spain and the U.S.
- **Auténtico:** Identify cultural practices in an authentic video about a new sport.

You will demonstrate what you know and can do:

- Presentación oral: Un programa de televisión
- Preparación para el examen

You will use:

Vocabulary
- Sporting events and contests
- Emotions

Grammar
- Preterite of *-ir* stem-changing verbs
- Other reflexive verbs

ARTE y CULTURA México

Ángel Zárraga Ángel Zárraga y Argüelles (1886-1946) nació en Durango, México. Estudió pintura en la Escuela Nacional de Bellas Artes de la Ciudad de México. A los 25 años, Zárraga emigró a Francia y experimentó con varios estilos. En el cuadro "Los futbolistas en el llano" podemos ver su gran amor por el fútbol.

▶ ¿Qué tipo de fútbol crees que juegan en este cuadro? ¿Por qué? ¿Qué elementos del cuadro crees que muestran el amor del pintor por el fútbol? ¿Dónde crees que ocurre el partido en el cuadro?

Futbolistas en el Llano (1924–28). Ángel Zárraga. ▶
Oil on canvas, 175 x 122cm. Christie's Images/Bridgeman Images/2016 Artists Rights Society (ARS), New York/SOMAAP, Mexico City

Go **Online** to practice

PEARSON
realize™

PearsonSchool.com/Autentico

AUDIO

VIDEO

WRITING

SPEAK/RECORD

MAPA GLOBAL

AUTÉNTICO

FLASCHARDS

ETEXT 2.O

GAMES

Los equipos de Argentina y México
en la Copa Mundial, 2010

Videocultura **Cine y televisión**

Vocabulario en contexto

OBJECTIVES

Read, listen to, and understand information about
▶ television programs
▶ sporting events

Estoy tan emocionada. ¡Mi equipo ganó **el campeonato por** primera **vez!** No puedo creerlo. ¡Fue una buena **competencia** pero somos **los campeones!** Los Toros son el mejor equipo de **la liga.** No sé por qué **perdieron.**

Pensé que el partido iba a terminar en **un empate.** Por mucho tiempo no pasaba nada. **Al final,** yo metí un gol, ¡y ganamos! **El tanteo** final fue 5 a 4. Los aficionados se volvieron locos, especialmente mi familia.

el empate

el tanteo

el entrenador

meter un gol

el jugador

aplaudir

la aficionada

el aficionado

Laura: ¡Felicidades, Mariana! ¡Metiste un gol en los **últimos** segundos!

Mariana: ¡Gracias, Laura! Todos los jugadores del equipo jugaron bien, ¿no crees? **Resultó** ser un partido **fenomenal.**

Laura: Pero la entrenadora del otro equipo estaba muy **enojada,** ¿verdad?

Mariana: Sí, **se enojó** mucho con los jugadores. Son excelentes **atletas,** pero cuando perdieron, **se pusieron** muy **agitados.**

Más vocabulario
el comentario = commentary
competir = compete
morirse = to die

alegres

emocionados

volverse loco

furiosa   enojada

aburrirse

1

Un partido de fútbol

ESCUCHAR   Escucha estas frases sobre un partido de fútbol. Mira las fotos y señala lo que escuchas.

2

¿Cierto o falso?

ESCUCHAR   Escucha estos comentarios sobre la conversación entre Mariana y Laura. Si la frase es cierta, señala con el pulgar hacia arriba (*thumbs up*). Si la frase es falsa, señala con el pulgar hacia abajo (*thumbs down*).

Mariana y Josué se envían mensajes sobre lo que vieron en la tele anoche.

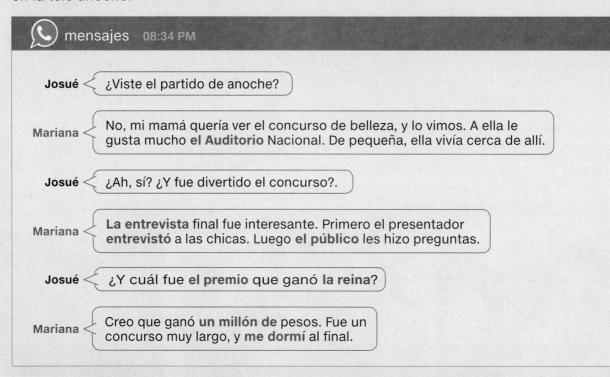

mensajes 08:34 PM

Josué — ¿Viste el partido de anoche?

Mariana — No, mi mamá quería ver el concurso de belleza, y lo vimos. A ella le gusta mucho **el Auditorio** Nacional. De pequeña, ella vivía cerca de allí.

Josué — ¿Ah, sí? ¿Y fue divertido el concurso?.

Mariana — **La entrevista** final fue interesante. Primero el presentador **entrevistó** a las chicas. Luego **el público** les hizo preguntas.

Josué — ¿Y cuál fue **el premio** que ganó **la reina**?

Mariana — Creo que ganó **un millón de** pesos. Fue un concurso muy largo, y **me dormí** al final.

el presentador

el concurso de belleza

3

Concurso

ESCRIBIR Lee cada pregunta y escribe *sí* o *no*.

1. ¿Vio Mariana el partido de anoche?

2. ¿Vio Mariana un concurso de belleza en la tele?

3. ¿Fue aburrida la entrevista final?

4. ¿Ganó la reina un millón de pesos?

5. ¿Se durmió Mariana antes de terminar el concurso?

Videohistoria

Go **Online** to practice
PEARSON **realize**™
PearsonSchool.com/Autentico

AUDIO VIDEO WRITING SCRIPT

¡Felicidades, campeona!

Antes de ver

Activating background knowledge As you watch the video, think about what you already know about soccer. Listen for words you know to help you identify the main idea.

Completa la actividad

Los deportes ¿Eres fanático de algún deporte? ¿Practicas ese deporte? ¿Prefieres ver los partidos en la tele o ir a los estadios? ¿Por qué?

▶ Ve el video

¿Qué quiere Seba que gane Camila algún día?

Ve a **PearsonSchool.com/Autentico** para ver el video *¡Felicidades, campeona!* También puedes leer el guión.

Camila   Seba

Después de ver

 ¿COMPRENDISTE? Lee las preguntas. Luego, ve el video otra vez y contesta las preguntas.

1. ¿Cuántos goles metió Camila?
2. ¿Juega Seba al fútbol? ¿Cómo lo sabes?
3. Según Seba, ¿qué recuerdan su padre y su abuelo?
4. ¿Están de acuerdo Camila y Seba sobre quiénes son los mejores jugadores?
5. ¿Cómo se pone Camila cuando su equipo pierde un partido? ¿Cuál es la idea principal del video?

Comparación cultural Hay aficionados al fútbol en casi todo el mundo. ¿Qué deportes de este país tienen muchos aficionados?

Vocabulario en uso

OBJECTIVES
▶ Talk about reactions to TV programs
▶ Discuss feelings
▶ Listen to people's reactions to TV shows
▶ Write about TV programs and sports

4

Un día malísimo

LEER, ESCRIBIR Lee la conversación entre dos amigos que no están muy contentos con el resultado del campeonato de fútbol. Escribe las palabras apropiadas.

A —¿Viste el partido ayer en la televisión?

B —Sí, unos amigos míos vinieron a mi casa a verlo. Todos somos __1.__ *(atletas/aficionados)* a los Tigres y por eso __2.__ *(resultó/perdió)* ser un día malísimo.

A —Fue horrible, ¿no te parece? No puedo creer que los Tigres perdieron __3.__ *(el campeonato/el campeón)* por segunda vez.

Un partido de fútbol entre Colombia y Bolivia

B —Por unos minutos, pensábamos que el partido iba a terminar en un __4.__ *(empate/tanteo)* pero en los __5.__ *(últimos/primeros)* segundos el jugador de los Osos __6.__ *(metió un gol/compitió)* y ellos ganaron. Al final, el __7.__ *(tanteo/concurso)* fue 4 a 3. ¡Qué horror!

A —Ese jugador es un __8.__ *(atleta/entrenador)* fenomenal. Lo __9.__ *(entrevistaron/empataron)* anoche en la tele después de que le dieron el __10.__ *(tanteo/premio)* por ser el mejor jugador del partido.

B —Sí, vi la entrevista también. Parece ser un hombre muy bueno. Dijo que ganaron a causa de los esfuerzos *(efforts)* de todos los jugadores en el equipo y de sus __11.__ *(entrenadores/presentadores)*. También les dio las gracias a su familia y al __12.__ *(comentario/público)* que siempre lo apoyan *(support)*.

5

¿Quién lo hace?

LEER, ESCRIBIR Escribe la persona, el lugar o la cosa apropiada que corresponde a cada una de estas descripciones.

> **También se dice . . .**
> **la competencia** = la competición *(muchos países)*

1. La persona que mete un gol es _____.

2. La persona que da los premios en un programa de concursos es _____.

3. La persona que gana el campeonato es _____.

4. La persona que gana el concurso de belleza es _____.

5. El grupo de personas que ven una competencia o un concurso es _____.

6. La persona que les dice a los jugadores lo que deben hacer es _____.

7. El lugar donde ocurre el concurso de belleza es _____.

8. El grupo de equipos que compiten unos contra otros es _____.

La nueva reina

LEER, ESCRIBIR   Lee este artículo de las páginas sociales de un periódico sobre un evento muy especial. Después contesta las preguntas.

Felicitaciones a la Señorita Centroamérica

Anoche, en todas las ciudades y pueblos de El Salvador, la gente se volvía loca. Por primera vez en la historia de esta pequeña nación, pueden proclamar que la reina del Concurso de belleza, la Señorita Centroamérica, es una joven salvadoreña. La nueva reina es María Isabel Fernández Melgarejo, nativa de Zacatecoluca, Departamento de La Paz. La señorita Melgarejo, una joven talentosa y bonita de 19 años, participó en la competencia de talento con una voz fenomenal, cantando "Mi último recuerdo eres tú". Momentos antes de anunciar a la nueva reina había un silencio increíble en el auditorio. Cuando el presentador Mario Montero anunció el nombre de la joven salvadoreña, el público comenzó a gritar y a aplaudir. Después, en una entrevista, la nueva Señorita Centroamérica habló de sus planes como reina en el año que viene: visitar a personas enfermas y heridas en los hospitales de su país.

María Isabel Fernández Melgarejo

1. ¿Qué evento ocurrió anoche? ¿Quién ganó el evento?
2. ¿Por qué es tan especial el resultado del evento?
3. ¿Qué hizo la nueva reina en la competencia de talento?
4. ¿Quién es Mario Montero y qué hizo en el concurso?
5. ¿El público se puso alegre o agitado cuando oyó el nombre de la nueva reina? ¿Por qué?
6. ¿Qué quiere hacer la nueva reina para ayudar a los demás?

7

¿Qué dices . . . ?

ESCRIBIR, HABLAR EN PAREJA   Imagina que no leíste bien el artículo de la Actividad 6 sobre la nueva reina. Escribe cuatro frases con información incorrecta sobre lo que ocurrió. Lee tus frases a otro(a) estudiante. Tu compañero(a) tiene que corregir *(correct)* tu información.

▶ **Videomodelo**
A —*Es la segunda vez que la reina es de El Salvador, ¿no?*
B —*No, no tienes razón. Es la primera vez que ella es de El Salvador.*

Escucha y escribe

 ESCUCHAR, ESCRIBIR, HABLAR EN PAREJA

1 Unos jóvenes hablan de cómo se sienten cuando ven diferentes programas de televisión. Escribe las cinco frases que escuchas.

2 Habla con otro(a) estudiante. ¿Cuál de las reacciones es más similar a la tuya? ¿Cuál es más diferente? ¿Por qué?

9

¿Cuándo te sientes así?

 ESCRIBIR, HABLAR EN PAREJA Escribe una frase para decir en qué situaciones te sientes así *(this way)*. Lee tus frases a otro(a) estudiante para ver si se siente lo mismo.

1. me aburro
2. me enojo
3. me pongo emocionado, -a
4. me vuelvo loco, -a
5. me pongo agitado, -a
6. me pongo alegre

Videomodelo

me pongo furioso, -a

A —*Me pongo furiosa cuando mi hermana usa mis cosas sin mi permiso. ¿Y tú?*

B —*Pues, no tengo hermanos. Pero me pongo furioso cuando un amigo me miente. ¿Y tú?*

A —*Sí, me pongo muy furiosa cuando alguien me miente*

10

Y tú, ¿qué dices?

ESCRIBIR, HABLAR

1. ¿Qué clase de programa te gusta ver en la televisión? ¿Un programa de premios o un programa de entrevistas? ¿Por qué?

2. ¿Cuál es tu programa de concursos favorito? ¿Quién es el (la) presentador(a)? ¿Qué clase de premios dan?

3. ¿Quién es tu jugador(a) profesional favorito(a)? ¿Compitió recientemente en un campeonato? ¿Ganó o perdió?

4. ¿Conoces a algún (alguna) entrenador(a) profesional o de tu comunidad? ¿Con qué deportes o equipos trabaja él (ella)? ¿Cómo es?

Garbiñe Muguruza, tenista española ▶

La Serie del Caribe

 LEER, ESCRIBIR, HABLAR ¿Eres aficionado(a) al béisbol? Lee la información y contesta las preguntas.

1. ¿Qué países compiten en la serie?
2. ¿Qué equipos jugaron en el primer partido de la serie?
3. ¿Por qué el partido entre México y la República Dominicana fue importante?
4. ¿Cuál fue el tanteo final entre México y Venezuela?
5. ¿Qué hicieron los aficionados después de los partidos?

≡ Campeones del Caribe

El equipo de México celebra su victoria en la Serie de Béisbol del Caribe.

Si te gusta el béisbol, la Serie de Béisbol del Caribe es una de las mejores competencias después de la Serie Mundial de las Ligas Mayores.

Equipos de México, Venezuela, la República Dominicana y Puerto Rico participan en esta serie. Cada equipo tiene cientos y hasta miles de aficionados que lo apoyan[1] durante el campeonato. La gente se reúne para disfrutar de[2] una semana de béisbol extraordinaria.

Un ejemplo de la emoción que despierta este evento fue la Serie del Caribe de 2011. En este campeonato hubo partidos inolvidables y participaciones increíbles de jugadores como Jorge Vázquez, el Jugador Más Valioso (MVP). Ese año, los mexicanos terminaron como los campeones de la serie. La primera batalla[3] fue entre México y la República Dominicana. Los dos equipos estuvieron empatados 3 a 3 durante seis entradas[4]. En la entrada 15, México ganó 4 a 3. Ese día los aficionados mexicanos celebraron con una gran fiesta. México tuvo otra dramática victoria cuando volvió a ganar el quinto partido contra Venezuela por 7 a 3.

México obtuvo por sexta vez el título de campeón de la serie en 2011. Los aficionados celebraron el resultado de este campeonato con cantos y bailes en las calles. Una vez más, el campeonato de la Serie del Caribe fue un gran éxito[5].

[1]support [2]enjoy [3]battle [4]innings [5]success

CULTURA ❭ El mundo hispano

Latinoamericanos en el béisbol Hoy en día hay más de 200 jugadores de América Latina en las Ligas Mayores. Se dice que el béisbol caribeño "empezó" en Cuba en el año 1874, con una competencia entre dos equipos cubanos. Luego la popularidad del deporte pasó a algunos países latinoamericanos. En julio de 1895 se estableció el primer club venezolano, y en 1943 empezó la Federación Mexicana de Béisbol. El club atlético Licey, el club más antiguo de béisbol dominicano, se fundó en 1907.

▲ Alex Romero, beisbolista venezolano

▶ ¿Crees que el béisbol es tan popular en América Latina como en los Estados Unidos? Explica.

Pre-AP Integration: La identidad nacional y la identidad étnica: ¿Cómo influyen la lengua y la cultura en la identidad de los deportistas latinoamericanos que forman parte de los equipos internacionales?

 Mapa global interactivo Explora dos estadios deportivos en México. Investiga las conexiones entre el acceso público y el transporte público en esas ciudades.

Gramática

OBJECTIVES
▶ Talk and write about what you watched on TV recently
▶ Tell about past televised events

¿Recuerdas?

You know that stem changes in the present tense take place in all forms except *nosotros* and *vosotros*.

preferir *(e → ie)*
- **Prefiero** ver programas deportivos.

pedir *(e → i)*
- **Pedimos** los espaguetis.

dormir *(o → ue)*
- Los hermanos **duermen** tarde.

Preterite of *-ir* stem-changing verbs

In the preterite, *-ir* verbs like *preferir, pedir,* and *dormir* also have stem changes but only in the *Ud./él/ella* and *Uds./ellos/ellas* forms. In these forms *e* changes to *i* and *o* changes to *u*.

Mi mamá se aburrió y **se durmió** durante la película.

Mis padres **prefirieron** ver el concurso de belleza.

En la liga **compitieron** los mejores equipos de México.

preferir *(e → i)*	
preferí	preferimos
preferiste	preferisteis
prefirió	**prefirieron**

pedir *(e → i)*	
pedí	pedimos
pediste	pedisteis
pidió	**pidieron**

dormir *(o → u)*	
dormí	dormimos
dormiste	dormisteis
durmió	**durmieron**

- Note the special spelling of the preterite forms of *reír*:
  reí, reíste, rió, reímos, reísteis, rieron

Here are other *-ir* verbs with stem changes in the preterite tense.

- Verbs like *preferir: divertirse, mentir, sentirse*
- Verbs like *pedir: competir, despedirse, repetir, seguir, servir, vestirse*
- Verbs like *dormir: morir*
- Verbs like *reír: sonreír*

Más recursos ONLINE

▶ *GramActiva* Video

▶ **Tutorial:** Stem-changes in the preterite

▶ Animated Verbs

✎ *GramActiva* Activity

12

Ayer fue diferente

 LEER, ESCRIBIR La familia Sánchez ve los mismos programas de televisión todos los días y tiene la misma reacción, pero ayer fue diferente. Completa las frases con las formas de los verbos en el presente y en el pretérito.

Modelo
(divertirse) Pablito casi siempre **se divierte** *cuando juega videojuegos en la tele, pero ayer no* **se divirtió.**

1. *(preferir)* Generalmente el Sr. Sánchez _____ ver los partidos en la tele, pero ayer ____ ver un programa de entrevistas.

2. *(sentirse)* Ayer la abuela _____ bastante triste después de ver su telenovela favorita, pero por lo general ella _____ muy entusiasmada después de verla.

3. *(dormirse)* La Sra. Sánchez casi siempre _____ durante uno de los comentarios en la tele, pero ayer no _____. Vio el comentario completo.

4. *(reírse)* A menudo los miembros de la familia _____ cuando escuchan al presentador en el programa de concursos. Ayer no _____ tanto.

13

Los Juegos Olímpicos

 ESCRIBIR En los Juegos Olímpicos del 2012 en Londres, Inglaterra, atletas de varios países hispanohablantes ganaron medallas. Aquí ves a algunos de los campeones y la información sobre el evento y las medallas que ganaron. Forma frases para decir en qué evento compitió cada atleta y qué medalla ganó.

1. los mexicanos, fútbol, oro

2. Félix Sánchez, República Dominicana, 400 metros vallas, oro

3. Eduardo Crismanich, Argentina, taekwondo, plata

4. Sarah Meneses, Brasil, judo, oro

5. Rigoberto Urán, Colombia, ciclismo, plata

6. María Espinoza, México, taekwondo, bronce

Modelo

Mariana Pajón, Colombia, ciclismo, oro
Mariana Pajón compitió en la carrera ciclística de ruta y ganó una medalla de oro.

▲ Mariana Pajón de Colombia gana una medalla de oro en ciclismo BMX en las Olimpiadas de Londres en 2012.

14

Un camarero distraído

 LEER, ESCRIBIR Ayer Úrsula fue al restaurante Cancún con su mamá, y el camarero no les sirvió lo que pidieron. Lee sus mensajes de texto con su amigo Raúl y escribe las formas correctas de los verbos.

Raúl ¿Cómo fue tu visita al restaurante ayer?

Úrsula ¡Terrible! El camarero no nos __1.__ *(servir)* lo que nosotras __2.__ *(pedir)*.

Raúl ¿De veras? ¿Qué __3.__ *(pedir)* Uds.?

Úrsula Primero, yo __4.__ *(pedir)* una hamburguesa con queso, pero el camarero me __5.__ *(servir)* arroz con pollo.

Raúl ¿Y qué pasó con tu mamá?

Úrsula Ella __6.__ *(pedir)* una ensalada y una sopa. ¡Luego nuestro camarero y otro camarero también le __7.__ *(servir)* bistec con papas fritas! Mi mamá le __8.__ *(repetir)* lo que nosotras __9.__ *(pedir)*.

Raúl ¿Qué hizo él?

Úrsula Pues, él __10.__ *(sonreír)* y todos nosotros __11.__ *(reír)*. Pero, ¿sabes? Quizás él __12.__ *(divertirse)* anoche, pero nosotras no __13.__ *(divertirse)* mucho. No pensamos regresar a ese restaurante.

Eventos importantes en la televisión

 LEER, ESCRIBIR, HABLAR EN PAREJA El invento de la televisión trajo muchos eventos importantes al hogar *(home)*. Lee la información sobre las noticias transmitidas por televisión y contesta las preguntas.

Conexiones Las ciencias sociales

1963
El asesinato del presidente John F. Kennedy

1969
El mundo vio al astronauta Neil Armstrong caminar en la Luna.

1991
La Guerra del Golfo fue la primera guerra transmitida en directo por la televisión.

2015
Univisión anunció el lanzamiento de Univisión Now, un servicio disponible en plataforma para teléfonos inteligentes y tabletas.

1960   1970   1980   1990   2000   2010   2020

1968
El asesinato del líder del movimiento para los derechos civiles, Martin Luther King, Jr.

1981
Primera programación del canal MTV, videos de música las 24 horas al día

2001
El ataque de terrorismo contra las Torres Gemelas en Nueva York filmado en directo por noticieros de televisión

2007
Telemundo se convirtió en el primer canal en español que transmitió telenovelas por Internet.

1. ¿Cuándo caminó en la Luna Neil Armstrong?
2. ¿Quién se murió en 1968?
3. ¿Qué se vio por primera vez en 1991?
4. ¿Cuál de estos eventos tuvo el mayor impacto en tu vida?
5. Piensa en una noticia importante que viste en la televisión. ¿Cómo te sentiste cuando la viste?
6. Piensa en algún evento histórico que viste en la televisión con otras personas. ¿Cómo se sintieron?

Y tú, ¿qué dices?

 ESCRIBIR, HABLAR

1. ¿Qué viste recientemente en la televisión? ¿Los miembros de tu familia también lo vieron o prefirieron ver otro programa?
2. ¿Te dormiste recientemente cuando estabas viendo la tele? ¿Te dormiste porque estabas muy cansado(a) o porque te aburriste mucho?
3. ¿Crees que es importante poder ver programas de televisión en tu teléfono celular? ¿Por qué?

Gramática

▶ Talk and write about reactions to TV shows and sporting events
▶ Tell how you felt in certain situations

Go Online to practice PearsonSchool.com/Autentico

PEARSON **realize**™
AUDIO VIDEO WRITING SPEAK/RECORD

Other reflexive verbs

Other reflexive verbs use reflexive pronouns and verb forms but do not have the meaning of a person doing an action to or for himself or herself. These reflexive verbs often describe a change in mental, emotional, or physical state, and can express the idea that someone "gets" or "becomes."

Examples of these verbs are:

aburrirse	to get bored
casarse	to get married
divertirse	to have fun
dormirse	to fall asleep

enojarse	to become angry
ponerse (furioso, -a; alegre; . . .)	to become (furious, happy, . . .)
volverse loco, -a	to go crazy

Se durmieron durante la película.

Se puso alegre después de ganar.

¿Recuerdas?
You know that you use reflexive verbs to say that people do something to or for themselves.

• Felipe **se afeitaba** mientras yo **me cepillaba** los dientes.

Más recursos ONLINE

▶ *GramActiva* Video
◀)) *Canción de hip hop:* ¿Viste el partido?
✎ *GramActiva* Activity

17

En la casa de mi novia

 LEER, ESCRIBIR A Lorenzo le gusta ir a la casa de su novia, pero ¡no es nada divertido ver la tele con sus padres! Completa su descripción con las formas apropiadas de *aburrirse, divertirse, dormirse* y *ponerse.*

No me gusta ver la tele con los padres de mi novia. Les gusta ver los programas educativos. No me gustan estos programas y __1.__ viéndolos. Y lo malo es que su papá casi siempre __2.__ durante los programas y nunca los ve hasta el final. Pero si yo quiero ver otra cosa y cambio (*I change*) de canal, él siempre se despierta. Entonces __3.__ un poco agitado porque su programa no está en la pantalla. Ellos también __4.__ viendo los programas de concursos que a mí me parecen muy tontos. Su mamá __5.__ emocionada cuando sabe la respuesta correcta o el precio correcto de algún objeto. Me encanta visitar a mi novia pero si veo la tele, __6.__ más cuando estoy en mi propia casa.

"Operación Triunfo", un programa de concursos de España

Capítulo 6A • trescientos cinco **305**

18

Los programas

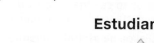

🎤 **HABLAR EN PAREJA** ¿Cómo te sientes cuando ves cada clase de programa? Con otro(a) estudiante, pregunta y contesta según el modelo. Expresa tu opinión personal y usa expresiones culturalmente apropiadas.

▶

Estudiante A

Videomodelo

A —¿Qué piensas de *los programas deportivos*?

B —*Creo que son muy divertidos. Me pongo emocionado(a) cuando los veo.*

Estudiante B

aburrirse	ponerse agitado, -a
divertirse	alegre
dormirse	emocionado, -a
	enojado, -a
	furioso, -a

¡Respuesta personal!

19

Un empate

🎤 **HABLAR EN PAREJA, ESCRIBIR** ¿Qué pasó cuando el partido resultó en un empate? ¿Cómo estuvieron los aficionados? Trabaja con otro(a) estudiante para describirlos. Usa los verbos de la Actividad 18. Luego imagina que tú estabas en el estadio durante el partido. Usa expresiones apropiadas y explica cómo te sentiste tú cuando el partido resultó en un empate. ¿Por qué?

▶

Videomodelo

David

A —¿Cómo estuvo David durante el partido?

B —*Se puso agitado.*

20

Y tú, ¿qué dices?

ESCRIBIR, HABLAR   Escoge un verbo del recuadro y escribe tres o cuatro frases describiendo cuándo y por qué te sentiste así. Luego, habla con otro(a) estudiante de estas situaciones usando expresiones apropiadas.

Modelo

Mis amigos y yo queríamos ir al cine el sábado a ver una nueva película. Mi mamá me dijo que tenía que ir con mi familia a la casa de mis tíos. Me puse furioso.

aburrirse	ponerse agitado, -a
divertirse	alegre
enojarse	emocionado, -a
	furioso, -a

¿Recuerdas?

Remember that when telling a story in the past, the preterite tense describes actions that began and ended at a specific time. The imperfect tense, however . . .

• provides background information such as time and weather conditions.

• describes the existing physical, mental, and emotional states of a person or thing.

• says what was happening when something else took place.

21

Haciendo tareas en mi cuarto

ESCRIBIR, HABLAR   Mira el cuadro de Oscar Ortiz, un artista de Puerto Rico nacido en Nueva York. Luego contesta las preguntas.

1. Describe lo que ves en el cuadro "Haciendo tareas en mi cuarto".

2. ¿Crees que el niño está haciendo sus tareas? ¿Por qué?

3. Qué prefieres, ¿escribir tus tareas a mano o hacerlas en la computadora? ¿Ver la tele o jugar con tus mascotas? Explica.

"Haciendo tareas en mi cuarto", Oscar Ortiz
Casein on paper. Private Collection/Bridgeman Images

El español en la comunidad

Una de las cadenas de televisión para ver las noticias entre adultos de 18 a 34 años más vista en Estados Unidos es Univisión. Muchos profesores de español en los Estados Unidos recomiendan Univisión para sus estudiantes.

• ¿Tienes canal de Univisión en tu comunidad? ¿Por qué puede ser bueno ver algunos programas en Univisión?

Pronunciación — Regional variations of *ll* / *y* and *c* / *z*

The majority of Spanish speakers do not distinguish between *ll* and *y*, pronouncing both like *y* in the English word *yes*. Listen to and say these words and sentences as the majority of Spanish speakers would:

rodilla	llamar	joyas
sellos	cepillo	rayas

Tiene que llevar un yeso.

La calle está cerca de la playa.

Note, however, that the pronunciation of *ll* and *y* varies around the Spanish-speaking world. In Argentina and Uruguay, *ll* and *y* are pronounced like the *s* in the English word *measure*. In other countries, the *ll* is pronounced with a hint of an *l*, much like the English word *million*, but a bit softer.

Listen to and say the words and sentences above again, first as a speaker from Argentina or Uruguay would pronounce them, and then as many other Spanish speakers would.

Enjoy this children's riddle from Mexico:

A ver tú chiquitillo,
cara de pillo,
si sabes contestar.
Es muy grande y muy feo
fuerte y fiero
y vive por el mar.

In Latin America and parts of Spain, *c* before *e* and *i*, and *z* before a vowel are pronounced like the *s* in *sink*. In some parts of Spain, however, these letters are pronounced like the *th* in *think*.

Listen to and say the following words as most Spaniards would pronounce them:

cierto	abrazo	ciclismo	concierto
belleza	bronce	buzón	comenzar
dice	azúcar		

¡Compruébalo! Try this tongue twister about a cat:

Gato cenizoso,
sal de ceniza
descenizósate,
gato.

CULTURA — España

Concursomanía En España, durante los últimos años, se han estrenado[1] muchos programas de concursos donde los participantes compiten contestando preguntas de cultura general. Programas como "Pasapalabra" o "Saber y ganar" son divertidos y dan muchos premios como dinero, coches y viajes. Recientemente, los concursos de supervivencia[2] están de moda. Con frecuencia, los concursantes se convierten en personajes muy populares, conocidos en todo el país.

* Compara la popularidad de los programas de concursos y de supervivencia en España y en los Estados Unidos. ¿Son similares estos programas o son diferentes?

Pre-AP Integration: El entretenimiento y la diversión: ¿Crees que estos programas de concursos influyen en las perspectivas de la gente? Explica tu respuesta.

---

[1]have premiered [2]survival

Juego

ESCRIBIR, HABLAR EN GRUPO, GRAMACTIVA

1 Trabaja con un grupo de tres. En pequeñas hojas de papel o tarjetas, escriban palabras que conocen de este capítulo y otros capítulos que pueden usar para contar lo que pasó en los dibujos.

2 Pongan todas las tarjetas en un grupo boca abajo *(facedown)*. Un(a) estudiante toma una tarjeta y forma una frase usando la palabra para contar lo que pasó.

Modelo
Los aficionados se pusieron muy alegres.

> **el tanteo**

> **alegres**

> **los aficionados**

23

El cuento

 ESCRIBIR, HABLAR   Usen las ideas de la Actividad 22 y preparen el cuento de lo que pasó en las ilustraciones. Vean la nota *¿Recuerdas?* en la página 307 para recordar cómo usar el pretérito y el imperfecto juntos en un cuento. Presenten su cuento a otro grupo, a su profesor(a) o a la clase.

Lectura

OBJECTIVES
- Read about the Pan-American Games
- Use prior knowledge to understand the context of a reading

Estrategia

Using prior knowledge When reading a text in Spanish, use your knowledge of the subject in English to help you understand the context of the reading. The following piece is about the Pan- American Games, an event similar to the Summer Olympics. What would you expect to find in a reading about a major sporting event?

Los Juegos Panamericanos

Los juegos panamericanos se establecieron para promover la comprensión entre las naciones del continente americano. Los primeros Juegos se inauguraron el 25 de febrero de 1951 en Buenos Aires, con 2,513 atletas de 22 países. El lema[1] de los Juegos —"América, Espírito, Sport, Fraternité"— incorpora cuatro de los idiomas más importantes de las Américas: el español, el portugués, el inglés y el francés. Todos los países de las Américas pueden mandar atletas a competir. Aproximadamente el 80 por ciento de los deportes de los Juegos Panamericanos se juegan en las Olimpíadas. Los Juegos Panamericanos se celebran cada cuatro años durante el verano previo a los Juegos Olímpicos.

Atletas en la ceremonia de inauguración en Winnipeg, Canadá

EL LOGOTIPO de los Juegos Panamericanos de Guadalajara 2011 es una llama de fuego[2] que representa a las Américas y al deporte olímpico. Tiene cuatro colores: tres corresponden a los colores de los aros[3] olímpicos y el magenta hace referencia a México.

[1]motto [2]flame [3]rings

[1]motto [2]flame [3]rings

PACHI

Logos y mascotas

Para conmemorar los Juegos Panamericanos, cada cuatro años el país anfitrión[4] crea una mascota que representa algo histórico o cultural del país.

TOCOPAN - La Habana, Cuba, 1991

El nombre de la mascota oficial de los Juegos Panamericanos en la Habana proviene de la combinación de la palabra Tocororo (considerado el ave nacional de Cuba por poseer los colores de la bandera nacional) con la palabra *Panamericanos.*

LOBI - Mar del Plata, Argentina, 1995

El león marino es un habitante tradicional del mar cerca de la ciudad de Mar del Plata. Sonriendo con brazos abiertos, Lobi da cordiales saludos de bienvenida a la familia panamericana.

TITO - Santo Domingo, República Dominicana, 2003

El manatí es una especie en peligro de extinción. Tito, la mascota, simboliza el deseo que tienen los dominicanos de proteger su medio ambiente.

PACHI - Toronto, Canadá, 2015

Ésta no es una mascota típica, es un puerco espín[5] muy amigable. Sus púas multicolores representan a los 41 países que participan en los juegos panamericanos.

[4]host country [5]porcupine [6]speed walking [7]accomplish

Jefferson Pérez: un héroe nacional

En el año 1995, el ecuatoriano Jefferson Pérez ganó la medalla de oro en la marcha[6] de 20 km durante los Juegos Panamericanos de Mar del Plata, Argentina. Se convirtió en un héroe nacional de Ecuador cuando ganó otra vez la medalla de oro en 1996, en Atlanta, Estados Unidos, durante los Juegos Olímpicos.

Fue la primera vez que un atleta de Ecuador ganó una medalla de oro en las Olimpíadas. Además de esta importante victoria, Pérez ganó tres medallas de oro en los Juegos Panamericanos de Mar del Plata 1995, Santo Domingo 2003 y Río de Janeiro 2007, y una de plata en los Juegos Olímpicos de Beijing 2008. Jefferson Pérez vino de un barrio muy pobre de Cuenca, Ecuador, y llegó a ser un símbolo de lo que uno puede alcanzar[7] con mucho trabajo y esfuerzo.

Jefferson Pérez ganó otra vez la medalla de oro en los Juegos Panamericanos en 2007.

 Mapa global interactivo Explora los lugares donde se han hecho los Juegos Panamericanos. Observa cómo se preparó una ciudad de México para dar lugar a los juegos.

¿Comprendes?

1. ¿Cómo representan el lema y el símbolo de los Juegos Panamericanos los diferentes países del continente?

2. ¿Por qué son importantes los Juegos Panamericanos para un(a) atleta que quiere competir en las Olimpíadas?

3. ¿Qué representan las mascotas de los Juegos? ¿Qué representa el manatí?

4. ¿Por qué llegó a ser un héroe nacional Jefferson Pérez?

Y tú, ¿qué dices?

1. ¿Crees que un(a) atleta puede ser un(a) héroe (heroína) nacional? ¿Por qué?

2. Tienes que crear una mascota y un cartel para una celebración deportiva internacional en tu comunidad. ¿Qué pones en el cartel? ¿Cómo es la mascota?

La cultura en vivo

La guía de la tele

¿Sabías que las guías[1] de televisión se encuentran entre las revistas más leídas en muchos países hispanohablantes? La gente consulta estas guías, tanto las revistas como sus versiones digitales, para informarse de la programación televisiva. Además[2], muchos periódicos publican la programación en sus ediciones diarias.

Preparar una buena programación no es fácil. La programación debe tener variedad e interés para muchas personas. Tiene que ser divertida, ofrecer noticias informativas y tener programas culturales también.

Online Cultural Reading

Go to Auténtico **ONLINE** to explore the Univisión website, where you can click on the categories of the shows to help you identify different types of programs.

[1]guides [2]Furthermore

Objetivo

Hacer una guía de programas de televisión

Materiales

• papel, marcadores y lápices de colores

Instrucciones

Formen grupos de dos o tres estudiantes.

1. Van a planear la programación en un canal para un día de la semana desde las cuatro de la tarde hasta la medianoche.

2. Escojan la clase de programas que quieren ofrecer (informativos, culturales, cine, concursos, deportivos y más) y las horas en que se dan. ¡Cuidado! En los países hispanohablantes se usa un horario de programación de 24 horas. ¡No se olviden de dar un nombre a cada programa!

3. Preparen la guía. Usen colores diferentes para las diferentes clases de programas.

4. Al final de la guía, escriban una recomendación para el mejor programa del día.

🏠 Programación de televisión para el martes

HORA	Canal 2	Canal 3	Canal 4	Canal 7
06:30	Noticias	El tiempo	Dibujos animados	Música
07:00	¡Hagamos ejercicio!	Programa escolar	Mundo animal	
07:30	Grandes viajes			Actualidad deportiva
08:00				El tiempo
08:30	La buena cocina	Las aventuras de Simón	Tú y yo	Pueblos de América
09:00	Noticias			
09:30	Cine clásico	Medicina y salud	Fútbol mundial	Película
10:00				
10:30		Siglo XXI		
11:00				Vida en el mar
11:30	Telenovela	Película infantil	Noticias	
12:00				

Presentación oral

OBJECTIVES
▶ Give a review of your favorite TV show
▶ Use notes to remember key details

Go **Online** to practice
PEARSON **realize**™

PearsonSchool.com/Autentico

SPEAK/RECORD

Un programa de televisión

TASK Prepare a review of one of your favorite TV shows.

1 **Prepare** Think of a TV show you like to watch and other people might like to watch as well. Make a list of facts needed to persuade others to watch the show, including:

- nombre del programa
- descripción
- día, hora y canal
- para qué edades (*ages*)
- actores / presentadores
- un adjetivo que describe el programa
- lo que ocurrió en un episodio reciente
- cómo te sentiste cuando viste el episodio
- por qué te gustó o no te gustó

Estrategia
Note-taking Taking notes can help you prepare for an oral or written presentation. As you watch the show you are reviewing, take notes to help you remember details. What do you like about the show? What happens in the particular episode?

2 **Practice** Go through your presentation several times. You can use your notes in practice, but not when you present. Try to:

- present a persuasive and interesting review
- describe people and events
- provide all the information on the program in a clear sequence
- use complete sentences and speak clearly

Modelo
Mi programa favorito es Modern Family. *Lo dan en el canal* . . .

3 **Present** Present your review of the TV program.

4 **Evaluation** The following rubric will be used to grade your presentation.

Rubric	Score 1	Score 3	Score 5
Persuasiveness of your review	You are ineffective in persuading the audience.	You are somewhat effective in persuading the audience.	You are very effective in persuading the audience.
How much information you communicate	You provide up to three facts to your audience.	You provide up to six facts to your audience.	You provide all nine facts to your audience.
How easily you are understood	You are difficult to understand and have many grammatical errors.	You are fairly easy to understand and have occasional grammatical errors.	You are easy to understand and have very few grammatical errors.

Auténtico

Partnered with **EFE:**

Footgolf, el nuevo deporte

Antes de ver

Usa la estrategia: Use Context Clues

Use the combination of images, words you know, and your background knowledge to help you understand and identify the theme of the video.

Lee el vocabulario clave

nivel mundial = global level
techo = ceiling/roof
golpes = kicks
recompensa = reward
si se mezclasen = if they were to mix
quién emplea = whoever uses
balompié = football/ soccer

fulgurante = surprisingly fast
furor = frenzy
desafío = challenge
convenio = agreement
circuito = course
canchas = fields
agigantados = gigantic

▶ Ve el video

What happens when soccer and golf are combined? *Footgolf!* This sport is now recognized across the world, and Argentina has hosted a World Cup. What sports would you like to combine?

Go to **PearsonSchool.com/Autentico** and watch the video *Footgolf, el nuevo deporte que despierta pasiones en Argentina* to learn about this new sport taking the world by storm.

Completa las actividades

Mientras ves Identifica los objetos y lugares que aparecen para encontrar el tema del video. Si usan otras palabras en el video, escríbelas.

el campo de golf
fútbol
ex jugadores de fútbol
agua y bunkers de arena
banderas

Integración

Después de ver Mira el video otra vez para contestar estas preguntas.

1. ¿Cuál es el tema del video?

2. ¿Cuál es el objetivo del footgolf?

3. En 0:59, el hombre dice "Es un deporte que no tiene techo." ¿Qué quiere decir con esto?

4. ¿Crees que el footgolf tendría (*would have*) éxito en tu comunidad? ¿Por qué o por qué no?

 For more activities, go to the *Authentic Resources Workbook.*

Los deportes y partidos

Expansión Busca otros recursos en *Auténtico* en línea. Después, contesta las preguntas.

 6A Auténtico

Integración de ideas Los recursos auténticos hablan sobre los deportes populares en el mundo hispanohablante. Escribe un resumen para explicar qué tienen en común estos deportes. ¿Por qué piensas que son tan populares?

Comparación cultural Compara los deportes que juegas con tus amigos con los que juegan en los países hispanohablantes según estos recursos.

Repaso del capítulo

OBJECTIVES
▶ Review the vocabulary and grammar
▶ Demonstrate you can perform the tasks on p. 317

🔊 Vocabulario

to talk about a sporting event

el aficionado, la aficionada	fan
al final	at the end
aplaudir	to applaud
el / la atleta	athlete
el campeón, la campeona, pl. los campeones	champion
el campeonato	championship
la competencia	competition
competir (e → i)	to compete
el empate	tie
el entrenador, la entrenadora	coach, trainer
fenomenal	phenomenal
el jugador, la jugadora	player
la liga	league
meter un gol	to score a goal
perder (e → ie)	to lose
por . . . vez	for the . . . time
resultar	to result, to turn out
el tanteo	score
último, -a	last, final

to talk about a contest

el auditorio	auditorium
el comentario	commentary
el concurso de belleza	beauty contest
la entrevista	interview
entrevistar	to interview
un millón de / millones de	a million / millions of
el premio	prize
el presentador, la presentadora	presenter
el público	audience
la reina	queen

to talk about how you feel

aburrirse	to get bored
agitado, -a	agitated
alegre	happy
emocionado, -a	excited, emotional
enojado, -a	angry
enojarse	to get angry
furioso, -a	furious
ponerse + *adjective*	to become
volverse (o → ue) loco, -a	to go crazy

other useful words

dormirse (o → ue, o → u)	to fall asleep
morirse (o → ue, o → u)	to die

Gramática

preterite of -ir stem-changing verbs

preferir

preferí	preferimos
preferiste	preferisteis
prefirió	prefirieron

pedir

pedí	pedimos
pediste	pedisteis
pidió	pidieron

dormir

dormí	dormimos
dormiste	dormisteis
durmió	durmieron

For *Vocabulario adicional,* see pp. 506–507.

Preparación para el examen

Más recursos PearsonSchool.com/Autentico

🎮 Games   🗂 Flashcards   ✏️ Instant check
▶️ Tutorials   ▶️ GramActiva videos   ▶️ Animated verbs

What you need to be able to do for the exam . . .	Here are practice tasks similar to those you will find on the exam . . .	For review go to your print or digital textbook . . .
Interpretive		
1 ESCUCHAR I can listen to and understand as people talk about a television program they saw.	Listen as people talk about an awards show they saw on television. Try to identify their reactions to this type of show. Did they become angry? Emotional? Excited? Bored? Nervous?	**pp. 294–297** *Vocabulario en contexto* **p. 300** *Actividades 8–9*
Interpersonal		
2 HABLAR I can talk about a recent television program I saw and describe my reactions to it.	As part of a class project, you may be interviewed about a television program you saw. Practice what you might say by telling a partner: (a) what type of program you saw; (b) when you saw it; (c) how you reacted to the program.	**p. 300** *Actividad 10* **p. 304** *Actividad 16* **p. 306** *Actividad 18* **p. 313** *Presentación oral*
Interpretive		
3 LEER I can read and understand a description of a soccer game.	Your friend just returned from a trip to Spain. He brought a newspaper clipping from a soccer game he saw. As you read, see if you can understand what happened. **MADRID CONOCE A BARCELONA** Ayer fue una competencia fenomenal. Millones de madrileños vieron el partido en la tele. En los primeros tres minutos del partido, el Real Madrid metió un gol. Treinta minutos más tarde, Morales de Barcelona también metió un gol. Un empate. Todos los aficionados se pusieron muy alegres durante el partido, pero el público se volvió loco cuando Madrid metió otro gol en los últimos dos minutos. Al final, el tanteo fue Madrid 2 y Barcelona 1.	**pp. 294–297** *Vocabulario en contexto* **p. 298** *Actividad 4* **p. 299** *Actividad 6* **p. 301** *Actividad 11* **pp. 310–311** *Lectura*
Presentational		
4 ESCRIBIR I can write about an occasion when I became angry.	You may have heard that rather than acting out your anger, it is better to write about it to get it out of your system. Write about a recent event or situation that caused you to feel angry. Describe what happened and why you became angry.	**p. 300** *Actividad 9* **p. 303** *Actividad 14* **p. 306** *Actividad 19* **p. 307** *Actividad 20*
Cultures		
5 COMPARAR I can understand television shows on Spanish-speaking channels.	Think about the popularity of soap operas, game shows, and sporting events on television stations in the United States. Do you think they would be popular choices on Spanish-language television stations too? Give examples from the chapter to support your answer.	**p. 308** *Cultura* **p. 312** *La cultura en vivo*

¿Qué película has visto?

Country Connections Explorar el mundo hispano

España

México

Puerto Rico

Argentina

CHAPTER OBJECTIVES

Communication
By the end of this chapter you will be able to:
- Listen and read about movie reviews.
- Talk and write about films.
- Exchange information about a movie you saw recently.

Culture
You will also be able to:
- **Auténtico:** Identify cultural perspectives in an authentic video about going to the movies.
- Understand how movies can reflect the language and culture of the country where they are produced.
- Compare movies and movie classification systems in Spanish-speaking countries and the United States.

You will demonstrate what you know and can do:
- Presentación escrita: Luces, cámara, acción
- Preparación para el examen

You will use:
Vocabulary
- Movies
- Making a movie

Grammar
- Verbs that use indirect object pronouns
- The present perfect

ARTE y CULTURA   El mundo hispano

Películas ganadoras del Oscar Los países de habla hispana, particularmente España, Argentina y México, tienen una larga historia de cine. Hasta el año 2015, más de 50 películas de países hispanos recibieron nominaciones al Oscar a la mejor película extranjera. De las seis películas que han ganado[1] el premio, cuatro son de España: *Volver a empezar* (1982), *Belle Époque* (1993), *Todo sobre mi madre* (1999) y *Mar adentro* (2004). Las otras dos son argentinas: *La historia oficial* (1985) y *El secreto de sus ojos* (2009).

▶ ¿Has visto[2] alguna de estas películas? Si contestas que sí, compárala con las películas de Hollywood que reciben el Oscar. ¿En qué sentido son similares y en qué sentido son diferentes?

---

[1]have won [2]Have you seen

Go **Online** to practice

PearsonSchool.com/Autentico

PEARSON
realize™

 AUDIO
 VIDEO
 WRITING
 SPEAK/RECORD
 MAPA GLOBAL
 AUTÉNTICO
 FLASCHARDS
 ETEXT 2.O
 GAMES

Un cine en Cuernavaca, México

▶ Videocultura **Cine y televisión**

Vocabulario en contexto

OBJECTIVES

Read, listen to, and understand information about
▸ movies
▸ making a movie

Jenni: ¿Qué película quieres ver? **¿Has visto** *Noche de horror*? **¿Qué tal es?**

Daniela: No sé. No **he visto** esa película. Pero **me fascinan** las películas de horror. **Los críticos** la **recomiendan.** ¿Quieres verla?

Jenni: Oh, lo siento. No está en línea todavía.

Daniela: Podemos ver *Viajeros del espacio*. Es una película de ciencia ficción y **tiene éxito.**

Jenni: Está bien. Hay que verla.

Jenni / Daniela

---

www... películas

los extraterrestres

Ciencia ficción

Esta película **se trata de** unos extraterrestres que vienen a visitarnos. **Los efectos especiales** son fenomenales, y Nora Guzmán Sarabia está en control de **la dirección.**

★★★☆☆

enamorarse de

Romance

Gael Sánchez es **la estrella** del momento. En esta película, él y Maribel Cruz tienen un **amor** imposible. Ella es una mujer que él ve todos los días en un restaurante. Y él **está enamorado de** ella. ¿Puede ella enamorarse de él? Primero tiene que conocerlo.

★★★★☆

Más vocabulario

alquilar = to rent
el crimen = crime
hacer el papel de = to play the role of
matar = to kill
no… todavía = not yet
la víctima = victim

arrestar

la criminal

El crimen

Esta película de crimen tiene un **argumento** interesante. **Se trata de** una familia que **roba** bancos. Pero, ¿por qué roban? **¿Será** posible **capturar** a estos **ladrones**? Claudia Sevilla es muy buena en **el papel** de **la detective**.

★★☆☆☆

el galán

La película de acción

Esta es la nueva película de **la directora** Antonia Montes de Oca. Fernando Trujillo hace el papel del **personaje principal**. Es una **película de acción**, romance y misterio.

★★★★★

1

Películas en casa

🔊 **ESCUCHAR** Escucha a un joven hablar sobre películas que ha visto. Toca la foto que menciona.

2

¿Sí o no?

🔊 **ESCUCHAR** Escucha estas preguntas. Si te gusta la clase de película mencionada, haz el gesto del pulgar hacia arriba (*"thumbs up" sign*). Si no te gusta, haz el gesto del pulgar hacia abajo (*"thumbs down" sign*).

Jenni y Melisa se envían mensajes sobre películas que quieren ver.

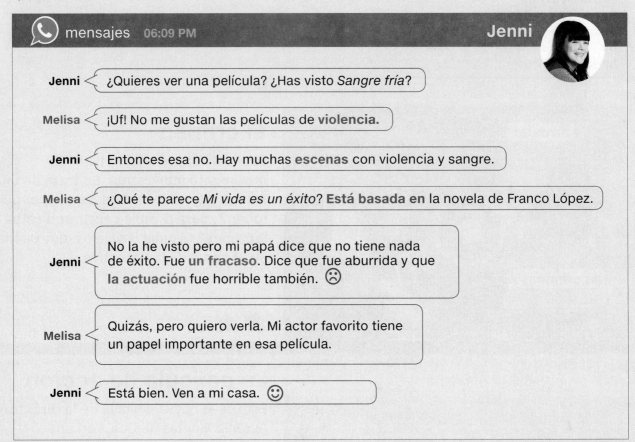

mensajes 06:09 PM — Jenni

Jenni ¿Quieres ver una película? ¿Has visto *Sangre fría*?

Melisa ¡Uf! No me gustan las películas de **violencia.**

Jenni Entonces esa no. Hay muchas **escenas** con violencia y sangre.

Melisa ¿Qué te parece *Mi vida es un éxito*? **Está basada en** la novela de Franco López.

Jenni No la he visto pero mi papá dice que no tiene nada de éxito. Fue **un fracaso**. Dice que fue aburrida y que **la actuación** fue horrible también. ☹

Melisa Quizás, pero quiero verla. Mi actor favorito tiene un papel importante en esa película.

Jenni Está bien. Ven a mi casa. ☺

3

Tiempo entre amigas

 ESCRIBIR Lee cada frase y escribe *cierto* o *falso*.

1. *Sangre fría* es una película romántica.
2. *Mi vida es un éxito* está basada en un libro.
3. El papá de Jenni no ha visto *Mi vida es un éxito*.
4. Jenni no ha visto *Mi vida es un éxito*.
5. Melisa quiere ver *Mi vida es un éxito*.

Videohistoria

Go **Online** to practice

PEARSON
realize™

PearsonSchool.com/Autentico

AUDIO   VIDEO   WRITING   SCRIPT

¿Qué película quieres ver?

Antes de ver

Using visuals to predict Look at the body language of the actors as they talk about types of movies. Visuals can help you to identify the supporting details. How do they help you to understand the story?

Completa la actividad

Las películas Piensa en tu película favorita y qué parte te gusta de la película: ¿el argumento, la dirección, la actuación, o los efectos especiales? ¿Por qué?

▶ Ve el video

¿Qué clase de película prefiere Guadalupe?

Ve a **PearsonSchool.com/Autentico** para ver el video *¿Qué película quieres ver?* También puedes leer el guión.

Teo

Después de ver

¿COMPRENDISTE? Lee las preguntas. Luego, ve el video otra vez y contesta las preguntas.

1. Cuando comienza el video, ¿qué clase de película está describiendo Teo?
2. ¿A Antonio le interesan los actores? ¿Cómo lo sabes?
3. ¿Qué escena le encantó a Guadalupe?
4. ¿Qué deciden hacer Antonio y Guadalupe? ¿Qué detalles apoyan *(support)* tu respuesta?
5. ¿Crees que a Teo le gustaría ser director de una película? ¿Por qué?

Investigar ¿En qué ciudades se filman más películas de cine o programas de televisión? ¿Sabes si se han filmado películas cerca de tu ciudad? Investígalo.

OBJECTIVES
▶ Talk about movie genres
▶ Discuss the different aspects of a film
▶ Listen to descriptions of movie characters
▶ Write about movies

4

¿En qué película . . . ?

HABLAR EN PAREJA   Trabaja con otro(a) estudiante para hablar de las películas en que has visto a estas personas o cosas. ¿Qué clase de película es cada una? Si necesitas repasar *(review)* las diferentes clases de películas, ve las páginas 320 y 321.

Videomodelo
un criminal
A —*¿En qué película has visto a **un criminal**?*
B —*He visto a **un criminal** en **El hombre araña**. Es una película de acción.*
o: *No he visto a **un criminal** en ninguna película.*

5

El crítico nos recomienda . . .

LEER, ESCRIBIR   Lee el siguiente artículo que escribió el crítico de películas del periódico. Escribe en una hoja de papel la palabra apropiada.

www...   Q   ★

Muchos me preguntan, __1.__ (*¿Qué tal es* / *¿Cómo estás*) la nueva película del __2.__ (*director* / *criminal*) Antonio Sánchez? Pues, en mi opinión, esta película va a ser un(a) __3.__ (*fracaso* / *escena*) total. __4.__ (*Los efectos especiales* / *El argumento*) de la película está(n) basado(s) en una novela de amor, pero esta película no es nada romántica: es una película de acción. ¡La película __5.__ (*se trata* / *hace el papel*) de la violencia, no del amor! En la novela, el personaje principal está __6.__ (*basado* / *enamorado*) de una joven bonita pero en la película él sólo trata de arrestar a los criminales. La __7.__ (*actuación* / *acción*) del actor que hace el papel del galán es terrible también. Y la __8.__ (*actuación* / *dirección*) del director Sánchez es peor. Por ejemplo, en la escena final, la víctima inocente se muere cuando los criminales la __9.__ (*capturan* / *fascinan*). Y el detective no puede __10.__ (*arrestar* / *robar*) a los criminales. Si no __11.__ (*has visto* / *he visto*) esta película todavía, ¡no la recomiendo! __12.__ (*Alquila* / *Roba*) una película y quédate en casa.

Escucha y escribe

ESCUCHAR, ESCRIBIR Escucha las siguientes descripciones y escríbelas en una hoja de papel. Luego decide quién del recuadro hace cada acción y escribe su nombre al lado de la frase.

el (la) criminal	el ladrón, la ladrona
el crítico, la crítica	el director, la directora
el galán	
el (la) extraterrestre	el (la) detective

También se dice...

el (la) extraterrestre = el marciano, la marciana (muchos países)

el ladrón, la ladrona = el bandido, la bandida; el malo, la mala (muchos países)

El barrendero (1982), director Miguel M. Delgado

7

Las películas clásicas

OBSERVAR, LEER, HABLAR ¿Te gusta ver las películas clásicas? Mira el cartel de cine de una película mexicana. Luego, con otro(a) estudiante, contesta las preguntas.

1. ¿Qué clase de película es?

2. ¿Quién es la estrella de la película? ¿Pueden decir qué papel hace?

3. ¿Cómo se llama el director?

4. Según lo que ves en el cartel, ¿te gustaría ver esta película? ¿Por qué?

CULTURA México

La época de oro del cine mexicano Entre 1930 y 1950, el cine mexicano tuvo una época[1] de oro, produciendo muchas películas y compitiendo con Hollywood. Uno de los actores más famosos de esta época fue Mario Moreno, mejor conocido como Cantinflas. Cantinflas era un cómico que hizo reír a muchos espectadores desde España hasta Argentina. En los años 60 el cine mexicano no pudo competir con la televisión y la época de oro se terminó.

• ¿Qué películas producidas en otros países conoces? ¿En qué sentido son similares a las películas producidas en los Estados Unidos? ¿En qué sentido son diferentes?

Pre-AP Integration: El entretenimiento y la diversión: ¿Cómo influyen[2] los actores y las películas de otras épocas en los actores y las películas modernas? ¿Cómo influyen en la cultura?

[1]age [2]influence

Mario Moreno, famoso actor mexicano

8

Los diferentes aspectos de una película

ESCRIBIR, HABLAR EN PAREJA Habla con otro(a) estudiante sobre los diferentes aspectos de una película que ayudan a determinar si la película va a tener éxito o si será un fracaso.

1 Copia la tabla en una hoja de papel. Escribe el título de las películas en que has observado estos aspectos. Escribe una descripción de los aspectos.

la película	la música	los efectos especiales	los personajes	la actuación	el argumento
La guerra de las Galaxias	estupenda				

2 Habla con otro(a) estudiante sobre tus opiniones de diferentes películas usando la tabla que llenaste. Pregúntale qué opina y por qué.

Videomodelo

la música

A —*La música* en la película *Avatar* me pareció *estupenda.*

B —*Estoy de acuerdo. Me* **fascinó la música** *en esa película.*

o: *No estoy de acuerdo. No* **me gustó nada la música** *en esa película.*

o: *¿De veras? No he visto todavía esa película.*

Estudiante A

fantástico, -a	complicado, -a	tonto, -a
tremendo, -a	aburrido, -a	realista
increíble	horrible	**¡Respuesta personal!**
interesante	malo / malísimo, -a	

Estudiante B

me fascinó / me fascinaron

me gustó / me gustaron

me encantó / me encantaron

CULTURA ◄ México

Salma Hayek-Jiménez, la primera actriz mexicana en hacerse estrella de Hollywood después de Dolores del Río (1905–1983), nació en el sureste de México el 2 de septiembre de 1966. Empezó su carrera como actriz en las telenovelas mexicanas. En Hollywood tiene mucho éxito como productora; fue productora y también protagonista de *Frida* (2002), sobre la famosa pintora Frida Kahlo. De 2006 a 2010 fue productora ejecutiva de la serie de televisión *Ugly Betty.*

• ¿Crees que es más fácil o más difícil para un actor o actriz hacer el papel de alguien famoso? ¿Por qué?

La actriz mexicana Salma Hayek

Juego

ESCRIBIR, HABLAR EN GRUPO

1 Usa las palabras del recuadro y trabaja con otro(a) estudiante para escribir cuatro preguntas sobre los actores o las actrices que salieron en diferentes películas. Después compitan contra otro grupo.

hacer el papel de	matar
enamorarse de	morirse
capturar y arrestar	robar
	¡Respuesta personal!

2 Hagan sus preguntas para ver si el otro grupo puede identificar al actor o a la actriz. Si pueden, ellos ganan un punto. Si no, Uds. ganan un punto.

Videomodelo

A —¿Quién es el actor que hizo el papel principal en la película Piratas del Caribe?

B —Es Johnny Depp.

10

Y tú, ¿qué dices?

ESCRIBIR, HABLAR Trabaja con un(a) compañero(a) para hacer estas preguntas y contestarlas. Expresa tu opinión y apóyala con detalles.

1. Qué es más importante en una película, ¿mucha acción o personajes interesantes? ¿La actuación o los efectos especiales?

2. ¿Hay demasiada violencia en las películas? ¿Por qué piensas así?

3. ¿Prestas atención a lo que dicen los críticos? Si dicen que una película es un fracaso, ¿la vas a ver? ¿Por qué?

4. ¿Qué película en el cine ahora será un fracaso? ¿Qué película va a tener mucho éxito?

Exploración del lenguaje ‹ The suffixes -oso(a) and -dor(a)

Spanish adjectives that end in -oso(a) often have English cognates ending in -ous:

famoso → *famous*   **nervi**oso → *nervous*

¡Compruébalo! Write the Spanish adjective for these English words and use the correct form to complete the sentences.

  studious   furious   generous
Una chica que estudia mucho es _____.
Él se pone _____ cuando le mentimos.
Ella siempre está dándome regalos. Es _____.

Words ending in -dor(a) indicate people who do different actions. Words ending in -dor(a) are either nouns or adjectives. Look at these verbs and related nouns and adjectives.

jugar → juga**dor** / juga**dora**
trabaja → trabaja**dor** / trabaja**dora**

Una chica que **anima** a otros durante un partido es una animadora.

Un niño que **habla** mucho es muy hablador.

¡Compruébalo!
Look at the drawing and answer the questions.

¿Qué hizo el **ganador?**

¿Qué hizo el **perdedor?**

Gramática
Repaso

OBJECTIVES
▶ Talk and write about your reactions to movies
▶ Exchange information about what you like and don't like about films

Verbs that use indirect object pronouns

Here are some verbs that you've already learned that use indirect object pronouns.

aburrir	*to bore*	**importar**	*to matter*
doler	*to ache*	**interesar**	*to interest*
encantar	*to love*	**molestar**	*to bother*
fascinar	*to fascinate*	**parecer**	*to seem*
gustar	*to like*	**quedar**	*to fit*

These verbs all use a similar construction: indirect object pronoun + verb + subject.

Les encantan los efectos especiales en esa película.

Nos aburre mucho **esa película.**

A + a noun or a pronoun is often used with these verbs for emphasis or clarification. The pronouns agree with and clarify the indirect object pronoun.

(A mí)	**me**	(A nosotros) (A nosotras)	**nos**
(A ti)	**te**	(A vosotros) (A vosotras)	**os**
(A Ud.) (A él) (A ella)	**le**	(A Uds.) (A ellos) (A ellas)	**les**

Más recursos ONLINE

▶ *GramActiva* Video

▶ **Tutorial:** *Gustar* and similar verbs

✎ *GramActiva* Activity

A mí me importan mucho los efectos especiales en una película.

A Juanita le fascinan las películas de terror.

¿A Uds. les parece realista la película de acción?

11

Nos gustan las películas

 LEER, ESCRIBIR En una hoja de papel, escribe el complemento indirecto *(indirect object pronoun)* apropiado.

A nosotros **_1._** gusta mucho el cine. A mí **_2._** encantan las películas biográficas, como *Selena,* pero a mi novio **_3._** aburren. Esta película **_4._** parece demasiado triste a él. A mis padres **_5._** interesan los dramas o las comedias. A mi mamá **_6._** fascina *Lo que el viento se llevó*[1] con Clark Gable y Vivien Leigh, porque es muy romántica y a ella **_7._** encantan los vestidos que llevaban las actrices. ¡A mí no **_8._** interesa nada esa clase de película! ¿Qué clase de película **_9._** interesa a ti?

[1]Gone with the Wind

Jennifer López, en el papel de Selena

12

¿Te molesta o te fascina?

ESCRIBIR, HABLAR EN PAREJA   ¿Cuáles son las cosas que te molestan o te fascinan de las películas, del cine o de la televisión? Escribe cuatro frases. Puedes usar las ideas del recuadro o tus propias ideas. Después lee tus frases a otro(a) estudiante para ver si tu compañero(a) reacciona de la misma manera *(in the same way)*.

> la actuación
> el argumento
> los efectos especiales
> las películas . . .
> los personajes
> las personas . . .
> las telenovelas
> la violencia

▶ Videomodelo

la música

A —*Me fascina un argumento muy complicado en una película. ¿Y a ti?*

B —*No, me gusta más un argumento sencillo.*

Estudiante A

> me aburre(n)   me gusta(n) (más)
> me encanta(n)   me interesa(n)
> me fascina(n)   me molesta(n)

Estudiante B

> ¡Respuesta personal!

13

Una encuesta entre tres

ESCRIBIR, HABLAR EN GRUPO   Trabaja con un grupo de tres estudiantes. Primero lee la lista de temas y escribe tus opiniones. Luego cada persona va a expresar su opinión sobre una categoría y preguntarle a otro(a) estudiante su opinión. En una hoja de papel, anoten las opiniones de su grupo para cada categoría en una tabla.

1. las películas de acción
2. las telenovelas
3. la música
4. los deportes
5. los videojuegos
6. la ropa
7. la computadora

 Videomodelo

las películas de acción

A —*A mí me encantan las películas de acción. ¿Y a ti, Isabel?*

B —*No me interesan mucho. ¿Y a ti, Roberto?*

C —*A mí también me encantan las películas de acción.*

14

¿Qué te interesa más?

ESCRIBIR, HABLAR EN PAREJA   Trabaja con otro(a) estudiante. Usa la información de la Actividad 13 y escribe tu opinión en una conversación por mensajero *(online chat)* con un nuevo amigo de un país latinoamericano. Luego, comenten sus elecciones y usen detalles de apoyo.

Modelo

A mí me gustan mucho las películas de acción porque son divertidas. ¿Te gustan las películas de acción o prefieres otras? ¿Por qué?

El fin de semana

ESCRIBIR, HABLAR EN PAREJA   Tu compañero(a) vendrá a visitarte. Escríbele un mensaje por correo electrónico con preguntas sobre lo que pueden hacer. Ofrécele opciones. Intercambien los mensajes y contesten las preguntas por escrito. Luego hablen de otras opciones y den detalles.

Modelo

Hay una librería nueva cerca de casa. ¿Quieres ir conmigo? ¿O prefieres ir al parque?

Los premios ALMA

LEER   Lee este artículo sobre los premios ALMA. Después lee las frases que siguen y decide si cada una es *C (cierta)* o *F (falsa)* según el artículo. Si la frase es falsa, escribe la información correcta.

1. Un actor latino puede ganar un premio ALMA por su papel en un programa de televisión dramático.

2. Una cantante que no es latina puede ganar un premio ALMA si canta en español.

3. Una actriz latina tiene que hablar español en la película para recibir el premio ALMA.

4. Tratan de usar los premios ALMA para dar una imagen positiva de los latinos en la televisión, el cine y la música.

Los premios ALMA

En 1995 se establecieron los premios **ALMA**[1] para ayudar a promover[2] la representación justa y balanceada de los latinos en la televisión, el cine y la música. Los premios reconocen[3] a los artistas latinos por sus éxitos y su impacto positivo en la imagen del latino en los Estados Unidos. En la categoría del cine, les dan premios a los directores, actores y actrices latinos que producen películas en inglés para el público en los Estados Unidos. Hay premios también para diferentes clases de programas de televisión y los actores y actrices que aparecen en ellos. Otra categoría es la música: los videos, los álbumes, los cantantes y los grupos musicales. Algunas de las estrellas que han recibido premios en años recientes son Daisy Fuentes, Carlos Santana, Rosario Dawson, Christina Aguilera, Café Tacuba, Guillermo del Toro, Pitbull y Zoë Saldana.

[1]soul, spirit   [2]promote   [3]recognize

Grupo Café Tacuba en los premios ALMA

Gramática

OBJECTIVES
▶ Listen to and write about what has happened in a movie
▶ Talk and write about what people have done

Go **Online** to practice PearsonSchool.com/Autentico

PEARSON **realize**™

AUDIO   VIDEO   WRITING

The present perfect

The present perfect tense is used to say what a person *has done*.

Recientemente **hemos alquilado** muchos videos.
*Recently **we have rented** a lot of videos.*

To form the present perfect tense, use present-tense forms of *haber* + the past participle.

he alquilado	hemos alquilado
has alquilado	habéis alquilado
ha alquilado	han alquilado

To form the past participle of a verb, drop the ending of the infinitive and add *-ado* for *-ar* verbs and *-ido* for *-er* and *-ir* verbs.

hablar → **hablado**   comer → **comido**
vivir → **vivido**

Most verbs that have two vowels together in the infinitive have a written accent on the *í* of the past participle.

caer → **caído**   oír → **oído**
leer → **leído**   traer → **traído**

Some verbs have irregular past participles.

decir → **dicho**   poner → **puesto**
devolver → **devuelto**   romper → **roto**
escribir → **escrito**   ver → **visto**
hacer → **hecho**   volver → **vuelto**
morir → **muerto**

When you use object or reflexive pronouns with the present perfect, the pronoun goes immediately before the form of *haber*.

— ¿Has visto la nueva película de Ramón Guevara?
— No, **no la he visto.**

Más recursos ONLINE

▶ *GramActiva* Video

▶ **Tutorials:** Formation of present perfect indicative (Spanish tutorial), Formation of present perfect indicative (English tutorial), Formation of the regular past participle

▶ **Animated verbs**

◀)) *Canción de hip hop:*
¿Qué películas has visto?

✎ *GramActiva* Activity

17

Un informe

 LEER, ESCRIBIR En una hoja de papel, escribe la forma correcta del presente perfecto. Después di qué película has visto recientemente.

Sofía: Paco, ¿ __1.__ *(oír)* recientemente de algunas películas buenas?

Paco: Pues, no, y tampoco __2.__ *(ir)* al cine, pero __3.__ *(alquilar)* una película aburrida sobre dos personas que __4.__ *(enamorarse)* en un barco en el Atlántico.

Sofía: Sí, sí, la conozco. Entonces, ¿ __5.__ *(escribir)* tu informe para la clase de inglés?

Paco: ¿Qué informe? Yo __6.__ *(estar)* enfermo y todavía no __7.__ *(hacer)* ninguna tarea de ayer.

Sofía: Tenemos que escribir un informe sobre una película que nosotros __8.__ *(ver)* recientemente. La profesora nos __9.__ *(decir)* que no quiere leer sobre ninguna película aburrida.

Paco: Pues, ya __10.__ *(devolver)* esa película aburrida que alquilé. ¡Voy a buscar otra película esta noche!

18

Escucha y escribe

 ESCUCHAR, ESCRIBIR Tus amigos están viendo una película, pero tú llegaste tarde. Ahora te están diciendo lo que ha pasado. Escribe lo que te dijeron. Después pon las frases en orden según los dibujos.

19

¿Quién lo ha hecho . . . ?

 HABLAR EN PAREJA Trabaja con otro(a) estudiante. Habla de lo que han hecho las diferentes personas en la película de la Actividad 18.

Videomodelo
robar las joyas
A —¿Quién ha robado las joyas?
B —Los ladrones las han robado.

Estudiante A

1. tratar de apagar el incendio
2. ver el crimen
3. capturar a los criminales
4. llevar a los heridos al hospital
5. poner una venda en la cabeza de la víctima
6. manejar el coche de los ladrones

Estudiante B

¡Respuesta personal!

CULTURA **El mundo hispano**

El cine en el mundo hispano España, México y Argentina tienen industrias cinematográficas importantes, y son los principales productores de películas para el público hispanohablante. Las películas compiten en festivales internacionales como los premios Goya en España, el Festival de Cine de la Habana en Cuba y el Festival de Cine Hispano de Miami. Las películas más populares de estos países se muestran con frecuencia en los Estados Unidos. Además de[1] competir en festivales internacionales, muchas películas de América Latina compiten y ganan premios Oscar en los Estados Unidos.

• ¿Por qué crees que las películas del mundo hispano son tan populares aquí?

Pre-AP Integration: La identidad nacional y la identidad étnica: El idioma[2] español y la cultura tienen influencia en las películas producidas por equipos hispanos. ¿Crees que una película de un productor estadounidense sería distinta de una película de un director hispano sobre el mismo tema? Explica tu respuesta. ¹Besides ²language

El actor argentino Ricardo Darín, en una escena de la película *El secreto de sus ojos*

Preparaciones para el cine

ESCRIBIR Cristina quiere ir al cine con sus amigos, pero sus padres no están en casa. Di lo que ella ha hecho antes de salir. Escoge los verbos apropiados de la lista y escribe las formas correctas del presente perfecto para completar las frases.

cepillarse	decirle	escribirles	hacer
leer	llamarles	pedirle	ponerse

Modelo
____ una película a sus amigos.
Les ha recomendado una película a sus amigos.

1. ____ todos sus quehaceres.

2. ____ el pelo y los dientes.

3. ____ jeans y su suéter favorito.

4. ____ un comentario sobre la película de un crítico en el periódico.

5. ____ a su hermana mayor adónde va.

6. ____ dinero a su hermana para comprar la entrada al cine.

7. ____ una nota a sus padres diciéndoles cuándo va a regresar.

8. ____ por teléfono a sus amigos para decirles cuándo va a llegar al cine.

21

Juego

HABLAR EN GRUPO, GRAMACTIVA

1 Van a jugar en dos equipos. Una persona del equipo A escoge una tarjeta del (de la) profesor(a) que tiene el título de una película. Con otro(a) estudiante describan la película a su equipo sin decir el nombre. Pueden indicar:
- si han visto la película y si les ha gustado
- si la película ha tenido éxito o no
- qué papeles han hecho los actores
- cómo ha sido el argumento

2 Si alguien del equipo A puede adivinar *(guess)* el nombre de la película en menos de un minuto, este equipo gana un punto. Si al final del minuto, el equipo A no ha adivinado el título, el equipo B tiene una sola oportunidad de decirlo. Si lo pueden hacer, ellos ganan el punto. Después los equipos cambian *(change)* de papel. El primer equipo que gana tres puntos gana el juego.

El español en el mundo del trabajo

¿Te interesa una carrera en la industria cinematográfica? Hay muchas compañías en los Estados Unidos que filman películas y videos en los países hispanohablantes. Puedes trabajar con ellos en varios aspectos de la producción de la película: director, asistente del director, técnica de sonido[1], técnica de luz y otros trabajos. ¿Los requisitos? Talento en filmación, tener una visión del proyecto, capacidad de trabajar en equipo y habilidad de comunicarse en español.

- ¿Por qué crees que es importante poder comunicarse en español durante una filmación en Costa Rica, por ejemplo? ¿En qué aspectos de la producción vas a usar el español?

[1]sound

Las películas que hemos visto

ESCRIBIR, HABLAR EN GRUPO En grupos de cuatro estudiantes, hagan preguntas sobre las películas que han visto en el último mes.

▶ **Videomodelo**

A —¿Cuántas películas has visto en el último mes?

B —He visto dos películas.

o:—No he visto ninguna película.

Conexiones ◀ Las matemáticas

1 Escriban en una tabla el número de películas, la clase de película (acción, comedia, drama) y los lugares donde las vieron (casa, cine o casa de amigos o familiares).

2 Ahora compartan sus resultados con la clase y sumen el total para el número de películas, la clase de película y los lugares. Hagan dos gráficas circulares como las que se ven aquí para indicar qué clase de películas han visto más todos los estudiantes y dónde las han visto.

	Total para el grupo	Total para la clase
¿Cuántas películas han visto?		
¿Qué clase de películas?		
¿Dónde las han visto?		

Clase de película

Comedia 31%
Acción 47%
Otras 2%
Policíaca 6%
Horror 14%

Lugares donde las vieron

Su propia casa 58%
Cine 35%
Casa de amigos o familiares 7%

CULTURA ◀ El mundo hispano

Películas en español Como el mercado hispanohablante es tan grande, las compañías que producen y distribuyen películas ofrecen distintas opciones para alquilar. Además de las tiendas de DVD tradicionales, en algunas grandes ciudades también existen los videocajeros automáticos de DVD, el servicio para alquilar DVDs por correo y las descargas automáticas de video. Las películas extranjeras tienen subtítulos en distintos idiomas o en algunos casos son dobladas[1] al español.

- ¿Qué opciones tienes para alquilar películas? ¿Alquilas películas extranjeras con frecuencia? ¿Las prefieres con subtítulos o dobladas?

[1]dubbed

Una estrella de cine herida

 LEER, ESCRIBIR, HABLAR   Lee el artículo de una revista sobre una estrella de cine y contesta las preguntas.

1. ¿Qué ha aprendido Chayanne sobre ser estrella de cine?

2. ¿Cómo se ha lastimado el actor durante la filmación de la película?

3. ¿Qué han hecho los médicos? ¿Qué le han dado? ¿Por qué?

4. ¿Qué más le ha pasado al actor?

5. ¿Qué ha hecho el público para decirle a Chayanne que están pensando en él?

6. ¿Has oído de otra estrella de cine que se ha lastimado? ¿Qué le pasó?

¡Un trabajo peligroso!

El ídolo puertorriqueño Chayanne ha aprendido que puede ser peligroso ser estrella de cine. Recientemente, en la Argentina, el galán se ha caído y se ha lastimado en una escena cuando estaba tratando de salvar a la bellísima actriz Araceli González de una situación peligrosa. Han llevado a Chayanne a un hospital en Buenos Aires, donde lo han examinado. El dolor ha sido tan intenso que el actor ha tenido que usar una silla de ruedas. Además, una inundación ha destruido una parte de su casa en la Argentina. Sus admiradores le han escrito y le han enviado un montón de cartas, tarjetas y mensajes electrónicos.

En las noticias

 ESCRIBIR, HABLAR EN PAREJA   Trabaja con otro(a) estudiante. Piensen en una noticia que han oído en el noticiero o que han leído en el periódico. Escriban un artículo de cinco frases sobre lo que ha pasado. Usen el modelo y el artículo de la Actividad 23 para escribirlo. Diseñen *(Design)* su artículo para el periódico, incluyendo una ilustración o foto. Van a usar su artículo para la Actividad 25.

Modelo

La atleta panameña, Yolanda Salazar, ha ganado un premio en la competencia de natación en Costa Rica. Los aficionados y su entrenador se han vuelto locos porque ella ha terminado en primer lugar en este campeonato. Esta competencia ha sido la mejor para Panamá en los últimos años. En una entrevista, Yolanda se ha sentido muy emocionada. Ha dicho que su familia y su público son muy importantes para ella.

Leyendo las noticias

 LEER, HABLAR EN GRUPO   Lean los artículos que crearon para la Actividad 24 con otros grupos y hablen de ellos.

 Videomodelo

A —*¿Has leído el artículo sobre Yolanda Salazar?*
B —*Sí, dice que ella ha ganado un premio en la competencia de natación en Costa Rica.*

Lectura

OBJECTIVES

▶ Read movie reviews

▶ Use details to help you understand what you read

▶ Compare and contrast movie classification systems in Spain, Mexico, and the United States

Estrategia

Reading for details When you read a text for specific information, you may need to read it more than once. First, you might read for the "big picture," and then reread for additional details. Read the text below to find out which film(s) you might be interested in watching.

La cartelera del cine

Lee las siguientes críticas de una revista mexicana. ¿Qué película te gustaría ver?

Mad Max: Furia en la carretera

Australia, 2015
Clasificación: R
Director: George Miller
Actores: Tom Hardy, Charlize Theron, Nicholas Hoult, Hugh Keays-Byrne

Sinopsis: La cuarta película en la saga de Mad Max, esta trama post-apocalíptica presenta un futuro después de una guerra nuclear[1]. Max es un prisionero usado para dar sangre a Nux, un War Boy enfermo. Cuando Imperator Furiosa se escapa con las cinco esposas de Immortan Joe, Nux lleva a Max consigo[2] mientras los War Boyz van atrás de ellas. En el camino, cuando Max y Furiosa unen[3] fuerzas para escapar de Immortan Joe, Nux tiene que decidir dónde poner su lealtad, y la acción aumenta.

Crítica: *Mad Max: Furia en la carretera* es a la vez alegremente violenta, e improbablemente feminista, transformando la furia de la carretera en un viaje de placer. El nombre de Max puede aparecer[4] en el título, pero Imperator Furiosa, una rebelde con causa, se roba la película como la inteligencia y la pasión de la operación. Como una guerrera con un solo brazo, una tiradora[5] increíble, un líder de confianza por la libertad, Furiosa abre el camino a heroínas que pueden luchar contra los mejores.
Calificación: 10/10

[1]nuclear war [2]with him [3]join [4]might appear [5]marksperson

Star Wars: Episodio VII—El Despertar de la Fuerza

EE.UU., 2015
Clasificación: PG-13
Director: J. J. Abrams
Actores: Daisy Ridley, John Boyega, Harrison Ford, Adam Driver

Sinopsis: Dos personas de mundos diferentes se hacen aliados inesperados[6] cuando Rey y Finn tienen que trabajar juntos para llevar el androide BB-8 a la resistencia, un grupo de rebeldes que están luchando por independencia de la Primera Orden y el Lado Oscuro. En el camino, nos ponemos al día[7] con los héroes originales de Leia, Han Solo y Chewbacca, que están en busca de Luke Skywalker.

Crítica: Como los otros episodios de esta franquicia[8] clásica, El despertar de la Fuerza está llena de acción, efectos especiales y escenas espectaculares. La trama[9] es familiar, pero llena de nuevos e interesantes personajes. Las escenas de batalla son muy intensas, pero el diálogo es simple, y parece que el director cree que su audiencia no puede entender las emociones representadas en la pantalla. Aunque no es un fracaso, la película tampoco es excepcional.
Calificación: 6/10

[6]unexpected allies [7]we are caught up [8]franchise [9]plot

Los Vengadores: La Era de Ultrón

Sinopsis: Cuando Tony Stark y Bruce Banner tratan de poner en marcha[10] un programa de inteligencia artificial llamado Ultrón que puede mantener la paz global, las cosas van muy mal y les toca[11] a los héroes más poderosos de la Tierra—Los Vengadores— evitar que el villano Ultrón lleve a cabo[12] sus terribles planes.

Crítica: La película no es más que un anuncio largo para las otras películas de Marvel que se estrenarán[13] en el futuro. El argumento es difícil de seguir, y si bien los efectos especiales son impresionantes, como siempre, hay que trabajar muy duro para seguir la trama complicada y es difícil sentarse y disfrutar de la película.

Calificación: 2/10

[10]start [11]it's up to [12]carry out [13]will debut

 Mapa global interactivo Explora los cines mexicanos. Observa sus estructuras. Compáralos con los cines en tu comunidad.

¿Comprendiste?

1. ¿Es muy positiva la crítica de *Star Wars*? ¿Qué palabras indican la opinión del crítico?
2. ¿Por qué creen que la alianza (alliance) entre Rey y Finn es *inesperada*?
3. Según el crítico, ¿quién le roba la película a Max? ¿Por qué?
4. ¿Qué imagen usa el crítico como comparación negativa de la película *Los Vengadores: La Era de Ultrón*?
5. ¿Crees que estas tres películas son de acción? ¿Por qué?

Y tú, ¿qué dices?

1. Si has visto estas películas, ¿qué piensas de las críticas presentadas aquí?
2. Trabaja con otro(a) estudiante. Escribe un mensaje de texto invitándolo(la) al cine. Dile qué quieres ver y por qué. Ofrece opciones. Luego hablen de sus elecciones.

CULTURA España, Estados Unidos, México

Las clasificaciones de las películas Los sistemas para clasificar las películas varían según el país. En España, por ejemplo, las películas que todos pueden ver son clasificadas TP (todos los públicos). También existe allí la clasificación –7 (los menores de siete años no deben ver esta película). En México, usan las letras A, B y C para clasificar las películas. La letra A corresponde a todos los públicos mientras que la B es para los mayores de 15 años y la C sólo para los mayores de 18 años.

• ¿Qué sistema de clasificación se usa en los Estados Unidos? ¿En qué sentido es diferente del sistema de España o de México?

Película	España	México	Estados Unidos
Carros 2	TP	A	G
Capitán América	–13	B	PG-13
El avispón verde	–13	B	PG-13
El discurso del rey	–18	C	R

Pre-AP Integration: El entretenimiento y la diversión: Las películas son una forma de diversión importante. ¿Cómo influyen las películas en las prácticas culturales de las personas?

Perspectivas del mundo hispano

Películas en otros idiomas

¿Has visto una película de otro país en que los actores hablan un idioma[1] que no es inglés? Por ejemplo, las películas de Francia y México son muy populares en los Estados Unidos. ¡Si no entiendes ni el francés ni el español, son difíciles de comprender!

Pero eso no es un problema. En muchas películas de otros países el diálogo de la película aparece en inglés en la parte de abajo de la pantalla. Con estos subtítulos es más fácil comprender el argumento de la película. Cuando hay subtítulos, es importante concentrarse un poco más y observar las expresiones y movimientos de los actores. Lo bueno es que es más interesante ver la película en versión original con subtítulos.

Otra solución para que el público pueda comprender una película es sustituir el diálogo original por una nueva grabación del diálogo en el idioma del país. Esto se llama doblaje.[2] Por ejemplo, uno puede ver una película italiana en que se oye el diálogo en inglés.

[1]language [2]dubbing

Online Cultural Reading

Go to Auténtico ONLINE to access a website that offers reviews of films in Spanish.

 Analizar Algunas personas prefieren ver las películas en versión original, con subtítulos, porque comprenden el idioma de la película y pueden escuchar la voz verdadera de los actores y los sonidos de la ambientación. A otras personas les gusta leer los subtítulos porque, cuando los leen, pueden aprender un poco del idioma original de la película. Y otras dicen que no les gusta el doblaje porque pierden el tono de la voz y la entonación de los actores. Si has visto una película de un país extranjero, piensa en lo que prefieres. Pregúntales a otras personas qué prefieren y por qué.

¿Qué te parece? Cuando vemos una película producida en otro país, podemos aprender algo de la cultura y del idioma de ese país. ¿Qué más puedes aprender? ¿Crees que es más fácil aprender de una película con doblaje o con subtítulos? ¿Qué crees que la gente de otros países aprende de nosotros cuando ve las películas de Hollywood?

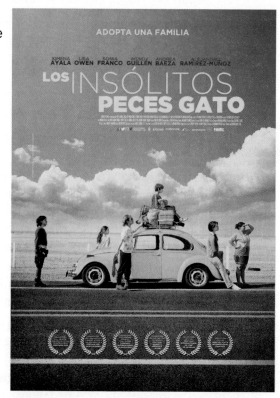

Presentación escrita

OBJECTIVES
▸ Write a synopsis of a movie script
▸ Use a storyboard to help illustrate a movie scene

Go **Online** to practice

PearsonSchool.com/Autentico

PEARSON **realize** ™

WRITING   SPEAK/RECORD

Luces, cámara, acción

TASK You are entering a contest for exciting or humorous new movie ideas. You need to submit a brief description of the plot and the main characters and also the details of one scene to provide a preview of your movie.

1 **Prewrite** Use this chart to help you focus on "the big picture." Think about the type of movie you want to write: comedy, science fiction, etc. What is the plot? Who are the main characters? Which scene would provide a good sense of your movie? Why did you choose that subject?

Clase de película	Argumento	Actores principales	Escena

2 **Draft** Use your notes to write a short movie synopsis. Then write a script for the scene you chose. Include the dialogue and directions to the actors. You can use the storyboard method to show how the scene progresses. The events should be written in a simple but clear sequence.

3 **Revise** Check your work for spelling, agreement, verb usage, and vocabulary. Share your review with a partner, who will check for errors and to see that the synopsis is complete, the story is presented in a logical order, and the scene is easy to understand.

4 **Publish** Rewrite your summary and scene, making any necessary changes or corrections. Give a copy to your teacher or put one in your portfolio.

5 **Evaluation** The following rubric will be used to grade your presentation.

Estrategia

Outlining your ideas Many filmwriters do extensive outlining of key ideas before they begin to write. They focus on "big picture" vision: type of movie, plot, and description of the characters. This skill will be helpful as you write your contest entry.

Estrategia

Drawing a scene A common tool in movie writing is to draw the scene. This is called storyboarding. You might sketch the scene you will be writing about.

Rubric	Score 1	Score 3	Score 5
Completeness of your information	You provide two pieces of information in your synopsis.	You provide three pieces of information in your synopsis.	You provide all pieces of information in your synopsis.
Logical presentation of ideas	Your ideas do not have a logical sequence and are difficult to understand.	Your ideas have a somewhat logical sequence and are somewhat understandable.	Your ideas have a logical sequence and are understandable.
Presentation of plot in scene	You present the plot poorly and not all aspects are evident.	You present the plot somewhat clearly and most aspects are evident.	You present the plot clearly and all aspects are evident.

Auténtico

Partnered with EFE:

Largas colas en los cines para ver películas

Antes de ver

Usa la estrategia: Infer Meaning from Context and Visuals

You can infer meaning of unfamiliar words or phrases from the context and visuals to help you understand information and identify the main idea of the video.

Lee el vocabulario clave

colas = lines
se han podido ver = have been seen
aprovechar = to take advantage of
promovida por = promoted by
suman = they add up to
la manzana = street block

recién estrenadas = new releases
apoyo = support
disfrutar = to enjoy
jornada = work day
acreditación = voucher

▶ Ve el video

Would you like it if your favorite new movies were made available at a discount? The *Fiesta del Cine* offers a special promotion across Spain, allowing patrons to watch films in the theater for a limited time at a bargain price.

Go to **PearsonSchool.com/Autentico** and watch the video *Largas colas en los cines para ver películas por 2,90 euros* to learn about a special promotion for moviegoers in Spain.

Completa las actividades

Mientras ves Numera las ideas según el orden en que aparecen para ayudarte a inferir el significado de palabras que no conoces e identificar la idea principal del video.

Incluye casi 3 mil pantallas en el país.

La iniciativa tiene el apoyo del gobierno.

Muchos esperan en colas largas para aprovechar el descuento.

La acreditación está en el sitio web.

Mucha gente está interesada en el cine.

Integración

Después de ver Mira el video otra vez para contestar estas preguntas.

1. Usa el contexto para explicar en inglés lo que quiere decir la siguiente frase: "durante las veces que se quiera".

2. ¿Qué dice el público sobre esta promoción?

3. Using key words and context clues, what can you infer about the patrons going to see these movies?

 For more activities, go to the *Authentic Resources Workbook.*

El cine

Expansión Busca otros recursos en *Auténtico* en línea. Después, contesta las preguntas.

 6B Auténtico

Integración de ideas Los recursos auténticos informan sobre el tema del cine en el mundo hispanohablante. ¿Qué aprendiste sobre la importancia del cine en la cultura hispanohablante? Escribe un párrafo.

Comparación cultural Compara lo que aprendiste del cine en el mundo hispanohablante con lo que conoces en tu cultura.

OBJECTIVES
▶ Review the vocabulary and grammar
▶ Demonstrate you can perform the tasks on p. 343

🔊 Vocabulario

to talk about movies

alquilar	to rent
el amor	love
arrestar	to arrest
capturar	to capture
el crimen	crime
el (la) criminal	criminal
el crítico, la crítica	critic
el (la) detective	detective
enamorarse (de)	to fall in love (with)
(estar) enamorado, -a de	(to be) in love with
la estrella (de cine)	(movie) star
el (la) extraterrestre	alien
fascinar	to fascinate
el fracaso	failure
el galán	leading man
he visto	I have seen
has visto	you have seen
el ladrón, la ladrona, pl. los ladrones	thief
matar	to kill
la película de acción	action film
¿Qué tal es . . . ?	How is (it) . . . ?
recomendar (e → ie)	to recommend
robar	to rob, to steal
será	he / she / it will be
tener éxito	to succeed, to be successful
tratarse de	to be about
la víctima	victim
la violencia	violence

to talk about making movies

la actuación	acting
el argumento	plot
la dirección	direction
el director, la directora	director
los efectos especiales	special effects
la escena	scene
estar basado, -a en	to be based on
el papel	role
hacer el papel de	to play the role of
el personaje principal	main character

other useful words

no . . . todavía	not yet

Gramática

indirect object pronouns

me	nos
te	os
le	les

present perfect
haber + past participle

he estudiado	hemos estudiado
has estudiado	habéis estudiado
ha estudiado	han estudiado

past participles

hablar → hablado
comer → comido
vivir → vivido

irregular past participles

decir: dicho
devolver: devuelto
escribir: escrito
hacer: hecho
morir: muerto
poner: puesto
romper: roto
ver: visto
volver: vuelto

For *Vocabulario adicional,* see pp. 506–507.

Preparación para el examen

Más recursos PearsonSchool.com/Autentico

▣▣ Games 📇 Flashcards ✎ Instant check
OX
▶ Tutorials ▶ *Gram*Activa videos ▶ Animated verbs

What you need to be able to do for the exam . . .	Here are practice tasks similar to those you will find on the exam . . .	For review go to your print or digital textbook . . .
Interpretive		
1 ESCUCHAR I can listen and understand as people talk about a movie they have seen.	Listen as you hear a film critic interview people as they leave the movie *Mil secretos.* What did they think of: (a) the actors; (b) the director; (c) the special effects; (d) the theme; and (e) future award possibilities.	**pp. 320–323** *Vocabulario en contexto* **p. 325** Actividad 6 **p. 332** Actividad 18
Interpersonal		
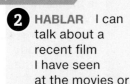 **2 HABLAR** I can talk about a recent film I have seen at the movies or at home.	You discover that you and an exchange student from Spain share a love of movies. What could you say about a recent movie that you saw? Practice the conversation with a classmate and include: (a) the type of film it was; (b) what the movie was about; (c) who the principal actors were; and (d) why you liked or disliked the movie.	**p. 324** Actividad 4 **p. 325** Actividad 7 **p. 326** Actividad 8 **p. 329** Actividades 12–13 **p. 332** Actividad 19
Interpretive		
3 LEER I can read and understand a movie review.	Read this review by a popular Spanish movie critic. Do you think he likes the movie? Why or why not? Esta película, "Nuestra familia", nos cuenta la historia de una "familia" de criminales violentos. ¡Es un producto de Hollywood y nosotros somos las víctimas! Sin duda, la película ha capturado la sociedad mala que nos fascina. Está basada en una familia de la vida real y se trata de la vida diaria de ellos. El actor Ramón Robles hace el papel del galán. Él es un hombre físicamente atractivo y talentoso y sólo su participación vale el precio de la entrada. La película tiene una clasificación de prohibida para menores. ¡Debe ser prohibida para TODOS!	**p. 324** Actividad 5 **p. 328** Actividad 11 **p. 330** Actividad 16 **pp. 336–337** *Lectura*
Presentational		
4 ESCRIBIR I can write about a movie that I would like to produce.	While searching the Internet for movie reviews in Spanish, you come upon a survey that you decide to answer. You are asked to write a few sentences about: (a) movies that you have seen within the past month; (b) whether or not you liked them; and (c) what the critics have said about these movies.	**p. 326** Actividad 8 **p. 327** Actividades 9–10 **p. 329** Actividades 12–14 **p. 334** Actividad 22 **p. 339** *Presentación escrita*
Cultures		
5 EXPLICAR I can understand how movies can reflect the language and culture of the country where they are produced.	Your Spanish teacher assigns a Mexican movie to the class as homework. When you download or stream the movie at home, your family wants to know why it is subtitled or dubbed. How could you explain the process to them? What do you think they would be surprised to learn?	**p. 338** *Perspectivas del mundo hispano*

A ver si recuerdas

OBJECTIVES
▶ Talk and write about your eating habits
▶ Express what you do and what you agree with

Vocabulario

hablando de las comidas y la salud
el almuerzo
bueno / malo para
  la salud
la cena
las comidas
el desayuno
mantener la salud
rico, -a
sabroso, -a

las bebidas
el agua *f.*
el café
el jugo
la leche
el té
el té helado

la comida
el arroz
el bistec
la cebolla
el cereal
la ensalada
los espaguetis
las fresas
las frutas
los guisantes
los huevos
las judías
  verdes
la lechuga
la mantequilla
la manzana
la naranja
el pan
el pan tostado
las papas fritas
el pescado
el plátano
el pollo
las salchichas
la sopa
el tocino
los tomates
las uvas
las verduras
el yogur
las zanahorias

1

¿Cómo comes?

ESCRIBIR, HABLAR EN PAREJA Comer bien para mantener la salud puede ser difícil. ¿Comes tú bien?

1 Piensa en lo que comes en un día típico en el desayuno, en el almuerzo y en la cena. Usa una tabla como ésta para organizar tus ideas.

el desayuno	el almuerzo	la cena
huevos	arroz con pollo	bistec

2 Ahora compara tu tabla con la de otro(a) estudiante. ¿Comen cosas similares? ¿Pueden comer mejor para mantener la salud? Discútelo con tu compañero(a) y escribe unas frases sobre lo que comen y cómo pueden comer mejor.

Modelo

Normalmente en el desayuno como huevos, tocino y salchichas. Carla come cereal y fruta con yogur. Yo debo comer mejor. Por ejemplo, no debo comer salchichas con huevos, pero sí puedo comer fresas o una manzana.

Gramática Repaso

Verbs with irregular *yo* forms

Remember that some verbs are irregular in the *yo* form in the present tense.

Verbs with irregular *-go* forms			
caer:	caigo	poner:	pongo
decir:	digo	salir:	salgo
hacer:	hago	tener:	tengo
oír:	oigo	venir:	vengo

Verbs with irregular *-zco* forms	
conocer:	conozco
obedecer:	obedezco
ofrecer:	ofrezco
parecer:	parezco

2

¿De acuerdo o no?

 ESCRIBIR Lee las siguientes frases y decide si estás de acuerdo o no. Si no estás de acuerdo, explica por qué.

Modelo
Cuando saludas a una persona que no conoces, le dices: ¿Cómo estás tú?
No estoy de acuerdo. Le digo: ¿Cómo está Ud.?

1. Normalmente haces ejercicio a las seis de la mañana.

2. Nunca obedeces a tus padres.

3. Tienes tarea todas las noches.

4. No conoces a muchas personas de tu escuela.

5. Los sábados sales con tus amigos.

6. Cuando uno de tus amigos no tiene el almuerzo, le ofreces parte de tu almuerzo.

7. Eres muy ordenado(a). Siempre pones tus cosas en su lugar.

3

No te creo . . .

 ESCRIBIR, HABLAR EN GRUPO

1. Escribe cuatro frases usando los verbos con formas irregulares de *-go* y *-zco*. Tres de tus frases deben ser ciertas y una debe ser falsa.

2. Ahora trabaja con un grupo de cuatro estudiantes y lee tus frases al grupo. Los otros tienen que adivinar cuál de tus frases es falsa.

 Videomodelo
A —*Yo siempre salgo de la escuela a las diez de la noche.*
B —*¡No te creo! ¡Nunca sales de la escuela a las diez de la noche!*

CAPÍTULO 7A
¿Cómo se hace la paella?

Country Connections   Explorar el mundo hispano

España
Nuevo México
Florida
República Dominicana
México
Puerto Rico
Costa Rica
Venezuela
Bolivia
Chile
Argentina

CHAPTER OBJECTIVES

Communication

By the end of this chapter you will be able to:

- Listen to and read about cooking instructions and advice.
- Talk and write about recipes and kitchen safety.
- Exchange information about how to prepare certain dishes.

Culture

You will also be able to:

- **Auténtico:** Identify cultural practices in an authentic video about Ecuadorian cacao.
- Understand how foods are incorporated into different cultures.
- Compare dishes and foods in Spanish-speaking countries with those found in the U.S.

You will demonstrate what you know and can do:

- Presentación oral: Cómo preparar un plato favorito
- Preparación para el examen

You will use:

Vocabulary

- Foods and items in the kitchen
- Recipes and food preparation

Grammar

- Negative *tú* commands
- The impersonal *se*

ARTE y CULTURA ⟩ España

Luis Egidio Meléndez (1716–1780) es considerado el mejor pintor español de bodegón¹ de su época. En sus obras² Meléndez trabajó con los efectos de la luz, los colores y la textura, de manera que objetos muy ordinarios se ven extraordinarios. En este cuadro, observamos pan, unas cajas de dulces y unas jarras típicas de Manises, una ciudad en Valencia que es conocida por su cerámica.

▶ ¿Qué comidas y artesanías típicas de tu región pintarías³ en un cuadro?

¹still life painting ²works ³would you paint

"Bodegón con pan", Luis Egidio Meléndez ▲
Christie's Images, Ltd./Superstock

Go **Online** to practice

PEARSON
realize™

PearsonSchool.com/Autentico

AUDIO

VIDEO

WRITING

SPEAK/RECORD

MAPA GLOBAL

AUTÉNTICO

FLASCHARDS

ETEXT 2.0

GAMES

Una paella de
Barcelona, España

Videocultura **La cocina mexicana**

Vocabulario en contexto

OBJECTIVES

Read, listen to, and understand information about
▶ cooking expressions
▶ foods and appliances
▶ following a recipe
▶ giving directions in the kitchen

La paella es un plato[1] tradicional de España con muchos **ingredientes**. ¿Y **cómo se hace** la paella? Aquí les enseño cómo. Esta **receta** es de mi abuela, que vive en Valencia.

[1]dish

☰ la receta ﹥ **paella**   🔍

Ingredientes (8 personas)

4 calamares pequeños
(small squid)

6 camarones sin pelar

6 almejas *(clams)*

2 tazas de arroz

1 cebolla

3 **cucharadas** de aceite

2 ajos

2 tomates

sal

1/2 cucharada de azafrán
(saffron)

1/2 taza de frijoles blancos
(white beans) **enlatados**

1 taza de guisantes **frescos**
o **congelados**

4 tazas de caldo de
mariscos

1 cucharada de pimentón
dulce *(sweet paprika)*

Preparación:

1. **Calentar** el aceite en una sartén. Picar cebolla y tomates. Freír cebolla, ajo y tomates, con sal, pimentón y azafrán. **Mezclar** bien. Cocinar a **fuego** lento por 15 minutos.

2. Cortar calamares en **pedazos** pequeños. **Añadir** a la sartén con el arroz.

3. Hervir el caldo. Añadir el caldo a la sartén. Cocinar por 20 minutos. Añadir los frijoles y guisantes. Añadir el camarón y cocinar por 10 minutos.

4. **Probar** la paella y añadir sal si es necesario. **Apagar** el fuego. En otra olla, cocinar las almejas. Poner las almejas encima de la paella. Servir **caliente**.

el camarón

los mariscos

el vinagre

el aceite

la salsa

el caldo

el ajo

La paella de mariscos es un plato favorito en mi familia. Los ingredientes pueden variar. **Se puede** añadir pollo o se puede usar diferentes mariscos. Se prepara en la estufa, pero también **se puede** preparar **al horno**. **¿Con qué se sirve** la paella? Una ensalada y un buen pan van bien con este plato.

Más vocabulario

encender (e → i) = to turn on, to light
No escribas. = Don't write.
tirar = to spill, to throw away
No tires = Don't throw away.
olvidarse de = to forget about

freír

hervir

pelar

picar

la olla

la sartén

el microondas

el refrigerador

el horno

la estufa

el fregadero

1

Los ingredientes

 ESCUCHAR Escucha la lista de algunos ingredientes necesarios para hacer paella. Señala la foto correspondiente.

2

Actividades en la cocina

ESCUCHAR Escucha varias maneras de preparar los ingredientes para cocinar. Sin usar palabras, representa (*act out*) cada acción.

Estoy haciendo un video

Rita: ¡Hola, Alex! ¿Qué estás haciendo aquí en la cocina?

Alex: Rita, estoy haciendo un video. Por favor **no estés** en la cocina. ¡No, **no vayas** al refrigerador!

Rita: Alex, **no seas** malo. Solo quiero un pedazo de pollo **frito** y un vaso con jugo.

Alex: Está bien, pero **no comas** aquí. Come en la sala. Y **no hables**.

Rita: ¿Puedo calentar el pollo en el microondas primero?

Alex: Sí, pero **no dejes** tu plato y tu vaso en el fregadero. ¡Ah! Y **no te olvides de** cerrar la puerta del microondas. La cocina tiene que estar perfecta para mi video.

Rita: Uy, uy. Está bien, señor director.

batir

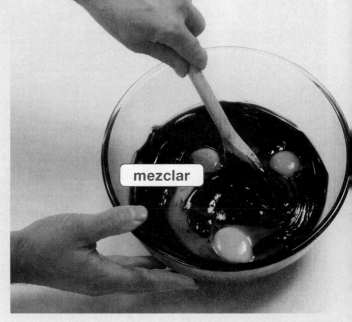

mezclar

3

En la cocina

ESCRIBIR Lee cada pregunta y escribe *Alex* o *Rita*.

1. ¿Quién está haciendo un video?

2. ¿Quién quiere que la otra persona coma en la sala?

3. ¿Quién quiere comer pollo frito?

4. ¿Quién quiere calentar el pollo frito en el microondas?

5. ¿Quién quiere la cocina perfecta para su video?

Videohistoria

 Go **Online** to practice

PearsonSchool.com/Autentico

PEARSON
realize™

 AUDIO VIDEO WRITING SCRIPT

Cómo cocinar un buen arroz

Antes de ver

Listen for related words As you watch the video, list the words you hear and know, and note any related words. This will help you to identify the theme and the cultural practices.

Completa la actividad

En la cocina ¿Has cocinado o has visto a alguien cocinar un plato especial? ¿Fue fácil o difícil? Nombra algunos de los ingredientes.

▶ Ve el video

¿A quién piden ayuda Ximena y Sofía para preparar el plato?

Ve a **PearsonSchool.com/Autentico** para ver el video *Cómo cocinar un buen arroz.* También puedes leer el guión.

Ximena   **Valentina**

Después de ver

 ¿COMPRENDISTE?   Lee las preguntas. Luego, ve el video otra vez y contesta las preguntas.

1. ¿Cuál es el tema del video? Nombra algunos detalles.

2. ¿Por qué están cocinando Ximena y Sofía? ¿De dónde viene la receta para el plato?

3. Las hermanas no pueden decidir sobre algo. ¿Qué es?

4. ¿Qué quiere decir "Nada es más simple y más complicado que hacer un buen arroz"? ¿Qué práctica cultural puedes identificar con esta frase?

5. Completa la frase: Los ingredientes para la ensalada son plátano (*plantain*), _____.

Investigar   El arroz se hace de muchas maneras. ¿Cuál es un plato con arroz que conoces? ¿Qué ingredientes tiene?

Vocabulario en uso

OBJECTIVES
▶ Talk about dishes you've tried or would like to try
▶ Discuss food preferences
▶ Listen to where things go in the kitchen
▶ Write about cooking tips

4

¡Ignacio lo sabe todo!

ESCRIBIR, LEER, HABLAR EN PAREJA Trabaja con otro(a) estudiante. Completen las preguntas con expresiones y palabras del recuadro y completen las respuestas según las fotos. Después lean la conversación.

Estudiante A

ingredientes	se hace	se puede
pedazos	se llama	se sirve

Videomodelo

A —Ignacio, ¿cómo **se llama** lo que vamos a preparar?

B —Es una *paella*. Es un plato tradicional de España

Estudiante B

A —¿Qué __1.__ hay en la paella?

B —Arroz, pollo y __2.__ .

A —¿Cómo __3.__ la paella?

B —Pues, primero hay que calentar __4.__ en una __5.__ .

A —¿ __6.__ usar el microondas para preparar la paella?

B —¡No, en absoluto! Hay que prepararla sobre un __7.__ lento en la estufa.

A —¿Corto la cebolla en __8.__ grandes?

B —No, pica la cebolla y el __9.__ .

A —¿Con qué __10.__ la paella?

B —Con una ensalada de lechuga y tomate con aceite y __11.__ .

> **También se dice . . .**
> **el refrigerador** = la nevera, el frigorífico *(España, muchos países);* la heladera *(Argentina, Uruguay)*
> **el fregadero** = el lavaplatos *(Colombia);* la pileta *(Argentina)*

CULTURA ❭ España

La paella es el plato más popular de la cocina española. El nombre *paella* tiene sus orígenes en el latín *patella,* que significa "sartén ancha". Su ingrediente principal es el arroz. La paella tradicional se hace sólo con mariscos, pero también se puede añadir pollo y salchichas. En la costa, ponen los mariscos frescos del día. La paella se come en muchos países. En América Latina preparan platos similares, como el arroz con frijoles y el arroz con pollo.

• Compara la paella con la comida típica que comes. ¿Comes muchas comidas hechas con arroz? ¿Son similares a la paella, o diferentes?

🌐 **Mapa global interactivo** Explora Valencia, España, el lugar de origen de la paella. Relaciona la geografía del área con la historia y las costumbres culinarias[1].

Pre-AP Integration: Las tradiciones y los valores: ¿Qué plato es una tradición en tu casa o en el lugar donde vives? Explica tu respuesta.

[1]culinary traditions

5

La cocina de mi tía

 ESCUCHAR, DIBUJAR, ESCRIBIR, HABLAR EN PAREJA Escucha mientras la tía de Juanita describe su cocina. Dibuja y escribe los nombres de las cosas que menciona. Luego compara tus dibujos con los de otro(a) estudiante.

> **¿Recuerdas?**
> Regular affirmative *tú* commands use the present-tense *Ud./él/ella* form of the verb. Some verbs, like *tener* and *poner,* have irregular command forms.

6

Los huevos revueltos

 LEER, ESCRIBIR, HABLAR EN PAREJA
Trabaja con un(a) compañero(a) y usa los verbos del recuadro.

1 Hoy es sábado y tu madre tiene que trabajar. Escríbele un mensaje de texto preguntándole cómo hacer huevos revueltos *(scrambled).* Tu compañero(a) responde al mensaje con instrucciones. Usa las formas apropiadas de *tú.*

2 Habla con tu compañero sobre cómo preparar la comida. Pregúntale qué opina y decidan si tienen que hacer otros planes. Incluyan detalles.

añadir
apagar
batir
dejar
encender *(e → ie)*
freír *(e → i)*
hervir *(e → ie)*
mezclar
poner
probar *(o → ue)*
servir *(e → i)*
tener

Modelo
preparar
A —*Hola, mamá. Por favor, dime cómo preparo huevos revueltos para la familia.*
B —*Debes batir los huevos con un tenedor.*

Modelo
preparar
A —*¿Me ayudas a preparar los huevos? ¿Debo batirlos por mucho tiempo?*
B —*Creo que sí.*

7

¿Qué has probado?

LEER, HABLAR EN PAREJA Lee estas descripciones de unos platos típicos de diferentes países hispanohablantes. Después habla con otro(a) estudiante sobre los platos que han probado y sobre los que les gustaría probar. Comenten por qué les gustaría o no probarlos. Escríbanlos en una lista y anoten detalles para apoyar sus opiniones.

Videomodelo
A —*¿Has probado el ceviche?*
B —*Sí, lo he probado. (No) Me gusta mucho porque
.*

 **Camarones al ajillo** Fríen los camarones muy frescos con aceite y ajo en una pequeña sartén y los sirven muy calientes.

 **Gazpacho** Sirven fría esta sopa de tomate, aceite y ajo que también puede contener verduras como apio *(celery)* y chiles.

 **Pescado frito** Fríen el pescado en aceite caliente. Añaden sal, pimienta y otras especias *(spices).* Es popular en muchos países, desde España hasta Puerto Rico.

 **Ceviche** Mezclan el pescado con tomate, cebolla, vinagre, chile y jugo de limón. Hay diferentes variaciones de ceviche.

¿Qué prefieres?

🎤 **HABLAR EN PAREJA**   Con otro(a) estudiante, habla de tus preferencias.

▶

Videomodelo

A —Qué prefieres, ¿las papas fritas o las papas al horno?

B —Prefiero las papas al horno.

o: —No me **gustan** ni **las papas fritas** ni **las papas al horno**.

¿Dónde los pongo?

🎤 **HABLAR EN PAREJA**   Con otro(a) estudiante, habla de dónde se ponen las cosas en la cocina.

▶

Videomodelo

A —¿Dónde pongo **los pedazos de tomate?**

B —**Ponlos** en **la ensalada**.

Estudiante A

Estudiante B

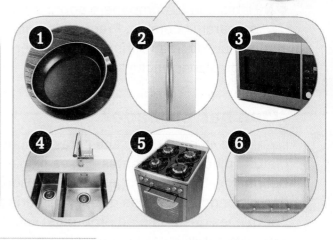

Recomendaciones para cocinar

✏️ **LEER, ESCRIBIR, ESCUCHAR, HABLAR EN PAREJA**   Lee las recomendaciones para cocinar y escoge la mejor palabra o expresión para completar cada una. Luego escribe cuatro recomendaciones más. Intercambien las notas con otro(a) estudiante, y completen por escrito cada recomendación. Incluyan detalles o razones.

1. En una ensalada de verduras debes poner verduras ___ *(frescas / enlatadas)*.

2. Mientras fríes algo, ___ *(no tires / prueba)* el aceite caliente.

3. Para los espaguetis debes hervir el agua en una ___ *(olla / sartén)*.

4. ___ *(Deja / No te olvides de)* apagar la estufa después de usarla.

5. Usa ___ *(el microondas / el horno)* para preparar algo rápidamente.

6. Para algunas recetas de arroz necesitas un ___ *(caldo / ajo)* de pescado o pollo.

Tostones isleños

LEER, ESCRIBIR, HABLAR EN PAREJA   Lee este artículo de una revista de cocina. Luego trabaja con otro(a) estudiante para contestar las preguntas. Incluye expresiones apropiadas del artículo en tus respuestas.

≡   **la receta > Tostones**   🔍 ✉

Tostones	**Mojito**
6 plátanos verdes	8 dientes[1] de ajo
agua	½ taza de aceite de oliva
sal	
aceite	perejil[2]

¡No tienes que esperar un viaje a la fantástica isla de Puerto Rico para disfrutar de[3] este riquísimo plato tropical! Puedes seguir esta receta fácil y preparar tostones con mojito (¡esa salsa deliciosa de aceite y ajo!) en tu propia casa.

Tostones

Pela los plátanos y córtalos en pedazos medianos. Ponlos en una olla con agua y sal por 15 minutos. Luego ponlos a secar en una toalla de papel. Calienta aceite en una sartén. Fríe los plátanos dos minutos por cada lado. Pon los plátanos sobre una toalla de papel para escurrirles[4] el aceite y aplasta[5] los pedazos. Fríelos otra vez. Escúrrelos y añade sal.

Mojito

Pela los dientes de ajo y machácalos[6]. Pica el perejil. Calienta el aceite de oliva y añade el ajo. Caliéntalo a fuego lento hasta que el ajo esté dorado[7]. Añade el perejil picado. Pon la mezcla caliente al lado de los tostones y sírvelos.

¡Buen provecho!

[1]cloves [2]parsley [3]enjoy [4]drain them [5]flatten [6]crush them [7]is golden

---

1. En una hoja de papel, hagan dos columnas. Escriban las cosas que necesitan para preparar los tostones con mojito en una columna y escriban para qué las necesitan en la otra.

Necesitamos
un cuchillo

Para
pelar el ajo

2. ¿Has probado tostones con mojito? Si ya los has probado, ¿te gustaron? Si todavía no los has probado, ¿te gustaría probarlos?

3. Dicen que los tostones son similares a las papitas (*potato chips*). ¿En qué sentido son similares o diferentes?

CULTURA ⟩ El mundo hispano

El plátano es uno de los alimentos más populares de los países tropicales de América Latina. Se cree que el plátano es originario del sudeste asiático. Los plátanos amarillos que ves en los supermercados son sólo un tipo de la gran diversidad de plátanos que hay. Hay pequeños plátanos amarillos y plátanos grandes, como los verdes y los rojos. Con los plátanos verdes se preparan los tostones. Otras recetas con plátanos verdes son sopa de plátano verde y bolas de verde (Ecuador y Colombia).

• ¿Qué relación crees que hay entre la popularidad del plátano como comida y su abundancia?

Gramática

OBJECTIVES
▶ Talk and write about what not to do in the kitchen
▶ Give advice about healthy eating

Negative *tú* commands

To tell someone what *not* to do, use a negative command. To form negative *tú* commands, drop the -o of the present-tense *yo* form and add:

- -*es* for -*ar* verbs.

  usar   uso: **No uses** el microondas.

- -*as* for -*er* and -*ir* verbs.

encender   enciendo: **No enciendas** el horno.
añadir   añado: **No añadas** demasiada sal.
poner   pongo: **No pongas** los camarones en la sartén todavía.

Verbs ending in -*car,* -*gar,* or -*zar* have spelling changes: *c* changes to *qu, g* changes to *gu,* and *z* changes to *c.*

picar   pico: **No piques** los tomates.
pagar   pago: **No pagues** demasiado.
empezar   empiezo: **No empieces** a cocinar ahora.

These verbs have irregular negative *tú* commands:

dar	**no des**	ir	**no vayas**
estar	**no estés**	ser	**no seas**

Remember that pronouns are attached to affirmative commands. If the pronoun is added to a command form that has two o[r] more syllables, write an accent mark on th[e] syllable stressed in the present tense.

—¿Pico las cebollas?
—Sí, pícalas.

With negative commands, pronouns alway[s] go right before the conjugated verb.

—¿Pico los tomates también?
—No, no los piques.

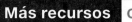
Más recursos   ONLINE

▶ *GramActiva* Video

▶ **Tutorial:** Negative *tú* commands

🔊 *Canción de hip hop:* ¿Cómo se hace la paella?

✎ *GramActiva* Activity

12

¡Así no!

ESCRIBIR   Tu hermano mayor acaba de limpiar la casa y no quiere limpiarla otra vez. Te escribe una nota diciendo las cosas que no debes hacer. Completa lo que dice él con los mandatos negativos correctos.

Modelo
(picar / tirar) leche en el suelo
No tires leche en el suelo.

1. *(mezclar / dejar)* ollas sucias en el fregadero

2. *(comer / añadir)* en tu cama

3. *(pelar / usar)* la estufa sin limpiarla después

4. *(salir / poner)* pollo frito encima del sofá

5. *(hacer / probar)* espaguetis en el microondas

6. *(dar de comer / ver)* al perro en la sala

7. *(ir / ser)* egoísta*. Piensa en los otros miembros de la familia.   *selfish

13

Para tener empanadas exquisitas

 LEER, ESCRIBIR

1 A Manolo le gusta hacer las empanadas y ha escrito unas instrucciones para hacerlas. Escoge verbos del recuadro y completa las instrucciones con el mandato negativo.

Modelo
comenzar
___ a cocinar sin leer la receta.
No comiences a cocinar sin leer la receta.

cortar	ir	salir
hacer	mezclar	servir

1. ____ al supermercado por los ingredientes sin llevar una lista.

2. ____ la masa *(dough)* si no te has lavado las manos.

3. ____ las empanadas sin añadir la sal.

4. ____ la carne y las verduras con el mismo cuchillo sin lavarlo.

5. ____ de la cocina cuando las empanadas están en el horno.

6. ____ las empanadas sin probar una primero.

2 Ayuda a Manolo a escribir cuatro reglas adicionales sobre cómo tener éxito en la cocina. Usa mandatos negativos.

14

Un mundo negativo

ESCRIBIR, HABLAR EN PAREJA Trabaja con un(a) compañero(a). Imagina que eres el (la) director(a) de la cafetería de tu escuela. Escribe un correo electrónico al cocinero principal con mandatos negativos. Tu compañero(a), como el cocinero principal, contesta el mensaje explicándote por qué puede o no puede seguir estas instrucciones. Incluyan razones de apoyo. Usen un estilo apropiado y las formas apropiadas de los mandatos. Luego, hablen de las respuestas.

Modelo
dejar la sartén en el fuego
No dejes la sartén en el fuego porque puede causar un incendio.

1. venir a la cocina con las manos sucias

2. tirar el almuerzo a la basura

3. ofrecer demasiado café

4. hacer muchas tortillas

5. **¡Respuesta personal!**

¡No lo hagas todavía!

HABLAR EN PAREJA Imagina que estás en Venezuela y quieres ayudar a la madre (o al padre) de tu familia venezolana en la cocina. Lee la receta para arepas que está abajo. Con otro(a) estudiante, haz preguntas para ver si puedes comenzar a hacer las arepas. Tu compañero(a) no está listo(a) todavía.

▶ Videomodelo

mezclar el agua con la sal

A —¿*Mezclo el agua con la sal ya?*

B —*No, no las mezcles todavía.*

≡ **Receta** > **Arepa tradicional venezolana**   Q

1 taza de harina de maíz[1] precocida[2]
2 tazas de agua
1/2 cucharadita de sal
1/2 cucharadita de mantequilla

1. Mezcla las dos tazas de agua con la sal.

2. Añade la harina de maíz poco a poco y amasa[3] hasta tener una masa[4] bien mezclada y sin grumos[5].

3. Añade la mantequilla y forma bolas de masa.

4. Calienta una plancha[6] de cocina, aplasta[7] las bolas de masa un poco y ponlas en la plancha hasta que estén doradas[8] por los dos lados. Si prefieres, puedes ponerlas al horno después para hacerlas más abombadas[9].

[1]corn flour [2]precooked [3]knead [4]dough [5]lumps [6]griddle [7]flatten [8]they are golden [9]dome-shaped

---

CULTURA ◄ Venezuela

La arepa es una comida tradicional que se come casi todos los días en Venezuela. Blancas o amarillas, las arepas siempre han sido el desayuno o la cena perfecta para muchas familias venezolanas. Hay diferentes variedades de arepa: algunas están hechas con papas y otras con queso. En cada región de Venezuela se preparan las arepas de manera diferente. Muchas veces las arepas están rellenas de[1] pollo, jamón, huevos y otras cosas.

*   ¿Por qué crees que hay tantas variedades de arepas venezolanas? ¿Qué platos de los Estados Unidos se preparan de varias maneras según la región del país?

Pre-AP Integration: La geografía humana: ¿Por qué en distintos lugares las personas comen distintos alimentos?

[1]filled with

Haciendo arepas en Mérida, Venezuela

En la guardería infantil

ESCRIBIR, DIBUJAR, HABLAR EN PAREJA   Una guardería infantil cerca de tu casa necesita personas para trabajar con los niños que sólo hablan español. Otro(a) estudiante y tú van a trabajar allí. Su primera responsabilidad: la comida saludable para los niños.

1 En una hoja de papel, escriban cinco mandatos afirmativos y cinco negativos para los niños, usando la forma *tú*.

2 Hagan un cartel usando los mandatos afirmativos y negativos. Hagan dibujos o corten ilustraciones para hacerlo más interesante. Muestren *(Show)* el cartel en la clase.

Modelo
comer / jugar

Afirmativo	Negativo
come despacio	*no juegues con la comida*

3 Túrnense para elegir uno de los mandatos. Escriban el mandato apropiado y denlo a su compañero. Explíquenle por qué debe o no hacerlo.

Pronunciación ‹ Dividing words into syllables

In Spanish, you divide words into syllables after a vowel sound or between most double consonants. Listen to and say these words:

ca-ma-ro-nes	en-cien-do
ma-ris-cos	her-vir
fres-co	con-ge-la-do

However, you do not separate most combinations of a consonant followed by *l* or *r*. Listen to and say these words:

do-**ble**	vi-na-**gre**
re-**fr**es-cos	**fre**-ga-de-ro
in-**gr**e-dien-tes	re-**fr**i-ge-ra-dor

When two strong vowels *(a, e, o)* appear together, each is pronounced individually, forming two syllables. Listen to and say these words:

p**a-e**-lla	tr**a-e**-mos	t**o-a**-lla
mi-cr**o-o**n-das	f**e-o**	hé-r**o-e**

¡Compruébalo! Lee estos versos del poema "Oda a las papas fritas", del famoso poeta chileno, Pablo Neruda (1904–1973), quien ganó el Premio Nobel de Literatura en 1971.

"Oda a las papas fritas"

Chisporrotea[1]
en el aceite
hirviendo
la alegría
del mundo:
las papas
fritas
entran
en la sartén
como nevadas
plumas
de cisne matutino[2]
y salen
semidoradas por el crepitante[3]
ámbar[4] de las olivas.

[1]It hisses (or crackles) [2]snowy feathers of a morning swan
[3]crackling [4]amber

Escribe estas palabras del poema y divídelas en sílabas:

chisporrotea	aceite	hirviendo
alegría	sartén	semidoradas

Gramática

OBJECTIVES
▶ Talk and write about what is done at restaurants
▶ Exchange information about what people do at your school

The impersonal *se*

In English, you use *they, you, one,* or *people* in an impersonal or indefinite sense to mean "people in general." In Spanish, you use *se* + the *Ud./él/ella* or *Uds./ellos/ellas* form of the verb.

A menudo **se sirve** pan con la paella.

*Bread **is** often **served** with paella.*

Se usan otros mariscos también para hacer paella.

***They** also **use** other shellfish to make paella.*

¿Recuerdas?

Remember that you use *se prohíbe* to tell that something is prohibited.

• **Se prohíbe** comer en clase.

Más recursos   ONLINE

▶ *GramActiva* Video
▶ **Tutorial:** The impersonal *se*
✎ *GramActiva* Activity

17

Comidas populares

ESCRIBIR   Para cada foto, escribe una frase diciendo cuál es una de las comidas populares del país o de la región.

Modelo

España / preparar frecuentemente
En España se prepara frecuentemente la paella.

1. México / servir a menudo

2. Puerto Rico / comer con mojito

3. España / preparar con ajo

4. Argentina / comer mucho

5. Bolivia / preparar de maneras diferentes

6. la República Dominicana / servir bien frescos

7. Costa Rica / comer con frijoles

8. Nuevo México / servir con chiles

18

¿Se puede . . . ?

ESCRIBIR, HABLAR EN PAREJA   Imagina que un estudiante nuevo llega a tu comunidad y quiere saber qué se puede hacer en tu escuela.

1 Escribe cinco preguntas sobre las cosas que se pueden, se permiten o se prohíben hacer en tu escuela.

Modelo
En el gimnasio, ¿se puede levantar pesas?

2 Pregúntale a otro(a) estudiante si se pueden hacer las actividades.

▶ **Videomodelo**
A —*En el gimnasio, ¿se puede levantar pesas?*
B —*Claro, se puede levantar pesas.*

3 Después, hazle tres preguntas sobre otros lugares. Por ejemplo: *¿Me puedes decir a qué hora se cierra el correo? Necesito enviar una carta.*

19

La dieta ideal

ESCRIBIR, HABLAR EN GRUPO   Comer bien es muy importante para todos. ¿Cómo se decide qué comer cada día? Se debe prestar atención a la buena nutrición.

> **Conexiones**   **Las ciencias**

Lee esta tabla sobre los minerales y las comidas en las que se encuentran.

Mineral	Comidas
Calcio	Leche, queso y verduras
Fósforo	Huevos, pescado, granos integrales (trigo,[1] maíz,[2] arroz, y más), leche, hígado,[3] brócoli y frijoles[4]
Hierro[5]	Hígado, huevos, carnes, verduras, guisantes y melaza[6]
Yodo[7]	Mariscos y sal que contiene yodo

[1]wheat [2]corn [3]liver [4]beans [5]Iron [6]molasses [7]Iodine

1 Trabaja con otro(a) estudiante y busquen en la tabla los minerales que tiene:

1. una paella hecha con arroz, pollo, pescado y mariscos
2. una pizza con salsa de tomate, queso y salchicha

   Escriban una lista de los minerales que tienen estas dos comidas. Compárenlas. ¿Cuál de las dos tiene más minerales? ¿Cuál es la comida más saludable?

2 En un grupo de cuatro estudiantes hagan planes para una comida saludable. Escojan una comida y busquen en la tabla los minerales que contienen los ingredientes. Lean la descripción de los ingredientes y los minerales a la clase sin decir qué comida es. Los demás deben adivinar la comida.

20

¡Se come bien aquí!

LEER, ESCRIBIR, HABLAR EN PAREJA Lee este anuncio sobre un restaurante en Puerto Vallarta, México. Trabaja con otro(a) estudiante y contesta las preguntas.

1. ¿Qué comidas se recomiendan en este restaurante?

2. ¿Qué se puede hacer mientras se cena allí?

3. ¿Qué influencias diferentes se encuentran en la comida mexicana moderna?

4. ¿Cómo se prepara la comida mexicana moderna?

5. ¿Qué se debe hacer si se quiere cenar allí?

6. ¿Te gustaría comer en el Café de los Artistas? ¿Por qué?

Café de los Artistas

¡No se pierda¹ la mejor experiencia de comida y arte en Puerto Vallarta! Coma esta noche en el Café de los Artistas.

Mientras Ud. está en Puerto Vallarta, se le recomienda cenar en el Café de los Artistas. ¡Se come bien aquí! En este restaurante elegante, se puede disfrutar de² la mejor comida de la ciudad y al mismo tiempo de las obras de arte regionales más contemporáneas.

En la cena, se deben probar los fresquísimos mariscos y la pesca³ del día. También se recomienda la comida mexicana moderna, el resultado de las influencias española y francesa con técnicas e ingredientes usados por los pueblos prehispánicos.

Esta comida se caracteriza por sus sopas y guisados⁴ cocinados a fuego lento, sus salsas sabrosas y sus ingredientes frescos. Una vez terminada la comida, se quiere prolongar la visita para tomar un café y uno de los riquísimos postres mientras contempla el arte más nuevo y bello de Jalisco.

¹Don't miss ²enjoy ³catch ⁴stews

LA MÁXIMA EXPRESIÓN DE COMIDA Y ARTE

Se abre diariamente a las 18:00 h.
Se recomienda hacer reservaciones al 225-01-61.
Calle Guerrero 215, Centro

21

Y tú, ¿qué dices?

ESCRIBIR, HABLAR EN PAREJA Trabaja con un(a) compañero(a) para preguntar y contestar. Incluye descripciones con frases en una secuencia y detalles.

1. Piensa en un restaurante donde comes a menudo. ¿Qué comidas se sirven allí? ¿Con qué se sirven estas comidas?

2. ¿Cuál de las comidas de este restaurante es tu favorita? ¿Con qué se hace esta comida?

3. ¿Cuándo se abre el restaurante? ¿Cuándo se cierra? ¿Se recomienda reservar una mesa?

22

Un anuncio para un restaurante

ESCRIBIR, HABLAR EN PAREJA, DIBUJAR Trabaja con otro(a) estudiante para crear un anuncio de un restaurante. El restaurante puede ser uno que conocen en su comunidad o en otro lugar, uno que encuentran en la Red o uno que Uds. mismos inventan. Van a crear un cartel o página Web con ilustraciones en las que dan información sobre:

• por qué se debe comer allí

• cómo se preparan diferentes platos

• con qué se sirven estos platos

• qué ingredientes se usan

Incluyan también por lo menos (at least) un mandato afirmativo y un mandato negativo en el anuncio. Pueden usar el anuncio de la Actividad 20 como modelo y usar algunas ideas suyas de la Actividad 21 para escribir su anuncio.

23

¡Nos gustaría visitar ese restaurante!

ESCUCHAR, HABLAR EN GRUPO Presenten su anuncio de la Actividad 22 a otros dos grupos. Luego hablen de por qué les gustaría o no les gustaría visitar los restaurantes que se describen. Pueden hacer preguntas para recibir más información.

Modelo
Nos gustaría visitar ese restaurante porque . . .
¿Se recomienda reservar una mesa?
¿A qué hora se abre?

El español en la comunidad

En muchas comunidades de los Estados Unidos, en las tiendas, los restaurantes, las bibliotecas y otros lugares públicos, se ven frecuentemente anuncios en español que comienzan con la palabra *se*. Los anuncios más comunes dan información, como "Se habla español"; ofrecen servicios o productos, como "Se alquila . . ." o "Se vende . . ."; anuncian un trabajo o una necesidad, como "Se busca . . .", o "Se necesita . . ." o prohíben algo, como "Se prohíbe . . .".

• ¿Has visto anuncios similares en tu comunidad? ¿Cuáles has visto? ¿Puedes escribir algunos anuncios en español?

Anuncios para clientes hispanohablantes ▶

Lectura

OBJECTIVES

▶ Read poems about two common foods

▶ Use multiple readings to deepen your understanding of poetry

▶ Identify the theme from fiction texts.

Estrategia

Reading and rereading Poetry is meant to be read several times for a deeper understanding. Remember to pause at the punctuation, not at the end of a line. Read each of Neruda's poems aloud so that you can hear the language. Jot down the descriptive language used to describe the tomato and the onion. Focusing on these words will help you understand the poems and identify the theme.

PABLO NERUDA (1904–1973), un poeta chileno, es considerado uno de los poetas más importantes del siglo XX. En 1971 recibió el Premio Nobel de Literatura.

"Oda al Tomate"

La calle
Se llenó de tomates,
mediodía,
verano,
5 la luz
se parte
en dos
mitades
de tomate,
10 corre
por las calles
el jugo.
En diciembre
se desata[1]
15 el tomate,
invade
las cocinas,
entra por los almuerzos,
se sienta
20 reposado[2]
en los aparadores,[3]
entre los vasos,
las mantequilleras,
los saleros[4] azules.

25 Tiene
luz propia,
majestad benigna.[5]
Debemos, por desgracia,[6]
asesinarlo;
30 se hunde[7]
el cuchillo
en su pulpa viviente,
en una roja
víscera,[8]
35 un sol
fresco,
profundo,[9]
inagotable,[10]
llena las ensaladas
40 de Chile,
se casa alegremente
con la clara cebolla,
y para celebrarlo
se deja
45 caer
aceite,
hijo
esencial del olivo,[11]
sobre sus hemisferios
50 entreabiertos[12]
agrega
la pimienta
su fragancia,
la sal su magnetismo (. . .)

[1]is let loose [2]rested [3]cupboards [4]salt shakers [5]mild [6]unfortunately [7]sinks [8]guts [9]deep [10]tireless [11]olive tree [12]half-open

"Oda a la cebolla"

(. . .) cebolla,
 clara como un planeta,
 y destinada
 a relucir,[1]
 constelación constante,
 redonda[2] rosa de agua,
 sobre la mesa
 de las pobres gentes.

[1]shine   [2]round

 ¿Comprendiste?

"Oda al tomate"

1. ¿Por qué crees que Neruda usa el verbo *asesinar*? ¿Qué está describiendo?

2. El poeta no se refiere al tomate como un objeto. ¿Cómo describe el poeta el tomate?

3. ¿Qué quiere decir el poeta con la frase "se casa alegremente con la clara cebolla . . ."?

4. ¿A qué se refiere Neruda con la frase "hijo esencial del olivo"?

5. Lee el poema otra vez. ¿Puedes identificar el tema?

"Oda a la cebolla"

En este poema, Neruda compara la cebolla con varias cosas. ¿Cuáles son?

 Y tú, ¿qué dices?

Piensa en algo que comes o bebes, por ejemplo: el pan, el chocolate, las fresas, una tortilla, el cereal o la leche. Escribe un poema de cuatro a seis versos como éstos de Neruda.

La cultura en vivo

¡Tortillas y tacos!

La tortilla es la comida fundamental de México y de toda América Central. La tortilla se hace con maíz y también con harina[1]. Los tacos son tortillas con carne o pollo, verduras, queso y chile. El maíz es una planta originaria de las Américas y su nombre azteca fue *toconayao*.

Hoy en día, las tortillas son populares en los Estados Unidos. Las tortillas se pueden comprar frescas o congeladas en los supermercados en casi todas partes del país.

La preparación de los tacos es fácil. Aquí están los ingredientes y la receta.

Comparación cultural ¿Qué comidas especiales hay donde vives? Investiga en qué son similares y diferentes de las comidas que has estudiado.

[1]flour

Online Cultural Reading

Go to Auténtico ONLINE to explore and understand a website with information about recipes from Peru.

Strategy: Use prior knowledge to identify cultural practices. What influences can you find in Peruvian dishes?

Aplicación: Compara lo que comes a diario con las comidas peruanas. ¿Hay prácticas culturales similares? Explica.

☰ la receta 〉 **Tacos** 🔍

Ingredientes

1 libra[2] de carne

1 cebolla

2 cucharadas de aceite

12 tortillas de maíz

1/2 (media) libra de queso

1/2 taza de crema agria[3]

1 lechuga

2 tomates

cilantro

perejil[4]

chile, sal y pimienta

Preparación

1. Para preparar la salsa: poner los tomates, la cebolla, el cilantro, el perejil, el chile, la sal y la pimienta en la licuadora por unos minutos.

2. Para preparar la carne: freír la carne en aceite con sal y pimienta. Después mezclar un poco de salsa con la carne.

3. Para hacer los tacos: poner una cucharada de carne en cada tortilla.

4. Para hacer más sabrosos los tacos: poner la crema agria primero, y después la salsa, la lechuga y el queso.

[2]pound   [3]sour cream   [4]parsley

★ ★ ★ ★ ☆ commentarios (129)   Tacos de carne ▶

Presentación oral

OBJECTIVES
▶ Demonstrate how to prepare your favorite dish
▶ Use background knowledge to improve your presentation techniques

Go **Online** to practice
PEARSON
realize™

PearsonSchool.com/Autentico

SPEAK/RECORD

Cómo preparar un plato favorito

TASK You are the guest on a cooking show. Explain how to make your favorite dish: ingredients, main steps for preparing it, and utensils needed.

1 Prepare Bring in samples or pictures of the main ingredients and utensils you need. If possible, bring in the finished product for the class to taste. Make a recipe card like the one shown to help you organize your presentation.

2 Practice Rehearse your presentation. Use sequenced sentences with essential details. You can use your recipe card only for practice. Try to:

- include the ingredients and utensils needed
- describe and show the preparation in clear steps
- show the steps in a series of sequenced sentences.
- include details
- speak clearly

Modelo

Para hacer una quesadilla, se necesitan . . .

> ### Estrategia
> **Using background knowledge** Think about cooking shows you have seen. How does the chef present the ingredients? How does he or she explain how to prepare and cook the dish? Use these techniques in your presentation.

☰ Quesadillas ✉

Ingredientes que se necesitan

tortillas de harina
queso
frijoles refritos

Cosas que se usan

un cuchillo
una sartén

Preparación

1. Primero se extiende 1/4 taza de frijoles refritos sobre la mitad de cada tortilla.

2. Luego se ponen dos cucharadas de queso . . .

---

3 Present Tell and show the class how to prepare the dish, using the ingredients, utensils, and/or images.

4 Evaluation The following rubric will be used to grade your presentation.

Rubric	Score 1	Score 3	Score 5
How complete your preparation is	You provide one of the following: utensils, pictures, recipe card.	You provide two of the following: utensils, pictures, recipe card.	You provide all three of the following: utensils, pictures, recipe card.
Amount of information given	Your presentation includes one of the following: ingredients, utensils, and steps for preparation.	Your presentation includes two of the following: ingredients, utensils, and steps for preparation.	Your presentation includes all three of the following: ingredients, utensils, and steps for preparation.
How easily you are understood	You are difficult to understand and make many errors.	You are fairly easy to understand and make occasional errors.	You are easy to understand and make very few errors.

Auténtico

Partnered with IDB

¿Cuál es el secreto ecuatoriano que enamora al mundo?

Antes de ver

Usa la estrategia: Identify Cognates

Listen for cognates as you watch the video. Use those cognates, and the vocabulary you already know, to build context for those words that are new to you and to identify the main idea of the video.

Read the Key Vocabulary

cualquier = any

PIB agropecuario = agricultural GDP (Gross Domestic Product)

se ha convertido = has become

los ingresos = income

el sabor = flavor, taste

Ve el video

Do you, or does someone you know, love chocolate? Then you might love Ecuador as well. Did you know that some of the world's finest chocolate comes from cacao grown in Ecuador?

Go to **PearsonSchool.com/Autentico** and watch the video *¿Cuál es el secreto ecuatoriano que enamora al mundo?* to learn about the cacao in Ecuador that is used in chocolate.

Completa las actividades

Mientras ves Identifica los siguientes cognados para entender las ideas principales. Usa estas palabras para identificar las ideas principales del video.

prepara	resistirse
delicioso	finos
chocolate	famosos
secreto	vano
súper	aroma
favorito	irresistibles
imposible	producción
texturas	barras

Integración

Después de ver Mira el video otra vez para contestar estas preguntas.

1. ¿Cuál es el otro nombre para el cacao en Ecuador?

2. ¿Qué diferencia hay en el producto de cada zona del Ecuador?

3. ¿Por qué se dice en el video que Ecuador se ha convertido en destino clave *(key)*?

 For more activities, go to the *Authentic Resources Workbook*.

La comida latina

Expansión Busca otros recursos en *Auténtico* en línea. Después, contesta las preguntas.

 7A Auténtico

Integración de ideas Los recursos auténticos de este capítulo informan sobre varios aspectos de la comida en países latinoamericanos. Usa los recursos para describir algunos elementos que son comunes en la comida latinoamericana.

Comparación cultural Compara la comida latina con la que es común en tu cultura. ¿Qué elementos son parecidos y cuáles son diferentes?

Repaso del capítulo

OBJECTIVES
▶ Review the vocabulary and grammar
▶ Demonstrate you can perform the tasks on p. 371

🔊 Vocabulario

to name foods and items in the kitchen

el aceite	cooking oil
el ajo	garlic
el caldo	broth
el camarón, *pl.* los camarones	shrimp
la estufa	stove
el fregadero	sink
el fuego	fire, heat
el horno	oven
los mariscos	shellfish
el microondas, *pl.* los microondas	microwave
la olla	pot
el pedazo	piece, slice
el refrigerador	refrigerator
la salsa	salsa, sauce
la sartén, *pl.* las sartenes	frying pan
el vinagre	vinegar

to follow a recipe

añadir	to add
no añadas	don't add
batir	to beat
calentar *(e ➜ ie)*	to heat
la cucharada	tablespoon(ful)
freír *(e ➜ i)*	to fry
hervir *(e ➜ ie) (e ➜ i)*	to boil
el ingrediente	ingredient
mezclar	to mix
pelar	to peel
picar	to chop
probar *(o ➜ ue)*	to taste, to try
la receta	recipe

to talk about food preparation

al horno	baked
apagar	to turn off
caliente	hot
¿Cómo se hace . . . ?	How do you make . . . ?
¿Con qué se sirve?	What do you serve it with?
congelado, -a	frozen
dejar	to leave, to let
no dejes	don't leave, don't let
encender *(e ➜ ie)*	to turn on, to light
enlatado, -a	canned
fresco, -a	fresh
frito, -a	fried
olvidarse de	to forget about / to
no te olvides de	don't forget about / to
tirar	to spill, to throw away
no tires	don't spill, don't throw away

Gramática

another useful expression

se puede	you can

negative *tú* commands

No hables.	Don't speak.
No comas.	Don't eat.
No escribas.	Don't write.

irregular negative *tú* commands

dar	no des
estar	no estés
ir	no vayas
ser	no seas

For Vocabulario adicional, see pp. 506–507.

Preparación para el examen

What you need to be able to do for the exam . . .	Here are practice tasks similar to those you will find on the exam . . .	For review go to your print or digital textbook . . .

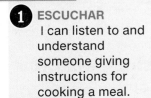

Interpretive

1 ESCUCHAR I can listen to and understand someone giving instructions for cooking a meal.

Listen as Gabriel's sister Valeria gives him cooking instructions over the phone. See if you can identify: (a) what he wants to cook; (b) what ingredients he still needs to buy; and (c) the first few steps in the recipe.

pp. 348–351 *Vocabulario en contexto*
p. 354 Actividades 9–10
p. 358 Actividad 15

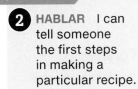

Interpersonal

2 HABLAR I can tell someone the first steps in making a particular recipe.

Based on the illustrations below, tell someone the first three steps in preparing paella.

p. 351 *Videohistoria*
p. 355 Actividad 11
p. 358 Actividad 15
p. 367 *Presentación oral*

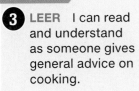

Interpretive

3 LEER I can read and understand as someone gives general advice on cooking.

You are reading an article about cooking in a Spanish magazine. Tell which of the following suggestions are focused on: (a) things to do before cooking; (b) things to do while cooking; and (c) things to do after cooking.

1. Apaga el horno cuando terminas de cocinar.
2. Lee primero la receta para saber si tienes todos los ingredientes.
3. No salgas nunca de la cocina mientras algo está hirviendo.

p. 351 *Videohistoria*
p. 353 Actividad 6
p. 354 Actividad 10
p. 357 Actividad 13
pp. 364–365 *Lectura*

Presentational

4 ESCRIBIR I can write rules to promote safety in the kitchen.

The home economics teacher asks you to write down a list of five rules for cooking safely for her Spanish-speaking students. You might begin with something like: *Ten cuidado cuando picas las verduras.*

p. 356 Actividad 12
p. 357 Actividad 13
p. 359 Actividad 16

Cultures

5 COMPARAR I can understand how certain foods from one culture are incorporated into another culture.

You would like to prepare dinner for your family using some recipes from a Mexican cookbook, but your little brother and sister are very picky eaters. What could you tell them about food(s) from another country that they have eaten before and liked? What might be the best American food or dish to introduce to teenagers from other countries? Why?

p. 366 *Cultura*

CAPÍTULO 7B

¿Te gusta comer al aire libre?

Country Connections Explorar el mundo hispano

Texas
España
México
Puerto Rico
Guatemala
El Salvador
Chile
Uruguay
Argentina

CHAPTER OBJECTIVES

Communication

By the end of this chapter you will be able to:

- Listen and read about outdoor cooking and campground signs.
- Talk and write about cookouts and outdoor celebrations.
- Exchange information about cookout preparations.

Culture

You will also be able to:

- **Auténtico:** Identify cultural practices in an authentic video about a recipe for pork ribs.
- Understand outdoor food markets in the Spanish-speaking world.
- Compare ways food is prepared in Spanish-speaking countries and in the U.S.

You will demonstrate what you know and can do:

- Presentación escrita: Comiendo al aire libre
- Preparación para el examen

You will use:

Vocabulary
- Camping and eating outdoors
- Foods

Grammar
- *Usted* and *ustedes* commands
- Uses of *por*

ARTE y CULTURA Estados Unidos

Carmen Lomas Garza nació en Kingsville, Texas, en 1948. Ella empezó a pintar cuando tenía 13 años. Los cuadros de Lomas Garza muestran[1] escenas familiares de la vida diaria y fiestas y actividades de la comunidad hispana. En este cuadro, titulado "Sandía", una familia hispana se reúne a comer esa fruta al aire libre.

▶ ¿Se reúne tu familia o algunos amigos o vecinos en tu casa frecuentemente? ¿En qué sentido[2] son similares las reuniones de tu familia a la que se ve en el cuadro? ¿En qué sentido son diferentes?

[1]show [2]way

"Sandía / Watermelon" (1986), Carmen Lomas Garza ▲

Gouache painting on paper, 20 x 28 in. Photo Credit: Wolfgang Dietze
Collection of Dudley D. Brooks and Tomas Ybarra-Frausto, New York, NY.

En el Parque Nacional
Torres del Paine, Chile

Videocultura **La cocina mexicana**

Vocabulario en contexto

OBJECTIVES
Read, listen to, and understand information about
▶ camping and cookouts
▶ foods

Salvador: Estas vacaciones, vamos a visitar un parque nacional. Varias familias de la escuela van a participar. El segundo día vamos a **hacer una parrillada**. ¿Qué van a hacer Uds.?

Juanita: Nosotros vamos a la playa y vamos a hacer una parrillada como Uds.

Salvador / Juanita

el cielo

la nube

al aire libre

el sendero

dar una caminata

la fogata

la leña

la piedra

asar

el maíz

la carne de res

la hormiga

la mosca

el fósforo

Más vocabulario
el olor smell, odor
grasoso, -a fatty

el pavo

**la chuleta
de cerdo**

los frijoles

la mayonesa

la harina

la sandía

la piña

el melón

el durazno

el aguacate

la cereza

la cesta

La parrillada

 ESCUCHAR Escucha los nombres de algunas comidas que van a tener en la parrillada. Señala la foto correcta.

¿Qué haces?

 ESCUCHAR Escucha varias actividades que hacen en el parque. Sin usar palabras, representa (*act out*) cada acción.

Salvador y Pablo se envían mensajes sobre la parrillada en el parque.

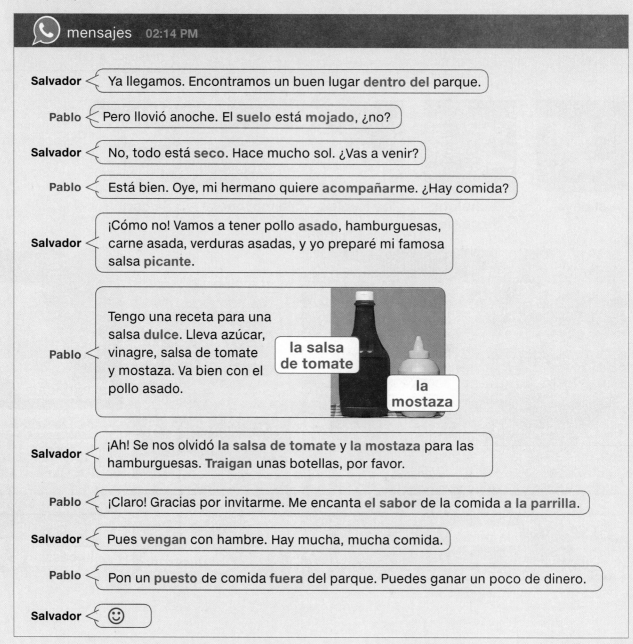

mensajes 02:14 PM

Salvador Ya llegamos. Encontramos un buen lugar **dentro del** parque.

Pablo Pero llovió anoche. El **suelo** está **mojado**, ¿no?

Salvador No, todo está **seco**. Hace mucho sol. ¿Vas a venir?

Pablo Está bien. Oye, mi hermano quiere **acompañar**me. ¿Hay comida?

Salvador ¡Cómo no! Vamos a tener pollo **asado**, hamburguesas, carne asada, verduras asadas, y yo preparé mi famosa salsa **picante**.

Pablo Tengo una receta para una salsa **dulce**. Lleva azúcar, vinagre, salsa de tomate y mostaza. Va bien con el pollo asado.

la salsa de tomate

la mostaza

Salvador ¡Ah! Se nos olvidó **la salsa de tomate** y **la mostaza** para las hamburguesas. **Traigan** unas botellas, por favor.

Pablo ¡Claro! Gracias por invitarme. Me encanta **el sabor** de la comida **a la parrilla**.

Salvador Pues **vengan** con hambre. Hay mucha, mucha comida.

Pablo Pon un **puesto** de comida **fuera** del parque. Puedes ganar un poco de dinero.

Salvador ☺

3

¡Acompáñanos!

  ESCRIBIR Lee cada pregunta y escribe *sí* o *no*. Si contestas *no,* escribe la frase correctamente.

1. Está lloviendo en el parque.

2. Van a asar pollo en la parrillada.

3. Pablo va a traer la salsa de tomate y la mostaza.

4. Pablo tiene una receta para una salsa picante.

Videohistoria

Comer al aire libre

Antes de ver

Anticipate As you watch the video, think about the context and listen for familiar words. Reading the questions below will also help you to listen for key words and identify the main idea.

Completa la actividad

Al aire libre ¿Te gusta comer al aire libre? ¿Tu familia o tus amigos hacen parrilladas a menudo? ¿Qué comidas hay en las parrilladas?

▶ Ve el video

¿Por qué Julieta no puede caminar bien?

Ve a **PearsonSchool.com/Autentico** para ver el video *Comer al aire libre.* También puedes leer el guión.

Camila

Después de ver

¿COMPRENDISTE? Lee las preguntas. Luego, ve el video otra vez y contesta las preguntas.

1. ¿Cuál es la idea principal del video?

2. ¿Qué fiesta hay en la escuela de Camila? ¿Qué le pide Camila a Julieta?

3. ¿Con qué prefieren Camila y Julieta las papas fritas?

4. ¿Quién hacía los tamales cuando las chicas eran pequeñas?

5. ¿Qué plato va a hacer Camila al final?

Comparación cultural Cuando tu familia o tus amigos tienen una barbacoa o parrillada, ¿en qué es similar a la parrillada argentina? ¿En qué es diferente?

Vocabulario en uso

OBJECTIVES
▶ Talk about indoor and outdoor celebrations
▶ Discuss food preferences
▶ Listen to opinions about cookouts
▶ Write about food and cookouts

4

Una parrillada bien organizada

LEER, ESCRIBIR Tú y tus amigos van a hacer una parrillada y tú tienes que organizar las cosas. Lee las listas y escoge cuál de las cosas no debe estar con las demás. Escribe esta palabra y otra palabra que asocias con ella.

1. la carne de res, el pavo, las chuletas de cerdo, el flan
2. la sandía, la harina, la piña, el melón
3. la cereza, la cesta, la leña, la piedra
4. el fósforo, el melón, el maíz, las cerezas
5. los frijoles, el maíz, la piedra, los aguacates
6. la mayonesa, la salsa de tomate, la mostaza, el maíz

Modelo
la parrilla, la leña, el fósforo, el durazno
el durazno, la manzana

5

Escucha y escribe

ESCUCHAR, ESCRIBIR, HABLAR EN PAREJA

1 Escribe lo que dice cada persona. Después indica si a la persona le gusta o no le gusta comer al aire libre.

2 Trabaja con otro(a) estudiante. Escríbele un correo electrónico diciendo si estás de acuerdo con las opiniones, dando tres razones con detalles de apoyo para comer o no comer al aire libre. Intercambien mensajes y responde a tu compañero(a). Luego, hablen de lo que escribieron.

CULTURA ◄ Argentina, Uruguay

La parrillada mixta es una comida típica de la Argentina y el Uruguay. En estos países hay mucho ganado[1] y se consume mucha carne de res. Las familias se reúnen los domingos para hacer parrilladas mixtas al aire libre. La parrillada mixta puede incluir varios cortes de carne, una variedad de chorizos, salchichas y más.

• ¿Qué tradición en los Estados Unidos es similar a la parrillada? ¿Cuál es el origen de esta tradición? ¿Qué comidas son típicas de esta tradición?

Pre-AP Integration: La geografía humana: ¿Por qué distintos lugares tienen distintas comidas típicas?

 Mapa global interactivo Explora las Pampas en la Argentina y el Uruguay. Haz conexiones entre la geografía, la agricultura y la dieta.

[1]cattle

Una parrillada típica de la Argentina y el Uruguay

Mi hermano Luis

LEER, ESCRIBIR   Lee lo que pasó cuando un joven fue al parque con su hermano. Completa su historia con las palabras apropiadas del recuadro.

El sábado pasado, fuimos al parque para __1.__ y pasar el día __2.__ casa. A mí me encanta hacer muchas actividades al aire libre, pero Luis no quería ir. Mientras __3.__, él decía que el __4.__ estaba demasiado mojado y que no quería tener los zapatos sucios. Luego Luis no podía encontrar un lugar __5.__ para comer. Pero cuando empezamos a __6.__ las hamburguesas, Luis dijo que le gustaba el olor de la carne __7.__ y que tenía un __8.__ increíble. ¡Comió cuatro hamburguesas! Luego él no podía caminar rápidamente porque no se sentía bien. Creo que si hacemos otra parrillada, Luis no nos va a __9.__.

> dábamos una caminata
> fuera de
> hacer una parrillada
> sendero
> acompañar
> sabor
> asada
> seco
> asar

7

¿Cómo son las comidas?

ESCRIBIR, HABLAR EN PAREJA

1 Haz una lista de tres comidas para cada categoría de comidas: *dulces, grasosas, picantes.*

2 Compara tu lista con la de otro(a) estudiante. ¿Cuántas comidas pueden poner en la lista para cada categoría?

También se dice...

la parrillada = el asado, la barbacoa *(muchos países)*

el fósforo = el cerillo *(países andinos, México);* la cerilla *(España)*

el durazno = el melocotón *(España)*

los frijoles = las habichuelas *(Puerto Rico);* las judías *(España);* las caraotas *(Venezuela)*

el pavo = el guajolote *(México)*

8

¿Qué vamos a servir?

HABLAR EN PAREJA, ESCRIBIR   Un(a) amigo(a) y tú quieren decidir qué comidas van a servir en la parrillada. Hablen de las comidas que les gustan y de las que no les gustan. Digan por qué. Luego, escriban una lista de las comidas que van a servir. Debajo de cada una, escriban por qué es una buena idea servirla.

Videomodelo

A —¿Te gusta *la sandía?*

B —*¡Sí, claro! Me encanta porque es muy dulce.*

o: —*No, no me gusta nada. Es demasiado dulce.*

Estudiante A

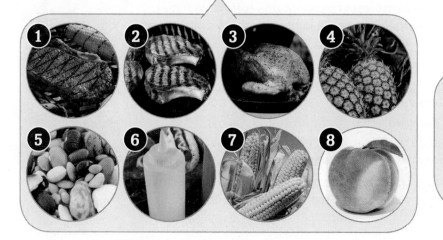

Estudiante B

> muy
> bastante
> demasiado
> seco, -a
> picante
> dulce
>
> grasoso, -a
> sabroso, -a
> delicioso, -a
> riquísimo, -a
> horrible

No recuerdo la palabra

ESCRIBIR, HABLAR EN GRUPO   No recuerdas o no sabes la palabra en español para una cosa y tienes que usar otras palabras para describirla. Piensa en un objeto o una comida. Escribe tres descripciones. Luego léelas a diferentes miembros de tu clase. Ellos tienen que decir lo que describes.

▶ **Videomodelo**

sandía

A —*Es una fruta grande. El color de la fruta es verde y rojo. Es muy dulce y la comemos en el verano.*

B —*Es una sandía.*

10

La cocina mexicana

LEER, ESCRIBIR   ¿Conoces bien la cocina¹ mexicana? Hay muchas variaciones regionales, pero se usa mucho el ajo, la cebolla, el aceite y el cilantro. Casi todas las comidas se sirven con arroz. Lee las descripciones y complétalas con las palabras apropiadas del recuadro. Puedes usar una palabra más de una vez.

aguacate	maíz
carne de res	queso
frijoles	salsa
harina	

LA COCINA MEXICANA

El taco: Es una tortilla de __1.__ o de __2.__. Dentro de la tortilla, hay, por lo general, __3.__, pollo o __4.__.

El chile relleno: Es un chile, que generalmente está relleno de² queso. Se cubre³ el chile con la parte blanca del huevo y se fríe.

El burrito: Esta comida viene del norte de México y el suroeste de los Estados Unidos. Se hace con una tortilla de __5.__. Dentro de la tortilla se pone __6.__, pollo o __7.__. A veces se sirve con una __8.__. picante hecha de chiles verdes.

El tamal: Es una masa⁴ hecha de harina de maíz rellena de carne de res o cerdo y chiles. Es una comida muy popular para los días festivos, como la Navidad.

La enchilada: Generalmente está hecha de una tortilla de maíz con diferentes ingredientes dentro de la tortilla, como pollo, carne de res o queso. Se sirve con una salsa hecha de chiles rojos o a veces de crema.

El mole: Es una salsa que se hace de chiles rojos y chocolate. Puede ser bastante picante. Muchas veces se come con pollo.

La quesadilla: Es una tortilla de __9.__ que se fríe. Se usa __10.__. dentro de o encima de la tortilla. A veces se usan otros ingredientes, como pollo y chiles jalapeños.

El guacamole: Es una comida fresca que se hace con __11.__, tomates, ajo y cebolla y se come con muchas otras comidas.

¹cuisine ²stuffed with ³Is covered ⁴dough

11

¿Adentro o al aire libre?

ESCRIBIR, HABLAR EN PAREJA

1 ¿Has ido a una fiesta de familia o de amigos en casa de alguien? ¿Y una fiesta al aire libre? Hay diferencias, ¿verdad? Prepara un diagrama de Venn indicando lo que te gustó de las fiestas dentro de la casa y lo que fue bueno de las fiestas al aire libre. Indica también lo que te gustó hacer adentro y al aire libre. Piensa en los detalles.

2 Después describe tus experiencias a otro(a) estudiante, comparando lo bueno de las fiestas.

Modelo

adentro
y al
adentro   aire libre   al aire
                            libre

No había | Comimos | Hicimos una
moscas. | pasteles. | parrillada.

Modelo

Me gustó la fiesta en casa de mi primo porque no había moscas.
o: *Prefiero estar al aire libre. Me encantan las parrilladas.*

12

Y tú, ¿qué dices?

ESCRIBIR, HABLAR Trabaja con un(a) compañero(a) para hacer y contestar las preguntas por escrito. Incluye detalles de apoyo. Luego, hablen de sus respuestas.

1. ¿Te gusta la comida picante? ¿Cuáles son algunas comidas picantes que tú u otras personas en tu comunidad comen?

2. ¿Qué comidas son grasosas? ¿Cuáles son dulces? ¿ Las comes a menudo?

3. ¿Cuándo y dónde hicieron Uds. una parrillada la última vez? ¿Qué asaron a la parrilla? ¿Qué otras cosas comieron? ¿Cómo estuvo la comida?

4. Cuando estás al aire libre, ¿qué te gusta hacer? ¿Dar una caminata? ¿Mirar el cielo y las nubes? ¿Encender una fogata?

5. ¿Cuál fue la última comida que compraste en un puesto? ¿Dónde estaba el puesto? ¿Te gustó la comida? ¿Qué otras cosas vendían?

CULTURA El mundo hispano

La comida picante Muchas personas creen que todos los platos de la cocina de los países hispanohablantes son picantes. Esto no es cierto. El chile, ají o pimiento picante es originario de las Américas. Se han encontrado semillas[1] en Perú y Bolivia que tienen más de 7,000 años de antigüedad. En países como Ecuador o México el picante es muy popular, pero en la mayoría de los países hispanohablantes, la gente usa el picante con moderación. Se puede decir que el picante es más popular en las regiones cálidas porque el picante hace sudar[2] y el sudor refresca la piel. Sin embargo, también hay platos picantes en regiones donde hace frío, como en los Andes, en Bolivia y Perú.

• ¿Conoces un plato picante de los Estados Unidos? ¿Se comen en tu casa platos picantes? ¿Por qué crees que a algunas personas les gusta la comida picante?

[1]seeds [2]sweat

Gramática

OBJECTIVES
▶ Talk and write about what to do at cookouts
▶ Tell people what to do when hiking

Usted and ustedes commands

To give an affirmative or negative command in the *Ud.* or *Uds.* form, use the present-tense *yo* form as the stem just as you did for negative *tú* commands.

• Add *-e* or *-en* for *-ar* verbs.

cortar   corto   Señor, **corte** las chuletas de cerdo.

probar   pruebo   Señores, **prueben** la carne asada.

Affirmative and negative *Ud.* and *Uds.* commands have the same spelling changes and irregular forms as negative *tú* commands.

The same rules you know for *tú* commands regarding pronouns apply to *Ud.* and *Uds.* commands as well.

Attach pronouns to affirmative commands.

—¿Dónde ponemos la leña?

—Pónga**la** en un lugar seco.

With negative commands, pronouns go right before the verb.

—¿Encendemos la fogata ahora?

—No, no **la** enciendan todavía.

• Add *-a* or *-an* for *-er* and *-ir* verbs.

perder   pierdo   **No pierdan** Uds. los fósforos.

servir   sirvo   Señorita, **sirva** la ensalada.

¿Recuerdas?

You already know how to give negative *tú* commands.

• **No prepares** los frijoles todavía.
• **No enciendas** la fogata.
• **No salgas** de este sendero.

negative *tú* command	*Ud.* command	*Uds.* command
no busques	(no) busque	(no) busquen
no hagas	(no) haga	(no) hagan
no des	(no) dé	(no) den
no vayas	(no) vaya	(no) vayan
no seas	(no) sea	(no) sean
no estés	(no) esté	(no) estén

Más recursos   ONLINE

 **GramActiva** video

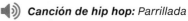 **Tutorials:** Formation of formal commands: Spanish version, Commands: English version, Negative formal commands, Attaching object and reflexive pronouns to formal commands

🔊 **Canción de hip hop:** *Parrillada*

✏️ **GramActiva** Activity

13

¿Qué hacemos ahora?

 ESCRIBIR

1 Pon en orden las cosas que las personas deben hacer para una parrillada. Usa mandatos e incluye expresiones como *primero, segundo, luego, después* y *entonces.*

sacar los fósforos	poner las cestas en el suelo
apagar la fogata	asar la carne
recoger leña y piedras	no dejar la comida al aire libre
encender la fogata	

2 Luego escribe cada frase del Paso 1 con sólo el pronombre *(pronoun)*.

Modelo
buscar un lugar seco
Primero busquen un lugar seco.
Primero búsquenlo.

14

La naturaleza muerta

 OBSERVAR, HABLAR EN PAREJA, ESCRIBIR   Este cuadro es de la artista mexicana Elena Climent. Sus cuadros representan escenas de la vida diaria. Observa el cuadro con otro(a) estudiante y contesten las preguntas.

Conexiones ◀ **El arte**

En el estilo de arte que se llama naturaleza muerta *(still life)*, un(a) artista trata de pintar unos objetos como frutas y verduras, con realismo.

1. ¿Qué objetos se ven?

2. ¿Qué colores ha escogido la artista para representar los objetos? ¿Por qué crees que usó estos colores?

3. ¿Cuál fue la belleza que la artista vio en esta escena? ¿Qué hizo ella para pintar el cuadro con un estilo realista?

▲ "Tienda de legumbres" (1992), Elena Climent

Oil on canvas, 36 x 44-1/8 in. Courtesy of Mary-Anne Martin/Fine Art, New York.

15

Para ayudar a tu mamá

 OBSERVAR, HABLAR EN PAREJA, ESCRIBIR
Imagina que estás en México con un(a) amigo(a) y tu mamá necesita varias cosas de la tienda que se ve en el cuadro de Elena Climent. Trabaja con otro(a) estudiante y escriban mandatos con *Uds.* que ella les puede dar.

1. ir
2. pedir
3. traerme
4. escoger
5. preguntar si
6. tener prisa

Modelo
no comprar
No compren juguetes en la tienda.

Exploración del lenguaje ◀ Compound words

Spanish, like English, sometimes combines two existing words to create new vocabulary. The invention of a new type of oven led to the English "micro" + "wave" and the Spanish *micro* + *ondas.* Like el *microondas,* compound words formed this way are masculine and singular. In the plural, the noun does not change: *los microondas.*

¡Compruébalo! Create a compound word by combining the action (verb) in the first box with the object (noun) in the second box. Write a command using each compound word.

abre		latas
corta		césped
lava	**+**	platos
saca		puntas
salva		vidas

Modelo
el microondas
Señor, use el microondas para preparar la comida rápidamente.

Una nueva vecina

HABLAR EN PAREJA Con otro(a) estudiante, haz planes para una parrillada. Decide qué comida van a servir y cómo prepararla. Haz preguntas y contéstalas con mandatos con *Ud.*

Videomodelo

asar a la parrilla / carne

A —¿*Qué carne aso a la parrilla?*

B —*Ase el pavo.*

Estudiante A

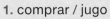

1. comprar / jugo
2. preparar / comida
3. poner / en la ensalada
4. hacer / pastel
5. servir / fruta
6. **¡Respuesta personal!**

Estudiante B

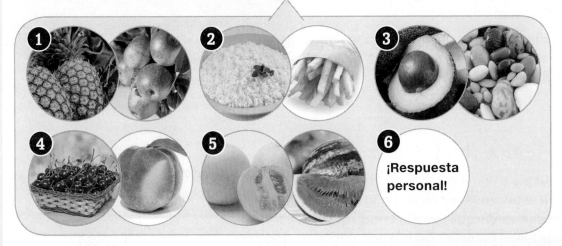

6 ¡Respuesta personal!

CULTURA ❭ **España**

Las vacaciones de verano La mayoría de las familias españolas van de vacaciones en los meses de julio y agosto. Los lugares favoritos son la playa (40 por ciento) y la montaña (30 por ciento). Muchas familias van de vacaciones a una casa de pueblo, otras alquilan un apartamento y otras van a un hotel o a una pensión[1]. Algunas visitan otros países. Los "campings" también son populares porque son baratos.

- ¿Por qué crees que muchos españoles van de vacaciones en julio y agosto? ¿Por qué son populares los "campings"? ¿Cuándo y adónde van de vacaciones las familias de tu comunidad?

Mapa global interactivo Explora la isla de Mallorca, España. Investiga sobre sus playas y áreas turísticas.

Pre-AP Integration: Los viajes y el ocio[2]: Muchas personas creen que las vacaciones son necesarias. ¿Cuáles son algunos desafíos[3] de planear e ir de vacaciones?

[1]guesthouse [2]leisure [3]challenges

Mallorca, España

Go **Online** to practice   PearsonSchool.com/Autentico

PEARSON
realize™

VIDEO   WRITING   SPEAK/RECORD   MAPA GLOBAL

El club de senderismo

LEER, ESCRIBIR   A los miembros del club "Aire puro" de Santiago, Chile, les encanta dar caminatas largas por los bosques *(forests)* y por las montañas. Este pasatiempo se llama *senderismo.* Lee el artículo y contesta las preguntas.

1. ¿Cuál es el objetivo del club "Aire puro"? ¿Qué hace el club?

2. ¿Quién puede dar una caminata en una excursión del club? ¿Se necesita algo especial para participar?

3. ¿De qué cosas puedes disfrutar *(enjoy)* en las excursiones del club?

Me gusta caminar *con Aire puro*

¿Te gusta dar una larga caminata por un sendero, hacer una buena fogata de leña y dormir bajo las nubes, con el cielo como techo?* El club de senderismo "Aire puro" organiza excursiones al aire libre. Nuestro objetivo es combinar las actividades en la naturaleza con la cultura y el tiempo libre.

Escogemos cuidadosamente los lugares de excursión según su belleza, importancia biológica e interés histórico y cultural. No es necesaria una preparación o condición física especial y hay muy poco peligro.

Aire puro ¡Es la mejor manera de divertirse en la naturaleza!

*roof

En los Andes, Chile

18

Las reglas de la caminata

HABLAR EN PAREJA   Antes de dar una caminata, los miembros tienen que conocer bien las reglas del senderismo. Trabaja con otro(a) estudiante y dile las reglas que los miembros deben seguir. Tu compañero(a) te va a responder si está o no de acuerdo. Luego, cambien los roles y tu compañero(a) te dice las reglas y tú respondes.

1. usar / una mochila para llevar sus cosas

2. no jugar / con los fósforos

3. traer / un mapa de los senderos

4. salir / en grupos, nunca solos

5. no dar caminatas / sin compañero(a)

6. no dejar / la basura en las cestas

Videomodelo
llevar / zapatos adecuados
A —Lleven zapatos adecuados.
B —Tienes razón. Es difícil caminar por los senderos.

Gramática

OBJECTIVES

▶ Talk and write about how and why to go to the market
▶ Exchange information about how much time activities take

Uses of *por*

The preposition *por* is used in several ways. You already know many of its uses.

To indicate length of time or distance:

Dejen el pollo en la parrilla **por** unos minutos más.

To indicate movement through, along, or around:

Vamos a dar una caminata **por** ese sendero.   Hay un buen lugar **por allí**.

To indicate an exchange of one thing for another: No pague Ud. demasiado **por** esos melones.

To indicate reason or motive: Las chuletas de cerdo no son muy saludables **por** ser bastante grasosas.

To indicate a substitution or action on someone's behalf:

Felipe y Marcos, traigan esa leña al fuego **por** su papá.

To indicate means of communication or transportation:

Nos hablamos **por** teléfono ayer.

¿Recuerdas?

You know several expressions that use *por*. See if you can remember them all.

por ejemplo	por la mañana,
por eso	tarde, noche
por favor	por primera,
por lo general	segunda, . . . vez
	por supuesto

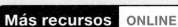

Más recursos   ONLINE

▶ *Gram*Activa video

✎ *Gram*Activa Activity

19

Un viaje a Guatemala

 LEER, ESCRIBIR   Raquel le está escribiendo una tarjeta postal a su amiga, Anita, en Washington. Lee lo que le dice y escribe las expresiones apropiadas con *por*.

Querida Anita:

¡Qué bonito país es Guatemala! Ayer, __1.__ (por lo general /por la mañana), fuimos a la ciudad de Tikal, unas ruinas mayas bellísimas. Tikal está en medio de una selva tropical.* __2.__ (Por eso / Por lo general) vimos pájaros en muchos árboles. __3.__ (Por supuesto / Por eso) hemos probado la comida guatemalteca. El maíz es importante en la comida aquí. __4.__ (Por favor / Por ejemplo), comen tortillas, tamales y enchiladas. También he probado los postres guatemaltecos. Ayer, __5.__ (por primera vez / por lo general), comí buñuelos—un tipo de postre frito riquísimo. __6.__ (Por lo general / Por favor) los guatemaltecos comen postres __7.__ (por la noche /por supuesto). Mañana visitamos Chichicastenango.

Raquel

*rain forest

🌐 **Mapa global interactivo** Explora las ruinas de la ciudad Maya de Tikal en Guatemala. Investiga las conexiones entre Tikal y otras ciudades maya del mismo período.

20

¿Cuál es?

ESCRIBIR   Completa las siguientes frases con la expresión correcta de *por*.

1. Fuimos al concierto ___.
2. Omar quiere visitar a su familia en Perú. Va ___.
3. En la ciudad había mucha gente ___.
4. El profesor de español está enfermo hoy. ¿Quién va a enseñar ___?
5. Pagué 200 dólares ___ de avión.

a. por un mes en verano
b. por él
c. por los boletos
d. por la música
e. por todas partes

21

Voy al mercado

HABLAR EN PAREJA   Imagina que encuentras a un(a) amigo(a) que va a un mercado. Habla con él (ella) sobre qué va a hacer allí.

Videomodelo

A —¡Hola! ¿Adónde vas?
B —Necesito ir al mercado. ¿Quieres ir conmigo?

A —¿Por cuánto tiempo vas?
B —Voy por una hora, más o menos.

Estudiante A

¿Cómo vas?
¿Por qué vas?
¿A qué mercado vas?

Estudiante B

la calle principal
duraznos frescos
. . . para no pagar mucho por ellos
¡Respuesta personal!

CULTURA **El Salvador**

El Parque de la Familia se estableció en 1996 a unos 12 kilómetros de San Salvador, la capital de El Salvador. Es el parque de recreo con juegos mecánicos más grande del área. Mucha gente va allí para escapar del ruido[1] de la ciudad. En el parque hay actividades para niños y lugares para practicar deportes. También hay peces y pájaros, un anfiteatro, un mirador panorámico, puestos de artesanías[2], un área de piñatas, cafetines[3] y un parqueadero amplio.

- ¿Hay un parque en tu comunidad similar al Parque de la Familia? ¿En qué sentido es similar? ¿Por qué es tan popular este tipo de parque?

Pre-AP Integration: Los estilos de vida: ¿Qué hacen las personas de tu comunidad cuando quieren relajarse y escaparse de la ciudad? Menciona algunos ejemplos.

Mapa global interactivo Explora la ciudad de San Salvador y el Parque de la Familia. Compara este parque público con lugares similares en tu comunidad.

[1]noise [2]handicrafts [3]small cafés

22

¿Por cuánto tiempo?

HABLAR EN PAREJA Habla con otro(a) estudiante sobre cuánto tiempo se debe hacer diferentes cosas en la cocina, en los estudios y en los deportes.

1. asar hamburguesas a la parrilla
2. estudiar para un examen de español
3. usar la computadora sin descansar
4. hacer ejercicio sin beber agua
5. dormir un chico de 15 años
6. hablar por teléfono celular con un(a) amigo(a)

Videomodelo

dejar la leche en el refrigerador

A —¿Por cuánto tiempo se debe dejar la leche en el refrigerador?

B —Por una semana, más o menos.

23

Nuestras recomendaciones

ESCRIBIR, DIBUJAR, HABLAR EN GRUPO Un grupo de jóvenes que no conocen la región donde vives vienen a visitarte. Les gustan las actividades al aire libre.

1 Trabaja con un grupo de tres estudiantes. Túrnense para dar cinco recomendaciones, usando mandatos en la forma *Uds.,* y razones por las que son importantes esas recomendaciones. Pueden incluir:

- adónde deben ir y qué deben hacer al aire libre
- por dónde deben pasar y cuánto tiempo deben pasar en diferentes lugares
- qué cosas y ropa deben llevar
- qué pueden comer y dónde
- reglas que necesitan seguir
- si deben tener cuidado con algo

2 Escriban en una lista las recomendaciones. Luego, usen la lista para hacer un cartel o folleto *(brochure)* usando visuales. Preséntenlo a la clase.

El español en el mundo del trabajo

¿Te gusta trabajar al aire libre? Las agencias federales de los Estados Unidos tienen abundantes bosques[1], parques y reservas nacionales. El Servicio de Parques Nacionales, formado en 1916, es muy conocido ya que[2] administra 58 parques nacionales. El Sistema de Parques Nacionales incluye más de 33 millones de hectáreas y más de 400 unidades desde Monumentos Nacionales hasta Áreas Nacionales de Recreación. Cada año vienen más turistas hispanohablantes a los Estados Unidos y se necesitan empleados bilingües para ayudarlos. También hay que escribir folletos de turismo, crear programas educativos y escribir información en los sitios Web en español.

- Piensa en un parque nacional o monumento nacional cerca de tu comunidad. ¿Hablan español los empleados del parque? ¿Hay información en español para los visitantes?

[1]forests [2]since

Monumento a los defensores de El Álamo

24

Supermercado El Ranchero

 LEER, ESCUCHAR   Lee las preguntas sobre un anuncio. Luego escucha el anuncio para el supermercado El Ranchero. Escribe la letra correcta para cada pregunta.

1. ¿Cuándo empiezan los precios especiales?
   a. mañana por la tarde
   b. mañana por la mañana
   c. hoy por la mañana

2. ¿Qué se vende en la carnicería?
   a. carne de res, pollo y chuletas de cerdo
   b. pescado, chuletas de cerdo y bistec
   c. carne de res, verduras y frutas

3. ¿Cuánto cuesta la carne de res para asar?
   a. $2.99 por libra[1]
   b. $3.49 por libra
   c. $2.49 por libra

4. ¿Qué ofrecen en la taquería?
   a. carne de res con arroz
   b. pedazos de pollo con tortillas
   c. un pollo gratis[2] si compra un pollo entero

5. ¿Con qué vienen los pollos enteros?
   a. arroz, frijoles, salsa y tortillas
   b. refrescos y verduras con tortillas
   c. sólo tortillas de maíz

[1]pound [2]free

25

Un producto delicioso

 ESCRIBIR, HABLAR   La compañía Productos Festivales quiere crear un anuncio de radio para uno de sus productos, las galletas Zum Zum. La compañía también va a ofrecer precios especiales para las galletas Zum Zum por un tiempo limitado.

1 Trabaja con otro(a) estudiante y esriban un anuncio para la radio.

Modelo
Con galletas Zum Zum, tus niños estarán* más contentos. No compren otras galletas . . .

2 Presenten su anuncio a la clase.

*To say "they will be," use *estarán.*

☰ **Zum Zum** ＞   Q

NUEVO PRODUCTO

¡Galletas Zum Zum!

- Es un producto divertido y está dirigido a los niños.
- Galleta dulce, tipo sandwich, con crema de distintos sabores.
- Vienen en deliciosos sabores de vainilla, chocolate, fresa y dulce de leche.
- Tienen calcio y vitaminas.
- Vienen también en paquetes individuales que son perfectos para llevar a la escuela.
- A los adultos también les gustan estas galletas porque calman el hambre.

26

El cumpleaños

 ESCRIBIR, HABLAR EN PAREJA   Es el cumpleaños de uno de tus compañeros y quieren hacer una parrillada al aire libre. Con otro(a) estudiante, planeen qué pueden servir. Escriban una lista de las comidas y pidan a otros compañeros que escriban qué pueden traer.

Lectura
El Yunque

OBJECTIVES

▶ Read about a forest in Puerto Rico

▶ Anticipate information to help you understand what you read

▶ Compare and contrast the *coquí* with animals in the United States

Estrategia

Anticipating meaning What kind of information would you expect to receive at the information center of a major national park? Look through the reading and see if you find the information you listed.

www...   🔍   ★

¡Bienvenidos al Bosque Nacional del Caribe, El Yunque!

La cotorra puertorriqueña es un ave en peligro de extinción.

El Yunque es una de las atracciones más visitadas de Puerto Rico. Es el único bosque tropical[1] en el Sistema de Bosques Nacionales de los Estados Unidos. El bosque es un espectáculo maravilloso que comprende aproximadamente 28,000 acres. Más de 240 especies de árboles coexisten con animales exóticos, como el coquí y la boa de Puerto Rico.

La mejor forma de explorar este parque es caminando por las varias veredas[2] que pasan por el bosque. Hay más de 13 millas de veredas recreativas que sólo se pueden recorrer a pie (no se permiten ni caballos ni motocicletas ni bicicletas de montaña). También hay varias áreas de recreación con comodidades para hacer picnics y parrilladas y está permitido acampar en muchas áreas del bosque. ¡Venga y disfrute del parque!

Vereda la Mina

La Vereda la Mina es la más popular del parque. Tiene una longitud de 0.7 millas (1.2 kilómetros) y se tarda entre 30 y 45 minutos en recorrer solamente el camino de ida.[3] Empiece a caminar en el Centro de Información y el área de recreación Palo Colorado. Este camino va al lado del río de la Mina y se termina en la magnífica Cascada la Mina, un salto de agua[4] de 35 pies de altura que forma una bonita piscina, donde puede usted bañarse para refrescarse después de una larga caminata. Tenga los ojos bien abiertos para ver la cotorra[5] puertorriqueña, una de las diez aves[6] en mayor peligro de extinción[7] en el mundo. En El Yunque sólo hay aproximadamente 40 cotorras.

[1]rain forest [2]paths [3]one way [4]waterfall [5]parrot [6]birds [7]endangered

Consejos para el caminante

1. Nunca camine solo. Siempre vaya acompañado.
2. Traiga agua y algo para corner.
3. Use repelente para insectos.
4. No abandone las veredas para no perderse[8].
5. No toque[9] las plantas del bosque.
6. No moleste ni alimente[10] a los animales.
7. No tire basure en el parque. Por favor, ¡ayúdenos a mantener limpio este parque!

[8]to get lost [9]touch [10]feed

Cascada la Mina

CULTURA **El coquí**

El coquí es una ranita[1] que es un símbolo importante para los puertorriqueños. Hay muchas variedades de estas ranitas y algunas viven sólo en Puerto Rico. Por la noche, el coquí empieza a cantar, y recibe su nombre por el sonido de su canto: *co-quí, co-quí.* En Puerto Rico, se han escrito muchos poemas, canciones e historias sobre esta rana misteriosa y encantadora.

• ¿Hay algún animal tan importante como el coquí en tu región? ¿Y en los Estados Unidos?

[1]little frog

 ¿Comprendiste?

Escribe *C* si la frase es cierta o *F* si la frase es falsa.

1. Casi nadie visita El Yunque.
2. No hay animales exóticos en el bosque.
3. Las veredas del bosque se pueden recorrer en bicicleta de montaña.
4. Se puede hacer una parrillada en el parque.
5. Se puede alimentar a los animales del parque.
6. Si quieres caminar la Vereda la Mina, para caminar desde el Centro de Información hasta la Cascada y volver tardas *(you take)* una hora y media.

Perspectivas del mundo hispano

La comida mexicana al aire libre

Has salido a caminar con unas amigas. Después de unas horas Uds. tienen hambre. Están cerca de una calle en la que hay muchos puestos de comida o comedores al aire libre. En algunos de los comedores hay tortillas amarillas y delgadas. Se pone la comida dentro de la tortilla, se enrolla[1] y ya está listo el taco. Unos vendedores venden pollo y chuletas de cerdo a la parrilla.

Otros venden tamales, que son pasteles de maíz envueltos[2] en hojas[3] de plátano y hervidos en agua. Para acompañar al plato principal, todos los vendedores ofrecen arroz y frijoles.

Los refrescos son jugos naturales de frutas tropicales: mango, piña, papaya. De postre hay quesos de varias clases, dulces y más frutas. ¡Ummm! Todo está recién hecho.[4] ¿Comemos?

En muchos países hispanohablantes es muy popular pasear y comer con familia y amigos en los comedores al aire libre. La comida que se puede comprar es deliciosa y no cuesta mucho. También se puede descansar y divertirse.

Haciendo tortillas de maíz

Preparando la comida al aire libre

Comparación cultural

¿Dónde se vende comida al aire libre en los Estados Unidos? ¿Cuáles son algunos lugares en tu comunidad? (Piensa, por ejemplo, en el béisbol.) ¿Hay algunos en tu barrio? ¿Qué clase de comida venden? ¿Cuál es la comida al aire libre favorita de tus compañeros(as) de clase?

¿Qué te parece?

¿Por qué es popular la comida al aire libre? ¿Qué influencia tiene el clima en la popularidad de los lugares donde se vende la comida al aire libre?

Online Cultural Reading

Go to Auténtico ONLINE to explore a website of a restaurant and look at the menus.

[1]rolled up [2]wrapped [3]leaves [4]freshly made

OBJECTIVES
▶ Create a poster of cookout rules
▶ Use brainstorming to generate ideas

Go **Online** to practice   **PearsonSchool.com/Autentico**

PEARSON
realize™

WRITING

Comiendo al aire libre

TASK A local school that many Spanish-speaking children attend is planning summer activities. You have been asked to prepare a poster on safety and fun at cookouts.

1 **Prewrite** Think about safety and fun at cookouts. Make two lists telling children what to do and what not to do before and during the cookout, such as:

Antes de la parrillada	Durante la parrillada
• la comida que deben comprar	• cómo deben preparar el lugar
• cosas que deben traer	• qué van a hacer para preparar la comida
• el lugar que van a escoger	• cómo van a limpiar el lugar

Estrategia

Brainstorming Brainstorming can help you come up with ideas that you may not have otherwise thought of. When listing items for your poster, write down all the tasks you could possibly suggest. Then, when your list is complete, select the best items.

2 **Draft** Choose what you will write from the information in the lists you have brainstormed. Present the information in a logical sequence and in an attractive format. Include items that they will bring, as well as what to do with them.

Modelo
Antes de la parrillada
Escojan un lugar seco.

3 **Revise** Review the spelling, vocabulary, and commands. Share your ideas with a classmate, who will check:

• Is what you have written easy to understand?
• Have you included appropriate commands?
• Should you change or add anything?

4 **Publish** Make changes and add art to represent the commands.

5 **Evaluation** The following rubric will be used to grade your presentation.

Rubric	Score 1	Score 3	Score 5
How easy it is to understand your poster	You have few visuals to support your information.	You have some visuals to support your information.	You have many visuals to support your information.
Attractiveness and clarity of your poster	Your layout is confusing and contains visible error corrections and smudges.	Your layout is somewhat clear and contains visible error corrections and smudges.	Your layout is clear and attractive, and contains no error corrections and smudges.
Your use of vocabulary and grammar	You use very little variation of vocabulary and have frequent grammatical errors.	You use limited vocabulary and have some grammatical errors.	You use an extended variety of vocabulary and have very few grammatical errors.

Auténtico

Partnered with UNIVISION COMMUNICATIONS INC

Costillas de cerdo en salsa BBQ

Antes de ver

Usa la estrategia: Use Visual Clues

As you watch the video, pay careful attention to the visual clues to infer meaning of unfamiliar words or phrases and to identify the main ideas. Where does the video take place? Who is involved? What close-ups are used? What text appears on the screen? How are the visual clues in the video meant to engage the audience?

Read the Key Vocabulary

costillas = ribs
aceite de oliva = olive oil
romero = rosemary
suavicen = tenderize

Ve el video

What is your favorite summer recipe? In the video we learn how to make delicious pork ribs with a special barbecue sauce.

Go to **PearsonSchool.com/Autentico** and watch the video **Costillas de cerdo en salsa BBQ de durazno** to learn the recipe.

Completa las actividades

Mientras ves Usa las pistas visuales para inferir el significado de las palabras que no conoces. Identifica los siguientes ingredientes según el contexto. Después, ponlos en el orden en que aparecen.

Chile chipotle	Un trozo de cebolla
Cáscara de papaya	Salsa hoisin
Media cabecita de ajo	Una pizca de sal

Integración

La comida latina

Expansión Busca otros recursos en *Auténtico* en línea. Después, contesta las preguntas.

 7B Auténtico

Integración de ideas Los recursos auténticos de este capítulo informan sobre varios aspectos de la comida en países latinoamericanos. ¿Has visto estos aspectos en la comida de tu ciudad? Describe qué aspectos conoces.

Comparación cultural ¿Has visto otras maneras de usar los ingredientes y servir los platos que aparecen en los recursos auténticos? ¿En tu casa se usan de la misma forma?

Después de ver Mira el video otra vez para contestar estas preguntas.

1. ¿Qué se hace primero con las costillas? ¿En qué se bañan?

2. ¿Qué sugiere *(suggest)* hacer el chef con el aceite después de usarlo para cocinar las costillas?

3. En el video, el chef dice que es importante que las costillas se desprendan fácilmente del hueso. ¿Qué quiere decir *desprender,* según el contexto y las imágenes?

 For more activities, go to the *Authentic Resources Workbook*.

Repaso del capítulo

OBJECTIVES
▶ Review the vocabulary and grammar
▶ Demonstrate you can perform the tasks on p. 397

🔊 Vocabulario

to talk about the outdoors

al aire libre	outdoors
el cielo	sky
dar una caminata	to take a walk
dentro de	inside
fuera (de)	outside
la hormiga	ant
la mosca	fly
la nube	cloud
la piedra	rock
el sendero	trail
el suelo	ground, floor

to talk about eating outdoors

la fogata	bonfire
el fósforo	match
hacer una parrillada	to have a barbecue
la leña	firewood
a la parrilla	on the grill
el puesto	(food) stand

to talk about foods

el aguacate	avocado
asado, -a	grilled
asar	to grill, to roast
la carne de res	steak
la cereza	cherry
la cesta	basket
la chuleta de cerdo	pork chop
el durazno	peach
los frijoles	beans
la harina	flour
el maíz	corn
la mayonesa	mayonnaise
el melón, pl. los melones	melon
la mostaza	mustard
el olor	smell, odor
el pavo	turkey

For *Vocabulario adicional,* see pp. 506–507.

la piña	pineapple
el sabor	taste
la salsa de tomate	ketchup
la sandía	watermelon

to describe foods and the outdoors

dulce	sweet
grasoso, -a	fatty
mojado, -a	wet
picante	spicy
seco, -a	dry

other useful words

acompañar	to accompany

Gramática

using *usted* and *ustedes* commands

To form an *Ud.* or *Uds.* command, drop the *-o* of the present-tense *yo* form and add *-e* and *-en* for *-ar* verbs, and *-a* and *-an* for *-er* and *-ir* verbs.

Regular *Ud.* and *Uds.* commands:

preparar:	**prepare(n)**
comer:	**coma(n)**
servir:	**sirva(n)**

Irregular *Ud.* and *Uds.* commands:

dar:	**dé, den**
estar:	**esté, estén**
ir:	**vaya, vayan**
ser:	**sea, sean**

using *por* in sentences

To indicate length of time or distance
To indicate movement through, along, or around
To indicate an exchange of one thing for another
To indicate reason or motive
To indicate a substitution or action on someone's behalf
To indicate means of communication or transportation

Preparación para el examen

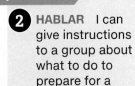
What you need to be able to do for the exam . . .	Here are practice tasks similar to those you will find on the exam . . .	For review go to your print or digital textbook . . .

Interpretive

1 ESCUCHAR I can listen and understand as people talk about their likes and dislikes about outdoor cooking.

A group of teenagers is discussing whether to have a picnic or a dinner at someone's home next Saturday to welcome a group of new students. As you listen to their opinions, decide whether the person is in favor or not in favor of an outdoor picnic.

pp. 374–377 *Vocabulario en contexto*
p. 378 **Actividad 5**

Interpersonal

2 HABLAR I can give instructions to a group about what to do to prepare for a cookout.

You have volunteered to help a troop leader organize a group of ten-year-old boy scouts to make their first campfire. What would you instruct them to do? For example, you might begin by saying: *Busquen un lugar seco.*

p. 381 **Actividad 12**
p. 384 **Actividad 16**

Interpretive

3 LEER I can read and understand typical signs you would see in a park or overnight camping site.

As you look for firewood around the campgrounds, you come across several signs that give instructions to park visitors. Read the signs below. Which signs focus on: (a) hiking; (b) cooking; (c) using the cabins?

p. 377 *Videohistoria*
p. 379 **Actividad 6**
p. 385 **Actividad 17**
pp. 390–391 *Lectura*

1 Apaguen los incendios completamente con agua.

2 Apaguen las radios después de las once de la noche.

3 No recojan las flores del sendero.

Presentational

4 ESCRIBIR I can write a list of instructions for an upcoming outdoor party.

You are asked to write a "How to" guide for first time campers who are planning to cook outdoors. Write a list of instructions that include: (a) things to take with you; (b) getting the fire started; (c) suggestions for food to eat or grill; (d) rules campers need to follow.

p. 378 **Actividad 4**
p. 379 **Actividad 6**
p. 382 **Actividad 13**
p. 388 **Actividad 23**
p. 393 *Presentación escrita*

Cultures

5 EXPLICAR I can understand outdoor food markets in Spanish-speaking countries.

Your friend is going to Buenos Aires, Argentina, on vacation and wants to know about the food. What could you tell her about outdoor food markets? How might the places where people buy things to eat be different there?

p. 392 *Perspectivas del mundo hispano*

OBJECTIVES
▶ Talk and write about vacation spots and activities
▶ Express your vacation activity preferences

Vocabulario

lugares y atracciones
el campo
la ciudad
el estadio
el hotel
el lago
el lugar
el mar
el mercado
las montañas
el museo
la obra de teatro
el país
el parque de diversiones
el parque nacional
el partido
la piscina
la playa
el teatro
el zoológico

actividades
bucear
comprar recuerdos
dar una caminata
descansar
esquiar
ir de camping
ir de compras
ir de pesca
ir de vacaciones
montar a caballo
montar en bicicleta
pasar tiempo
pasear en bote
regresar
salir
viajar
visitar
tomar el sol

1

¿Qué puedo hacer allí?

ESCRIBIR En una hoja de papel, haz dos columnas. En la columna a la izquierda, escribe una lista de ocho lugares adonde se puede ir de vacaciones. En la columna a la derecha, escribe una actividad que se puede hacer en cada lugar. Trata de variar las actividades en la segunda columna.

Modelo

Lugares	Actividades
las montañas	*esquiar*

2

Lugares y actividades

HABLAR EN PAREJA Usa las listas de la Actividad 1 y pregúntale a otro(a) estudiante si ha ido a estos lugares de vacaciones y si ha hecho las diferentes actividades.

Videomodelo

A —*¿Has ido de vacaciones a las montañas alguna vez?*
B —*Sí, he ido a las montañas varias veces.*
A —*¿Has esquiado en las montañas?*
B —*No, hemos ido allí en el verano. Hemos dado caminatas en las montañas.*

Gramática Repaso

The infinitive in verbal expressions

Remember that the infinitive is used in many types of expressions with verbs.

To express plans, desires, and wishes:

desear	ir + a	preferir
encantar	pensar	querer
gustar		

Este verano mis padres **quieren ir** a las montañas, pero mis hermanos y yo **preferimos pasar** tiempo en la playa.

To express obligation:

deber	necesitar	tener que

Cuando vas a un país latinoamericano, **debes visitar** un mercado al aire libre.

In impersonal expressions:

es divertido	es necesario
es importante	hay que
es interesante	

En Chile **es divertido ir** de camping y **dar** caminatas en los parques nacionales.

3

Tus intereses

ESCRIBIR, HABLAR EN PAREJA   Piensa en las vacaciones que te interesan. Escribe cinco frases usando los verbos de *Gramática* para decir cuándo y dónde prefieres ir y qué te gusta hacer. Lee tus frases a otro(a) estudiante para ver si Uds. tienen los mismos intereses.

 Videomodelo

preferir

A —*En el invierno mi familia y yo preferimos ir a Utah para esquiar.*

B —*¿De veras? Nosotros preferimos ir a un lugar donde hace calor, como la Florida.*

4

Recomendaciones para turistas

ESCRIBIR, HABLAR EN PAREJA   Escoge un lugar turístico y escribe un párrafo con recomendaciones para lo que se debe hacer allí. Usa las expresiones de *Gramática* en tu párrafo. Luego, con otro(a) estudiante, intercambien *(exchange)* papeles y haz comentarios o preguntas sobre el lugar.

 Videomodelo

Cuando vas a Puerto Rico, es muy divertido visitar el Viejo San Juan. Es interesante ver los edificios antiguos. También debes . . .

A —*Me gustaría mucho visitar Puerto Rico. ¿Cuándo debo ir?*

B —*Pues, el clima es fantástico durante todo el año, pero hay muchos turistas en el invierno. Creo que debes ir en el verano.*

Un viaje en avión

Country Connections   Explorar el mundo hispano

España

Cuba
República
Dominicana

México

Honduras

Ecuador

Perú

CHAPTER OBJECTIVES

Communication

By the end of this chapter you will be able to:

- Listen to and read about travel recommendations.
- Talk and write about suggestions for safe and enjoyable trips.
- Exchange information about planning a trip.

Culture

You will also be able to:

- **Auténtico:** Identify cultural practices in an authentic video about *madrileños* leaving for vacation.
- Understand historical record-keeping.
- Compare airports and transportation in Spanish-speaking countries with those in the U.S.

You will demonstrate what you know and can do:

- Presentación oral: Un viaje al extranjero
- Preparación para el examen

You will use:

Vocabulary
- Travel plans
- Airports

Grammar
- The present subjunctive
- Irregular verbs in the subjunctive

ARTE y CULTURA   España

Aureliano de Beruete (1845–1912) nació en Madrid. Fue un representante del impresionismo español y le gustaba pintar al aire libre. Pintó este cuadro de Cuenca, un antiguo pueblo de Castilla-La Mancha. Hoy Cuenca es un destino popular para excursiones de un día o de fin de semana desde Madrid. Este pueblo medieval se declaró sitio del Patrimonio Mundial en el año 1996 y se lo conoce por las Casas Colgadas[1].

▶ ¿Por qué piensas que muchos turistas visitan Cuenca? ¿Piensas que es un pueblo tranquilo o con mucha actividad? ¿Te gustaría visitarla?

[1]hanging

"Vista de Cuenca" (1910) Aureliano de Beruete y Moret ▲

Go **Online** to practice

PearsonSchool.com/Autentico

AUDIO

VIDEO

WRITING

SPEAK / RECORD

MAPA GLOBAL

AUTÉNTICO

FLASCHARDS

ETEXT 2.0

GAMES

PEARSON
realize™

Videocultura Viajar en Centroamérica

En el Aeropuerto Internacional
de la Ciudad de México

Vocabulario en contexto

OBJECTIVES
Read, listen to, and understand information about
▶ visiting an airport
▶ planning a trip
▶ traveling safely

" Hoy voy a **hacer un viaje** con un grupo de estudiantes de mi escuela a la Ciudad de México. Mis profesores **planearon** el viaje para nosotros. Fuimos todos a **la agencia de viajes** para hacer **las reservaciones** y para prepararnos para el viaje. **El agente de viajes** nos explicó varias cosas como: cómo hacer la maleta para que no **registren** las maletas en **la aduana**; cómo leer la tarjeta de embarque. Yo prefiero el asiento del pasillo, pero mi mamá **insiste en** sentarse allí. "

hacer la maleta

el pasaporte

la salida

la tarjeta de embarque

facturar

el aeropuerto

la inspección de seguridad

Espero que el vuelo no tenga ningún **retraso**. No **tengo paciencia**. Hemos llegado al aeropuerto dos horas antes de nuestro **vuelo** para poder **abordar** el avión tranquilamente. Después de pasar por las inspecciones de seguridad, tenemos que buscar la puerta de embarque para el vuelo **con destino a** Miami, donde **hacemos escala** antes de salir para la Ciudad de México. No había vuelo **directo**. **Tendremos** que estar **listos** para el anuncio para saber si hay algún cambio de información. Espero poder sentarme en **la ventanilla** para poder sacar fotos desde el avión.

Más vocabulario

de ida y vuelta = round-trip
abierto, -a = open
cerrado, -a = closed
la puerta de embarque = departure gate

el anuncio
la auxiliar de vuelo

la piloto

el pasillo
el pasajero

la ventanilla

el equipaje
la maleta

Arribades
Arrivals
Llegadas
Procedencia From
Procedencia
Vol Flight Vuelo
el vuelo
Estimada Expected Estimada
la llegada   AM BAU 1796

1

Te recomiendo que...

🔊 ESCUCHAR   Susana va a hacer un viaje, y su mamá está asustada. Su mamá le da a Susana muchas recomendaciones. Si Susana está de acuerdo *(agrees)*, señala con el pulgar hacia arriba *(thumbs up)*. Si Susana no está de acuerdo, señala con el pulgar hacia abajo *(thumbs down)*.

2

¿Qué hago?

🔊 ESCUCHAR   Juanito está en la agencia de viajes. Tiene muchas preguntas para la agente. Si la pregunta es sobre la salida, escribe *salida.* Si la pregunta es sobre la llegada, escribe *llegada.*

Jaime y Cristiana son auxiliares de vuelo. Dan los anuncios a los pasajeros del vuelo.

Jaime / Cristiana

Cristiana: Buenas tardes, señores y señoras **pasajeros**. Nuestra **línea aérea** les desea que se sientan **bienvenidos** al vuelo 902 con destino a la Ciudad de Panamá. El piloto nos informa que el vuelo va a **durar** dos horas y media. La salida no tiene ningún retraso, así que vamos a llegar a la hora correcta.

Jaime: Se prohíbe que **usen** los teléfonos celulares durante el vuelo. Insistimos en que pongan todo su equipaje de mano en los compartimentos arriba o debajo del asiento. Preferimos que se queden en los asientos, y que dejen los pasillos libres para que **los empleados** puedan pasar.

Cristiana: Si usted es **extranjero** en Panamá, a la llegada por favor tenga su pasaporte listo para pasar la aduana. **El aduanero** le va a preguntar si usted es **turista** o residente. Si han facturado equipaje, **vayan** a recogerlo antes de pasar por la aduana. **Sugerimos** que miren bien las maletas antes de recogerlas para que **estén** seguros de que son suyas, porque muchas maletas son similares.

Jaime: Muchas gracias, y les deseamos que ¡tengan un buen viaje!

3

¿Sí o no?

 ESCRIBIR Lee las oraciones y escribe *Sí* o *No*.

1. El vuelo va a llegar a la hora correcta.

2. Se prohíbe que los pasajeros usen sus teléfonos celulares durante el vuelo.

3. Es necesario que los extranjeros tengan listos sus pasaportes para pasar la aduana.

4. Pueden recoger el equipaje facturado antes de salir del avión.

5. No les recomiendan a los pasajeros que miren bien las maletas antes de recogerlas.

Videohistoria

Go **Online** to practice
PearsonSchool.com/Autentico

PEARSON
realize™

AUDIO   VIDEO   WRITING   SCRIPT

Planear un viaje

Antes de ver

Identify key words As you watch the video, listen for words related to traveling that tell you what Camila, Teo and Sebastián are discussing, and the main idea of the video.

Completa la actividad

Los viajes ¿Te gusta viajar? Si has viajado a otros países, haz una lista de cinco cosas importantes que debes llevar contigo.

▶ Ve el video

¿Qué hizo Seba con su pasaporte el año pasado?

Ve a **PearsonSchool.com/Autentico** para ver el video *Planear un viaje.* También puedes leer el guión.

Camila   Teo   Seba

Después de ver

¿COMPRENDISTE? Lee las preguntas. Luego, ve el video otra vez y contesta las preguntas.

1. El año pasado, ¿los miembros del grupo hicieron escala en un aeropuerto grande o pequeño?
2. ¿Cuándo sale el grupo para el próximo (*next*) viaje?
3. ¿Qué clase de boleto deben comprar los miembros del grupo?
4. ¿Dónde quiere hacer escala Camila?
5. ¿Cómo va a reservar Seba su boleto?

Investigar Busca en Internet cuántos vuelos directos hay todos los días desde el aeropuerto más cerca de tu ciudad a un país hispano.

Vocabulario en uso

OBJECTIVES
▶ Talk about airline regulations
▶ Discuss air travel
▶ Listen to travel advice
▶ Write about modes of transportation

4

Unos consejos

LEER, ESCRIBIR Cuando viajas por primera vez, vas a tener muchas preguntas. Lee los consejos *(advice)* y escribe la palabra apropiada para completar cada frase.

1. Si vas a un país *(extranjero/pasajero)* insisten en que tengas un pasaporte.

2. Puedes recibir información sobre los vuelos en una *(agente de viajes/ agencia de viajes)*.

3. Si no quieres hacer *(reservación/escala),* sugiero que busques un vuelo directo.

4. Es más cómodo tener un asiento en el *(pasillo/retraso)* o al lado de la *(llegada/ventanilla).*

5. Debes llegar al *(aeropuerto/pasillo)* dos horas antes de la *(salida/ llegada)* de un vuelo internacional.

6. Cuando los empleados de la línea aérea están *(listos/abiertos)* para abordar el vuelo, hacen un *(directo/anuncio).*

7. Antes de abordar el avión vas a pasar por *(la tarjeta de embarque/la puerta de embarque).*

8. A veces hay un *(retraso/vuelo)* a causa del mal tiempo o problemas mecánicos. Hay que tener *(paciencia/equipaje)* y no enojarse con los empleados.

> **También se dice . . .**
> **la maleta** = la valija *(Argentina);* la petaca *(México)*
> **el boleto** = el billete *(España);* el pasaje *(Bolivia)*

5

Escucha y escribe

 ESCUCHAR, ESCRIBIR Hay cosas que vas a necesitar para tu viaje. Escucha estos consejos y escribe la cosa que necesitas.

Modelo
(escuchas) La necesitas hacer con la línea aérea antes de comenzar el viaje.
(escribes) *la reservación*

Intercambia mensajes de texto con un(a) compañero(a). Pregúntale qué necesita hacer antes de viajar. Por ejemplo: *¿Debes comprar una maleta nueva, o puedes usar una vieja?*

La tarjeta de embarque

¿Quién hace qué?

HABLAR EN PAREJA Una persona que no ha viajado mucho tiene muchas preguntas sobre quiénes hacen diferentes cosas durante el viaje y la preparación para el viaje. Trabaja con otro(a) estudiante para hacer preguntas y contestarlas.

Videomodelo

pasar por el pasillo con bebidas

A —¿Quién pasa por el pasillo con bebidas?

B —*La auxiliar de vuelo pasa por el pasillo con bebidas.*

Estudiante A

1. sugerir los vuelos y hacer las reservaciones
2. llevar su pasaporte y tarjeta de embarque
3. facturarles el equipaje a los pasajeros
4. ayudar al pasajero a planear el viaje
5. pasar por la inspección de seguridad
6. registrar las maletas en la aduana
7. decir cuánto dura el vuelo
8. hacer un anuncio sobre la llegada de un vuelo
9. decir "Bienvenidos" a la ciudad adonde llegas

Estudiante B

CULTURA ⟩ El mundo hispano

Los nombres de los aeropuertos tienen un significado histórico. Por ejemplo, el aeropuerto de San Juan, Puerto Rico, se llama Luis Muñoz Marín, el nombre del gobernador de la isla entre 1949 y 1965. El aeropuerto de La Habana, Cuba, se llama José Martí por el poeta y patriota cubano. El aeropuerto de Lima, Perú, se llama Jorge Chávez para conmemorar al gran aviador peruano que murió cuando intentó volar sobre los Alpes en 1910. El aeropuerto de Buenos Aires se llama Ministro Pistarini, por un político que empezó la construcción del aeropuerto. De esta forma, los aeropuertos son parte de la cultura del país porque los nombres reconocen a las personas importantes de su historia.

El aeropuerto de La Habana, Cuba

Pre-AP Integration: Los héroes y los personajes históricos: ¿Cómo influye la historia de un país en su identidad?

Mapa global interactivo Explora algunos de los aeropuertos principales de América Latina. ¿En qué son similares? ¿En qué son diferentes?

• ¿Cómo se llama el aeropuerto más cercano a tu ciudad? ¿Por qué tiene ese nombre?

7

Los vuelos internacionales

HABLAR EN PAREJA En el aeropuerto de Buenos Aires, Argentina, los pasajeros tienen muchas preguntas sobre los vuelos internacionales. Trabaja con otro(a) estudiante. Hagan y contesten las preguntas según la información en el letrero electrónico. Usa la forma apropiada de *Ud.*

> **Para decir más . . .**
> **procedente de** = arriving from

Videomodelo
llegar de / Lima
A —*Perdone, señor (señorita), ¿a qué hora llega el vuelo 358 de Lima?*
B —*Un momento, por favor. El avión llega de Lima a la 1:50. Tiene un retraso de 40 minutos.*

Vuelo	Ciudad	Llegada	Salida	Observaciones
927	Asunción		12:45	a tiempo
358	Lima	1:50		retraso de 40 minutos
4 86	Montevideo		2:05	más información pronto
564	Miami	3:30		vuelo cancelado
872	Río de Janeiro		4:15	a tiempo
199	Santiago		5:35	retraso de 30 minutos
731	La Paz	6:20		a tiempo

Estudiante A

1. salir para / Montevideo
2. salir para / Santiago
3. llegar de / Miami
4. salir para / Asunción
5. llegar de / La Paz
6. salir para / Río de Janeiro

Estudiante B

Un momento, por favor.
Lo siento.
con destino a
procedente de
Sale / Llega a tiempo.

Tiene un retraso de . . .
Tuvieron que cancelar el vuelo.
Tendremos más información muy pronto.
Tenga paciencia, por favor.

8

En la revista de la línea aérea

LEER, DIBUJAR, HABLAR Muchas líneas aéreas tienen su propia revista, que generalmente está en tu asiento en el avión. Las revistas tienen una sección que se llama *A bordo*. Esta sección les da a los pasajeros reglas sobre los vuelos.

1 Lee las reglas. Para cada regla, haz un dibujo que se puede usar para explicar la idea principal de la regla.

2 Muéstrale *(Show)* el dibujo para una de las reglas a otro(a) estudiante. Tu compañero(a) tiene que decir, en sus propias palabras, la regla que se representa con el dibujo.

Reglas para pasajeros

- **EL ABORDAJE** Las reservaciones se pueden cancelar si usted se presenta en la puerta de embarque menos de diez minutos antes del despegue[1] en vuelos domésticos.
- **EQUIPAJE DE MANO** Las piezas de equipaje de mano deben ponerse debajo del asiento del pasajero o en un compartimiento arriba. Los perros y animales domésticos a bordo deben quedarse en todo momento en sus receptáculos correspondientes.
- **DISPOSITIVOS[2] ELECTRÓNICOS PORTÁTILES** Algunos dispositivos electrónicos portátiles pueden interferir con los equipos de navegación de los aviones.
  Se permite el uso de estos dispositivos mientras el avión está en tierra[3] con la puerta de abordaje abierta y durante el vuelo cuando los auxiliares de vuelo así lo permitan.
- **TELÉFONOS CELULARES** Se permite el uso de los teléfonos celulares sólo cuando el avión está en la puerta de embarque y la puerta del avión está abierta.
- **TABACO** Se prohíbe fumar[4] y usar tabaco sin humo en todos los vuelos de esta línea aérea. Se le puede poner una multa de hasta US $2,200 por obstruir los detectores de humo de los servicios.[5]

[1]take off [2]devices [3]ground [4]to smoke [5]rest rooms

El autobús latinoamericano

OBSERVAR, ESCRIBIR, HABLAR   El autobús es un medio *(means)* de transporte común en América Latina. Observa el autobús que es arte folklórico de Colombia. Luego contesta las preguntas.

1. ¿Qué llevan los pasajeros en el autobús? ¿Qué crees que indican estas cosas sobre sus vidas?

2. ¿Adónde crees que van las personas en el autobús? ¿Piensas que sus viajes duran mucho o poco tiempo? ¿Por qué?

CULTURA ◄ El mundo hispano

El transporte más usado en los países hispanohablantes es el autobús. Hay autobuses de lujo[1], de primera clase y de segunda clase. Llevan pasajeros, maletas y hasta animales. En algunos países los autobuses de segunda clase no tienen rutas fijas[2] y sirven más como taxis. Hay varios nombres para los autobuses. En Colombia y Ecuador, los autobuses se llaman *flotas* y se usan para viajar entre provincias. En España, se llaman *autocares* y en los países del Caribe son *guaguas.* En México y Bolivia los autobuses también se llaman *camiones.*

• ¿Por qué crees que los autobuses son populares en muchos países hispanohablantes?

Pre-AP Integration: Los temas económicos: ¿Qué medio de transporte es más popular en donde tú vives? ¿Por qué?

Una flota de Montecristi, Ecuador

[1]luxury [2]fixed

Dos medios de transporte

COMPARAR, HABLAR EN PAREJA, ESCRIBIR   El avión y el autobús son dos medios de transporte populares. Trabaja con otro(a) estudiante para comparar estos dos medios.

❶ Copien el diagrama de Venn en una hoja de papel y escriban palabras y expresiones para describir los dos medios de transporte.

viajes cortos / boletos del ida y vuelta / viajes largos

el autobús   el avión

❷ Escriban un resumen de los dos medios de transporte. Pueden incluir impresiones de cómo se viaja en los países hispanohablantes y en los Estados Unidos.

Modelo
Las personas que hacen viajes cortos frecuentemente van en autobús, especialmente en los países hispanohablantes. Si hacen un viaje largo, por ejemplo a un país extranjero, muchas veces van en avión. Para los dos medios de transporte se puede comprar boletos de ida y vuelta . . .

Gramática
Repaso

OBJECTIVES
▶ Listen to and write about travel recommendations
▶ Talk and write about household rules and recommendations for students

¿Recuerdas?
Until now you have used verbs in the indicative mood, used to talk about facts or actual events.
- **Aprendo** francés para mi viaje.

The present subjunctive

The subjunctive mood is used to say that one person influences the actions of another.

> Recomendamos **que Uds. hablen** con un agente de viajes.
>
> *We recommend **that you speak** with a travel agent.*

> ¿Quiere Ud. **que escribamos** nuestros nombres en las maletas?
>
> *Do you want **us to write** our names on our suitcases?*

Note that the subjunctive sentences have two parts, each with a different subject, connected by the word *que:*

> Ella sugiere que yo aprenda francés.

The first part uses the present indicative verb (recommendation, suggestion, prohibition, and so on) + *que,* and the second part uses the present subjunctive verb (what should happen).

Verbs that are often followed by *que* + subjunctive:

decir	prohibir
insistir en	querer (e ➔ ie)
necesitar	recomendar (e ➔ ie)
permitir	sugerir (e ➔ ie)
preferir (e ➔ ie)	

The present subjunctive is formed in the same way as negative *tú* commands and all *Ud. / Uds.* commands. You drop the -o of the present-tense indicative *yo* form and add present-tense subjunctive endings.

hablar

hable	hablemos
hables	habléis
hable	hablen

aprender / escribir

aprenda escriba	aprendamos escribamos
aprendas escribas	aprendáis escribáis
aprenda escriba	aprendan escriban

The present subjunctive has the same spelling changes and irregular *yo* form changes used with the negative tú commands and Ud. / Uds. commands.

llegar

llegue	lleguemos
llegues	lleguéis
llegue	lleguen

hacer

haga	hagamos
hagas	hagáis
haga	hagan

Más recursos ONLINE

- ▶ *Gram*Activa Video
- ▶ **Tutorials:** Regular forms of the prese subjunctive (Spanish version), Regula of the present subjunctive (English v Spelling changes in present subjunc
- ▶ Animated Verbs
- ◀)) *Canción de hip hop: Un viaje de avió*
- ✎ *Gram*Activa Activity

11

Escucha y escribe

ESCUCHAR, ESCRIBIR Escucha a una persona que viaja mucho dar recomendaciones sobre su viaje. Escribe sus seis recomendaciones. Subraya *(underline)* el verbo en la expresión de recomendación y traza *(draw)* un círculo alrededor del verbo que indica lo que debes hacer. Con otro(a) estudiante escriban una pregunta sobre cada recomendación y respondan la pregunta del otro.

Modelo

Les recomiendo que hagan las reservaciones temprano.
¿Qué clase de boletos sugieres que compremos?

Juego

ESCRIBIR, GRAMACTIVA

que ellos, ellas, Uds.	naden
que nosotros (as)	nademos
que él, ella, Ud.	nade
que tú	nades
que yo	nade

1 En el pizarrón *(chalkboard),* tu profesor(a) va a dibujar dos triángulos. Cada uno tiene cinco secciones y representa una montaña.

2 La clase se divide en dos equipos. Una persona de cada equipo va al pizarrón. Tu profesor(a) les da un verbo. Los estudiantes deben conjugar el verbo en el presente del subjuntivo, empezando con la forma *yo* en la base de la "montaña". Si cometen un error, su profesor(a) dice *avalancha* y tienen que borrar *(erase)* las palabras y empezar otra vez. El equipo que escribe primero todas las formas correctas gana un punto.

Un programa de intercambio

LEER, ESCRIBIR Lee el anuncio sobre un programa de intercambio en Tegucigalpa, Honduras, y contesta las preguntas.

1. ¿Cuáles son las ventajas *(advantages)* de asistir a un programa como éste?

2. ¿Por cuánto tiempo puedes quedarte allí?

3. ¿Cómo dan la bienvenida a los estudiantes que vienen al programa?

4. ¿Te gustaría participar en un programa como éste? ¿Por qué?

¡Vive con una familia en *Tegucigalpa, Honduras*!

- Clases de español diarias
- Discursos sobre la cultura e historia hondureña
- Excursiones dentro y fuera de la ciudad
- Vuelos directos desde los Estados Unidos
- Programas que duran de tres semanas a tres meses

Nuestros empleados bilingües te esperan en el aeropuerto y te ayudan a pasar por la aduana. Luego te llevan a la casa de tu familia hondureña.

Llama al 525-8557 ⊕ www.viveenhonduras.com

Tres semanas en Honduras

HABLAR EN PAREJA El programa de intercambio en Tegucigalpa les envía una carta con recomendaciones a los estudiantes que van a participar. ¿Cuáles son las recomendaciones? Habla con otro(a) estudiante sobre ellas.

Videomodelo
recomendar
A —¿Qué recomiendan?
B —Recomiendan que llevemos ropa cómoda de algodón.

Estudiante A

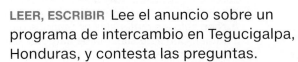

1. sugerir
2. recomendar
3. prohibir
4. querer
5. insistir en
6. decirnos

Estudiante B

usar el teléfono de la familia
comprar un regalo para la familia
sacar fotos
traer sólo una maleta y una mochila

llevar ropa cómoda de algodón
tener un diccionario
sólo beber agua en botellas
¡Respuesta personal!

Estudia mejor

LEER, ESCRIBIR, HABLAR EN PAREJA Lee el artículo de una revista para jóvenes.

1 Escribe cinco frases usando las expresiones *recomiendan que* y *sugieren que* para hablar de las recomendaciones del artículo.

Modelo
Recomiendan que no estudies ni en el dormitorio ni en la cocina.

2 Escribe tres frases adicionales en que das tus propias recomendaciones sobre cómo prepararse para un examen difícil y escribe una razón de apoyo[1].

Modelo
Sugiero que escojas un lugar lejos del televisor. No vas a oír otros ruidos.

3 Lee tus frases a otro(a) estudiante. ¿Está de acuerdo con tus recomendaciones? ¿Por qué?

[1]supporting reason

¡Puedes sacarte un diez!

Seguramente te ha pasado que justo cuando tienes el examen más difícil de tu vida no puedes concentrarte para estudiar. El secreto está en encontrar el lugar perfecto para estudiar, y créelo o no, tu dormitorio y la cocina no son buenas opciones. El lugar ideal tiene una ventana porque la luz natural te ayuda a desestresarte*. Pero, ¡cuidado! Se recomienda no mirar directamente la ventana porque siempre hay distracciones en el exterior.

En el lugar ideal, también hay un escritorio con sólo los materiales necesarios para estudiar. Con este sistema de estudio, será posible sacarse un diez y con él puedes impresionar a tus padres y a tus profesores.

*relax, release stress

Reglas de la casa

ESCRIBIR, HABLAR EN GRUPO Probablemente hay muchas cosas que tus padres quieren o no quieren que hagas.

1 Escribe frases sobre cinco cosas que quieren (o no quieren) que hagas. Usa las expresiones *quieren que, insisten en que, necesitan que, me dicen que* y *me prohíben que.*

2 Trabaja con otro(a) estudiante. Comparen sus listas. Usa las frases de tu compañero y pregúntale por qué sus padres quieren (o no quieren) que haga algo. Tu compañero contesta la pregunta. Luego, da una razón para cada regla. Escriban una lista de las cosas en que insisten los padres en general. Presenten la lista a la clase.

Modelo
A —*¿Qué quieren tus padres que hagas después de la escuela?*
B —*Quieren que vaya a la casa.*
A: —*Entonces debes ir a la casa para que ellos no se enojen.*

CULTURA ◀ El mundo hispano

Los programas de intercambio ofrecen la oportunidad de vivir con una familia anfitriona[1]. Es la mejor manera de aprender el idioma y conocer la cultura del país. Los estudiantes de intercambio deben respetar las diferencias culturales y las reglas de la familia. Sobre todo, hay que mantener una actitud positiva y abierta.

• ¿Qué consejos te gustaría dar a un(a) estudiante de intercambio que llega a tu comunidad? ¿Qué sería[2] lo más difícil para él (ella)?

[1]host [2]would be

Gramática

OBJECTIVES
▶ Talk and write about travel suggestions
▶ Make recommendations for tourists

Go **Online** to practice
PEARSON
realize™
PearsonSchool.com/Autentico

VIDEO

WRITING

Irregular verbs in the subjunctive

Verbs that have irregular negative *tú* and *Ud. / Uds.* commands also have irregular subjunctive forms.

dar

dé	demos
des	deis
dé	den

estar

esté	estemos
estés	estéis
esté	estén

ir

vaya	vayamos
vayas	vayáis
vaya	vayan

saber

sepa	sepamos
sepas	sepáis
sepa	sepan

ser

sea	seamos
seas	seáis
sea	sean

El agente sugiere que **vayamos** a la puerta de embarque.

*The agent suggests that **we go** to the boarding gate.*

Más recursos ONLINE

▶ *GramActiva* **Video**

▶ **Tutorial:** Irregular present subjunctive

17

Un viaje con la profesora

 ESCRIBIR Unos estudiantes acaban de llegar al aeropuerto para hacer un viaje al extranjero *(abroad)*. Completa lo que dice su profesora sobre lo que quiere que todos hagan. Usa una forma de los verbos *dar, estar, ir, saber o ser* en cada frase.

1. Quiero que Uds. ____ dónde están sus pasaportes.

2. El empleado necesita que nosotros le ____ los pasaportes antes de facturar el equipaje.

3. Les prohíbo que ____ fuera del aeropuerto.

4. Insisto en que todos ____ cerca de la puerta de embarque media hora antes de la salida del vuelo.

5. Necesito que todos Uds. ____ responsables.

6. Insisto en que todos Uds. ____ listos para abordar el avión.

7. Quiero que el viaje ____ una buena experiencia.

Un aeropuerto peruano ▶

18

Algunas sugerencias

HABLAR EN PAREJA Unos amigos están planeando un viaje al extranjero. Tú acabas de regresar de un viaje similar y tienes muchas sugerencias para darles. Trabaja con otro(a) estudiante para dar tus recomendaciones. Da una razón que apoye *(supports)* cada recomendación.

Videomodelo

A —¿*Cuándo debemos estar en el aeropuerto?*

B —*Les sugiero que lleguen dos horas antes de la salida del vuelo porque hay mucha gente en el aeropuerto.*

Estudiante A

1. qué / saber sobre la inspección de seguridad
2. qué / darles a los empleados de la línea aérea
3. qué forma de identificación / tener
4. qué / decir en la aduana
5. cómo / ir al hotel

Estudiante B

todas las reglas sobre lo que no puedes llevar en el avión

en taxi porque no van a conocer la ciudad todavía

un número de teléfono donde van a estar en el extranjero

que son estudiantes y turistas norteamericanos

un pasaporte y un permiso de manejar

19

¡No viajes sin leer esto!

LEER, ESCRIBIR, HABLAR ¿Qué recomiendan los expertos que hagas para no tener problemas financieros durante un viaje al extranjero? Lee el artículo y contesta las preguntas según el modelo.

Modelo

¿Qué recomiendan para no tener problemas financieros cuando viajas al extranjero?
Te recomiendan que tomes precauciones.

1. ¿Qué sugieren para no perder la tarjeta de crédito?
2. ¿Qué recomiendan saber si pierdes la tarjeta de crédito?
3. ¿Qué recomiendan hacer con los cheques de viajero?
4. ¿En qué insisten muchos lugares para usar los cheques de viajero?
5. ¿Dónde sugieren poner el dinero en efectivo?
6. ¿Adónde dicen ir para cambiar *(exchange)* el dinero?

Para no tener problemas FINANCIEROS en un viaje al extranjero, toma precauciones.

 Tarjeta de crédito

Con ella puedes pagar las compras, comidas y otros gastos, y sacar dinero de cajeros automáticos, pero hay que tener cuidado de no perderla. Por eso se debe llevar en un lugar seguro[1] muy cerca de tu cuerpo y saber el teléfono del banco para informar de su pérdida.

 Cheques de viajero

Se aceptan exactamente como el dinero en efectivo y se reembolsan[2] en menos de 24 horas si los pierdes o te los roban. Se deben firmar y escribir sus números antes de salir del banco, así otra persona no los puede usar. En muchos lugares hay que mostrar[3] una forma de identificación para usarlos.

 "Cash"

Si traes dinero en efectivo, ponlo en diferentes bolsillos.[4] Cuando llegues a tu destino, pregunta en el hotel por un lugar donde se puede obtener moneda local. En muchos países las casas de cambio[5] son más accesibles para efectuar esta transacción que los bancos.

[1]safe [2]they are refunded [3]show [4]pockets [5]currency exchange offices

20

Un viaje sin estrés

ESCRIBIR, HABLAR EN GRUPO

1 Dos amigos tuyos planean un viaje al extranjero. Escribe seis frases para ayudarles a hacer las preparaciones, pasar por el aeropuerto y abordar el avión. Usa expresiones como *sugiero que* y *recomiendo que.*

Modelo
Sugiero que vayan a una agencia de viajes para planear su viaje.

2 Lean las recomendaciones de otros dos estudiantes, decidan cuáles son las tres mejores y preséntenlas a la clase.

Modelo
Recomendamos que siempre lleven los pasaportes durante el viaje.

21

La República Dominicana

LEER, HABLAR EN PAREJA Vas de vacaciones con tu familia. Imagina que otro(a) estudiante es el (la) agente de viajes. Hablen sobre lo que le gustaría a tu familia hacer allí.

Videomodelo
a mí / sacar fotos
A —*A mí me gusta sacar fotos.*
B —*Recomiendo que vaya a la zona colonial.*

1. a nosotros / visitar playas bonitas
2. a mí / tomar lecciones de arte
3. a mis hermanos / observar los pájaros
4. a mi madre / bucear
5. a mi hermana / ir de compras
6. a mis padres / escuchar música

www.

ZONA COLONIAL

Es uno de los lugares favoritos de los jóvenes por sus cafés y sus tiendas al aire libre. Aqui hay muchos edificios históricos como la catedral.

LOS HAITISES

Es un parque nacional formado por un grupo de islas cubiertas de selva tropical.* Aquí se puede apreciar diferentes especies de plantas, pájaros y animales exóticos.

Pasándolo bien en la República Dominicana

En las costa norte de la isla, se encuentra la playa mas larga y bonita de todo el país. Aquí se puede tomar el sol o bucear en las tranquilas aguas.

Es un lugar muy bonito situado en una montaña. Aquí se puede estudiar en la escuela de arte, visitar el museo arqueológico, o escuchar conciertos y festivales de jazz en el gran anfiteatro.

LAS TERRENAS

ALTOS DEL CHAVÓN

*covered with rain forests

Mapa global interactivo Explora la nación isleña de República Dominicana. Investiga sobre sus playas y la antigua ciudad histórica de Santo Domingo.

Viajar y sentirse bien

 LEER, HABLAR EN GRUPO, ESCRIBIR Estos ejercicios se recomiendan a los pasajeros de vuelos largos para estimular y estirar *(stretch)* los músculos.

1 Lee las instrucciones con otro(a) estudiante. Luego observen los diagramas y decidan qué diagrama corresponde a cada ejercicio.

Conexiones ◀ La salud

Estos ejercicios se recomiendan a los pasajeros de vuelos largos

1•Círculos de tobillo
Levantar los pies del piso. Hacer un círculo con las puntas de los pies moviéndolas en direcciones contrarias.

2•Flexiones de pie Tres pasos:
Con los talones *(heels)* en el piso, llevar las puntas de los pies hacia arriba. Poner luego los dos pies en el piso. Levantar los talones con las puntas en el piso.

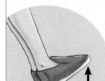

3•Elevaciones de rodilla
Levantar la pierna con la rodilla doblada. Alternar las piernas. Repetir 20 a 30 veces con cada pierna.

4•Rotación de hombros
Mover los hombros hacia adelante, luego hacia arriba, hacia atrás y hacia abajo con un movimiento circular.

2 Escojan dos de los ejercicios y escriban las recomendaciones que les pueden hacer a los pasajeros.

3 Lean sus recomendaciones a otro grupo. Ellos van a seguir sus instrucciones.

Modelo
Les recomendamos que muevan los hombros hacia adelante.

Pronunciación ◀ Linking sounds

When people speak a language fluently, they run words together rather than pausing in between them. This is done in English when the five-word question *Do you want to go?* comes out sounding like *Jawanna go?* Here are ways sounds are linked in Spanish.

Two identical sounds are pronounced together as one sound. Listen and repeat:

tarjeta_de_embarque   línea_aérea
va_a_hacer la maleta

Two vowels are usually run together. Listen and repeat:

de_ida_y_vuelta   la_empleada
su_equipaje_amarillo

The consonant at the end of a word is linked with the next word. Listen and repeat:

paí**s_e**xtranjero   habla**r_al_a**gente
insiste**n_e**n

¡Compruébalo! Practice reading this riddle as a poem, connecting the sounds. Then figure out its meaning.

Sin ser ángel tengo alas,[1]
sin ser auto tengo motor,
y viajo sobre las aguas,
sin ser yate ni vapor.[2]
¿Quién soy yo?

[1]wings [2]steamship

Para una visita divertida

 HABLAR EN GRUPO, ESCRIBIR   Unos amigos de un país hispanohablante vienen a tu ciudad para pasar el verano.

1 Trabaja con otro(a) estudiante y escriban seis recomendaciones de lo que deben hacer y ver mientras estén allí. Pueden comenzar sus frases con *recomendar que, sugerir que, querer que* y *preferir que.* Pueden incluir estas ideas u otras:

- adónde ir
- dónde y qué comer
- qué espectáculos ver
- dónde hacer actividades
- cómo pasar el tiempo libre
- cómo viajar o llegar

2 Trabajen con otra pareja. Lean sus recomendaciones. ¿Están de acuerdo con sus ideas? Presenten sus ideas a la clase y hagan una lista completa de ideas para visitantes.

Y tú, ¿qué dices?

 ESCRIBIR, HABLAR   Trabaja con un compañero para intercambiar mensajes de texto usando estas preguntas. Luego, hablen de sus respuestas.

1. ¿Adónde has viajado? ¿Qué tuviste que hacer para planear el viaje? ¿Qué le sugieres a un(a) amigo(a) para planear un viaje?

2. ¿Qué tres lugares interesantes en los Estados Unidos quieres visitar? ¿Qué es necesario que hagas para poder visitarlos?

3. ¿Qué debes llevar en tu maleta o mochila para un vuelo largo? ¿Qué recomiendas a unos padres que lleven si tienen hijos pequeños?

El español en la comunidad

Las personas de los países hispanohablantes que visitan los Estados Unidos a veces necesitan ayuda porque han perdido su pasaporte o tienen otro problema. Los países hispanohablantes tienen representantes en los Estados Unidos para ayudar a sus ciudadanos[1]. Uno de éstos es el cónsul, un diplomático que tiene funciones políticas y económicas en un país extranjero. Ayuda al turista de su país y también ofrece información cultural sobre su propio país y, a veces, hace presentaciones culturales para grupos de estudiantes o adultos.

- Trabaja con otro(a) estudiante. Busquen información sobre un consulado o embajada[2] de un país hispanohablante que está cerca de su comunidad. Túrnense para hacer y responder preguntas sobre una visita al consulado.

[1]citizens [2]embassy

Lectura

OBJECTIVES
▶ Read a travel article about Ecuador
▶ Use titles, subheads, and photo captions to preview reading content

Estrategia

Previewing Before you read a magazine article, look at the photos and read the title, subheads, and photo captions. This will help you determine what type of information you will be reading. What do the title and subheads of this article tell you about the information it's likely to contain? What types of places are featured in the photos?

ECUADOR
país de maravillas

EL ECUADOR está en la costa Pacífica del norte de América del Sur y representa un país típico de la zona andina. Es un país pequeño, pero tiene paisajes para todos los gustos[1]. Desde playas tropicales hasta montañas nevadas, desde ciudades coloniales hasta parques naturales, el Ecuador es una joya que deleita[2] al visitante. Le invitamos a descubrir este país de maravillas.

QUITO, la capital del Ecuador, es una ciudad cosmopolita situada en un valle rodeado por las cimas[3] nevadas del Pichincha y del Cotopaxi. La ciudad está a 9,200 pies de altura. Para el visitante que no está acostumbrado a la altitud, le puede resultar difícil respirar y puede sentirse cansado.

  Declarada parte del patrimonio mundial por la UNESCO en 1978, Quito mantiene el centro histórico colonial mejor preservado de América Latina. La Iglesia de la Compañía de Jesús, con un interior muy rico en oro, representa el estilo barroco típico de Quito. Otras iglesias interesantes para el turista son la Iglesia de San Francisco y la Catedral.

LA IGLESIA DE LA COMPAÑÍA DE JESÚS

MITAD DEL MUNDO

A 30 minutos al norte de Quito está el monumento a la Mitad del Mundo. Se llama así porque la Línea Ecuatorial que divide al planeta en dos hemisferios pasa por este lugar. Los turistas se divierten tomando fotos con un pie en el hemisferio norte y el otro en el hemisferio sur. ¡De un lado, es invierno, y del otro, verano! Durante los equinoccios alrededor del 21 de marzo y del 23 de septiembre, las personas y los objetos no tienen sombra[4]. [continued] ▶

[1]tastes [2]delights [3]peaks [4]shadow

Mapa global interactivo Explora el monumento de la Mitad del Mundo cerca de la línea equinoccial y la ciudad de Quito, Ecuador. Compara el monumento con uno similar en los Estados Unidos.

Dentro del monumento hay un museo que celebra las distintas culturas indígenas del Ecuador. De hecho, el 25 por ciento de la población del país es de origen indígena. Entre los grupos más conocidos están los salasacas, los shuars y los otavalos. Cada grupo se viste de una manera diferente, habla su propio idioma y se especializa en algún tipo de artesanía, como los tejidos, los sombreros, las joyas o las canastas[5].

El Ecuador le ofrece al visitante un viaje inolvidable por su gran riqueza cultural y natural. Como dijo el científico Humboldt[6], "Un viaje por el Ecuador se puede comparar con un viaje desde la Línea Ecuatorial casi hasta el Polo Sur"[7].

Haciendo tejidos en un mercado, **OTAVALO**, Ecuador

ISLAS GALÁPAGOS

LAS ISLAS GALÁPAGOS representan una de las atracciones turísticas más importantes del Ecuador. Estas islas, así llamadas por las gigantescas tortugas galápagos que viven allí, están en el océano Pacífico a más de 600 millas de la costa del Ecuador. El archipiélago tiene 125 islas e islotes. Para proteger las especies de animales que viven en las islas, como las iguanas, los leones marinos[8] y la gran variedad de pájaros, los turistas no pueden visitar las islas por su cuenta[9]. Tienen que tomar una excursión organizada dirigida por un guía naturalista.

La mejor manera de llegar a las islas es por avión desde el aeropuerto de Quito o de Guayaquil. Vuelos diarios[10] salen hacia la isla de Baltra. De ahí, se llega a la isla de Santa Cruz, donde está la Estación Científica Charles Darwin. El científico inglés visitó las islas en el siglo XIX y su teoría de la evolución se basa en los estudios que hizo durante su viaje. Desde la isla de Santa Cruz salen barcos para explorar el archipiélago. La mejor época del año para visitar las islas es entre los meses de enero y mayo porque las temperaturas son más cálidas. Los turistas pueden disfrutar de[11] actividades al aire libre, como el buceo y las caminatas que les permite entrar en contacto con la inmaculada naturaleza de estas bellas islas.

[5]baskets   [6]German scientist who traveled extensively in Latin America
[7]South Pole   [8]sea lions   [9]on their own   [10]daily   [11]enjoy

---

 ## ¿Comprendiste?

1. ¿Por qué crees que el Ecuador es una destinación turística tan popular?

2. ¿Por qué puede ser difícil un viaje al Ecuador?

3. ¿Por qué es tan importante el centro histórico de Quito?

4. ¿Por qué se llama así el monumento a la Mitad del Mundo?

5. ¿Por qué son importantes las culturas indígenas en el Ecuador?

6. ¿Qué hace el gobierno del Ecuador para preservar las islas Galápagos?

Y tú, ¿qué dices?

1. ¿Qué partes del Ecuador te gustaría visitar? ¿Por qué?

2. ¿Crees que el turismo es bueno para las islas Galápagos? ¿Por qué?

La cultura en vivo

Los códices

Antiguamente los indígenas americanos viajaban de un sitio a otro para explorar nuevos lugares, comunicarse con otros grupos indígenas y buscar rutas para el transporte de sus productos. A veces, los viajes eran largos, y cuando se alejaban mucho[1] necesitaban anotar el camino para poder regresar a sus casas. Para recordar el camino de regreso, las cosas que veían y los resultados de sus intercambios comerciales, anotaban sus observaciones en unos libros llamados *códices*.

Online Cultural Reading

Go to Auténtico ONLINE to explore a website with tips and links for traveling to other countries.

Imitando un códice

Objetivo

Contar un viaje imitando un códice

Materiales

- papel para dibujar (sirven las bolsas de papel)
- marcadores o pinturas acuarelas[2]
- pinceles[3] y lápices

Instrucciones

1. Piensa en un viaje que quieres contar en tu códice. Incluye entre cuatro a seis eventos.

2. Escoge los momentos importantes y represéntalos siguiendo una secuencia lógica. Haz un esquema[4] en una hoja de papel para planear el códice. Piensa en cómo vas a representar con dibujos y símbolos los lugares, medios de transporte, actividades y otros detalles importantes.

3. Dibuja el códice usando una variedad de colores. Lo más importante es que el lector pueda leer la historia de tu viaje por medio del códice. El códice debe ser un dibujo continuo.

4. Cuando termines los dibujos, dobla[5] el códice como lo hacían los aztecas.

Algunos códices muestran el contacto entre los indígenas americanos y los europeos.

[1]traveled far from home   [2]water colors   [3]brushes   [4]outline   [5]fold

Comparación cultural Compara cómo recordaban los indígenas americanos el camino a casa y cómo lo haces tú.

Algunos códices famosos: Códice Florentino, Códice Borgia, Códice de Tlaxcala, Códice Mendocino, Códice Madrid

OBJECTIVES
▶ Write recommendations for vacation travel
▶ Use a word web to brainstorm and organize your thoughts

Go **Online** to practice
PEARSON **realize**™

PearsonSchool.com/Autentico

SPEAK/RECORD

Un viaje al extranjero

TASK You have a job at a travel agency. A client wants to take her family on a summer trip to a Spanish-speaking country. She wants to spend a few days in a nice city, a day or two visiting ruins or historical sites, and a few days at the beach. Recommend a country and provide key travel information.

1 Prepare Choose a country that meets the client's criteria. Research the following information:

- **Lugar:** ¿Qué país, ciudad, lugares históricos y playas recomiendas que visiten? ¿Qué itinerario sugieres? Incluye detalles sobre los lugares y las actividades que recomiendas.
- **Documentos:** ¿Necesitan un pasaporte u otro documento?
- **Transporte y equipaje:** ¿Cómo recomiendas que viajen? ¿Cuánto cuesta? ¿Cuánto equipaje pueden llevar? ¿Qué ropa deben llevar? ¿En qué orden deben visitar los lugares?

2 Practice Go through your presentation. You can use your notes in practice, but not when you present. Try to:

- provide all the information on each point
- present in a logical sequence
- provide details about the places and activities
- speak clearly using the appropriate forms of *Ud.* or *Uds.*

Modelo
Recomiendo que Uds. viajen primero a . . . Allí pueden ver . . . La ciudad de . . . es muy grande y les ofrece mucho a los turistas . . . Luego, vayan a . . .

3 Present Present the trip to your client. You may want to include a map or visuals.

4 Evaluation The following rubric will be used to grade your presentation.

Estrategia

Brainstorming with a word web
To make sure you have all the information you need for your presentation, start by making a word web. Begin by writing the country you choose in the center of a piece of paper. Around the country name, write the words *lugar, documentos,* and *transporte y equipaje.* For each topic, write as many related ideas as you can. This way, you will have your ideas on paper in an organized format.

Rubric	Score 1	Score 3	Score 5
Your completeness of research	You consulted one source for information and cited the source.	You consulted two sources for information and cited sources.	You consulted three or more sources and cited sources.
Amount of information you communicated	You included one of the following: place, documents needed, travel directions, and luggage.	You included two of the following: place, documents needed, travel directions, and luggage.	You included all of the following: place, documents needed, travel directions, and luggage.
How easily you are understood	You are difficult to understand and make many grammatical errors.	You are fairly easy to understand and make occasional grammatical errors.	You are easy to understand and make very few grammatical errors.

Auténtico

Partnered with E FE:

Madrid hace las maletas

Antes de ver

Usa la estrategia: Listen for the Main Idea

As travelers explain their vacation plans, listen for key words to help you identify cultural practices and the main ideas of the video. Use known vocabulary and the list of key words below to help you understand.

Read the Key Vocabulary

fervor religioso = religious passion

madrileño = person from the city of Madrid

Semana Santa = Holy Week

toda la tropa = the whole troop

temporada larga = a long season

▶ Ve el video

*L*a semana santa is a popular time for travel in Madrid, as people take advantage of the holiday to go to national beaches, nearby islands, and around Europe. Who do you usually travel with? Do you prefer to return to favorite spots or find new places?

Go to **PearsonSchool.com/Autentico** and watch the video *Madrid hace las maletas* to learn how *madrileños* spend their holidays.

Completa las actividades

Mientras ves Algunas palabras clave pueden ayudar a identificar prácticas culturales. Marca los destinos mencionados por los viajeros.

Barcelona	Madrid
Europa	París
Las Islas Canarias	Lisboa

Integración

Después de ver Mira el video otra vez para contestar estas preguntas.

1. ¿Cuáles son los métodos de viajar mencionados?

2. ¿Cuál es un factor decisivo en determinar el destino y el medio de transporte *(transportation)* para algunos viajeros?

3. ¿Va a haber mucha gente en Madrid durante la Semana Santa? ¿Por qué o por qué no? ¿Qué te indica esto sobre las prácticas culturales en España?

 For more activities, go to the *Authentic Resources Workbook*.

Los turistas

Expansión Busca otros recursos en *Auténtico* en línea. Después, contesta las preguntas.

 8A Auténtico

Integración de ideas Los recursos auténticos hablan sobre los viajeros en países hispanohablantes. Escribe por qué las personas deciden viajar y cómo viajan. ¿Siempre viajan con toda la familia?

Comparación cultural ¿Por qué viajas tú? Compara tus razones para viajar con las de los viajeros que viste en los recursos.

Repaso del capítulo

OBJECTIVES
▶ Review the vocabulary and grammar
▶ Demonstrate you can perform the tasks on p. 425

🔊 Vocabulario

to talk about making travel plans

la agencia de viajes	travel agency
el / la agente de viajes	travel agent
el equipaje	luggage
extranjero, -a	foreign
hacer un viaje	to take a trip
la maleta	suitcase
hacer la maleta	to pack the suitcase
el pasaporte	passport
planear	to plan
la reservación, *pl.* las reservaciones	reservation
la tarjeta de embarque	boarding pass
el / la turista	tourist

to talk about airports

abordar	to board
la aduana	customs
el aduanero, la aduanera	customs officer
el aeropuerto	airport
el anuncio	announcement
el / la auxiliar de vuelo	flight attendant
con destino a	going to
de ida y vuelta	round-trip
directo, -a	direct
durar	to last
el empleado, la empleada	employee
facturar	to check (luggage)
hacer escala	to stop over
la inspección, *pl.* las inspecciones de seguridad	security checkpoint
la línea aérea	airline
la llegada	arrival
el pasajero, la pasajera	passenger

el pasillo	aisle
el / la piloto	pilot
la puerta de embarque	departure gate
registrar	to inspect, to search (luggage)
el retraso	delay
la salida	departure
la ventanilla	(airplane) window
el vuelo	flight

other useful words and expressions

abierto, -a	open
bienvenido, -a	welcome
cerrado, -a	closed
insistir en	to insist
listo, -a	ready
sugerir (e → ie)	to suggest
tendremos	we will have
tener paciencia	to be patient

Gramática

verbs often followed by *que* + subjunctive

decir	prohibir
insistir en	querer (e → ie)
necesitar	recomendar (e → ie)
permitir	sugerir (e → ie)
preferir (e → ie)	

present subjunctive

hablar

hable	hablemos
hables	habléis
hable	hablen

aprender / escribir

aprenda escriba	aprendamos escribamos
aprendas escribas	aprendáis escribáis
aprenda escriba	aprendan escriban

irregular verbs in the subjunctive

dar   ir   ser   estar   saber

(To see these verbs fully conjugated in the present subjunctive, refer to p. 413.)

For *Vocabulario adicional,* see pp. 506–507.

Preparación para el examen

What you need to be able to do for the exam . . .	Here are practice tasks similar to those you will find on the exam . . .	For review go to your print or digital textbook . . .
Interpretive		
1 ESCUCHAR I can listen and understand as someone gives travel recommendations.	A student from Spain gives travel tips to students who are thinking of traveling there this summer. Decide if the suggestion includes: (a) planning tips; (b) packing tips; (c) airport arrival tips; or (d) in-flight tips.	**pp. 402–405** *Vocabulario en contexto* **p. 406 Actividad 5** **p. 410 Actividad 11**
Interpersonal		
2 HABLAR I can make recommendations for planning a stress-free trip.	Your teacher asks you to give the class travel tips. You might talk about (a) getting to the airport; (b) checking in at the airline desk; (c) going through security checks; and (d) things to do on the plane. Begin with: *Sugiero que llegues al aeropuerto dos horas antes de la salida de tu vuelo.*	**p. 407 Actividad 6** **p. 411 Actividad 14** **p. 414 Actividades 18–19** **p. 415 Actividades 20–21** **p. 417 Actividad 24** **p. 421** *Presentación oral*
Interpretive		
3 LEER I can read and understand a pamphlet about air travel.	While at a travel agency, you pick up the pamphlet *Sugerencias para viajar a España*. Look at their suggestions and place them in order, starting with the planning stages and ending with your arrival in Madrid. Label them from A–D. _1._ Recomendamos que hagas una reservación seis meses antes de tu viaje. _2._ Sugerimos que duermas durante el vuelo. _3._ Recomendamos que bebas mucha agua antes de abordar el vuelo. _4._ Sugerimos que pases por la aduana con todos los documentos necesarios.	**pp. 402–403** *Vocabulario en contexto* **p. 406 Actividad 4** **p. 408 Actividad 8** **p. 414 Actividad 19** **p. 416 Actividad 22**
Presentational		
4 ESCRIBIR I can write suggestions for a safe and enjoyable vacation.	A travel agency asked your class to design a Web page for its Spanish-speaking clients. You are writing the section *Sugerencias para un buen viaje*. Write four suggestions or more. Include advice about such things as planning your trip through a travel agent vs. on the Internet, packing your suitcase, or asking for a particular seat on the plane.	**p. 410 Actividad 11** **p. 413 Actividad 17** **p. 414 Actividad 19** **p. 415 Actividades 20–21** **p. 417 Actividad 24**
Cultures		
5 EXPLICAR I can understand historical record-keeping.	Explain how accounts of travel and trade were recorded by the indigenous peoples and Spaniards in Latin America. What information was recorded? What purpose did the documents serve? Who used the documents? What modern documents perform a similar function?	**p. 420** *Cultura en vivo*

Quiero que disfrutes de tu viaje

Country Connections Explorar el mundo hispano

España
Puerto Rico
México
Colombia
Guatemala
Ecuador
Perú
Uruguay
Argentina

CHAPTER OBJECTIVES

Communication

By the end of this chapter you will be able to:

- Listen to and read about travel recommendations and vacation postcards.
- Talk and write about vacations and travel tips.
- Exchange information about ways to be a good tourist.

Culture

You will also be able to:

- **Auténtico:** Identify cultural perspectives in an authentic text about tourism in Old San Juan.
- Understand cultural practices related to travel in Spanish-speaking countries.
- Compare lodging options in Spanish-speaking countries.

You will demonstrate what you know and can do:

- Presentación escrita: Viajemos juntos
- Preparación para el examen

You will use:

Vocabulary

- Sites of interest in a city
- Staying in a hotel
- Tourist activities and behaviors

Grammar

- Present subjunctive with impersonal expressions
- Present subjunctive of stem-changing verbs

ARTE y CULTURA ⟨ México

Artesanía de Oaxaca En Oaxaca, México, el tallado de madera[1] es una tradición de los indígenas zapotecas. Los tallados más famosos se llaman alebrijes. Son figuras de animalitos como gatos, caballos, iguanas y vacas, y de animales fantásticos como dragones y monstruos míticos. Hoy en día, en Oaxaca hay alrededor de 200 familias que tallan madera.

▶ ¿Cuáles son algunos ejemplos de artesanía típica de la región donde vives? ¿En qué sentido[2] son similares a los alebrijes de Oaxaca? ¿En qué sentido son diferentes?

[1]wood carving [2]way

Alebrije *(Oaxacan wood carving)* de un armadillo ▶

 PearsonSchool.com/Autentico

AUDIO	VIDEO	WRITING	SPEAK/RECORD	MAPA GLOBAL	AUTÉNTICO	FLASCHARDS	ETEXT 2.0	GAMES

Go **Online** to practice

PEARSON
realize™

Las ruinas de Tulum en México

▶ **Videocultura Viajar en Centroamérica**

Vocabulario en contexto

OBJECTIVES

Read, listen to, and understand information about
- ▶ staying in a hotel
- ▶ appropriate tourist behavior
- ▶ traveling in a foreign city

" El sitio Web de nuestro hotel tiene una lista de **excursiones** y actividades que podemos hacer cuando visitamos Valencia. Podemos visitar los lugares **históricos**, ir de compras, descansar en la playa y **observar** la vida **típica** de esta **bella** ciudad. "

www...

El itinerario

Día 1

Hacer una gira de Valencia para ver los lugares **famosos** de la ciudad, como la antigua Catedral de Valencia. ¿**Tal vez** prefieres salir de la ciudad? Puedes visitar un castillo donde vivían unos **reyes** árabes.

el castillo

la catedral

Día 2

Ir de compras en el Mercado Central de Valencia. Puedes **regatear** con los vendedores para comprar a buen precio una artesanía típica de recuerdo. También puedes **disfrutar** de una visita a un **palacio** elegante.

el vendedor

la artesanía

Día 3

Descansar o hacer deporte en las playas **estupendas** cerca de Valencia. Puedes **navegar** en un bote de vela con **un guía** o hacer surf de vela. O si prefieres, puedes hacer esquí acuático el día **siguiente**.

el bote de vela

el surf de vela

el esquí acuático

la moto acuática

"Cuando estás en una ciudad que no conoces, es importante saber dónde buscar información. Para **cambiar** dinero puedes ir a un banco o una **casa de cambio** o puedes usar el cajero automático. Puedes comprar tarjetas postales o **una guía** de información en un quiosco. En la recepción de tu hotel puedes **conseguir** mucha información turística sobre la ciudad, y también pedir la llave de tu habitación. "

el cajero automático

la llave

la recepción

el quiosco

la tarjeta postal

el ascensor

1

¿Adónde voy para...?

 ESCUCHAR   Escucha a Isidro hablar de sus actividades durante su viaje a Valencia. Para cada frase, indica la foto que corresponde.

2

Las excursiones en Valencia

ESCUCHAR   Escucha las siguientes descripciones de excursiones en Valencia. Si la descripción es cierta, señala con el pulgar hacia arriba. Si es falsa, señala con el pulgar hacia abajo.

Dos amigos, Isidro y Marta, se escriben mensajes sobre un viaje a España que van a hacer con su clase de español.

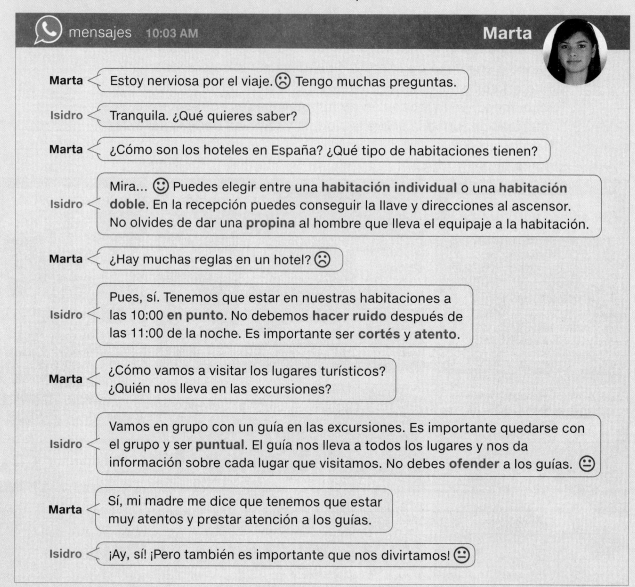

mensajes 10:03 AM **Marta**

Marta — Estoy nerviosa por el viaje. 😞 Tengo muchas preguntas.

Isidro — Tranquila. ¿Qué quieres saber?

Marta — ¿Cómo son los hoteles en España? ¿Qué tipo de habitaciones tienen?

Isidro — Mira... 😊 Puedes elegir entre una **habitación individual** o una **habitación doble**. En la recepción puedes conseguir la llave y direcciones al ascensor. No olvides de dar una **propina** al hombre que lleva el equipaje a la habitación.

Marta — ¿Hay muchas reglas en un hotel? 😞

Isidro — Pues, sí. Tenemos que estar en nuestras habitaciones a las 10:00 **en punto**. No debemos **hacer ruido** después de las 11:00 de la noche. Es importante ser **cortés** y **atento**.

Marta — ¿Cómo vamos a visitar los lugares turísticos? ¿Quién nos lleva en las excursiones?

Isidro — Vamos en grupo con un guía en las excursiones. Es importante quedarse con el grupo y ser **puntual**. El guía nos lleva a todos los lugares y nos da información sobre cada lugar que visitamos. No debes **ofender** a los guías. 😐

Marta — Sí, mi madre me dice que tenemos que estar muy atentos y prestar atención a los guías.

Isidro — ¡Ay, sí! ¡Pero también es importante que nos divirtamos! 😐

3

¿Cierto o falso?

 ESCRIBIR Lee las frases. Escribe *C (cierto)* si la frase es correcta o *F (falso)* si la frase es incorrecta. Si es falsa, escribe la información correcta.

1. Isidro y Marta van con sus familias a España.

2. Es importante dar una propina al hombre que lleva el equipaje a la habitación.

3. Puedes hacer mucho ruido en un hotel toda la noche.

4. La persona que lleva a las excursiones se llama el/la guía.

5. Es importante quedarse con el grupo en las excursiones.

Videohistoria

Go **Online** to practice
PEARSON
realize™
PearsonSchool.com/Autentico

AUDIO   VIDEO   WRITING   SCRIPT

¿Cuál es tu ciudad?

Antes de ver

Using prior experience As you watch the video, use the context to listen for key words and to infer meaning of other unfamiliar words.

Completa la actividad

Los lugares ¿En qué clase de lugar te gustaría vivir? ¿Cerca del mar o de las montañas, o en una ciudad? Haz una lista de lo que quieres tener en un lugar ideal.

▶ Ve el video

¿A cuál(es) de los estudiantes en el video le(s) gustan los lugares históricos?

Ve a **PearsonSchool.com/Autentico** para ver el video *¿Cuál es tu ciudad?* También puedes leer el guión.

Camila   Teo   Seba   Valentina   Ximena

Después de ver

¿COMPRENDISTE? Lee las preguntas. Luego, ve el video otra vez y contesta las preguntas.

1. ¿Quién encontró el cuestionario *(questionnaire)*?

2. ¿Qué resultado quiere Teo?

3. Según el resultado de Seba, ¿puedes describir cómo es él?

4. ¿Qué ciudades son apropiadas para Ximena y para Camila?

5. ¿Por qué es ideal para Teo la ciudad de Los Roques?

Inferir ¿Crees que los resultados del cuestionario corresponden a cada persona del video? Explica tu respuesta.

OBJECTIVES
▶ Talk about being a tourist in another country
▶ Discuss water sports
▶ Listen to descriptions of tourist behavior and hotel preferences
▶ Write about tourist activities

4

¿Qué clase de turista eres?

LEER, ESCRIBIR, HABLAR EN PAREJA   Piensa en lo que hace un(a) turista bueno(a) en un país extranjero.

> **Nota**
> *La guía* is both a book you refer to when you travel and a female tour guide. *El guía* always refers to a male tour guide.

1 Lee las frases y escribe las palabras correctas para completarlas.

1. Cuando llegas a tu habitación, no *(haces ruido / disfrutas)* porque no quieres molestar a las otras personas en el hotel.

2. Tratas de *(ofender / observar)* a las personas en un país extranjero para aprender más de su cultura.

3. Consultas tu *(itinerario / llave)* para saber las horas de salida de las excursiones y los vuelos para no llegar tarde. Eres una persona muy *(bella / puntual)*.

4. Estás muy *(famoso / atento)*. Prestas atención al guía durante una gira.

5. Le dejas una *(propina / recepción)* para la persona que te sirvió en un restaurante.

6. Compras la *(artesanía / habitación)* típica del país que visitas y les preguntas a los *(castillos / vendedores)* sobre quiénes la han hecho.

7. Haces una gira de los lugares *(siguientes / históricos)* para saber más de la historia del lugar que visitas.

8. Tienes buenos modales y eres *(típico / cortés)*. Siempre les dices *por favor* y *gracias* a los demás.

2 En otra hoja escribe los números del 1 al 8 y lee las frases de arriba otra vez. Usa los siguientes números para indicar con qué frecuencia haces cada cosa.

3 Suma *(Add up)* tus puntos. Luego explícale a otro(a) estudiante qué clase de turista eres.

5 siempre	**4** casi siempre	**3** a menudo	**2** a veces	**1** casi nunca

40–32	Eres un(a) turista estupendo(a). Sabes lo que debes hacer en el extranjero *(abroad)*.
31–23	Eres un(a) turista bueno(a). Vas a disfrutar de tus viajes si observas las costumbres del país que visitas.
22–14	Eres un(a) turista típico(a). Debes estar más atento(a) a las costumbres y la cultura del país que visitas.
13–0	No eres un(a) turista simpático(a). Debes leer otra vez y aprender de memoria todas las secciones de Cultura en ***AUTÉNTICO 1*** y **2.**

Turistas en un mercado en Ixtapa, México

Recomendaciones para los turistas

HABLAR EN PAREJA Habla con otro(a) estudiante y hagan recomendaciones para los turistas.

Videomodelo
dejar
A —¿Dónde dejo el equipaje?
B —Debes ir a la habitación.

Estudiante A

1. pedir   2. conseguir   3. cambiar

4. regatear con los vendedores sobre   5. ver la residencia de

6. sacar   7. subir a

Estudiante B

usar
ir a
buscar
visitar

6

Escucha y escribe

ESCUCHAR, ESCRIBIR Vas a escuchar lo que puede hacer un(a) turista en un país extranjero. En una hoja de papel, haz dos columnas. Sobre una columna, escribe *cortés*. Sobre la otra columna, escribe *descortés (impolite)*. Escribe cada acción que escuchas en la columna correcta.

cortés	descortés

CULTURA ◀ El mundo hispano

Regatear es una costumbre de negociar precios, y es muy común en los mercados de los países hispanohablantes. En cambio, es una costumbre menos común en las tiendas. Si quieres comprar algo en un mercado, le pides el precio al vendedor. El vendedor y el cliente ofrecen y piden precios hasta acordar *(agree)* un precio final. Si no sabes si debes regatear o no, puedes preguntar: "¿Son precios fijos *(fixed)*?".

• Imagina que eres vendedor(a) en un mercado. ¿Te gustaría regatear con los clientes para vender cosas? ¿Por qué?

Pre-AP Integration: Las tradiciones y los valores sociales: ¿Has visto a las personas regatear en tu comunidad? ¿Por qué crees que las personas regatean en los países hispanohablantes?

Vacaciones en Punta del Este

LEER, ESCRIBIR, HABLAR EN PAREJA Trabaja con otro(a) estudiante. Lean el siguiente anuncio para Punta del Este, Uruguay. Contesten las preguntas por escrito. Luego, túrnense para hacer y contestar las preguntas de forma oral.

Punta del Este ✈ Destino acuático

Tanto en el puerto² como en la playa se encuentran lugares que alquilan pequeños botes de vela para navegar dentro de la bahía³ o para llegar hasta la isla Gorriti.

Para los aficionados de la moto acuática, también pueden alquilarlas en la playa. Infórmese de los lugares designados para el deporte porque no se permite su práctica en todas partes.

El surf de vela es un deporte muy popular en Punta del Este. Se pueden encontrar escuelas de surf de vela y hay la posibilidad de alquilar tablas⁴ en el arroyo⁵ Maldonado y en la laguna del Diario. En los días de mucho viento siempre es posible ver la habilidad de los navegantes con sus tablas de salto.

Gracias a la tranquilidad de las aguas del área, Punta del Este es un lugar estupendo para hacer esquí acuático. Hay varias escuelas aquí donde se puede encontrar un gran número de expertos que ofrecen sus servicios de instructor en el arroyo Maldonado y en la laguna del Diario.

El Club Náutico Punta del Este, famoso a nivel¹ nacional y local, tiene muchas actividades náuticas para los turistas en, tal vez, el lugar más bello de Uruguay.

¹level ²port ³bay ⁴surfboards ⁵stream

1. ¿Qué deportes puedes practicar en Punta del Este?

2. ¿Qué palabras indican que Punta del Este es un buen lugar para los turistas?

3. Si no sabes hacer ni el surf de vela ni el esquí acuático, ¿puedes disfrutar de unas vacaciones en Punta del Este? ¿Por qué?

4. Imagina que no puedes llevar tu propio equipo para practicar los deportes acuáticos en Punta del Este. ¿Qué puedes hacer?

Mapa global interactivo Explora Punta del Este en Uruguay. Investiga sus puertos y playas y lo que sucede con la población¹ cuando cambian las estaciones.

Los deportes acuáticos

HABLAR EN PAREJA Habla con otro(a) estudiante sobre los deportes acuáticos que se mencionan en el anuncio de Punta del Este. Puedes hacer preguntas como:

• ¿Has hecho . . . alguna vez?

• ¿Dónde lo (la) practicas (practicaste)?

• ¿Te diviertes (divertiste) mucho practicando . . . ?

• ¿Te gustaría practicar . . . alguna vez?

• ¿Cuál de los deportes te parece más interesante?

Los mejores hoteles

LEER, ESCUCHAR   Imagina que eres agente de viajes y puedes recomendarles a tus clientes uno de los hoteles en estos anuncios. Lee los anuncios. Después escucha las preferencias de las personas y escribe *Hotel Real, Hotel Canarias* o *los dos hoteles* según la información en los anuncios.

El Hotel Real
en la Laguna Nichupté

De abril hasta diciembre:
Habitación individual o doble: **$78**
De enero hasta abril:
Habitación individual o doble: **$146**
Tel: **289-06-59**

El centro turístico de Cancún, el **Hotel Real** está sobre una de las más bellas playas de arena[1] blanca y frente a la Laguna Nichupté. Su arquitectura moderna y servicios de primera clase, hacen el hotel ideal para cualquier[2] vacacionista.
Habitaciones:
Tenemos 300 habitaciones que están perfectamente equipadas con aire acondicionado, televisión a color vía satélite, teléfono directo, balcón privado, tina de baño[3] y secadora de pelo.
Servicios adicionales:
• Tres restaurantes
• Piscina y gran Jacuzzi
• Salones de reuniones

[1]sand [2]any [3]bathtub

El Hotel Canarias
en la playa Minitas

Villas de 2 a 6 habitaciones: $136 hasta $615

Tel: 59-28-59

El **Hotel Canarias**, en la República Dominicana, es uno de los más bellos y exclusivos destinos turísticos / vacacionales del Caribe. Este centro turístico se extiende sobre unos 7,000 acres con árboles tropicales y ofrece villas, habitaciones hoteleras, campos de golf (3), canchas de tenis (13), piscinas (19), así como la playa Minitas.

También ofrecemos:
• Restaurantes (9: desde gourmet hasta informal)
• Tiendas de regalo
• Salones de belleza
• Aeropuerto privado
• Oficina de aerolínea
• Gimnasio
• Banco

CULTURA ❯ El mundo hispano

Cinco estrellas Un sistema internacional de evaluar un hotel es el sistema de estrellas: cinco estrellas es el mejor. ¿Qué necesita tener un hotel de cinco estrellas? En España, el hotel necesita tener aire acondicionado y calefacción[1], salones sociales, garaje y salón de belleza. En México, tiene que tener un restaurante, cafetería, discoteca y seguridad.

• ¿Prefieres un hotel con muchos servicios?, ¿una habitación de gran lujo? Si vas a un país extranjero, ¿es mejor gastar tu dinero en un hotel de cinco estrellas, en restaurantes caros o en comprar recuerdos?

Pre-AP Integration: Los viajes y el ocio: ¿Por qué crees que hay un sistema internacional para evaluar los hoteles? Explica tu respuesta.

[1]heating

Gramática

> **OBJECTIVES**
> ▶ Talk and write about vacation preferences
> ▶ Make recommendations about appropriate tourist behavior

Present subjunctive with impersonal expressions

Sometimes you use an impersonal expression to express how you influence another person's actions.

Here are some impersonal expressions that are often followed by *que* + subjunctive:

> **es importante   es necesario   es mejor   es bueno**

> **Es necesario que Uds. tengan**
>   buenos modales.
> ***It's necessary that you have*** *good manners.*

> **Es mejor que consigamos**
>   una habitación doble.
> ***It's better that we get*** *a double room.*

¿Recuerdas?
You know that the subjunctive mood is used to say that one person influences the actions of another.

Note that in the examples above, a specific person is mentioned in the second half of the sentence. If no person is specified, the infinitive is used without *que*. Compare the following sentences.

> Para ser un buen turista, **es importante ser** muy cortés.
> *To be a good tourist,* ***it's important to be*** *very polite.*

> **Es importante que seas** un turista cortés.
> ***It's important that you be*** *a polite tourist.*

Más recursos ONLINE

▶ ***GramActiva* Video**

▶ **Tutorial:** Use of subjunctive in noun clauses after impersonal expressions

◀)) ***Canción de hip hop:*** *Turistas*

✎ ***GramActiva* Activity**

10

Para ser cortés . . .

LEER, ESCRIBIR   Para ser cortés en un país extranjero, ¿qué debes hacer? Completa las frases con la forma apropiada del verbo.

Modelo
Es importante que no *(hacer / ser)* mucho ruido en la habitación del hotel.
Es importante que no hagas mucho ruido en la habitación del hotel.

1. Es mejor que no *(llegar / llevar)* pantalones cortos si visitas la catedral.

2. Es importante que le *(dar / ir)* una propina al hombre que te ayuda con el equipaje.

3. Es necesario que *(ser / ver)* puntual para no enojar a los otros miembros de tu grupo.

4. Es mejor que *(poder / ponerse)* algo sobre tu traje de baño cuando entras en el hotel.

5. Es importante que *(observar / asistir)* las costumbres de las personas que viven allí.

El Viejo San Juan, Puerto Rico

11

Debes visitar Cartagena

LEER, ESCRIBIR   Lee el correo electrónico de un joven, Isidoro, que visitó Cartagena, Colombia. Completa sus recomendaciones a Daniela con la forma apropiada de uno de los verbos del recuadro.

acompañar
buscar
decir
ir
pasar
usar
ver

Querida Daniela:

Me preguntaste sobre qué lugares en América del Sur les recomiendo para pasar unas vacaciones estupendas. Pues, en mi opinión, es necesario que Uds. __1.__ a Cartagena, Colombia. Es una combinación de lugares históricos y de playas bellas. Es mejor que un guía local los __2.__ a Uds. Es importante que Uds. __3.__ los servicios de un guía profesional licenciado. Es necesario que Uds. le __4.__ al guía que quieren hacer una gira por el castillo, la catedral y la antigua universidad. También es importante que __5.__ el Museo del Oro—un museo impresionante. Es bueno también que __6.__ por los barrios coloniales para ver las casas históricas. Para más información, es mejor que __7.__ en la Red, porque hay unos sitios Web muy buenos sobre Cartagena.

Tu amigo, Isidoro

12

En la Red

LEER, ESCRIBIR   Daniela quiere que su familia vaya a Cartagena, Colombia. Completa las frases usando la información del artículo y otras ideas.

Modelo
es bueno / los policías *(estar)* en las playas porque. . .
Es bueno que los policías estén en las playas porque así no hay problemas para los turistas.

1. es importante / nosotros *(planear)* ir a las playas porque . . .

2. es bueno / los turistas *(tomar)* el autobús a las playas porque . . .

3. es mejor / nosotros *(ir)* a una de las playas populares porque . . .

4. es mejor / nosotros *(mirar)* la artesanía de los vendedores porque . . .

5. es necesario / Uds. *(hablar)* con un agente de viajes sobre Cartagena porque . . .

Mapa global interactivo   Explora la histórica ciudad costera de Cartagena, Colombia. Haz conexiones entre la geografía, la historia y algunos monumentos y lugares importantes en la ciudad.

¡Cartagena lo tiene TODO!

Cartagena está rodeada[1] por el Mar Caribe. Sus bellas playas se encuentran a pocos metros del centro histórico. A menos de 35 minutos en autobús desde la Ciudad Vieja, se pueden encontrar las playas llamadas La Boquilla y Manzanillo. Para que los turistas disfruten de estas playas, el gobierno local las limpia todas las noches. Además, las playas son patrulladas[2] por la policía para evitar cualquier problema. Aquí los vendedores se acercan a los turistas para ofrecerles artesanías.

La gente de Cartagena es muy sociable y está acostumbrada a tratar a los turistas. Todas las playas de Cartagena se consideran seguras[3] para bañarse. Estas playas no tienen corrientes fuertes[4]. Las playas más frecuentadas tienen banderas de seguridad que informan a los bañistas sobre el estado del tiempo.

[1]surrounded   [2]patrolled   [3]safe   [4]strong currents

Para disfrutar de las vacaciones

HABLAR EN PAREJA Con otro(a) estudiante, habla de lo que es necesario que hagan tu familia y tú para disfrutar de las vacaciones. Usen las expresiones *es importante, es necesario, es mejor* y *es bueno*.

Videomodelo
ver edificios históricos

A —*Para mí, es importante que veamos los edificios históricos de una ciudad.*

B —*Para mí, no. No es importante que veamos edificios históricos. Prefiero ir a un cine.*

1. quedarse en un hotel elegante
2. comer comidas típicas del país
3. sacar fotos de todo
4. practicar deportes acuáticos
5. hacer una gira de una ciudad principal
6. observar con cuidado el itinerario

Exploración del lenguaje ‹ The suffix -*ero*(a)

The Spanish suffix -*ero(a)* indicates *someone* or *something* that performs an action:

> Alguien que **viaja** es un(a) **viajero(a)**.

> Algo que muestra *(shows)* **letras** es un **letrero**.

¡Compruébalo! Here are some words that you have learned so far. Complete each sentence with the logical word to tell what the people do or where they work.

1. Alguien que trabaja en la **aduana** es un(a) ___.

2. Algo que te trae **noticias** es un ___.

3. Esa señora es **cocinera**. Ella ___ bien.

4. Mi tía es **florera**. Es artística y trabaja con ___.

5. Cuando fui al ___ hablé con una **banquera** sobre cómo conseguir cheques de viajero.

Refrán
Zapatero, a tus zapatos.

CULTURA ‹ El mundo hispano

Los hostales y albergues son una opción popular para jóvenes turistas. Ellos pueden visitar el campo y las ciudades grandes y sentirse seguros y cómodos sin gastar mucho dinero. En estos lugares los jóvenes también pueden conocer a otros turistas de todo el mundo.

• ¿Por qué crees que los hostales y albergues son tan populares entre los jóvenes?

Un cartel *(sign)* de un hostal en México ▶

Gramática

OBJECTIVES

▶ Talk and write about travel tips
▶ Make recommendations to others

Present subjunctive of stem-changing verbs

Stem-changing verbs ending in *-ar* and *-er* have the same stem changes in the subjunctive as in the indicative.

¿Recuerdas?
You know that stem-changing verbs in the present indicative have a stem change in all forms except *nosotros* and *vosotros*.

recordar (o → ue)

recuerde	recordemos
recuerdes	recordéis
recuerde	recuerden

perder (e → ie)

pierda	perdamos
pierdas	perdáis
pierda	pierdan

Es importante que **recordemos** los buenos modales.

Es mejor que no te **pierdas** en el centro. Cómprate una guía.

Stem-changing verbs ending in *-ir* have changes in all forms of the present subjunctive.

pedir (e → i)

pida	pidamos
pidas	pidáis
pida	pidan

divertirse (e → ie), (e → i)

me divierta	nos divirtamos
te diviertas	os divirtáis
se divierta	se diviertan

dormir (o → ue), (o → u)

duerma	durmamos
duermas	durmáis
duerma	duerman

Es necesario que **pidas** la llave.

Queremos que **se diviertan.**

Es bueno que **duermas** durante el vuelo.

Más recursos ONLINE

▶ *GramActiva* Video
▶ **Tutorial:** Stem-changes in the present subjunctive
▶ **Animated verbs**
✎ *GramActiva* Activity

14

¿Qué debemos hacer?

ESCRIBIR Si vas a otro país con un grupo de estudiantes, ¿qué deben y no deben hacer Uds.? Escribe frases usando *es importante, es necesario, es mejor* y *(no) es bueno*. Luego, intercambia con otro(a) estudiante mensajes de texto con sugerencias para visitar otro país. Incluye tus razones y ofrece opciones.

Modelo
conseguir cheques de viajero antes de salir
Es necesario que consigamos cheques de viajero antes de salir para tener dinero.

1. sentirse superiores a los demás
2. reírse de las costumbres de otras personas
3. seguir las instrucciones de los líderes
4. mentir en la aduana
5. dormir durante el vuelo muy largo
6. divertirse mucho en el viaje

Una excursión en Ponce

 LEER, ESCRIBIR En Ponce, Puerto Rico, en medio de la zona histórica turística, está el Museo Castillo Serralles. Completa las reglas del guía de una gira del castillo.

1. Quiero que Uds. *(entender / perder)* mis explicaciones. ¿Hablo muy rápidamente?

2. Es necesario que me *(seguir / conseguir)* siempre. No pueden ir solos a otras partes del castillo.

3. Si tienen preguntas sobre algún aspecto del castillo, prefiero que me *(poder / pedir)* que se lo explique.

4. Si Uds. quieren que yo *(repetir / reír)* algo, sólo tienen que decírmelo.

5. Es importante *(pensar / recordar)* que muchos de los objetos en el comedor son de los años 30.

6. En la Sala doña Mercedes, no permitimos que *(sentirse / sentarse)* en las sillas ni en los sofás.

El castillo Serralles originalmente fue la casa de la familia Serralles, una familia que ganó mucho dinero con la producción de azúcar en los años 30.

7. Por favor, le pido a la última persona que entra en la sala que *(despertar / cerrar)* la puerta.

8. Después de la gira, recomiendo que *(volver / competir)* a los jardines para disfrutar de las vistas impresionantes de la ciudad y del mar.

9. Si quieren hacer otra gira, es necesario que *(conseguir / despedirse)* otro boleto para entrar.

Una entrenadora frustrada

 HABLAR EN PAREJA Una entrenadora está bastante frustrada con las jugadoras en su equipo. Trabaja con otro(a) estudiante para describir el problema y dar recomendaciones.

Estudiante A

1. estar cansadas durante las prácticas
2. parecer estar aburridas durante los partidos
3. no saber qué hacer durante un partido
4. jugar como personas que no se conocen
5. no llegar a las prácticas a tiempo

Videomodelo
no tener energía durante las prácticas
A —*Las jugadoras no tienen energía durante las prácticas.*
B —*Es importante que almuercen comida que es buena para la salud.*

Estudiante B

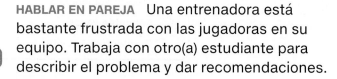

es importante	jugar con entusiasmo
es necesario	empezar a jugar como un equipo unido
les pido	acostarse a las 11:00 de la noche en punto
les recomiendo	seguir mis instrucciones
insisto en	vestirse 15 minutos antes de la práctica
sugiero	

Una carta de Pablo

LEER, ESCRIBIR Pablo aprendió mucho durante su viaje a Panamá. Lee su carta a su madre y, según las experiencias de Pablo, escribe seis recomendaciones para los viajeros al extranjero.

Modelo
Es importante que no pierdas tu pasaporte.

Querida mamá:

He aprendido mucho aquí en Panamá. Por ejemplo, mi maleta era demasiado grande y tuve que facturarla. No sabía que aquí hace tanto calor y tuve que comprar más ropa.

Compré unos recuerdos en el mercado, pero probablemente pagué demasiado porque no regateé con los vendedores. Aprendí que en Panamá ahora se aceptan los dólares estadounidenses.

En el hotel tuve algunos problemas. Olvidé el número de mi habitación y perdí mi llave y tuve que conseguir otra. Pero afortunadamente no he perdido mi pasaporte. Las habitaciones aquí son muy cómodas, pero es difícil dormir porque a veces algunos estudiantes hacen ruido en el hotel.

Un abrazo, Pablo

Juego

ESCRIBIR, HABLAR EN GRUPO, GRAMACTIVA

1 Trabajen en grupos de tres. En pequeñas hojas de papel o tarjetas, escriban tres preguntas sobre el tema de viajar. Pongan todas las preguntas en una bolsa para cada equipo.

¿Qué tengo que conseguir antes de ir a un país extranjero?	*¿Adónde voy para cambiar un cheque de viajero?*	*¿Dónde se puede regatear por la artesanía?*

2 El (La) profesor(a) divide a la clase en dos equipos, "México" y "España".

3 Una persona del equipo "México" lee una de las preguntas que está en la bolsa a una persona del equipo "España". Si esta persona puede contestar correctamente usando el subjuntivo y la información apropiada, gana una letra de su país, "España," para su equipo. ¡El primer equipo que gana todas las letras de su país gana el juego!

Modelo
México: *¿Adónde voy para cambiar un cheque de viajero?*
España: *Recomiendo que vayas a una casa de cambio.*

El español en el mundo del trabajo

Hoy en día el turismo en los países hispanohablantes es más popular que nunca. Los turistas de todo el mundo están descubriendo la riqueza histórica y cultural del mundo hispano. Muchas compañías de turismo ofrecen giras a varios países y necesitan empleados que hablan español, conocen la cultura hispana y tienen interés en ayudar a sus clientes.

• ¿Cómo puedes usar el español trabajando para una compañía de turismo o una agencia de viajes en línea? ¿Qué le recomiendas a alguien que quiere hacer este tipo de trabajo?

19 Recomendaciones

HABLAR EN GRUPO, ESCRIBIR Trabajen en grupos de cuatro estudiantes y hagan recomendaciones sobre las vacaciones. Dos estudiantes van a escribir cinco recomendaciones para las personas que no gastan mucho en las vacaciones y dos van a escribir cinco recomendaciones para las personas que gastan demasiado. Compartan sus recomendaciones con las del otro grupo. Preparen reacciones a las recomendaciones y explíquenselas al otro grupo.

Modelo

Grupo 1: *Para no gastar tanto en las vacaciones, es importante que viajen en coche y no en avión.*

Grupo 2: *Muchas veces no es posible viajar en coche. Queremos ir de vacaciones a Puerto Rico.*

20 Y tú, ¿qué dices?

ESCRIBIR, HABLAR EN PAREJA Trabaja con otro(a) estudiante. Un estudiante contesta las preguntas y el otro dice si está o no de acuerdo y por qué. Luego, en una hoja de papel, escriban dos preguntas y dos recomendaciones sobre el turismo e incluye opciones. Intercambien los papeles y contesten las preguntas de su compañero(a) por escrito.

1. Para aprender a hablar español muy bien, ¿qué es importante que haga un(a) estudiante?

2. ¿Qué es muy importante que una persona haga para indicar que es cortés?

3. ¿Qué recomiendas que haga un(a) turista cuando acaba de llegar a un país extranjero?

CULTURA ▸ España

El Parador de Sigüenza es uno de los muchos paradores que hay en España. Estos edificios históricos fueron restaurados y convertidos en alojamientos[1] por el gobierno español. Aunque son lujosos[2], quedarse en un parador no es muy caro, y es una manera muy conveniente de conocer España.

• ¿Por qué crees que estos edificios se llaman paradores? ¿Qué palabra que ya sabes forma parte de la palabra parador? ¿Qué prefieres tú, una habitación en un albergue juvenil, en un hotel de cinco estrellas o en un parador? ¿Por qué?

Pre-AP Integration: Los estilos de vida: En donde tú vives, ¿son muy caros los lugares lujosos? ¿Cómo definen las diferentes sociedades su calidad[3] de vida? Da algunos ejemplos.

Mapa global interactivo Explora el pueblo y el castillo de Sigüenza en España. Compáralo con edificios históricos en tu ciudad o área.

¹lodgings   ²luxurious   ³quality

El Parador de Sigüenza, España

Las vacaciones

HABLAR EN GRUPO, LEER, ESCRIBIR   ¿Crees que los estadounidenses y los españoles piensan lo mismo sobre la importancia de gastar dinero en las vacaciones?

Conexiones ‹ Las matemáticas

- Pregúntales a tres adultos si creen que los estadounidenses gastan demasiado en las vacaciones. Escribe el nombre de la persona y su respuesta.

- Compartan y sumen *(add up)* las respuestas a la pregunta con tres estudiantes. Calculen el porcentaje de personas que contestaron afirmativamente y de las que contestaron negativamente.

- Estudia la gráfica que representa cómo contestó un grupo de adultos españoles la misma pregunta. Copia la gráfica y añade la información de tu clase. Luego contesta las siguientes preguntas.

¿Cree Ud. que las personas gastan demasiado de lo que ganan en las vacaciones?		
NO	Uno trabaja 11 de cada 12 meses, al menos,[1] para disfrutar del mes que le queda.	**66%**
SÍ	Gastarlo todo en vacaciones y no ahorrar[2] es un error muy extendido.	**34%**

[1]at least   [2]to not save

1. ¿En qué sentido son similares las respuestas de los estadounidenses y de los españoles? ¿En qué sentido son diferentes?

2. Para tu familia y las familias de tus amigos, ¿es importante pasar tiempo de vacaciones? ¿Adónde van y qué hacen durante las vacaciones?

22

Mi ciudad

ESCRIBIR, HABLAR EN PAREJA

1 Tienes que crear un anuncio para promocionar el turismo en tu comunidad. Escribe sobre cuatro o cinco lugares que recomiendas que visiten los turistas. Usa las expresiones *es mejor que, es importante que, es necesario que, sugiero que* y *recomiendo que*. Incluye consejos *(advice)* sobre lo siguiente:

- la mejor estación para visitar tu ciudad

- lugares para comer, atracciones culturales, los horarios y los precios

- lugares para ir de compras y lo que se puede comprar allí

- consejos sobre las costumbres y los modales

- puntos de interés y actividades divertidas

2 Compara tus recomendaciones con las de otro(a) estudiante y hablen de ellas.

Lectura

> **OBJECTIVES**
> ▶ Read about the historic city of Antigua, Guatemala
> ▶ Use heads and subheads to predict reading content

Estrategia
Using heads and subheads Heads and subheads help to organize information. Before you read each section, use its subhead to think about the information you're likely to read.

Antigua, una ciudad colonial

☰ Mar Caribe ＞ ANTIGUA 🔍

Una linterna de una casa guatemalteca, Antigua

La Iglesia La Merced, Antigua

¡Bienvenidos a la hermosa ciudad de Antigua!

Situada a 45 minutos de la Ciudad de Guatemala, Antigua le fascina al turista por sus calles de piedras, su arquitectura colonial y sus ruinas de iglesias y monasterios. El español Francisco de la Cueva fundó la ciudad el 10 de marzo de 1543. La "Ciudad de las Perpetuas Rosas," nombrada así por sus jardines con flores, tiene un clima muy agradable y preserva un sabor colonial único. Caminar por sus calles es como visitar el pasado y descubrir una ciudad típica española del siglo[1] XVII. ¡Los invitamos a venir y a disfrutar de esta ciudad!

HOTELES
Antigua ofrece una gran variedad de hoteles. Los precios pueden variar entre $50.00 y $300.00 la noche. Uno de los mejores hoteles de Antigua es la Casa de Santo Domingo. Este hotel de cinco estrellas, construido en un antiguo convento, tiene muchas comodidades modernas, como computadoras, piscina, sauna y varios jacuzzis. Las ruinas del convento están todavía en el hotel y así el visitante puede apreciar lo moderno con lo antiguo.

RESTAURANTES
La ciudad de Antigua tiene toda clase de restaurantes; desde restaurantes donde preparan platos guatemaltecos típicos hasta pizzerías. Le recomendamos La Fonda de la Calle Real, establecida en 1975. Este restaurante ofrece comida típica de Guatemala, como la deliciosa carne adobada[2] y muchos postres típicos.

[1]century [2]marinated

☰ Mar Caribe > **ANTIGUA** 🔍

¿Qué hay que ver en la ciudad de Antigua?
La ciudad de Antigua tiene muchos sitios de interés. Se puede apreciar toda la historia de esta ciudad mirando sus casas y monumentos coloniales. En el centro de la ciudad está la Plaza Mayor. Los edificios principales son el Ayuntamiento[3], la Catedral y el Palacio de los Capitanes.

Vaya al reino de la cultura maya
Si le interesan las ruinas, le recomendamos que haga planes para visitar Tikal, una de las ciudades más importantes de la cultura maya. Desde el aeropuerto de la Ciudad de Guatemala, un avión lo lleva a Flores, la entrada a la zona arqueológica de Tikal. Duerma en uno de los pequeños hoteles de la región. ¡Esperamos[4] que disfrute de esta excursión!

Una experiencia inolvidable
La ciudad de Antigua no es sólo un lugar turístico para visitar parques, volcanes y monumentos históricos. Su gente es tan simpática que usted va a sentirse como en su propia casa. ¡Visite Antigua, lo(a) esperamos con anticipación!

[3]City hall   [4]We hope

El Templo I de la Gran Plaza, Tikal

El Ayuntamiento, Antigua

 ## ¿Comprendes?

1. ¿Qué palabra en inglés es similar a la palabra *antigua*? ¿Por qué piensas que Antigua se llama así?

2. ¿Qué puedes ver en Antigua que representa su historia colonial?

3. ¿Qué puedes ver del mundo moderno en esta ciudad?

4. Según este folleto de turismo *(travel brochure)*, ¿cuáles son los lugares más interesantes para visitar?

 ## Y tú, ¿qué dices?

1. ¿Te gusta visitar lugares nuevos? ¿Qué tipo de lugares te gustan?

2. Cuando viajas, ¿prefieres quedarte en un lugar lujoso, o eso no es importante? ¿Por qué?

3. ¿Cuándo fue la última vez que saliste de viaje? ¿Adónde fuiste? Por qué escogiste ese lugar?

 Mapa global interactivo
Explora la ciudad de Antigua, que antes fue la capital de Guatemala. Investiga las conexiones entre la actividad volcánica y sísmica y la historia de la ciudad.

Perspectivas del mundo hispano

La Red Nacional de Ferrocarriles Españoles

¿Te gustaría viajar por un país hispanohablante en un vehículo moderno, cómodo, rápido, seguro, limpio y económico? Puedes hacerlo en España si viajas en los trenes de la Red Nacional de Ferrocarriles Españoles (RENFE). El ferrocarril, o tren, es un medio de transporte muy popular en España y en toda Europa. El tren es una buena alternativa al automóvil porque transporta a muchos pasajeros y mercancías. Consume menos energía y por eso es más limpio y contamina menos.

La red[1] ferroviaria española tiene más de 15,000 kilómetros y se extiende por todo el país. Hay servicios de metro[2] en Madrid, Barcelona, Valencia y Bilbao y trenes que comunican la ciudad con los suburbios, con otras ciudades de la región y con ciudades lejanas en el país y en otros países. RENFE ofrece billetes[3] más baratos para jóvenes y personas mayores.

RENFE ofrece muchas líneas de trenes de alta velocidad, o AVE, que viajan a velocidades superiores a los 310 kilómetros por hora y recorren largas distancias. Con estos servicios tan rápidos, mucha gente prefiere viajar en tren en vez de en avión.

[1]system [2]subway [3]tickets

Online Cultural Reading

Go to Auténtico ONLINE to explore a website with information about lodging in Galicia.

El AVE, España

Comparación cultural

¿Hay metro en tu ciudad? ¿Tiene tu estado un sistema de ferrocarriles? ¿Qué servicios ofrece? ¿Lo has usado alguna vez? ¿Lo usa algún miembro de tu familia?

¿Qué te parece?

¿Qué te parece el transporte por ferrocarril? ¿Cuáles son algunas de sus ventajas y desventajas *(advantages and disadvantages)*?

Presentación escrita

OBJECTIVES
▸ Create a travel brochure
▸ Use key questions to generate ideas

Viajemos juntos

TASK You are going on a class trip to a Spanish speaking country. Prepare a brochure for your group.

1 **Prewrite** Think of the preparations you must make before your trip. Answer these questions:

- ¿Qué país van a visitar y cómo van a viajar?
- ¿Qué deben llevar? ¿Una cámara? ¿Unos anteojos de sol?
- ¿Qué lugares van a visitar? ¿Qué excursiones o giras van a hacer? ¿Qué actividades van a hacer?
- ¿Cómo deben vestirse? ¿Hay restricciones de vestimenta?

2 **Draft** Use your responses to develop a brochure that will help your group prepare. Include photos or drawings. Describe the places you are going to visit and what you are going to do in a sequence.

3 **Revise** Check the spelling, vocabulary, verb usage, and agreement. A classmate will check the following:

- Is the information clear and well organized?
- Have you included all the necessary information?
- Are the visuals useful?
- Is there anything you should add or change?
- Are there any errors?

4 **Publish** Make a new version with the changes. Make a final copy for your teacher or your portfolio.

5 **Evaluation** The following rubric will be used to grade your brochure.

Estrategia

Using key questions Key questions are a good way to brainstorm. Jot down answers to a wide range of questions and you will have many ideas to help you with your writing.

▸ Ruinas de una misión, en la Argentina

▲ La Plaza de Armas en Lima, Perú

Rubric	Score 1	Score 3	Score 5
Amount of information provided	You only address some of the questions in your brochure.	You address most of the questions in your brochure.	You address all of the questions in your brochure.
Attractiveness and clarity of your brochure	Your layout is confusing and contains visible error corrections and smudges.	Your layout is somewhat clear but contains visible error corrections and smudges.	Your layout is clear and attractive and contains no error corrections or smudges.
Your use of vocabulary and grammar	You use very little variation of vocabulary and make frequent usage errors.	You use limited vocabulary and have some usage errors.	You use an extended variety of vocabulary and make very few usage errors.

Auténtico

Partnered with UNIVISION® COMMUNICATIONS INC

Turistas arropan las calles del Viejo San Juan

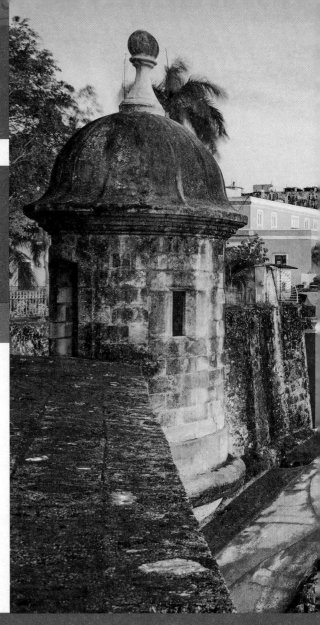

Antes de leer

Usa la estrategia: Use Text Organization

This article uses short paragraphs to organize each idea. Use the paragraph breaks, along with the key vocabulary, to understand the authentic text and identify the main ideas and cultural practices in the text.

Read the Key Vocabulary

arropan = flood
cruceros = cruise ships
la temporada alta = the busy season
cifras favorables = good statistics
crecimiento sostenido = sustained growth
arribaron = arrived

Lee el texto

Puerto Rico is a favorite destination for cruise ships, and officials don't mind at all! Tourists bring a welcome boost to the economy as they visit local shops, eat in local restaurants, and stay in local hotels. The tour guides and taxi drivers also benefit from the popularity of the San Juan port.

Go to **PearsonSchool.com/Autentico** and read the article *Miles de turistas arropan las calles del Viejo San Juan* to learn about the tourist season in Puerto Rico.

Completa las actividades

Mientras lees Lee el texto y busca las ideas principales y las prácticas culturales. De la lista de abajo, selecciona las ideas importantes del texto.

La temporada alta es en el verano.
El turismo es muy bueno para la economía de Puerto Rico.
A los turistas les gusta la música puertorriqueña.
La comida de San Juan es muy picante.
Un crucero va a usar San Juan como puerto base.

Integración

Después de leer Lee el texto otra vez para contestar estas preguntas.

1. ¿Cuál es la idea principal de la cita *(quote)* en el tercer párrafo del texto?

2. Nombra una práctica cultural que encuentran los turistas cuando llegan a San Juan.

3. El texto menciona varios efectos positivos de la llegada de los cruceros para la economía de San Juan. ¿Qué otros efectos, negativos o positivos, puedes imaginar que tiene la industria turística?

 For more activities, go to the *Authentic Resources Workbook*.

Viajar en el mundo hispanohablante

Expansión Busca otros recursos en *Auténtico* en línea. Después, contesta las preguntas.

 8B Auténtico

Integración de ideas Los recursos auténticos de este capítulo informan sobre viajar en países hispanohablantes. Escribe una guía describiendo los destinos turísticos mencionados y por qué son atractivos.

Comparación cultural Los recursos mencionan varios medios de transporte que existen en el mundo hispanohablante. ¿Son similares a los medios de transporte aquí? Explica tu respuesta.

Repaso del capítulo

OBJECTIVES
▸ Review the vocabulary and grammar
▸ Demonstrate you can perform the tasks on p. 451

🔊 Vocabulario

to talk about places to visit in a city

el cajero automático	ATM
la casa de cambio	currency exchange
el castillo	castle
la catedral	cathedral
histórico, -a	historical
el palacio	palace
el quiosco	newsstand

to talk about staying in a hotel

el ascensor	elevator
conseguir (e → i)	to obtain
la habitación, pl. las habitaciones	room
la habitación doble	double room
la habitación individual	single room
la llave	key
la recepción	reception desk

to talk about appropriate tourist behaviors

atento, -a	attentive
cortés	polite
hacer ruido	to make noise
observar	to observe
ofender	to offend
la propina	tip
puntual	punctual

to talk about tourist activities

la artesanía	handicrafts
el bote de vela	sailboat
cambiar	to change, to exchange
disfrutar de	to enjoy
el esquí acuático	waterskiing
la excursión, pl. las excursiones	excursion, short trip

For *Vocabulario adicional,* see pp. 506–507.

el guía, la guía	guide
la guía	guidebook
hacer una gira	to take a tour
el itinerario	itinerary
la moto acuática	personal watercraft
navegar	to sail, to navigate
regatear	to bargain
el surf de vela	windsurfing
la tarjeta postal	postcard
el vendedor, la vendedora	vendor

other useful words and expressions

bello, -a	beautiful
en punto	exactly (time)
estupendo, -a	stupendous, wonderful
famoso, -a	famous
el rey, pl. los reyes	king, king and queen
siguiente	next, following
tal vez	maybe, perhaps
típico, -a	typical

Gramática

present subjunctive with impersonal expressions

Es bueno que los estudiantes **hagan** la tarea.

Es importante que comas un buen desayuno.

Es mejor que no **vayamos** al museo hoy.

Es necesario que hagas una gira de la ciudad.

present subjunctive of stem-changing verbs

recordar *(o → ue)*

perder *(e → ie)*

pedir *(e → i)*

divertirse *(e → ie), (e → i)*

dormir *(o → ue), (o → u)*

(To see these verbs fully conjugated in the present subjunctive, see p. 439.)

Preparación para el examen

What you need to be able to do for the exam . . .	Here are practice tasks similar to those you will find on the exam . . .	For review go to your print or digital textbook . . .

Interpretive

1 ESCUCHAR I can listen and understand as people make recommendations for travel.

You need some advice for your trip to Mexico. Listen to these recommendations and determine what is the most important thing to do when you get there. What is the best thing to do there?

pp. 428–431 *Vocabulario en contexto*
p. 433 Actividad 6
p. 435 Actividad 9

Interpersonal

2 HABLAR I can talk about ways to have an enjoyable vacation when you travel away from home.

Give a group at a Spanish Club meeting some advice about travel in Mexico. How can they be "good" tourists? What is the best way to get to know the city they visit?

p. 432 Actividad 4
p. 433 Actividad 5
p. 434 Actividad 7
p. 438 Actividad 13
p. 442 Actividades 19–20

Interpretive

3 LEER I can read and understand vacation postcards from friends and family.

Read a postcard from a classmate in Mexico. Is the person: (a) having a good or bad trip; (b) using Spanish; and (c) learning about Mexico?

Querido Juan:
Estoy aquí en Cancún. Es muy divertido pasar tiempo en la playa y luego ir al mercado. Me encanta hablar español para regatear. Es importante que no ofendas a los vendedores cuando regateas por el mejor precio.

p. 434 Actividad 7
p. 435 Actividad 9
p. 436 Actividad 10
p. 437 Actividades 11–12
p. 441 Actividad 17
pp. 444–445 *Lectura*

Presentational

4 ESCRIBIR I can write a "tip sheet" for students planning to travel to a foreign country.

You are developing a Web site for teen travelers. Complete the following sentences with at least three suggestions per topic: (a) Para ser un(a) turista bueno(a), es importante que . . . ; (b) Para disfrutar mucho de tu viaje, te recomiendo que . . .

p. 432 Actividad 4
p. 436 Actividad 10
p. 437 Actividades 11–12
p. 439 Actividad 14
p. 441 Actividad 17
p. 447 *Presentación escrita*

Cultures

5 COMPARAR I can understand cultural practices related to travel in Spanish-speaking countries.

Think about how American tourists would most likely travel within a Spanish-speaking country. To get from one city to another, what kind of transportation would they use? How would this compare with how tourists would travel while visiting the United States?

pp. 444–445 *Lectura*
p. 446 *Perspectivas del mundo hispano*

A ver si recuerdas

OBJECTIVES
▶ Talk and write about nature and recycling
▶ Express what people do

Vocabulario

las plantas y los animales
el árbol, *pl.* los
 árboles
la flor, *pl.* las flores
el mono
el oso
el pájaro
el pez, *pl.* los peces
el tigre

los lugares
al aire libre
el jardín, *pl.* los
 jardines
el lago
el mar
las montañas
el mundo
el parque nacional
el río
el zoológico

los materiales
la botella
el cartón
la lata
el papel
el periódico
el plástico
la revista
el vidrio

el reciclaje
el centro de reciclaje
reciclar
recoger
separar
tirar
trabajar como
 voluntario, -a
usar

1

¿Qué es?

ESCRIBIR, HABLAR EN PAREJA

❶ Lee las siguientes definiciones y escribe la palabra que se define.

1. lugar donde se ven los animales
2. animal que come plátanos
3. publicación que da las noticias
4. material usado para hacer cajas
5. rosa, tulipán, orquídea

❷ Ahora escribe tres definiciones más. Léelas a otro(a) estudiante para ver si puede decir la palabra que se define.

2

Lugares interesantes

ESCRIBIR, HABLAR Contesta las siguientes preguntas.

1. ¿Cuál es el zoológico más impresionante que has visitado? ¿Por qué?
2. ¿En tu comunidad hay parques o jardines públicos? Describe uno.
3. ¿Has ido alguna vez a un parque nacional? ¿Cómo era?
4. ¿Has trabajado como voluntario(a) en un centro de reciclaje alguna vez? ¿Qué hacen los voluntarios allí?

Gramática Repaso

Verbs with spelling changes in the present tense

Remember that some verbs have spelling changes in the present tense to preserve the pronunciation of the infinitive in the conjugated forms.

Remember that *g* has a hard or soft sound depending on the vowel that follows it. To maintain the soft consonant sound before the vowel *o*, verbs that end in *-ger*, like *escoger* and *recoger*, change from *g* to *j* in the present-tense *yo* form.

> **Recojo** basura en la calle y la tiro en el basurero. Otras personas no la **recogen.**

In the present-tense *yo* form of verbs like *seguir* and *conseguir*, the silent *u* used in the infinitive and other forms in which the *g* is followed by *e* or *i* is dropped to preserve the sound of *g* as in *get*.

> En el jardín botánico, algunos turistas **siguen** a una guía por los senderos. Yo no la **sigo;** prefiero caminar solo.

Verbs like *enviar* and *esquiar* have an accent mark on the *i* in all present-tense forms except *nosotros* and *vosotros*.

> **Enviamos** cartas a las compañías que destruyen los árboles. Yo también **envío** información por correo electrónico.

3

Una semana de vacaciones

LEER, ESCRIBIR Lee lo que dice una muchacha sobre sus vacaciones. Completa su historia con las formas apropiadas de los verbos *escoger, esquiar* y *seguir*.

Cada año mi familia y yo vamos a las montañas para esquiar. Yo __1.__ muy bien porque hace cinco años que tomo lecciones de esquí. Mis padres me dicen, "Amalia, __2.__: o esquías con nosotros o tomas una lección". Yo siempre __3.__ un día de lecciones porque los instructores __4.__ estupendamente. Escucho con atención y __5.__ sus instrucciones. Algunos chicos en las lecciones son demasiado atrevidos y no __6.__ instrucciones.

4

Un proyecto en la comunidad

ESCRIBIR Un grupo de personas de una escuela decide ayudar a limpiar su comunidad. Escribe frases para decir qué hacen.

Modelo
mi profesor de ciencias / conseguir permiso para . . .
Mi profesor de ciencias consigue permiso para hacer el proyecto.

1. yo	enviar cartas a la comunidad para . . .
2. mis amigos	recoger basura en . . .
3. mi mejor amigo(a)	seguir las instrucciones de . . .
4. nosotros	escoger el lugar donde . . .
5. nuestros profesores	conseguir bolsas de plástico para . . .

CAPÍTULO 9A
¿Qué profesión tendrás?

Texas
Florida
México
El Salvador
Ecuador

CHAPTER OBJECTIVES

Communication

By the end of this chapter you will be able to:

- Listen to and read about students' future plans.
- Talk and write about high school activities and career plans.
- Exchange information about what high school will be like for new students.

Culture

You will also be able to:

- **Auténtico:** Identify key details in an authentic video about jobs in the future.
- Understand folk art from Spanish-speaking countries.

- Compare education in the Spanish-speaking world with that in the U.S.

You will demonstrate what you know and can do:

- Presentación oral: Mi vida hoy y en el futuro
- Preparación para el examen

You will use:

Vocabulary
- Professions
- The future

Grammar
- The future tense
- The future tense: irregular verbs

ARTE y CULTURA   México

David Alfaro Siqueiros (1896–1974) En una de las paredes principales de la Universidad Nacional Autónoma de México está este gran mural del famoso artista mexicano David Alfaro Siqueiros. La Universidad le pidió a Siqueiros una obra pública, monumental, relacionada con la educación. Los estudiantes representados en el mural comparten sus conocimientos con el pueblo mexicano. Siqueiros terminó el mural en 1956.

▶ ¿Hay algún mural o alguna obra de arte monumental en tu escuela o tu comunidad? ¿Cómo es?

 Mapa global interactivo Explora la Universidad Nacional Autónoma de México. Investiga sobre su campus y su arte. Compárala con instituciones[1] similares en los Estados Unidos.

[1]institutions

"El Pueblo a la Universidad y la Universidad al Pueblo" (1950–1954), David Alfaro Siqueiros ▶

(Detail) © 2010 Artists Rights Society (ARS), New York/SOMAAP, Mexico City/photo: Paul Almasy/Corbis

Go **Online** to practice

PEARSON
realize™

PearsonSchool.com/Autentico

 AUDIO
 VIDEO
 WRITING
 SPEAK/RECORD
 MAPA GLOBAL
 AUTÉNTICO
 FLASCHARDS
 ETEXT 2.0
GAMES

El pintor David Alfaro Siqueiros
trabajando en su taller, 1966

▶ Videocultura **El medio ambiente**

Vocabulario en contexto

OBJECTIVES
Read, listen to, and understand information about
▶ professions
▶ making plans for the future
▶ earning a living

Muy pronto es mi **graduación**, y estoy pensando en **el futuro**. ¿Qué **programa de estudios** será bueno **seguir** después de **graduarme del colegio**? Hablo dos **idiomas**, y en el futuro **habrá** más necesidad de empleados **bilingües**. No sé. No sé qué hacer para **ganarme la vida**.

el técnico

el contador

el hombre de negocios

la jueza

el mecánico

la mujer de negocios

el arquitecto

el ingeniero

la científica

el agricultor

la pintora

el cartero

No sé si debo asistir a la universidad y estudiar para **una profesión**. Me gustan mucho los animales. Quizás estudiaré para ser veterinaria. O quizás estudiaré en **una escuela técnica**, y trabajaré como **secretaria bilingüe**. También existe la posibilidad de tener **una carrera** militar.

Más vocabulario
la ley = law
los negocios = business
la oficina = office

militar

el colegio

la universidad

la escuela técnica

1

Las carreras

 ESCUCHAR   Escucha los nombres de algunas carreras. Señala la foto correcta.

2

¿Cierto o falso?

ESCUCHAR   Escucha las frases sobre algunas profesiones. Si la frase es cierta, señala con el pulgar hacia arriba *(thumbs up)*. Si la frase es falsa, señala con el pulgar hacia abajo *(thumbs down)*.

¿Qué piensas hacer?

Diana: Lino, ¿qué piensas hacer después de graduarte del colegio?

Diana / Lino

Lino: Bueno, hace un año que trabajo en un restaurante. Puedo seguir trabajando allí. **Algún día** podré ser **gerente**.

Diana: Pero Lino, el **salario** es muy bajo y no tienes **beneficios**.

Lino: Bueno, quizás llegaré a ser **dueño** del restaurante. A ver... También me gustan las ciencias sociales. ¿Y si hago una carrera en **la política**? Otra opción es el **derecho**. Puedo ser **abogado**.

Diana: Pienso que serás un buen político. Puedes ayudar a la comunidad. A mí me gusta escribir. Quizás seré una escritora. También me gusta la ilustración y el diseño. Quizás tendré una carrera en **las artes**. Seré artista o diseñadora.

Lino: Bueno, todavía tenemos tiempo. Primero tenemos que graduarnos.

Diana: Sí, tienes razón.

la abogada

la escritora

el artista

la diseñadora

el político

la veterinaria

3

Las profesiones

ESCRIBIR Lee cada pregunta y escribe *sí* o *no*. Si escribes *no*, escribe la frase correctamente.

1. ¿Trabaja Lino en una tienda?

2. ¿Es muy bajo el salario de Lino?

3. ¿Piensa Diana que Lino puede ser un buen político?

4. ¿Ya se graduaron Lino y Diana?

Videohistoria

¿Qué serás en el futuro?

Antes de ver

Using guiding questions Read the questions on this page before watching the video. Knowing what the questions are beforehand can help you listen for key information and identify the main idea.

Completa la actividad

Las profesiones Piensa en lo que crees que harás en el futuro, diez años desde esta fecha. Escribe tres cosas que harás.

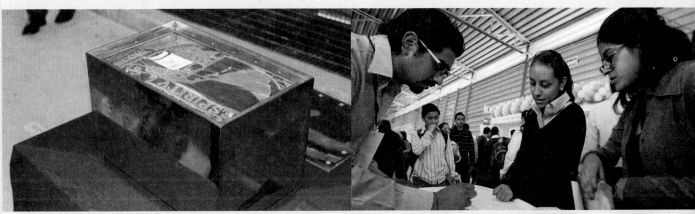

▶ Ve el video

¿Qué van a poner los jóvenes en la cápsula del tiempo?

Ve a **PearsonSchool.com/Autentico** para ver el video *¿Qué serás en el futuro?* También puedes leer el guión.

Teo

Camila

Seba

Valentina

Ximena

Después de ver

 ¿COMPRENDISTE? Lee las preguntas. Luego, ve el video otra vez y contesta las preguntas.

1. ¿Quién es el último en llegar a la reunión? ¿Por qué?

2. ¿Cuál es la idea principal del video? Piensa en lo que pondrán los jóvenes en la cápsula.

3. ¿Qué quiere hacer Valentina? ¿Y Ximena?

4. De niña, ¿qué quería ser Camila?

5. ¿Cuál de los dos chicos tendrá una profesión artística?

Identificar ¿A cuál de los jóvenes te pareces más? Explica tu respuesta.

Vocabulario en uso

OBJECTIVES
▶ Talk about professions
▶ Discuss career plans
▶ Listen to people describe their careers
▶ Write about future plans and employment ads

4

¡A trabajar en el periódico!

ESCRIBIR Un joven trabaja en un periódico y tiene que organizar los anuncios clasificados. Escribe la profesión que no corresponde.

Modelo
la tecnología: arquitecta, contador, diseñador, técnica
contador

1. los negocios: contadora, secretario, gerente, mecánica
2. las artes: pintora, artista, escritor, cartero
3. la política y el derecho: agricultor, jueza, político, abogada
4. la tecnología: diseñadora, arquitecta, juez, ingeniero
5. las ciencias: veterinario, científico, médica, mujer de negocios
6. el servicio público: policía, cartera, política, cantante

5

Así es mi trabajo

 ESCUCHAR, ESCRIBIR Copia la tabla en una hoja de papel. Vas a escuchar a seis personas hablar de su trabajo. Escribe lo que escuchas sobre los estudios de cada persona, lo que hace en su trabajo y cuál es su profesión. Luego, identifica el tema y resume *(summarize)* la idea principal de lo que dice cada persona.

los estudios	lo que hace	su profesión

6

Una carrera en negocios internacionales

 LEER, ESCRIBIR   Lee la historia de un hombre que ahora tiene una carrera en los negocios internacionales. Escoge y escribe las palabras apropiadas para completar la descripción de su preparación profesional y de su trabajo ahora.

colegio	programa de estudios		beneficio	me gano la vida
idioma	universidad		bilingüe	oficinas
me gradué			hombre de negocios	salario

Hace nueve años __1.__ del colegio. Decidí asistir a la __2.__ para seguir un __3.__ en los negocios. Durante mis años en el __4.__, estudié español y quería seguir estudiando este __5.__ en la universidad también. Por eso tomé clases avanzadas de español.

Soy __6.__ ahora y por eso conseguí un trabajo como __7.__ con una compañía internacional después de graduarme de la universidad. Uno de los buenos aspectos de mi carrera en los negocios internacionales es que __8.__ viajando a varios países de América del Sur durante el año. Otro __9.__ es que recibo un __10.__ muy bueno porque puedo comunicarme con los empleados que trabajan en nuestras __11.__ en estos países.

7

Los planes para el futuro

 HABLAR EN PAREJA   Con otro(a) estudiante, hablen de sus planes para el futuro.

Videomodelo

A —*¿Piensas seguir una carrera en el mundo de las artes después de graduarte del colegio?*

B —*Posiblemente. Algún día me gustaría ser pintor(a).*

o: —*No, no quiero ser pintor(a). Quisiera ganarme la vida como ingeniero(a) en el futuro.*

Las profesiones de mis amigos

🎤 **ESCRIBIR, HABLAR EN PAREJA** Piensa en las personas a quienes conoces. ¿Qué profesión tendrán ellos en el futuro?

▶

1 Para cada foto, escribe la profesión de la persona. Luego escribe el nombre de una persona a quien conoces que puede tener esta profesión en el futuro.

2 Trabaja con otro(a) estudiante. Usen lo que escribieron y hablen sobre quiénes tendrán estas profesiones en el futuro.

Videomodelo

A —¿Quién será *ingeniero* algún día?

B —*Mi primo Alejandro* será *ingeniero. Le gusta mucho estudiar* **matemáticas.**

1  **2**  **3**  **4**  **5**  **5**

Juego

ESCRIBIR, HABLAR EN GRUPO

1 Tu profesor(a) va a dividir a la clase en grupos de cuatro o cinco estudiantes. Va a decir una categoría de trabajo y cada grupo va a escribir diferentes carreras y profesiones para esta categoría.

2 Cuando tu profesor(a) indica que no hay más tiempo, un grupo lee su lista en voz alta. El grupo recibe un punto por cada carrera o profesión que tiene y que otro grupo no tiene. Luego otro grupo lee las carreras o profesiones que no leyó el primer grupo. Van a seguir hasta no tener más carreras o profesiones diferentes.

3 Luego el (la) profesor(a) les da otra categoría. El grupo con más puntos al final gana. Van a usar sus listas en la Actividad 10.

CULTURA ❮ **El mundo hispano**

La educación básica en los países hispanohablantes incluye[1] la educación preescolar, la primaria y la secundaria. Todos los jóvenes tienen que completarla; es decir, es obligatoria. La educación secundaria dura tres años (de los 13 a los 15 años). Luego sigue el bachillerato y los estudios medios profesionales. En la secundaria, muchos jóvenes aprenden un oficio[2] relacionado con los servicios o la educación tecnológica.

• ¿Te parece similar o diferente la educación básica en los países hispanohablantes a cómo es en los Estados Unidos?

Pre-AP Integration: La educación y las carreras personales: ¿Cómo influye la educación que recibes en lo que seguirás después de graduarte del colegio?

[1]includes [2]trade

Se busca . . .

HABLAR EN PAREJA, ESCRIBIR, ESCUCHAR   Usa las listas de carreras y profesiones de la Actividad 9 para crear anuncios clasificados de un periódico en línea.

1 Trabaja con otro(a) estudiante y escriban tres anuncios. Lean los anuncios a otra pareja que está interesada en los trabajos.

2 La otra pareja escucha los anuncios clasificados y hace preguntas sobre el trabajo. Deben hacer preguntas como "¿Qué necesito...?" o "¿Qué debo...?" La pareja que escribió el anuncio debe contestar sus preguntas.

3 Intercambien los anuncios con la otra pareja. Escriban las preguntas y devuelvan los papeles. Luego, contesten por escrito las preguntas de la otra pareja.

Modelo

Pareja 1: Se busca secretario bilingüe.
Pareja 2: ¿Qué tipo de experiencia debo tener? ¿Qué días necesito trabajar?
Pareja 1: Debe tener experiencia trabajando en una oficina.
Es necesario que hable inglés y español y que sepa usar la computadora.
No hay que trabajar los fines de semana.

Y tú, ¿qué dices?

ESCRIBIR, HABLAR

1. Describe a un adulto a quien conoces bien. ¿Qué profesión tiene? ¿Se preparó para su carrera en la universidad? ¿En una escuela técnica? ¿Qué programa de estudios siguió?

2. ¿Qué vas a hacer después de graduarte del colegio? ¿Piensas asistir a la universidad o a una escuela técnica, o comenzar a trabajar?

3. ¿Te gustaría seguir una carrera militar? ¿Crees que hay beneficios de una carrera militar? ¿Cuáles son?

4. ¿Te interesa ser dueño(a) de tu propio negocio algún día? ¿Por qué?

Pronunciación   Diéresis

As you have seen, when *gu* is used before *e* and *i,* the *u* is silent. To indicate that the *u* is pronounced, it is written with a *diéresis (ü).* Listen to and say the following sentences:

> Ramón **Gue**vara es bilin**güe.** Quiere se**guir** una carrera como **guí**a para los turistas extranjeros.

¡Compruébalo! Listen to the sentences as they are read. Complete the spelling of the words by adding *güe* or *güi. ¡Ojo!* In one case, you will also have to add a written accent mark to the *e* or *i.*

1. Un ave *(bird)* graciosa de la Antártida es el pin___no.

2. Si hablas sólo un idioma, eres monolin___.

3. El estudio de lenguaje *(language)* se llama la lin___stica.

4. Si haces algo malo debes tener ver___nza.

¡Trabalenguas!
Gárgaras
Gla-gle-gli-glo-glu-güe-güi,
¡qué difícil es así!
Güi, güe, glu, glo, gli, gle, gla,
¡qué trabajo igual me da!

Gramática

OBJECTIVES
▶ Listen to and write about future plans
▶ Talk and write about what people will do

The future tense

Another way to talk about future events is to use the future tense. The future tense expresses what will happen. To form the future tense of regular *-ar, -er,* and *-ir* verbs, use the same set of endings for all verbs and add them to the infinitive.

-é	-emos
-ás	-éis
-á	-án

(yo)	trabajar**é** ser**é** vivir**é**	(nosotros) (nosotras)	trabajar**emos** ser**emos** vivir**emos**
(tú)	trabajar**ás** ser**ás** vivir**ás**	(vosotros) (vosotras)	trabajar**éis** ser**éis** vivir**éis**
Ud. (él) (ella)	trabajar**á** ser**á** vivir**á**	Uds. (ellos) (ellas)	trabajar**án** ser**án** vivir**án**

Note that all forms have a written accent mark except *nosotros(as)*.

Mañana **comenzaremos** el trabajo.
*Tomorrow **we will begin** work.*

El futuro **será** mejor.
*The future **will be** better.*

¿Recuerdas?

You already know two ways to talk about future events.
Using the present tense:
- Mañana **comenzamos** el trabajo.
  *Tomorrow we **begin** work.*
Using *ir + a +* infinitive:
- El futuro **va a ser** mejor.
  *The future **is going to be** better.*

Más recursos   ONLINE

▶ *GramActiva* Video
▶ **Tutorials:** Formation of regular future tense (Spanish), Formation of regular future tense (English)
▶ Animated verbs
✎ *GramActiva* Activity

12

Escucha y escribe

ESCUCHAR, ESCRIBIR Un estudiante va a escribir un artículo para el periódico de su escuela sobre los planes de los estudiantes que se graduarán del colegio este año. Escucha los planes de sus compañeros y escríbelos según el modelo.

Modelo

Escuchas: Voy a ir de vacaciones a Costa Rica.
Escribes: *Iré de vacaciones a Costa Rica.*

Estrategia

Using memory cues To learn the endings for the future tense, remember the present-tense forms of *haber (he, has, ha, hemos, habéis, han).* The sound of these is identical for all forms except *vosotros(as).*

13

¿Y ustedes?

ESCRIBIR, HABLAR EN PAREJA En la Actividad 12, Uds. escucharon los planes de unos estudiantes después de terminar el año escolar. Ahora van a hablar sobre los planes de otras personas para el verano.

1 Escribe frases sobre qué van a hacer estas personas.

1. yo
2. mis amigos(as) y yo
3. muchos estudiantes
4. mi mejor amigo(a)

2 Trabaja con otro(a) estudiante. Comparen sus ideas para el verano.

▶ **Videomodelo**

A — *Mi profesora de matemáticas tomará cursos en la universidad.*

B — *¿De veras? Mi profesor de español viajará por América Central.*

Modelo

mi profesor(a) de . . .
Mi profesora de matemáticas tomará cursos en la universidad.

14

Las profesiones del futuro

LEER, ESCRIBIR Lee el artículo del periódico y escribe qué van a hacer las personas en las profesiones del futuro.

Modelo

trabajar
Los técnicos médicos trabajarán en consultorios y hospitales.

✉ ★

- **Ciencias ambientales**[1] Las compañías del futuro __1.__ (entender) que la planificación[2] y la conservación de nuestro planeta __2.__ (ser) esenciales.

- **Experto en turismo** La gran demanda de turismo pronto __3.__ (resultar) en que no exista ninguna parte del planeta sin ser visitada. Los expertos en turismo __4.__ (ayudar) a los clientes a escoger las vacaciones apropiadas.

- **Ingeniero de robots** Los robots __5.__ (estar) en nuestras casas y lugares de trabajo con más frecuencia. Por eso (nosotros) __6.__ (necesitar) miles de diseñadores y técnicos para crear y reparar las máquinas.[3]

- **Médico** Los ancianos __7.__ (visitar) a sus médicos con más frecuencia. Y los científicos __8.__ (tratar) de encontrar nuevas curas para las enfermedades que existen hoy en día.

[1]environmental [2]planning [3]machines

15

Y tú, ¿qué dices?

ESCRIBIR, HABLAR

1. En tu opinión, de los cuatro grupos de profesiones mencionados en el artículo, ¿cuál será más importante? ¿Por qué?
2. Escoge uno de los cuatro grupos y escribe tres frases diciendo lo que las personas van a hacer en el futuro en estas carreras.
3. ¿Qué serás tú algún día? ¿Crees que tu profesión será tan importante en el futuro como es ahora? ¿Por qué?

Gramática

The future tense: irregular verbs

Irregular verbs in the future use the same endings as regular verbs, but the stems are irregular. Here are some irregular future stems:

hacer	**har-**	¿Qué clase de trabajo **hará** ella?
poder	**podr-**	En el futuro **podremos** usar el Internet para seguir más carreras.
saber	**sabr-**	**¿Sabrás** hablar más de dos idiomas en el futuro?
tener	**tendr-**	Algún día **tendré** un trabajo con un salario muy bueno.
haber	**habr-**	**Habrá** muchas oportunidades para usar el español en mi carrera.

¿Recuerdas?

Future-tense endings

-é	-emos
-ás	-éis
-á	-án

Más recursos ONLINE

▶ *GramActiva* Video

◀)) *Canción de hip hop:*
   ¿Qué profesión tendrás?

✎ *GramActiva* Activity

16

Una carta de una amiga

 LEER, ESCRIBIR Dos chicas son muy buenas amigas, pero ya no viven en la misma ciudad. Las dos se graduaron y están haciendo sus planes para ir a la universidad. Lee la carta y escribe la forma apropiada de los verbos en el futuro.

Para	manoleta121@yahoo.com	X
Asunto	¿Qué vas a estudiar?	

Querida Manola:

¿Cómo estás? No puedo creer que por fin me gradué y que en agosto yo __1.__ (empezar) a estudiar en la universidad. Estoy muy emocionada. Todavía no sé qué clases tomaré, así que __2.__ (tener) que hablar primero con un representante de la universidad. Él __3.__ (saber) qué cursos debo tomar. Y tú, ¿has decidido a qué universidad __4.__ (asistir)? Claro que yo __5.__ (sentirse) triste si no puedes ir conmigo a la Universidad del Norte, pero si no, tú y yo __6.__ (poder) tomar las vacaciones juntas, ¿no? Bueno, nosotras __7.__ (tener) tiempo para hablar de eso en julio. ¡Estoy muy emocionada que vengas a visitarme! Tengo mucho que contarte, y ¡por supuesto __8.__ (haber) mucho que hacer! Estoy segura que nosotras __9.__ (hacer) muchas cosas con nuestras familias y por supuesto, ¡con los amigos también! Bueno, eso es todo por ahora. Escríbeme pronto.

Con cariño,
Mónica

✉ ✎ ▾ B I TI ≡ ≡ ≡ ≡ ≡ ↪ ↩ ☺

Go **Online** to practice
PearsonSchool.com/Autentico

PEARSON
realize™

AUDIO VIDEO WRITING

La vida profesional

ESCRIBIR Los consejeros *(counselors)* del colegio saben que los intereses que tienen los estudiantes mientras están en el colegio afectarán mucho a su vida profesional en el futuro. Lee la primera parte de lo que dicen y escribe el resultado usando un verbo del recuadro.

Nota
The future tense is often used with *si* + a present-tense verb.

• Si tenemos suficiente dinero, **podré** asistir a la universidad.

*If we have enough money, **I will be able** to attend the university.*

asistir	ganar	poder	tener
estudiar	ganarse la vida	ser	trabajar
enseñar	haber	seguir	usar

Modelo

Si te interesan mucho los animales, . . .
Si te interesan mucho los animales, podrás ser veterinaria algún día.

1. Si eres buen(a) estudiante de matemáticas, . . .
2. Si a los jóvenes les interesan mucho las ciencias sociales, . . .
3. Si a una persona le gusta dar discursos y sabe mucho de leyes, . . .
4. Si una persona trabaja ahora en una tienda, . . .
5. Si te gusta mucho trabajar al aire libre, . . .
6. Si un(a) estudiante tiene talento en música o drama, . . .

La vida en el campo

HABLAR EN PAREJA, ESCRIBIR ¿Cómo es la vida diaria en los pueblos pequeños? En esta pintura, Fausto Pérez muestra la vida diaria en un pueblo rural de su país.

"El Granjero" by Fausto Pérez, 2009, mixed media

1 Trabaja con otro(a) estudiante para escribir tres frases sobre el futuro de las personas que viven en este pueblo.

2 Lean sus frases a la clase y decidan qué grupo tiene las ideas más originales.

Modelo
Los agricultores trabajarán todos los días . . .

CULTURA El Salvador

Fausto Pérez, un artista de El Salvador, vivió en una granja[1] cuando era joven y pasó mucho tiempo al aire libre disfrutando de la naturaleza[2] con sus abuelos. Ahora la vida sencilla del campo y las memorias de su niñez[3] son la inspiración para sus pinturas.

• ¿Expresa el pintor una actitud positiva o negativa hacia el pueblo rural en el cuadro? Explica.

Pre-AP Integration: Los estilos de vida: ¿Cómo influye el estilo de vida de una persona en su arte? Si fueras un pintor, ¿qué tipo de cuadros pintarías[4]?

[1]farm [2]nature [3]childhood [4]would you paint

19

¿Cómo será esta escuela?

ESCRIBIR, HABLAR EN PAREJA   Tienes que escoger los cursos para el año que viene. Tus amigos y tú tienen muchas preguntas para los profesores.

1 Escribe cinco preguntas que puedes hacerles a los profesores. Puedes usar verbos como *tener (que), poder, dar, permitir, haber, hacer, empezar, terminar, escribir* y *leer.*

2 Trabaja con otro(a) estudiante. Hagan los papeles de un(a) estudiante y un(a) profesor(a).

Modelo
¿Tendremos mucha tarea?
¿Podremos llevar gorras en la clase?

Videomodelo
A —*¿Tendremos mucha tarea?*
B —*Sí, por supuesto que tendrán mucha tarea en la clase.*
o: —*No, pero tendrán que escuchar y trabajar en la clase.*

20

Un programa de televisión

HABLAR EN GRUPO, ESCRIBIR   A veces los programas de televisión parecen ser verdaderos y pensamos en lo que les pasará a nuestros personajes favoritos.

1 Piensa en dos o tres programas de televisión. Es mejor que escojas programas que cuentan alguna historia, como una telenovela o un programa de detectives. Busca a otro(a) estudiante en tu clase que conozca uno de los programas que has escogido.

2 Con tu compañero(a), escribe cinco predicciones sobre lo que pasará en este programa. Luego léeles las predicciones a otros grupos para ver si están de acuerdo con Uds.

Modelo
En la telenovela Días trágicos, Raquel se casará con el hermano de su médico.

21

Juego

ESCRIBIR, HABLAR EN GRUPO, GRAMACTIVA

1 Vas a recibir tres tiras *(strips)* de papel. En cada papel, escribe una frase sobre tu propio futuro.

2 Trabaja con un grupo de cuatro estudiantes. Todos van a poner sus papeles en una cesta. Saca una tira de papel y léela. Si es tu propio papel, devuélvelo a la cesta y saca otro. Pregúntale a otro(a) estudiante si él (ella) hará esto en el futuro.

Si contesta *sí* la primera vez, recibes cinco puntos. Si contesta *no,* pregunta a otro(a) estudiante y si contesta *sí,* recibes tres puntos y la persona que escribió la frase recibe cinco puntos. La persona con más puntos al final gana.

Modelo
En diez años viviré en España. Tendré una esposa y tres hijos.

Modelo
Roberto, ¿vivirás en España en diez años?

Los niños que trabajan

LEER, HABLAR EN PAREJA, ESCRIBIR   Lee la información sobre el Programa del Muchacho Trabajador en Ecuador. Después trabaja con otro(a) estudiante y contesten las preguntas.

¿Sabías que en algunos países pobres muchos niños comienzan a trabajar a los ocho o diez años de edad?

El Programa del Muchacho Trabajador (PMT) en Ecuador fue fundado en 1983 para proteger y hacer efectivas las leyes sobre los derechos de los niños[1]. El PMT también ayudaba a los niños y jóvenes que vivían en condiciones de pobreza[2]. El PMT es ahora parte del INFA (Instituto del Niño y la Familia) y del MIES (Ministerio de Integración Económica y Social).

Los Espacios Alternativos que están en 84 comunidades del país ofrecen un lugar seguro para los niños. Voluntarios del mundo entero vienen a ayudarlos. Alejandro Morales, por ejemplo, viene de México.

Él dice: "En este mundo hay muchas personas y hay que tratar de ayudar a que todas las personas lleguen al triunfo". Laura Soulié, una voluntaria de Argentina, afirma: "Odio[3] la mentira, la violencia y la injusticia".

Las instituciones como estas son muy importantes porque permiten establecer un mundo en el cual los niños pueden tener una vida mejor.

Muchos niños tienen que trabajar en las plantaciones de banano

[1]children's rights [2]poverty [3]hate

1. ¿Cuál es el tema de esta selección?
2. ¿A qué edad comienzan a trabajar los niños en algunos países?
3. ¿Cómo ayuda a los niños el Programa del Muchacho Trabajador?
4. ¿Conoces otras instituciones como el PMT en los Estados Unidos o en otro país?

Algunas soluciones

ESCRIBIR, HABLAR EN PAREJA   Imagina que eres el (la) presidente de una organización internacional. Tienes que sugerir soluciones para la situación de los niños trabajadores. Trabaja con otro(a) estudiante para escribir tres cosas que podremos hacer nosotros o que podrán hacer en Ecuador. Compartan sus ideas con la clase.

Modelo
1. *Construiremos más Espacios Alternativos para ayudar a los niños.*
2. *No compraremos productos hechos por compañías en las cuales trabajan niños.*

¿Qué harás en el futuro?

HABLAR EN GRUPO, ESCRIBIR ¿Qué profesión tendrás en el futuro? Haz una encuesta en la clase y suma los resultados para determinar cuáles son las profesiones más populares.

Conexiones ‹ Las matemáticas

1 Trabaja con un grupo de cuatro o cinco personas. Hagan una tabla con las profesiones indicadas. Indiquen el número de estudiantes del grupo que trabajará en cada profesión.

2 Escriban una o dos frases sobre la tabla y compartan la información con la clase.

Modelo
Dos personas de nuestro grupo trabajarán en el mundo de la tecnología . . . y una persona es indecisa (undecided).

3 Reúnan las tablas de la clase y sumen entre todos el número de estudiantes que trabajará en cada profesión.

4 Hagan entre todos una gráfica circular *(pie chart)* para indicar el porcentaje *(percentage)* de estudiantes que trabajará en cada profesión. Expliquen la gráfica circular.

Modelo
El 33 por ciento de los estudiantes en la clase seguirán una carrera en la tecnología. Asistirán a la universidad o a una escuela técnica para ser ingenieros o diseñadores.

Profesiones	Número de estudiantes
Tecnología	✔ ✔
Técnica / Mecánica	
Artes	✔
Ciencias	
Negocios	✔
Derecho	
Música / Drama	
Servicio público	
Política	
Indecisos / Otros	✔

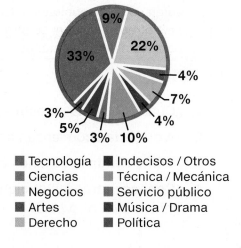

■ Tecnología   ■ Indecisos / Otros
■ Ciencias   ■ Técnica / Mecánica
■ Negocios   ■ Servicio público
■ Artes   ■ Música / Drama
■ Derecho   ■ Política

CULTURA ‹ El mundo hispano

Los centros de educación superior en América Latina y España están muy diversificados. Después de graduarse del colegio, los estudiantes pueden continuar sus estudios en la universidad para graduarse como abogados, arquitectos, ingenieros o médicos. Los estudiantes que desean ser maestros pueden continuar sus estudios en las Escuelas Normales o de Magisterio y los que quieren ser técnicos en computación o enfermería asisten a las Escuelas Politécnicas. Los que quieren ser artistas pueden estudiar en los conservatorios y las escuelas de drama.

• Si quieres continuar los estudios después de graduarte del colegio, ¿qué opciones hay en la región donde vives?

25

En la exposición de carreras

 ESCRIBIR, HABLAR EN GRUPO Imaginen que Uds. asisten a la exposición de carreras.

1 Con otro(a) estudiante, escriban preguntas que los jóvenes pueden hacerles a los adultos sobre la universidad o las escuelas técnicas, las carreras, el salario y otra información. Usen la forma Ud. y Uds.

Modelo
¿Puede Ud. decirnos si tendremos que asistir a la universidad si queremos seguir una carrera en la música?

2 Formen un grupo de cuatro estudiantes. Una pareja de los jóvenes hace las preguntas y los adultos tienen que contestarlas. Después cambien papeles. Luego, escriban una carta con las preguntas que los adultos del grupo deben contestar por escrito. Usen la forma Ud. y Uds. en sus cartas.

Estudiantes del programa de música de una universidad

26

Y tú, ¿qué dices?

ESCRIBIR, HABLAR Intercambia mensajes de texto con otro(a) estudiante usando estas preguntas sobre los planes para el futuro. Ustedes deben contestarlas por escrito. Luego, hablen de sus respuestas.

1. ¿Qué clases tienes ahora? ¿Crees que estudiarás estas materias en la universidad? ¿Por qué?

2. ¿Has pensado en qué profesión tendrás en el futuro? ¿Cómo será? ¿Podrás ganar un buen salario? ¿Qué otros beneficios habrá?

3. ¿Qué cosas hay hoy en día que no habrá en el futuro? ¿Qué cosas quieres ver que no existen ahora?

El español en la comunidad

Ya sabes la importancia de poder comunicarse en español en una variedad de trabajos y profesiones. En muchísimas comunidades en los Estados Unidos, se necesitan empleados bilingües: que hablen inglés y español, u otros idiomas e inglés.

• ¿En qué trabajos o profesiones en tu comunidad es necesario ser bilingüe? ¿Qué idiomas se hablan en tu comunidad?

Polling Place
Centro de votación

Lectura

OBJECTIVES
▶ Read about careers
▶ Identify the theme from nonfiction texts

Estrategia

Identify the theme You can identify the theme of a text by reading the heads and subheads. Quickly read the heads in the following brochure to find out the information.

¿Qué vas a hacer después de graduarte? Visita un centro de carreras para decidir.

www.tufuturo.com

¡Descubre tu futuro!

El Centro de Carreras les ofrece servicios e información a todos los estudiantes de nuestra comunidad que desean ir a la universidad. Nosotros pensamos que todos los jóvenes que tienen este sueño[1] deben tener la oportunidad de hacerlo.

Los estudiantes que vienen al centro pueden . . .

★ crear y mantener un portafolio personal de las notas y actividades escolares

★ buscar información sobre cientos de universidades del país

★ investigar diferentes carreras y explorar las opciones

★ asistir a presentaciones sobre cómo financiar los estudios

★ buscar y solicitar becas,[2] ayuda financiera y préstamos[3]

★ recibir información sobre distintos planes de ahorro[4]

★ conversar con consejeros[5] que hablan español

Nombre:_____

Dirección:_____

Clases y Notas

Grado:

    9 _____

   10 _____

   11 _____

   12 _____

Intereses extracurriculares:_____
_____
_____
_____

Universidades que me interesan:_____
_____
_____

El portafolio personal es una carpeta con toda tu información académica del colegio. Después de terminar las clases y recibir las notas, escribe la información en tu portafolio. El portafolio te ayudará cuando completes las solicitudes[6] universitarias porque tendrás toda la información necesaria en un sólo lugar.

[1]dream   [2]scholarships   [3]loans   [4]savings   [5]counselors   [6]fill out applications

Una prueba de aptitud

puede ayudarte a encontrar la mejor profesión para ti. Lo primero que debes hacer es determinar tu personalidad. Lee las siguientes descripciones. ¿Cuál te describe?

Personalidad

a. realista   d. sociable
b. investigadora   e. emprendedora[7]
c. artística   f. analítica

Te gusta . . .

a. trabajar con animales, máquinas[8] y herramientas.[9]
b. estudiar y resolver problemas de ciencias o de matemáticas.
c. participar en actividades creativas como el arte, el teatro y la música.
d. hacer cosas con otras personas.
e. ser el líder.
f. trabajar con números y máquinas de manera ordenada.

Prefieres . . .

a. cosas prácticas que se pueden tocar y ver.
b. las ciencias.
c. actividades creativas.
d. enseñar o ayudar a otras personas.
e. la política y los negocios.
f. el éxito en los negocios.

Evitas[10] . . .

a. situaciones sociales.
b. ser el líder.
c. actividades repetitivas.
d. las máquinas, los animales y las herramientas.
e. actividades científicas.
f. actividades desordenadas.

Profesiones

Para saber la carrera más relacionada a tus gustos e intereses, revisa tus respuestas. Haz la suma para ver qué letra marcaste más y compara este resultado con la siguiente información. Si marcaste dos letras diferentes o más, puede ser que tengas aptitud para varias carreras.

★ Si marcaste más la letra *a*, debes ser ingeniero(a) o arquitecto(a).

★ Si marcaste más la letra *b*, debes ser científico(a) o médico(a).

★ Si marcaste más la letra *c*, debes ser actor o actriz o diseñador(a) de ropa.

★ Si marcaste más la letra *d*, debes ser profesor(a) o enfermero(a).

★ Si marcaste más la letra *e*, debes ser vendedor(a) o abogado(a).

★ Si marcaste más la letra *f*, debes ser contador(a) o cajero(a).

[7]enterprising   [8]machines   [9]tools   [10]You avoid

¿Comprendiste?

1. ¿Cuál es el tema de este artículo?
2. ¿Qué es un centro de carreras? ¿Qué servicios ofrece?
3. ¿Qué información debes incluir en tu portafolio personal?
4. ¿Para qué sirve una prueba de aptitud?

Y tú, ¿qué dices?

1. ¿Crees que una visita a un centro de carreras sería útil *(would be useful)* para ti? ¿Por qué?
2. ¿Cuál es tu profesión ideal según la prueba? ¿Crees que tiene razón la prueba? Si no, ¿qué te gustaría cambiar para mejorarla?

La cultura en vivo

Los artistas *naif*

Hay un grupo de artistas en los países hispanohablantes que producen arte de origen campesino[1]. Este estilo se conoce como arte *naif*, arte ingenuo o arte campesino. Generalmente los artistas *naif* no tienen una educación artística académica. Sus obras están relacionadas con escenas de la vida rural y los trabajos del campo. Las imágenes son sencillas, espontáneas y llenas de fantasía. Algunas veces los artistas y artesanos añaden los materiales que usan en su trabajo o también productos de la naturaleza, como flores secas, piedras, conchas[2] y pedazos de madera[3].

"Targelia, Christmas Eve" Targelia Toaquiza
Photo courtesy of the Art Archive / Picture Desk, Kobal Collection.

Online Cultural Reading

Go to Auténtico ONLINE to explore a website with information and links for finding employment.

Strategy: Reading for meaning. Pay attention to the words used on the site to describe different job categories.

Aplicación: Haz un folleto en español ofreciendo un trabajo. Descríbelo usando tus propias palabras y añade palabras e información importante del sitio Web.

Objetivo

Hacer una pintura[4] imitando el estilo de los artistas *naif*.

Materiales

Busca materiales sencillos, objetos de la naturaleza o cosas que usas en tus actividades diarias. Quizás necesites pintura y pincel[5].

Instrucciones

1 Estudia los cuadros de las artesanías en esta página. Piensa en sus características.

2 Escoge una escena que quieres pintar.

3 ¡Recuerda! Los artistas *naif* usan ideas sencillas.

4 Antes de empezar el trabajo, haz un dibujo del proyecto.

Opciones

Puedes mostrar el trabajo en clase y explicar qué características del arte *naif* has usado, qué representa tu trabajo y por qué escogiste ese tema.

Comparación cultural ¿Qué pintores conoces en tu país que usan el arte *naif*? Investiga en qué son similares y diferentes de las pinturas que has estudiado.

[1]peasant [2]shells [3]wood [4]painting [5]paintbrush

"Paisaje" (1984), Patricia Tobaldo

Presentación oral

OBJECTIVES
▶ Talk about your professional future
▶ Use a chart to organize your thoughts

Mi vida hoy y en el futuro

TASK Prepare a presentation about the jobs you expect to have in the future, based on your current interests.

1 **Prepare** Think about your life today: favorite subjects in school, what you do for fun, jobs that appeal to you. Then think about how these interests might influence your future job choices. Make a chart to organize your thoughts. Use sequenced sentences and details for your presentation.

Estrategia

Using charts Create a chart to help you think through the key information you want to talk about. This will help you speak more effectively.

	Ahora	En el futuro
cursos favoritos	las matemáticas y el arte	diseñadora en una escuela técnica
diversiones	trabajo en la computadora	crearé diseños nuevos

2 **Practice** Rehearse your presentation. You can use your notes in practice, but not when you present. Try to:

- provide as much information as you can
- include essential details in your description
- use complete and sequenced sentences
- speak clearly

Modelo

Ahora mis cursos favoritos son . . . Estudiaré para ser . . .

3 **Present** Tell the audience about your interests today and how they will impact your job choices in the future.

4 **Evaluation** The following rubric will be used to grade your presentation.

Rubric	Score 1	Score 3	Score 5
How complete your preparation is	You provide the information but not the chart.	You provide the information, but the chart is only partially completed.	You provide the information and a completed chart.
Amount of information communicated	You include one of the following: classes, leisure activities, potential jobs.	You include two of the following: classes, leisure activities, potential jobs.	You include all of the following: classes, leisure activities, potential jobs.
How easily you are understood	You are difficult to understand and make many grammatical errors.	You are fairly easy to understand and make occasional grammatical errors.	You are easy to understand and make very few grammatical errors.

Auténtico

Partnered with IDB

¿Cuáles serán los 7 empleos del futuro?

Antes de ver

Usa la estrategia: Use Visual Clues

The narration you will hear in this video may seem fast, but you can use the graphics as well as the key vocabulary below to help you identify main ideas and supporting details.

Read the Key Vocabulary

se anticipa = it is anticipated

la expectativa de vida = life expectancy

inversiones = investments

dispuestos a = ready to

ponerse manos a la obra = get down to work

cambio climático = climate change

1 Programador de Software

10010
10010 00110 10010
00110   001
00110   001

7 Especialista en Seguridad Cibernética

Se necesitarán 50k especialistas

▶ Ve el video

Have you given much thought to your future profession? This video tells us that many of today's jobs won't exist in the future, and that in Latin America, the greatest demand will be for professionals in engineering, the sciences, and technology. Which ones sound interesting to you?

Go to **PearsonSchool.com/Autentico** and read the article **¿Cuáles serán los 7 empleos del futuro?** to learn which professions will be most in demand in the future.

Completa las actividades

Mientras ves Identifica la idea principal y los detalles de apoyo de este video. Luego, numera las profesiones en el orden en que aparecen.

Analista estadístico

Asistente de salud

Científico de los alimentos

Especialista en seguridad cibernética

Ingeniero biomédico

Ingeniero civil

Programador de software

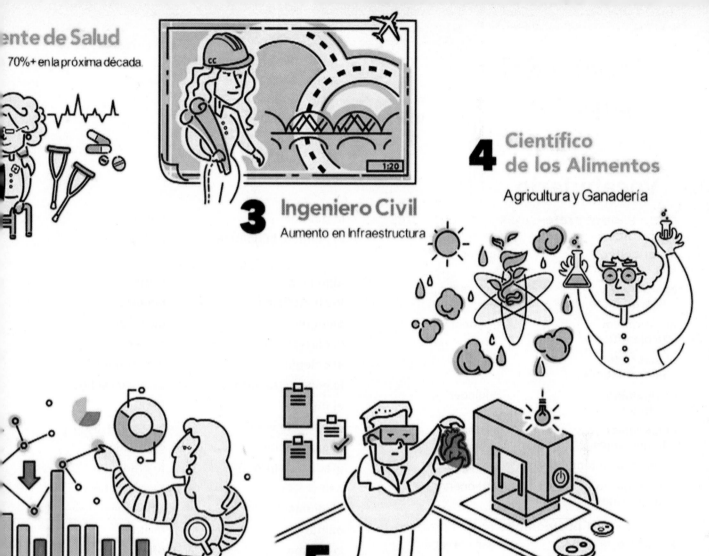

ente de Salud

70%+ en la próxima década.

3 Ingeniero Civil

Aumento en Infraestructura

4 Científico de los Alimentos

Agricultura y Ganadería

:a Estadístico

5 Ingeniero Biomédico

Integración

Después de ver Mira el video otra vez para contestar estas preguntas.

1. ¿Por qué se dice que *asistente de salud* será una profesión más solicitada *(in demand)* en el futuro?

2. ¿Cuáles son las especializaciones científicas más solicitadas del futuro, y por qué? Menciona dos detalles de apoyo.

3. ¿Cuáles de las profesiones mencionadas te interesan más? ¿Por qué?

📖 **For more activities, go to the *Authentic Resources Workbook*.**

El mundo laboral

Expansión Busca otros recursos en *Auténtico* en línea. Después, contesta las preguntas.

📁 **9A Auténtico**

Integración de ideas Los recursos auténticos informan sobre el mundo laboral en los países hispanohablantes. Describe cinco trabajos que viste en los recursos y por qué son importantes en esos países.

Comparación cultural Los recursos auténticos mencionan varios aspectos del mundo laboral. ¿Crees que es muy diferente trabajar en un país hispanohablante que trabajar donde vives ahora? Explica.

Repaso del capítulo

OBJECTIVES
▶ Review the vocabulary and grammar
▶ Demonstrate you can perform the tasks on p. 479

◀)) Vocabulario

to talk about professions in science and technology

el agricultor, la agricultora	farmer
el arquitecto, la arquitecta	architect
el científico, la científica	scientist
el diseñador, la diseñadora	designer
el ingeniero, la ingeniera	engineer
el mecánico, la mecánica	mechanic
el técnico, la técnica	technician
el veterinario, la veterinaria	veterinarian

to talk about professions in business

el cartero, la cartera	mail carrier
el contador, la contadora	accountant
el dueño, la dueña	owner
el / la gerente	manager
el hombre de negocios	businessman
la mujer de negocios	businesswoman
los negocios	business
el secretario, la secretaria	secretary

to talk about professions in the arts

las artes	the arts
el / la artista	artist
el escritor, la escritora	writer
el pintor, la pintora	painter

to talk about professions in law and politics

el abogado, la abogada	lawyer
el derecho	(study of) law
el juez, la jueza, pl. los jueces	judge
la ley	law

la política	politics
el político, la política	politician

to talk about the future

algún día	someday
los beneficios	benefits
bilingüe	bilingual
la carrera	career
el colegio	high school
la escuela técnica	technical school
el futuro	future
ganarse la vida	to make a living
la graduación	graduation
graduarse (u → ú)	to graduate
habrá	there will be
el idioma	language
militar	military
la oficina	office
la profesión, pl. las profesiones	profession
el programa de estudios	course of studies
el salario	salary
seguir (e → i) (una carrera)	to pursue (a career)
la universidad	university

Gramática

the future tense: irregular verbs

haber	habr-
hacer	har-
poder	podr-
saber	sabr-
tener	tendr-

future-tense endings

-é	-emos
-ás	-éis
-á	-án

For *Vocabulario adicional,* see pp. 506–507.

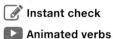
Más recursos PearsonSchool.com/Autentico

- Games
- Flashcards
- Instant check
- Tutorials
- *Gram*Activa videos
- Animated verbs

Preparación para el examen

What you need to be able to do for the exam . . .	Here are practice tasks similar to those you will find on the exam . . .	For review go to your print or digital textbook . . .
Interpretive		
1 ESCUCHAR I can listen and understand as people talk about their future plans.	At the Senior Send-off Assembly, some graduating seniors are asked what they will do after they graduate. Listen and identify: (a) what they will do next year; (b) what professions they will pursue; and (c) what they think their salary will be.	**pp. 456–459** *Vocabulario en contexto* **p. 460** Actividad 5 **p. 463** Actividad 10 **p. 464** Actividad 12
Interpersonal		
2 HABLAR I can talk to incoming students about what high school will be like in my school.	You volunteer to help incoming Spanish-speaking students enroll for classes. How would you describe what high school will be like for them? You could talk about: (a) classes; (b) extracurricular activities; and (c) advice on how to meet new people. Give as many details as you can.	**p. 462** Actividad 8 **p. 463** Actividad 11 **p. 468** Actividades 19–21 **p. 470** Actividad 24 **p. 471** Actividad 25 **p. 475** *Presentación oral*
Interpretive		
3 LEER I can read and understand notes sent to graduating seniors about their future.	On the inside of Miguel's graduation card is a note from his mother. As you read it, determine what she predicts college will be like for him. Querido hijo: El año que viene irás a la universidad. Tú y tus amigos comenzarán una vida nueva en la universidad y tendrán oportunidades de conocer a gente interesante. Tu padre y yo sabemos que sacarás buenas notas. Con mucho amor, Mamá	**p. 465** Actividad 14 **p. 466** Actividad 16 **pp. 472–473** *Lectura*
Presentational		
4 ESCRIBIR I can write about my future plans.	As part of an application for a summer job, you are asked to write a short paragraph about your future career plans. For example, you might include: *Estudiaré en la universidad por seis años para prepararme para ser veterinario(a).*	**p. 462** Actividad 8 **p. 464** Actividad 12 **p. 465** Actividades 13–14 **p. 466** Actividad 16 **p. 467** Actividades 17–18 **p. 471** Actividades 25–26
Cultures		
5 EXPLICAR I can understand folk art from Spanish-speaking countries.	A classmate is going on a trip to South America. Your teacher asks the student to bring back typical handicrafts from the countries she visits. Based on what you have learned in this chapter, what would you expect the student to bring back?	**p. 474** *La cultura en vivo*

CAPÍTULO 9B
¿Qué haremos para mejorar el mundo?

Texas
México
Honduras
Costa Rica
Panamá
Ecuador
Chile
Uruguay
Argentina

CHAPTER OBJECTIVES

Communication

By the end of this chapter you will be able to:

- Listen and read about the environment and predictions about the future.
- Talk and write about your impact on the environment and recommendations to protect it.
- Exchange information about what you will do to improve the environment.

Culture

You will also be able to:

- **Auténtico:** Identify cultural perspectives in an authentic audio about building efficient housing.
- Understand efforts to protect natural resources in the Spanish-speaking world.

- Compare ways the environment is protected and harmed in Spanish-speaking countries and in the U.S.

You will demonstrate what you know and can do:

- Presentación escrita: Prestemos servicio
- Preparación para el examen

You will use:

Vocabulary
- The planet Earth
- Energy
- The environment

Grammar
- The future tense: other irregular verbs
- The present subjunctive with expressions of doubt

ARTE y CULTURA México

Alfredo Arreguín nació en Michoacán, México, en 1935. Desde 1958 ha vivido en Seattle, donde estudió arte en la Universidad de Washington. Muchos de sus cuadros tienen elementos de la cultura de su país nativo y de la naturaleza de la región donde vive actualmente.[1] Las garzas[2] viven cerca del agua. Habitan en los Estados Unidos y también en México.

▶ Cuando miras este cuadro, ¿qué te hace sentir el artista?

[1]currently [2]herons

"Las garzas" (2002), Alfredo Arreguín ▶
Oil on canvas, 42 x 60 in. Courtesy of Alfredo Arreguín.

Go **Online** to practice

PEARSON
realize.

PearsonSchool.com/Autentico

AUDIO

VIDEO

WRITING

SPEAK/RECORD

MAPA GLOBAL

AUTÉNTICO

FLASCHARDS

ETEXT 2.O

GAMES

Un ocelote en un árbol, Costa Rica

▶ Videocultura **El medio ambiente**

Vocabulario en contexto

OBJECTIVES

Read, listen to, and understand information about
▶ what the world may be like in the future
▶ problems facing the environment
▶ solutions for problems in our environment

Lucero y Dany están hablando de su **pueblo**.

Lucero / Dany

Lucero: Mira, Dany, el agua del lago está **contaminada**. Mi mamá me cuenta cómo era el **pueblo** antes. Todo era limpio y **puro**. ¿Qué va a pasar con nuestro **medio ambiente**?

Dany: Sí, **es cierto** que nuestro pueblo tiene un **grave** problema. Hay que **luchar** para **conservar**lo. Si no **reducimos** la contaminación, **dudo** que **haya** agua pura para beber en el futuro.

Lucero: Hay varias **maneras** de **proteger** el medio ambiente. El profesor habló de un grupo **ecológico**. Voy a **juntarme** con ellos. ¡Acompáñame!

la colina

el valle

el espacio

la Luna

la Tierra

la naturaleza

la planta

el bosque

el desierto

la selva tropical

Dany: Pero es difícil cambiar el mundo. Hay mucha **contaminación**. Estoy triste por toda la destrucción del planeta.

Lucero: Si luchamos juntos, podemos **resolver** los problemas. **Además de** conservar el medio ambiente, hay que buscar **maneras** de **ahorrar** energía.

Dany: Nosotros usamos **una fuente** de **energía** natural. Mi papá instaló un sistema de **calefacción** solar. Así reducimos el uso de **electricidad**. **Funciona** muy bien. Es **eficiente** y **económico**.

> **Más vocabulario**
> la calefacción = heat
> mejorar = to improve

la destrucción

el aire acondicionado

la contaminación

en peligro de extinción

la electricidad

1

La naturaleza

ESCUCHAR Escucha los nombres de algunas partes de la naturaleza. Señala la foto correspondiente.

2

¿Cierto o falso?

ESCUCHAR Escucha las frases sobre el medio ambiente. Si la frase es cierta, señala con el pulgar hacia arriba (*thumbs up*). Si la frase es falsa, señala con el pulgar hacia abajo (*thumbs down*).

Dany y Lucero siguen hablando de la contaminación en su pueblo.

Lucero: Dany, el grupo ecológico tiene una reunión con el presidente del pueblo. Hablaremos sobre maneras de **eliminar** el problema de la contaminación del lago.

Dany: Me estás poniendo nervioso. ¿En serio? ¿Con el presidente?

Lucero: Tranquilo, amigo. Sé valiente. Estamos en una **guerra** para proteger nuestro futuro.

Dany: Es más fácil estar en **paz** en mi casa, sin hacer nada. Pero tienes razón. Tenemos que luchar **contra** la contaminación. Todos queremos vivir en un pueblo limpio y bello.

la energía

solar

3

El lago del pueblo

ESCRIBIR Lee cada pregunta y escribe *sí* o *no*.

1. ¿El grupo ecológico hablará sobre la contaminación del lago?

2. ¿Lucero está nerviosa por reunirse con el presidente?

3. ¿Cree Lucero que es fácil proteger el futuro?

4. ¿Decide Dany que es importante luchar contra la contaminación?

Videohistoria

Un mundo mejor

Antes de ver

Using context clues As you watch the video, think about the context. Watch for visuals and body language, and listen for words you already know. This will help you to identify the theme.

Completa la actividad

Para mejorar el mundo En el futuro, ¿qué esperas (*hope*) que ocurra en el mundo? ¿Cómo pueden tú y tus amigos mejorarlo?

Día de la Tierra

▶ Ve el video

¿Quién canta en su video?

Ve a **PearsonSchool.com/Autentico** para ver el video *Un mundo mejor*. También puedes leer el guión.

Camila   Teo

Seba

Valentina

Ximena

Después de ver

 ¿COMPRENDISTE? Lee las preguntas. Luego, ve el video otra vez y contesta las preguntas.

1. En su video, ¿qué dice Teo que hará?
2. Si Camila no puede ser futbolista profesional, ¿qué quiere ser?
3. ¿Cuál es el tema de la canción?
4. ¿Qué dos cosas quiere Valentina que sean gratis (*free*)?
5. Nombra una cosa que Ximena va a hacer en diez años.
6. ¿Cuál es el tema del video, según lo que dicen los jóvenes?

Identificar Los jóvenes del video han dicho lo que quieren hacer en el futuro. ¿Quién crees que tendrá más éxito? ¿Por qué?

OBJECTIVES
▶ Talk about nature
▶ Discuss ways to protect the environment
▶ Listen to descriptions of nature
▶ Write about nature and the environment

4

Descripciones del medio ambiente

ESCUCHAR, ESCRIBIR Escucha las descripciones del medio ambiente. En una hoja de papel, escribe los números del 1 al 8. Escribe el nombre de lo que se está describiendo.

Modelo
Escuchas: Es un lugar donde llueve mucho y donde hay muchos árboles y plantas.
Escribes: *la selva tropical*

5

¿Dónde se encuentra . . . ?

HABLAR EN PAREJA Para cada foto de la Actividad 4, piensa en dónde se encuentra este aspecto del medio ambiente. Puede estar cerca de tu comunidad, en un país hispanohablante que has estudiado o en el espacio. Habla con otro(a) estudiante sobre los lugares.

Videomodelo
A —¿Dónde se encuentran *desiertos*?
B —Hay *desiertos* en *Chile*.

El desierto de Atacama, en Chile

Las analogías

LEER, ESCRIBIR   Completa cada analogía según el modelo. Usa las palabras del recuadro.

Modelo
flor : jardín :: árbol : *bosque*

ahorrar	económico	guerra
calefacción	energía	luchar
dudar	espacio	

1. resolver : problema :: conservar : _____
2. volver : regresar :: pelear : _____
3. llegar : salir :: gastar : _____
4. verano : aire acondicionado :: invierno : _____

5. puro : contaminado :: paz : _____
6. añadir : eliminar :: creer : _____
7. la Tierra : océano :: la Luna : _____
8. quizás : tal vez :: barato : _____

7

Una reunión del club de ecología

LEER, ESCRIBIR   Un estudiante del club de ecología tomó apuntes *(notes)* para después escribir un artículo para el periódico. Escribe los verbos que completan las frases.

Modelo
Para resolver los problemas ecológicos, hay que tener leyes estrictas.

1. Tendremos que hacer leyes más estrictas para _____ (luchar / mejorar) el medio ambiente.
2. Si reciclamos las latas, los periódicos y el cartón, podemos _____ (reducir / conservar) la basura en el mundo.
3. Si queremos vivir en un mundo limpio, debemos _____ (eliminar / mejorar) la destrucción del medio ambiente.

4. Es importante _____ (luchar / mejorar) contra la destrucción de las selvas tropicales.
5. Las leyes que protegen la naturaleza no pueden _____ (reducir / funcionar) si no las obedecemos.
6. Todos deben _____ (juntarse / dudar) con otras personas y trabajar por la protección del medio ambiente.

CULTURA   Argentina • Chile

Los pingüinos[1] de la Patagonia, una región al sur de Argentina y Chile, comen peces. Están amenazados[2] por la pesca excesiva y la contaminación de la industria petrolera. Los buques petroleros[3] descargaban[4] en el mar el agua de lastre[5], y esa contaminación petrolera causó la muerte de más de 40,000 pingüinos al año. Ahora, para protegerlos, los buques petroleros pasan por rutas más alejadas de la costa.

• ¿Qué impacto tienen las industrias de tu comunidad en el medio ambiente?

Pre-AP Integration: Los temas del medio ambiente: ¿Cuáles son algunos desafíos[6] del medio ambiente que deben resolver las sociedades del mundo?

Mapa global interactivo   Explora la Patagonia y Tierra del Fuego. Investiga la geografía del área y los hábitats de los pingüinos magallánicos.

Pingüinos magallánicos, Argentina

[1]penguins [2]threatened [3]oil tankers [4]unloaded
[5]ballast [6]challenges

8

Un artículo para el periódico

LEER, ESCRIBIR El estudiante de la Actividad 7 ha comenzado a escribir su artículo. Completa el párrafo con las formas apropiadas de los adjetivos en el recuadro.

cierto
contaminado
ecológico
económico
eficiente
grave
puro
solar

Tenemos una situación __1.__ en nuestro pueblo. Los ríos y lagos están __2.__ y cada día mueren más peces. Si no reducimos la contaminación, no habrá ni agua __3.__ para beber ni aire para respirar. ¿Cómo podemos resolver estos problemas? Primero, los científicos deben buscar otras fuentes de energía __4.__, como la calefacción __5.__ Segundo, debemos usar nuestros coches menos y usar el transporte público más. Es mejor para el medio ambiente y más __6.__.Tercero, podemos trabajar en alguna organización __7.__ que trata de conservar el medio ambiente. Es __8.__ que nuestra comunidad tiene un problema, pero si luchamos juntos, podemos resolverlo.

9

¿Cómo se puede . . . ?

HABLAR EN PAREJA Habla con otro(a) estudiante sobre lo que se puede hacer para conservar el medio ambiente.

Videomodelo

A —¿Cómo se puede **reducir la basura**?
B —Se puede **reciclar las botellas de vidrio y de plástico.**

Estudiante B

luchar contra la
destrucción de . . .
reciclar . . .
no usar el coche y . . .
apagar . . .
no tirar basura en . . .
buscar . . .
juntarse con . . .
eliminar . . .

Estudiante A

1.	proteger	la electricidad
2.	resolver	el medio ambiente
3.	conservar	a los animales en peligro de extinción
4.	mejorar	energía
5.	ahorrar	el problema de la contaminación del agua
6.	salvar	la condición de la Tierra

Exploración del lenguaje ◀ Antonyms

You have learned many ways to increase your vocabulary. One of these is learning words as antonym, or opposite, pairs. Write the antonyms for the following words:

puro ≠ __?__   aire acondicionado ≠ __?__

falso ≠ __?__   construcción ≠ __?__

¡Compruébalo! Here is a series of popular *refranes* using *Más vale* ("It's better, worth more"). Complete each refrán with the antonym of the word in bold type.

Más vale uno en **paz** que
    ciento en ____.

Más vale **algo**
    que ____.

Más vale **antes**
    que ____.

Más vale perro **vivo** que
    león ____.

Animales en peligro de extinción

LEER, ESCRIBIR, HABLAR   Según los científicos en México, más del 20 por ciento de los animales del país están en peligro de extinción. La contaminación, la destrucción de su hábitat y la caza *(hunting)* son un grave problema ecológico[1] que puede hacer desaparecer animales como el oso negro, la ballena *(whale)* gris, la tortuga marina y muchos más. En 2002, el Banco de México anunció un programa que podrá ayudar a los animales. Lee el anuncio y contesta las preguntas.

1. Según los científicos, ¿por qué están en peligro de extinción algunos animales en México?

2. ¿Qué programa ofrece el Banco de México? ¿Qué piensas del programa?

3. ¿Te gustaría comprar una moneda? ¿Por qué?

El Banco de Mexico   ✕

¡Ayuda a proteger el medio ambiente!

Monedas y especies

El Banco de México presenta su colección exclusiva de doce monedas de plata con imágenes de animales en peligro de extinción en México. Con cada moneda que Ud. compra, el Banco de México dona[2] dinero a proyectos de conservación del medio ambiente.

De venta en: **Banamex Bital Bancomer BanRegio**

[1]Fuente: *El Universal*,
25 de agosto de 2002   [2]donates

Y tú, ¿qué dices?

ESCRIBIR, HABLAR

1. Describe la naturaleza que existe cerca de tu comunidad. ¿Te gusta estar afuera?

2. ¿Cuáles son los peores problemas ecológicos de tu región? ¿Cómo se puede mejorar la situación?

3. Además de la electricidad, ¿qué otras fuentes de energía usas? ¿Son eficientes y económicas? ¿Crees que su uso conserva o destruye el medio ambiente?

4. ¿Dónde prefieres pasar tiempo: en un bosque, en una selva tropical o en un desierto? Escribe un mensaje electrónico a otro(a) estudiante. Cuéntale sobre dónde prefieres pasar el tiempo. Pregúntale qué prefiere. Tu compañero debe contestar tus preguntas por escrito.

CULTURA   Panamá

El Parque Nacional Darién, en Panamá, es el más grande de América Central. Fue creado en 1980 para proteger la gran selva tropical del Darién, en la frontera entre Panamá y Colombia. Hay cuatro especies de mamíferos y cuatro especies de pájaros que sólo viven en esta selva. Tres grupos indígenas precolombinos todavía viven en el Darién: los kunas o gunas, los emberá y los wounaan.

• ¿Hay un parque cerca de tu comunidad creado para proteger y conservar la naturaleza? Descríbelo.

Pre-AP Integration: La población y la demografía: ¿Cómo afecta a la población de una zona la protección de un área geográfica? Explica.

Un águila arpía, ave nacional del Panamá

Gramática

OBJECTIVES
▶ Listen to and write about future recycling efforts
▶ Talk and write about vacation plans and life in the future

¿Recuerdas?
You know how to form irregular verbs in the future using the same endings that you use for regular verbs (*-é, -ás, -á, -emos, -éis, -án*). You already know these irregular verbs:

haber	**habr-**	saber	**sabr-**
hacer	**har-**	tener	**tendr-**
poder	**podr-**		

The future tense: other irregular verbs

Other verbs that have irregular stems in the future tense are:

decir	**dir-**	salir	**saldr-**
poner	**pondr-**	venir	**vendr-**
querer	**querr-**		

En el futuro **dirán** que la destrucción de las selvas tropicales causó muchos problemas ecológicos.
*In the future **they will say** that the destruction of the rain forests caused many ecological problems.*

Pondremos más plantas en nuestra casa.
***We will put** more plants in our house.*

Querremos luchar contra la guerra y por la paz.
***We will want** to fight against war and for peace.*

Saldré muy temprano por la mañana.
***I will leave** very early in the morning.*

¿**Vendrás** conmigo?
***Will you come** with me?*

Más recursos   ONLINE

▶ *GramActiva* Video
▶ **Tutorials:** Verbs with irregular stems in future tense
✎ *GramActiva* Activity

12

Escucha y escribe

ESCUCHAR, ESCRIBIR   Unos jóvenes hablan de sus experiencias como voluntarios en un centro de reciclaje. Hablan de lo que ocurre siempre y de lo que ocurrirá en el futuro. Escucha las seis frases y escríbelas. Después escribe *presente* si ocurre ahora o *futuro* si ocurrirá en el futuro.

Contenedores de reciclaje

CULTURA ⟩ Ecuador

El ecoturismo en el Ecuador Varias compañías de ecoturismo ofrecen excursiones que benefician al medio ambiente y a las comunidades que los turistas visitan. Por ejemplo, los turistas visitan la región del Amazonas y se quedan en casas típicas de la región, sin causar problemas para el medio ambiente. Los guías son indígenas de la región y el dinero de las excursiones ayuda a sus comunidades.

• ¿Cómo pueden causar problemas los turistas y el turismo en una región de mucha belleza ecológica? Compara las excursiones ecológicas que puedes hacer en Ecuador con las que puedes hacer en los Estados Unidos.

 Mapa global interactivo Explora el Parque Nacional Yasuní en Ecuador. Investiga la geografía de la región.

Selva tropical en la región amazónica del Ecuador

Vamos al centro de reciclaje

 LEER, ESCRIBIR Lee la conversación entre dos jóvenes que van a trabajar en el centro de reciclaje. Escribe la forma correcta de los verbos en el futuro.

Angélica: Oye, Pedro. El sábado voy al centro de reciclaje. ¿ __1.__ *(Venir)* tú conmigo?

Pedro: Está bien. __2.__ *(Ir)* contigo pero sólo tengo dos horas. ¿Qué __3.__ *(hacer)* nosotros?

Angélica: Primero nosotros __4.__ *(tener)* que llevar estas cajas al centro. Luego __5.__ *(poner)* los periódicos, el cartón y el vidrio en sus cajas.

Pedro: Y si no podemos quedarnos por más de dos horas, ¿qué les __6.__ *(decir)*?

Angélica: La verdad. Yo les __7.__ *(decir)* que tengo que estudiar. Y tú __8.__ *(poder)* salir al mismo tiempo. No __9.__ *(haber)* ningún problema.

El turismo

 HABLAR EN PAREJA

1 Unos amigos tratan de decidir adónde irán de vacaciones, pero es difícil decidir porque no están de acuerdo. Con otro(a) estudiante, pregunta y contesta según el modelo.

Videomodelo
Julio
A —*Saldremos en **julio**. Iremos a **la ciudad**. ¿De acuerdo?*
B —*Pero **nos dirán que no hay habitaciones libres.***

2 Luego, cada uno de ustedes debe sugerir cuatro lugares más y dar razones para apoyar (support) esas sugerencias.

Estudiante A

1. junio
2. octubre
3. agosto
4. julio

Estudiante B

a. Miles de turistas *(estar)* allí. Todos *(ponerse)* los trajes de baño y *(venir)* a la playa.

b. Las plantas y los árboles *(ser)* muy bonitos pero *(haber)* muchos mosquitos y moscas y *(llover)* todos los días.

c. *(Hacer)* demasiado calor. Además el aire *(ser)* muy seco. *(Querer)* encontrar un lugar con aire acondicionado.

d. No *(saber)* si *(hacer)* frío o calor. *(Querer)* dar caminatas pero no *(poder)* si hay mucha nieve en los valles.

15

En el presente y en el futuro

 HABLAR, EN PAREJA ESCRIBIR ¿Crees que tu vida en el futuro será muy diferente de tu vida ahora?

yo (ahora)	yo (futuro)	mi compañero(a) (ahora)	mi compañero(a) (futuro)
en una tienda de descuentos	en una oficina de abogados		

1 Trabaja con otro(a) estudiante. Copia la tabla en una hoja de papel. Para cada verbo del recuadro, escribe la información que describe tu vida ahora y cómo crees que será en el futuro. Después escribe las respuestas de tu compañero(a).

querer
saber (+ *infinitive*)
salir con
tener que
vivir
¡Respuesta personal!

Videomodelo

A —*Ahora trabajo en una tienda de descuentos. En el futuro, trabajaré en una oficina de abogados. ¿Y tú?*

B —*Ahora trabajo . . .*

2 Escribe cinco frases para describir las semejanzas *(similarities)* o diferencias entre la vida de tu compañero(a) ahora y su vida en el futuro.

16

¿Qué resultará?

 ESCRIBIR, HABLAR EN PAREJA ¿Qué resultará de las situaciones que existen ahora? Usa los verbos del recuadro para escribir un posible resultado para cada situación. Luego, con otro(a) estudiante, compara los resultados que han escrito. ¿Son muy similares o muy diferentes sus ideas sobre el futuro?

decir	poder	salir
haber	poner	ser
hacer	querer	tener
ir	saber	venir

Modelo
Cada día se destruyen las selvas tropicales.
Habrá más animales en peligro de extinción.

1. Mis padres quieren usar la energía de una manera más eficiente en la casa.

2. Vamos a recoger la basura en el parque.

3. Tratamos de ahorrar la electricidad en la escuela.

4. Los científicos quieren explorar el espacio.

5. La contaminación del aire en la ciudad es muy grave.

6. Hay muchos grupos ecológicos que tratan de conservar el medio ambiente.

Gramática

OBJECTIVES
▶ Talk and write about your doubts about the environment
▶ Express beliefs and doubts about life in the future

Go **Online** to practice

PEARSON
realize™

PearsonSchool.com/Autentico

VIDEO   WRITING

The present subjunctive with expressions of doubt

You have used the subjunctive to say that one person tries to persuade another to do something. It is also used after verbs and expressions that indicate doubt or uncertainty.

Dudamos que puedan resolver todos los problemas.
We doubt that they can solve all the problems.

No es cierto que protejan las selvas tropicales.
It is not certain that they will protect the rain forests.

Other expressions that indicate doubt or uncertainty are:

no creer que	*to not believe*
no estar seguro, -a de que	*to be unsure*
es imposible que	*it is impossible*
es posible que	*it is possible*

When the verb or expression indicates certainty, use the indicative, *not* the subjunctive.

Estoy seguro de que destruyen los bosques.
I'm sure that they are destroying the forests.

Creemos que es importante proteger la naturaleza.
We believe that it is important to protect nature.

• The subjunctive form of *hay* is *haya*, from *haber*.

Es posible que **haya** suficiente electricidad.
*It is possible that **there is** enough electricity.*

Más recursos ONLINE

▶ *GramActiva* Video
▶ *Canción de hip hop:* ¿Qué haremos para mejorar el mundo?
✎ *GramActiva* Activity

17

¿Cierto o no?

LEER, ESCRIBIR Lee lo que dicen estas personas sobre el futuro y decide si es necesario usar el subjuntivo o el indicativo. Luego escribe la forma apropiada del verbo.

Modelo
*Es imposible que sólo las leyes **protejan** los bosques de la contaminación.*

1. No creo que _____ (haber) soluciones fáciles para los problemas ecológicos en la Tierra.

2. Dudamos que la contaminación del medio ambiente se _____ (mejorar) pronto.

3. Es posible que las leyes estrictas _____ (poder) ayudar a reducir la contaminación.

4. Es cierto que muchos animales _____ (estar) en peligro de extinción.

5. Estoy seguro de que el reciclaje _____ (eliminar) la destrucción de las selvas tropicales.

6. El profesor no cree que las guerras _____ (ir) a terminar nunca.

7. No estoy seguro de que las leyes para proteger el medio ambiente _____ (funcionar) muy bien.

8. Es verdad que la calefacción solar _____ (ser) mejor para el medio ambiente que la electricidad.

18

En 15 años

HABLAR EN PAREJA Imagina que otro(a) estudiante y tú van a filmar una película sobre qué pasará en el mundo en 15 años. Hablen de si están seguros de que las cosas ocurrirán.

Nota

In a question, *creer que* is followed by the subjunctive if the speaker has doubts about, or suggests the possibility of, the action.

▶ **Videomodelo**

A —*¿Crees que haya paz en la Tierra en 15 años?*
B —*No, no creo que haya paz.*
o: —*Sí, estoy seguro(a) de que habrá paz.*

Estudiante A

1. haber guerras
2. haber animales en peligro de extinción
3. viajar a otros planetas
4. encontrar nuevas fuentes de energía
5. funcionar todos los coches con energía solar
6. tener bastante comida

Estudiante B

(no) dudar que
es (im)posible que
(no) creer que
(no) estar seguro, -a de que
(no) es cierto que

19

Y ahora, tu opinión

ESCRIBIR, HABLAR EN PAREJA ¿Será posible resolver los problemas ecológicos de hoy? Escribe tus opiniones sobre lo que van a hacer las personas de la lista en el futuro. Luego trabaja con otro(a) estudiante y di si Uds. están de acuerdo o no en sus opiniones.

Modelo
Creo que viviremos en la Luna algún día.
o: Es imposible que vivamos algún día en la Luna.

los científicos	los problemas ecológicos
nosotros	el aire acondicionado solar
yo	por la paz y contra la guerra
el Presidente	a los animales en peligro de extinción
toda la gente	la destrucción de las selvas tropicales
¡Respuesta personal!	**¡Respuesta personal!**

La contaminación acústica

LEER, ESCRIBIR, HABLAR La contaminación acústica *(noise)* puede ser un gran problema, especialmente en las grandes ciudades. Lee este artículo sobre la contaminación acústica en Buenos Aires y trabaja con otro(a) estudiante para contestar las preguntas.

1. ¿Estás de acuerdo de que un sonido puede ser agradable para una persona y no para otra? Da otro ejemplo de esto.

2. ¿Crees que la contaminación acústica es un gran problema donde vives? ¿Por qué? ¿Qué recomendaciones resolverían *(would solve)* problemas acústicos en tu comunidad?

3. ¿Qué leyes o reglas hay en tu escuela o comunidad para reducir la contaminación acústica? Habla con otro(a) estudiante sobre esto.

4. Escribe otras dos sugerencias que puedan ayudar a reducir la contaminación acústica.

5. Escribe un mensaje electrónico a tu compañero(a) sobre lo que opinas de la contaminación acústica donde tú vives. Intercambien mensajes. Debes contestar el mensaje y decir si estás de acuerdo o no, y por qué. Usa expresiones y un estilo de escribir culturalmente apropiados en tu mensaje.

¡*Baja* el volumen!

› ¿Sabías que Buenos Aires es la ciudad más ruidosa de América Latina? Según los especialistas, a este problema se lo llama la contaminación acústica. Este tipo de contaminación se produce cuando el nivel[1] del sonido[2] es muy alto y se cambian las condiciones normales del ambiente.

› En algunas zonas de Buenos Aires, los niveles de ruido son tan altos que algunas personas tienen problemas hasta para trabajar. Roberto, un vendedor, dice:

   "A veces hay tanto ruido que no se puede conversar con los clientes. ¡Es terrible!"

› Pero, ¿cómo afecta el ruido a la salud? Es verdad que mientras el ruido de una motocicleta puede ser insoportable[3] para algunos, a otros ese ruido no les molesta. El hecho es que la contaminación acústica tiene muchos efectos negativos para la salud: estrés y problemas para escuchar y dormir son algunos ejemplos.

¿Qué se puede hacer?

Aunque muchas personas dudan que se pueda eliminar la contaminación acústica, es posible reducirla siguiendo estos consejos[4]:
› hablar en un tono de voz normal
› controlar el volumen del televisor y de la radio
› hablar en público por el celular en voz baja
› evitar los gritos innecesarios
› no usar los aparatos eléctricos ruidosos en la noche

[1]level [2]sound [3]unbearable [4]pieces of advice

21

¿La campaña puede tener éxito?

HABLAR EN PAREJA ¿Crees que sea posible reducir la contaminación acústica? Usa ideas de la página Web de "¡Baja el volumen!" y tus propias ideas de la Actividad 20 para decirle a otro(a) estudiante si crees que la campaña pueda tener éxito. Usa también las expresiones de la Actividad 18 de la página 494.

Modelo
Dudo que muchas personas reduzcan el volumen de su televisor o radio.

Dos lugares muy distintos

ESCRIBIR Joaquín Torres-García nació en Uruguay, un país urbano y moderno. José Antonio Velásquez nació en Honduras, un país más rural y menos moderno que Uruguay. En los cuadros de estos dos artistas, vemos dos mundos diferentes.

▲ "Paisaje hondureño de San Antonio de Oriente" (1972), José Antonio Velásquez

Oil on canvas, 47 1/4" x 60 1/2". Museum of Modern Art of Latin America, Washington D.C.

1. Describe el primer cuadro. ¿Qué cosas puedes identificar? ¿Ves algún elemento de la naturaleza? ¿Cómo te hace sentir?

2. Describe el segundo cuadro. ¿Qué elementos de la naturaleza ves? ¿Qué cosas hechas por personas hay? ¿Cómo te hace sentir?

3. Compara los cuadros. ¿Qué crees que los artistas están tratando de decirnos sobre la gente y su relación con la naturaleza? ¿Con cuál estás de acuerdo? ¿Por qué?

"Nueva York a vista de pájaro" (1920), Joaquín ▶ Torres-García

Gouache and watercolor on cardboard, 33.8 x 48.5. Yale University Art Gallery, Gift of Collection Societé Anonymé.

El uso y abuso del agua

LEER, ESCRIBIR, HABLAR EN GRUPO Trabajen en grupos de cuatro y observen las fotos. Túrnense para leer las sugerencias para ahorrar el agua. Luego contesta las preguntas.

Conexiones La ecología

1 Tomar duchas más cortas. Si se usa la bañera,[1] llenarla sólo hasta la mitad.[2]

2 Lavar las verduras en un recipiente y no bajo el grifo.[3]

3 Cerrar el grifo cuando se cepilla los dientes.

4 Regar[4] el jardín por la mañana o al anochecer[5] para que el sol no evapore el agua.

5 Usar la lavadora sólo cuando esté llena de ropa.

1. ¿En tu comunidad hay restricciones sobre el uso del agua? ¿Cuáles son?

2. Trabaja con otro(a) estudiante. Escriban cuatro frases para decir qué sugerencias darán más resultado en sus casas y qué sugerencias dudan que tengan resultado.

[1]bathtub [2]halfway [3]faucet [4]Water [5]dusk

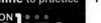

El Día de la Tierra

LEER, ESCRIBIR, HABLAR Lee el lema *(slogan)* que usó Costa Rica para su Día de la Tierra y contesta las preguntas.

1. ¿Qué aspectos del medio ambiente y qué problemas ecológicos se incluyen en el lema?

2. Usa lo que has aprendido sobre Costa Rica y explica por qué se preocupan *(worry)* los costarricenses.

3. Explica lo que entiendes de "entenderemos que no se puede comer el dinero".

Solamente . . .

cuando el último árbol esté muerto,
el último río esté contaminado,
y el último pez esté atrapado,
entenderemos que . . .
no se puede comer el dinero.

—*sabiduría
indoamericana**

*indigenous saying

25

Proteger nuestro pueblo

ESCRIBIR Escribe una carta a un(a) político(a) diciéndole por qué es importante proteger el medio ambiente donde tú vives. Intercambia la carta con un(a) compañero(a) y responde como si fueras el(la) político(a). Usa expresiones y un estilo de escribir culturalmente apropiados y las formas *Ud.* y *Uds.* en tu carta.

26

La conservación

ESCRIBIR, DIBUJAR, HABLAR EN PAREJA Trabaja con otro(a) estudiante. Creen su propio lema para animar *(encourage)* a otras personas a pensar en la conservación.

1 Hagan una lista de los problemas ecológicos que quieren mencionar y escriban un lema basado en la lista.

2 Pongan su lema en un cartel o una camiseta. Añadan dibujos o fotos. Preséntenlo a la clase.

El español en el mundo del trabajo

Conservation International (CI) es una de varias organizaciones sin fines de lucro[1] cuya misión es proteger el medio ambiente. Tiene sus oficinas principales en Washington, D.C., pero muchos de sus empleados hablan español o portugués. Gran parte de sus esfuerzos[2] ecológicos se centran en los países de América Central y América del Sur. Por eso, también tiene empleados en México, Costa Rica, Panamá, Ecuador, Bolivia y Perú.

• Además de hablar español, ¿cómo debe ser la persona que trabajará para *Conservation International*? ¿Qué le interesará a esta persona?

[1]nonprofit [2]efforts

Lectura

OBJECTIVES
- Read about the Antarctic and Tierra del Fuego
- Use key passages to identify the author's point of view

Estrategia

Detecting point of view When reading an article, you need to be aware that the author might have strong opinions about certain issues. While you read this article, try to identify those passages and sentences that support the point of view of the author. Do you agree or disagree?

www...

Protejamos la Antártida

Un crucero, la Antártida

Pingüinos juanitos

Con un área de 16.5 millones de kilómetros cuadrados, la Antártida es un continente de hielo, y es el quinto en tamaño de la Tierra. El 90 por ciento del hielo de la Tierra se encuentra en la Antártida. Es un desierto frígido donde casi nunca llueve. El continente está rodeado por islas que tienen un clima menos frío y por esto hay una variedad de plantas. Estas plantas mantienen un gran número de pájaros y animales. La existencia de especies está limitada por el clima y el hielo, pero existe una abundancia de vida en el agua: plancton, coral, esponjas, peces, focas,[1] ballenas y pingüinos.

¡Estamos en peligro!

Las regiones polares son muy importantes para la supervivencia[2] de la Tierra entera. Los casquetes de hielo[3] en las zonas polares reflejan luz solar y así regularizan la temperatura de la Tierra. Cuando se destruyen estos casquetes, hay menos luz solar que se refleja y la Tierra se convierte en un receptor termal. Esto se llama el efecto de invernadero.[4] Es en la Antártida que en 1985 se reportaron por primera vez los hoyos[5] en la capa[6] del ozono y aquí es donde hoy día se trata de encontrar una solución.

El Tratado Antártico

A través de los años, muchos países han declarado soberanía de derechos[7] sobre la Antártida y esto ha producido problemas, especialmente en la Argentina y Chile. Pero el 1ro de diciembre de 1959, los problemas se acabaron con el Tratado[8] Antártico.

[1]seals [2]survival [3]ice caps [4]greenhouse effect [5]holes [6]layer [7]sovereign land rights [8]Treaty

Base científica de la Argentina, Antártida

El tratado estableció reglas para el uso de la región. Las dos más importantes son el uso pacífico del continente para objetivos científicos y la prohibición de la explotación minera. La Argentina y Chile, entre otros, han tomado medidas[9] para proteger el medio ambiente de la Antártida. La región de Tierra del Fuego dividida entre Chile y la Argentina es hoy un centro de investigación científica polar. La ciudad de Ushuaia se ha convertido en el punto de partida[10] para los que visitan la Antártida.

Ushuaia

Es la ciudad más al sur del mundo. Desde aquí salen equipos científicos a la Antártida para estudiar el clima, la naturaleza, el hielo y la roca. También salen excursiones turísticas dirigidas por científicos especializados en el medio ambiente de la región. Los barcos tardan dos días en llegar a la Antártida y los visitantes pueden quedarse en las bases de actividad científica que se encuentran en el continente.

Ushuaia, Argentina

[9]have taken steps   [10]departure

¿Comprendiste?

1. Según el artículo, ¿cómo afectan las regiones polares al medio ambiente?

2. ¿Por qué se considera la Antártida un desierto?

3. ¿Por qué fue importante el Tratado Antártico?

Y tú, ¿qué dices?

¿Te gustaría visitar la Antártida? ¿Por qué?

Mapa global interactivo Explora Ushuaia, en el extremo sur de la Argentina. Investiga su clima, geografía e historia.

Perspectivas del mundo hispano

La deforestación de los bosques tropicales

La selva o el bosque tropical son bosques con una vegetación rica y abundante, situados alrededor de la zona de la línea ecuatorial. En América Latina y el Caribe, los bosques cubren[1] el 40 por ciento del área total, y la región del río Amazonas tiene el 33 por ciento de todos los bosques tropicales del mundo.

Hace tres o cuatro mil años, los bosques tropicales cubrían el 14 por ciento de la Tierra. Hoy en día los bosques tropicales sólo cubren el dos por ciento de la Tierra. La mayoría de la deforestación ha ocurrido en los últimos 250 años, producida por el aumento[2] de la producción industrial y de la población. El 84 por ciento de la deforestación en América Latina es causada por la expansión de áreas para la agricultura, el 12.5 por ciento se debe a la tala[3] de árboles y el 3.5 por ciento a la construcción de carreteras, puentes y otras obras públicas.

Es importante proteger los bosques porque en ellos viven personas y animales que están perdiendo sus hogares.[4] Además, los bosques tropicales son una fuente muy importante de recursos naturales y medicinas.

Investigar Busca información en Internet sobre el porcentaje[5] de bosques en tu estado.[6] ¿Ha aumentado[7] o bajado en los últimos 50 años? ¿Hay programas para proteger los bosques? Descríbelos.

¿Qué te parece? Compara el problema de la deforestación de los bosques tropicales con la situación que existe en tu estado. ¿En qué sentido es similar? ¿En qué sentido es diferente?

Online Cultural Reading

Go to Auténtico ONLINE to explore a website with information on how to conserve energy.

[1]cover [2]increase [3]logging [4]homes [5]percentage [6]state [7]increased

La selva amazónica

La deforestación en la zona amazónica, Brasil

OBJECTIVES
▶ Write a newspaper article about a community improvement project
▶ Use key questions to organize your article

Go **Online** to practice
PEARSON
realize.™

PearsonSchool.com/Autentico

WRITING

Prestemos servicio

TASK You have been asked to write an article for the daily paper explaining a summer volunteer project you have organized.

Estrategia

Key questions Before writing an article, it's always a good idea to organize the information you will need. Questions such as Who?, What?, When?, Where?, and Why? are useful in planning your article.

1 **Prewrite** To write your article, answer the following:

- ¿Qué . . . ?
- ¿Quién(es) . . . ?
- ¿Por qué . . . ?
- ¿Dónde . . . ?
- ¿Cuándo . . . ?
- Para más información . . .

2 **Draft** Using the answers, write the first draft of your article. Use a title that captures the interest of your readers. Present your ideas in a logical, sequential, concise, and interesting format. Include descriptions and details in your writing.

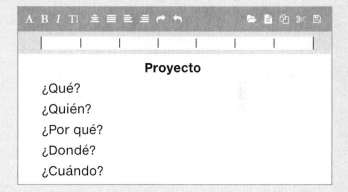

Proyecto

¿Qué?
¿Quién?
¿Por qué?
¿Dondé?
¿Cuándo?

3 **Revise** Check the spelling, agreement, verb forms, and use of vocabulary. Have a classmate check:

- Did you present your plan in a logical, sequential, concise format?
- Did you include all the necessary information with descriptions and details?
- Should you add or change anything?
- Are there errors in spelling, verb forms, or agreement?

4 **Publish** Rewrite the article, making the necessary corrections and changes. Make a copy for your teacher and include another in your portfolio.

5 **Evaluation** The following rubric will be used to grade your article.

Rubric	Score 1	Score 3	Score 5
Logical presentation of your ideas	Your ideas do not have a logical sequence and your writing is not concise.	Your ideas have a somewhat logical sequence and your writing is somewhat concise.	Your ideas have a logical sequence and your writing is concise.
Completeness of your information	You answer two key questions in the article.	You answer four key questions in the article.	You answer all key questions in the article.
Your accuracy in using the future and present subjunctive	You use one verb in each tense with grammatical errors.	You use two verbs in each tense with some grammatical errors.	You use three or more verbs in each tense with very few grammatical errors.

Auténtico

Partnered with **IDB**

¿Cómo podemos construir viviendas más eficientes?

Antes de escuchar

Usa la estrategia: Use Context Clues

Use the words that you have learned in this chapter, along with the introduction below to the audio selection, to recognize the contextual clues in the audio that will help you identify the theme and main ideas with supporting details.

Read the Key Vocabulary

cambio climático = climate change
vivienda = housing
qué tipo de medida = what measures
el consumo = the consumption
emisiones de gases de efecto invernadero = greenhouse gas emissions

▶ Escucha el audio

Agustín Cáceras talks with Claudio Alatorre, a specialist on climate change, about efficient housing in Latin America and the Caribbean. Have you considered what it would take to reduce the energy and water consumption in your household, and thus reduce your greenhouse gas emissions?

Go to **PearsonSchool.com/Autentico** and listen to the selection *¿Cómo podemos construir viviendas más eficientes?* to learn how where you live can impact the environment.

Completa las actividades

Mientras escuchas Presta atención a las palabras del vocabulario estudiado en este capítulo. Las palabras que escuchas te ayudarán a identificar el tema y las ideas principales. Marca las palabras usadas.

ahorrar
eliminar
la energía

solar
la calefacción
reducir

Integración

Después de escuchar Escucha el audio otra vez para contestar estas preguntas.

1. Alatorre divide la primera pregunta de Cáceras en tres partes. ¿Cuáles son las ideas principales?

2. ¿Por qué es importante pensar en dónde debe estar construida una vivienda?

3. ¿Cuáles son algunas tecnologías que pueden reducir el consumo de energía?

4. Identifica el tema y algunos detalles de apoyo de esta selección.

 For more activities, go to the *Authentic Resources Workbook*.

El medio ambiente

Expansión Busca otros recursos en *Auténtico* en línea. Después, contesta las preguntas.

📁 **9B Auténtico**

Integración de ideas Los recursos auténticos informan sobre el medio ambiente en los países hispanohablantes. Describe las ideas que se mencionan y los efectos o soluciones. Incluye una lista de las recomendaciones.

Comparación cultural Los recursos auténticos mencionan varios aspectos del medio ambiente. ¿En qué son parecidos o diferentes de las conversaciones sobre el medio ambiente donde tú vives? Explica.

Repaso del capítulo

OBJECTIVES
▶ Review the vocabulary and grammar
▶ Demonstrate you can perform the tasks on p. 505

🔊 Vocabulario

to talk about Earth

el bosque	forest
la colina	hill
el desierto	desert
el espacio	(outer) space
la Luna	the moon
la naturaleza	nature
la planta	plant
el pueblo	town
la selva tropical	rain forest
la Tierra	Earth
el valle	valley

to talk about energy

ahorrar	to save
el aire acondicionado	air conditioning
la calefacción	heat
económico, -a	economical
eficiente	efficient
la electricidad	electricity
la energía	energy
solar	solar

to talk about the environment

conservar	to conserve
la contaminación	pollution
contaminado, -a	polluted
contra	against
la destrucción	destruction
ecológico, -a	ecological
eliminar	to eliminate
en peligro de extinción	endangered, in danger of extinction
la fuente	source
funcionar	to function, to work
grave	serious
la guerra	war
juntarse	to join
luchar	to fight

la manera	way, manner
el medio ambiente	environment
mejorar	to improve
la paz	peace
proteger (g → j)	to protect
puro, -a	pure
reducir (c → zc)	to reduce
resolver (o → ue)	to solve

other useful words and expressions

además (de)	in addition (to), besides
dudar	to doubt
es cierto	it is certain
haya	there is, there are (subjunctive)

Gramática

other verbs that have irregular stems in the future tense

decir	dir-
poner	pondr-
querer	querr-
salir	saldr-
venir	vendr-

the present subjunctive with expressions of doubt

No creo que los estudiantes **lleguen** a tiempo.

Dudamos que el aire acondicionado **funcione.**

Ramón **no está seguro de que** el concierto **empiece** a las siete.

Es posible que veamos al Presidente.

Es imposible que la gente **viva** en el espacio.

No es cierto que el agua del río **sea** pura.

For *Vocabulario adicional,* see pp. 506–507.

Preparación para el examen

Más recursos PearsonSchool.com/Autentico

 Games   Flashcards   Instant check

Tutorials   *Gram*Activa videos   Animated verbs

What you need to be able to do for the exam...	Here are practice tasks similar to those you will find on the exam ...	For review go to your print or digital textbook ...

Interpretive

1 ESCUCHAR I can listen and understand as students talk about people's actions with respect to the environment.

In honor of *"Día de la Tierra"*, a class is discussing what people currently do or will do to improve the environment. Listen to their comments, and write *presente* if their statements deal with the present or *futuro* if they deal with the future.

pp. 482–484 *Vocabulario en contexto*
p. 486 Actividad 4
p. 490 Actividad 12

Interpersonal

2 HABLAR I can tell what I will do personally to save the environment.

The director from the Hispanic Youth Center asks you to talk to a group about five things that *you* will do this year to make a positive impact on the environment. For example, you might say: *Trabajaré en un centro de reciclaje.*

p. 488 Actividad 9
p. 489 Actividad 10
p. 492 Actividad 16
p. 494 Actividad 19
p. 495 Actividades 20–21
p. 496 Actividad 23
p. 497 Actividad 25

Interpretive

3 LEER I can read and understand a description of the future.

Read a description of a film director's portrayal of how the world will be in 30 years. Where will people live? What will we use for energy? Does he include anything you consider impossible?

En el futuro, habrá apartamentos debajo del océano o en las estaciones del espacio. Dudo que usemos la gasolina para los coches. Será necesario usar la energía solar. Para conservar la energía, no tendremos más que una computadora y un televisor en cada apartamento.

p. 487 Actividad 7
p. 488 Actividad 8
p. 491 Actividad 13
p. 493 Actividad 17
p. 496 Actividad 23
p. 497 Actividad 24

Presentational

4 ESCRIBIR I can write information to include on a *"Proteger nuestro medio ambiente"* poster.

Your science teacher asks you to write a Spanish version of an environmental poster. What recommendations would you include on the poster? For example, you might write: *Sugerimos que reciclen los periódicos.*

p. 487 Actividad 7
p. 488 Actividad 8
p. 493 Actividad 17
p. 494 Actividad 19
p. 497 Actividades 24–25
p. 501 *Presentación escrita*

Cultures

5 COMPARAR I can understand the efforts to protect natural resources in the Spanish-speaking world.

Think about what you have learned in this chapter about how the people and governments in Spanish-speaking countries address environmental problems. Compare these efforts to those in the United States. Does this seem to be a regional or a worldwide problem?

p. 487 *Cultura*
p. 489 Actividad 10, *Cultura*
p. 490 *Cultura*
p. 500 *Perspectivas del mundo hispano*

Vocabulario adicional

Tema 1

Las actividades en la clase
anotar to take notes
el ensayo essay
reflexionar to reflect on, to think about
responder (a) to respond
el resumen, *pl.* **los resúmenes** summary

Las cosas de la escuela
el borrador, *pl.* **los borradores** eraser
el marcador, *pl.* **los marcadores** marker
el pisapapeles, *pl.* **los pisapapeles** paperweight
el pizarrón *pl.* **los pizarrones** blackboard
el sujetapapeles, *pl.* **los sujetapapeles,** paper clip
la tiza chalk

Tema 2

Las cosas para arreglarse
el esmalte de uñas nail polish
la espuma de afeitar shaving foam
el fijador hair spray
el lápiz de labios, *pl.* **los lápices de labios** lipstick
la loción, *pl.* **las lociones** lotion
la loción astringente astringent
la loción humectante moisturizing lotion
la loción para después de afeitarse aftershave lotion
la maquinilla de afeitar razor
la sombra de ojos eye shadow

Las compras de ropa
estar pasado, -a de moda to be out of style

Los precios
accesible affordable

Tema 3

Los lugares en la comunidad
el asilo para ancianos senior citizen home
el ayuntamiento city hall
el centro cultural cultural center
el centro de salud health center

En la tienda deportiva
los anteojos de esquí / de natación goggles
el balón, *pl.* **los balones** ball (football, soccer, and so on)
el bate de béisbol baseball bat
el casco helmet
el guante de béisbol baseball glove
el uniforme del equipo team uniform

En el banco
el billete bill
el cambio change
la cuenta corriente checking account
depositar un cheque to deposit a check

En el correo
el correo aéreo air mail
el correo urgente express mail
el sobre envelope

Para manejar
la acera sidewalk
el bache pothole

Para el metro
bajar de to get off
hacia toward
la parada (del autobús, del metro, . . .) (bus, metro, . . .) stop
subir a to get on

Tema 4

Los eventos especiales
agradecer *(c → zc)* to be grateful for, to be appreciative of
el bautizo baptism
brindar to propose a toast
el Día de Acción de Gracias Thanksgiving
el Día de San Valentín Saint Valentine's Day
la Nochebuena Christmas Eve
la Víspera del Año Nuevo New Year's Eve

Los miembros de la familia
el bisabuelo great-grandfather
la bisabuela great-grandmother
el cuñado brother-in-law
la cuñada sister-in-law
el nieto grandson
la nieta granddaughter
el padrino godfather
la madrina godmother
el sobrino nephew
la sobrina niece

Para describir cómo era de niño(a)
creativo, -a creative
inquieto, -a restless
juguetón, juguetona playful
mentiroso, -a fibber
prudente prudent, sensible

El equipo para niños
el cajón de arena sandbox
el carrusel merry-go-round
el columpio swing
el patio de recreo playground
la subibaja seesaw
el tobogán, *pl.* **los toboganes** slide

Los animales en las fábulas
el águila, *pl.* **las águilas** *f.* eagle
el conejo rabbit
el cuervo raven
la gallina hen
el gallo rooster
la oveja sheep
la rana frog
el toro bull
la vaca cow
el zorro, la zorra fox

Tema 5

Las emergencias
la alergia allergy
el análisis, *pl.* **los análisis** medical test
el antibiótico antibiotic
la aspirina aspirin
la camilla stretcher
el cirujano, la cirujana surgeon
estar resfriado to have a cold
estornudar to sneeze
la fiebre fever
la fractura fracture

la **gripe** flu
la **hinchazón** swelling
el **jarabe** cough syrup
la **lesión**, *pl.* **las lesiones** injury
el **oído** ear (inner)
la **operación**, *pl.* **las operaciones** operation
el **pecho** chest
la **picadura** sting
sufrir to suffer
la **tos** cough

Los desastres naturales
el **ciclón**, *pl.* **los ciclones** cyclone
el **daño** damage
el **derrumbe** landslide
la **erupción volcánica** volcanic eruption
huir *(i → y)* to flee
el **maremoto** tidal wave
seguro, -a safe
sobrevivir to survive
la **tempestad** storm
el **tifón**, *pl.* **los tifones** typhoon
el **tornado** tornado, twister

Las noticias
los **detalles** details
en vivo live
el / la **periodista** journalist, reporter
el **titular** headline

Tema 6

Los eventos deportivos
el **atletismo** track and field
la **carrera** race
la **corona** crown
empatar to tie
la **meta** finish line (in a race)
el **resultado** score
el **torneo** tournament
el **trofeo** trophy
vencer *(c → z)* to defeat, to conquer

Los sentimientos
alegrarse to be happy
estar conmovido, -a to be moved

El cine
el **bandido**, la **bandida** bandit
el / la **culpable** guilty person
el / la **delincuente** delinquent

el **documental** documentary
el **festival de cine** film festival
filmar to shoot, film
el **monstruo** monster

Tema 7

Las cosas de la cocina
la **cafetera** coffee maker
el **cucharón**, *pl.* **los cucharones** ladle
la **licuadora** blender
el **molde** baking pan
las **tazas para medir** measuring cups

Las comidas al aire libre
el **aceite de oliva** olive oil
el **ají** pepper; hot sauce made with this pepper
el **apio** celery
los **calamares** squid
el **chorizo** sausage
la **ciruela** plum
el **cordero** lamb
los **espárragos** asparagus
las **espinacas** spinach
la **fruta de estación** seasonal fruit
el **hígado** liver
la **langosta** lobster
el **pepino** cucumber
la **ternera** veal
la **toronja** grapefruit

Para describir comidas
agrio, -a bitter
cocido, -a cooked
crudo, -a raw
jugoso, -a juicy
salado, -a salty

Tema 8

Los viajes
acampar to camp
el / la **excursionista** excursionist
la **expedición**, *pl.* **las expediciones** expedition
el **explorador**, la **exploradora** explorer
ir al extranjero to go abroad
el **paisaje** landscape
el **paseo** trip

el **recorrido** route
la **tienda de acampar** tent
el / la **trotamundos** globe-trotter, world traveler

En el avión
abrocharse el cinturón to fasten one's seat belt
la **almohada** pillow
aterrizar *(z → c)* to land
el **compartimiento sobre la cabeza** overhead compartment
despegar to take off
procedente de arriving from
la **tripulación** crew
la **turbulencia** turbulence
la **salida de emergencia** emergency exit
la **señal de no fumar** no smoking sign

Expresiones y palabras
asombroso, -a amazing
extraordinario, -a extraordinary
glorioso, -a glorious
maravilloso, -a wonderful
tradicional traditional
único, -a unique, special

Tema 9

Los trabajos
el / la **electricista** electrician
el **horario fijo** regular schedule
el / la **intérprete** interpreter
el **plomero**, la **plomera** plumber
el **programador**, la **programadora** computer programmer
el **puesto** job position
el **tiempo completo** full time
el **tiempo parcial** part time
el **título universitario** college degree
el **trabajador social**, la **trabajadora social** social worker
el **traductor**, la **traductora** translator

El medio ambiente
el **aluminio** aluminum
prevenir to prevent
la **reserva natural** nature reserve

Resumen de gramática

Grammar Terms

Adjectives describe nouns: *a **red** car.*

Adverbs usually describe verbs; they tell when, where, or how an action happens: *He read it **quickly.*** Adverbs can also describe adjectives or other adverbs: ***very tall, quite well.***

Articles are words in Spanish that can tell you whether a noun is masculine, feminine, singular, or plural. In English, the articles are ***the, a,*** and ***an.***

Commands are verb forms that tell people to do something: ***Study!, Work!***

Comparatives compare people or things.

Conjugations are verb forms that add endings to the stem in order to tell who the subject is and what tense is being used: *escrib**o**, escrib**iste.***

Conjunctions join words or groups of words. The most common ones are ***and, but,*** and ***or.***

Direct objects are nouns or pronouns that receive the action of a verb: *I read the **book.** I read **it.***

Future tense is used to talk about actions in the future and to express what will happen: *Tomorrow **we will begin** working.*

Gender in Spanish tells you whether a noun, pronoun, or article is masculine or feminine.

Imperfect tense is used to talk about actions that happened repeatedly in the past; to describe people, places, and situations in the past; to talk about a past action or situation where no beginning or end is specified; and to describe an ongoing action in the past. The imperfect tense may also be used to tell what time it was or to describe weather in the past and to describe the past physical, mental, and emotional states of a person or thing.

Imperfect progressive tense is used to describe something that was taking place over a period of time in the past: *He **was skiing** when he broke his leg.*

Indirect objects are nouns or pronouns that tell you to whom / what or for whom / what something is done: *I gave **him** the book.*

Infinitives are the basic forms of verbs. In English, infinitives have the word "to" in front of them: ***to walk.***

Interrogatives are words that ask questions: ***What** is that? **Who** are you?*

Nouns name people, places, or things: ***students, Mexico City, books.***

Number tells you if a noun, pronoun, article, or verb is singular or plural.

Prepositions show relationship between their objects and another word in the sentence: *He is **in** the classroom.*

Present tense is used to talk about actions that always take place, or that are happening now: *I always **take** the bus; I **study** Spanish.*

Present perfect tense is used to say what a person *has done:* *We **have seen** the new movie.*

Present progressive tense is used to emphasize that an action is happening *right now:* ***I am doing** my homework; he **is finishing** dinner.*

Preterite tense is used to talk about actions that were completed in the past: ***I took** the train yesterday; **I studied** for the test.*

Pronouns are words that take the place of nouns: ***She** is my friend.*

Reflexive verbs are used to say that people do something to or for themselves: *I **wash my** hair.* Other reflexive verbs often describe a change in mental, emotional, or physical state, and can express the idea that someone "gets" or "becomes": *They **became** angry.*

Subjects are the nouns or pronouns that perform the action in a sentence: ***John** sings.*

Subjunctive mood is used to say that one person influences the actions of another: ***I recommend that you speak** with your doctor; **it is important that she have** good manners.* It is also used after verbs and expressions that indicate doubt or uncertainty: ***It's possible that there's** enough food.*

Superlatives describe which things have the most or least of a given quality: *She is the **best** student.*

Verbs show action or link the subject with a word or words in the predicate (what the subject does or is): *Ana **writes;** Ana **is** my sister.*

Nouns, Number, and Gender

Nouns refer to people, animals, places, things, and ideas. Nouns are singular or plural. In Spanish, nouns have gender, which means that they are either masculine or feminine.

Singular Nouns	
Masculine	**Feminine**
libro	carpeta
pupitre	casa
profesor	noche
lápiz	ciudad

Plural Nouns	
Masculine	**Feminine**
libros	carpetas
pupitres	casas
profesores	noches
lápices	ciudades

Definite Articles

El, la, los, and *las* are definite articles and are the equivalent of "the" in English. *El* is used with masculine singular nouns; *los* with masculine plural nouns. *La* is used with feminine singular nouns; *las* with feminine plural nouns. When you use the words *a* or *de* before *el,* you form the contractions *al* and *del: Voy al centro; Es el libro del profesor.*

Masculine	
Singular	**Plural**
el libro	los libros
el pupitre	los pupitres
el profesor	los profesores
el lápiz	los lápices

Feminine	
Singular	**Plural**
la carpeta	las carpetas
la casa	las casas
la noche	las noches
la ciudad	las ciudades

Indefinite Articles

Un and *una* are indefinite articles and are the equivalent of "a" and "an" in English. *Un* is used with singular masculine nouns; *una* is used with singular feminine nouns. The plural indefinite articles are *unos* and *unas.*

Masculine	
Singular	**Plural**
un libro	unos libros
un baile	unos bailes

Feminine	
Singular	**Plural**
una revista	unas revistas
una mochila	unas mochilas

Pronouns

Subject pronouns tell who is doing the action. They replace nouns or names in a sentence. Subject pronouns are often used for emphasis or clarification: *Gregorio escucha música. Él escucha música.*

A *direct object* tells who or what receives the action of the verb. To avoid repeating a direct object noun, you can replace it with a *direct object pronoun.* Direct object pronouns have the same gender and number as the nouns they replace: *¿Cuándo compraste el libro? Lo compré ayer.*

An *indirect object* tells to whom or for whom an action is performed.

Indirect object pronouns are used to replace an indirect object noun: *Les doy dinero.* (I give money to them.) Because *le* and *les* have more than one meaning, you can make the meaning clear, or show emphasis, by adding *a* + the corresponding name, noun, or pronoun: *Les doy el dinero a ellos.*

A *reflexive pronoun* is used to show that someone does an action to or for herself or himself. Each reflexive pronoun corresponds to a different subject and always agrees with the subject pronoun: *Todos los días me ducho y me arreglo el pelo.* You know that a verb is reflexive

if its infinitive form ends with the letters *se: ducharse, arreglarse.*

After most prepositions, you use *mí* and *ti* for "me" and "you." The forms change with the preposition *con: conmigo, contigo.* For all other persons, you use subject pronouns after prepositions.

The Personal a

When the direct object is a person, a group of people, or a pet, use the word *a* before the object. This is called the "personal *a*": *Visité a mi abuela. Busco a mi perro, Capitán.*

Subject Pronouns		Direct Object Pronouns		Indirect Object Pronouns		Reflexive Pronouns		Objects of Prepositions	
Singular	**Plural**	**Singular**	**Plural**	**Singular**	**Plural**	**Singular**	**Plural**	**Singular**	**Plural**
yo	nosotros, nosotras	me	nos	me	nos	me	nos	(para) mí, conmigo	nosotros, nosotras
tú	vosotros, vosotras	te	os	te	os	te	os	(para) ti, contigo	vosotros, vosotras
usted (Ud.), él, ella	ustedes (Uds.), ellos, ellas	lo, la	los, las	le	les	se	se	Ud., él, ella	Uds., ellos, ellas

Adjectives

Words that describe people and things are called adjectives. In Spanish, most adjectives have both masculine and feminine forms, as well as singular and plural forms. Adjectives must agree with the nouns they describe in both gender and number. When an adjective describes a group including both masculine and feminine nouns, use the masculine plural form.

Masculine	
Singular	**Plural**
alto	altos
inteligente	inteligentes
trabajador	trabajadores
fácil	fáciles

Feminine	
Singular	**Plural**
alta	altas
inteligente	inteligentes
trabajadora	trabajadoras
fácil	fáciles

Shortened Forms of Adjectives

When placed before masculine singular nouns, some adjectives change into a shortened form.

One adjective, **grande,** changes to a shortened form before any singular noun: *una **gran** señora, un **gran** libro.*

bueno	→	buen chico
malo	→	mal día
primero	→	prímer trabajo
tercero	→	tercer plato
grande	→	gran señor

Possessive Adjectives

Possessive adjectives are used to tell what belongs to someone or to show relationships. Like other adjectives, possessive adjectives agree in number with the nouns that follow them.

Only *nuestro* and *vuestro* have different masculine and feminine endings. *Su* and *sus* can have many different meanings: *his, her, its, your,* or *their.*

The long forms of possessive adjectives are used for emphasis and come *after* the noun.

They may also be used without a noun: *Esta chaqueta es **tuya?** Sí, es **mía.***

Singular	**Plural**
mi	mis
tu	tus
su	sus
nuestro, -a	nuestros, -as
vuestro, -a	vuestros, -as
su	sus

Singular	**Plural**
mío/mía	míos/mías
tuyo/tuya	tuyos/tuyas
suyo/suya	suyos/suyas
nuestro/ nuestra	nuestros/ nuestras
vuestro/ vuestra	vuestros/ vuestras
suyo/suya	suyos/suyas

Demonstrative Adjectives

Like other adjectives, demonstrative adjectives agree in gender and number with the nouns that follow them. Use *este, esta, estos, estas* ("this" / "these") before nouns that name people or things that are close to you. Use *ese, esa, esos, esas* ("that" / "those") before nouns that name people or things that are at some distance from you.

Use *aquel, aquella, aquellos,* or *aquellas* ("that [those] over there") before nouns that name people or things that are far from both you and the person to whom you are speaking.

Singular	**Plural**
este libro	estos libros
esta casa	estas casas
ese niño	esos niños
esa manzana	esas manzanas
aquel bolso	aquellos bolsos
aquella blusa	aquellas blusas

Interrogative Words

You use interrogative words to ask questions. When you ask a question with an interrogative word, you put the verb before the subject. All interrogative words have a written accent mark.

¿Adónde?	¿Cuándo?	¿Dónde?
¿Cómo?	¿Cuánto, -a?	¿Por qué?
¿Con quién?	¿Cuántos, -as?	¿Qué?
¿Cuál?	¿De dónde?	¿Quién?

Comparatives and Superlatives

Comparatives Use *más . . . que* or *menos . . . que* to compare people or things: *más interesante que . . . , menos alta que . . .*

When talking about number, use *de* instead of *que: Tengo más de cien monedas en mi colección.*

To compare people or things that are equal, use *tan . . . como:* **tan** *popular* **como** *. . . Tanto / tanta . . . como* is used to say *"as much as"* and *tantos / tantas . . . como* is used to say "as many as": **tanto** *dinero* **como** *. . .* **tantas** *amigas* **como** *. . . Tanto* and *tanta* match the number and gender of the noun to which they refer.

Superlatives Use this pattern to express the idea of "most" or "least."

el
la + *noun* + más / menos + *adjective*
los
las

Es **el programa de televisión más interesante.**

Son **los perritos más pequeños.**

Several adjectives are irregular when used with comparisons and superlatives.

older	mayor
younger	menor
better	mejor
worse	peor

To say that something is "the most," "the least," "the best," or "the worst" in a group or category, use *de.*

Es **la chica más seria de** la clase.

Es **la mejor película del** festival de cine.

Affirmative and Negative Words

To make a sentence negative in Spanish, *no* usually goes in front of the verb or expression. To show that you do not like either of two choices, use *ni . . . ni.*

Alguno, alguna, algunos, algunas and *ninguno, ninguna* match the number and gender of the noun to which they refer. When *alguno* and *ninguno* come before a masculine singular noun, they change to *algún* and *ningún.*

Affirmative	Negative
algo	nada
alguien	nadie
algún	ningún
alguno, -a, -os, -as	ninguno, -a
siempre	nunca
también	tampoco

Adverbs

To form an adverb in Spanish, *-mente* is added to the feminine singular form of an adjective. This *-mente* ending is equivalent to the "-ly" ending in English. If the adjective has a written accent, such as *rápida, fácil,* and *práctica,* the accent appears in the same place in the adverb form.

general	→	generalmente
especial	→	especialmente
fácil	→	fácilmente
feliz	→	felizmente
rápida	→	rápidamente
práctica	→	prácticamente

Verbos

Regular Present, Preterite, Imperfect, Future, and Subjunctive

Here are the conjugations for regular -ar, -er, and -ir verbs in the present, preterite, imperfect, future, and subjunctive tenses.

Infinitive	Present		Preterite		Imperfect		Future		Subjunctive	
estudiar	estudio	estudiamos	estudié	estudiamos	estudiaba	estudiábamos	estudiaré	estudiaremos	estudie	estudiemos
	estudias	estudiáis	estudiaste	estudiasteis	estudiabas	estudiabais	estudiarás	estudiaréis	estudies	estudiéis
	estudia	estudian	estudió	estudiaron	estudiaba	estudiaban	estudiará	estudiarán	estudie	estudien
correr	corro	corremos	corrí	corrimos	corría	corríamos	correré	correremos	corra	corramos
	corres	corréis	corriste	corristeis	corrías	corríais	correrás	correréis	corras	corráis
	corre	corren	corrió	corrieron	corría	corrían	correrá	correrán	corra	corran
vivir	vivo	vivimos	viví	vivimos	vivía	vivíamos	viviré	viviremos	viva	vivamos
	vives	vivís	viviste	vivisteis	vivías	vivíais	vivirás	viviréis	vivas	viváis
	vive	viven	vivió	vivieron	vivía	vivían	vivirá	vivirán	viva	vivan

Present Progressive and Imperfect Progressive

When you want to emphasize that an action is happening *right now*, you use the present progressive tense. To describe something that was taking place over a period of time *in the past,* use the imperfect progressive.

Infinitive	Present Progressive				Imperfect Progressive	
estudiar	estoy	estudiando	estamos	estudiando	estaba estudiando	estabámos estudiando
	estás	estudiando	estáis	estudiando	estabas estudiando	estabais estudiando
	está	estudiando	están	estudiando	estaba estudiando	estaban estudiando
correr	estoy	corriendo	estamos	corriendo	estaba corriendo	estábamos corriendo
	estás	corriendo	estáis	corriendo	estabas corriendo	estabais corriendo
	está	corriendo	están	corriendo	estaba corriendo	estaban corriendo
vivir	estoy viviendo		estamos viviendo		estaba viviendo	estábamos viviendo
	estás viviendo		estáis viviendo		estabas viviendo	estabais viviendo
	está viviendo		están viviendo		estaba viviendo	estaban viviendo

Present Perfect Tense

When you want to say what a person *has done,* use the present perfect tense.

Infinitive	Present Perfect	
estudiar	he estudiado	hemos estudiado
	has estudiado	habéis estudiado
	ha estudiado	han estudiado
correr	he corrido	hemos corrido
	has corrido	habéis corrido
	ha corrido	han corrido
vivir	he vivido	hemos vivido
	has vivido	habéis vivido
	ha vivido	han vivido

Commands

When telling a friend, a family member, or a young person to do something, use an affirmative *tú* command. To give these commands for most verbs, use the same present-tense forms that are used for *Ud., él, ella.* Some verbs have an irregular affirmative *tú* command.

When telling a friend, a family member, or a young person *not* to do something, use a negative *tú* command. To give these commands for most verbs, drop the *-o* of the present-tense *yo* form and add *-es* for *-ar* verbs and *-as* for *-er* and *-ir* verbs. Some verbs have an irregular negative *tú* command.

To give affirmative or negative commands in the *Ud.* or *Uds.* form, drop the *-o* of the present-tense *yo* form and add *-e* or *-en* for *-ar* verbs and *-a* or *-an* for *-er* and *-ir* verbs. Some verbs have an irregular *Ud.* or *Uds.* command.

For stem-changing and spelling-changing verbs see the tables on pages 514–517.

Infinitive	Tú	Negative *tú*	Usted	Ustedes
estudiar	estudia	no estudies	(no) estudie	(no) estudien
correr	corre	no corras	(no) corra	(no) corran
vivir	vive	no vivas	(no) viva	(no) vivan

Infinitive	Tú	Negative *tú*	Usted	Ustedes
dar	da	no des	(no) dé	(no) den
decir	di	no digas	(no) diga	(no) digan
estar	está	no estés	(no) esté	(no) estén
hacer	haz	no hagas	(no) haga	(no) hagan
ir	ve	no vayas	(no) vaya	(no) vayan
poner	pon	no pongas	(no) ponga	(no) pongan
salir	sal	no salgas	(no) salga	(no) salgan
ser	sé	no seas	(no) sea	(no) sean
tener	ten	no tengas	(no) tenga	(no) tengan
venir	ven	no vengas	(no) venga	(no) vengan

Stem-changing Verbs

Here is a list of stem-changing verbs. Only conjugations with changes are highlighted.

Infinitive in -ar

Infinitive	Present Indicative		Present Subjunctive	
pensar (e→ie)	pienso	pensamos	piense	pensemos
	piensas	pensáis	pienses	penséis
	piensa	piensan	piense	piensen
Verbs like pensar: calentar, comenzar,[1] despertar(se), empezar, recomendar, tropezar				
contar (o→ue)	cuento	contamos	cuente	contemos
	cuentas	contáis	cuentes	contéis
	cuenta	cuentan	cuente	cuenten
Verbs like contar: acostar(se), almorzar, costar, encontrar(se), probar(se), recordar				
jugar (u→ue)	juego	jugamos	juegue	juguemos
	juegas	jugáis	juegues	juguéis
	juega	juegan	juegue	jueguen

Infinitive in -er

	Present Indicative		Present Subjunctive	
entender (e→ie)	entiendo	entendemos	entienda	entendamos
	entiendes	entendéis	entiendas	entendáis
	entiende	entienden	entienda	entiendan
Verbs like entender: encender, perder				
devolver (o→ue) past participle: devuelto	devuelvo	devolvemos	devuelva	devolvamos
	devuelves	devolvéis	devuelvas	devolváis
	devuelve	devuelven	devuelva	devuelvan
Verbs like devolver: mover(se), resolver, torcer(se),[2] volver (past participle: vuelto)				

[1]Remember that verbs like *comenzar* and *tropezar* also have a spelling change *(z → c)* in all forms of the present subjunctive. See p. 516 for a complete conjugation of *empezar*.

[2]Verbs like *torcer(se)* also have a spelling change *(c → z)* in all forms of the present subjunctive. See p. 517 for a complete conjugation of *torcer(se)*.

Stem-changing Verbs (continued)

Infinitive in -ir

	Indicative				Subjunctive	
	Present		**Preterite**		**Present**	
pedir (e→i) (e→i) present participle: pidiendo	pido pides pide	pedimos pedís piden	pedí pediste pidió	pedimos pedisteis pidieron	pida pidas pida	pidamos pidáis pidan
Verbs like pedir: conseguir,* despedir(se), repetir, seguir, servir, vestir(se)						
preferir (e→ie) (e→i) present participle: prefiriendo	prefiero prefieres prefiere	preferimos preferís prefieren	preferí preferiste prefirió	preferimos preferisteis prefirieron	prefiera prefieras prefiera	prefiramos prefiráis prefieran
Verbs like preferir: divertir(se), hervir, mentir, sugerir						
dormir (o→ue) (o→u) present participle: durmiendo	duermo duermes duerme	dormimos dormís duermen	dormí dormiste durmió	dormimos dormisteis durmieron	duerma duermas duerma	durmamos durmáis duerman
Verbs like dormir: morir(se) (past participle: muerto)						

*Verbs like *conseguir* and *seguir* also have a spelling change *(gu → g)* in all forms of the present subjunctive. See p. 517 for a complete conjugation of *seguir*.

Spelling-changing Verbs

These verbs have spelling changes in the present, preterite, and/or subjunctive. The spelling changes are indicated in boldface blue type.

Infinitive, Present Participle, Past Participle	Present		Preterite		Subjunctive	
almorzar (z → c) almorzando almorzado	See stem-changing verbs		almorcé almorzaste almorzó	almorzamos almorzasteis almorzaron	almuerce almuerces almuerce	almorcemos almorcéis almuercen
buscar (c → qu) buscando buscado	See regular -ar verbs		busqué buscaste buscó	buscamos buscasteis buscaron	busque busques busque	busquemos busquéis busquen
comunicarse (c → qu) comunicándose comunicado	See reflexive verbs		See reflexive verbs and buscar		See reflexive verbs and buscar	
conocer (c → zc) conociendo conocido	conozco conoces conoce	conocemos conocéis conocen	See regular -er verbs		conozca conozcas conozca	conozcamos conozcáis conozcan
creer (i → y) creyendo creído	See regular -er verbs		creí creíste creyó	creímos creísteis creyeron	See regular -er verbs	
destruir (i → y) destruyendo destruido	destruyo destruyes destruye	destruimos destruís destruyen	destruí destruiste destruyó	destruimos destruisteis destruyeron	destruya destruyas destruya	destruyamos destruyáis destruyan
empezar (z → c) empezando empezado	See stem-changing verbs		empecé empezaste empezó	empezamos empezasteis empezaron	empiece empieces empiece	empecemos empecéis empiecen
enviar (i → í) enviando enviado	envío envías envía	enviamos enviáis envían	See regular -ar verbs		envíe envíes envíe	enviemos enviéis envíen
escoger (g → j) escogiendo escogido	escojo escoges escoge	escogemos escogéis escogen	See regular -er verbs		escoja escojas escoja	escojamos escojáis escojan
esquiar (i → í) esquiando esquiado	See enviar		See regular -ar verbs		See enviar	
jugar (g → gu) jugando jugado	See stem-changing verbs		jugué jugaste jugó	jugamos jugasteis jugaron	See stem-changing verbs	
leer (i → y) leyendo leído	See regular -er verbs		See creer		See regular -er verbs	

Spelling-changing Verbs (continued)

Infinitive, Present Participle, Past Participle	Present		Preterite		Subjunctive	
obedecer (c → zc) obedeciendo obedecido	See conocer		See regular -er verbs		See conocer	
ofrecer (c → zc) ofreciendo ofrecido	See conocer		See regular -er verbs		See conocer	
pagar (g → gu) pagando pagado	See regular -ar verbs		See jugar		pague pagues pague	paguemos paguéis paguen
parecer (c → zc) pareciendo parecido	See conocer		See regular -er verbs		See conocer	
practicar (c → qu) practicando practicado	See regular -ar verbs		See buscar		See buscar	
recoger (g → j) recogiendo recogido	See escoger		See regular -er verbs		See escoger	
reír(se) (e → í)* riendo (riéndose) reído	me río te ríes se ríe	nos reímos os reís se ríen	me reí te reíste se rió	nos reímos os reísteis se rieron	me ría te rías se ría	nos riamos os riáis se rían
reunirse (u → ú)* reuniéndose reunido	me reúno te reúnes se reúne	nos reunimos os reunís se reúnen	See regular -ir verbs		me reúna te reúnas se reúna	nos reunamos os reunáis se reúnan
sacar (c → qu) sacando sacado	See regular -ar verbs		See buscar		See buscar	
seguir (e → i) (gu → g)* siguiendo seguido	sigo sigues sigue	seguimos seguís siguen	See stem-changing verbs: pedir		siga sigas siga	sigamos sigáis sigan
tocar (c → qu) tocando tocado	See regular -ar verbs		See buscar		See buscar	
torcer(se) (o→ue)(c→z) torciendo torcido	me tuerzo te tuerces se tuerce	nos torcemos os torcéis se tuercen	See regular -er verbs		me tuerza te tuerzas se tuerza	nos torzamos os torzáis se tuerzan

*Verbs like **reír(se):** sonreír, freír (past participle: fri**t**o)

*Verbs like **reunirse:** graduarse (present: ***me gradúo, te gradúas, se gradúa,*** nos graduamos, os graduáis, ***se gradúan;*** preterite: see preterite of regular -ar verbs; subjunctive: ***me gradúe, te gradúes, se gradúe,*** nos graduemos, os graduéis, ***se gradúen)***

*Verbs like **seguir:** conseguir

Irregular Verbs

These verbs have irregular patterns.

	1		2		3	
Infinitive Present Participle Past Participle			**Present**		**Preterite**	
dar dando dado	doy das da		damos dais dan		di diste dio	dimos disteis dieron
decir diciendo dicho	digo dices dice		decimos decís dicen		dije dijiste dijo	dijimos dijisteis dijeron
estar estando estado	estoy estás está		estamos estáis están		estuve estuviste estuvo	estuvimos estuvisteis estuvieron
haber habiendo habido	he has ha		hemos habéis han		hube hubiste hubo	hubimos hubisteis hubieron
hacer haciendo hecho	hago haces hace		hacemos hacéis hacen		hice hiciste hizo	hicimos hicisteis hicieron
ir yendo ido	voy vas va		vamos vais van		fui fuiste fue	fuimos fuisteis fueron
oír* oyendo oído	oigo oyes oye		oímos oís oyen		oí oíste oyó	oímos oísteis oyeron
poder pudiendo podido	puedo puedes puede		podemos podéis pueden		pude pudiste pudo	pudimos pudisteis pudieron
poner poniendo puesto	pongo pones pone		podemos podéis pueden		puse pusiste puso	pusimos pusisteis pusieron

*Verbs like **oír:** caerse

Irregular Verbs (continued)

	4		5		6
	Imperfect		**Future**		**Subjunctive**
daba	dábamos	daré	daremos	dé	demos
dabas	dabais	darás	dareis	des	deis
daba	daban	dará	darán	dé	den
decía	decíamos	diré	diremos	diga	digamos
decías	decíais	dirás	diréis	digas	digáis
decía	decían	dirá	dirán	diga	digan
estaba	estábamos	estaré	estaremos	esté	estemos
estabas	estabais	estarás	estaréis	estés	estéis
estaba	estaban	estará	estarán	esté	estén
había	habíamos	habré	habremos	haya	hayamos
habías	habíais	habrás	habréis	hayas	hayáis
había	habían	habrá	habrán	haya	hayan
hacía	hacíamos	haré	haremos	haga	hagamos
hacías	hacíais	harás	haréis	hagas	hagáis
hacía	hacían	hará	harán	haga	hagan
iba	íbamos	iré	iremos	vaya	vayamos
ibas	ibais	irás	iréis	vayas	vayáis
iba	iban	irá	irán	vaya	vayan
oía	oíamos	oiré	oiremos	oiga	oigamos
oías	oíais	oirás	oiréis	oigas	oigáis
oía	oían	oirá	oirán	oiga	oigan
podía	podíamos	podré	podremos	pueda	podamos
podías	podíais	podrás	podréis	puedas	podáis
podía	podían	podrá	podrán	pueda	puedan
ponía	poníamos	pondré	pondremos	ponga	pongamos
ponías	poníais	pondrás	pondréis	pongas	pongáis
ponía	ponían	pondrá	pondrán	ponga	pongan

Irregular Verbs (continued)

	1		2		3
Infinitive **Present Participle** **Past Participle**		**Present**		**Preterite**	
querer queriendo querido	quiero quieres quiere	queremos queréis quieren	quise quisiste quiso	quisimos quisisteis quisieron
saber sabiendo sabido	sé sabes sabe	sabemos sabéis saben	supe supiste supo	supimos supisteis supieron
salir saliendo salido	salgo sales sale	salimos salís salen	salí saliste salió	salimos salisteis salieron
ser siendo sido	soy eres es	somos sois son	fui fuiste fue	fuimos fuisteis fueron
tener teniendo tenido	tengo tienes tiene	tenemos tenéis tienen	tuve tuviste tuvo	tuvimos tuvisteis tuvieron
traer trayendo traído	traigo traes trae	traemos traéis traen	traje trajiste trajo	trajimos trajisteis trajeron
venir viniendo venido	vengo vienes viene	venimos venís vienen	vine viniste vino	vinimos vinisteis vinieron
ver viendo visto	veo ves ve	vemos veis ven	vi viste vio	vimos visteis vieron

Irregular Verbs (continued)

	4 Imperfect		5 Future		6 Subjunctive	
quería	queríamos	querré	querremos	quiera	queramos
querías	queríais	querrás	querréis	quieras	queráis
quería	querían	querrá	querrán	quiera	quieran
sabía	sabíamos	sabré	sabremos	sepa	sepamos
sabías	sabíais	sabrás	sabréis	sepas	sepáis
sabía	sabían	sabrá	sabrán	sepa	sepan
salía	salíamos	saldré	saldremos	salga	salgamos
salías	salíais	saldrás	saldréis	salgas	salgáis
salía	salían	saldrá	saldrán	salga	salgan
era	éramos	seré	seremos	sea	seamos
eras	erais	serás	seréis	seas	seáis
era	eran	será	serán	sea	sean
tenía	teníamos	tendré	tendremos	tenga	tengamos
tenías	teníais	tendrás	tendréis	tengas	tengáis
tenía	tenían	tendrá	tendrán	tenga	tengan
traía	traíamos	traeré	traeremos	traiga	traigamos
traías	traíais	traerás	traeréis	traigas	traigáis
traía	traían	traerá	traerán	traiga	traigan
venía	veníamos	vendré	vendremos	venga	vengamos
venías	veníais	vendrás	vendréis	vengas	vengáis
venía	venían	vendrá	vendrán	venga	vengan
veía	veíamos	veré	veremos	vea	veamos
veías	veíais	verás	veréis	veas	veáis
veía	veían	verá	verán	vea	vean

Reflexive Verbs

Infinitive and Present Participle	Present	
lavarse lavándose	me lavo	nos lavamos
	te lavas	os laváis
	se lava	se lavan
	Preterite	
	me lavé	nos lavamos
	te lavaste	os lavasteis
	se lavó	se lavaron
	Subjunctive	
	me lave	nos lavemos
	te laves	os lavéis
	se lave	se laven

Familiar *(tú)* Commands	Formal *(Ud. and Uds.)* Commands
lávate	lávese
no te laves	no se lave

Sometimes the reflexive pronouns *se* and *nos* are used to express the idea "(to) each other." These are called reciprocal actions: **Nos** *dábamos la mano.*

Vocabulario español-inglés

The *Vocabulario español-inglés* contains all active vocabulary from the text, including vocabulary presented in the grammar sections.

A dash (—) represents the main entry word. For example, **pasar la —** after **la aspiradora** means **pasar la aspiradora.**

The number following each entry indicates the chapter in which the word or expression is presented. A Roman numeral (I) indicates that the word was presented in Level 1.

The following abbreviations are used in this list: *adj.* (adjective), *dir. obj.* (direct object), *f.* (feminine), *fam.* (familiar), *ind. obj.* (indirect object), *inf.* (infinitive), *m.* (masculine), *pl.* (plural), *prep.* (preposition), *pron.* (pronoun), *sing.* (singular).

A

a to *(prep.)* (I)
- **...le gusta(n)** he/she likes (I)
- **...le encanta(n)** he/she loves (I)
- **casa** (to) home (I)
- **causa de** because of (5A)
- **la derecha (de)** to the right (of) (5A)
- **la izquierda (de)** to the left (of) (I)
- **la una de la tarde** at one (o'clock) in the afternoon (I)
- **las ocho de la mañana** at eight (o'clock) in the morning (I)
- **las ocho de la noche** at eight (o'clock) in the evening / at night (I)
- **menudo** often (I)
- **mí también** I do (like to) too (I)
- **mí tampoco** I don't (like to) either (I)
- **¿— qué hora?** (At) what time? (I)
- **tiempo** on time (1A)
- **veces** sometimes (I)
- **ver.** Let's see. (I)

al (a + el), **a la** to the (I)
abierto, -a open (8A)
el abogado, la abogada lawyer (9A)
abordar to board (8A)
abrazar(se) to hug (4B)
el abrigo coat (I)
abril April (I)
abrir to open (I)

el abuelo, la abuela grandfather, grandmother (I)
los abuelos grandparents (I)
aburrido, -a boring (I)
aburrir to bore (I)
aburrirse to get bored (6A)
- **me aburre(n)** it bores me (they bore me) (I)

acabar de + *inf.* to have just ... (I)
el accidente accident (5B)
acción: película de — action film (6B)
el aceite cooking oil (7A)
acompañar to accompany (7B)
acostarse (o →ue) to go to bed (2A)
las actividades extracurriculares extracurricular activities (1B)
el actor actor (I)
la actriz, *pl.* **las actrices** actress (I)
la actuación acting (6B)
acuerdo:
- **Estoy de —.** I agree. (I)
- **No estoy de —.** I don't agree. (I)

además (de) in addition (to), besides (9B)
adhesiva: la cinta — transparent tape (1A)
¡Adiós! Good-bye! (I)
¿Adónde? (To) where? (I)
la aduana customs (8A)
el aduanero, la aduanera customs officer (8A)
el aeropuerto airport (8A)
afeitarse to shave (2A)

el aficionado, la aficionada fan (6A)
afortunadamente fortunately (5A)
la agencia de viajes travel agency (8A)
el / la agente de viajes travel agent (8A)
agitado, -a agitated (6A)
agosto August (I)
el agricultor, la agricultora farmer (9A)
el agua *f.* water (I)
- **el — de colonia** cologne (2A)

el aguacate avocado (7B)
ahora now (I)
ahorrar to save (9B)
aire: al — libre outdoors (7B)
el aire acondicionado air conditioning (9B)
el ajedrez chess (1B)
el ajo garlic (7A)
al *(a + el),* **a la** to the (I)
- **— aire libre** outdoors (7B)
- **— final** at the end (6A)
- **— horno** baked (7A)
- **— lado de** next to (I)

alegre happy (6A)
la alfombra rug (I)
algo something (I)
- **¿— más?** Anything else? (I)

el algodón cotton (2B)
alguien someone, anyone (1A)
algún, alguno, -a some (1A)
- **— día** some day (9A)

algunos, as some, any (1A)
allí there (I)

el almacén, *pl.* **los almacenes** department store (I)

almorzar (o→ue) (z→c) to have lunch (1A)

el almuerzo lunch (I)

en el — for lunch (I)

alquilar to rent (6B)

alrededor de around (4B)

alto, -a tall (I); high (2B)

amarillo, -a yellow (I)

la ambulancia ambulance (5B)

el amor love (6B)

anaranjado, -a orange (I)

ancho, -a wide (3B)

el anciano, la anciana older man, older woman (I)

los ancianos older people (I)

el anillo ring (I)

el animador, la animadora cheerleader (1B)

el animal animal (I)

el aniversario anniversary (4B)

anoche last night (I)

los anteojos de sol sunglasses (I)

antes de before (I, 2A)

antiguo, -a old, antique (4B)

anunciar to announce (2B)

el anuncio announcement (8A)

añadir to add (7A)

no añadas don't add (7A)

el año year (I)

el — pasado last year (I)

¿Cuántos —s tiene(n)...? How old is / are ...? (I)

Tiene(n)...—s. He / She is / They are ...(years old). (I)

apagar (g → gu) to put out *(fire)* (5A); to turn off (7A)

el apartamento apartment (I)

aplaudir to applaud (6A)

aprender (a) to learn (I)

— de memoria to memorize (1A)

apretado, -a tight (2B)

aproximadamente approximately (3B)

aquel, aquella that (over there) (2B)

aquellos, aquellas those (over there) (2B)

aquí here (I)

el árbol tree (I)

los aretes earrings (I)

el argumento plot (6B)

el armario closet, locker (I, 1A)

el arquitecto, la arquitecta architect (9A)

arreglar (el cuarto) to straighten up (the room) (I)

arreglarse (el pelo) to fix (one's hair) (2A)

arrestar to arrest (6B)

el arroz rice (I)

el arte: la clase de — art class (I)

las artes the arts (9A)

las — marciales martial arts (1B)

la artesanía handicrafts (8B)

el artículo article (5A)

el artista, la artista artist (9A)

artístico, -a artistic (I)

asado, -a grilled (7B)

asar to grill, to roast (7B)

el ascensor elevator (8B)

asco: ¡Qué —! How awful! (I)

el asiento seat (1A)

asistir a to attend (1B)

asustado, -a frightened (5A)

atención: prestar to pay attention (1A)

atento, -a attentive (8B)

el / la atleta athlete (6A)

la atracción, *pl.* **las atracciones** attraction (I)

atrevido, -a daring (I)

la audición, *pl.* **las audiciones** audition (2A)

el auditorio auditorium (6A)

el autobús, *pl.* **los autobuses** bus (I)

el / la auxiliar de vuelo flight attendant (8A)

la avenida avenue (3B)

el avión airplane (I)

¡Ay! ¡Qué pena! Oh! What a shame / pity! (I)

ayer yesterday (I)

la ayuda help (1A)

ayudar to help (I)

el azúcar sugar (I)

azul blue (I)

B

bailar to dance (I)

el bailarín, la bailarina, *pl.* **los bailarines** dancer (1B)

el baile dance (I)

bajar to go down (5A)

bajar (información) to download (I)

bajo, -a short *(stature)* (I); low (2B)

el banco bank (3A)

la banda (musical) band (1B)

la bandera flag (I)

bañarse to take a bath (2A)

el baño bathroom (I)

el traje de — swimsuit (I)

barato, -a inexpensive, cheap (I)

el barco boat, ship (I)

el barrio neighborhood (I)

basado, -a: estar — en to be based on (6B)

el básquetbol: jugar al — to play basketball (I)

Basta! Enough! (3B)

bastante enough, rather (I)

batir to beat (7A)

el bebé, la bebé baby (4B)

beber to drink (I)

las bebidas drinks (I)

béisbol: jugar al — to play baseball (I)

bello, -a beautiful (8B)

los beneficios benefits (9A)

besar(se) to kiss (4B)

la biblioteca library (I)

bien well (I)

— educado, -a well-behaved (4A)

bienvenido, -a welcome (8A)

bilingüe bilingual (9A)

el bistec beefsteak (I)

blanco, -a white (I)

los **bloques** blocks (4A)

la **blusa** blouse (I)

la **boca** mouth (I)

la **boda** wedding (2A)

el **boleto** ticket (I)

el **bolígrafo** pen (I)

los **bolos: jugar a los —** to bowl (1B)

la **bolsa** bag, sack (I)

el **bolso** purse (I)

el **bombero, la bombera** firefighter (5A)

bonito, -a pretty (I)

el **bosque** forest (9B)

las **botas** boots (I)

el **bote:**
> **pasear en —** to go boating (I)
> **el — de vela** sailboat (8B)

la **botella** bottle (I)

el **brazo** arm (I)

bucear to scuba dive, to snorkel (I)

bueno (buen), -a good (I)
> **Buenas noches.** Good evening. (I)
> **Buenas tardes.** Good afternoon. (I)
> **Buenos días.** Good morning. (I)

buscar (c→qu) to look for, to search (for) (I)

la **búsqueda** search (1B)
> **hacer una —** to do a search (1B)

el **buzón,** pl. **los buzones** mailbox (3A)

C

el **caballo: montar a —** to ride horseback (I)

la **cabeza** head (I)

cada día every day (I)

la **cadena** chain (I)

caerse to fall (5B)
> **(yo) me caigo** I fall (5B)
> **(tú) te caes** you fall (5B)
> **se cayó** he/she fell (5B)
> **se cayeron** they/you fell (5B)

el **café** coffee, café (I)

la **caja** box (I); cash register (2B)

el **cajero, la cajera** cashier (2B)
> **el — automático** ATM (8B)

los **calcetines** socks (I)

la **calculadora** calculator (I)

el **caldo** broth (7A)

la **calefacción** heat (9B)
> **calentar (e→ie)** to heat (7A)
> **caliente** hot (7A)

la **calle** street, road (I)

calor:
> **Hace —.** It's hot. (I)
> **tener —** to be warm (I)

la **cama** bed (I)
> **hacer la —** to make the bed (I)

la **cámara** camera (I)
> **la — digital** digital camera (I)

el **camarero, la camarera** waiter, waitress (I)

el **camarón,** pl. **los camarones** shrimp (7A)
> **cambiar** to change, to exchange (8B)
> **caminar** to walk (I)

la **caminata** walk (7B)
> **dar una —** take a walk (7B)

el **camión,** pl. **los camiones** truck (3B)

la **camisa** shirt (I)

la **camiseta** T-shirt (I)

el **campamento** camp (I)

el **campeón, la campeona,** pl. **los campeones** champion (6A)

el **campeonato** championship (6A)

el **campo** countryside (I)

el **canal** (TV) channel (I)

la **canción,** pl. **las canciones** song (I, 1B)
> **canoso: pelo —** gray hair (I)
> **cansado, -a** tired (I)

el / la **cantante** singer (1B)
> **cantar** to sing (I)
> **capturar** to capture (6B)

la **cara** face (2A)
> **cara a cara** face-to-face (I)
> **caramba** good gracious (3A)

la **carne** meat (I)
> **la — de res** steak (7B)

el **carnet de identidad** ID card (1A)
> **caro, -a** expensive (I)

la **carpeta** folder (I)
> **la — de argollas** three-ring binder (I)

la **carrera** career (9A)

la **carretera** highway (3B)

la **carta** letter (I, 3A)
> **echar una —** to mail a letter (3A)

el **cartel** poster (I)

la **cartera** wallet (I)

el **cartero, la cartera** mail carrier (9A)

el **cartón** cardboard (I)

la **casa** home, house (I)
> **a —** (to) home (I)
> **en —** at home (I)
> **— de cambio** currency exchange (8B)

casarse (con) to get married (to) (4B)

casi almost (I, 3A)

castaño: pelo — brown (chestnut) hair (I)

el **castillo** castle (8B)

la **catedral** cathedral (8B)

catorce fourteen (I)

la **causa** cause (5A)
> **a — de** because of (5A)

la **cebolla** onion (I)

celebrar to celebrate (I)

la **cena** dinner (I)

el **centro** center, downtown (I, 3A)
> **el — comercial** mall (I)
> **el — de reciclaje** recycling center (I)

cepillarse (los dientes) to brush (one's teeth) (2A)

el **cepillo** brush (2A)
> **el — de dientes** toothbrush (3A)

cerca (de) close (to), near (I)

el cerdo pork (7B)

    la chuleta de — pork chop (7B)

el cereal cereal (I)

la cereza cherry (7B)

  cero zero (I)

  cerrado, -a closed (8A)

  cerrar to close (3A)

la cesta basket (7B)

el champú shampoo (3A)

la chaqueta jacket (I)

  charlar to chat (4B)

el cheque:

    cobrar un — to cash a check (3A)

    el — de viajero traveler's check (2B)

    el — (personal) (personal) check (2B)

la chica girl (I)

el chico boy (I)

  chocar (c→qu) con to crash into, to collide with (5B)

la chuleta de cerdo pork chop (7B)

el cielo sky (7B)

  cien one hundred (I)

las ciencias:

    la clase de — naturales science class (I)

    la clase de — sociales social studies class (I)

el científico, la científica scientist (9A)

  (es) cierto (it is) certain (9B)

  cinco five (I)

  cincuenta fifty (I)

el cine movie theater (I)

la cinta adhesiva transparent tape (1A)

el cinturón, pl. los cinturones belt (2A)

la cita date (2A)

la ciudad city (I)

  claro, -a light (color) (2B)

la clase class (I)

  la sala de clases classroom (I)

  ¿Qué — de ...? What kind of ...? (I)

el club, pl. los clubes club (1B)

  el — atlético athletic club (1B)

  cobrar un cheque to cash a check (3A)

el coche car (I)

la cocina kitchen (I)

  cocinar to cook (I)

el codo elbow (5B)

la colección, pl. las colecciones collection (4A)

  coleccionar to collect (4A)

el colegio secondary school, high school (9A)

la colina hill (9B)

el collar necklace (I)

el color, pl. los colores color (I)

    ¿De qué — ...? What color ...? (I)

    de sólo un — solid-colored (2B)

la comedia comedy (I)

el comedor dining room (I)

el comentario commentary (6A)

  comenzar (e →ie) (z →c) to start (5A)

  comer to eat (I)

  cómico, -a funny, comical (I)

la comida food, meal (I)

  como like, as (I)

  ¿Cómo?:

    ¿— eres? What are you like? (I) **¿— es?** What is he / she like? (I)

    ¿— está Ud.? How are you? *formal* (I)

    ¿— estás? How are you? *fam.* (I)

    ¿— lo pasaste? How was it (for you)? (I)

    ¿— se dice...? How do you say ...? (I)

    ¿— se escribe...? How is...spelled? (I)

    ¿— se hace...? How do you make...? (7A)

    ¿— se llama? What's his / her name? (I)

    ¿— se va...? How do you go to...? (3B)

    ¿— te llamas? What is your name? (I)

    ¿— te queda(n)? How does it (do they) fit (you)? (I)

  ¡Cómo no! Of course! (3A)

la cómoda dresser (I)

  cómodo, -a comfortable (2A)

  compartir to share (I)

la competencia competition (6A)

  competir (e→i) to compete (6A)

  complicado, -a complicated (I, 3B)

la composición, pl. las composiciones composition (I)

  comprar to buy (I)

  comprar recuerdos to buy souvenirs (I)

  comprender to understand (I)

la computadora computer (I)

    la — portátil laptop computer (I)

    usar la — to use the computer (I)

  comunicarse (c→qu) to communicate (I)

    (tú) te comunicas you communicate (I)

    (yo) me comunico I communicate (I)

la comunidad community (I)

  con with (I)

    — destino a going to (8A)

    — mis / tus amigos with my / your friends (I)

    ¿— qué se sirve? What do you serve it with? (7A)

    ¿— quién? With whom? (I)

el concierto concert (I)

el concurso contest (2A)

  el — de belleza beauty contest (6A)

  el programa de —s game show (I)

el conductor, la conductora driver (3B)

  congelado, -a frozen (7A)

  conmigo with me (I)

  conocer (c→zc) to know, to be acquainted with (I, 1A)

conseguir (e → i) to obtain (8B)

consentido, -a spoiled (4A)

conservar to conserve (9B)

el **consultorio** doctor's /dentist's office (3A)

el **contador, la contadora** accountant (9A)

la **contaminación** pollution (9B)

contaminado, -a polluted (9B)

contar (o→ue) (chistes) to tell (jokes) (4B)

contento, -a happy (I)

contestar to answer (1A)

contigo with you (I)

contra against (9B)

la **corbata** tie (I)

el **coro** chorus, choir (1B)

el **correo** post office (3A)

el **correo electrónico** e-mail (I)

　　escribir por — to write e-mail (I)

correr to run (I)

cortar to cut (I, 7A)

　　— el césped to mow the lawn (I)

　　—se to cut oneself (5B)

　　—se el pelo to cut one's hair (2A)

cortés, *pl.* **corteses** polite (8B)

las **cortinas** curtains (I)

corto, -a short *(length)* (I)

los **pantalones —s** shorts (I)

la **cosa** thing (I)

　　costar (o→ue) to cost (I)

　　　　¿Cuánto cuesta(n)...? How much does (do) ... cost? (I)

la **costumbre** custom (4B)

crear to create (I)

　　— una página Web to create a Web page (1B)

creer (i→y):

　　Creo que... I think... (I)

　　Creo que no. I don't think so. (I)

　　Creo que sí. I think so. (I)

el **crimen** crime (6B)

el / la **criminal** criminal (6B)

el **crítico, la crítica** critic (6B)

el **cruce de calles** intersection (3B)

cruzar to cross (3B)

el **cuaderno** notebook (I)

la **cuadra** block (3B)

el **cuadro** painting (I)

¿Cuál? Which? What? (I)

　　¿— es la fecha? What is the date? (I)

¿Cuándo? When? (I)

¿Cuánto?:

　　¿— cuesta(n)...? How much does (do)...cost? (I)

　　¿— tiempo hace que...? How long...? (1B)

¿Cuántos, -as? How many? (I)

　　¿—s años tiene(n)...? How old is / are...? (I)

cuarenta forty (I)

cuarto, -a fourth (I)

　　y — quarter past *(in telling time)* (I)

el **cuarto** room (I)

cuatro four (I)

cuatrocientos, -as four hundred (I)

la **cuchara** spoon (I)

la **cucharada** tablespoon(ful) (7A)

el **cuchillo** knife (I)

el **cuello** neck (5B)

la **cuenta** bill (I)

la **cuerda** rope (4A)

el **cuero** leather (2B)

cuidar a to take care of (3A)

el **cumpleaños** birthday (I)

　　¡Feliz —! Happy birthday! (I)

cumplir años to have a birthday (4B)

el **cupón de regalo,** *pl.* **los cupones de regalo** gift certificate (2B)

el **curso: tomar un curso** to take a course (I)

dar to give (I)

　　— + *movie or TV program* to show (I)

　　— de comer al perro to feed the dog (I)

　　— puntadas to stitch *(surgically)* (5B)

　　— un discurso to give a speech (1A)

　　— una caminata to take a walk (7B)

dar(se) la mano to shake hands (4B)

de of, from (I)

　　— acuerdo. OK. Agreed. (3B)

　　— algodón cotton (2B)

　　— cuero leather (2B)

　　¿— dónde eres? Where are you from? (I)

　　— ida y vuelta round trip (8A)

　　— la mañana / la tarde / la noche in the morning / afternoon / evening (I)

　　— lana wool (2B)

　　— moda in fashion (2B)

　　— negocios business (9A)

　　— niño as a child (4A)

　　— oro gold (2A)

　　— pequeño as a child (4A)

　　— plata silver (2A)

　　— plato principal as a main dish (I)

　　— postre for dessert (I)

　　— prisa in a hurry (5A)

　　¿— qué color ...? What color ...? (I)

　　¿— qué está hecho, -a? What is it made of? (2B)

　　— repente suddenly (5A)

　　— seda silk (2B)

　　— sólo un color solid-colored (2B)

　　— tela sintética synthetic fabric (2B)

　　¿— veras? Really? (I)

　　— vez en cuando once in a while (4A)

debajo de underneath (I)

deber should, must (I)

decidir to decide (I)

décimo, -a tenth (I)

decir to say, to tell (I)

¿Cómo se dice ...? How do you say ...? (I)

dime tell me (I)

¡No me digas! You don't say! (I)

¿Qué quiere — ...? What does...mean? (I)

Quiere — ... It means ... (I)

Se dice... You say... (I)

las decoraciones decorations (I)

decorar to decorate (I)

el dedo finger (I)

Déjame en paz. Leave me alone. (3B)

dejar to leave (something), to let (3B)

no dejes don't leave, don't let (7A)

delante de in front of (I)

delicioso, -a delicious (I)

los demás, las demás others (I)

demasiado too (I)

el / la dentista dentist (3A)

dentro de inside (7B)

depende it depends (2A)

el dependiente, la dependienta salesperson (I)

deportista athletic, sports-minded (I)

derecha: a la — (de) to the right (of) (I)

derecho straight (3B)

el derecho (study of) law (9A)

el desayuno breakfast (I)

en el — for breakfast (I)

descansar to rest, to relax (I)

los descuentos: la tienda de — discount store (I)

desde from, since (3B)

desear to wish (I)

¿Qué desean (Uds.)? What would you like? formal (I)

el desfile parade (4B)

el desierto desert (9B)

desobediente disobedient (4A)

el desodorante deodorant (2A)

desordenado, -a messy (I)

despacio slowly (3B)

el despacho office (home) (I)

despedirse (e→i) (de) to say good-bye (to) (4B)

el despertador alarm clock (I)

despertarse (e→ie) to wake up (2A)

después (de) afterwards, after (I)

destino: con — a going to (8A)

la destrucción destruction (9B)

destruir (i → y) to destroy (5A)

el / la detective detective (6B)

detrás de behind (I)

devolver (o→ue) (un libro) to return (a book) (3A)

el día day (I)

Buenos —s. Good morning. (I)

cada — every day (I)

el — festivo holiday (4B)

¿Qué — es hoy? What day is today? (I)

todos los —s every day (I)

la diapositiva slide (I)

dibujar to draw (I)

el diccionario dictionary (I)

diciembre December (I)

diecinueve nineteen (I)

dieciocho eighteen (I)

dieciséis sixteen (I)

diecisiete seventeen (I)

los dientes teeth (2A)

cepillarse — to brush one's teeth (2A)

el cepillo de — toothbrush (2A)

diez ten (I)

difícil difficult (I)

digital: la cámara — digital camera (I)

dime tell me (I)

el dinero money (I)

el dinosaurio dinosaur (4A)

la dirección, pl. las direcciones direction (6B)

la — electrónica e-mail address (I)

directo, -a direct (8A)

el director, la directora (school) principal (6B)

el disco compacto compact disc (I)

grabar un — to burn a CD (I)

el discurso speech (1A)

discutir to discuss (1A)

el diseñador, la diseñadora designer (9A)

disfrutar de to enjoy (8B)

divertido, -a amusing, fun (I)

divertirse (e → ie) (e → i) to have fun (4B)

doblar to turn (3B)

doce twelve (I)

el documento document (I)

doler (o→ue) to hurt (I, 5B)

el dolor pain (5B)

domingo Sunday (I)

dónde:

¿—? Where? (I)

¿De — eres? Where are you from? (I)

dormido, -a asleep (5A)

dormir (o→ue) (o→u) to sleep (I)

—se to fall asleep (6A)

el dormitorio bedroom (I)

dos two (I)

los / las dos both (I)

doscientos, -as two hundred (I)

el drama drama (I)

la ducha shower (2A)

ducharse to take a shower (2A)

dudar to doubt (9B)

el dueño, la dueña owner (9A)

dulce sweet (7B)

los dulces candy (I)

durante during (I)

durar to last (I, 8A)

el durazno peach (7B)

E

echar una carta to mail a letter (3A)

ecológico, -a ecological (9B)

económico, -a economical (9B)

el edificio de apartamentos apartment building (5A)

la educación física: la clase de — physical education class (I)

efectivo: en — cash (2B)

los efectos especiales special effects (6B)

eficiente efficient (9B)

ejemplo: por — for example (2A)

el ejercicio: hacer — to exercise (I)

el *m. sing.* the (I)

él he (I)

la electricidad electricity (9B)

los electrodomésticos: la tienda de — household-appliance store (I)

electrónico, -a: la dirección — e-mail address (I)

elegante elegant (2A)

eliminar to eliminate (9B)

ella she (I)

ellas *f.* they (I)

ellos *m.* they (I)

emocionado, -a excited, emotional (6A)

emocionante touching (I)

el empate tie (6A)

empezar (e→ie) (z→c) to begin, to start (I, 1A)

el empleado, la empleada employee (8A)

en in, on (I)

— **+** *vehicle* by, in, on (I)

— **casa** at home (I)

— **efectivo** cash (2B)

— **la ... hora** in the ... hour (class period) (I)

— **la Red** online (I)

— **línea** online (1B)

— **medio de** in the middle of (3B)

— **peligro de extinción** endangered, in danger of extinction (9B)

— **punto** exactly *(time)* (8B)

¿— qué puedo servirle? How can I help you? (I)

— **realidad** really (2B)

— **seguida** right away (3A)

enamorado, -a de in love with (6B)

enamorarse (de) to fall in love (with) (6B)

encantado, -a delighted (I)

encantar to please very much, to love (I)

a él / ella le encanta(n) he / she loves (I)

me / te encanta(n)... I / you love ... (I)

encender (e→ie) to turn on, to light (7A)

encima de on top of (I)

encontrar (o→ue) to find (2B)

la energía energy (9B)

enero January (I)

el enfermero, la enfermera nurse (5B)

enfermo, -a sick (I)

enlatado, -a canned (7A)

enojado, -a angry (6A)

enojarse to get angry (6A)

enorme enormous (4B)

la ensalada salad (I)

la — de frutas fruit salad (I)

ensayar to rehearse (1B)

el ensayo rehearsal (1B)

enseñar to teach (I)

entender (e→ie) to understand (1A)

entonces then (I)

la entrada entrance (2B)

entrar to enter (I)

entre among, between (1B)

entregar to turn in (1A)

el entrenador, la entrenadora coach, trainer (6A)

la entrevista interview (6A)

entrevistar to interview (6A)

entusiasmado, -a excited (2A)

enviar (i→í) to send (I, 3A)

el equipaje luggage (8A)

facturar el — to check luggage (8A)

el equipo team (1B)

el — de sonido sound (stereo) system (I)

el — deportivo sports equipment (3A)

¿Eres...? Are you ...? (I)

es is; (he / she / it) is (I)

— **cierto** it's true (9B)

— **el** *(number)* **de** *(month)* it is the... of... *(in telling the date)* (I)

— **el primero de** *(month)*. It is the first of ... (I)

— **la una.** It is one o'clock. (I)

— **necesario.** It's necessary. (I)

— **un(a) ...** It's a ... (I)

la escala stopover (8A)

la escalera stairs, stairway (I), ladder (5A)

escaparse to escape (5A)

la escena scene (6B)

escoger (g→j) to choose (2B)

esconder(se) to hide (oneself) (5A)

escribir:

¿Cómo se escribe ...? How is ... spelled? (I)

— **cuentos** to write stories (I)

— **por correo electrónico** to write e-mail (I)

— **un informe sobre...** to write a report about...

Se escribe ... It's spelled ... (I)

el escritor, la escritora writer (9A)

el escritorio desk (I)

escuchar música to listen to music (I)

la escuela primaria primary school (I)

la escuela técnica technical school (9A)

ese, esa that (I, 2B)

eso: por — that's why, therefore (I)

esos, esas those (I, 2B)

el **espacio** (outer) space (9B)

los **espaguetis** spaghetti (I)

la **espalda** back (5B)

el **español: la clase de —** Spanish class (I)

especial special (2A)

especialmente especially (I)

el **espejo** mirror (I)

esperar to wait (3B)

la **esposa** wife (I)

el **esposo** husband (I)

el **esquí acuático** waterskiing (8B)

esquiar to ski (I)

la **esquina** corner (3B)

Está hecho, -a de ... It is made of ... (2B)

esta noche this evening (I)

esta tarde this afternoon (I)

la **estación,** *pl.* **las estaciones** season (I)

la **— de servicio** service station (3A)

el **estadio** stadium (I)

el **estante** shelf, bookshelf (I)

estar to be (I)

¿Cómo está Ud.? How are you? *formal* (I)

¿Cómo estás? How are you? fam. (I)

— + *present participle* to be + *present participle* (I)

— basado, -a en to be based on (6B)

— de moda to be in fashion (2B)

— en línea to be online (I, 1B)

— enamorado, -a de to be in love with (6B)

— seguro, -a to be sure (3B)

No estoy de acuerdo. I don't agree. (I)

la **estatua** statue (3B)

este, esta this (I, 2B)

este fin de semana this week end (I)

el **estilo** style (2B)

el **estómago** stomach (I)

estos, estas these (I, 2B)

¿Qué es esto? What is this? (I)

estrecho, -a narrow (3B)

la **estrella (del cine)** (movie) star (6B)

el / la **estudiante** student (I)

estudiar to study (I)

estudioso, -a studious (I)

la **estufa** stove (7A)

estupendo, -a stupendous, wonderful (8B)

el **evento especial** special event (2A)

exagerado, -a outrageous (2B)

el **éxito** success (6B)

tener — to be successful (6B)

examinar to examine, to check (5B)

la **excursión,** *pl.* **las excursiones** excursion, short trip (8B)

la **experiencia** experience (I)

explicar to explain (1A)

la **explosión,** *pl.* **las explosiones** explosion (5A)

extracurricular extracurricular (1B)

extranjero, -a foreign (8A)

el / la **extraterrestre** alien (6B)

F

fácil easy (I)

facturar to check (luggage) (8A)

la **falda** skirt (I)

faltar to be missing (I)

famoso, -a famous (8B)

fantástico, -a fantastic (I)

la **farmacia** pharmacy (3A)

fascinante fascinating (I)

fascinar to fascinate (6B)

favorito, -a favorite (I)

febrero February (I)

la **fecha: ¿Cuál es la —?** What is the date? (I)

¡Felicidades! Congratulations! (4B)

felicitar to congratulate (4B)

¡Feliz cumpleaños! Happy birthday! (I)

fenomenal phenomenal (6A)

feo, -a ugly (I)

la **fiesta** party (I)

la **— de sorpresa** surprise party (4B)

el **fin de semana:**

este — this weekend (I)

los fines de semana on weekends (I)

final: al final at the end (6A)

flojo, -a loose (2B)

la **flor,** *pl.* **las flores** flower (I)

la **fogata** bonfire (7B)

el **fósforo** match (7B)

la **foto** photo (I)

la **fotografía** photography (1B)

el **fotógrafo, la fotógrafa** photographer (1B)

el **fracaso** failure (6B)

frecuentemente frequently (4B)

el **fregadero** sink (7A)

freír (e→i) to fry (7A)

las **fresas** strawberries (I)

fresco, -a fresh (7A)

los **frijoles** beans (7B)

el **frío:**

Hace —. It's cold. (I)

tener — to be cold (I)

frito, -a fried (7A)

fue it was (I)

— un desastre. It was a disaster. (I)

el **fuego** fire (7A)

los **fuegos artificiales** fireworks (4B)

la **fuente** fountain (3B); source (9B)

fuera (de) outside (7B)

funcionar to function, to work (9B)

furioso, -a furious (6A)

el fútbol: jugar al — to play soccer (I)

el fútbol americano: jugar al — to play football (I)

el futuro future (9A)

G

el galán, *pl.* **los galanes** leading man (6B)

la galleta cookie (I)

ganar to win (I); to earn *(money)* (1B)

—se la vida to make a living (9A)

la ganga bargain (2B)

el garaje garage (I)

la gasolina gasoline (3A)

gastar to spend (2B)

el gato cat (I)

el gel gel (2A)

generalmente generally (I)

generoso, -a generous (4A)

¡Genial! Great! (I)

la gente people (I)

el / la gerente manager (9A)

la gimnasia gymnastics (1B)

hacer — to do gymnastics (1B)

el gimnasio gym (I)

gira: — hacer una — to take a tour (8B)

el globo balloon (I)

el gol goal (in sports) (6A)

meter un — to score a goal (6A)

el golf: jugar al — to play golf (I)

la gorra cap (I)

grabar to record (1B)

— un disco compacto to burn a CD (I)

gracias thank you (I)

gracioso, -a funny (I)

la graduación, *pl.* **las graduaciones** graduation (9A)

graduarse (u→ú) to graduate (9A)

los gráficos computer graphics (I)

grande large (I)

la grapadora stapler (1A)

grasoso, -a fatty (7B)

grave serious (9B)

gris gray (I)

gritar to scream (5A)

los guantes gloves (I)

guapo, -a good-looking (I)

la guardería infantil day-care center (4A)

la guerra war (9B)

el / la guía guide (8B)

la guía guidebook (8B)

los guisantes peas (I)

gustar:

a él / ella le gusta(n) he / she likes (I)

(A mí) me gusta ... I like to ... (I)

(A mí) me gusta más... I like to ... better (I prefer to ...) (I)

(A mí) me gusta mucho ... I like to ... a lot (I)

(A mí) no me gusta ... I don't like to ... (I)

(A mí) no me gusta nada ... I don't like to...at all. (I)

Le gusta ... He / She likes... (I)

Me gusta ... I like... (I)

Me gustaría... I would like ... (I)

Me gustó. I liked it. (I)

No le gusta ... He / She doesn't like ... (I)

¿Qué te gusta hacer? What do you like to do? (I)

¿Qué te gusta hacer más? What do you like better (prefer) to do? (I)

Te gusta ... You like ... (I)

¿Te gusta ...? Do you like to ...? (I)

¿Te gustaría? Would you like? (I)

¿Te gustó? Did you like it? (I)

H

haber to have *(as an auxiliary verb)* (6B)

había there was / there were (4B)

la habitación, *pl.* **las habitaciones** room (8B)

la — doble double room (8B)

la — individual single room (8B)

hablar to talk (I)

— por teléfono to talk on the phone (I)

habrá there will be (9A)

hacer to do (I)

¿Cómo se hace...? How do you make...? (7A)

¿Cuánto tiempo hace que...? How long...? (1B)

hace + *time expression* ago (I)

Hace + *time* **+ que ...** It has been ... (1B)

Hace calor. It's hot. (I)

Hace frío. It's cold. (I)

Hace sol. It's sunny. (I)

— ejercicio to exercise (I)

— el papel de to play the role of (6B)

— escala to stop over (8A)

— gimnasia to do gymnastics (1B)

— la cama to make the bed (I)

— la maleta to pack the suitcase (8A)

— ruido to make noise (8B)

— un picnic to have a picnic (4B)

— un viaje to take a trip (8A)

— un video to videotape (I)

— una búsqueda to do a search (1B)

— una gira to take a tour (8B)

— una parrillada to have a barbecue (7B)

— una pregunta to ask a question (1A)

¿Qué hiciste? What did you do? (I)

¿Qué tiempo hace? What is the weather like? (I)

(tú) haces you do (I)

(yo) hago I do (I)

hambre: Tengo —. I'm hungry. (I)

la **hamburguesa** hamburger (I)

la **harina** flour (7B)

has visto you have seen (6B)

hasta until (3A); as far as, up to (3B)

   — luego. See you later. (I)

   — mañana. See you tomorrow. (I)

   — pronto. See you soon. (3A)

hay there is, there are (I)

   — que one must (I)

haya *(subjunctive)* there is, there are (9B)

haz *(command)* do, make (I)

he visto I have seen (6B)

hecho: ¿De qué está — ? What is it made of? (2B)

el **helado** ice cream (I)

herido, -a injured (5A)

el **herido, la herida** injured person (5A)

el **hermano, la hermana** brother, sister (I)

el **hermanastro, la hermanastra** stepbrother, stepsister (I)

los **hermanos** brothers, brother(s) and sister(s) (I)

el **héroe** hero (5A)

la **heroína** heroine (5A)

hervir (e→ie) (e→i) to boil (7A)

el **hijo, la hija** son, daughter (I)

los **hijos** children, sons (I)

histórico, -a historical (8B)

el **hockey** hockey (1B)

la **hoja de papel** sheet of paper (I)

¡Hola! Hello! (I)

el **hombre** man (I)

   el — de negocios businessman (9A)

el **hombro** shoulder (5B)

la **hora: en la... —** in the...hour (class period) (I)

¿A qué —? (At) what time? (I)

el **horario** schedule (I)

la **hormiga** ant (7B)

el **horno** oven (7A)

   al — baked (7A)

horrible horrible (I)

el **horror: la película de —** horror movie (I)

el **hospital** hospital (I)

el **hotel** hotel (I)

hoy today (I)

hubo there was, there were (5A)

el **hueso** bone (5B)

los **huevos** eggs (I)

el **humo** smoke (5A)

el **huracán,** *pl.* **los huracanes** hurricane (5A)

I

ida y vuelta round-trip (8A)

identidad: carnet de — ID card

el **idioma** language (9A)

la **iglesia** church (I)

igualmente likewise (I)

impaciente impatient (I)

importante important (I)

importa(n): me/te — it matters (it's important)/they matter to me/to you (2B)

impresionante impressive (I)

el **incendio** fire (5A)

increíble incredible (I)

infantil childish (I)

la **información** information (I)

el **informe** report (I, 1A)

el **ingeniero, la ingeniera** engineer (9A)

el **inglés: la clase de —** English class (I)

el **ingrediente** ingredient (7A)

inmediatamente immediately (2B)

inolvidable unforgettable (I)

insistir en to insist (8A)

la **inspección,** *pl.* **las inspecciones de seguridad** security checkpoint (8A)

inteligente intelligent (I)

el **interés** interest (1B)

interesante interesting (I)

interesar to interest (I)

me interesa(n) it interests me (they interest me) (I)

la **inundación,** *pl.* **las inundaciones** flood (5A)

investigar (g → gu) to investigate (5A)

el **invierno** winter (I)

la **inyección,** *pl.* **las inyecciones** injection, shot (5B)

   poner una — to give an injection (5B)

ir to go (I)

   — a + inf. to be going to + verb (I)

   — a la escuela to go to school (I)

   — a pie to go on foot (3A)

   — de camping to go camping (I)

   — de compras to go shopping (I)

   — de pesca to go fishing (I)

   — de vacaciones to go on vacation (I)

   ¡Vamos! Let's go! (I)

el **itinerario** itinerary (8B)

la **izquierda: a la — (de)** to the left (of) (I)

J

el **jabón** soap (3A)

el **jardín,** *pl.* **los jardines** garden, yard (I)

los **jeans** jeans (I)

joven *adj.* young (I)

el / la **joven** young man, young woman (I)

los **jóvenes** young people (1B)

las **joyas (de oro, de plata)** (gold, silver) jewelry (2A)

la **joyería** jewelry store (I)

las **judías verdes** green beans (I)

jueves Thursday (I)

el juez, la jueza, *pl.* **los jueces** judge (9A)

el jugador, la jugadora player (6A)

jugar (a) (u→ue) (g→gu) to play *(games, sports)* (I)

- **a los bolos** to bowl (1B)
- **al básquetbol** to play basketball (I)
- **al béisbol** to play baseball (I)
- **al fútbol** to play soccer (I)
- **al fútbol americano** to play football (I)
- **al golf** to play golf (I)
- **al tenis** to play tennis (I)
- **al vóleibol** to play volleyball (I)
- **videojuegos** to play video games (I)

el jugo:

- **el — de manzana** apple juice (I)
- **el — de naranja** orange juice (I)

el juguete toy (I)

julio July (I)

junio June (I)

juntarse to join (9B)

L

la the f. sing. (I); it, her f. *dir. obj. pron.* (I)

los labios lips (2A)

el laboratorio laboratory (I, 1A)

el lado: al — de next to (I)

el ladrón, la ladrona, *pl.* **los ladrones** thief (6B)

el lago lake (I)

la lámpara lamp (I)

la lana wool (2B)

el lápiz, *pl.* **los lápices** pencil (I)

largo, -a long (I)

las the f. pl.; them, you *formal pl. f. dir. obj. pron.* (I)

- **dos, los dos** both (I)

lástima: ¡Qué —! What a shame! (5B)

lastimarse to hurt oneself (5B)

la lata can (I)

lavar to wash (I)

- **el coche** to wash the car (I)
- **la ropa** to wash the clothes (I)
- **los platos** to wash the dishes (I)
- **se la cara** to wash one's face (2A)

le (to / for) him, her, you *formal sing. ind. obj. pron.* (I)

- **gusta ...** He / She likes... (I)
- **traigo ...** I will bring you ... (I)

No — gusta ... He / She doesn't like ... (I)

la lección, *pl.* **las lecciones de piano** piano lesson (class) (I)

tomar lecciones to take lessons (1B)

la leche milk (I)

la lechuga lettuce (I)

el lector DVD DVD player (I)

leer (i→y) revistas to read magazines (I)

lejos (de) far (from) (I)

lentamente slowly (2A)

la leña firewood (7B)

les (to / for) them; you *(formal) pl. ind. obj. pron.* (I)

el letrero sign (2B)

levantar pesas to lift weights (I)

levantarse to get up (2A)

la ley law (9A)

la librería bookstore (I)

el libro book (I)

la liga league (6A)

la limonada lemonade (I)

limpiar el baño to clean the bathroom (I)

limpio, -a clean (I)

la línea:

- **estar en —** to be online (I, 1B)
- **la — aérea** airline (8A)

la liquidación, *pl.* **las liquidaciones** sale (2B)

listo, -a ready (8A)

llamar:

- **por teléfono** to call on the phone (5A)

¿Cómo se llama? What's his / her name? (I)

¿Cómo te llamas? What is your name? (I)

Me llamo ... My name is ... (I)

la llave key (8B)

el llavero key chain (I)

la llegada arrival (8A)

llegar: llegar tarde to arrive late (1A)

llenar (el tanque) to fill (the tank) (3A)

llevar to wear (I); to take, to carry, to bring (I)

llevarse bien / mal to get along well / badly (4B)

llorar to cry (4B)

llover (o→ue) to rain (5A)

Llueve. It's raining. (I)

la lluvia rain (5A)

lo it, him, you *formal m. dir. obj. pron.* (I)

- **siento.** I'm sorry. (I)

lo que what (1A)

loco, -a: volverse (o→ue) — to go crazy (6A)

el locutor, la locutora announcer (5A)

los the m. pl. (I); them, you *formal pl. m. dir. obj. pron.* (I)

- **dos, las dos** both (I)
- **fines de semana** on weekends (I)
- **lunes, los martes...** on Mondays, onTuesdays...(I)

luchar to fight (9B)

luego then (2A)

el lugar place (I)

la Luna the moon (9B)

lunes Monday (I)

los lunes on Mondays (I)

la luz, *pl.* **las luces** light (I)

la **madrastra** stepmother (I)

la **madre (mamá)** mother (I)

el **maíz** corn (7B)

mal bad, badly (I)

la **maleta** suitcase (8A)

    hacer la — to pack the suitcase (8A)

malo, -a bad (I)

manejar to drive (3B)

la **manera** way, manner (9B)

la **mano** hand (I)

    darse la — to shake hands (4B)

    mantener: para — la salud to maintain one's health (I)

la **mantequilla** butter (I)

la **manzana** apple (I)

    el jugo de — apple juice (I)

mañana tomorrow (I)

la **mañana:**

    a las ocho de la — at eight (o'clock) in the morning (I)

    de la — in the morning (I)

el **maquillaje** make-up (2A)

el **mar** sea (I)

la **marca** brand (2B)

los **mariscos** shellfish (7A)

marrón pl. marrones brown (I)

martes Tuesday (I)

    los martes on Tuesdays (I)

marzo March (I)

más:

    ¿Qué —? What else? (I)

    — ...que more...than (I)

    — de more than (I)

    — o menos more or less (I)

matar to kill (6B)

las **matemáticas: la clase de —** mathematics class (I)

los **materiales** supplies, materials (1A)

mayo May (I)

la **mayonesa** mayonnaise (7B)

mayor, pl. mayores adj. older (I)

los **mayores** grown-ups (4B)

me (to / for) me dir., ind. obj. pron. (I)

    — aburre(n) it / they bore(s) me (I)

    — estás poniendo nervioso, -a. You are making me nervous. (3B)

    — falta(n) ... I need ... (I)

    — gustaría I would like (I)

    — gustó. I liked it. (I)

    — importa(n) it matters (it's important) they matter to me (2B)

    — interesa(n) it / they interest(s) me (I)

    — llamo ... My name is ... (I)

    — parece it seems to me (2B)

    — queda(n) bien / mal. It / They fit(s) me well / poorly. (I)

    — quedo en casa. I stay at home. (I)

    ¿— trae...? Will you bring me ...? formal (I)

el **mecánico, la mecánica** mechanic (9A)

media, -o half (I)

    y — thirty, half past (I)

mediano, -a medium (2B)

la **medicina** medicine (5B)

el **médico, la médica** doctor (3A)

medio ambiente environment (9B)

mejor:

    el/ la —, los / las —es the best (I)

    —(es) que better than (I)

mejorar to improve (9B)

el **melón, pl. los melones** melon (7B)

memoria: aprender de — to memorize (1A)

menor younger (I)

menos:

más o — more or less (I)

    — ... que less / fewer ... than (I)

    — de less / fewer than (I)

mentir (e→ie) (e→i) to lie (4A)

el **menú** menu (I)

menudo: a — often (I)

el **mercado** market (2B)

el **mes** month (I)

la **mesa** table (I)

    poner la — to set the table (I)

la **mesita** night table (I)

    meter: — un gol to score a goal (6A)

el **metro** subway (3B)

mezclar to mix (7A)

la **mezquita** mosque (I)

mi, mis my (I)

mí:

    a — también I do (like to) too (I)

    a — tampoco I don't (like to) either (I)

    para — in my opinion, for me (I)

el **microondas** microwave (7A)

el **miedo: tener — (de)** to be scared (of), to be afraid (of) (I)

el **miembro** member (1B)

    ser — to be a member (1B)

mientras (que) while (4B)

miércoles Wednesday (I)

mil thousand (I)

militar (adj.) military (9A)

un **millón de / millones de** a million / millions of (6A)

mío, -a, -os, -as mine (2A)

mirar to look (at) (I)

mismo, -a same (I)

la **mochila** bookbag, backpack (I)

moda: de — in fashion (2B)

los **modales** manners (4B)

    mojado, -a wet (7B)

    molestar to bother (4A)

el **momento: un —** a moment (I)

la **moneda** coin (4A)

el **mono** monkey (I)

las **montañas** mountains (I)

montar:

    — a caballo to ride horse back (I)

    — en bicicleta to ride a bicycle (I)

    — en monopatín to skateboard (I)

el **monumento** monument (I)

morado, -a purple (I)

morirse (o →ue)(o →u) to die (6A)

   se murieron they died (5A)

la **mosca** fly (7B)

la **mostaza** mustard (7B)

la **moto acuática** jet skiing (8B)

moverse (o→ue) to move (5B)

mucho, -a a lot (I)

   — gusto pleased to meet you (I)

muchos, -as many (I)

los **muebles** furniture (5A)

muerto, -a dead (5A)

la **mujer** woman (I)

   la — de negocios businesswoman (9A)

las **muletas** crutches (5B)

la **multa** ticket (3B)

el **mundo** world (4A)

la **muñeca** doll (4A); wrist (5B)

el **muñeco** action figure (4A)

el **músculo** muscle (5B)

el **museo** museum (I)

el **músico, la música** musician (1B)

muy very (I)

   — bien very well (I)

N

nacer to be born (4B)

nada nothing (I)

   (A mí) no me gusta — ... I don't like to...at all. (I)

nadar to swim (I)

nadie no one, nobody (1A)

la **naranja: el jugo de —** orange juice (I)

la **nariz,** *pl.* **las narices** nose (I)

la **natación** swimming (1B)

la **naturaleza** nature (9B)

navegar to sail, to navigate (8B)
   — en la Red to surf the Web (I, 1B)

necesario: Es —. It's necessary. (I)

necesitar:

   necesitas you need (I)

   necesito I need (I)

los **negocios** business (9A)

   el hombre de — business man (9A)

   la mujer de — business woman (9A)

negro: el pelo negro black hair (I)

nervioso, -a nervous (2A)

nevar (e→ie) to snow (5A)

   Nieva. It's snowing. (I)

ni ... ni neither ... nor, not ... or (I)

ningún, ninguno, -a no, none, not any (1A)

el **niño, la niña** young boy, young girl (I)

los **niños** children (I)

No comas. Don't eat. (7A)

No dejes Don't leave, don't let (7A)

No escribas. Don't write. (7A)

No estoy de acuerdo. I don't agree. (I)

No hables. Don't speak. (7A)

¡No me digas! You don't say! (I)

no ... todavía not yet (6B)

la **noche:**

   a las ocho de la — at eight (o'clock) in the evening, at night (I)

   Buenas —s. Good evening. (I)

   de la — in the evening, at night (I)

   esta — this evening, tonight (I)

nos (to / for) us *dir., ind. obj. pron.* (I)

   ¡— vemos! See you later! (I)

nosotros, -as we (I)

la **nota** grade, mark (in school) (1A)

   sacar una buena — to get a good grade (1A)

el **noticiero** newscast (5A)

novecientos, -as nine hundred (I)

noveno, -a ninth (I)

noventa ninety (I)

noviembre November (I)

el **novio, la novia** boyfriend, girlfriend (I)

la **nube** cloud (7B)

nuestro, -a, -os, -as our, ours (I)

nueve nine (I)

nuevo, -a new (I)

el **número** shoe size (2B)

nunca never (I)

O

o or (I)

obedecer (c→zc) to obey (4A)

obediente obedient (4A)

la **obra de teatro** play (I)

observar to observe (8B)

ochenta eighty (I)

ocho eight (I)

ochocientos, -as eight hundred (I)

octavo, -a eighth (I)

octubre October (I)

ocupado, -a busy (I)

ocurrir to occur (5A)

ofender to offend (8B)

la **oficina** office (9A)

ofrecer (c→zc) to offer (4A)

oír to hear (5A)

el **ojo** eye (I)

la **olla** pot (7A)

el **olor** smell, odor (7B)

olvidarse de to forget about (7A)

   no te olvides de don't forget about / to (7A)

   se me olvidó I forgot (3A)

once eleven (I)

la **oportunidad** opportunity (1B)

ordenado, -a neat (I)

el **oro** gold (2A)

la **orquesta** orchestra (1B)

os (to / for) you *pl. fam. dir., ind. obj. pron.* (I)

oscuro, -a dark (2B)

el **oso** bear (I)

   el — de peluche teddy bear (4A)

el **otoño** fall, autumn (I)

otro, -a other, another (I)

otra vez again (I)

¡Oye! Hey! (I)

P

la **paciencia** pacience (8A)

tener — to be patient (8A)

paciente *adj.* patient (I)

el **padrastro** stepfather (I)

el **padre (papá)** father (I)

los **padres** parents (I)

pagar (por) to pay (for) (I)

la **página Web** Web page (I)

el **país** country (I)

el **pájaro** bird (I)

la **palabra** word (1A)

el **palacio** palace (8B)

el **palo de golf** golf club (3A)

el **pan** bread (I)

el **— tostado** toast (I)

la **pantalla** (computer) screen (I)

los **pantalones** pants (I)

los **— cortos** shorts (I)

las **papas** potatoes (I)

las **— fritas** French fries (I)

el **papel** role (6B)

el **— picado** cut-paper decorations (I)

hacer el — de to play the role of (6B)

la **papelera** wastepaper basket (I)

para for (I)

— + *inf.* in order to (I)

— la salud for one's health (I)

— mantener la salud to maintain one's health (I)

— mí in my opinion, for me (I)

¿ **— qué sirve?** What's it (used) for? (I)

— ti in your opinion, for you (I)

el **paramédico, la paramédica** paramedic (5A)

parar to stop (3B)

parecer:

me parece que it seems to me (2B)

¿Qué te parece? What do you think? / How does it seem to you? (2B)

la **pared** wall (I)

los **parientes** relatives (4B)

el **parque** park (I)

el **— de diversiones** amusement park (I)

el **— nacional** national park (I)

parrilla: a la — on the grill (7B)

participar (en) to participate (in) (1B)

el **partido** game, match (I)

el **pasajero, la pasajera** passenger (8A)

el **pasaporte** passport (8A)

pasar to pass, to go (3B)

¿Cómo lo pasaste? How was it (for you)? (I)

— la aspiradora to vacuum (I)

— tiempo con amigos to spend time with friends (I)

¿Qué pasa? What's happening? (I)

¿Qué te pasó? What happened to you? (I, 5B)

el **pasatiempo** pastime (1B)

pasear en bote to go boating (I)

el **pasillo** aisle (8A)

la **pasta dental** toothpaste (3A)

pastel *adj.* pastel *(color)* (2B)

el **pastel** cake (I)

los **pasteles** pastries (I)

las **pastillas** pills (5B)

patinar to skate (I)

los **patines** skates (3A)

el **patio de recreo** playground (4A)

el **pavo** turkey (7B)

la **paz** peace (9B)

el **peatón,** *pl.* **los peatones** pedestrian (3B)

el **pedazo** piece, slice (7A)

pedir (e→i) to order, to ask for (I)

— ayuda to ask for help (1A)

— prestado, -a (a) to borrow (from) (2A)

el **peine** comb (2A)

pelar to peel (7A)

pelearse to fight (4A)

la **película** film, movie (I)

la **— de acción** action film (6B)

la **— de ciencia ficción** science fiction movie (I)

la **— de horror** horror movie (I)

la **— policíaca** crime movie, mystery (I)

la **— romántica** romantic movie (I)

ver una — to see a movie (I)

(en) peligro de extinción in danger of extinction, endangered (9B)

peligroso, -a dangerous (3B)

pelirrojo, -a red-haired (I)

el **pelo** hair (I, 2A)

el **— canoso** gray hair (I)

el **— castaño** brown (chestnut) hair (I)

el **— negro** black hair (I)

el **— rubio** blond hair (I)

la **pelota** ball (3A)

peluche: el oso de — teddy bear (4A)

pensar (e→ie) to plan, to think (I)

peor:

el / la —, los / las —es the worst (I)

—(es) que worse than (I)

pequeño, -a small (I)

perder (e→ie) to lose (6A)

Perdón. Excuse me. (I)

perezoso, -a lazy (I)

el **perfume** perfume (I)

el **periódico** newspaper (I)

el **permiso de manejar** driver's license (3B)

permitir to permit, to allow (4A)

pero but (I)

el **perrito caliente** hot dog (I)

el **perro** dog (I)

la **persona** person (I)

el **personaje principal** main character (6B)

pesas: levantar — to lift weights (I)

el **pescado** fish *(as a food)* (I)

el **pez,** *pl.* **los peces** fish (4A)

picante spicy (7B)

picar to chop (7A)

el **picnic** picnic (4B)

el **pie** foot (I)

la **piedra** rock (7B)

la **pierna** leg (I)

el / la **piloto** pilot (8A)

la **pimienta** pepper (I)

pintarse (las uñas) to paint, to polish (one's nails) (2A)

el **pintor, la pintora** painter (9A)

la **piña** pineapple (7B)

la **piñata** piñata (I)

la **piscina** swimming pool (I)

el **piso** story, floor (I)

primer — second floor (I)

segundo — third floor (I)

la **pizza** pizza (I)

planear to plan (8A)

la **planta** plant (9B)

la **planta baja** ground floor (I)

el **plástico** plastic (I)

la **plata** silver (2A)

el **plátano** banana (I)

el **plato** plate, dish (I)

de — principal as a main dish (I)

el — principal main dish (I)

la **playa** beach (I)

la **plaza** plaza (3B)

pobre poor (I)

pobrecito, -a poor thing (5B)

poco: un — (de) a little (I)

poder (o→ue) to be able to (I)

(tú) puedes you can (I)

(yo) puedo I can (I)

se puede you can (7A)

el / la **policía** police officer (3B)

policíaca: la película — crime movie, mystery (I)

la **política** politics (9A)

el **político, la política** politician (9A)

el **pollo** chicken (I)

poner to put, to place (I)

pon *(command)* put, place (I)

— la mesa to set the table (I)

— una inyección to give an injection (5B)

— una multa to give a ticket (3B)

—se to apply, to put on *(clothing, make up, etc.)* (2A); + *adj.* to become (6A)

(tú) pones you put (I)

(yo) pongo I put (I)

por for (how long) (3A); by, around, along, through (3B)

— ejemplo for example (2A)

— eso that's why, therefore (I)

— favor please (I)

— lo general in general (4A)

¿— qué? Why? (I)

— supuesto of course (I)

— ... vez for the ... time (6A)

porque because (I)

portarse bien / mal to behave well / badly (4A)

la **posesión,** *pl.* **las posesiones** possession (I)

el **postre** dessert (I)

de — for dessert (I)

la **práctica** practice (1B)

practicar (c→qu) deportes to play sports (I)

práctico, -a practical (I)

el **precio** price (I, 2B)

preferir (e→ie) (e→i) to prefer (I)

(tú) prefieres you prefer (I)

(yo) prefiero I prefer (I)

la **pregunta** question (1A)

hacer una — to ask a question (1A)

el **premio** prize (6A)

preparar to prepare (I)

—se to get ready (2A)

la **presentación,** *pl.* **las presentaciones** presentation (I)

el **presentador, la presentadora** presenter (6A)

prestar atención to pay attention (1A)

la **primavera** spring (I)

primer (primero), -a first (I)

— piso second floor (I)

el **primo, la prima** cousin (I)

los **primos** cousins (I)

prisa hurry (3B)

de — in a hurry (5A)

tener — to be in a hurry (3B)

probar (o→ue) to taste, to try (7A)

probarse (o→ue) to try on (2B)

el **problema** problem (I)

la **profesión,** *pl.* **las profesiones** profession (9A)

el **profesor, la profesora** teacher (I)

el **programa** program, show (I)

el — de concursos game show (I)

el — de dibujos animados cartoon (I)

el — de entrevistas interview program (I)

el — de estudios course of studies (9A)

el — de la vida real reality program (I)

el — de noticias news program (I)

el — deportivo sports program (I)

el — educativo educational program (I)

el — musical musical program (I)

prohibir: se prohíbe it is forbidden (1A)

pronto soon (3A)

Hasta —. See you soon. (3A)

la **propina** tip (8B)

propio, -a own (I)

proteger (g→j) to protect (9B)

el proyecto project (1A)

    el — de construcción construction project (I)

el público audience (6A)

el pueblo town (9B)

puede: se — you can (7A)

puedes: (tú) — you can (I)

puedo: (yo) — I can (I)

el puente bridge (3B)

la puerta door (I)

    la — de embarque departure gate (8A)

pues well *(to indicate pause)* (I)

el puesto (food) stand (7B)

la pulsera bracelet (I)

    el reloj — watch (I)

las puntadas stitches (5B)

    dar — to stitch *(surgically)* (5B)

puntual punctual (8B)

el pupitre desk (I)

puro, -a pure (9B)

Q

que who, that (I)

qué:

    ¿Para — sirve? What's it (used) for? (I)

    ¡— + *adj.*! How ...! (I)

    ¡— asco! How awful! (I)

    ¡— buena idea! What a good / nice idea! (I)

    ¿— clase de...? What kind of ... ? (I)

    ¿— desean (Uds.)? What would you like? *formal* (I)

    ¿— día es hoy? What day is today? (I)

    ¿— es esto? What is this? (I)

    ¿— hiciste? What did you do? (I)

    ¿— hora es? What time is it? (I)

    ¡— lástima! What a shame! (5B)

    ¿— más? What else? (I)

    ¿— pasa? What's happening? (I)

¡— pena! What a shame / pity! (I)

¿— quiere decir... ? What does ... mean? (I)

¿— tal? How are you? (I)

¿— tal es ...? How is (it)...? (6B)

¿— te gusta hacer? What do you like to do? (I)

¿— te gusta hacer más? What do you like better (prefer) to do? (I)

¿— te parece? What do you think? / How does it seem to you? (I, 2B)

¿— te pasó? What happened to you? (I, 5B)

¿— tiempo hace? What's the weather like? (I)

quedar to fit, to be located (I, 3B)

quedarse to stay (3A)

el quehacer (de la casa) (household) chore (I)

quemar(se) to burn (oneself), to burn up (5A)

querer (e→ie) to want (I)

    ¿Qué quiere decir...? What does...mean? (I)

    Quiere decir... It means... (I)

    quisiera I would like (I)

    (tú) quieres you want (I)

    (yo) quiero I want (I)

¿Quién? Who? (I)

quince fifteen (I)

quinientos, -as five hundred (I)

quinto, -a fifth (I)

el quiosco newsstand (8B)

quisiera I would like (I)

quitar to take away, to remove (3B)

    — el polvo to dust (I)

quizás maybe (I)

R

la radiografía X-ray (5B)

    sacar una — to take an X-ray (5B)

rápidamente quickly (I, 2A)

la raqueta de tenis tennis racket (3A)

el ratón, *pl.* **los ratones** (computer) mouse (I)

razón: tener — to be correct (I)

realista realistic (I)

la recepción reception desk (8B)

la receta prescription (5B); recipe (7A)

recetar to prescribe (5B)

recibir to receive (I)

reciclar to recycle (I)

recientemente recently (2B)

recoger (g→j) to collect, to gather (I)

recomendar (e→ie) to recommend (6B)

recordar (o→ue) to remember (4B)

los recuerdos souvenirs (I)

    comprar — to buy souvenirs (I)

la Red:

    en la — online (I)

    navegar (g→gu) en la — to surf the Web (I, 1B)

reducir to reduce (9B)

el refresco soft drink (I)

el refrigerador refrigerator (7A)

regalar to give (a gift) (4B)

el regalo gift, present (I)

regatear to bargain (8B)

registrar to inspect, to search *(luggage)* (8A)

la regla rule (1A)

regresar to return (I)

regular okay, so-so (I)

la reina queen (6A)

reírse (e→í) to laugh (4B)

el reloj clock (I)

    el — pulsera watch (I)

repente: de — suddenly (5A)

repetir (e → i) to repeat (1A)

el reportero, la reportera reporter (5A)

rescatar to rescue (5A)

la reservación, *pl.* **las reservaciones** reservation (8A)

reservado, -a reserved, shy (I)

resolver (o→ue) to solve (9B)

respetar to respect (1A)

el **restaurante** restaurant (I)

resultar to result, to turn out (6A)

el **retraso** delay (8A)

la **reunión,** *pl.* **las reuniones** meeting (1B); gathering (4B)

reunirse (u→ú) to meet (4B)

el **rey,** king *pl.* **los reyes** king and queen (8B)

rico, -a rich, tasty (I)

el **río** river (I)

robar to rob, to steal (6B)

la **rodilla** knee (5B)

rojo, -a red (I)

romántico, -a: la película — romantic movie (I)

romper to break (I)

—se to break, to tear (5B)

la **ropa: la tienda de —** clothing store (I)

rosado, -a pink (I)

roto, -a broken (5B)

rubio, -a blond (I)

ruedas: silla de — wheelchair (5B)

el **ruido** noise (8B)

S

sábado Saturday (I)

saber to know (how) (I, 1B)

(tú) sabes you know (how to) (I)

(yo) sé I know (how to) (I)

el **sabor** taste (7B)

sabroso, -a tasty, flavorful (I)

el **sacapuntas,** *pl.* **los sacapuntas** pencil sharpener (I)

sacar (c→qu):

— fotos to take photos (I)

— la basura to take out the trash (I)

— un libro to take out, to check out a book (3A)

— una buena nota to get a good grade (1A)

— una radiografía to take an X-ray (5B)

la **sal** salt (I)

la **sala** living room (I)

la — de clases classroom (I)

la — de emergencia emergency room (5B)

el **salario** salary (9A)

la **salchicha** sausage (I)

la **salida** exit (2B); departure (8A)

salir to leave, to go out (I)

el **salón de belleza,** *pl.* **los salones de belleza** beauty salon (2A)

los **salones de chat** chat rooms (1B)

la **salsa** salsa, sauce (7A)

la — de tomate ketchup (7B)

saltar (a la cuerda) to jump (rope) (4A)

la **salud:**

para la — for one's health (I)

para mantener la — to maintain one's health (I)

saludar(se) to greet (4B)

salvar to save (5A)

la **sandía** watermelon (7B)

el **sándwich de jamón y queso** ham and cheese sandwich (I)

la **sangre** blood (5B)

la **sartén** frying pan (7A)

se abre opens (3A)

se cierra closes (3A)

se me olvidó I forgot (3A)

se murieron they died (5A)

se prohíbe ... it's forbidden ... (1A)

se puede you can (7A)

sé: (yo) — I know (how to) (I)

el **secador** blow dryer (2A)

secarse to dry (2A)

seco, -a dry (7B)

el **secretario, la secretaria** secretary (9A)

sed:

Tengo —. I'm thirsty. (I)

la **seda** silk (2B)

seguida: en — right away (3A)

seguir (e→i) to follow, to continue (3B)

— una carrera to pursue a career (9A)

según according to (I)

— mi familia according to my family (I)

segundo, -a second (I)

— piso third floor (I)

seguro, -a sure (3B)

seis six (I)

seiscientos, -as six hundred (I)

el **sello** stamp (3A)

la **selva tropical** rain forest (9B)

el **semáforo** stoplight (3B)

la **semana** week (I)

este fin de — this weekend (I)

la — pasada last week (I)

los fines de — on weekends (I)

el **sendero** trail (7B)

sentirse (e→ie) (e→i)to feel (5B)

la **señal** sign (3A)

la — de parada stop sign (3B)

señor (Sr.) sir, Mr. (I)

señora (Sra.) madam, Mrs. (I)

señorita (Srta.) miss, Miss (I)

separar to separate (I)

septiembre September (I)

séptimo, -a seventh (I)

ser to be (I)

¿Eres...? Are you...? (I)

es he / she is (I)

fue it was (I)

no soy I am not (I)

soy I am (I)

ser: será it, he, she will be (6B)

serio, -a serious (I)

la **servilleta** napkin (I)

servir (e→i) to serve, to be useful (I)

¿En qué puedo —le? How can I help you? (I)

¿Para qué sirve? What's it (used) for? (I)

sirve para it is used for (I)

sesenta sixty (I)

setecientos, -as seven hundred (I)

setenta seventy (I)

sexto, -a sixth (I)

si if, whether (I)

sí yes (I)

siempre always (I)

siento: Lo —. I'm sorry. (I)

siete seven (I)

siguiente next, following (8B)

la silla chair (I)

    la — de ruedas wheelchair (5B)

simpático, -a nice, friendly (I)

sin without (I)

    — duda without a doubt (5A)

la sinagoga synagogue (I)

el sitio Web Web site (I)

sobre on, about (I, 1A)

sociable sociable (I, 1A)

¡Socorro! Help! (5A)

el software software (I)

el sol:

    Hace —. It's sunny. (I)

    los anteojos de — sunglasses (I)

    tomar el — to sunbathe (I)

solar solar (9B)

sólo only (I)

    de — un color solid-colored (2B)

solo, -a alone (I)

Son las... It is ... *(in telling time)* (I)

sonreír (e→i) to smile (4B)

la sopa de verduras vegetable soup (I)

la sorpresa surprise (4B)

el sótano basement (I)

soy I am (I)

su, sus his, her, your *formal,* their (I)

subir to go up (5A)

sucio, -a dirty (I)

la sudadera sweatshirt (I)

el suelo ground, floor (7B)

sueño: tener — to be sleepy (I)

el suéter sweater (I)

sugerir (e→ie) (e→i) to suggest (8A)

el supermercado supermarket (3A)

    supuesto: por — of course (I)

el surf de vela windsurfing (8B)

    suyo,-a,-os,-as his, hers, yours, theirs (2A)

T

tal: ¿Qué — ? How are you? (I)

    ¿Qué — es? How is it? (6B)

tal vez maybe, perhaps (8B)

talentoso, -a talented (I)

la talla size (2B)

también also, too (I)

    a mí — I do (like to) too (I)

tampoco: a mí — I don't (like to) either (I)

tan so (2B)

    — + *adj.* so + adj. (2B)

    — + *adj.* **+ como** as + *adj.* + as (1B)

el tanque tank (3A)

el tanteo score (6A)

tanto so much (I)

    tantos, -as + *noun* **+ como** as much / many + *noun* + as (1B)

tarde late (I)

    la — afternoon (I)

    a la una de la — at one (o'clock) in the afternoon (I)

    Buenas —s. Good afternoon.(I)

    de la — in the afternoon (I)

    esta — this afternoon (I)

    llegar (g→gu) — to arrive late (1A)

la tarea homework (I)

la tarjeta card (I, 3A)

    la — de crédito credit card (2B)

    la — de embarque boarding pass (8A)

    la — postal postcard (8B)

la taza cup (I)

te (to / for) you *sing. dir., ind. obj. pron.* (I)

¿— gusta ... ? Do you like to...? (I)

¿— gustaría? Would you like? (I)

¿— gustó? Did you like it? (I)

— importa(n) it matters (it's important),theymatterto you (2B)

— ves (bien) you look (good) (2A)

el té tea (I)

    el — helado iced tea (I)

el teatro theater (I)

el teclado (computer) keyboard (I)

el técnico, la técnica technician (9A)

la tecnología technology / computers (I)

    la clase de — technology / computer class (I)

la tela sintética synthetic fabric (2B)

la telenovela soap opera (I)

el televisor television set (I)

el templo temple, Protestant church (I)

temprano early (I)

tendremos we will have

el tenedor fork (I)

tener to have (I)

    ¿Cuántos años tiene(n) ...? How old is / are...? (I)

    — calor to be warm (I)

    — cuidado to be careful (3B)

    — éxito to succeed, to be successful (6B)

    — frío to be cold (I)

    — miedo (de) to be scared (of), to be afraid (of) (I)

    — paciencia to be patient (8A)

    — prisa to be in a hurry (3B)

    — razón to be correct (I)

    — sueño to be sleepy (I)

    Tengo hambre. I'm hungry. (I)

    Tengo que ... I have to... (I)

    Tengo sed. I'm thirsty. (I)

    Tiene(n)...años. He / She is / They are ... (years old). (I)

el tenis: jugar al — to play tennis (I)

tercer (tercero), -a third (I)

terminar to finish, to end (I)

el terremoto earthquake (5A)

ti you *fam. after prep.*

¿Y a —? And you? (I)

para — in your opinion, for you (I)

el tiempo:

a — on time (1A)

¿Cuánto — hace que...? How long have you been...? (1B)

el — libre free time (I)

pasar — con amigos to spend time with friends (I)

¿Qué — hace? What's the weather like? (I)

la tienda store (I)

la — de descuentos discount store (I)

la — de electrodomésticos household-appliancestore (I)

la — de ropa clothing store (I)

Tiene(n)...años. He / She is / They are ... (years old). (I)

la Tierra Earth (9B)

las tijeras scissors (1A)

tímido, -a timid (4A)

típico, -a typical (8B)

el tío, la tía uncle, aunt (I)

los tíos uncles, aunt(s) and uncle(s) (I)

tirar to spill, to throw away (7A)

no tires don't spill, don't throw away (7A)

la toalla towel (2A)

el tobillo ankle (5B)

tocar (c→qu) la guitarra to play the guitar (I)

el tocino bacon (I)

todavía still (3A)

no... — not yet (6B)

todo el mundo everyone (4A)

todos, -as all (I)

— los días every day (I)

tomar:

— el sol to sunbathe (I)

— lecciones to take lessons (1B)

— un curso to take a course (I)

los tomates tomatoes (I)

tonto, -a silly, stupid (I)

torcerse (o→ue) (c→z) to twist, to sprain (5B)

la tormenta storm (5A)

la tortuga turtle (4A)

trabajador, -ora hardworking (I)

trabajar to work (I)

el trabajo work, job (I)

el — voluntario volunteer work (I)

traer:

Le traigo... I will bring you... (I)

¿Me trae ...? Will you bring me ...? *formal* (I)

el tráfico traffic (3B)

el traje suit (I)

el — de baño swimsuit (I)

tranquilo, -a calm (2A)

tratar de to try to (5A)

tratarse de to be about (6B)

travieso, -a naughty, mischievous (4A)

trece thirteen (I)

treinta thirty (I)

treinta y uno thirty-one (I)

tremendo, -a tremendous (I)

el tren train (I)

el — eléctrico electric train (4A)

tres three (I)

trescientos, -as three hundred (I)

el triciclo tricycle (4A)

triste sad (I)

tropezar (e→ie) (z→c) (con) to trip (over) (5B)

tu, tus your (I)

tú you *fam.* (I)

el / la turista tourist (8A)

tuyo, -a, -os, -as yours (2A)

U

Ud. (usted) you *formal sing.* (I)

Uds. (ustedes) you *formal pl.* (I)

¡Uf! ugh!, yuck! (I)

último, -a the last / final (6A)

un, una a, an (I)

— poco (de) a little (I)

la una: a la — at one o'clock (I)

la universidad university (9A)

uno one (I)

unos, -as some (I)

la s uñas nails (2A)

usado, -a used (I)

usar la computadora to use the computer (I)

usted (Ud.) you *formal sing.* (I)

ustedes (Uds.) you *formal pl.* (I)

las uvas grapes (I)

V

las vacaciones: ir de — to go on vacation (I)

valiente brave (5A)

el valle valley (9B)

¡Vamos! Let's go! (I)

varios, -as various, several (3A)

el vaso glass (I)

el vecino, la vecina neighbor (4A)

veinte twenty (I)

veintiuno, -a (veintiún) twenty-one (I)

la vela sail (8B)

la venda bandage (5B)

el vendedor, la vendedora vendor (8B)

vender to sell (I)

venir to come (I)

la ventana window (I)

la ventanilla (airplane) window (8A)

ver to see (I)

a — ... Let's see... (I)

¡Nos vemos! See you later! (I)

te ves (bien) you look good (2A)

— la tele to watch television (I)

— una película to see a movie (I)

el verano summer (I)

veras: ¿De —? Really? (I)

la verdad truth (4A)

¿Verdad? Really? (I)

verde green (I)

el vestido dress (I)

vestirse (e→i) to get dressed (2A)

el veterinario, la veterinaria veterinarian (9A)

la vez, *pl.* **las veces:**

a veces sometimes (I)

de — en cuando once in a while (4A)

otra — again (I)

por ... — for the ... time (6A)

viajar to travel (I)

el viaje trip (I)

la víctima victim (6B)

la vida life (5A)

el video video (I)

los videojuegos: jugar — to play video games (I)

el vidrio glass (I)

viejo, -a old (I)

viernes Friday (I)

el vinagre vinegar (7A)

la violencia violence (6B)

violento, -a violent (I)

visitar to visit (I)

— salones de chat to visit chat rooms (I, 1B)

vivir to live (I)

vivo, -a bright (color) (2B); living, alive (5A)

el vóleibol: jugar al — to play volleyball (I)

volver (o→ue) to return (1B)

—se loco, -a to go crazy (6A)

la voz, *pl.* **las voces** voice (1B)

el voluntario, la voluntaria volunteer (I)

vosotros, -as you *fam. pl.* (I)

el vuelo flight (8A)

vuestro, -a, -os, -as your, yours (I)

Web: crear una página Web to create a Web page (1B)

y and (I)

¿— a ti? And you? (I)

— cuarto quarter past (I)

— media thirty *(in telling time)* (I)

¿— tú? And you? *fam.* (I)

¿— usted (Ud.)? And you? *formal* (I)

ya already (I, 3B)

el yeso cast (5B)

yo I (I)

el yogur yogurt (I)

Z

las zanahorias carrots (I)

la zapatería shoe store (I)

los zapatos shoes (I)

el zoológico zoo (I)

English-Spanish Vocabulary

The *English-Spanish Vocabulary* contains all active vocabulary from the text, including vocabulary presented in the grammar sections.

A dash (—) represents the main entry word. For example, **to play** — after **baseball** means **to play baseball**

The number following each entry indicates the chapter in which the word or expression is presented. A Roman numeral (I) indicates that the word was presented in Level 1.

The following abbreviations are used in this list: *adj.* (adjective), *dir. obj.* (direct object), *f.* (feminine), *fam.* (familiar), *ind. obj.* (indirect object), *inf.* (infinitive), *m.* (masculine), *pl.* (plural), *prep.* (preposition), *pron.* (pronoun), *sing.* (singular).

A

a, an un, una (I)

a little un poco (de) (I)

a lot mucho, -a (I)

able: to be — to poder (o → ue) (I)

about sobre (I, 1A)

    to be — tratarse de (6B)

accident el accidente (5B)

to accompany acompañar (7B)

according to según (I)

    — my family según mi familia (I)

accountant el contador, la contadora (9A)

acquainted: to be — with conocer (c → zc) (I, 1B)

acting la actuación (6B)

action figure el muñeco (4A)

action film la película de acción (6B)

actor el actor (I)

actress la actriz, *pl.* las actrices (I)

to add añadir (7A)

addition: in — (to) además (de) (9B)

address: e-mail — la dirección electrónica (I)

afraid: to be — (of) tener miedo (de) (I)

after después de (I)

afternoon:

    at one (o'clock) in the afternoon a la una de la tarde (I)

    Good —. Buenas tardes. (I)

    in the — de la tarde (I)

    this — esta tarde (I)

afterwards después (I)

again otra vez (I)

against contra (9B)

agitated agitado, -a (6A)

ago hace + *time expression* (I)

agree:

    I —. Estoy de acuerdo. (I)

    I don't —. No estoy de acuerdo. (I)

Agreed. De acuerdo. (3B)

air conditioning el aire acondicionado (9B)

airline la línea aérea (8A)

airplane el avión (I)

airport el aeropuerto (8A)

aisle el pasillo (8A)

alarm clock el despertador (I)

alien el / la extraterrestre (6B)

alive vivo, -a (5A)

all todos, -as (I)

almost casi (I, 3A)

alone solo, -a (I)

along por (3B)

already ya (I, 3B)

also también (I)

always siempre (I)

am:

    I — (yo) soy (I)

    I — not (yo) no soy (I)

ambulance la ambulancia (5B)

among entre (1B)

amusement park el parque de diversiones (I)

amusing divertido, -a (I)

and y (I)

    — you? ¿Y a ti? *fam.* (I); ¿Y tu?*fam.* (I);¿Y usted(Ud.)? *formal* (I)

angry enojado, -a (6A)

    to get — enojarse (6A)

animal el animal (I)

ankle el tobillo (5B)

anniversary el aniversario (4B)

to announce anunciar (2B)

announcement el anuncio (8A)

announcer el locutor, la locutora (5A)

another otro, -a (I)

to answer contestar (1A)

ant la hormiga (7B)

antique antiguo, -a (4B)

any algunos, -as (1A)

anyone alguien (1A)

Anything else? ¿Algo más? (I)

apartment el apartamento (I)

    — building el edificio de apartamentos (5A)

to applaud aplaudir (6A)

apple la manzana (I)

    — juice el jugo de manzana (I)

approximately aproximadamente (3B)

April abril (I)

architect el arquitecto, la arquitecta (9A)

Are you ... ? ¿Eres ... ? (I)

arm el brazo (I)

around por (3A, 3B); alrededor de (4B)

to **arrest** arrestar (6B)

arrival la llegada (8A)

to **arrive late** llegar (g → gu) tarde (1A)

art class la clase de arte (I)

article el artículo (5A)

artist el artista, la artista (9A)

artistic artístico, -a (I)

arts las artes (9A)

    martial — las artes marciales(1B)

as como (I)

    — a child de niño (4A); de pequeño (4A)

    — a main dish de plato principal (I)

    — far as hasta (3B)

as much / many + *noun* + as tantos, -as + *noun* + como

as + *adj*. + as tan + *adj*. + como (1B)

to **ask for** pedir (e → i) (I)

    — help pedir ayuda (1A)

to **ask a question** hacer una pregunta (1A)

asleep dormido, -a (5A)

    to fall—dormirse (6A)

at:

    — eight (o'clock) a las ocho (I)

    — eight (o'clock) at night a las ocho de la noche (I)

    — eight (o'clock) in the evening a las ocho de la noche (I)

    — eight (o'clock) in the morning a las ocho de la mañana (I)

    — home en casa (I)

    — one (o'clock) a la una (I)

    — one (o'clock) in the afternoon a la una de la tarde (I)

    — the end al final (6A)

    — what time? ¿A qué hora? (I)

athlete el / la atleta (6A)

ATM el cajero automático (8B)

to **attend** asistir a (1B)

attentive atento, -a (8B)

attention: to pay — prestar atención (1A)

attraction(s) la atracción, *pl.* las atracciones (I)

audience el público (6A)

audition la audición, *pl.* las audiciones (2A)

auditorium el auditorio (6A)

August agosto (I)

aunt la tía (I)

aunt(s) and uncle(s) los tíos (I)

autumn el otoño (I)

avenue la avenida (3B)

avocado el aguacate (7B)

B

baby el / la bebé (4B)

back la espalda (5B)

backpack la mochila (I)

bacon el tocino (I)

bad malo, -a (I); mal (I)

badly mal (I)

bag la bolsa (I)

baked al horno (7A)

ball la pelota (3A)

balloon el globo (I)

banana el plátano (I)

band *(musical)* la banda (1B)

bandage la venda (5B)

bank el banco (3A)

barbecue: to have a — hacer una parrillada (7B)

bargain la ganga (2B)

to **bargain** regatear (8B)

baseball: to play — jugar al béisbol (I)

based: to be — on estar basado, -a en (6B)

basement el sótano (I)

basket la cesta (7B)

basketball: to play — jugar al básquetbol (I)

bathroom el baño (I)

to **be** ser (I); estar (I)

    He / She is / They are ... (years old). Tiene(n) ... años. (I)

    How old is / are ... ? ¿Cuántos años tiene(n)...? (I)

    to — + *present participle* estar + *present participle* (I)

    to — a member ser miembro (1B)

    to — able to poder (o → ue) (I)

    to — about tratarse de (6B)

    to — acquainted with conocer (c → zc) (I)

    to — afraid (of) tener miedo (de) (I)

    to — based on estar basado, -a en (6B)

    to — born nacer (4B)

    to — careful tener cuidado (3B)

    to — cold tener frío (I)

    to — correct tener razón (I)

    to — going to + *verb* ir a + *inf*. (I)

    to — in a hurry tener prisa (3B)

    to — in fashion estar de moda (2B)

    to — in love with estar enamorado, -a de (6B)

    to — located quedar (I, 3B)

    to — online estar en línea (I, 1B)

    to — scared (of) tener miedo (de) (I)

    to — sleepy tener sueño (I)

    to — sure estar seguro, -a (3B)

    to — useful servir (I)

    to — warm tener calor (I)

beach la playa (I)

beans los frijoles (7B)

bear el oso (I)

to **beat** batir (7A)

beautiful bello, -a (8B)

beauty contest el concurso de belleza (6A)

beauty salon el salón de belleza, *pl.* los salones de belleza (2A)

because porque (I)

   — of a causa de (5A)

to become ponerse (6A)

bed la cama (I)

   to go to — acostarse (o → ue) (2A)

   to make the — hacer la cama (I)

bedroom el dormitorio (I)

beefsteak el bistec (I)

before antes de (I, 2A)

to begin empezar (e → ie) (I)

to behave well / badly portarse bien / mal (4A)

behind detrás de (I)

belt el cinturón, *pl.* los cinturones (2A)

benefits los beneficios (9A)

besides además (de) (9B)

best: the — el / la mejor, los / las mejores (I)

better than mejor(es) que (I)

between entre (1B)

bicycle: to ride a — montar en bicicleta (I)

bilingual bilingüe (9A)

bill la cuenta (I)

binder: three-ring — la carpeta de argollas (I)

bird el pájaro (I)

birthday el cumpleaños (I)

   Happy —! ¡Feliz cumpleaños! (I)

   to have a — cumplir años (4B)

black hair el pelo negro (I)

block la cuadra (3B)

blocks los bloques (4A)

blond hair el pelo rubio (I)

blood la sangre (5B)

blouse la blusa (I)

blow dryer el secador (2A)

blue azul (I)

to board abordar (8A)

   boarding pass la tarjeta de embarque (8A)

boat el barco (I)

   sail — el bote de vela (8B)

boating: to go — pasear en bote (I)

to boil hervir (e → ie) (e → i) (7A)

bone el hueso (5B)

bonfire la fogata (7B)

book el libro (I)

bookbag la mochila (I)

bookshelf el estante (I)

bookstore la librería (I)

boots las botas (I)

to bore aburrir (I)

   it / they bore(s) me aburre(n) (I)

   to get bored aburrirse (6A)

boring aburrido, -a (I)

born: to be — nacer (4B)

to borrow (from) pedir (e → i) prestado, -a (a) (2A)

both los dos, las dos (I)

to bother molestar (4A)

bottle la botella (I)

to bowl jugar a los bolos (1B)

box la caja (I)

boy el chico (I)

   young — el niño (I)

boyfriend el novio (I)

bracelet la pulsera (I)

brand la marca (2B)

brave valiente (5A)

bread el pan (I)

to break romper (I); romperse (5B)

breakfast el desayuno (I)

   for — en el desayuno (I)

bridge el puente (3B)

bright *(color)* vivo, -a (2B)

to bring traer (I); llevar (I)

   I will — you ... Le traigo ... (I)

   Will you — me ... ? ¿Me trae ... ? (I)

broken roto, -a (5B)

broth el caldo (7A)

brother el hermano (I)

brothers; brother(s) and sister(s) los hermanos (I)

brown marrón (I)

   — (chestnut) hair el pelo castaño (I)

brush el cepillo (2A)

   tooth — el cepillo de dientes (3A)

to brush (one's teeth) cepillarse (los dientes) (2A)

to burn a CD grabar un disco compacto (I)

to burn (oneself), to burn up quemar(se) (5A)

bus el autobús, *pl.* los autobuses (I)

business los negocios (9A)

   — man el hombre de negocios (9A)

   — woman la mujer de negocios (9A)

busy ocupado, -a (I)

but pero (I)

butter la mantequilla (I)

to buy comprar (I)

   — souvenirs comprar recuerdos (I)

by por (3B)

   — + *vehicle* en + *vehicle* (I)

C

café el café (I)

cake el pastel (I)

to call: to — on the phone llamar por teléfono (5A)

calculator la calculadora (I)

calm tranquilo, -a (2A)

camera la cámara (I)

   digital — la cámara digital (I)

camp el campamento (I)

can la lata (I)

can:

   I — (yo) puedo (I)

   you — (tú) puedes (I); se puede (7A)

candy los dulces (I)

canned enlatado, -a (7A)

cap la gorra (I)

to capture capturar (6B)
car el coche (I)
card la tarjeta (I, 3A)
credit — la tarjeta de crédito (2B)
ID — el carnet de identidad
post — la tarjeta postal (8B)
cardboard el cartón (I)
care: to take — of cuidar a (3A)
career la carrera (9A)
careful: to be — tener cuidado (3B)
carrots las zanahorias (I)
to carry llevar (I)
cartoon el programa de dibujos animados (I)
cash en efectivo (2B)
to cash a check cobrar un cheque (3A)
cash register la caja (2B)
cashier el cajero, la cajera (2B)
cast el yeso (5B)
castle el castillo (8B)
cat el gato (I)
cathedral la catedral (8B)
cause la causa (5A)
CD: to burn a — grabar un disco compacto (I)
to celebrate celebrar (I)
center el centro (I, 3A)
cereal el cereal (I)
certain: it is — es cierto (9B)
chain la cadena (I)
chair la silla (I)
wheel — la silla de ruedas (5B)
champion el campeón, la campeona, *pl.* los campeones (6A)
championship el campeonato (6A)
to change cambiar (8B)
channel *(TV)* el canal (I)
character: main — el personaje principal (6B)
to chat charlar (4B)
chat rooms los salones de chat (1B)
cheap barato, -a (I)
check:
to cash a — cobrar un cheque (3A)
traveler's — el cheque de viajero (2B)
personal — el cheque personal (2B)
to check *(luggage)* facturar (el equipaje) (8A); examinar (5B)
to check out sacar (c → qu) (3A)
cheerleader el animador, la animadora (1B)
cherry la cereza (7B)
chess el ajedrez (1B)
chicken el pollo (I)
child: as a — de niño (4A); de pequeño (4A)
childish infantil (I)
children los hijos (I); los niños (I)
choir el coro (1B)
to chop picar (c → qu) (7A)
chore: household — el quehacer (de la casa) (I)
chorus el coro (1B)
to choose escoger (g → j) (2B)
church la iglesia (I)
Protestant — el templo (I)
city la ciudad (I)
class la clase (I)
classroom la sala de clases (I)
clean limpio, -a (I)
to clean the bathroom limpiar el baño (I)
clock el reloj (I)
to close cerrar (3A)
close (to) cerca (de) (I)
closed cerrado, -a (8A)
closes se cierra (3A)
closet el armario (I)
clothing store la tienda de ropa (I)
cloud la nube (7B)
club el club, *pl.* los clubes (1B)
athletic — el club atlético (1B)
coach el entrenador, la entrenadora (6A)
coat el abrigo (I)
coffee el café (I)
coin la moneda (4A)
cold:
It's —. Hace frío. (I)
to be — tener frío (I)
to collect recoger (g → j) (I)
to collect coleccionar (4A)
collection la colección, *pl.* las colecciones (4A)
to collide with chocar (c → qu) con (5B)
cologne el agua de colonia (2A)
color:
What — ... ? ¿De qué color ... ? (I)
—s los colores (I)
comb el peine (2A)
to come venir (I)
comedy la comedia (I)
comfortable cómodo, -a (2A)
comical cómico, -a (I)
commentary el comentario (6A)
to communicate comunicarse (c → qu) (I)
I — (yo) me comunico (I)
you — (tú) te comunicas (I)
community la comunidad (I)
compact disc el disco compacto (I)
to burn a — grabar un disco compacto (I)
to compete competir (e → i) (6A)
competition la competencia (6A)
complicated complicado, -a (I, 3B)
composition la composición, *pl.* las composiciones (I)
computer la computadora (I)
— graphics los gráficos (I)
— keyboard el teclado (I)
— mouse el ratón (I)
— screen la pantalla (I)
—s / technology la tecnología (I)
laptop — la computadora portátil (I)

to use the — usar la computadora (I)

concert el concierto (I)

to congratulate felicitar (4B)

Congratulations! ¡Felicidades! (4B)

to conserve conservar (9B)

construction project el proyecto de construcción (I)

contest el concurso (2A)

    beauty — el concurso de belleza (6A)

to continue seguir (e → i) (3B)

to cook cocinar (I)

cookie la galleta (I)

cooking oil el aceite (7A)

corn el maíz (7B)

corner la esquina (3B)

correct: to be — tener razón (I)

to cost costar (o → ue) (I)

    How much does (do) ... —? ¿Cuánto cuesta(n)? (I)

cotton el algodón (2B)

country el país, *pl.* los países (I)

countryside el campo (I)

course:

    to take a — tomar un curso (I)

    — of studies el programa de estudios (9A)

cousin la prima, el primo (I)

    —s los primos (I)

to crash into chocar (c → qu) con (5B)

crazy: to go – volverse loco, -a (6A)

to create crear (I)

    to — a Web page crear una página Web (1B)

credit card la tarjeta de crédito (2B)

crime el crimen (6B)

    — movie la película policíaca (I)

criminal el / la criminal (6B)

critic el crítico, la crítica (6B)

to cross cruzar (3B)

crutches las muletas (5B)

to cry llorar (4B)

cup la taza (I)

currency exchange la casa de cambio (8B)

curtains las cortinas (I)

custom la costumbre (4B)

customs la aduana (8A)

customs officer el aduanero, la aduanera (8A)

to cut cortar (I, 7A)

    to — oneself cortarse (5B)

    to — one's hair cortarse el pelo (2A)

    to — the lawn cortar el césped (I)

cut-paper decorations el papel picado (I)

D

dance el baile (I)

to dance bailar (I)

dancer el bailarín, la bailarina *pl.* los bailarines (1B)

dangerous peligroso, -a (3B)

daring atrevido, -a (I)

dark oscuro, -a (2B)

date: What is the —? ¿Cuál es la fecha? (I)

date la cita (2A)

daughter la hija (I)

day el día (I)

    every — todos los días (I); cada día (I)

    What — is today? ¿Qué día es hoy? (I)

day care center la guardería infantil (4A)

dead muerto, -a (5A)

December diciembre (I)

to decide decidir (I)

to decorate decorar (I)

decorations las decoraciones (I)

delay el retraso (8A)

delicious delicioso, -a (I)

delighted encantado, -a (I)

dentist el / la dentista (3A)

deodorant el desodorante (2A)

department store el almacén, *pl.* los almacenes (I)

departure la salida (8A)

departure gate la puerta de embarque (8A)

depend: it depends depende (2A)

desert el desierto (9B)

designer el diseñador, la diseñadora (9A)

desk el pupitre (I); el escritorio (I)

dessert el postre (I)

    for — de postre (I)

to destroy destruir (i → y) (5A)

destruction la destrucción (9B)

detective el / la detective (6B)

dictionary el diccionario (I)

Did you like it? ¿Te gustó? (I)

to die morirse (o → ue) (o → u) (6A)

difficult difícil (I)

digital camera la cámara digital (I)

dining room el comedor (I)

dinner la cena (I)

dinosaur el dinosaurio (4A)

direct directo, -a (8A)

direction la dirección, *pl.* las direcciones (6B)

director el director, la directora (6B)

dirty sucio, -a (I)

disaster: It was a —. Fue un desastre. (I)

discount store la tienda de descuentos (I)

to discuss discutir (1A)

dish el plato (I)

    as a main — de plato principal (I)

    main — el plato principal (I)

disobedient desobediente (4A)

to do hacer (I)

    — (command) haz (I)

    — you like to ... ? ¿Te gusta ... ? (I)

    I — (yo) hago (I)

to — a project hacer un proyecto (1A)

to — a search hacer una búsqueda (1B)

to — gymnastics hacer gimnasia (1B)

you — (tú) haces (I)

What did you —? ¿Qué hiciste? (I)

doctor el médico, la médica (3A)

doctor's / dentist's office el consultorio (3A)

document el documento (I)

dog el perro (I)

to feed the — dar de comer al perro (I)

doll la muñeca (4A)

Don't eat. No comas. (7A)

Don't leave, Don't let No dejes (7A)

Don't speak. No hables. (7A)

Don't write. No escribas. (7A)

door la puerta (I)

double room la habitación doble (8B)

doubt: without a — sin duda (5A)

to doubt dudar (9B)

to download bajar (información) (I)

downtown el centro (3A)

drama el drama (I)

to draw dibujar (I)

dress el vestido (I)

dressed: to get — vestirse (2A)

dresser la cómoda (I)

to drink beber (I)

drinks las bebidas (I)

to drive manejar (3B)

driver el conductor, la conductora (3B)

driver's license el permiso de manejar (3B)

dry seco, -a (7B)

to dry secarse (c →qu) (2A)

dryer: blow — secador (2A)

during durante (I)

to dust quitar el polvo (I)

DVD player el lector DVD (I)

e-mail:

— address la dirección electrónica (I)

to write — escribir por correo electrónico (I)

to earn ganar (1B)

to enjoy disfrutar de (8B)

early temprano (I)

to earn *(money)* ganar (1B)

earrings los aretes (I)

Earth la Tierra (9B)

earthquake el terremoto (5A)

easy fácil (I)

to eat comer (I)

ecological ecológico, -a (9B)

economical económico, -a (9B)

educational program el programa educativo (I)

efficient eficiente (9B)

eggs los huevos (I)

eight ocho (I)

eight hundred ochocientos, -as (I)

eighteen dieciocho (I)

eighth octavo, -a (I)

eighty ochenta (I)

either tampoco (I)

I don't (like to) — a mí tampoco (I)

elbow el codo (5B)

electric train el tren eléctrico (4A)

electricity la electricidad (9B)

elegant elegante (2A)

to eliminate eliminar (9B)

elevator el ascensor (8B)

eleven once (I)

else:

Anything —? ¿Algo más? (I)

What —? ¿Qué más? (I)

emergency room la sala de emergencia (5B)

emotional emocionado, -a (6A)

employee el empleado, la empleada (8A)

end: at the — al final (6A)

to end terminar (I)

endangered en peligro de extinción (9B)

energy la energía (9B)

engineer el ingeniero, la ingeniera (9A)

English class la clase de inglés (I)

to enjoy disfrutar de (8B)

enormous enorme (4B)

enough bastante (I)

Enough! ¡Basta! (3B)

to enter entrar (I)

entrance la entrada (2B)

environment medio ambiente (9B)

to escape escaparse (5A)

especially especialmente (I)

evening:

Good —. Buenas noches. (I)

in the — de la noche (I)

this — esta noche (I)

every day cada día (I), todos los días (I)

everyone todo el mundo (4A)

exactly en punto (8B)

to examine examinar (5B)

example: for — por ejemplo (2A)

excited entusiasmado, -a (2A); emocionado, -a (6A)

exchange: currency — la casa de cambio (8B)

to exchange cambiar (8B)

excursion la excursión, *pl.* las excursiones (8B)

Excuse me. Perdón. (I)

to exercise hacer ejercicio (I)

exit la salida (2B)

expensive caro, -a (I)

experience la experiencia (I)

to explain explicar (c →qu) (1A)

explosion la explosión, *pl.* las explosiones (5A)

extinction: in danger of — en peligro de extinción (9B)

extracurricular extracurricular (1B)

— activities las actividades extracurriculares (1B)

eye el ojo (I)

fabric: synthetic — la tela sintética (2B)

face la cara (2A)

face-to-face cara a cara (I)

failure el fracaso (6B)

to fall caerse (5B)

> **I —** (yo) me caigo (5B)
>
> **to — asleep** dormirse (o → ue) (o → u) (6A)
>
> **to — in love (with)** enamorarse (de) (6B)
>
> **you —** (tú) te caes (5B)

fall el otoño (I)

famous famoso, -a (8B)

fan el aficionado, la aficionada (6A)

fantastic fantástico, -a (I)

far (from) lejos (de) (I)

farmer el agricultor, la agricultora (9A)

to fascinate fascinar (6B)

fascinating fascinante (I)

fashion: to be in — estar de moda (2B)

fast rápidamente (I)

father el padre (papá) (I)

fatty grasoso, -a (7B)

favorite favorito, -a (I)

February febrero (I)

to feed the dog dar de comer al perro (I)

to feel sentirse (e → ie) (e → i) (5B)

fewer:

> **— ... than** menos ... que (I)
>
> **— than ...** menos de ... (I)

fifteen quince (I)

fifth quinto, -a (I)

fifty cincuenta (I)

to fight luchar (9B)

to fight pelearse (4A)

to fill (the tank) llenar (el tanque) (3A)

film la película (I)

final último, -a (6A)

to find encontrar (o → ue) (2B)

finger el dedo (I)

to finish terminar (I)

fire el incendio (5A); el fuego (7A)

firefighter el bombero, la bombera (5A)

firewood la leña (7B)

fireworks los fuegos artificiales (4B)

first primer (primero), -a (I)

fish el pescado (I); el pez, *pl.* los peces (4A)

> **to go —ing** ir de pesca (I)

to fit: It / They —(s) me well / poorly. Me queda(n) bien / mal. (I)

five cinco (I)

five hundred quinientos, -as (I)

to fix (one's hair) arreglarse (el pelo) (2A)

flag la bandera (I)

flavorful sabroso, -a (I)

flight el vuelo (8A)

flight attendant el / la auxiliar de vuelo (8A)

flood la inundación, *pl.* las inundaciones (5A)

floor el piso (I); el suelo (7B)

> **ground —** la planta baja (I)
>
> **second —** el primer piso (I)
>
> **third —** el segundo piso (I)

flour la harina (7B)

flower la flor, *pl.* las flores (I)

fly la mosca (7B)

folder la carpeta (I)

to follow seguir (e → i) (3B)

following siguiente (8B)

food la comida (I)

food stand el puesto (7B)

foot el pie (I)

football: to play — jugar (u → ue) (g → gu) al fútbol americano (I)

for para (I); por (3A)

> **— breakfast** en el desayuno (I)
>
> **— example** por ejemplo (2A)
>
> **— lunch** en el almuerzo (I)
>
> **— me** para mí (I)
>
> **— the ... time** por ... vez (6A)

> **— you** para ti (I)

for (how long) por (3A)

forbidden: It is —. Se prohíbe. (1A)

foreign extranjero, -a (8A)

forest el bosque (9B)

> **rain —** la selva tropical (9B)

to forget about/to olvidarse de (7A)

> **don't —** no te olvides de (7A)

forgot: I — se me olvidó (3A)

fork el tenedor (I)

fortunately afortunadamente (5A)

forty cuarenta (I)

fountain la fuente (3B)

four cuatro (I)

four hundred cuatrocientos, -as (I)

fourteen catorce (I)

fourth cuarto, -a (I)

free time el tiempo libre (I)

French fries las papas fritas (I)

frequently frecuentemente (4B)

fresh fresco, -a (7A)

Friday viernes (I)

fried frito, -a (7A)

friendly simpático, -a (I)

frightened asustado, -a (5A)

from de (I); desde (3B)

> **Where are you —?** ¿De dónde eres? (I)

frozen congelado, -a (7A)

fruit salad la ensalada de frutas (I)

to fry freír (e → i) (7A)

frying pan la sartén, *pl.* las sartenes (7A)

fun divertido, -a (I)

> **to have —** divertirse (e → ie) (e → i) (4B)

to function funcionar (9B)

funny gracioso, -a (I); cómico, -a (I)

furious furioso, -a (6A)

furniture los muebles (5A)

future el futuro (9A)

G

game el partido (I)

game show el programa de concursos (I)

garage el garaje (I)

garden el jardín, *pl.* los jardines (I)

garlic el ajo (7A)

gasoline la gasolina (3A)

to gather recoger (g → j) (I)

gathering la reunión, *pl.* las reuniones (4B)

gel el gel (2A)

general: in — por lo general (4A)

generally generalmente (I)

generous generoso, -a (4A)

get:

> **to — a good grade** sacar (c → qu) una buena nota (1A)

> **to — along well / badly** llevarse bien / mal (4B)

> **to — angry** enojarse (6A)

> **to — bored** aburrirse (6A)

> **to — dressed** vestirse (e → i) (2A)

> **to — married** casarse (con) (4B)

> **to — ready** prepararse (2A)

> **to — up** levantarse (2A)

gift el regalo (I)

gift certificate el cupón de regalo, *pl.* los cupones de regalo (2B)

girl la chica (I)

> **young —** la niña (I)

girlfriend la novia (I)

to give dar (I); regalar (4B)

> **to — a speech** dar un discurso (1A)

> **to — a ticket** poner una multa (3B)

> **to — an injection** poner una inyección (5B)

glass el vaso (I); el vidrio (I)

gloves los guantes (I)

to go ir (I); pasar (3B)

> **Let's —!** ¡Vamos! (I)

to be —ing to + *verb* ir a + *inf.* (I)

to — to bed acostarse (o → ue) (2A)

to — boating pasear en bote (I)

to — camping ir de camping (I)

to — crazy volverse (o → ue) loco, -a (6A)

to — down bajar (5A)

to — fishing ir de pesca (I)

to — on foot ir a pie (3A)

to — on vacation ir de vacaciones (I)

to — out salir (I)

to — shopping ir de compras (I)

to — to bed acostarse (o → ue) (2A)

to — to school ir a la escuela (I)

to — up subir (5A)

goal *(in sports)* el gol (6A)

> **to score a —** meter un gol (6A)

going to con destino a (8A)

gold el oro (2A)

golf:

> **— club** el palo de golf (3A)

> **to play —** jugar (u → ue) (g → gu) al golf (I)

good bueno (buen), -a (I)

> **— afternoon.** Buenas tardes. (I)

> **— evening.** Buenas noches. (I)

> **— gracious** caramba (3A)

> **— morning.** Buenos días. (I)

Good-bye! ¡Adiós! (I)

good-looking guapo, -a (I)

grade *(in school)* la nota (1A)

> **to get a good —** sacar una buena nota (1A)

to graduate graduarse (u → ú) (9A)

graduation la graduación, *pl.* las graduaciones (9A)

grandfather el abuelo (I)

grandmother la abuela (I)

grandparents los abuelos (I)

grapes las uvas (I)

gray gris (I)

> **— hair** el pelo canoso (I)

greasy grasoso, -a (7B)

Great! ¡Genial! (I)

green verde (I)

> **— beans** las judías verdes (I)

to greet saludar(se) (4B)

to grill asar (7B)

grill: on the — a la parrilla (7B)

grilled asado, -a (7B)

ground el suelo (7B)

ground floor la planta baja (I)

grown-ups los mayores (4B)

guide el / la guía (8B)

guidebook la guía (8B)

guitar: to play the — tocar la guitarra (I)

gym el gimnasio (I)

gymnastics la gimnasia (1B)

H

hair el pelo (I, 2A)

> **black —** el pelo negro (I)

> **blond —** el pelo rubio (I)

> **brown (chestnut) —** el pelo castaño (I)

> **gray —** el pelo canoso (I)

> **to cut one's —** cortarse el pelo (2A)

> **to fix one's —** arreglarse el pelo (2A)

half media, -o (I)

> **— past** y media *(in telling time)* (I)

ham and cheese sandwich el sándwich de jamón y queso (I)

hamburger la hamburguesa (I)

hand la mano (I)

> **to shake —s** darse la mano (4B)

handicrafts la artesanía (8B)

happy contento, -a (I); alegre (6A)

— **birthday!** ¡Feliz cumpleaños! (I)

hardworking trabajador, -ora (I)

to have tener (I)

    I — to ... tengo que + *inf.* (I)

    to — a barbecue hacer una parrillada (7B)

    to — a birthday cumplir años (4B)

    to — a picnic hacer un picnic (4B)

    to — fun divertirse (e → ie) (e → i) (4B)

    to — just... acabar de + *inf.* (I)

    to — lunch almorzar (o → ue) (z → c) (1A)

to have haber *(as an auxiliary verb)* (6B)

he él (I)

he / she is es (I)

    He / She is / They are ... (years old). Tiene(n) ... años. (I)

head la cabeza (I)

health:

    for one's — para la salud (I)

    to maintain one's — para mantener la salud (I)

to hear oír (5A)

heat el fuego (7A); la calefacción (9B)

to heat calentar (e → ie) (7A)

Hello! ¡Hola! (I)

to help ayudar (I)

    How can I — you? ¿En qué puedo servirle? (I)

help la ayuda (1A)

Help! ¡Socorro! (5A)

her su, sus *possessive adj.* (I); la *dir. obj. pron.* (I); le *ind. obj. pron.* (I)

hers suyo, -a (2A)

here aquí (I)

hero el héroe (5A)

heroine la heroína (5A)

Hey! ¡Oye! (I)

to hide (oneself) esconder(se) (5A)

high alto, -a (2B)

high school el colegio (9A)

highway la carretera (3B)

hill la colina (9B)

him lo *dir. obj. pron.* (I); le *ind. obj. pron.* (I)

his su, sus (I); suyo, -a (2A)

historical histórico, -a (8B)

hockey el hockey (1B)

holiday el día festivo (4B)

home la casa (I)

    at — en casa (I)

    — office el despacho (I)

    (to) — a casa (I)

homework la tarea (I)

horrible horrible (I)

horror movie la película de horror (I)

horseback: to ride — montar a caballo (I)

hospital el hospital (I)

hot caliente (7A)

    — dog el perrito caliente (I)

    It's —. Hace calor. (I)

hotel el hotel (I)

hour: in the ... — en la ... hora *(class period)* (I)

house la casa (I)

household:

    —-appliance store la tienda de electrodomésticos (I)

    — chore el quehacer (de la casa) (I)

how!

    — + *adj.!* ¡Qué + *adj.!* (I)

    — awful! ¡Qué asco! (I)

How? ¿Cómo? (I)

    — are you? ¿Cómo está Ud.? *formal* (I); ¿Cómo estás? *fam.* (I); ¿Qué tal? *fam.* (I)

    — can I help you? ¿En qué puedo servirle? (I)

    — do you go to ... ? ¿Cómo se va...? (3B)

    — do you make ... ? ¿Cómo se hace ...? (7A)

    — do you say ... ? ¿Cómo se dice... ? (I)

    — does it (do they) fit (you)?

    ¿Cómo te queda(n)? (I)

    — does it seem to you? ¿Qué te parece? (2B)

    — is ... spelled? ¿Cómo se escribe ... ? (I)

    — is (it) ... ? ¿Qué tal es...? (6B)

    — long ... ? ¿Cuánto tiempo hace que...? (1B)

    — many? ¿Cuántos, -as? (I)

    — much? ¿Cuánto?

    — much does (do) ... cost? ¿Cuánto cuesta(n) ... ? (I)

    — old is / are ... ? ¿Cuántos años tiene(n) ... ? (I)

    — was it (for you)? ¿Cómo lo pasaste? (I)

to hug abrazar(se) (z → c) (4B)

hundred: one — cien(to) (I)

hungry: I'm —. Tengo hambre. (I)

hurricane el huracán, *pl.* los huracanes (5A)

hurt doler (o → ue) (I, 5B)

to hurt oneself lastimarse (5B)

hurry prisa (3B)

    in a — de prisa (5A)

    to be in a — tener prisa (3B)

husband el esposo (I)

I

I yo (I)

    — am soy (I)

    — am not no soy (I)

    — don't think so. Creo que no. (I)

    — have seen he visto (6B)

    — stay at home. Me quedo en casa. (I)

    — think ... Creo que ... (I)

    — think so. Creo que sí. (I)

    — will bring you ... Le traigo ... (I)

    —'m hungry. Tengo hambre. (I)

    —'m sorry. Lo siento. (I)

    —'m thirsty. Tengo sed. (I)

I do too a mí también (I)

I don't either a mí tampoco (I)

I forgot se me olvidó (3A)

I would like Me gustaría (I); (yo) quisiera (I)

ice cream el helado (I)

iced tea el té helado (I)

ID card el carnet de identidad (1A)

if si (I)

immediately inmediatamente (2B)

impatient impaciente (I)

important importante (I)

impressive impresionante (I)

to **improve** mejorar (9B)

in en (I)

   — **danger of extinction** en peligro de extinción (9B)

   — **front of** delante de (I)

   — **general** por lo general (4A)

   — **love with** enamorado, -a de (6B)

   — **my opinion** para mí (I)

   — **order to** para + *inf.* (I)

   — **the ... hour** en la ... hora *(class period)* (I)

   — **the middle of** en medio de (3B)

   — **your opinion** para ti (I)

incredible increíble (I)

inexpensive barato, -a (I)

information la información (I)

ingredient el ingrediente (7A)

injection la inyección, *pl.* las inyecciones (5B)

   to give an — poner una inyección (5B)

injured herido, -a (5A)

injured person el herido, la herida (5A)

inside dentro de (7B)

to **insist** insistir en (8A)

to **inspect** registrar (8A)

intelligent inteligente (I)

interest el interés (1B)

to **interest** interesar (I)

   it / they interest(s) me me interesa(n) (I)

interesting interesante (I)

intersection el cruce de calles (3B)

interview la entrevista (6A)

   — **program** el programa de entrevistas (I)

to **interview** entrevistar (6A)

to **investigate** investigar (g → gu) (5A)

is es (I)

   he / she — es (I)

   it — true es cierto (9B)

it la, lo *dir. obj. pron.* (I)

   — **depends** depende (2A)

   — **fits (they fit) me well / poorly.** Me queda(n) bien / mal. (I)

   — **has been ...** Hace + *time* + que ... (1B)

   — **is ...** Son las *(in telling time)* (I)

   — **is forbidden ...** Se prohíbe ... (1A)

   — **is made of ...** Está hecho, -a de ... (2B)

   — **is one o'clock.** Es la una. (I)

   — **is the ... of ...** Es el *(number)* de *(month) (in telling the date)* (I)

   — **is the first of ...** Es el primero de *(month).* (I)

   — **seems to me** me parece que (2B)

   — **was** fue (I)

   — **was a disaster.** Fue un desastre. (I)

   —**'s a ...** es un / una ... (I)

   —**'s cold.** Hace frío. (I)

   —**'s hot.** Hace calor. (I)

   —**'s necessary.** Es necesario. (I)

   —**'s raining.** Llueve. (I)

   —**'s snowing.** Nieva. (I)

   —**'s sunny.** Hace sol. (I)

it / he / she will be será (6B)

itinerary el itinerario (8B)

J

jacket la chaqueta (I)

January enero (I)

jeans los jeans (I)

jet skiing la moto acuática (8B)

jewelry (gold, silver) las joyas (de oro, de plata) (2A)

jewelry store la joyería (I)

job el trabajo (I)

to **join** juntarse (9B)

judge el juez, la jueza, *pl.* los jueces (9A)

juice:

   apple — el jugo de manzana (I)

   orange — el jugo de naranja (I)

July julio (I)

to **jump (rope)** saltar (a la cuerda) (4A)

June junio (I)

just: to have — ... acabar de + *inf.* (I)

K

ketchup la salsa de tomate (7B)

key la llave (8B)

key chain el llavero (I)

keyboard (computer) el teclado (I)

to **kill** matar (6B)

kind: What — of ... ? ¿Qué clase de ... ? (I)

king el rey (8B)

to **kiss** besar(se) (4B)

kitchen la cocina (I)

knee la rodilla (5B)

knife el cuchillo (I)

to **know** saber (I); conocer (c ➜ zc) (I, 1A)

  I — (yo) conozco (I)

  I — (how to) (yo) sé (I)

  you — (tú) conoces (I)

  you — (how to) (tú) sabes (I)

L

laboratory el laboratorio (I, 1A)

ladder la escalera (5A)

lake el lago (I)

lamp la lámpara (I)

language el idioma (9A)

laptop computer la computadora portátil (I)

large grande (I)

last último, -a (6A)

last:

  — night anoche (I)

  — week la semana pasada (I)

  — year el año pasado (I)

to **last** durar (I, 8A)

late tarde (I)

  to arrive — llegar tarde (1A)

  later: See you — ¡Hasta luego!; ¡Nos vemos! (I)

to **laugh** reírse (e➜í) (4B)

law la ley (9A); *(study of)* el derecho (9A)

lawyer el abogado, la abogada (9A)

lazy perezoso, -a (I)

leading man el galán, *pl.* los galanes (6B)

league la liga (6A)

to **learn** aprender (a) (I)

leather el cuero (2B)

to **leave** salir (I); *(something)* dejar (3B)

  don't — no dejes (7A)

Leave me alone. Déjame en paz. (3B)

left: to the — (of) a la izquierda (de) (I)

leg la pierna (I)

lemonade la limonada (I)

less:

  — ... than menos ... que (I)

  — than menos de (I)

lessons: to take — tomar lecciones (1B)

to **let** dejar (3B)

  don't — no dejes (7A)

Let's go! ¡Vamos! (I)

Let's see ... A ver ... (I)

letter la carta (I, 3A)

  to mail a — echar una carta (3A)

lettuce la lechuga (I)

library la biblioteca (I)

to **lie** mentir (e➜ie) (e ➜ i) (4A)

life la vida (5A)

to **lift weights** levantar pesas (I)

to **light** encender (e ➜ ie) (7A)

light *(color)* claro, -a (2B); la luz, *pl.* las luces (2B)

like como (I)

to **like:**

  Did you — it? ¿Te gustó? (I)

  Do you — to ... ? ¿Te gusta ... ? (I)

  He / She doesn't — ... No le gusta ... (I)

  He / She —s ... Le gusta ... (I); A él / ella le gusta(n) ... (I)

  I don't — to ... (A mí) no me gusta ... (I)

  I don't — to ... at all. (A mí) no me gusta nada ... (I)

  I — ... Me gusta ... (I)

  I — to ... (A mí) me gusta ... (I)

  I — to ... a lot (A mí) me gusta mucho ... (I)

  I — to ... better (A mí) me gusta más ... (I)

I —d it. Me gustó. (I)

I would — Me gustaría (I); quisiera (I)

  What do you — better (prefer) to do? ¿Qué te gusta hacer más? (I)

  What do you — to do? ¿Qué te gusta hacer? (I)

  What would you — ? Qué desean (Uds.)? (I)

  Would you —? ¿Te gustaría? (I)

  You — ... Te gusta ... (I)

likewise igualmente (I)

lips los labios (2A)

to **listen to music** escuchar música (I)

little: a — un poco (de) (I)

to **live** vivir (I)

  living vivo, -a (5A)

  to make a — ganarse la vida (9A)

  living room la sala (I)

located: to be — quedar (3B)

locker el armario (1A)

long largo, -a (I)

  How — ? ¿Cuánto tiempo hace que ...? (1B)

to **look:**

  to — (at) mirar (I)

  to — for buscar (c ➜ qu) (I)

  you — (good) te ves (bien) (2A)

loose flojo, -a (2B)

to **lose** perder (e➜ie) (6A)

  lot: a — mucho, -a (I)

to **love** encantar (I)

  He / She —s ... A él / ella le encanta(n) ... (I)

  I / You — ... Me / Te encanta(n) ... (I)

love el amor (6B)

  to be in — with estar enamorado, -a de (6B)

  to fall in — with enamorarse de (6B)

low bajo, -a (2B)

luggage el equipaje (8A)

   to check — facturar el equipaje (8A)

lunch el almuerzo (I)

   for — en el almuerzo (I)

   to have — almorzar (o → ue) (z → c) (1A)

M

madam (la) señora (Sra.) (I)

made:

   It's — of ... Está hecho, -a de (2B)

   What's it — of? ¿De qué está hecho, -a?

magazines: to read — leer revistas (I)

mail:

   — carrier el cartero, la cartera (9A)

   —box el buzón, *pl.* los buzones (3A)

   to — a letter echar una carta (3A)

main:

   — character el personaje principal (6B)

   — dish el plato principal (I)

     as a — de plato principal (I)

to maintain one's health para mantener la salud (I)

to make:

   — *(command)* haz (I)

   to — a living ganarse la vida (9A)

   to — noise hacer ruido (8B)

   to — the bed hacer la cama (I)

   You are making me nervous. Me estás poniendo nervioso, -a. (3B)

make-up el maquillaje (2A)

mall el centro comercial (I)

man el hombre (I)

   leading — el galán *pl.* los galanes (6B)

   older — el anciano (I)

   business— el hombre de negocios (9A)

manager el / la gerente (9A)

manner la manera (9B)

manners los modales (4B)

many muchos, -as (I)

   as — as tantos, -as + *noun* + como (1B)

   How —? ¿Cuántos, -as? (I)

March marzo (I)

mark (in school) la nota (1A)

   to get a good — sacar (c → qu) una buena nota (1A)

market el mercado (2B)

married: to get — (to) casarse (con) (4B)

martial arts las artes marciales (1B)

match el fósforo (7B); el partido (I)

materials los materiales (1A)

mathematics class la clase de matemáticas (I)

matter: It (They) matter(s) to me / to you me / te importa(n) (2B)

May mayo (I)

maybe quizás (I); tal vez (8B)

mayonnaise la mayonesa (7B)

me me *ind., dir. obj. pron* (I)

   for — para mí (I), me (I)

   **it matters / they matter to — me importa(n) (2B)

   it seems to — me parece que (2B)

   — too a mí también (I)

   to — me (I)

   with — conmigo (I)

meal la comida (I)

to mean:

   It —s ... Quiere decir ... (I)

What does ... —? ¿Qué quiere decir ... ? (I)

meat la carne (I)

mechanic el mecánico, la mecánica (9A)

medicine la medicina (5B)

medium mediano, -a (2B)

to meet reunirse (u →ú) (4B)

meeting la reunión, *pl.* las reuniones (1B)

melon el melón, *pl.* los melones (7B)

member el miembro (1B)

   to be a — ser miembro (1B)

to memorize aprender de memoria (1A)

menu el menú (I)

messy desordenado, -a (I)

microwave el microondas (7A)

middle: in the — of en medio de (3B)

military *(adj.)* militar (9A)

milk la leche (I)

million un millón (6A)

   —s of millones de (6A)

mine mío, -a, -os, -as (2A)

mirror el espejo (I)

mischievous travieso, -a (4A)

Miss (la) señorita (Srta.) (I)

missing: to be — faltar (I)

to mix mezclar (7A)

moment: a — un momento (I)

Monday lunes (I)

   on —s los lunes (I)

money el dinero (I)

money exchange la casa de cambio (8B)

monkey el mono (I)

month el mes (I)

monument el monumento (I)

moon la Luna (9B)

more:

   — ... than más ... que (I)

   — or less más o menos (I)

   — than más de (I)

morning:

    Good — Buenos días. (I)

    in the — de la mañana (I)

mosque la mezquita (I)

mother la madre (mamá) (I)

mountains las montañas (I)

mouse (computer) el ratón, *pl.* los ratones (I)

mouth la boca (I)

to move moverse (o→ue) (5B)

movie la película (I)

    action — la película de acción (6B)

    — theater el cine (I)

    to see a — ver una película (I)

to mow the lawn cortar el césped (I)

Mr. (el) señor (Sr.) (I)

Mrs. (la) señora (Sra.) (I)

much:

    as — tanto, -a (1B)

    how —? ¿Cuánto? (I)

    so — tanto (I)

muscle el músculo (5B)

museum el museo (I)

music:

    to listen to — escuchar música (I)

musical program el programa musical (I)

musician el músico, la música (1B)

must deber (I)

    one — hay que (I)

mustard la mostaza (7B)

my mi (I); mis (I)

    — name is ... Me llamo ... (I)

mystery la película policíaca (I)

N

nails las uñas (2A)

name:

    My — is ... Me llamo ... (I)

    What is your —? ¿Cómo te llamas? (I)

What's his / her —? ¿Cómo se llama? (I)

napkin la servilleta (I)

narrow estrecho, -a (3B)

national park el parque nacional (I)

nature la naturaleza (9B)

naughty travieso, -a (4A)

to navigate: navegar (g→gu) (8B)

near cerca (de) (I)

neat ordenado, -a (I)

necessary: It's —. Es necesario. (I)

neck el cuello (5B)

necklace el collar (I)

to need:

    I — necesito (I)

    I — ... Me falta(n) ... (I)

    you — necesitas (I)

neighbor el vecino, la vecina (4A)

neighborhood el barrio (I)

neither ... nor ni ... ni (I)

nervous nervioso, -a (2A)

never nunca (I)

new nuevo, -a (I)

news program el programa de noticias (I)

newscast el noticiero (5A)

newspaper el periódico (I)

newsstand el quiosco (8B)

next siguiente (8B)

    — to al lado de (I)

nice simpático, -a (I)

night:

    at — de la noche (I)

    last — anoche (I)

    — table la mesita (I)

nine nueve (I)

nine hundred novecientos, -as (I)

nineteen diecinueve (I)

ninety noventa (I)

ninth noveno, -a (I)

no no (I); ningún, ninguno (1A)

no one nadie (1A)

nobody nadie (1A)

noise el ruido (8B)

none ningún, ninguno, -a (1A)

nose la nariz, *pl.* las narices (I)

not:

    — yet no ... todavía (6B)

    — ... or ni ... ni (I)

notebook el cuaderno (I)

nothing nada (I)

November noviembre (I)

now ahora (I)

nurse el enfermero, la enfermera (5B)

O

obedient obediente (4A)

to obey obedecer (c → zc) (4A)

to observe observar (8B)

to obtain conseguir (e → i) (8B)

to occur ocurrir (5A)

o'clock:

    at eight — a las ocho (I)

    at one — a la una (I)

October octubre (I)

odor el olor (7B)

of de (I)

    — course por supuesto (I), ¡Cómo no! (3A)

    What is it made —? ¿De qué está hecho, -a? (2B)

to offend ofender (8B)

to offer ofrecer (c → zc) (4A)

office (home) el despacho (I)

office la oficina (9A)

often a menudo (I)

Oh! What a shame / pity! ¡Ay! ¡Qué pena! (I)

okay regular (I); De acuerdo. (3B)

old viejo, -a (I); antiguo, -a (4B)

    He / She is / They are ... years —. Tiene(n) ... años. (I)

How — is / are ... ? ¿Cuántos años tiene(n) ... ? (I)

   —er mayor, *pl.* mayores (I)

   —er man el anciano (I)

   —er people los ancianos (I)

   —er woman la anciana (I)

on en (I), sobre (1A)

   — Mondays, on Tuesdays ... los lunes, los martes ... (I)

   — the grill a la parrilla (7B)

   — time a tiempo (1A)

   — top of encima de (I)

   — weekends los fines de semana (I)

once in a while de vez en cuando (4A)

one uno (un), -a (I)

   at — (o'clock) a la una (I)

   — hundred cien (I)

   — must hay que (I)

   — thousand mil (I)

onion la cebolla (I)

online en la Red (I)

   to be — estar en línea (I, 1B)

only sólo (I)

to open abrir (I)

open abierto, -a (8A)

opens se abre (3A)

opinion: in my — para mí (I)

opportunity la oportunidad (1B)

or o (I)

orange anaranjado, -a (I)

   — juice el jugo de naranja (I)

orchestra la orquesta (1B)

to order pedir (e → i) (I)

other otro, -a (I)

others los / las demás (I)

our nuestro(s), -a(s) (I)

ours nuestro(s), nuestra(s) (2A)

outdoors al aire libre (7B)

outer space el espacio (9B)

outrageous exagerado, -a (2B)

outside fuera (de) (7B)

oven el horno (7A)

own propio, -a (I)

owner el dueño, la dueña (9A)

P

to pack the suitcase hacer la maleta (8A)

page: Web — la página Web (1B)

pain el dolor (5B)

to paint (one's nails) pintarse (las uñas) (2A)

painter el pintor, la pintora (9A)

painting el cuadro (I)

palace el palacio (8B)

pants los pantalones (I)

paper: sheet of — la hoja de papel (I)

parade el desfile (4B)

paramedic el paramédico, la paramédica (5A)

parents los padres (I)

park el parque (I)

   amusement — el parque de diversiones (I)

   national — el parque nacional (I)

to participate (in) participar (en) (1B)

party la fiesta (I)

   surprise — la fiesta de sorpresa (4B)

to pass pasar (3B)

passenger el pasajero, la pasajera (8A)

passport el pasaporte (8A)

pastel (*colors*) pastel *adj.* (2B)

pastime el pasatiempo (1B)

pastries los pasteles (I)

patience la paciencia (8A)

patient paciente (I)

   to be — tener paciencia (8A)

to pay (for) pagar (g → gu) (por) (I)

to pay attention prestar atención (1A)

peace la paz (9B)

peach el durazno (7B)

peas los guisantes (I)

pedestrian el peatón, *pl.* los peatones (3B)

to peel pelar (7A)

pen el bolígrafo (I)

pencil el lápiz, *pl.* los lápices (I)

   — sharpener el sacapuntas, *pl.* los sacapuntas (I)

people la gente (I)

   older — los ancianos (I)

   young — los jóvenes (1B)

pepper la pimienta (I)

perfume el perfume (I)

perhaps tal vez (8B)

to permit, to allow permitir (4A)

person la persona (I)

pharmacy la farmacia (3A)

phenomenal fenomenal (6A)

phone: to talk on the — hablar por teléfono (I)

photo la foto (I)

   to take —s sacar (c → qu) fotos (I)

photographer el fotógrafo, la fotógrafa (1B)

photography la fotografía (1B)

physical education class la clase de educación física (I)

piano lesson (class) la lección de piano (I)

picnic el picnic (4B)

piece el pedazo (7A)

pills las pastillas (5B)

pilot el / la piloto (8A)

piñata la piñata (I)

pineapple la piña (7B)

pink rosado, -a (I)

pizza la pizza (I)

place el lugar (I)

to place poner (I)

to plan pensar (e → ie) + *inf.* (I); planear (8A)

plant la planta (9B)

plastic el plástico (I)

plate el plato (I)

play la obra de teatro (I)

to play jugar (u → ue) (g → gu) (a) (*games, sports*) (I); tocar (*an instrument*) (I)

   to — baseball jugar al béisbol (I)

   to — basketball jugar al básquetbol (I)

   to — football jugar al fútbol americano (I)

to — **golf** jugar al golf (I)

to — **soccer** jugar al fútbol (I)

to — **sports** practicar deportes (I)

to — **tennis** jugar al tenis (I)

to — **the guitar** tocar la guitarra (I)

to — **the role of** hacer el papel de (6B)

to — **video games** jugar videojuegos (I)

to — **volleyball** jugar al vóleibol (I)

player el jugador, la jugadora (6A)

playground el patio de recreo (4A)

plaza la plaza (3B)

please por favor (I)

to — **very much** encantar (I)

pleased to meet you mucho gusto (I)

plot el argumento (6B)

police officer el / la policía (3B)

to **polish (one's nails)** pintarse (las uñas) (2A)

polite cortés, *pl.* corteses (8B)

politician el político, la política (9A)

politics la política (9A)

polluted contaminado, -a (9B)

pollution la contaminación (9B)

pool la piscina (I)

poor pobre (I)

— **thing** pobrecito, -a (5B)

pork el cerdo (7B)

— **chop** la chuleta de cerdo (7B)

possession la posesión, *pl.* las posesiones (I)

postcard la tarjeta postal (8B)

post office el correo (3A)

poster el cartel (I)

pot la olla (7A)

potatoes las papas (I)

practical práctico, -a (I)

practice la práctica (1B)

to **prefer** preferir (e → ie) (e → i) (I)

I — (yo) prefiero (I)

I — **to ...** (a mí) me gusta más ... (I)

you — (tú) prefieres (I)

to **prepare** preparar (I)

to **prescribe** recetar (5B)

prescription la receta (5B)

present el regalo (I)

presentation la presentación, *pl.* las presentaciones (I)

presenter el presentador, la presentadora (6A)

pretty bonito, -a (I)

price el precio (I, 2B)

principal *(of a school)* el director, la directora (6B)

primary school la escuela primaria (I)

prize el premio (6A)

problem el problema (I)

profession la profesión, *pl.* las profesiones (9A)

program el programa (I)

project el proyecto (1A)

Protestant church el templo (I)

to **protect** proteger (g → j) (9B)

punctual puntual (8B)

pure puro, -a (9B)

purple morado, -a (I)

purse el bolso (I)

to **pursue a career** seguir (e → i) una carrera (9A)

to **put** poner (I)

— *(command)* pon (I)

I — (yo) pongo (I)

to — **on** (*clothing, make-up, etc.*) ponerse (2A)

to — **out** (*fire*) apagar (g → gu) (5A)

you — (tú) pones (I)

Q

quarter past y cuarto (I)

queen la reina (6A)

question la pregunta (1A)

to ask a — hacer una pregunta (1A)

quickly rápidamente (I, 2A)

R

rain la lluvia (5A)

rain forest la selva tropical (9B)

to **rain** llover (o → ue) (5A)

It's —**ing.** Llueve. (I)

rather bastante (I)

to **read magazines** leer revistas (I)

ready listo, -a (8A)

to get — prepararse (2A)

realistic realista (I)

reality program el programa de la vida real (I)

really en realidad (2B)

Really? ¿Verdad? (I); ¿De veras? (I)

to **receive** recibir (I)

recently recientemente (2B)

reception desk la recepción (8B)

recipe la receta (7A)

to **recommend** recomendar (e → ie) (6B)

to **record** grabar (1B)

to **recycle** reciclar (I)

recycling center el centro de reciclaje (I)

red rojo, -a (I)

—**haired** pelirrojo, -a (I)

to **reduce** reducir (9B)

refrigerator el refrigerador (7A)

rehearsal el ensayo (1B)

to **rehearse** ensayar (1B)

relatives los parientes (4B)

to **relax** descansar (I)

to **remember** recordar (o → ue) (4B)

to remove quitar (3B)

to rent alquilar (6B)

to repeat repetir (e → i) (1A)

report el informe (I, 1A)

reporter el reportero, la reportera (5A)

to rescue rescatar (5A)

reservation la reservación, *pl.* las reservaciones (8A)

reserved reservado, -a (I)

to respect respetar (1A)

to rest descansar (I)

restaurant el restaurante (I)

to result resultar (6A)

to return regresar (I); volver (o →ue) (1B)

    to — a book devolver (o → ue) (un libro) (3A)

rice el arroz (I)

rich rico, -a (I)

to ride:

    to — a bicycle montar en bicicleta (I)

    to — horseback montar a caballo (I)

right:

    to the — (of) a la derecha (de) (I)

    — away en seguida (3A)

ring el anillo (I)

river el río (I)

road la calle (I)

to roast asar (7B)

to rob robar (6B)

rock la piedra (7B)

role el papel (6B)

    to play the — of hacer el papel de (6B)

romantic movie la película romántica (I)

room el cuarto (I); la habitación, *pl.* las habitaciones (8B)

    chat — el salón de chat, *pl.* los salones de chat (1B)

    double — la habitación doble (8B)

single — la habitación individual (8B)

    to straighten up the — arreglar el cuarto (I)

rope la cuerda (4A)

round-trip ida y vuelta (8A)

ruins las ruinas (8B)

rug la alfombra (I)

rule la regla (1A)

to run correr (I)

S

sack la bolsa (I)

sad triste (I)

to sail navegar (g → gu) (8B)

sailboat el bote de vela (8B)

salad la ensalada (I)

    fruit — la ensalada de frutas (I)

salary el salario (9A)

sale la liquidación, *pl.* las liquidaciones (2B)

salesperson el dependiente, la dependienta (I)

salon: beauty — el salón de belleza, *pl.* los salones de belleza

salsa la salsa (7A)

salt la sal (I)

same mismo, -a (I)

sandwich: ham and cheese — el sándwich de jamón y queso (I)

Saturday sábado (I)

sausage la salchicha (I)

to save ahorrar (9B); salvar (5A)

to say decir (I)

    How do you —? ¿Cómo se dice? (I)

    to — good-bye despedirse (e → i) de (4B)

    You — ... Se dice ... (I)

    You don't —! ¡No me digas! (I)

scared: to be — (of) tener miedo (de) (I)

scene la escena (6B)

schedule el horario (I)

school la escuela (I)

    high — el colegio (9A)

    primary — la escuela primaria (I)

    technical — la escuela técnica (9A)

science:

    — class la clase de ciencias naturales (I)

    — fiction movie la película de ciencia ficción (I)

scientist el científico, la científica (9A)

scissors las tijeras (1A)

score el tanteo (6A)

to score (a goal) meter un gol (6A)

to scream gritar (5A)

screen: computer — la pantalla (I)

to scuba dive bucear (I)

sea el mar (I)

search la búsqueda (1B)

    to do a — hacer una búsqueda (1B)

to search (for) buscar (I)

season la estación, *pl.* las estaciones (I)

seat el asiento (1A)

second segundo, -a (I)

    — floor el primer piso (I)

secretary el secretario, la secretaria (9A)

security checkpoint la inspección, *pl.* las inspecciones de seguridad (8A)

to see ver (I)

    Let's — A ver ... (I)

    — you later! ¡Nos vemos!; Hasta luego. (I)

    — you soon. Hasta pronto. (3A)

— you tomorrow. Hasta mañana. (I)

to — a movie ver una película (I)

seem:

How does it — to you? ¿Qué te parece? (2B)

it —s to me me parece (2B)

seen:

I have — he visto (6B)

you have — has visto (6B)

to sell vender (I)

to send enviar (i → í) (I, 3A)

to separate separar (I)

September septiembre (I)

serious serio, -a (I); grave (9B)

to serve servir (e → i) (I)

What do you — it with? ¿Con qué se sirve? (7A)

service station la estación de servicio (3A)

to set the table poner la mesa (I)

seven siete (I)

seven hundred setecientos, -as (I)

seventeen diecisiete (I)

seventh séptimo, -a (I)

seventy setenta (I)

several varios, -as (3A)

shake hands dar(se) la mano (4B)

shame: What a —! ¡Qué lástima! (5B)

shampoo el champú (3A)

to share compartir (I)

to shave afeitarse (2A)

she ella (I)

sheet of paper la hoja de papel (I)

shelf el estante (I)

shellfish los mariscos (7A)

ship el barco (I)

shirt la camisa (I)

T — la camiseta (I)

shoe store la zapatería (I)

shoes los zapatos (I)

shoe size el número (2B)

short bajo, -a *(stature);* corto, -a *(length)* (I)

shorts los pantalones cortos (I)

shot la inyección, *pl.* las inyecciones (5B)

should deber (I)

shoulder el hombro (5B)

show el programa (I)

to show + *movie or TV program* dar (I)

shower la ducha (2A)

to take a — ducharse (2A)

shrimp el camarón, *pl.* los camarones (7A)

shy reservado, -a (I)

sick enfermo, -a (I)

sign el letrero (2B); la señal (3A)

stop — la señal de parada (3B)

silk seda (2B)

silly tonto, -a (I)

silver la plata (2A)

since desde (3B)

to sing cantar (I)

singer el / la cantante (1B)

sink el fregadero (7A)

sir (el) señor (Sr.) (I)

sister la hermana (I)

site: Web — el sitio Web (I)

six seis (I)

six hundred seiscientos, -as (I)

sixteen dieciséis (I)

sixth sexto, -a (I)

sixty sesenta (I)

size *(shoe)* el número, la talla (2B)

to skate patinar (I)

to skateboard montar en monopatín (I)

skates los patines (3A)

to ski esquiar (i → í) (I)

skirt la falda (I)

sky el cielo (7B)

to sleep dormir (o → ue) (o → u) (I)

to fall asleep dormirse (o → ue) (o → u) (6A)

sleepy: to be — tener sueño (I)

slice el pedazo (7A)

slide la diapositiva (I)

slowly lentamente (2A); despacio (3B)

small pequeño, -a (I)

smell el olor (7B)

to smile sonreír (e → í) (4B)

smoke el humo (5A)

to snorkel bucear (I)

to snow: nevar (e →ie) (5A)

It's —ing. Nieva. (I)

so tan (2B)

so + *adj.* tan + *adj.* (1B)

so much tanto (I)

so-so regular (I)

soap el jabón (3A)

soap opera la telenovela (I)

soccer: to play — jugar (u → ue) (g → gu) al fútbol (I)

sociable sociable (I)

social studies class la clase de ciencias sociales (I)

socks los calcetines (I)

soft drink el refresco (I)

software el software (I)

solar solar (9B)

solid-colored de sólo un color (2B)

to solve resolver (o → ue) (9B)

some unos, -as (I); algún, alguno, -a (1A)

— day algún día (9A)

someone alguien (1A)

something algo (I)

sometimes a veces (I)

son el hijo (I)

—s; —(s) and daughter(s) los hijos (I)

song la canción, *pl.* las canciones (I, 1B)

soon pronto (3A)

See you —. Hasta pronto. (3A)

sorry: I'm —. Lo siento. (I)

sound (stereo) system el equipo de sonido (I)

soup: vegetable — la sopa de verduras (I)

source la fuente (9B)

souvenirs los recuerdos (I)

    to buy — comprar recuerdos (I)

space el espacio (9B)

spaghetti los espaguetis (I)

Spanish class la clase de español (I)

special especial (2A)

special effects los efectos especiales (6B)

special event el evento especial (2A)

speech el discurso (1A)

to spell:

    How is ... spelled? ¿Cómo se escribe ... ? (I)

    It's spelled ... Se escribe ... (I)

to spend gastar (2B)

    to — time with friends pasar tiempo con amigos (I)

spicy picante (7B)

to spill tirar (7A)

    don't — no tires (7A)

spoiled consentido, -a (4A)

spoon la cuchara (I)

sports:

    — equipment el equipo deportivo (3A)

    — minded deportista (I)

    — program el programa deportivo (I)

    to play — practicar (c → qu) deportes (I)

spring la primavera (I)

stadium el estadio (I)

stairs, stairway la escalera (I)

stamp el sello (3A)

stand *(food)* el puesto (7B)

stapler la grapadora (1A)

star: movie — la estrella (del cine) (6B)

to start empezar (e → ie) (I); comenzar (e → ie) (z → c) (5A)

statue la estatua (3B)

to stay: quedarse (3A)

    I — at home. Me quedo en casa. (I)

steak la carne de res (7B)

to steal robar (6B)

stepbrother el hermanastro (I)

stepfather el padrastro (I)

stepmother la madrastra (I)

stepsister la hermanastra (I)

stereo system el equipo de sonido (I)

still todavía (3A)

to stitch *(surgically)* dar puntadas (5B)

stitches las puntadas (5B)

stomach el estómago (I)

to stop parar (3B)

to stop over hacer escala (8A)

stop sign la señal de parada (3B)

stoplight el semáforo (3B)

stopover la escala (8A)

store la tienda (I)

    book— la librería (I)

    clothing — la tienda de ropa (I)

    department — el almacén, *pl.* los almacenes (I)

    discount — la tienda de descuentos (I)

    household-appliance — la tienda de electrodomésticos (I)

    jewelry — la joyería (I)

    shoe — la zapatería (I)

stories: to write — escribir cuentos (I)

storm la tormenta (5A)

story el piso (I)

stove la estufa (7A)

to straighten up the room arreglar el cuarto (I)

straight derecho (3B)

strawberries las fresas (I)

street la calle (I)

student el / la estudiante (I)

studies: course of — el programa de estudios (9A)

studious estudioso, -a (I)

to study estudiar (I)

stupendous estupendo, -a (8B)

stupid tonto, -a (I)

style el estilo (2B)

subway el metro (3B)

to succeed tener éxito (6B)

success el éxito (6B)

    to be —ful tener éxito (6B)

suddenly de repente (5A)

sugar el azúcar (I)

to suggest sugerir (e → ie) (e → i) (8A)

suit el traje (I)

suitcase la maleta (8A)

summer el verano (I)

to sunbathe tomar el sol (I)

Sunday domingo (I)

sunglasses los anteojos de sol (I)

sunny: It's —. Hace sol. (I)

supermarket el supermercado (3A)

supplies los materiales (1A)

sure seguro, -a (3B)

to surf the Web navegar (g → gu) en la Red (I, 1B)

surprise la sorpresa (4B)

sweater el suéter (I)

sweatshirt la sudadera (I)

sweet dulce (7B)

to swim nadar (I)

swimming la natación (1B)

swimsuit el traje de baño (I)

synagogue la sinagoga (I)

synthetic fabric la tela sintética (2B)

T-shirt la camiseta (I)

table la mesa (I)

    to set the — poner la mesa (I)

tablespoon(ful) la cucharada (7A)

to **take** llevar (I)

    to — a bath bañarse (2A)

    to — a course tomar un curso (I)

    to — a shower ducharse (2A)

    to — a tour hacer una gira (8B)

    to — a trip hacer un viaje (8A)

    to — a walk dar una caminata (7B)

    to — away quitar (3B)

    to — care of cuidar a (3A)

    to — lessons tomar lecciones (1B)

    to — out sacar (c → qu) (3A)

    to — out the trash sacar la basura (I)

    to — photos sacar fotos (I)

    to — an X-ray sacar una radiografía (5B)

talented talentoso, -a (I)

to **talk** hablar (I)

    to — on the phone hablar por teléfono (I)

tall alto, -a (I)

tank el tanque (3A)

tape: transparent — la cinta adhesiva (1A)

taste el sabor (7B)

to **taste** probar (o → ue) (7A)

tasty sabroso, -a (I); rico, -a (I)

tea el té (I)

    iced — el té helado (I)

to **teach** enseñar (I)

teacher el profesor, la profesora (I)

team el equipo (1B)

to **tear** romperse (5B)

technical school la escuela técnica (9A)

technician el técnico, la técnica (9A)

technology / computers la tecnología (I)

technology / computer class la clase de tecnología (I)

teddy bear el oso de peluche (4A)

teeth los dientes (2A)

    to brush one's — cepillarse los dientes (2A)

television: to watch — ver la tele (I)

television set el televisor (I)

to **tell** decir (I)

    — me dime (I)

    to — jokes contar (o → ue) (chistes) (4B)

temple el templo (I)

ten diez (I)

tennis: to play — jugar (u → ue) (g → gu) al tenis (I)

tennis racket la raqueta de tenis (3A)

tenth décimo, -a (I)

thank you gracias (I)

that que (I); ese, esa (I); *(over there)* aquel, aquella (2B)

    —'s why por eso (I)

the el, la (I) los, las (I)

    — best el / la mejor, los / las mejores (I)

    — worst el / la peor, los / las peores (I)

theater el teatro (I)

    movie — el cine (I)

their su, sus (I)

theirs suyo, -a, suyos, -as (2A)

them las, los *dir. obj. pron.* (I), les *ind. obj. pron.* (I)

then entonces (I); luego (2A)

there allí (I)

    — is / are hay (I); haya *(subjunctive)* (9B)

    — was hubo (5A)

    — was / — were había (4B)

    — will be habrá (9A)

therefore por eso (I)

these estos, estas (I)

they ellos, ellas (I)

they died se murieron (5A)

thief el ladrón, la ladrona, *pl.* los ladrones (6B)

thing la cosa (I)

to **think** pensar (e → ie) (I)

    I don't — so. Creo que no. (I)

    I — ... Creo que ... (I)

    I — so. Creo que sí. (I)

    What do you — (about it)? ¿Qué te parece? (I)

third tercer (tercero), -a (I)

third floor el segundo piso (I)

thirsty: I'm —. Tengo sed. (I)

thirteen trece (I)

thirty treinta (I); y media *(in telling time)* (I)

thirty-one treinta y uno (I)

this este, esta (I)

    — afternoon esta tarde (I)

    — evening esta noche (I)

    — weekend este fin de semana (I)

    What is — ? ¿Qué es esto? (I)

those esos, esas (I); (over there) aquellos, aquellas (2B)

thousand: a — mil (I)

three tres (I)

three hundred trescientos, -as (I)

three-ring binder la carpeta de argollas (I)

through por (3B)

to **throw away** tirar (7A)

Thursday jueves (I)

ticket el boleto (I); la multa (3B)

    to give a — poner una multa (3B)

tie la corbata (I); el empate (6A)

tight apretado, -a (2B)

time:

    At what —? ¿A qué hora? (I)

    for the ... — por ... vez (6A)

free — el tiempo libre (I)

on — a tiempo (1A)

to spend — **with friends** pasar tiempo con amigos (I)

What — **is it?** ¿Qué hora es? (I)

timid tímido, -a (4A)

tip la propina (8B)

tired cansado, -a (I)

to a *prep.* (I)

in order — para + *inf.* (I)

— **the** a la, al (I)

— **the left (of)** a la izquierda (de) (I)

— **the right (of)** a la derecha (de) (I)

toast el pan tostado (I)

today hoy (I)

tomatoes los tomates (I)

tomorrow mañana (I)

See you —. Hasta mañana. (I)

tonight esta noche (I)

too también (I); demasiado (I)

I do (like to) — a mí también (I)

me — a mí también (I)

toothbrush el cepillo de dientes (3A)

toothpaste la pasta dental (3A)

top: on — **of** encima de (I)

touching emocionante (I)

tour: to take a — hacer una gira (8B)

tourist el / la turista (8A)

towel la toalla (2A)

town el pueblo (9B)

toy el juguete (I)

traffic el tráfico (3B)

trail el sendero (7B)

train el tren (I)

electric — el tren eléctrico (4A)

trainer el entrenador, la entrenadora (6A)

transparent tape la cinta adhesiva (1A)

to travel viajar (I)

travel agency la agencia de viajes (8A)

travel agent el / la agente de viajes (8A)

tree el árbol (I)

tremendous tremendo, -a (I)

tricycle el triciclo (4A)

trip el viaje (I)

to take a — hacer un viaje (8A)

to trip (over) tropezar (e → ie) (z → c) (con) (5B)

tropical rain forest la selva tropical (9B)

truck el camión, *pl.* los camiones (3B)

truth la verdad (4A)

to try probar (o → ue) (7A)

to try on probarse (o → ue) (2B)

to try to tratar de (5A)

Tuesday martes (I)

on —**s** los martes (I)

turkey el pavo (7B)

to turn doblar (3B)

to — **in** entregar (g → gu) (1A)

to — **off** apagar (g → gu) (7A)

to — **on** encender (e → ie) (7A)

to — **out** resultar (6A)

turtle la tortuga (4A)

TV channel el canal (I)

twelve doce (I)

twenty veinte (I)

twenty-one veintiuno (veintiún) (I)

to twist torcerse (o → ue) (c → z) (5B)

two dos (I)

two hundred doscientos, -as (I)

typical típico, -a (8B)

U

Ugh! ¡Uf! (I)

ugly feo, -a (I)

uncle el tío (I)

uncles; uncle(s) and aunt(s) los tíos (I)

underneath debajo de (I)

to understand comprender (I); entender (e → ie) (1A)

university la universidad (9A)

unforgettable inolvidable (I)

until hasta (3A)

up to hasta (3B)

us: (to / for) — nos *dir., ind. obj. pron.* (I)

to use:

to — **the computer** usar la computadora (I)

What's it —**d for?** ¿Para qué sirve? (I)

used usado, -a (I)

useful:

to be — servir (e → i) (I)

is — **for** sirve para (I)

V

vacation: to go on — ir de vacaciones (I)

to vacuum pasar la aspiradora (I)

valley el valle (9B)

various varios, -as (3A)

vegetable soup la sopa de verduras (I)

vendor el vendedor, la vendedora (8B)

very muy (I)

— **well** muy bien (I)

veterinarian el veterinario, la veterinaria (9A)

victim la víctima (6B)

video el video (I)

video games: to play — jugar videojuegos (I)

to videotape hacer un video (I)

vinegar el vinagre (7A)

violence la violencia (6B)

violent violento, -a (I)

to visit visitar (I)

    to — chat rooms visitar
    salones de chat (I, 1B)

voice la voz, *pl.* las voces (1B)

volleyball: to play — jugar
    (u → ue) (g → gu)
    al vóleibol (I)

volunteer el voluntario, la
    voluntaria (I)

    — work el trabajo voluntario
    (I)

W

to wait esperar (3B)

waiter, waitress el camarero, la
    camarera (I)

to wake up despertarse (e → ie)
    (2A)

to walk caminar (I)

    to take a — dar una
    caminata (7B)

wall la pared (I)

wallet la cartera (I)

to want querer (e → ie) (I)

    I — (yo) quiero (I)

    you — (tú) quieres (I)

war la guerra (9B)

warm: to be — tener calor (I)

was fue (I)

to wash lavar (I)

    to — the car lavar el coche
    (I)

    to — the clothes lavar la
    ropa (I)

    to — the dishes lavar los
    platos (I)

    to — one's face lavarse la
    cara (2A)

wastepaper basket la papelera
    (I)

watch el reloj pulsera (I)

to watch television ver la tele (I)

water el agua (I)

watermelon la sandía (7B)

waterskiing el esquí acuático
    (8B)

way la manera (9B)

we nosotros, -as (I)

to wear llevar (I)

weather: What's the — like?
    ¿Qué tiempo hace? (I)

Web:

    to create a — page crear
    una página Web (1B)

    to surf the — navegar
    (g → gu) en la Red (I, 1B)

    — page la página Web (I, 1B)

    — site el sitio Web (I)

Wednesday miércoles (I)

wedding la boda (2A)

week la semana (I)

    last — la semana pasada (I)

weekend:

    on —s los fines de semana (I)

    this — este fin de semana (I)

welcome bienvenido, -a (8A)

well bien (I); pues ... *(to indicate
    pause)* (I)

    very — muy bien (I)

    —-behaved bien educado, -a
    (4A)

wet mojado, -a (7B)

What? ¿Cuál? ¿Qué? (I)

    — are you like? ¿Cómo eres?
    (I)

    (At) — time? ¿A qué hora? (I)

    — color ... ? ¿De qué
    color ... ? (I)

    — day is today? ¿Qué día es
    hoy? (I)

    — did you do? ¿Qué hiciste?
    (I)

    **— do you like better
    (prefer) to do?** ¿Qué te
    gusta hacer más? (I)

    — do you like to do? ¿Qué
    te gusta hacer? (I)

    — do you serve it with?
    ¿Con qué se sirve? (7A)

    — do you think (about it)?
    ¿Qué te parece? (I, 2B)

    — does ... mean? ¿Qué
    quiere decir ... ? (I)

    — else? ¿Qué más? (I)

    — happened to you? ¿Qué
    te pasó? (I, 5B)

    — is it made of? ¿De qué
    está hecho, -a? (2B)

    — is she / he like? ¿Cómo
    es? (I)

    — is the date? ¿Cuál es la
    fecha? (I)

    — is this? ¿Qué es esto? (I)

    — is your name? ¿Cómo te
    llamas? (I)

    — kind of . . . ? ¿Qué clase
    de . . .? (I)

    — time is it? ¿Qué hora es?
    (I)

    — would you like? ¿Qué
    desean (Uds.)? (I)

    —'s happening? ¿Qué pasa?
    (I)

    —'s his / her name? ¿Cómo
    se llama? (I)

    —'s it (used) for? ¿Para qué
    sirve? (I)

    —'s the weather like? ¿Qué
    tiempo hace? (I)

what!:

    — a good / nice idea! ¡Qué
    buena idea! (I)

    — a shame / pity! ¡Qué pena!
    (I); ¡Qué lástima! (5B)

what lo que (1A)

wheelchair la silla de ruedas
    (5B)

When? ¿Cuándo? (I)

Where? ¿Dónde? (I)

    — are you from? ¿De dónde
    eres? (I)

    (To) —? ¿Adónde? (I)

whether si (I)

Which? ¿Cuál? ¿Cuáles? (I)

while mientras (que) (4B)

    once in a — de vez en
    cuando (4A)

white blanco, -a (I)

who que (I)

Who? ¿Quién? (I)

Why? ¿Por qué? (I)

wide ancho, -a (3B)

wife la esposa (I)

will be será (6B)

Will you bring me ... ? ¿Me trae ... ? (I)

to win ganar (1B)

window la ventana (I)

window *(airplane)* la ventanilla (8A)

windsurfing el surf de vela (8B)

winter el invierno (I)

with con (I)

  — **me** conmigo (I)

  — **my / your friends** con mis / tus amigos (I)

  — **whom?** ¿Con quién? (I)

  — **you** *familiar* contigo (I)

  What do you serve it —? ¿Con qué se sirve? (7A)

without sin (I)

  — **a doubt** sin duda (5A)

woman la mujer (I)

  older woman la anciana (I)

  business— la mujer de negocios (9A)

wonderful estupendo, -a (8B)

wool la lana (2B)

word la palabra (1A)

work el trabajo (I)

  volunteer — el trabajo voluntario (I)

to work trabajar (I); funcionar (9B)

world el mundo (4A)

worse than peor(es) que (I)

worst: the — el / la peor, los / las peores (I)

Would you like? ¿Te gustaría? (I)

wrist la muñeca (5B)

to write:

  to — **e-mail** escribir por correo electrónico (I)

  to — **stories** escribir cuentos (I)

writer el escritor, la escritora (9A)

X

X-ray la radiografía (5B)

Y

yard el jardín, *pl.* los jardines (I)

year el año (I)

  last — el año pasado (I)

yellow amarillo, -a (I)

yes sí (I)

yesterday ayer (I)

yet: not — no ... todavía (6B)

yogurt el yogur (I)

you *fam. sing.* tú (I); *formal sing.* usted (Ud.) (I); *fam. pl.* vosotros, -as (I); *formal pl.* ustedes (Uds.) (I); *fam. after prep.* ti (I); *sing. ind., dir. obj. pron* te (I), *pl. fam. ind. obj. pron.* os (I), *formal ind. obj. pron.* le, les (I), *formal dir. obj. pron.* lo, la, los, las

And —? ¿Y a ti? (I)

for — para ti (I)

it matters (it's important), they matter to — te importa(n) (2B)

to / for — *fam. pl.* os (I)

to / for — *fam. sing.* te (I)

with — contigo (I)

  — **can** se puede (7A)

  — **don't say!** ¡No me digas! (I)

  — **have seen** has visto (6B)

  — **look (good)** te ves (bien) (2A)

  — **say ...** Se dice ... (I)

young joven (I)

  — **boy / girl** el niño, la niña (I)

  — **man** el joven (I)

  — **people** los jóvenes (1B)

  — **woman** la joven (I)

  —**er** menor, *pl.* menores (I)

  —**est** el / la menor, los / las menores (I)

your *fam.* tu (I); *fam.* tus, vuestro(s), -a(s) (I); *formal* su, sus (I)

yours *fam.* tuyo, -a, -os, -as, *formal* suyo, -a, -os, -as (2A)

yuck! ¡Uf! (I)

Z

zero cero (I)

zoo el zoológico (I)

Grammar Index

Structures are most often presented first in *Vocabulario en contexto*, where they are practiced lexically in conversational contexts. They are then explained in a *Gramática* section or are placed as reminders in a *¿Recuerdas?* or *Nota*. Lightface numbers refer to the pages where these structures are initially presented lexically or, after explanation, where student reminders occur. Lightface numbers also refer to pages that review structures first presented in Level 1. **Boldface numbers** refer to pages where new structures are explained.

Acknowledgments

Cover Zu Sanchez Photography/Getty Images

FM i,iii,T1 & T3: RM Floral/Alamy Stock Photo; **viii:** Image Source Plus/Alamy Stock Photo; **ixB:** Monkey Business/Fotolia; **ixT:** Steve Debenport/E+/ Getty Images; **xix:** dikobrazik/Fotolia; **xx/xxi:** Kari/ Alamy Stock Photo; **xxiBR:** Noche/Fotolia; **xxii/ xxiii:** Picturescolourlibrary/USA/Newscom; **xxiiBC:** Noche/Fotolia; **xxiiBL:** Noche/Fotolia; **xxiiBR:** Noche/ Fotolia; **xxiii:** vector icon/Fotolia; **xxiiiBC:** Esancai/ Fotolia; **xxiiiBL:** Noche/Fotolia; **xxiv/xxv:** Richard Ellis/ Alamy Stock Photo; **xxivBC:** Noche/Fotolia; **xxivBR:** Noche/Fotolia; **xxix:** Noche/Fotolia; **xxixBC:** Noche/ Fotolia; **xxixBL:** Noche/Fotolia; **xxviBL:** Noche/ Fotolia; **xxviBR:** Noche/Fotolia; **xxvii:** Globe Turner/ Shutterstock; **xxviiBL:** Noche/Fotolia; **xxviiBR:** Noche/ Fotolia; **xxviii/xxix:** Jonathan Larsen/Diadem Images/ Alamy Stock Photo; **xxviii:** Noche/Fotolia; **xxx/xxxi:** Alex Segre/Alamy Stock Photo; **xxx:** Tim Laman/ Bluegreen Pictures/Alamy Stock Photo; **xxxi:** Stakes/ Shutterstock; **xxxiBL;** Noche/Fotolia; **xxxii/xxxiii:** Brandon Seidel/Shutterstock; **xxxiii:** Noche/Fotolia.

Para Empezar 000: Ron Nickel/Design Pics Inc/ Alamy Stock Photo; **001:** Ian Shaw/The Image Bank/ Getty images; **002L:** Pearson Education, Inc.; **002R:** Pearson Education, Inc.; **003:** Angel Medina G./EFE/ Newscom; **004:** RosaIreneBetancourt 9/Alamy Stock Photo; **006B:** Noche/Fotolia; **006C:** Noche/Fotolia; **006T:** Noche/Fotolia **007BC:** Javier Pierini/Photodisc/ Getty Images; **007BL:** Stan Fellerman/Corbis; **007BR:** Chepe Nicoli/Shutterstock; **007C:** Hans Neleman/ Gettyimages; **007MC:** Jack Hollingsworth/Spirit/ Corbis; **007ML:** Meshaphoto/Getty Images; **007MR:** SW Productions/Stockbyte/Getty Images; **007TC:** Barbara Penoyar/Photodisc/Getty Images; **007TL:** Studio 8/Pearson Education, Inc.; **007TR:** Tom Le Goff/ Photodisc/Getty Images; **008BL:** Pavel Losevsky/ fotolia; **008MC:** Syda Productions/Shutterstock; **008MR:** Jon Sparks/Alamy Stock Photo; **008TL:** Laurence Mouton/PhotoAlto/Corbis; **008TR:** Michael Robinson Chavez/Los Angeles Times/Getty Images; **011:** Jen Lowery/Splash News/Newscom; **012B:** Dpa picture alliance/Alamy Stock Photo; **012C:** Alex Segre/ Alamy Stock Photo; **012T:** Walter Bibikow/Lonely Planet Images/Getty Images.

Chapter 01A 008: Denis Radovanovic/Shutterstock; **014:** Pamela Moore/iStock/Getty Images; **014:** Pamela Moore/iStock/Getty Images Plus/Getty Images; **016B:** Danita Delimont/Alamy Stock Photo; **016B:** Russell Gordon/Danita Delimont/Alamy Stock Photo; **016T:** Pearson Education, Inc.; **017:** ©2016 Banco de México Diego Rivera Frida Kahlo Museums Trust, Mexico, D.F./Artists Rights Society (ARS), New York;

017: Dbimages/Alamy Stock Photo; **018BL:** Pearson Education, Inc.; **018BR:** Pearson Education, Inc.; **018C:** Pearson Education, Inc.; **018TL:** Hello Lovely/ Fancy/Corbis; **018TR:** Pearson Education, Inc.; **019B:** Antoniodiaz/Shutterstock; **019T:** Pearson Education, Inc.; **020BL:** Steve Debenport/E+/Getty Images; **020BR:** Fuse/Getty Images; **020TL:** Andres Rodriguez/123RF; **021L:** Matteo Colombo/DigitalVision/Getty Images; **021R:** Margie Politzer/Lonely Planet Images/Getty Images; **022BL:** Pearson Education, Inc.; **022BR:** Fuse/Getty Images; **022ML:** Pearson Education, Inc.; **022MR:** Michael Weber/ImageBroker/Alamy Stock Photo; **022TC:** Pearson Education, Inc.; **022TL:** Hello Lovely/Fancy/Corbis; **022TR:** Pearson Education, Inc.; **023BC:** Myrleen Pearson/Alamy Stock Photo; **023BL:** Image Source/Exactostock 1598/SuperStock; **023BR:** David McLain/Aurora Photos/Alamy Stock Photo; **023TC:** Spencer Grant/Alamy Stock Photo; **023TL:** Jasminko Ibrakovic/123RF; **023TR:** Tyler Olson/Fotolia; **025:** Rudi Von Briel/PhotoEdit, Inc.; **030:** Pearson Education Inc.; **030:** Pearson Education, Inc.; **032:** Keith Dannemiller/Alamy Stock Photo; **033:** Craig Reubelt; **034:** Pressmaster/Shutterstock; **035:** David R. Frazier Photolibrary, Inc./Alamy Stock Photo; **036:** Frederic Cirou/PhotoAlto/Alamy Stock Photo.

Chapter 01B 042: Deposit Photos/Glow Images; **044:** Digital Image ©The Museum of Modern Art/Licensed by SCALA/Art Resource, NY; **045:** Ace Stock Limited/Alamy Stock Photo; **046BC:** RosaIreneBetancourt 9/Alamy Stock Photo; **046BL:** Robert Nyholm/Shutterstock; **046BR:** Philip Berryman/ Alamy Stock Photo; **046MC:** Bill Bachmann/Danita Delimont Photography/Newscom; **046ML:** Shtyrov Dmitry/Shutterstock; **046MR:** Staras/Fotolia; **046T:** Mohammed Ali/Pearson Education, Inc.; **046TC:** Syda Productions/Fotolia; **046TL:** Susie Fitzhugh/The Images Works; **046TR:** David Grossman/Alamy Stock Photo; **047B:** Glow Images; **047L:** Hero Images/Getty Images; **047R:** Kzenon/123RF; **047T:** Andrii Iurlov/ Fotolia; **048BL:** Huntstock/Getty Images; **048BR:** Hello Lovely/Corbis; **048TL:** Cathy Yeulet/123RF; **048TR:** Lithian/123RF; **049C:** Maxfx/123RF; **049L:** David Santiago Garcia/Aurora Photos/Corbis; **049R:** Daniel Santacatalina/Aurora Photos/www. auroraphotos.com/Corbis; **051B:** Todd Powell; **051MC:** RosaIreneBetancourt 9/Alamy Stock Photo; **051ML:** Robert Nyholm/Shutterstock; **051MR:** Susie Fitzhugh/ The Images Works; **051T:** Philip Berryman/Alamy Stock Photo; **051TC:** Andrii Iurlov/Fotolia; **051TL:** Staras/Fotolia; **051TR:** David Grossman/Alamy Stock Photo; **057:** Keith Dannemiller/Alamy Stock Photo; **058BC:** RosaIreneBetancourt 9/Alamy Stock Photo;

058BL: Hero Images/Getty Images; **058BR:** Staras/Fotolia; **058MC:** Glow Images; **058ML:** Kzenon/123RF; **058MR:** David Grossman/Alamy Stock Photo; **058TR:** Cathy Yeulet/123RF; **059:** Lucy Nicholson/AFP/Getty Images; **060:** Pearson Education Inc.; **060:** Pearson Education, Inc.; **061B:** Ghislain & Marie David De Lossy/Getty Images; **061T:** Tom Rosenthal/SuperStock; **062:** Darren Baker/Shutterstock; **063B:** SUN/Newscom; **063T:** Peter Bischoff/PB Archive/Getty Images; **064B:** Noche/Fotolia; **064T:** Noche/Fotolia.

Chapter 02A 070: RosalreneBetancourt 10/Alamy Stock Photo; **072:** Reproduction authorized by the Instituto Nacional de Bellas Artes y Literatura/Los Angeles County Museum of Art/©2016 Banco de México Diego Rivera Frida Kahlo Museums Trust, Mexico, D.F./Artists Rights Society (ARS), New York; **072B:** Digital Image Museum Associates/LACMA/Art Resource, NY; **072T:** Pearson Education, Inc.; **073:** Keith Dannemiller/Alamy Stock Photo; **074BC:** Offscreen/Fotolia; **074BCL:** Vitalily_73/Fotolia; **074BCR:** Terex/Fotolia; **074BL:** Plainview/E+/Getty Images; **074BR:** Gareth Boden/Pearson Education, Inc.; **074C:** Westfotos.de/Fotolia; **074CBL:** Igor Dutina/Fotolia; **074CBM:** Mario Kok/Fotolia; **074CBR:** Roman Gorielov/Fotolia; **074CL:** Tony Freeman/PhotoEdit, Inc.; **074TC:** Di Studio/Fotolia; **074TCL:** Eléonore H/Fotolia; **074TCR:** Tony Freeman/PhotoEdit, Inc.; **074TL:** Pearson Education, Inc.; **074TR:** Pearson Education, Inc.; **075BC:** Tatty/Fotolia; **075BCL:** Ruzanna/Shutterstock; **075BL:** Peter Dazeley/Photographer's Choice RF/Getty Images; **075BL:** Peter Dazeley/Photographer's Choice/Getty Images; **075BR:** Eskaylim/iStock/Getty Images Plus/Getty Images; **075TR:** 2/Ocean/Corbis; **076L:** Antonio Diaz/iStock/Getty Images Plus/Getty Images; **076R:** Uwimages/Fotolia; **077:** Pearson Education, Inc.; **077L:** Margo Silver/Taxi/Getty Images; **077R:** Lynn Goldsmith/Encyclopedia/Corbis; **078C:** Image Source/Getty Images; **078CL:** Terex/Fotolia; **078CR:** Offscreen/Fotolia; **078L:** Gareth Boden/Pearson Education, Inc.; **078R:** You Touch Pix of EuToch/Shutterstock; **079B:** Life Journeys/iStock/Getty Images; **079B:** Life Journeys/iStock/Getty Images Plus/Getty Images; **079BC:** 2/Ocean/Corbis; **079BCL:** Nina Winter/The Image Works; **079BCR:** Eskaylim/iStock/Getty Images Plus/Getty Images; **079BL:** Tony Freeman/PhotoEdit, Inc.; **079BR:** Stuart O'Sullivan/The Image Bank/Getty Images; **079T:** Di Studio/Fotolia; **079TC:** Spencer Grant/PhotoEdit, Inc.; **079TCL:** Eléonore H/Fotolia; **079TCR:** Westfotos.de/Fotolia; **081BC:** Torontonian/Alamy Stock Photo; **081BL:** Marc Romanelli/The Image Bank/Getty Images; **081BR:** Igor Dutina/Fotolia; **081MC:** 2/Nick White/Ocean/Corbis; **081ML:** 2/Ocean/Corbis; **081MR:** Eskaylim/iStock/Getty Images Plus/Getty Images; **081TL:** Eléonore H/Fotolia; **081TR:** Goodshoot/Getty Images Plus/Getty Images; **083BC:** Plainview/E+/Getty Images; **083BL:** Mario Kok/Fotolia;

083BR: Vitalily_73/Fotolia; **083ML:** Terex/Fotolia; **083MR:** Gareth Boden/Pearson Education, Inc.; **083TL:** Pearson Education, Inc.; **084:** Blue Images/Fancy/Corbis; **085B:** Kelly Mooney Photography/Corbis; **085T:** Pearson Education, Inc.; **087:** Pearson Education, Inc.; **090:** Hughes Herv/Zumapress/Newscom; **091:** Marcos Brindicci/Reuters; **092:** Jeremy Horner/Corbis; **093:** Francesco Venturi/Corbis; **094-095:** Oyvind Martinsen Documentary Collection/Alamy Stock Photo.

Chapter 02B 098: A.J.D. Foto Ltd./Alamy Stock Photo; **100:** Infanta Margarita (1651 73) in Blue, 1659 (oil on canvas), Velazquez, Diego Rodriguez de Silva y (1599 1660)/Kunsthistorisches Museum, Vienna, Austria/Bridgeman Images; **101:** Alex Segre/Alamy Stock Photo; **102BL:** Radub85/Fotolia; **102BR:** Nejron Photo/Fotolia; **102C:** Enviromantic/iStock/Getty Images Plus/Getty Images; **102CL:** Graficart.net/Alamy Stock Photo; **102ML:** Photodiva/iStock/Getty Images Plus/Getty Images; **102MR:** JJ Studio/Fotolia; **102TL:** Gareth Boden/Pearson Education, Inc; **102TR:** Arek Malang/Shutterstock; **103C:** Ken Welsh/Alamy Stock Photo; **103L:** Quim Roser/AGE Fotostock/Alamy Stock Photo; **103R:** Tovovan/Shutterstock; **104L:** Izusek/iStock/Getty Images Plus/Getty Images; **104R:** World Pictures/Alamy Stock Photo; **105L:** Shannon Faulk/Blend Images/Alamy Stock Photo; **105R:** John & Lisa Merrill/Photodisc/Getty Images; **108B:** Leonid Nyshko/Alamy Stock Photo; **108T:** Hugh Threlfall/Alamy Stock Photo; **111BC:** Nikkytok/Fotolia; **111BL:** Terekhov Igor/Shutterstock; **111BR:** Karkas/Shutterstock; **111MC:** Karkas/Shutterstock; **111ML:** Alexandra Karamyshev/Fotolia; **111MR:** Surrphoto/Shutterstock; **111TR:** The Lightwriter/Fotolia; **112:** Michael DeFreitas/Glow Images; **113BC:** Bettmann/Corbis; **113BL:** North Wind Picture Archives; **113BR:** Kim Steele/Photographer's Choice RF/Getty Images; **113TR:** Dallas and John Heaton/Free Agents Limited/Corbis; **115:** Elena Rooraid/PhotoEdit, Inc.; **116BC:** Marylooo/Shutterstock; **116BL:** Nys/Fotolia; **116BR:** Dudakova Elena/Fotolia; **116C:** Tarzhanova/Fotolia; **116CL:** Karkas/Shutterstock; **116CR:** Coloured photograph/Fotolia; **116ML:** Gordana Sermek/Fotolia; **116MR:** New vave/Shutterstock; **116TL:** Alexandra Karamyshev/Fotolia; **116TR:** Karkas/Shutterstock; **117L:** Gregorio T. Binuya/Everett Collection Inc/Alamy Stock Photo; **117R:** Sipa Press Pixelformula/SIPA/Newscom; **118B:** Tony C/Shutterstock; **118C:** Bettmann/Corbis; **118T:** Paul A. Souders/Corbis; **119B:** Mike Flippo/Shutterstock; **119T:** Bettmann/corbis; **120L:** Radius Images/Getty Images Plus/Getty Images; **120R:** Kablonk!/Golden Pixels LLC/Alamy Stock Photo

Chapter 03A 126: Mexico/Alamy Stock Photo; **128B:** Julio Alpuy, "Buenos Aires", 1957/Cecilia de Torres, Ltd.; **128T:** Pearson Education, Inc.; **129:** Gregory Wrona/Alamy Stock Photo; **130BC:** Mike Flippo/Shutterstock; **130BCL:** Iakov Filimonov/Shutterstock;

130BL: Nordling/Shutterstock; 130BR: BillionPhotos.com/Fotolia; 130MC: ©Jimmy Dorantes/LatinFocus.com; 130ML: Maurice Joseph/Alamy Stock Photo; 130MR: Photo travel VlaD/Shutterstock; 130TC: Jordan McAlister/Moment/Getty Images; 130TL: Perry van Munster/Alamy Stock Photo; 130TR: Jeff Greenberg/The Image Works; 131BC: Petr Malyshev/Fotolia; 131BL: Sumire8/Fotolia; 131BR: Dale May/Crave/Corbis; 131TC: Ilya Akinshin/Fotolia; 131TL: Africa Studio/Fotolia; 131TR: Zurijeta/Shutterstock; 132: David R. Frazier Photolibrary/Alamy Stock Photo; 133: Pearson Education Inc.; 133: Pearson Education, Inc.; 133L: Fernando Cortés de Pablo/Alamy Stock Photo; 133R: Ellen Beijers/Fotolia; 134BC: Jordan McAlister/Moment/Getty Images; 134BL: Alina Solovyova Vincent/E+/Getty Images; 134BR: David R. Frazier Photolibrary/Alamy Stock Photo; 134C: Zurijeta/Shutterstock; 134CL: Dale May/Corbis; 134CR: The Image Works; 134TC: Perry van Munster/Alamy Stock Photo; 134TL: Maurice Joseph/Alamy Stock Photo; 134TR: Photo travel VlaD/Shutterstock; 135BC: Carolyn Franks/Fotolia; 135BCL: Sumire8/Fotolia; 135BCR: Max Lashcheuski/Shutterstock; 135BR: Dave G. Houser/Corbis; 135ML: Mike Flippo/Shutterstock; 135TL: Nata Lia/Shutterstock; 135TML: Mau Horng/Shutterstock; 135TMR: ©Jimmy Dorantes/LatinFocus.com; 135TR: Zurijeta/Shutterstock; 136BL: Pearson Education, Inc.; 136MC: www.infinitahighway.com.br/Moment Open/Getty Images; 136ML: Konstantin Kalishko/123RF; 136MR: Blend Images/Shutterstock; 136T: L. Clarke/Flirt/Corbis; 136TC: Topcris/Alamy Stock Photo; 136TL: Powerbeephoto/Fotolia; 136TR: Pavel Losevsky/Fotolia; 137B: Pearson Education, Inc.; 137T: Bjorn Svensson/Alamy Stock Photo; 139BC: Carolyn Franks/Fotolia; 139BL: Nordling/Shutterstock; 139BR: Sumire8/Fotolia; 139MC: ©Jimmy Dorantes/LatinFocus.com; 139ML: BillionPhotos.com/Fotolia; 139MR: Africa Studio/Fotolia; 139T: Mike Flippo/Shutterstock; 140: Alin Dragulin/Fogstock/Age Fotostock; 141: RDA/Archive Photos/Getty Images; 144: Jon Arnold Images Ltd/Alamy Stock Photo; 145BC: ©Jimmy Dorantes/LatinFocus.com; 145BCL: ©Jimmy Dorantes/LatinFocus.com; 145BCR: ©Jimmy Dorantes/LatinFocus.com; 145BL: ©Jimmy Dorantes/LatinFocus.com; 145BR: ©Jimmy Dorantes/LatinFocus.com; 145ML: Jordan McAlister/Moment/Getty Images; 145MR: Vitaly Edush/iStock/Getty Images Plus/Getty Images; 145TL: Leuntje/Alamy Stock Photo; 145TR: Perry van Munster/Alamy Stock Photo; 146: Pearson Education; 146: Pearson Education, Inc.; 147L: L. Clarke/Flirt/Corbis; 147R: Gavin Hellier/Robert Harding/Getty Images; 148: Martin Bobrovsky/Insadco Photography/Alamy Stock Photo.

Chapter 03B 154: Guido Cozzi/Atlantide Phototravel/Terra/Corbis; 156: San Francisco Art Institute/©2016 Banco de México Diego Rivera Frida Kahlo Museums Trust, Mexico, D.F./Artists Rights Society (ARS), New York; 156B: Diego Rivera /The Making of a Fresco Showing the Building of a City, 1931. Courtesy San Francisco Art Institute/Artists Rights Society; 156T: Pearson Education, Inc.; 157: Jon Hicks/Terra/Corbis; 158BCL: Marc Soler/Alamy Stock Photo; 158BCR: Driver's License/Alamy Stock Photo; 158BL: Cris Haigh/Alamy Stock Photo; 158BR: RosalreneBetancourt 1/Alamy Stock Photo; 158MCL: Sidneydealmeida/Fotolia; 158MCR: ET1972/Fotolia; 158ML: Artens/Shutterstock; 158MR: Anibal Trejo/Fotolia; 158TL: Tykhyi/123RF; 158TR: Ludmila Smite/Fotolia; 160: RosalreneBetancourt 7/Alamy Stock Photo; 161: Pearson Education, Inc.; 161L: PhotoStock Israel/Alamy Stock Photo; 161R: Elan Fleisher/LOOK Die Bildagentur der Fotografen GmbH/Alamy Stock Photo; 162: Sandra Baker/Alamy Stock Photo; 164: Moussa81/iStock Getty Images Plus/Getty Images; 164: Moussa81/iStock/Getty Images Plus/Getty Images; 165: Glowimages/Getty Images; 167: Sergey Peterman/Fotolia; 169B: Bettmann/Corbis; 169T: Pearson Education, Inc.; 171: SuperStock; 171: SuperStock ©Successió Miró/Artists Rights Society (ARS), New York/ADAGP, Paris 2016; 172: Daxiao Productions/Fotolia; 173: Schalkwijk/Art Resource, NY/©2016 Banco de México Diego Rivera Frida Kahlo Museums Trust, Mexico, D.F./Artists Rights Society (ARS), New York; 173: Schalkwijk/Art Resource, NY/©2016 Banco de México Diego Rivera Frida Kahlo Museums Trust, Mexico, D.F./Artists Rights Society (ARS), New York; 173B: Destination DC; 173T: Frida Kahlo/Schalkwijk/Art Resource, NY; 173T: Schalkwijk/Art Resource, NY; 174: Carole Hewer/Alamy Stock Photo; 175: Karen Roach/Fotolia; 176: Alex Segre/Alamy Stock Photo; 178-179: SUN/Newscom

Chapter 04A 182: Jupiterimages/stockbyte/Getty Images; 183: Miflippo/iStock/Getty Images; 184: Scala/Art Resource, NY; 185: Russell Gordon/Danita Delimont/Alamy Stock Photo; 186BC: JHPhoto/Alamy Stock Photo; 186BL: Dmitry Grushin/Fotolia; 186BR: Bernanamoglu/Fotolia; 186C: Satit Srihin/Fotolia; 186ML: V&A Images/Alamy Stock Photo; 186MR: Susan Woog Wagner/Science Source/Getty Images; 186TL: Blend Images/Shutterstock; 186TR: Antonio Diaz/Fotolia; 187BR: Kayte Deioma/PhotoEdit, Inc.; 187TL: Ron Buskirk/Alamy Stock Photo; 187TR: Peter Horree/Alamy Stock Photo; 188BL: Gaukharyerk/Fotolia; 188BR: Artmim/Shutterstock; 188TL: Andres Rodriguez/123RF; 188TR: Joana Lopes/123RF; 189: Pearson Education, Inc.; 189C: Randy Faris/Cardinal/Corbis; 189L: Randy Faris/Corbis Premium

RF/Alamy Stock Photo; **189R:** Joris Van Ostaeyen/ Alamy Stock Photo; **190BC:** Dmitry Grushin/Fotolia; **190BL:** Gaukharyerk/Fotolia; **190BR:** Kayte Deioma/ PhotoEdit, Inc.; **190MC:** Artmim/Shutterstock; **190ML:** Satit Srihin/Fotolia; **190MR:** V&A Images/ Alamy Stock Photo; **190T:** PhotoMadly/Moment/ Getty Images; **191BL:** JHPhoto/Alamy Stock Photo; **191BR:** Luckypic/Shutterstock; **191C:** Frank Siteman/ PhotoEdit, Inc.; **191MCR:** Gaukharyerk/Fotolia; **191ML:** Bernanamoglu/Fotolia; **191MR:** Artmim/ Shutterstock; **191T:** Robert Van Der Hilst/The Image Bank/Getty Images; **192:** Christopher Futcher/E+/ Getty Images; **193B:** Pearson Education, Inc.; **193T:** Getty Images; **195:** Jupiterimages/Photolibrary/Getty Images; **196:** Jeff Zelevansky/Icon SMI/Newscom; **197:** Derek Bayes/Lebrecht Music and Arts Photo Library/Alamy Stock Photo; **197:** Lebrecht Music and Arts Photo Library/Alamy Stock Photo; **198:** Courtesy George Eastman Museum; ©Nickolas Muray Photo Archives.; **199BL:** Dudakova Elena/Fotolia; **199BR:** John Block/Blend Images/Alamy Stock Photo; **199ML:** Gaukharyerk/Fotolia; **199MR:** V&A Images/ Alamy Stock Photo; **199TC:** Zoranphoto/iStock/ Getty Images Plus/Getty Images; **199TL:** Nys/Fotolia; **199TR:** Terekhov Igor/Shutterstock; **200:** Alejandro Reyna Garcia/LatinFocus.com; **200B:** ©Alejandro Reyna Garcia/LatinFocus.com; **200T:** Wheeled animal toy, Vera Cruz, Mexico (stone), Mayan/Private Collection/Boltin Picture Library/Bridgeman Images; **201:** Goya y Lucientes, Francisco Jose de (1746 1828)/Metropolitan Museum of Art, New York, USA/ Bridgeman Images; **202:** Luckypic/Shutterstock; **206-207:** Hill Street Studios/Blend Images/Getty Images.

Chapter 04B 210: Secretaria de Hacienda y Credito Publico; **211:** Peter Adams Photography Ltd/Alamy Stock Photo; **212BC:** Terry Vin/Blend Images/Getty Images; **212BL:** Jeff Greenberg/PhotoEdit, Inc.; **212BR:** Andres Rodriguez/123RF; **212C:** Cardinal/ Corbis; **212MC:** Tim Mantoani/Masterfile/Corbis; **212ML:** Jack Hollingsworth/Photodisc/Getty Images; **212MR:** Hongqi Zhang/123RF; **212TL:** Andresr/ Getty Images; **212TR:** Ariel Skelley/Blend Images/ Getty Images; **213BC:** Nora Doa/Fotolia; **213BR:** Herjua/iStock/Getty Images; **213TC:** John Lund/ Blend Images/Getty Images; **213TL:** John Lund/ Paula Zacharias/Blend Images/Getty Images; **213TR:** Walter Pagliardini/Demotix/Corbis; **214TL:** Andresr/ E+/Getty Images; **214TR:** Blend Images/KidStock/ Alamy Stock Photo; **215L:** Nito/Fotolia; **215R:** Trepalio/ iStock/Getty Images Plus/Getty Images; **216:** Javier Larrea/AGE Fotostock; **217BL:** Hongqi Zhang/123RF; **217BR:** Tim Mantoani/Masterfile/Corbis; **217ML:** Terry Vin/Blend Images/Getty Images; **217MR:** Lovro77/ E+/Getty Images; **217TL:** Jeff Greenberg/PhotoEdit, Inc.; **218:** SUN/Newscom; **220B:** Richard Ellis/Alamy Stock Photo; **220T:** KidStock/Blend Images/Corbis;

222: M. Lee/Carmen Lomas Garza; **223B:** Bettmann/ Corbis; **223T:** Bettmann/Corbis; **224:** Heiner Heine/ ImageBroker/Alamy Stock Photo; **226:** Nicholas Pitt/Alamy Stock Photo; **227B:** Don Despain/Alamy Stock Photo; **227T:** Endos/Alamy Stock Photo; **228B:** Christian Goupi/AGE Fotostock/Alamy Stock Photo; **228T:** Suzanne Murphy Larronde/DDB Stock Photography; **230:** ©Jimmy Dorantes/LatinFocus.com; **232–233:** Anadolu Agency/Getty Images

Chapter 05A 236: Andreas Von Einsiedel/Alamy Stock Photo; **238:** Zulia Gotay de Anderson; **239:** Juan Mabromata/AFP/Getty Images/Newscom; **240BL:** Leo Ramirez/AFP/Getty Images; **240BR:** Sebastian Ramos/NurPhoto/Corbis Wire/Corbis; **240C:** Harvepino/Fotolia; **240TC:** Steve Ogle/All Canada Photos/Getty Images; **240TL:** Sergey Ryzhov/123RF; **240TR:** STR/Epa/Corbis Wire/Corbis; **241B:** Ringo Chiu/ZUMA Press, Inc./Alamy Stock Photo; **241T:** Richard Pinder/123RF; **242B:** PhotoMadly/Moment/ Getty Images; **242C:** Xavier Bonghi/The Image Bank/ Getty Images; **242TL:** Ajr Images/Fotolia; **242TR:** Juanmonino/iStock/Getty Images Plus/Getty Images; **243B:** Martin Bernetti/AFP/Getty Images; **243TL:** Jeronimo Alba/AGE Fotostock; **243TR:** Stringer/EPA/ Newscom; **244BC:** Magdalena Rehova/Alamy Stock Photo; **244BL:** Rachel Epstein/PhotoEdit, Inc.; **244BR:** Felix Stenson/F1online digitale Bildagentur GmbH/ Alamy Stock Photo; **244C:** Jack Hollingsworth/ Cardinal/Corbis; **244CBL:** Robert Daly/Caiaimage/ Getty Images; **244CL:** Ringo Chiu/ZUMA Press, Inc./Alamy Stock Photo; **244CR:** Blend Images/ ERproductions Ltd/Getty Images; **244MC:** Truck Stop/ Alamy Stock Photo; **244ML:** Worker/Shutterstock; **244MR:** Jacom Stephens/E+/Getty Images; **244TC:** Leo Ramirez/AFP/Getty Images; **244TL:** Reporter Corner/Alamy Stock Photo; **244TR:** Felix Stenson/ F1online digitale Bildagentur GmbH/Alamy Stock Photo; **245:** Pablo Corral V/Corbis; **245:** Pablo Corral V/Encyclopedia/Corbis; **246BCL:** STR/EPA/Newscom; **246BCR:** Sebastian Ramos/NurPhoto/Corbis Wire/ Corbis; **246BL:** Marek Stepan/Alamy Stock Photo; **246BR:** Elvira Urquijo A/epa/Corbis Wire/Corbis; **246T:** Epa European Pressphoto Agency B.V./Alamy Stock Photo; **247:** Telam Xinhua News Agency/Newscom; **248BCL:** STR/EPA/Newscom; **248BCR:** Leo Ramirez/ AFP/Getty Images; **248BL:** Marek Stepan/Alamy Stock Photo; **248BML:** Felix Stenson/F1online digitale Bildagentur GmbH/Alamy Stock Photo; **248BMR:** Sebastian Ramos/NurPhoto/Corbis Wire/Corbis; **248BR:** Elvira Urquijo A/epa/Corbis Wire/Corbis; **251:** Rodrigo Abd/AP Images; **252B:** Francois Gohier/ VWPics/Newscom; **252T:** Bettmann/Corbis; **255BR:** Hector Mata/AFP/Getty Images; **255TL:** Magdalena Rehova/Alamy Stock Photo; **255TR:** Redding Record Searchlight/Alamy Stock Photo; **256:** Bettmann/Corbis; **257:** Bettmann/Corbis; **258:** Dave G. Houser/Corbis; **258:**

Dave G. Houser/Documentary Value/Corbis; **259:** RosalreneBetancourt 1/Alamy Stock Photo; **260-261:** Univision.

Chapter 05B 264: Schalkwijk/Art Resource, NY/©2016 Banco de México Diego Rivera Frida Kahlo Museums Trust, Mexico, D.F./Artists Rights Society (ARS), New York. **264:** Schalkwijk/Art Resource, NY; **264:** Schalkwijk/Art Resource, NY/©2016 Banco de México Diego Rivera Frida Kahlo Museums Trust, Mexico, D.F./Artists Rights Society (ARS), New York; **265:** Riane Kadoch Swisa Krt/Newscom; **266:** Rido/123RF; **266BC:** Jochen Tack/ImageBroker/Corbis; **266BL:** Aastock/Shutterstock; **266BR:** Julio de la Higuera Rodrigo/Alamy Stock Photo; **266C:** Blend Images   REB Images/Brand X Pictures/Getty Images; **266ML:** MBI/Stockbroker/Alamy Stock Photo; **266MR:** Monkeybusinessimages/iStock/Getty Images; **266TL:** ERproductions Ltd/Blend Images/Getty Images; **266TMC:** Comstock/Stockbyte/Getty Images; **266TR:** Juanmonino/iStockphoto/Getty Images; **267C:** MCCAIG/iStock/Getty Images; **267L:** Anothai Thiansawang/123RF; **267R:** Goa Novi/iStock/Getty Images; **268BL:** Maksym Bondarchuk/123RF; **268BR:** Ljupco Smokovski/123RF; **268T:** Juanmonino/iStockphoto/Getty Images; **269L:** Splash News/Newscom; **269R:** Javier Lizon/EFE/Newscom; **270:** Fuse/Getty Images; **271BR:** NPC Collectiom/Alamy Stock Photo; **271MC:** Goa Novi/iStock/Getty Images; **271ML:** Aastock/Shutterstock; **271MR:** Vzmaze/Fotolia; **271TC:** Julio de la Higuera Rodrigo/Alamy Stock Photo; **271TL:** MCCAIG/iStock/Getty Images; **271TR:** Blend Images   REB Images/Brand X Pictures/Getty Images; **272BC:** 4x6/iStock /Getty Images Plus/Getty Images; **272BCL:** Berents/Shutterstock; **272BL:** Loskutnikov/Shutterstock; **272BR:** Christian Schwier/Fotolia; **272C:** Dimedrol68/Fotolia; **272ML:** OTTI design and photography/iStock/Getty Images; **272MR:** Run Photo/Photodisc/Getty Images; **272T:** Carlos Yudica/Fotolia; **273B:** Tetra Images/Alamy Stock Photo; **273CL:** Charles T. Bennett/Shutterstock; **273CML:** Suzanne Tucker/Shutterstock; **273CMR:** Fuse/Getty Images; **273CR:** BananaStock/Getty Images Plus/Getty Images; **273MCL:** Franz Faltermaier/Westend61 GmbH/AFLO/Alamy Stock Photo; **273MCR:** Deposit Photos/Glow Images; **273ML:** Shotshop GmbH/Classic Collection/Alamy Stock Photo; **273MR:** Sean Justice/Taxi/Getty Images; **273TL:** Lisa S./Shutterstock; **273TR:** Adie Bush/Cultura RM/Alamy Stock Photo; **274:** Piko Press/Splash News/Newscom; **276:** Spencer Grant/Alamy Stock Photo; **278BR:** Alex Cook; **278MC:** Neustockimages/E+/Getty Images; **278ML:** Alain Schroeder/Getty Images; **278MR:** Seb Oliver/Cultura/Corbis; **278TC:** Jay P. Morgan/Photolibrary/Getty Images; **278TL:** Ross Helen/iStock/Getty Images; **278TR:** Mirko Iannace/Pixtal/AGE Fotostock;

279B: Adam Davy/ZUMA Press/Newscom; **279T:** Jim Cummins/Flirt/Corbis; **280B:** D.Nakashima/AFLO/Alamy Live News/Alamy Stock Photo; **280T:** Pablo San Juan/Encyclopedia/Corbis; **283B:** Schoendorfer/REX Shutterstock/Newscom; **283T:** Dpa picture alliance archive/Alamy Stock Photo; **284:** Pearson Education, Inc.; **284:** Spencer Grant/PhotoEdit, Inc.; **285B:** Steve Debenport/iStockphoto/Getty Images; **285T:** Juanmonino/E+/Getty Images; **286-287:** AGE Fotostock/Alamy Stock Photo.

Chapter 06A 290: Newscom; **292B:** Players on the Plain; Futbolistas en el Llano (1924 28). Angel Zarraga. Oil on canvas, 175 x 122cm. Christie's Images/Bridgeman Images; **292T:** Pearson Education, Inc.; **293:** Jonathan Larsen/Diadem Images/Alamy Stock Photo; **294BL:** Miguel Riopa/AFP/Getty Images; **294BR:** Rapid Eye/iStock/Getty Images Plus/Getty Images; **294TC:** European pressphoto agency b.v./Alamy Stock Photo; **294TL:** Manuel Queimadelos Alonso/Getty Images Sport/Getty Images; **294TR:** European Sports Photographic Agency/Alamy Stock Photo; **295BL:** Chris Whitehead/Cultura/Corbis; **295BR:** Lawrence JC Baron/Demotix/Corbis News/Corbis; **295TC:** Domino/Stone/Getty Images; **295TL:** Creative WO LatinContent/Gilaimages/LatinContent/Getty Images; **295TR:** Jam Media/CON/LatinContent Editorial/Getty Images; **296:** Gustavo Caballero/Getty Images Entertainment/Getty Images; **297TL:** Carlos Pacheco Parra/Notimex/Newscom; **297TR:** Gabriel Rossi/LatinContent/Getty Images; **298:** Luis Acosta/AFP/Getty Images; **298:** LUIS ACOSTA/Staff/AFP/Getty Images; **299:** Francisco J. Rangel; **300:** Tony Bowler/Alamy Stock Photo; **301B:** Al Bello/Getty Images Sport/Getty Images; **301T:** Newscom; **303:** Paul Hanna/Reuters; **304B:** Jan Butchofsky/Terra/Corbis; **304TC:** NASA; **304TL:** Historical/Corbis; **304TR:** WENN Ltd/Alamy Stock Photo; **305:** SUN/Newscom; **306BC:** Steve Mort/AFP/Getty Images; **306BL:** Tribune Entertainment/Everett Collection; **306BR:** Tony Worpole/Alamy Stock Photo; **306MC:** Alberto E. Tamargo/Sipa USA/Newscom; **306ML:** Mick Flynn/Alamy Stock Photo; **306MR:** Gustavo Caballero/Getty Images Entertainment/Getty Images; **306TR:** John James/Alamy Stock Photo; **307B:** AL Diaz/KRT/Newscom; **307T:** Haciendo tareas en mi cuarto (casein on paper), Ortiz, Oscar (b.1964) (Contemporary Artist)/Private Collection/Bridgeman Images; **308:** Juan Naharro Gimenez/Contributor/Getty Images Entertainment/Getty Images; **308:** Juan Naharro Gimenez/Getty Images Entertainment/Getty Images; **310:** Roberto Machado Noa/Contributor/LightRocket/Getty Images; **310:** Roberto Machado Noa/LightRocket/Getty Images; **311B:** Martin Bernett/APF/Getty Images; **311T:** Jorge Martinez/ZUMA Press/Newscom; **312:** UNIV/The Grosby Group/Newscom.

Chapter 06B **318B:** Tornasol Films/Album/Newscom; **319:** Russell Gordon/Danita Delimont Photography/Newscom; **320B:** Frederic Cirou/PhotoAlto/Getty Images; **320C:** Dale O'Dell/Alamy Stock Photo; **320T:** Chris Schmidt/iStock/Getty Images Plus/Getty Images; **321B:** AF archive/Alamy Stock Photo; **321T:** Moodboard/Alamy Stock Photo; **323:** Pearson Education Inc.; **323:** Pearson Education, Inc.; **323L:** Peter Horree/Alamy Stock Photo; **323R:** Kevin Britland/Alamy Stock Photo; **324BCL:** Dale O'Dell/Alamy Stock Photo; **324BCR:** Beyza Sultan Durna/E+/Getty Images; **324BL:** AF archive/Alamy Stock Photo; **324BML:** Moodboard/Alamy Stock Photo; **324BMR:** Greek photonews/Alamy Stock Photo; **324BR:** Beyza Sultan Durna/E+/Getty Images; **324T:** Moodboard/Alamy Stock Photo; **325B:** AF archive/Alamy Stock Photo; **325T:** CANTINFLAS FILMS, S.A./Album/Newscom; **326:** Greek photonews/Alamy Stock Photo; **328:** ZUMA Press, Inc./Alamy Stock Photo; **330B:** Michael Tran/FilmMagic/Getty Images; **330T:** Carlos Sanchez/ImageBroker/Alamy Stock Photo; **330TCL:** Hill Street Studios/Blend Images/Getty Images; **330TCR:** Charles Robertson/Alamy Stock Photo; **330TML:** Julian Eales/Alamy Stock Photo; **330TMR:** Ingolf Pompe 85/Alamy Stock Photo; **332:** Tornasol Films/Album/Newscom; **333:** Dominique Faget/AFP/Getty Images; **334:** Getty Images Latam/Getty Images Entertainment/Getty Images; **335:** Aaron Settipane/ZUMA Press/Alamy Stock Photo; **336L:** Moviestore Collection Ltd/Alamy Stock Photo; **336R:** Atlaspix/Alamy Stock Photo; **337:** Marvel Studios/Photos 12/Alamy Stock Photo; **338B:** Archives du 7e Art/Canibal Networks/Photos 12/Alamy Stock Photo; **338T:** RosalreneBetancourt 2/Alamy Stock Photo; **340–341:** Pablo Blazquez Dominguez/Stringer/Getty Images.

Chapter 07A **344:** Yotka/iStock/Getty Images Plus/Getty Images; **346:** Christie's Images Ltd./SuperStock; **347:** Ingolf Pompe 52/Alamy Stock Photo; **348BC:** Margouillat/123RF; **348BCL:** Margouillat/123RF; **348BCR:** Bit24/Fotolia; **348BL:** Tony Robins/Photolibrary/Getty Images; **348BR:** Tetra Images/Getty Images; **348C:** Maren Winter/iStock /Getty Images Plus/Getty Images; **348CR:** Kenwnj/Fotolia; **348T:** Dave G Kelly/Moment/Getty Images; **349B:** Lunamarina/Fotolia; **349TCL:** Steele2123/E+/Getty Images; **349TCR:** Tatty/Fotolia; **349TL:** Xalanx/123RF; **349TML:** Dave King/Dorling Kindersley/Getty Images; **349TMR:** Mat Hayward/Fotolia; **349TR:** Krasyuk/Fotolia; **350L:** Dave King/Dorling Kindersley/Getty Images; **350R:** Dorling Kindersley/Getty Images; **351:** Pearson Education, Inc.; **351L:** Remedios Valls López/AGE Fotostock/Alamy Stock Photo; **351R:** Javier Larrea/AGE Fotostock RM/Getty Images; **352B:** Nik Wheeler/Corbis; **352BL:** Tetra Images/Getty Images; **352BR:** Tony Robins/Photolibrary/Getty Images;

352TC: Whitebox Media/Mediablitzimages/Alamy Stock Photo; **352TCL:** Kenwnj/Fotolia; **352TL:** Dave G Kelly/Moment/Getty Images; **352TR:** Japolia/Fotolia; **353BL:** Nobile Paolo/Food Passionates/Corbis; **353BR:** Oscar Roca/EL COMERCIO de PERU/Newscom; **353TL:** Petter Oftedal/Alamy Stock Photo; **353TR:** Pilipphoto/Fotolia; **354:** Archinte/123RF; **354:** Bravissimos/Fotolia; **354A:** Tony Robins/Photolibrary/Getty Images; **354B:** Coleman Yuen/Pearson Education, Inc.; **354C:** Brett Stevens/Cultura Creative (RF)/Alamy Stock Photo; **354CL:** Pearson Education, Inc.; **354D:** Gedankenspieler/Fotolia; **354E:** Archinte/123RF; **354F:** Viktorija/Fotolia; **354G:** PM food and drink/Alamy Stock Photo; **354H:** Tycoon101/Fotolia; **354I:** Goir/Fotolia; **354J:** Viktar Malyshchyts/Shutterstock; **354K:** Pilipphoto/Fotolia; **354L:** Discpicture/Shutterstock; **354M:** Al62/Fotolia; **354N:** Ffolas/Shutterstock; **354O:** Margouillat/123RF; **354P:** Volff/Fotolia; **354Q:** Aprilphoto/Shutterstock; **354R:** Krasyuk/Fotolia; **354S:** Martin Lee/Alamy Stock Photo; **354T:** Maksym Bondarchuk/123RF; **354U:** Bravissimos/Fotolia; **354V:** Krasyuk/Fotolia; **354X:** Simon Battensby/Image Source/Alamy Stock Photo; **354Y:** Ppart/Shutterstock; **354Z:** Oksix/Fotolia; **355B:** Norman Owen Tomalin/Photoshot; **355T:** Melissa Brandes/Shutterstock; **357:** Brent Hofacker/Fotolia; **358B:** Pablo Corral Vega/Corbis; **358T:** Marc Soler/Alamy Stock Photo; **359:** Chris Everard/The Image Bank/Getty Images; **360BL:** Japack/AGE Fotostock; **360BR:** JJAVA/Fotolia; **360CBL:** Fresh Shrimp/Shutterstock; **360CBR:** Paul Webster/The Image Bank/Getty Images; **360CL:** Norman Owen Tomalin/Photoshot; **360CR:** Michelle Garrett/Encyclopedia/Corbis; **360ML:** Siegfried Kopp/123RF; **360MR:** Lynda Richardson/Encyclopedia/Corbis; **360T:** Nik Wheeler/Corbis; **361:** Jennifer Blau/PhotoLibrary/Getty Images; **362:** Dorothy Alexander/Alamy Stock Photo; **363:** ©Jimmy Dorantes/LatinFocus.com; **364B:** Al62/Fotolia; **364T:** RDA/Archive Photos/Getty Images; **365:** Brian Yarvin/Alamy Stock Photo; **366:** Rez art/iStock/Getty Images; **368-369:** IADB; **368 369:** Inter American Development Bank (IADB); **368-369:** Jim Richardson/National Geographic/Getty Images; **371C:** Petrsvoboda91/Fotolia; **371L:** Patryk Kosmider/Fotolia; **371R:** Kungverylucky/Shutterstock.

Chapter 07B **372:** Carmen Lomas Garza; **373:** Michael Fischer/ImageBroker/Alamy Stock Photo; **374BC:** Radub85/Fotolia; **374BL:** Kingfisher/Shutterstock; **374BR:** Joe Belanger/ShutterStock; **374CL:** DDD/Moment Open/Getty Images; **374CR:** Purestock/Getty Images; **374TCR:** Westend61/SuperStock; **374TL:** Maria Teijeiro/Getty Images; **374TR:** Jeff Cleveland/Shutterstock; **375BC:** Jim Parkin/Alamy Stock Photo; **375BL:** Goran Bogicevic/Alamy Stock Photo; **375BR:** Nataliya Dvukhimenna/123RF; **375ML:** Imagemore Co Ltd./

Alloy/Corbis; **375MR:** MSPhotographic/Shutterstock; **375TC:** Fcarniani/Fotolia; **375TL:** Dezene Huber/Moment/Getty Images; **375TML:** Michael C. Gray/ShutterStock; **375TMR:** A plus image bank/Alamy Stock Photo; **375TR:** Ambient Ideas/Shutterstock; **376:** Image Source Plus/Alamy Stock Photo; **377:** Pearson Education, Inc.; **377L:** Yadid Levy/Alamy Stock Photo; **377R:** Monkey Business Images/Monkey Business/Getty Images Plus/Getty Images; **378:** Axiom Photographic/Design Pics/SuperStock; **379BCL:** CSP_bhofack2/Fotosearch LBRF/AGE Fotostock; **379BCR:** Smereka/Shutterstock; **379BL:** Fcarniani/Fotolia; **379BR:** Tim Scott/Shutterstock; **379TCL:** Michael C. Gray/ShutterStock; **379TCR:** Dezene Huber/Moment/Getty Images; **379TL:** Purestock/Getty Images; **379TR:** Goran Bogicevic/Alamy Stock Photo; **380B:** Jesús Pérez Pacheco/Alamy Stock Photo; **380C:** Lecat Paul/Food Passionates/Corbis; **380T:** Ricardo Garza/Shutterstock; **381:** Stewart Waller/fstop/Corbis; **384BC:** Imagemore Co Ltd./Alloy/Corbis; **384BCL:** Nataliya Dvukhimenna/123RF; **384BML:** Tim Scott/Shutterstock; **384BMR:** Sunny studio/Shutterstock; **384BR:** MELBA Photo Agency/Alamy Stock Photo; **384CL:** Tobik/Shutterstock; **384CR:** Volff/Fotolia; **384TCL:** Goran Bogicevic/Alamy Stock Photo; **384TCR:** Fcarniani/Fotolia; **384TL:** Michael C. Gray/ShutterStock; **384TML:** Smileus/Shutterstock; **384TMR:** MSPhotographic/Shutterstock; **384TR:** Dezene Huber/Moment/Getty Images; **385:** Robertharding/Alamy Stock Photo; **385:** Sergio Pitamitz/Robertharding/Alamy Stock Photo; **386:** Alison Wright/Terra/Corbis; **388:** Jim West/Alamy Stock Photo; **389:** Woodystock/Alamy Stock photo; **390B:** Kevin Schafer/Encyclopedia/Corbis; **390T:** Angelina Lax/Science Source; **391B:** Kevin Schafer/Encyclopedia/Corbis; **391TL:** Tom Uhlman/Alamy Stock Photo; **391TR:** Bob Krist/Encyclopedia/Corbis; **392B:** Bloomberg/Getty Images; **392T:** John Elk/Lonely Planet Images/Getty Images; **393:** Paul Barton/Flirt/Corbis.

Chapter 08A **390:** Pyty/Shutterstock; **398:** Stuart Westmorland/Photographer's Choice RF/Getty Images; **400:** Joseph Martin/Album/SuperStock; **401:** Susana Gonzalez/Bloomberg/Getty Images; **402BL:** Lourens Smak/Alamy Stock Photo; **402BR:** Ian Shaw/Alamy Stock Photo; **402ML:** Pictoores/Fotolia; **402MR:** Digital Vision/Photodisc/Getty Images; **402TC:** Carolina Garcia Aranda/iStockphoto/Getty Images; **402TL:** Dmytro Sidelnikov/Alamy Stock Photo; **402TR:** A plus image bank/Alamy Stock Photo; **403BC:** Jürgen Schulzki/Alamy Stock Photo; **403BL:** Paul Prescott/Shutterstock; **403BR:** Gabriel de Freitas/Alamy Stock Photo; **403TC:** Tuned_In/iStockphoto/Getty Images; **403TL:** Thinkstock/Stockbyte/Getty Images; **403TR:** CPC Collection/Alamy Stock Photo; **404:** ColorBlind Images/Blend Images/Corbis; **405L:** Alexey Stiop/Fotolia; **405R:** Gary Conner/Photolibrary/Getty Images; **406:** Pictoores/Fotolia; **407B:** J.Enrique Molina/Alamy Stock Photo; **407CBL:** Thinkstock Images/Stockbyte/Getty Images; **407CBR:** Westend61/Getty Images; **407ML:** Digital Vision/Photodisc/Getty Images; **407MR:** Tuned_In/iStockphoto/Getty Images; **407TL:** Ian Shaw/Alamy Stock Photo; **407TR:** Dima Sidelnikov/iStockphoto/Getty Images; **409B:** Pablo Corral V/Encyclopedia/Corbis; **409T:** Pearson Education, Inc.; **411:** Allstar Picture Library/Alamy Stock Photo; **412:** Jupiterimages/Stockbyte/Thinkstock/Getty Images; **413:** Bstar Images/Alamy Stock Photo; **415BL:** Philippe Giraud/Sygma/Corbis; **415BR:** SweetParadise/Alamy Stock Photo; **415TL:** Abbie Enock/Travel Ink/Encyclopedia/Corbis; **415TR:** Franz Marc Frei/Encyclopedia/Corbis; **417:** Roberto Herrett Images/Alamy Stock Photo; **418B:** Tim Whitby/Alamy Stock Photo; **418C:** ©Paul Rodriguez/LatinFocus.com; **418T:** Pablo Corral V/Terra/Corbis; **419BL:** Dr. Morley Read/Shuttertstock; **419BR:** Owen Franken/Terra/Corbis; **419TR:** Albrecht G. Schaefer/Corbis; **420:** Benson Latin American Collection; **421:** Clayllama Creative/Alamy Stock Photo.

Chapter 08B **426:** ©LatinFocus.com; **427:** Chris Cheadle/All Canada Photos/SuperStock; **428BL:** Philipus/Alamy Stock Photo; **428BR:** Stuart Forster/Alamy Stock Photo; **428CBL:** Josie Elias/Alamy Stock Photo; **428CBR:** Horizon International Images Limited/Alamy Stock Photo; **428ML:** Grant Rooney Premium/Alamy Stock Photo; **428MR:** Pixachi/Shutterstock; **428TL:** Pabkov/Fotolia; **428TR:** Chris Hepburn/Photolibrary/Getty Images; **429BC:** Hilary Morgan/Alamy Stock Photo; **429BL:** Zdorov Kirill Vladimirovich/Shutterstock; **429BR:** Stephen Orsillo/Shutterstock; **429TC:** RosalreneBetancourt 6/Alamy Stock Photo; **429TL:** Greg Balfour Evans/Alamy Stock Photo; **429TR:** David Gee/Alamy Stock Photo; **430:** Robert Marmion/Alamy Stock Photo; **431L:** Maurizio Valentini/NHPA/Photoshot/Newscom; **431R:** Pep Roig/Alamy Stock Photo; **432:** Creatas Images/Getty Images; **433:** Mnoor/Shutterstock; **433BC:** Hilary Morgan/Alamy Stock Photo; **433BCR:** RosalreneBetancourt 6/Alamy Stock Photo; **433BL:** Tovovan/Shutterstock; **433BR:** Stephen Orsillo/Shutterstock; **433C:** Greg Balfour Evans/Alamy Stock Photo; **433CL:** Pixachi/Shutterstock; **433CML:** Hilary Morgan/Alamy Stock Photo; **433CMR:** Grant Rooney Premium/Alamy Stock Photo; **433MR:** Pabkov/Fotolia; **433T:** Jürgen Schulzki/Alamy Stock Photo; **433TC:** Tovovan/Shutterstock; **433TCL:** Zdorov Kirill Vladimirovich/Shutterstock; **433TML:** Flab/Alamy Stock Photo; **433TMR:** RosalreneBetancourt 10/Alamy Stock Photo; **434:** Miguel Rojo/AFP/Getty Images; **435L:** Chris Rout/Alamy Stock Photo; **435R:** Danielle DeSantis/

Alamy Stock Photo; **436:** Jon McLean/Alamy Stock Photo; **437:** Jeremy Horner/Corbis; **438:** Mike Hipple/Alamy Stock Photo; **440:** Kaisar Andreas/Alamy Stock Photo; **441:** Jason Lindsey/Alamy Stock Photo; **442:** Rick Barrentine/Corbis; **444B:** Peter M. Wilson/Corbis; **444T:** Massimo Listri/Corbis; **445C:** Isidoro Ruiz Haro/AGE Fotostock; **445T:** ML Sinibaldi/Corbis; **446ML:** Jerónimo Alba/Alamy Stock Photo; **446MR:** Angel Navarrete/Bloomberg/Getty Images; **447B:** JPosvancz/Getty Images; **447T:** Hubert Stadler/Corbis; **448-449:** Sean Pavone/iStock/Getty Images Plus/Getty Images

Chapter 09A 452: Elena Shchipkova/123RF; **454:** Paul Almasy/Fine Art/Corbis; **455:** Farrell Grehan/Historical Premium/Corbis; **456BCL:** Chavi Nandez/Alamy Stock Photo; **456BCR:** Epa European Pressphoto Agency B.V/Alamy Stock Photo; **456BL:** Avava/Shutterstock; **456BR:** Cathyrose Melloan/Alamy Stock Photo; **456CML:** Cathy Yeulet/123RF; **456CMR:** Ken Chernus/DigitalVision/Getty Images; **456ML:** Antonio Diaz/Fotilia; **456MR:** Monty Rakusen/Cultura/Corbis; **456TCL:** Andriy Popov/123RF; **456TCR:** David Gilder/123RF; **456TL:** Tetra Images/Getty Images; **456TR:** Rubberball/Corbis; **457BR:** Steve Debenport/E+/Getty Images; **457TC:** Cynthia Farmer/Shutterstock; **457TL:** Jazmin Adrian/Demotix/Corbis; **457TR:** Walter Bibikow/Lonely Planet Images/Getty Images; **458BC:** Paul Hudson/fStop Images GmbH/Alamy Stock Photo; **458BL:** Ariel Skelley/Blend Images/Alamy Stock Photo; **458BR:** Fotoedu/Moment/Getty Images; **458CL:** Jim Arbogast/Ocean/Corbis; **458MC:** Rob Marmion/123RF; **458MR:** RosalreneBetancourt 3/Alamy Stock Photo; **458TL:** Andy Dean/Shutterstock; **458TR:** Joana Lopes/123RF; **459L:** Luis Ramon Barron Tinajero/Dem/Demotix/Corbis; **459R:** Susana Gonzalez/Bloomberg/Getty Images; **460BC:** RosalreneBetancourt 3/Alamy Stock Photo; **460BL:** Fotoedu/Moment/Getty Images; **460BR:** Antonio Diaz/Fotilia; **460TC:** Cathy Yeulet/123RF; **460TL:** Rubberball/Corbis; **460TR:** Peter Titmuss/Alamy Stock Photo; **461BC:** Bikeriderlondon/Shutterstock; **461BCL:** Paul Hudson/fStop Images GmbH/Alamy Stock Photo; **461BCR:** Tetra Images/Getty Images; **461BL:** Avava/Shutterstock; **461BR:** Andriy Popov/123RF; **461T:** Epa European Pressphoto Agency B.V/Alamy Stock Photo; **462B:** Steve Debenport/E+/Getty Images; **462CML:** Amble Design/Shutterstock; **462CMR:** Rob Marmion/123RF; **462MCL:** Ken Chernus/DigitalVision/Getty Images; **462MCR:** Javier Larrea/AGE Fotostock/Alamy Stock Photo; **462ML:** Chavi Nandez/Alamy Stock Photo; **462ML:** ChaviNandez/Alamy Stock Photo; **462MR:** Blend Images/Alamy Stock Photo; **462T:** Monty Rakusen/Cultura/Corbis; **463:** Bernard Breton/123RF; **464:**

Stuart Gray/Moment Open/Getty Images; **465:** JJM Stock Photography/Alamy Stock Photo; **467:** Fausto Peréz/GINA Gallery of International Naive Art; **469B:** Ivan Kashinsky/Bloomberg/Getty Images; **469T:** Ivan Kashinsky/Bloomberg/Getty Images; **471B:** Kschulze/iStock/Getty Images; **471T:** John and Lisa Merrill/Danita Delimont/Alamy Stock Photo; **472L:** Monika Graff/The Image Works; **472R:** Wavebreak Media Ltd./Alloy/Corbis; **473B:** Bill Bachmann/Alamy Stock Photo; **473T:** Juice Images/Alamy Stock Photo; **474B:** Album/Oronoz/Newscom; **474T:** Pablo Corral V/Corbis; **474T:** Pablo Corral Vega/Corbis; **475:** goodluz/Fotolia.

Chapter 09B 480: Alfredo Arreguin; **481:** Michael Stifter/Fotolia; **482BL:** Nicopiotto/Room/Getty Images; **482BR:** David Tipling/The Image Bank/Getty Images; **482C:** Josev Gluis/Fotolia; **482MC:** Marcel/Fotolia; **482ML:** Vli86/Fotolia; **482MR:** Istvan Kadar/Moment Open/Getty Images; **482TL:** Yuri Arcurs/iStock/Getty Images; **482TR:** David Castillo Dominici/123RF; **483BC:** Gunter Ziesler/Photolibrary/Getty Images; **483BR:** Westend61/Getty Images; **483TC:** Phbcz/istock Photo/Getty Images; **483TL:** Felipe Caparros/AGE Fotostock/Getty Images; **483TR:** User2547783c_812/iStock/Getty Images; **484:** Greg Balfour Evans/Alamy Stock Photo; **485:** Pearson Education, Inc.; **485L:** Kip Evans/Alamy Stock Photo; **485R:** ©Jimmy Dorantes/LatinFocus.com; **486B:** Serjio74/Shutterstock; **486BML:** Vli86/Fotolia; **486CL:** Josev Gluis/Fotolia; **486CMR:** Marcel/Fotolia; **486CR:** Vli86/Fotolia; **486MCL:** Istvan Kadar/Moment Open/Getty Images; **486ML:** Nicopiotto/Room/Getty Images; **486T:** David Tipling/The Image Bank/Getty Images; **487:** Richard McManus/Moment Open/Getty Images; **489B:** W. Perry Conway/Ramble/Corbis; **489T:** Coins Courtesy of Don Bailey Numismatic Service/Jay Penni Photography; **490B:** Dr. Morley Read/Shutterstock; **490T:** Ken Welsh/AGE Fotostock; **491BR:** Filipefrazao/Fotolia; **491ML:** Kseniya Ragozina/Fotolia; **491MR:** Kushnirov Avraham/Shutterstock; **491TR:** Matt Walford/Cultura/Getty Images; **496BC:** Hongqi Zhang/123RF; **496BCL:** ImageDJ/Alamy Stock Photo; **496BCR:** Hill Street Studios/Blend Images/Getty Images; **496BL:** Sandro Di Carlo Darsa/PhotoAlto Agency RF Collections/Getty Images; **496BR:** Photographee/Fotolia; **496T:** Collection OAS AMA/Art Museum of the Americas; **497:** David Stoecklein/Flirt/Corbis; **498B:** Pearson Education, Inc.; **498T:** Pasieka/Science Photo Library/Getty Images; **499B:** Chris Howarth/Argentina/Alamy Stock Photo; **499T:** George D. Lepp/Documentary Value/Corbis; **500L:** Mark Bowler/Science Source/Getty Images; **500R:** Luoman/E+/Getty Images; **502-503:** Emilio Ereza/Alamy Stock Photo; Marcel/Fotolia.

Grateful acknowledgement is made to the following for copyrighted material:

ACTFL

World Readiness Standards for Language Learners by The American Council on the Teaching of Foreign Languages. Copyright ©ACTFL. Used by permission.

Agencia Literaria Carmen Balcells

Pablo Neruda "Oda a la cebolla," Odas elementales ©1954, Fundación Pablo Neruda; Pablo Neruda "Oda a las papas frita," Navegaciones y regresos ©1959, Fundación Pablo Neruda; Pablo Neruda "Oda al tomate," Odas elementales ©1954, Fundación Pablo Neruda. Used by permission.

KidsHealth

Seis pasos para estudiar major from KidsHealth.org. Copyright ©The Nemours Foundation/Kidshealth. Used by permission.

Note:

Every effort has been made to locate the copyright owner of material reproduced in this component. Omissions brought to our attention will be corrected in subsequent editions.